“十二五”普通高等教育本科国家级规划教材

高等学校遥感科学与技术系列教材

数字摄影测量学

（第三版）

张祖勋　段延松　张永军　陶鹏杰　张剑清　编著

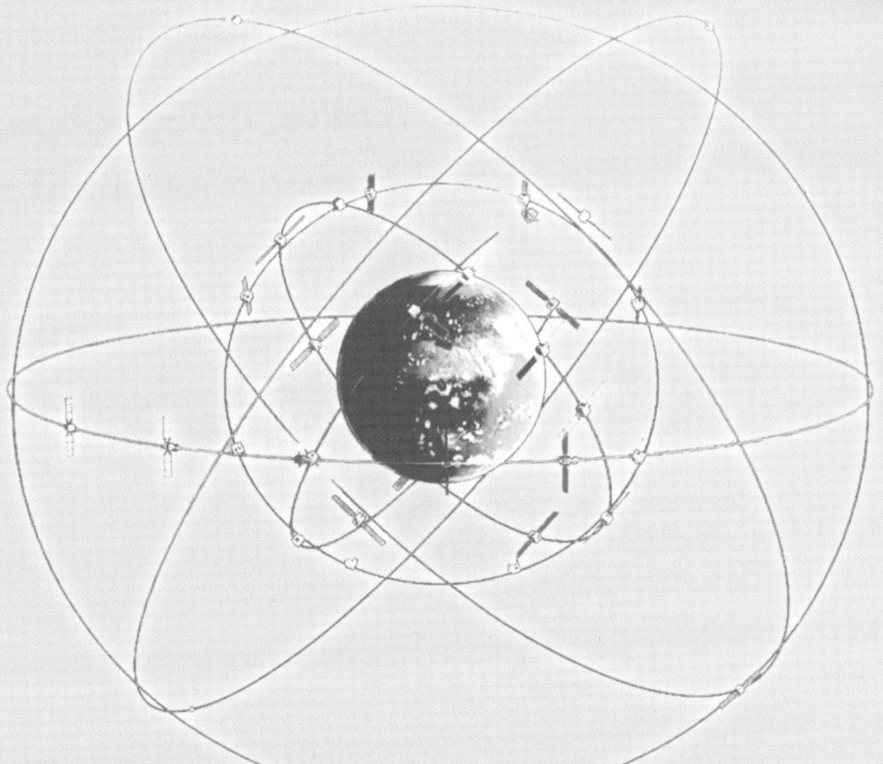

WUHAN UNIVERSITY PRESS
武汉大学出版社

图书在版编目(CIP)数据

数字摄影测量学/张祖勋等编著. -- 3版. -- 武汉 : 武汉大学出版社,2025.8. --"十二五"普通高等教育本科国家级规划教材　高等学校遥感科学与技术系列教材. -- ISBN 978-7-307-25173-1

Ⅰ.P231.5

中国国家版本馆CIP数据核字第2025AV3761号

责任编辑:王　荣　　　责任校对:鄢春梅　　　版式设计:马　佳

出版发行:**武汉大学出版社**　(430072　武昌　珞珈山)

(电子邮箱:cbs22@whu.edu.cn　网址:www.wdp.com.cn)

印刷:武汉科源印刷设计有限公司

开本:787×1092　1/16　印张:28.5　字数:667千字　插页:1

版次:1997年1月第1版　2012年7月第2版

2025年8月第3版　2025年8月第3版第1次印刷

ISBN 978-7-307-25173-1　定价:69.00元

高等学校遥感科学与技术系列教材

序

遥感科学与技术本科专业自 2002 年在武汉大学、长安大学首次开办以来，截至 2022 年底，全国已有 60 多所高校开设了该专业。2018 年，经国务院学位委员会审批，武汉大学自主设置“遥感科学与技术”一级交叉学科博士学位授权点。2022 年 9 月，国务院学位委员会和教育部联合印发《研究生教育学科专业目录(2022 年)》，遥感科学与技术正式成为新的一级学科(学科代码为 1404)，隶属交叉学科门类，可授予理学、工学学位。在 2016—2018 年，武汉大学历经两年多时间，经过多轮讨论修改，重新修订了遥感科学与技术类专业 2018 版本科人才培养方案，形成了包括 8 门平台课程(普通测量学、数据结构与算法、遥感物理基础、数字图像处理、空间数据误差处理、遥感原理与方法、地理信息系统基础、计算机视觉与模式识别)、8 门平台实践课程(计算机原理及编程基础、面向对象的程序设计、数据结构与算法课程实习、数字测图与 GNSS 测量综合实习、数字图像处理课程设计、遥感原理与方法课程设计、地理信息系统基础课程实习、摄影测量学课程实习)，以及 6 个专业模块(遥感信息、摄影测量、地理信息工程、遥感仪器、地理国情监测、空间信息与数字技术)的专业方向核心课程的完整的课程体系。

为了适应武汉大学遥感科学与技术类本科专业新的培养方案，根据《武汉大学关于加强和改进新形势下教材建设的实施办法》，以及武汉大学“双万计划”一流本科专业建设规划要求，武汉大学专门成立了“高等学校遥感科学与技术系列教材编审委员会”，该委员会负责制定遥感科学与技术系列教材的出版规划、对教材出版进行审查等，确保按计划出版一批高水平遥感科学与技术类系列教材，不断提升遥感科学与技术类专业的教学质量和影响力。“高等学校遥感科学与技术系列教材编审委员会”主要由武汉大学的教师组成，后期将逐步吸纳兄弟院校的专家学者加入，逐步邀请兄弟院校的专家学者主持或者参与相关教材的编写。

一流的专业建设需要一流的教材体系支撑，我们希望组织一支高水平的教材编写和编审队伍，出版一批高水平的遥感科学与技术类系列教材，从而为培养遥感科学与技术类专业一流人才贡献力量。

中国科学院院士

2023 年 2 月

前　言

当今世界科技发展已迈入大数据与人工智能驱动的新纪元，地球空间信息学科正迎来前所未有的发展机遇与系统性变革。在全球数字化转型浪潮下，地球观测领域呈现出数据获取全球化、信息处理实时化、知识服务智能化的显著特征，这些方向已成为国际学术研究与技术应用的前沿焦点。在此背景下，摄影测量的理论和技术持续演进创新，历经模拟摄影测量、解析摄影测量和数字摄影测量等发展阶段，目前正在向以深度学习、计算机视觉和云计算为技术支撑的智能摄影测量新范式转型升级。

数字摄影测量的理论体系与技术方法的发展与数字影像处理、模式识别、人工智能、专家系统和计算机视觉等学科密切相关，这些学科的相关知识是数字摄影测量的理论基础。然而，只有理论基础，是无法将数字摄影测量应用到实际工程中的，为此，我们修订编写了这本《数字摄影测量学(第三版)》。本书在第二版的基础上，以党的二十大精神为导向，坚持为党育人、为国育才的基本原则，结合新时期摄影测量的发展特点，重新梳理各章节的知识点，剔除陈旧过时的内容，融入当代摄影测量的最新研究成果，力求全面、准确地反映当代摄影测量的基本原理、方法与内涵。本书合理配置教材内容资源，对重点章节的软件操作录制了教学视频，读者可通过扫描相应章节的二维码进行拓展学习。此外，书中有 6 章思考题设置了编程实践题，并提供了详细的参考代码。限于篇幅，书中相关延伸知识以附录的形式附于书后，供读者参考学习。

本书系统阐述了数字摄影测量的基本理论和方法，主要内容包括数字摄影测量解析基础、基于计算机视觉的几何模型、影像特征提取、影像匹配理论与算法、自动空中三角测量、数字高程模型、数字正射影像、计算机辅助测图、影像三维重建和数字摄影测量系统等。全书反映了数字摄影测量的新发展与动态，既可作为遥感科学与技术、测绘工程、导航工程、空间信息与数字技术及地理空间信息等专业的本科教材，也可供其他相关专业的师生、工程技术人员和研究人员学习参考。

本书基于作者团队多年的教学经验和科研成果，综合国内外最新研究进展编著而成，系统反映了数字摄影测量的前沿发展。在本书的编写过程中，作者团队得到了武汉大学众多师生的大力支持与宝贵建议，在此一并致以诚挚谢意！

编　者

2024 年 12 月于武汉大学

目　　录

第1章　绪　　论

摄影测量学有着悠久的历史，从19世纪中叶至今，历经模拟摄影测量、解析摄影测量和数字摄影测量的发展，正在向智能摄影测量的新阶段前进。当代的数字摄影测量是传统摄影测量与计算机视觉相结合的产物，研究重点是从数字影像中自动提取所摄对象的空间信息。数字摄影测量的发展起源于摄影测量自动化的实践，即利用影像匹配技术，实现真正的自动化测图。摄影测量自动化和智能化是摄影测量工作者多年来所追求的理想。

1.1　数字摄影测量概述

1.1.1　数字摄影测量的发展历程

摄影测量的发展历程可划分为三个阶段，即模拟摄影测量、解析摄影测量与数字摄影测量。

1. 模拟摄影测量

早在18世纪，数学家兰伯特(J. H. Lambert)在他的著作中(*Frege Perspective*，Zurich，1759)就论述了摄影测量的基础——透视几何理论。1839年，法国Daguerre报道了第一张摄影像片的产生后，摄影测量学开始了它的发展历程。19世纪中叶，劳塞达(A. Laussedat，被称为“摄影测量之父”)利用所谓的“明箱”装置，测制了万森城堡图。当时一般采用图解法进行逐点测绘。直到20世纪初，才由维也纳军事地理研究所按奥雷尔(Orel)的思想制成了“立体自动测图仪”。后来由德国卡尔·蔡司公司进一步发展，成功地制造了实用的“立体自动测图仪”(Stereoautograph)。经过了半个多世纪的发展，到20世纪60—70年代，这种类型的仪器发展到了顶峰。由于这些仪器均采用光学投影器或机械投影器或光学-机械投影器“模拟”摄影过程，用它们交会被摄物体的空间位置，所以称之为“模拟摄影测量仪器”。著名摄影测量学者U. V. Helava于1957年在他的论文中谈道：“能够用来解决摄影测量主要问题的现有的全部摄影测量测图仪，实际上都是以同样的原理为基础的，这个原理可以称为模拟的原理。”这一发展时期也被称为“模拟摄影测量时代”。有些仪器冠以“自动”二字，其含意也仅在于此，即利用光学机械模拟装置，实现了复杂的摄影测量解算。但是，它并不意味着不需要人工的立体观测而真正实现“自动测图”。

在模拟摄影测量的漫长发展阶段中，摄影测量科技的发展基本上是围绕着十分昂贵的立体测图仪进行的。

2. 解析摄影测量

随着模/数转换技术、电子计算机与自动控制技术的发展，Helava于1957年提出了摄影测量学的一个新的概念——“用数字投影代替物理投影”。所谓“物理投影”，是指“光学的、机械的，或光学-机械的”模拟投影。所谓“数字投影”，就是利用电子计算机实时地进行共线方程的解算，从而交会被摄物体的空间位置。当时电子计算机十分昂贵，常常受到电子故障影响而无法工作，且实际的摄影测量工作者通常没有受过有关计算机的训练，因而“数字投影”没有引起摄影测量界很大的兴趣。但是，意大利的OMI公司确信Helava的新概念是摄影测量仪器发展的方向，他们与美国的Bendix公司合作，于1961年制造出第一台解析测图仪AP/1。后来又不断改进，生产了一批不同型号的解析测图仪AP/2、AP/C与AS11系列等。这个时期的解析测图仪多数为军用，其中AP/C虽是民用，但没有获得广泛应用。直到1976年在赫尔辛基召开的国际摄影测量学会大会上，由7家厂商展出了8种型号的解析测图仪，解析测图仪才逐步成为摄影测量的主要测图仪。到20世纪80年代，大规模集成芯片发展起来，接口技术日趋成熟，加之微机的研制，解析测图仪的发展更迅速，使其逐渐成为计算机的一个“外部设备”。它已不再是一种专门由国际上一些大的摄影测量仪器公司生产的仪器，有些图像处理公司(如I2S公司、Intergraph公司等)也生产解析测图仪。

摄影测量在这一发展时期的代表产品就是“解析立体测图仪”。在这一时期受益最多、效果特别显著的是在测量控制点位的内业“加密”方面，以电子计算机为基础的解析空中三角测量是一项不小的改革。我们称这一发展时期为“解析摄影测量时代”。

解析测图仪与模拟测图仪的主要区别在于：前者使用的是数字投影方式，后者使用的是模拟的物理投影方式。由此导致仪器设计和结构上的不同：前者是由计算机控制的坐标量测系统，后者使用纯光学、机械型的模拟测图装置。两者的操作方式也不同：前者是计算机辅助的人工操作，后者是完全手工操作。在解析测图仪中引入了半自动化的机助作业，因此免除了定向的繁琐过程及测图过程中的许多手工作业方式。两者的共同之处：都是使用摄影的正片(或负片)或像片，并且都需要人工操纵(或指挥)仪器，同时用眼睛进行观测；其产品则主要是描绘在纸上的线划地图或印在相纸上的影像图，即模拟的产品。当然，在模拟测图仪上附加数字记录装置，或在解析测图仪上以数字形式记录多种信息，也可形成数字的产品。

3. 数字摄影测量

数字摄影测量的发展起源于摄影测量自动化的实践，即利用相关技术，实现真正的自动化测图。摄影测量自动化是摄影测量工作者多年来所追求的理想。最早涉及摄影测量自动化的研究可追溯到1930年，但并未付诸实施。1950年，由美国工程兵研究发展实验室与Bausch & Lomb光学仪器公司合作研制了第一台自动化摄影测量测图仪。当时是将像片上灰度的变化转换成电信号，利用电子技术实现自动化。这种创新方法经过了多年的发展，先后在光学投影型、机械型或解析型仪器上实施，例如B8-Stereomat、Topocart等。也有一些专门采用CRT扫描的自动摄影测量系统，如UNAMACE、GPM系统。与此同时，摄影测量工作者也试图将由影像灰度转换成的电信号再转变成数字信号(即数字影像)，然后，由电子计算机来实现摄影测量的自动化。美国于20世纪60年代初，研制成功的DAMC系统就是属于这种全数字的自动化测图系统。它采用瑞士Wild公司生产的STK-l精密立体坐标仪进行影像数字化，然后用l台IBM 7094型电子计算机实现摄影测量自动化。王之卓院士于1978年提出了发展全数字化自动测图系统的设想与方案，并于1985年完成了全数字自动化测图软件系统WUDAMS(后称VirtuoZo)，也采用数字方式实现摄影测量自动化。因此，数字摄影测量是摄影测量自动化的必然产物。

数字摄影测量与模拟摄影测量、解析摄影测量的最大区别在于：它处理的原始信息不仅是像片，更主要的是数字影像或数字化影像；它最终是以计算机视觉代替人眼的立体观测，因而它所使用的仪器最终只是通用计算机及其相应外部设备；其产品是数字形式的，传统的产品只是该数字产品的模拟输出。随着计算机技术及其应用的发展，以及数字图像处理、模式识别、人工智能、专家系统与计算机视觉等学科的不断发展，数字摄影测量的内涵已远远超过传统摄影测量的范围，现已被公认为摄影测量的第三个发展阶段。表1-1-1列出了摄影测量三个发展阶段的特点。

表1-1-1　**摄影测量三个发展阶段的特点**

发展阶段	原始资料	投影方式	仪　器	操作方式	产　品
模拟摄影测量	像片	物理投影	模拟测图仪	作业员手工	模拟产品
解析摄影测量	像片	数字投影	解析测图仪	机助作业员操作	模拟产品 数字产品
数字摄影测量	数字化影像 数字影像	数字投影	计算机	自动化操作 +作业员的干预	数字产品 模拟产品

武汉大学张祖勋院士团队继全数字摄影测量系统VirtuoZo之后，于2007年成功推出新一代数字摄影测量网格系统——DPGrid。它采用最新的数字摄影测量处理理论和技术研究成果，一方面全面兼容单机多核及多机多核高性能集群并行计算能力，极大地提升了航天航空遥感影像的处理效率；应用了云计算技术为用户提供高质量的遥感影像数据在线应用能力。云计算的本质是基于服务的分布式计算技术，是解决海量遥感大数据高效处理问题的新途径。另一方面，DPGrid也充分使用了摄影测量大数据，主要包括两个方面：其一，已有的基础地理空间信息产品，例如数字正射影像(DOM)、数字高程模型(DEM)、数字线划地图(DLG)和数字表面模型(DSM)等；其二，公众地理信息数据，例如谷歌地图(Google Maps)、美国航天飞机雷达地形数据SRTM(Shuttle Radar Topography Mission)、日本全球数字地表模型数据AW3D30(ALOS World 3D-30m)和激光测高数据ICESat/GLAS等。这些数据可以替代人工野外控制数据，在减少工作量的同时，大大提高了工作效率。为此，张祖勋院士提出了“云控摄影测量”，它将改变摄影测量处理的模式。传统摄影测量处理是从影像数据到地理空间信息的单向过程，即生产的地理空间信息作为产品归档后不会返回至摄影测量处理过程。云控摄影测量处理则是一个“闭合”的回路，生产的地理

空间信息产品将作为控制信息用于以后的摄影测量处理过程，从而实现地理空间信息“从摄影测量生产中来，又回到摄影测量生产中去”。随着全球化测图需求越来越常态化，从相机几何、辐射定标、空中三角测量、正射影像快速更新和立体测图等各个方面，都可以有效地使用摄影测量大数据，从而形成了体系更加完善的“大数据摄影测量”。这极大提高了实际测绘产品的生产效率，节约了人力和资金，缩短了生产周期，提升了数据的现势性。

航空倾斜摄影技术不同于传统的从单一垂直角度进行拍摄的航空摄影模式，而是在一个飞行平台上同时搭载多个成角的感光器件，分别从垂直角度和倾斜布设的CCD传感器获取目标的多方向影像信息；配合机身携带的高精度导航卫星定位接收机和惯性测量单元，航摄仪所拍摄图像的绝对位置可以通过地理参考直接计算获得。通过结合倾斜与垂直航拍获取的像片，航空倾斜摄影能获得更全面的地理和环境信息，大大提高地表特征解译和三维模型生产效率，已广泛应用于如实景三维建模、“智慧城市”建设等方面。

随着社会的发展和技术的进步，各行各业对目标的精细化地理空间信息提出越来越多的要求。特别在面对非常规地面(如滑坡、大坝、高边坡等)或者人工物体表面(如建筑物立面、高大古建筑、地标建筑等)等目标时，采用倾斜摄影测量方式无法满足精度要求。为此，2019年，张祖勋院士团队提出了“贴近摄影测量”。它充分利用无人机平台在数据获取方面的优势，具有贴合目标表面飞行、自动朝向目标表面拍摄的特点，其核心是“由粗到细”的、“以目标为导向”的精细化影像数据自动采集策略。它可以实现非常规地面或者人工物体表面超高分辨率影像的高效自动化采集，以及高精度空中三角测量处理，为这些目标的精细化建模奠定基础。目前，贴近摄影测量在地质调查、灾害应急、水利工程、文物古建筑保护及建筑物精细化三维重建等领域得到了广泛应用，并获得高度认可。

1.1.2 数字摄影测量的定义

对数字摄影测量的定义，学术界有几种不同观点。

定义一：数字摄影测量是基于数字影像与摄影测量的基本原理，应用计算机技术、数字图像处理技术、影像匹配、模式识别等多学科的理论与方法，提取所摄对象用数字方式表达的几何与物理信息的摄影测量学的分支学科。

定义二：数字摄影测量是基于摄影测量的基本原理，应用计算机技术，从影像(包括硬拷贝、数字影像或数字化影像)提取所摄对象用数字方式表达的几何与物理信息的摄影测量学的分支学科。

这两种定义是张祖勋院士于1996年给出的。第一种定义强调了数字或软拷贝的特点，与国际上定义软拷贝摄影测量(Softcopy Photogrammetry)更接近，也更符合中国著名摄影测量学者王之卓院士曾给出的“全数字摄影测量”(Full Digital Photogrammetry)这一概念。这一定义认为，在数字摄影测量中，不仅其产品是数字的，而且其中间数据的记录及处理的原始资料均是数字的。第二种定义则只强调了数字摄影测量的中间数据记录和最终产品是数字形式的。

《中国军事百科全书(军事测绘学分册)》也给出了另一种定义。

定义三：以数字影像为数据源，根据摄影测量原理，通过计算机软件处理获取被摄物体的形状、大小、位置及其性质的技术。

虽然上述定义的表达方式各异，但所体现的数字摄影测量三个本质特点是不变的、一致的：数字形式的数据源(数字影像)，基于摄影测量的数学模型或原理，利用计算机软件自动(或半自动)获取被摄对象的几何与物理信息。

由于上述三种定义忽略了所处理数字影像须满足一定的视觉立体条件(不考虑有数字高程模型 DEM 支持并结合 GNSS 和 IMU 的条件)，耿则勋教授(2010)也给出了一个定义。

定义四：基于摄影测量基本原理，利用计算机对满足视觉立体条件的数字影像进行处理，获取被摄对象在目标空间的几何或物理信息的摄影测量学的分支学科。

2021 年，武汉大学张永军教授等提出了广义摄影测量学的概念，也称为遥感影像信息学。

定义五：广义摄影测量是利用天-空-地一体化的多传感器综合观测技术，获取多视角、多模态、多时相、多尺度遥感影像数据，并结合数字摄影测量及计算机视觉等多学科前沿技术，在多源控制资料的辅助下自动化、智能化地研究和确定被摄物体的形状、位置、大小、性质及其时序变化关系的一门多学科交叉科学和技术。

随着人工智能和计算机技术的不断发展，数字摄影测量的理论、方法与多个学科深度交叉融合，其任务和目标会远远超出传统意义上的定义范畴。

1.2 数字摄影测量的若干概念

1.2.1 辐射与纹理

当代数字摄影测量与解析摄影测量、模拟摄影测量根本的差别之一在于对影像辐射信息的计算机数字化处理。在此之前，影像的辐射信息是利用光机设备做极简单的处理(如利用加强光源对其增强)及由人眼与脑进行处理，因而它在摄影测量的模拟与解析理论中没有一席之地，且当时我们也无法精确地测定它。在遥感技术迫切需求的推动下，科技的进步使得这种情况得到完全改变，如今辐射信息已成为摄影测量中不可或缺的核心数据，其利用程度直接决定了摄影测量自动化能否实现。在解析摄影测量中，一个目标点向量 X_{dp} 是三维的，即

$$X_{dp}=(X,\ Y,\ Z)^{T} \tag{1-2-1}$$

而在数字摄影测量中，目标点向量 X_{dp} 变为四维或者六维，即

$$X_{dp}=(X,\ Y,\ Z,\ D)^{T} \tag{1-2-2}$$

式中，$D=D(X,\ Y,\ Z)$ 是该点的辐射量(灰度值)或色彩向量 $D=(R,\ G,\ B)$，$R=R(X,\ Y,\ Z)$，$G=G(X,\ Y,\ Z)$，$B=B(X,\ Y,\ Z)$ 是该目标点的红、绿、蓝颜色分量。集合 $\{D\}$ 即目标的纹理信息，它在影像上的投影 $d=d(x,\ y)$ 就是数字影像。现在我们可以利用各种传感器精确获取多种频带多时域的辐射信息，即直接获取数字影像；也可利用影像数字化仪将像片上的影像数字化获取数字化影像(为了叙述方便，以下将数字影像与数字化影像均称为数字影像)。由于数字影像的运用，许多在传统摄影测量中很难甚至不可能实现的处理，在全数字摄影测量中都能够处理，甚至变得极为简单。例如，消除影像的运动模

糊，按所需要的任务方式进行纠正、反差增强，多影像的分析与模式识别等。由于数字摄影测量直接使用的原始资料是数字影像，特别为摄影测量设计的传统光学机械型模拟仪器已不再必需，其硬件系统实际上是一套计算机或工作站，因此它更加满足当前的需求，即与遥感技术和地理信息系统结合完成影像信息的提取、管理与应用。

随着虚拟现实与可视化需求的迅速增长，快速确定目标的纹理 $D=D(X, Y, Z)$，也已经成为当代数字摄影测量的一项重要任务。也就是说，当代数字摄影测量不仅要自动测定目标点的三维坐标，还要自动确定目标点的纹理。正射影像是摄影测量的重要产品。影像的匀光、影像色彩的均匀、镶嵌影像间色彩的平滑过渡方法是制作高质量的正射影像的基础，也是确定目标点合理纹理的基本方法。

1.2.2 数据量与信息量

数字影像的每一个数据代表了被摄物体(或光学影像)上一个“点”的辐射强度(或灰度)，这个“点”称为“像元素”，通常称为“像素”。像素的灰度值常用八位二进制数表示，在计算机中占用一个“字节”(byte)。若是彩色影像，则需要3个字节分别存放红、绿、蓝或其他色彩系统的数值。像素的间隔即采样间隔，可根据采样定理由影像的分辨率来确定。当采样间隔为0.02mm时，一张23cm×23cm的影像包含大约120M字节($1M=10^6$)。直接由传感器获取的高分解率遥感影像的数据量甚至更大，如一幅IKONOS影像可能包含1.6G字节($1G=10^9$)。因而“数据量大”是全数字摄影测量的显著特征与技术难点之一，处理如此庞大的数据量必须依托计算机技术的发展。而当前计算机性能已基本满足这一需求。

在传统的航空摄影中，航向重叠率一般为60%，旁向重叠率一般为30%。这一标准主要针对人工目视解译设计，基本能满足需求。然而，对于计算机自动化处理(如房屋自动提取、三维重建等)，这样的重叠率会导致观测数据不足，影响特征匹配精度和模型可靠性。因此，当代数字摄影测量时，要尽量加大重叠率，甚至要获取序列影像。在交向摄影时，虽然影像的重叠率可能已足够大，但摄影的角度相差很大，物体的影像变形很大，因此影像匹配的难度也很大。此时应该在其间增加摄影，构成多基线摄影测量。

1.2.3 速度与精度

数字摄影测量虽然处在不甚成熟(或基本成熟)的阶段，但已经创造了惊人的奇迹，无论在量测的速度还是达到的精度上，都大大超过了人们最初的预期。例如利用现有的计算机技术，其匹配速度一般可达500~1000点/s，利用全数字摄影测量自动立体量测DTM的速度可达100~200点/s甚至更高，这是人工量测无法比拟的。但是数字摄影测量中量测与识别的计算任务巨大，目前的计算机速度还不能实时完成，对于许多需要实时完成的应用，快速算法依然是必要的。另外，可以利用计算网格，实现多计算机并行处理，加速数字摄影测量的处理过程。

对影像进行量测是摄影测量的基本任务之一，它可分为单像量测与立体量测，这同样是数字摄影测量的基本任务。在提高量测精度方面，用于单像量测的“高精度定位算子”和用于立体量测的“高精度影像匹配”的理论与实践是数字摄影测量的重要发展，也是摄影测量工作者对“数字图像处理”所作的独特贡献。例如，对采样间隔 50μm 的数字影像进行相对定向，其残差的中误差(均方根误差)可达±(3～5)μm，这相当于在一台分辨率为 2μm 的解析测图仪上进行人工量测的结果。现在，无论是高精度定位算子还是高精度影像匹配，其理论精度均可高于 1/10 像素，达到所谓子像素级的精度。

1.2.4 自动化与影像匹配

自动化是当代数字摄影测量最突出的特点，是否具有自动化(或半自动化)的能力，是当代数字摄影测量与传统摄影测量的根本区别。如果一套数字摄影测量工作站几乎没有自动化(或半自动化)的能力，而只是处理数字影像，那么除了其价格便宜以外，与解析测图仪差别不大。因此自动化能力的强弱，是评价数字摄影测量工作站性能的最重要指标。

影像匹配的理论与实践，是实现自动立体量测的关键，也是数字摄影测量的重要研究课题之一。影像匹配的精确性、可靠性、算法的适应性及速度均是数字摄影测量重要的研究内容，其中影像匹配的可靠性一直是其关键内容之一。多级影像匹配与从粗到细的匹配策略作为经典方法，至今仍是提升匹配可靠性的有效手段；而近年来兴起的整体匹配，则代表了影像匹配可靠性研究领域的重大突破。从“单点匹配”到“整体匹配”是数字摄影测量影像匹配理论和实践的一个飞跃。多点最小二乘影像匹配与松弛法影像匹配等整体影像匹配方法考虑了匹配点与点之间的相互关联性，因而提高了匹配结果的可靠性与结果的相容性、一致性。

1.2.5 影像解译与地物提取

目前，数字摄影测量主要用于自动产生 DEM、正射影像图及交互提取矢量数据，但随着影像自动解译需求的增长，以及城镇大比例尺航摄影像、近景等工业摄影测量等领域对几何信息提取精度的要求，基于特征匹配与关系(结构)匹配的方法成为关键技术，因此，全数字摄影测量领域很自然地聚焦于影像特征提取及其处理与应用的研究。各种特征提取算法很多，可分为点特征、线特征与面特征的提取。各种点特征提取算子中有的可以定位，有的还可以确定该点的性质(独立点、线特征点或角点等)。面特征提取中有的采用区域增长法，有的则基于点特征采用线跟踪法再构成线与面。线特征提取也可利用 Hough 变换或 Fourier 变换、Gabor 变换(也称短时傅里叶变换或窗口傅里叶变换)及近年来发展起来的 Wavelet 变换(小波变换)进行。这些特征提取方法及基于特征匹配与关系(结构)匹配技术，均与影像分析、影像理解密切相关，它们是数字摄影测量另一基本任务——利用影像信息确定被摄对象的物理属性的基础。常规摄影测量采用人工目视判读识别影像中的物体，遥感技术则利用多光谱信息辅之以其他信息来实现机助分类。数字摄影测量中对居民地、道路、河流等地面目标的自动识别与提取，主要依赖对影像结构与纹理的分析，这方面已经取得一些优秀的研究成果。

数字摄影测量的基本范畴还是确定被摄对象的几何与物理属性，即量测与理解。前者虽有很多问题尚待解决，需不断研究，但已开始达到实用程度；后者则离实用阶段还有很远的距离，仍处于研究阶段，但其中某些专题信息(如道路与房屋等)的半自动提取将首先进入实用阶段。

1.3 数字摄影测量的发展状况

当前科技发展已进入大数据及人工智能新时代，地球空间信息领域也面临新的发展机遇与挑战，数据全球化、处理实时化、服务智能化是国际前沿和热点，这是显著不同于传统摄影测量的全新模式和发展趋势。对于摄影测量的数据获取和处理方面，武汉大学张永军教授、张祖勋院士和龚健雅院士等学者总结了其特点。下面将从多源摄影测量数据获取的特点，由此带来的对智能化数据处理的挑战，以及深度学习在摄影测量中的应用三个方面作进一步探讨。

1.3.1 多源摄影测量数据获取的特点

1. 单视角向多视角成像、单传感器向多模态协同发展

传统航空摄影测量的主要成像方式为下视成像，即相机主光轴垂直对地，相邻影像间具有一定重叠，从而构成立体影像和区域网。为了进一步提升航空影像获取效率，满足“智慧城市”建设等应用对于建筑物侧面高清纹理的需求，国内外摄影测量仪器厂商研发了机载多面阵拼接大视场相机、多镜头倾斜摄影测量相机和全景相机等，在进一步集成化和小型化后，可搭载于低空无人机和地面移动平台。在观测机制方面，也由传统的单平台获取演进为天-空-地协同、多平台组网，甚至基于互联网的众包方式获取数据，从而构建多成像视角的天-空-地多平台综合立体观测模式。另外，随着成像传感器技术的发展，星载、机载、车载平台所能够搭载的传感器越来越丰富，从全色相机到多光谱和高光谱相机，从可见光到红外、微波成像和激光测距，从面阵相机到多线阵拼接相机，从普通静态成像相机到连续动态视频相机，并在 GNSS/IMU 和星敏仪等导航定位技术的辅助下，实现对被摄物体的多传感器多模态协同观测。目前，几乎所有天-空-地遥感平台均配备 GNSS/IMU 等多传感器集成定位定姿系统，且大部分平台会同时搭载多种传感器进行数据获取，例如“资源三号”“高分七号”等卫星既搭载三线阵或双线阵立体观测相机及多光谱相机，也安装激光测高传感器，因而可提供精确高度控制信息。航空飞行平台往往集成激光扫描系统和多视角倾斜摄影相机或全景相机，以便同时获取地表三维信息和高质量纹理色彩。而车载移动测量系统和无人自动驾驶系统则集成立体视频相机/全景相机、激光雷达或毫米波雷达测距系统等多模态传感器，获取车辆周围的精确三维动态信息。

2. 单时相向多时相、单尺度向多尺度融合联动发展

天-空-地综合观测体系的建立和各类成像传感器的极大丰富和发展，对地观测成像的时间分辨率越来越高，完全颠覆了以往需要数月甚至更久才能重复获取大范围数据的状况，遥感信息的处理应用也已从单一资料分析向多源多时相复合分析过渡，从静态分布研究向动态监测过渡，从对各种现象的表面描述向周期性规律挖掘和决策分析过渡。而在目标识别与动态监控跟踪、无人平台自主导航等高动态应用场景，则需要通过视频摄影机、全景摄影机或 3D-LiDAR 等方式获取实时序列观测数据，在多架构实时处理等技术的辅助

下实现实时在线数据处理与分析，并为制定科学、可靠的决策提供支持。同时遥感影像的空间分辨率越来越高，1999 年发射的 IKONOS 卫星地面分辨率为 1m，2014 年 WorldView-3 卫星更是将分辨率提高到前所未有的 0.31m，我国于 2016 年发射的“高分一号”，也将国产商业遥感卫星的分辨率提升至 0.5m。目前，国际上已经形成各种高、中、低轨道相结合，大、中、小卫星相协同，高、中、低分辨率互补的全球对地观测体系。在航空和低空摄影测量领域，也建立了米级、分米级乃至厘米级地面分辨率的多尺度联动观测体系，为准实时联合观测提供了非常有效的技术支撑。

1.3.2 多源摄影测量数据处理面临的挑战

相对于非常强大的天-空-地多源遥感数据获取能力，当前的摄影测量数据处理理论和方法还存在种种制约，遥感信息产品的快速生产和服务能力显著滞后，海量数据堆积与有限信息孤岛并存的矛盾仍然突出。在大数据及人工智能新时代，实景三维中国建设、地理信息智能提取与监测、“智慧城市”三维建模、自动驾驶环境感知、智能制造空间分析等应用领域呈现快速发展态势。在此背景下，摄影测量技术尚需交叉融合多个学科的最新研究成果，才能在多源数据智能处理的理论技术和应用领域取得更大突破。武汉大学张永军教授等提出应该从以下 6 个方面来解决多源摄影测量数据处理面临的问题。

1. 多源摄影测量自动匹配

影像匹配是摄影测量与遥感产品自动化生产中至关重要的环节，直接影响区域网平差、影像镶嵌拼接、三维重建等后续环节的精度。在天-空-地多视角/多模态影像获取过程中，存在平台飞行高度不同、传感器成像模式不同、成像视角显著差异等因素，导致影像间存在很大的透视几何变形和非线性辐射畸变等现象，基于灰度的传统特征点影像匹配方法在多视角影像连接点自动匹配方面已不再适用。因此，深入研究天-空-地多源遥感影像的稳健、可靠的自动匹配方法，对推动多源遥感影像高精度自动化空中三角测量，提高地形地物三维重建效率及贴近摄影测量变形监测等均有重要意义。以尺度不变特征转换(SIFT)等为代表的经典特征匹配方法，已被广泛应用于影像匹配、目标检测识别等领域。但是，经典特征匹配方法对非线性辐射差异和透视几何形变较敏感，对于多视角/多模态影像而无法获得稳定、可靠的同名特征，因此需要研究具有多重不变特性的多模态影像高可靠性特征匹配方法，构建尺度、旋转及非线性辐射差异不变的稳健特征描述符。此外，激光点云和天-空-地多视角影像间的数据特性差异太大，多重不变特征描述符也无法实现两者的有效匹配，还需要挖掘更高层次的稳定特征，进行多种特征耦合的高精度自动匹配。

2. 多源摄影测量影像联合区域网平差

摄影测量领域的区域网平差，是以共线方程或有理函数等成像模型为基础，将测区内所有观测值纳入统一的平差系统，建立误差方程并采用最小二乘法求解未知数，从而获得模型中各类未知参数的最佳估值，实现影像空间和物方空间的严密坐标转换，并进行精度评定。天-空-地多源遥感影像联合平差，涉及卫星、航空、低空、地面等不同观测视角，线阵、面阵等不同成像模式，光学、微波、激光等不同观测模态，数据种类繁多，观测机制复杂，需要研究建立各类影像的误差模型，解决不同原始观测资料间的相关性及方差分量估计问题，以及同名特征中粗差观测值的稳健探测剔除问题。此外，传统航空和航天摄影测量的成像中心规则排列及法方程带宽优化方法不再适用，而需要研究突破天-空-地多源立体观测超大规模方程组的压缩存储和快速解算方法，如超大规模病态法方程组几何结构优化、超大规模方程组压缩存储、CPU/GPU 联合并行解算，甚至无须存储大规模方程组的共轭梯度快速解算方法等，获取各影像的全局最优精确对地定位参数。在保证全球地理信息资源建设等超大规模区域网平差成果绝对定位精度方面，则需要充分发挥各类已有地理信息的控制作用，实现全自动化的云控制联合区域网平差。

3. 多时相影像智能信息提取与变化监测

多时相遥感影像中地形地物信息的自动提取与动态变化监测，是摄影测量走向智能信息服务的必由之路和关键难题。通过智能数据处理手段，进行精确配准、无效像元检测消除、辐射校正及影像合成，生成时间有序、空间对齐、辐射一致的高质量多时相遥感影像序列，是地物信息自动提取、自然资源监测评估、土地利用动态监测、目标识别与动态监控等应用的前提。当前，无论是传统遥感影像处理方法还是基于深度学习的技术，在多时相遥感影像地物智能提取及变化监测方面仍存在显著的技术瓶颈。以深度学习方法为例，其输出的像素级分类结果在几何精度和拓扑一致性方面仍难以满足规则化矢量成果的生成要求。而且国际上目前尚无遥感领域专用的深度神经网络，只能通过数据裁剪等手段使遥感影像适应已有的通用图像处理深度学习框架。因此，需要针对遥感影像数据的特殊性及实时智能处理需求，研究创建面向遥感数据智能目标识别与信息提取的自主产权深度学习框架。另外，地物目标提取结果，也可以反向融入多源影像几何处理过程，形成全新的几何语义一体化处理机制，进一步提高处理精度和稳定性。

4. 激光点云与多视影像联合精细建模

新型“智慧城市”建设，已成为推动我国城市高质量发展的重要途径。建筑物是“智慧城市”中最重要的核心元素，三维建筑物模型可为城市基础设施规划和新型智慧城市建设提供良好支撑，其准确几何结构及拓扑属性信息是促进“智慧城市”建设的决定性因素之一。三维重建技术主要有基于主动视觉的激光扫描法、结构光法、雷达技术、Kinect 技术，和基于被动视觉的单目视觉、双目视觉、多目视觉、SLAM 技术等，其中激光扫描与多目立体视觉是获取地物三维空间几何信息与纹理信息的主要手段。点云与影像的有机结合可以显著提升建筑物等典型地物目标精细三维重建的效率和效果，二者的高精度配准是必须解决的首要问题。在精细建模过程中，可充分发挥两类数据的优势，通过多视影像密集匹配和深度学习等先进手段对 LiDAR 点云进行加密优化，提取显著线面特征，约束三维点云表面重建，利用纹理识别和深度学习，进行建筑物立面遮挡修复，并解决高保真纹理映射优化、建筑物矢量模型提取及 LOD(Levels of Detail)室内外一体化建模等核心问题。

5. 多传感器集成的无人系统自主导航

无人系统常指无人机、无人车、无人船、智能机器人等可移动无人驾驶系统，这类系统需融合多传感器集成、人工智能、高速通信、机器人、自动控制等关键技术。这里的无人系统特指各类低空无人机和地面无人驾驶汽车。智能化是无人系统发展的重要方向，在智能数据采集、长距离货物运送、智能物流配送等众多领域具有广泛的应用前景。智能化无人系统的核心技术主要包括环境感知、信息交互、知识学习、规划决策和行为执行等。环境感知的智能化，需要解决无人机/车在未知受限环境中的实时自主定位和目标识别等问题，是实现自动驾驶的前提条件。传统的无人机/车常采用 GNSS/IMU 组合导航定位系统进行定位，但是实时定位的精度较低，误差较大，而且在复杂环境中往往存在噪声干扰和信号遮挡等问题。多传感器集成的环境智能感知和目标识别技术是解决上述问题的可行途径，包括 GNSS/IMU、激光雷达、立体相机、超声波测距、嵌入式处理器和智能识别系统等，多传感器数据的实时处理和深度融合可显著提高实时定位的精度和可靠性，并结合人工智能等技术确定周围环境中各类目标的距离、属性及其动态变化信息。智能无人机的自主能力体现在自主航线规划、自动避障、信息采集和飞行控制的智能程度，智能无人驾驶汽车的自主操控主要表现为自动驾驶等级提升，即由已知环境的部分自动驾驶进化到动态未知环境的全自动驾驶，二者的研发都涉及多传感器动态感知、多架构实时计算、智能认知推理、规划决策执行等核心技术。

6. 多传感器集成的智能制造视觉检测

为在以智能制造为主导的第四次工业革命中抢占先发优势，德国政府于 2013 年首次提出“工业 4.0”战略，全面推进传统制造业的智能化转型。我国也已制定相应的发展规划，力争通过新一代信息技术与制造业深度融合，从制造业大国向制造业强国转变。智能制造装备是具有感知、决策、控制、执行功能的各类制造装备的统称，包括新一代信息技术、高端数控机床、全自动化生产线、工业机器人、重大精密制造装备、3D 打印机等。当前，高端智能制造装备作为复杂的光机电一体化系统，不仅工作环境特殊，还需满足检测准确率、实时性和重复性等严苛要求。因此，实时在线检测、无人干预全自动检测和智能化数据分析成为其必备功能。精密工业摄影测量作为非接触技术手段，可采用实时立体视觉或多传感器融合视觉系统代替人眼和人手进行各种工业部件的在线检测分析、判断决策及质量控制，其具有智能化程度高和环境适应性强等特点，是智能制造系统不可或缺的核心组成部分。多传感器集成的视觉检测系统，主要由光源、高速光学相机、激光扫描仪、图像处理器等构成，需要解决成像系统检校、高速数据获取、图像处理分析、缺陷部件智能识别与检测等核心问题，尤其是针对常见的尺寸、划痕、腐蚀、褶皱、凸起、凹陷、孔洞、色彩等不同制造缺陷，需要研究相应的智能化识别检测方法。随着人工智能技术的快速发展，基于深度学习机制的系统展现出强大的学习能力和泛化能力，有望通过一定量的样本训练实现通用制造缺陷的智能识别与检测。

1.3.3 深度学习在摄影测量中的应用

20 世纪 70 年代，随着遥感卫星的发射，摄影测量逐渐发展为“摄影测量与遥感”，影像解译成为遥感研究的重点。尽管该领域的研究已持续三十余年，但至今仍无法全自动地提取高分辨率图像中的语义信息，也没有商业软件能够自动化地提取出道路、建筑等“专题图”。数字高程模型(DEM)和数字正射图像(DOM)早已成为数字摄影测量的标准产品。作为4D产品之一的数字线划图(DLG)制作仍旧离不开人工干预。随着摄影测量与人工智能和机器学习的交叉融合，特别是深度学习技术的广泛应用，遥感影像解译会出现飞跃式的发展，有望利用遥感影像能够快速生成高精度的语义专题图，数字线划图(DLG)的制作也不需要人的干预，这将标志着摄影测量真正进入智能摄影测量时代。武汉大学季顺平教授(2018)认为智能摄影测量时代与前三个时代有着本质的区别，主要体现在关注点不再局限在几何上，而是集中在“认知、语义、理解和所见即所得”上。下面简单介绍深度学习在图像检索、语义分割、目标识别、矢量提取和立体匹配中的应用，详细内容可以参考《智能摄影测量学导论》(季顺平，2018)。

1. 图像检索

在计算机视觉和图像处理领域，深度学习技术在图像分类中得到最广泛的应用。2012年的ImageNet挑战赛使得深度学习在图像分类中脱颖而出。庞大的ImageNet数据库来自网络上传的大众所拍摄的图像，并不包括航摄图像和卫星遥感图像。若将这些数据库训练得到的模型直接用来进行遥感图像检索，显然不合适。借鉴卷积神经元网络(CNN)在计算机视觉界的成功经验，航空和航天图像的图像检索可参考CIFAR、ImageNet等数据集，构建一个庞大的标注数据库，涵盖丰富的地物类别，每个类别包括足够多的样本。如果说深度学习是智能时代的“引擎”，那么数据就是“燃料”。大规模遥感标签数据库将是摄影测量与遥感走向“自动化专题制图”的必经之路。然而，其实现难度要比ImageNet更大。第一，由于远距成像的特性，图像受到更多电磁辐射传输的影响。经过大气传播的电磁辐射与地物间的相互作用机理更加复杂，同一标签的样本往往呈现明显的光谱和视觉差异。而这种差异不但对样本的选取造成不便，而且对深度学习模型的可区分性提出更大的挑战。第二，众包模式并不能完全起作用。普通人可能很好地从图片上辨认出诸如猫与狗的区别，因此通过互联网众包能够快速构建一个巨大的标注数据库；但是，小麦和水稻在遥感图像上的差异，则需要专业人员做目视判读，若影像分辨率较低，甚至可能需要实地调查。第三，摄影测量与遥感界的科研模式尚需向开源发展。计算机视觉界是非常重视开源的科研领域之一，可以轻松获取ImageNet、CIFAR等专业数据库和OpenCV等开源代码。目前，遥感学界已经逐渐开始走向开源模式，希望能由学界、公司或政府机构在短期内建立针对遥感图像检索的标签数据库，并实现完全开源，成为摄影测量与遥感工作者在语义检索研究上的燃料和基石。

2. 语义分割

相对于成熟的图像分类或图像检索，语义分割(Semantic Segmentation)目前正处于高速发展中。图像语义分割是指在像素层面分割出一类或多类前景以及背景，如把图像分割为水域、庄稼、人工建筑和其他，故语义分割的含义更接近于传统的遥感图像分类。深度学习倾向于从原始图像开始学习特征表达，因此像素级的语义分割正好是它的用武之地。以单目标分割为例，将目标像素集合的标签设置为1作为正样本，其他的图像区域设置为0作为负样本。这样深度学习的任务就是完成图像的二值分割。在具体实施上，如果直接采用诸如 VGG-Net 和 ResNet 等经典的深度卷积网络，则会遇到两个困难。第一，普通的 CNN 需要以像素中心为原点，开辟局部窗口作为正负样本去训练和测试。逐像素的操作方式，需要消耗大量的计算资源，并且会在边缘处产生难以避免的混淆像素，导致分割的边缘不平滑。第二，CNN 采用从低到高的特征提取策略，用于语义分割的事实上是最后层的高级、抽象的特征，因此会损失许多细节信息，可能导致分割结果不理想。针对以上两个困难，近两年发展了一类特殊的 CNN 架构，专门用于图像语义分割。其中，全卷积网络(Fully Convolutional Network，FCN)就是针对像素级语义分割问题而提出的一种主流架构。经典的 CNN 通常在卷积层之后再使用全连接层得到固定长度的特征向量，并用该特征进行分类。而 FCN 采用卷积层替代全连接层，结合反卷积操作，无须逐像素分类，极大地降低了计算消耗，并一定程度上提升了语义分割的精度。然而，由于池化操作逐层增加，细节信息丢失的问题仍未得到有效解决。

3. 目标识别

目标识别与图像检索或语义分割有一定的联系，但区别也很明显。遥感图像检索是从一幅图像(或图像块)中以一定的概率发现某类物体，并不能识别物体的数量和精确位置。语义分割是像素级的操作，而不是在目标或对象层次。目标检测指识别并定位出“某类物体中的某个实例”，如建筑物类别中的某栋房屋。在深度学习中，目标识别通常归结为最优包容盒的检测。如待检索目标是飞机或建筑物，则其轮廓的外接矩形框则为其包容盒。包容盒检测也称为包容盒回归(regression)。回归与标签分类相对。如以上所述的图像检索、语义分割、类别标签都是离散量，可归纳为一个分类(classfication)问题。而包容盒回归所对应的标签是连续量，即四个坐标值。要得到这些连续量的最优估计，在数学中就是一个回归问题。在深度学习广泛应用之前，传统的图像目标识别方法通常采用人工设计特征的方式，如 SIFT 和 HOG(在第 6 章中将详细介绍)。然后，采用滑动窗口的穷举策略，在给定的图像上进行遍历，确定候选区域，然后对这些区域进行特征提取，再使用训练好的分类器进行分类。传统方法的问题在于：基于滑动窗口的区域选择策略没有针对性，高时间复杂度，高窗口冗余度；其次，人工设计的特征鲁棒性较差。针对滑动窗口的区域选择问题，基于候选区域的卷积神经元网络(Region-based CNN，R-CNN)提供了很好的解决方案，并成为目标识别方向的主流基础框架。R-CNN 首先利用图像中的纹理、边缘、颜色或者多层卷积网络提取的特征，预先找出图像中目标可能出现的位置，以保证在较少的窗口中保持较高的召回率，大大降低了后续操作的时间复杂度。R-CNN 在检测精度上较传统方法有显著提升，但其效率方面仍存在较大改进空间。

4. 矢量提取

摄影测量的关键任务之一是为各行各业提供地形图或电子地图。而这些地图通常以矢量形式表示。因此，如何从遥感图像，一步到位地提取各类矢量地图，才是真正的终极目标。从图像中端到端(end-to-end)地提取矢量地图是如此艰难的挑战，因此几乎没有传统方法可供参考。深度学习的广泛普及与持续深化研究，有望为实现这一终极目标提供关键契机。虽然目前还没有直接的应用实例，但深度学习相关的研究可以给我们一些参考。其中，人体关键点识别就是其中之一。将人体看作一系列关键点的组合，关键点的连线就构成了矢量。而人体关键点识别中的主要技术就是基于 CNN 框架并采用回归算法。以摄影测量与遥感中经典的建筑物提取为例，目标是从遥感影像生成建筑物的矢量图。针对多边形建筑物，矢量图可通过按顺序连接建筑物顶点并回归这些顶点获得，这一过程与人体关键点检测有一定的相似之处。然而，如何从遥感影像实现高精度的矢量图自动提取，仍是当前亟待解决的挑战。

5. 立体匹配

立体匹配是摄影测量中的核心问题，深度学习的立体匹配方法发展迅猛，但目前大多数商业软件仍采用 SGM、MVM 等经典方法（在第 6 章中将详细介绍）。基于深度学习来获取深度图有两种模式。第一种是将深度学习用于计算核线立体像对间更恰当的匹配代价，以取代人工设计的代价函数；第二种是端到端地从原始立体像对中直接学习出深度图（视差图）。2016 年，Zbontar 和 LeCun 提出 MC-CNN（Matching Cost CNN），是深度学习在立体匹配的应用算法，利用卷积神经元网络来学习匹配代价。传统的匹配代价包括亮度绝对值差异、相关系数、欧氏距离、交叉熵等，这些代价往往不是最优的，会受到亮度突变、视差突变、无纹理或重复纹理、镜面反射等不利条件的影响。而深度学习方法采用了一种简单的连体卷积网络（siamese network），试图通过多层非线性神经元网络学习出更加稳健的匹配代价。左右立体图像分别通过一系列卷积提取特征，在最后一层上做一次归一化操作，然后对两个单位特征向量进行点乘，得到匹配代价。这个点乘计算与摄影测量中常用的"灰度相关"完全一致。但是，由于点乘计算不是在原始的图像亮度上进行，而是在高级的卷积特征中进行，其效果要好很多。此后，用深度学习进行立体匹配的研究成了热门课题，许多学者纷纷提出各类匹配算法，如 SGMNet、DispNetC、Content-CNN 等。尽管基于深度学习的立体匹配方法在有限的自然图像测试集上表现优异，但其普适性仍有待验证，特别是在航空、航天遥感影像及线阵、曲面等特殊传感器数据上的适用性仍需进一步检验。在短期内，深度学习方法是否能取代构造性的经典密集匹配方法将是受关注的焦点之一。

上述应用的实现既依赖摄影测量学自身的技术突破，也需要智能科学领域的持续发展。当前以深度学习为主流的智能方法仍存在缺陷。深度学习需要大量的精确样本，以弥补其泛化和外推能力的缺陷，而遥感成像的远距离辐射传播机制使得高质量样本的获取成本更高、挑战更大。小样本学习是人类的本能，借助知识做推理和联想更是人类的优势所在。虽然深度学习方法在一次学习中获得了一些进步，但无论是现在的深度学习，还是未来更先进的智能方法，都需要进一步向人学习，做到真正的"智慧"。

◎ 思考题

1. 摄影测量的三个发展阶段及其特点各是什么？
2. 什么是数字摄影测量？它与传统摄影测量的区别是什么？
3. 你所理解的智能摄影测量与数字摄影测量的根本区别是什么？

4. 当代摄影测量数据获取和处理具有哪些特点?
5. 列举你所知道的深度学习在摄影测量中应用的实例。
6. 当代摄影测量遇到哪些新问题?解决这些问题的关键技术有哪些?
7. 试述数字摄影测量的任务及现状。

第 2 章　数字影像基础

数字影像自动测图处理的原始资料是数字影像，因此，对影像进行采样与量化以获取所需要的数字影像，是数字影像自动测图最基础的工作。本章介绍有关数字影像及其采样、量化的理论，数字影像传感器的基础知识与检校，以及影像重采样理论。

2.1　摄影测量传感器

随着科学技术的发展，摄影测量传感器也得到了快速的发展。这些传感器不仅能获取数字影像，而且能获取影像的位置与姿态，甚至直接获取数字表面模型(Digital Surface Model，DSM)。这些传感器主要有摄影测量影像传感器、定位定向系统(Position Orientation System，POS)、激光扫描系统(Light Detection And Ranging，LiDAR)与干涉雷达(Interferometric Synthetic Aperture Radar，InSAR)等。

2.1.1　影像传感器

最常见的影像传感器是相机，包括胶片相机和数码相机。在航空摄影测量领域，各种类型的数码相机已经取代胶片相机，成为光学影像数据的主要获取手段。在航天摄影测量领域，星载线阵相机正朝着高空间分辨率、高时间分辨率和高光谱分辨率的方向发展，成像方式也向多样化的方向发展，从单线阵推扫式成像逐渐发展到多线阵推扫式成像。根据成像方式的不同，摄影测量影像传感器可以分为两大类：面阵相机和线阵相机。

2.1.1.1　面阵相机

面阵相机又称为框幅式相机，它是以面为单位进行影像采集的成像工具，可以一次性获取一幅被摄物体的影像，具有测量影像直观的优势，主要包含单面阵相机和多面阵相机。

1. 单面阵相机

单面阵相机是指全色影像(或 Bayer 彩色影像)仅由单个面阵 CCD 成像得到，但它不代表相机内仅集成有 1 块 CCD 芯片。如 Z/I Imaging 公司的第二代数码航摄仪，相机内部包含 5 块 CCD，其中仅有 1 块大像幅全色 CCD，其他 4 块 CCD 分别在红、绿、蓝和红外波段成像，为全色影像提供颜色信息。单面阵相机通常具有相对简单的机械结构，不需要进行多影像的拼接，单张影像内部的几何误差分布较均匀。

受 CCD 制造工艺的限制，航空摄影测量中采用的单面阵相机大多数为中小像幅尺寸，例如无人机和近景摄影测量所使用的各种数码相机。近年来，专业相机厂商研制出大像幅的单面阵相机，已发布的型号包括 RMK DX、DMC Ⅱ、DMC Ⅲ系列，其中 DMC Ⅲ像幅最大，影像分辨率可达 14592×25728 像素(3.75 亿像素)。

一般单面阵相机像幅小、视场角窄，飞行效率低，影像数量巨大，有效信息少，后续数据处理和生产效率低下。特别是其较小的视场角，直接限制了摄影测量的基高比，导致测图高程精度不高。为解决单面阵传感器视场角小的问题，一般多采用将多个小面阵拼接形成组合面阵数字相机。

2. 多面阵拼接相机

多面阵拼接相机采用多块 CCD 以一定重叠对目标区域分别成像，然后将多个子影像拼接成为较大像幅的虚拟影像。目前，国际主流大幅面航空相机的设计理念是利用数字图像处理的方法将多个互有重叠的子相机同步获取的影像进行拼接，得到一幅像幅更大、视场角较宽的中心投影影像。根据 CCD 面阵数量和排列方式的不同，可以大致将该类相机分为四个子类。

第一类：以 Z/I Imaging 公司的第一代 DMC 航摄相机为代表，采用四块同样大小的 CCD 芯片组成 2×2 的阵列，分别成像并进一步组成虚拟影像，如图 2-1-1 所示。

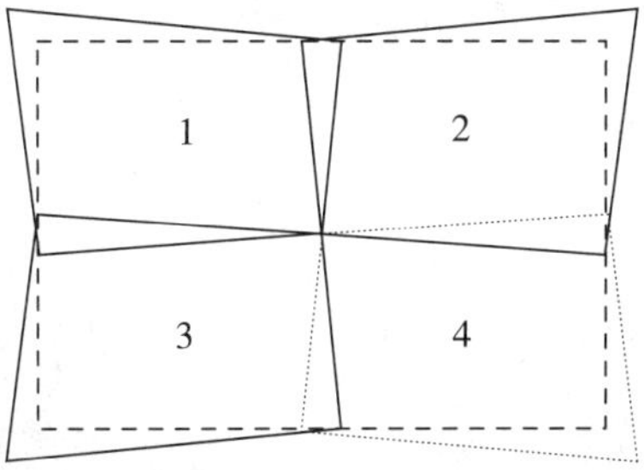

图 2-1-1　DMC 虚拟影像拼接

第二类：以 Vexcel 公司 UltraCam 系列相机为代表。如图 2-1-2 所示。该类相机的特点是采用了顺序曝光的机制，使多个子相机尽量在同一位置曝光，而不是多相机同时成像。Vexcel 公司生产的大像幅相机，如 UltraCam-D、UltraCam-X 和 UltraCam Eagle 等型号，采用 9 块全色 CCD 芯片，分别在 4 个时间点曝光；中像幅相机的型号有 UltraCam-L 和 UltraCam-Lp，仅包含两块全色 CCD，并分两次曝光。

第三类：以 Visual Intelligence 公司的 Iris 系列相机为代表。如图 2-1-3 所示。该类型相机由一组按一定角度分布的小像幅相机固连构成，相机排列方向垂直于飞行方向，最终拼接出一条宽像幅的虚拟影像。

第四类：以 VisionMap 公司的扫描全景相机 A3 为代表，如图 2-1-4 所示。它由两台焦距为 300mm 相机组成，每台相机视场角非常小，仅为 6.9°×4.6°，不可能用传统方法进行交会。该相机采用扫描(旋转)摄影(图 2-1-4(a))来增大视场角，最大扫描视场角可达

104°(图 2-1-4(b))，图 2-1-4(c)所示为多条航带摄影的“幅宽”，它主要由旁向重叠构成“立体”，与传统摄影测量主要由航向重叠构成“立体”相比，其具有鲜明的特点。

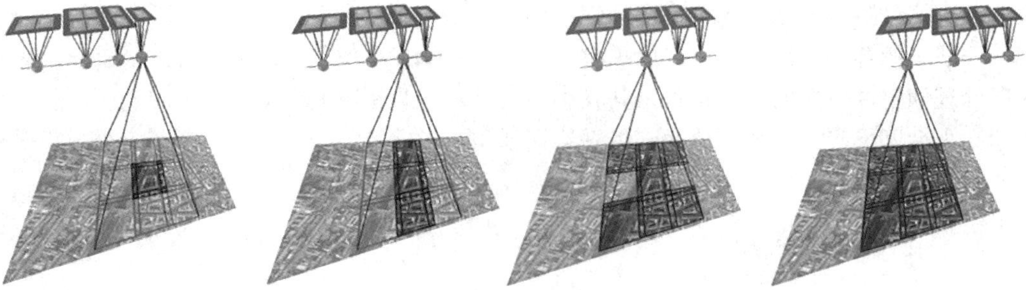

图 2-1-2　UltraCam-D 相机的顺序曝光机制

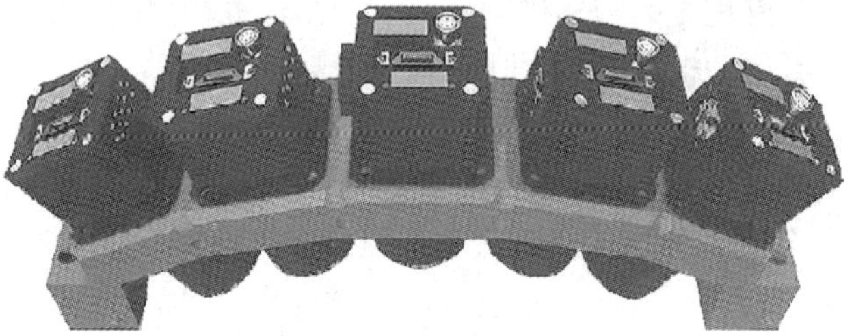

图 2-1-3　Iris One 50 相机

(a)长焦相机扫描全景摄影

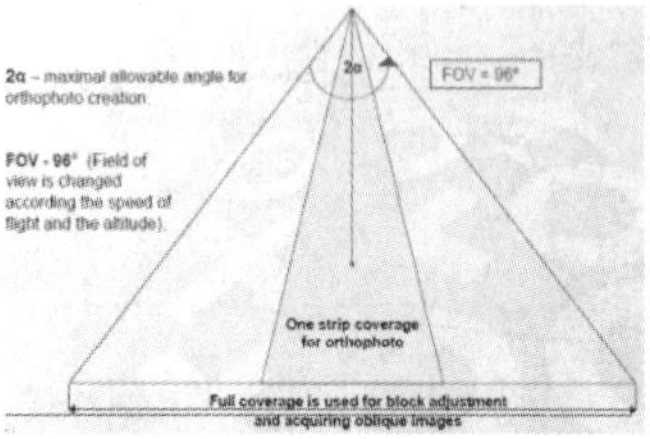

(b)一次扫描摄影

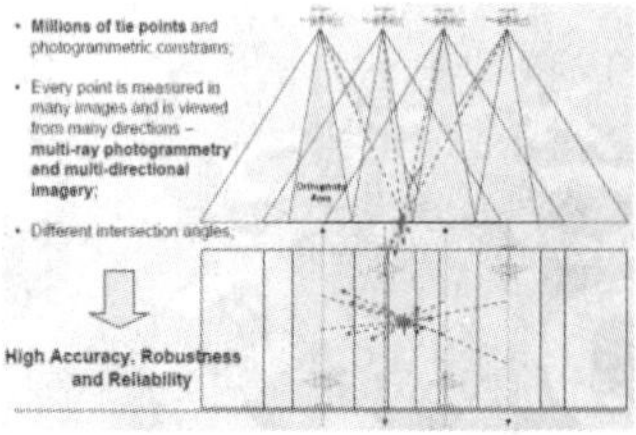

(c)多航带扫描摄影

图 2-1-4　VisionMap 扫描全景相机 A3

近年来，倾斜相机逐渐成为现代的研究热点。倾斜相机系统由一台垂直安置和多台倾斜安置的相机联合组成，由于其获取影像时具有较大的倾斜角，倾斜影像兼具传统垂直摄影和地面摄影的特性，即能够同时获得地物顶面和侧面的信息，主要用于城市三维建模中建筑物侧面纹理的获取。由于倾斜摄影系统搭载多个方向的相机，从而可以对同一地物在多个视角成像。多视影像能够提供更多的信息，遮挡更少，且具备相互验证的能力。因而近年来，倾斜影像在世界范围被广泛应用。

如今，众多的厂商，如 Track’Air、Vexcel、IGI 等，都推出了倾斜摄影系统，表 2-1-1 列出了国内外主要厂商研制的倾斜摄影测量系统。

表 2-1-1　　国内外倾斜摄影测量系统

公司	系统名称	特　点	倾斜相机实物图
Vexcel	UltraCam Opesys	• 4 个垂直相机+6 个倾斜相机 • 垂直相机可获得 1 幅 9000 万像素的全色影像、1 幅真彩色 RGB 影像和 1 幅近红外影像 • 6 个倾斜相机：2 个前视、2 个后视，另外左右各 1 个，倾斜角度均为 45° • 垂直与左右的倾斜相机成像区域存在重叠，视场角达到 115°	
IGI	Quattro DigiCAM Oblique	• 4 个倾斜相机的系统 • 相机幅面 8176×6132 • 像元大小 6μm • 相机倾角 45°	
Leica	RCD30 Oblique	• 1 个垂直相机+4 个倾斜相机 • 6000 万像素，可升级至 8000 万像素 • 像元大小 6μm • 相机倾角 35° • 4 个倾斜相机与垂直相机的成像范围都有重叠	
Trimble	AOS	• 1 个垂直相机+2 个倾斜相机，整个镜头在曝光一次后自动旋转 90°，通过这种方式获得前、后、左、右四个方向的倾斜和下视影像 • 倾斜影像与下视影像有部分重叠，呈现蝶形影像 • 相机幅面 7228×5428 • 相机倾角可调节(29°~49°)	
Track'Air	Midas	• 1 个垂直相机+4 个倾斜相机 • 相机采用 5 Canon EOS 1Ds Mk Ⅱ，2100 万像素 • 相机倾角可调节(30°~60°)	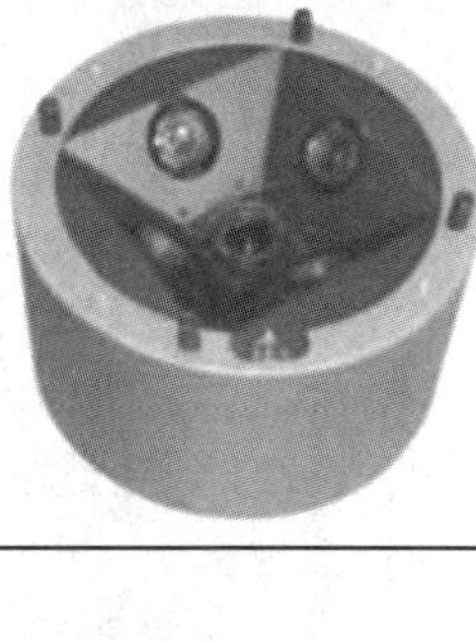

续表

公司	系统名称	特　　点	倾斜相机实物图
四维远见	SWDC-5	• 1 个垂直相机+4 个倾斜相机 • 相机幅面 8176×6132 • 像元大小 6μm • 相机焦距 100/80mm • 相机倾角 45°	
中测新图	TOPDC-5	• 1 个垂直相机+4 个倾斜相机 • 相机幅面：垂直 9288×6000，倾斜 7360×5562 • 像元大小 6μm • 相机焦距：垂直 47mm，倾斜 80mm • 相机倾角 45°	
上海航遥信息技术有限公司	AMC580	• 1 个垂直相机+4 个倾斜相机 • 相机幅面：10320×7752 • 像元大小 5. 2μm • 相机倾角 42°	

2. 1. 1. 2　线阵相机

线阵相机是利用安置在相机焦面上的一条或多条 CCD 线阵，通过推扫方式获得二维影像。线阵相机在每一个成像时刻只获取一行影像，对应地面上的一个狭长条，随着相机平台沿飞行轨迹前进，线阵 CCD 连续推扫形成二维影像。线阵相机主要分为航空和航天两类。

1. 航空三线阵/多线阵

航空三线阵/多线阵传感器包括单镜头和三镜头两种，单镜头三线阵/多线阵传感器主要代表有三线阵的 ADS40/80/100、StarImager 以及五线阵的 JAS 150 等。这种相机构成三线阵/多线阵的原理就是在焦平面上不同位置有多行 CCD 线阵列，包括红、绿、蓝、红外、全色等多光谱 CCD 探测器件。其中，三行/多行全色波段 CCD 探测器，分别在前视、下视、后视成像，传感器向前推扫时，这三个线阵/多个线阵 CCD 同时扫描成像，获取全色影像，一个航带扫描结束后，最终将会获取前、下、后三视/多视的三个/多个具有大重叠度的长条带影像。另外，还可以采用分色镜对自然光进行分光处理，由位于焦平面上的多光谱探测器来记录对应的多光谱信息。

以 ADS40 为例，它是由徕卡公司于 2000 年推出的第一款真正投入使用的商业化数字航空摄影测量系统。2008 年和 2013 年徕卡公司分别推出第二代和第三代数字航空摄影测量系统 ADS80 及 ADS100。ADS40 有 3 组全色 CCD 阵列，每组两个 CCD 并排放置，CCD 之间存在半个像素约 3.25μm 的错位，这种设计可以提高几何分辨率，每个 CCD 有 12000 个像素。4 个多光谱 CCD(红、绿、蓝和近红外波段)，每个也是 12000 个像素，同一种光谱的 CCD 还可以有多个投影方向。实际上单色波段的三组 CCD 不一定排列成相同的投影方向，其他的投影方向上也可以设置单色波段的 CCD，CCD 上每个像素大小是 6.5μm×6.5μm；ADS40 的焦距标定为 62.5mm。每个 CCD 在旁向方向上的视场角为 64°，感光范围分别为全色波段是 465~680nm，单色光谱中蓝色波段是 430~490nm，绿色波段是 535~585nm，红色波段是 610~660nm，红外波段是 835~885nm。

ADS40 利用三线阵中心投影，能够为每一条航带连续地获取不同投影方向(一般分为前视、后视和下视)和不同波段(包括全色波段，红，绿，蓝和近红外波段)的影像，其中任何两幅不同投影方向的影像(不论属于哪个波段)都可以构成立体像对(前视—后视，前视—下视，后视—下视)。ADS40 三个全色波段的成像如图 2-1-5 所示。

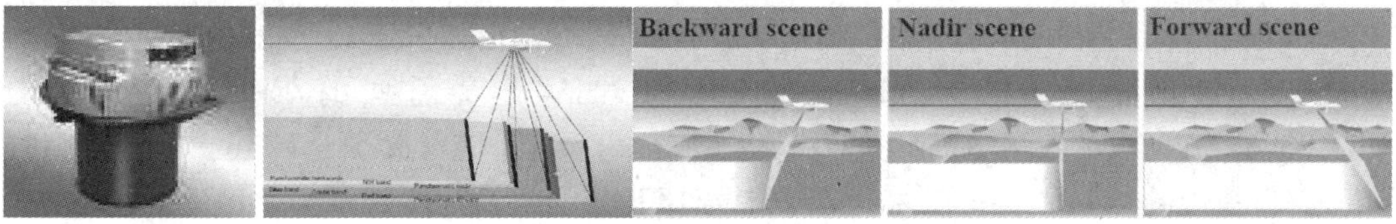

图 2-1-5 ADS40 数码航空摄影示意图

三镜头传感器主要代表是 3-DAS-1，如图 2-1-6 所示，该传感器设置有三个镜头，每个镜头的焦平面上都包含红、绿、蓝等多光谱成像 CCD 阵列。线阵推扫时，三个倾角不同的镜头分别对前下后视进行成像，获取前下后视的彩色影像。

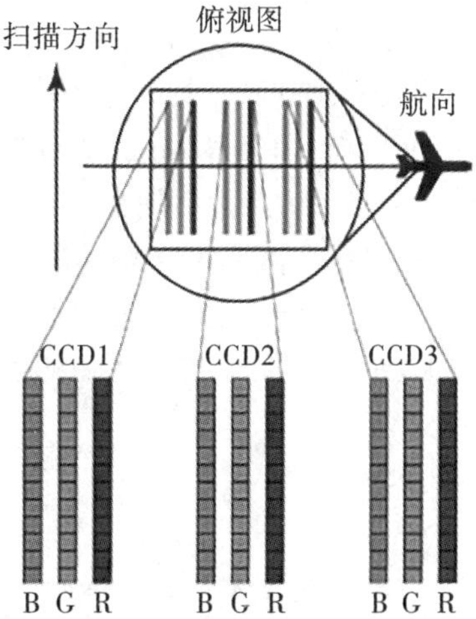

图 2-1-6 3-DAS-1 内部 CCD 阵列结构图

不管是单镜头三线阵/多线阵传感器还是三镜头三线阵传感器，目的都是获取三线阵/多线阵影像，进行立体测图。前者只能获取全色影像(黑白影像)，通过与多光谱影像进行融合才能得到彩色影像，后者通过三个镜头直接获取前、下、后三视三个条带的彩色影像。

2. 航天线阵相机

航天线阵相机根据所带的镜头数可以分为单线阵推扫式传感器和多线阵推扫式传感器。这两种传感器的主要区别在于同时生成的影像数目不同，单镜头只能生成一个条带影像，而多镜头可同时生成多个条带影像。前者主要用于一般的地图测图、城市规划、环境监测、土地调查及情报信息搜集等，后者除了上述应用，还专门用于立体测图、生成地面三维模型等。

1)单镜头对地观测卫星

为了得到高分辨率影像，对地观测卫星相机一般采用长焦距设计，按不同地面分辨率可以分为以下五种类别：

(1)超高分辨率：地面分辨率在 1m 以下的卫星称为超高分辨率卫星，知名的超高分辨率卫星主要有 GeoEye 公司的 IKONOS、GeoEye-1、QuickBird-2，DigitalGlobe 公司的 WorldView-1、WorldView-2、WorldView-3、WorldView-4，以色列的 EROS-B，韩国的 KOMPSAT-2，印度的 CartoSat-2，俄罗斯的 Resurs DK-1(非近极地轨道)等，中国的“高景一号”(SuperView-1)、“高分二号”“高分七号”“高分十四号”等。

(2)高分辨率：地面分辨率在 1~4m 的卫星称为高分辨率卫星，主要包括中国的“北京一号”“北京二号”、CBERS-02B、ZY1-02C、ZY3、GF-1，英国的 TopSat，印度的 CartoSat-1，泰国的 THEOS，以色列的 EROS-A，德国的 RapidEye 星座，尼日利亚的 NigeriaSat-2，阿尔及利亚的 Alsat-2A、Alsat-2B，马来西亚的 RazakSAT(非近极地轨道)以及阿联酋的 DubaiSat 等。

(3)中高分辨率：地面分辨率在 4~8m 的卫星称为中高分辨率卫星，主要包括印度的 IRS-1C、IRS-1D、IRS-P6，俄罗斯的 Monitor-E-1 以及印度尼西亚的 LAPAN-Tubsat 等。

(4)中等分辨率：地面分辨率在 8~20m 的卫星称为中等分辨率卫星，主要包括美国的 LandSat-8，法国的 SPOT-2、SPOT-4，日本的 Terra/ASTER，中国的 CBERS-02，欧洲航天局的 PROBA/CHRIS，美国航空航天局的 EO-1/Hyperion，埃及的 Egyptsat-1，沙特阿拉伯的 Saudisat-3，新加坡的 X-Sat 以及土耳其的 RASAT 等。

(5)低分辨率：地面分辨率在 20~40m 的卫星称为低分辨率卫星，主要包括英国的 UK-DMC、UK-DMC-2，阿尔及利亚的 Alsat-1，尼日利亚的 NigeriaSat-1，土耳其的 Bilsat 以及西班牙的 Deimos-1 等。

2)立体测图卫星

为了进行立体观测，需要卫星在不同位置获取同一地区的卫星影像，而且基高比要尽量大，立体像对的获取时间不能相差较大，才能获得良好的立体观测效果。因此，一些卫星上搭载了双镜头或者三镜头传感器，这些传感器通过倾斜不同角度的镜头，获取双线阵或者三线阵同轨立体像对。搭载这类传感器的卫星主要有法国的 SPOT-5，日本的 ALOS/

PRISM、Terra/ASTER，印度的 CartoSat-1，以及中国的“天绘一号”(TH-1)、“资源三号”(ZY-3)、“高分七号”(GF-7)和“高分十四号”(GF-14)等。图 2-1-7 所示为“天绘一号”卫星有效载荷及成像原理。“天绘一号”卫星采用了 CAST2000 小卫星平台，一体化集成了三线阵、高分辨率和多光谱等 3 类 5 个相机载荷。目前，“天绘一号”已成功发射 01 星、02 星、03 星、04 星，四颗卫星在轨组网运行稳定，已具备规模化数据保障能力。

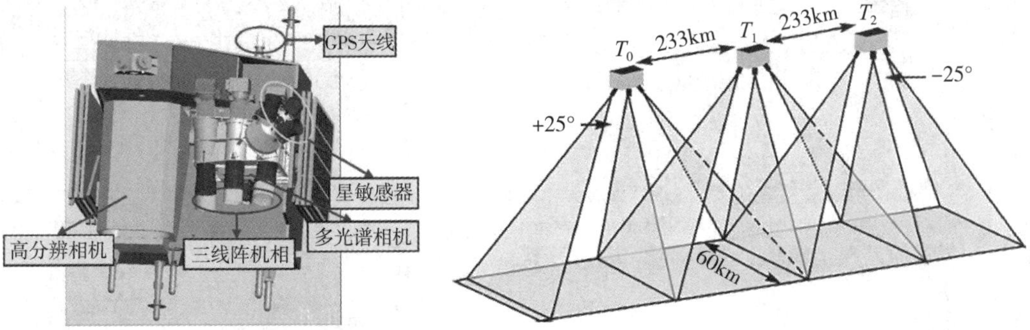

(a)卫星有效载荷示意图　(b)立体影像成像原理

图 2-1-7 “天绘一号”卫星有效载荷及成像原理

3)卫星相机的拼接技术

为了扩大影像的幅宽，常用的办法是采用多个 CCD 阵列并列同时成像，然后再将这些 CCD 获取的影像进行拼接得到宽幅线阵影像，形成多线阵拼接相机。多线阵拼接相机主要有两种方式：单镜头多线阵拼接相机和多镜头多线阵拼接相机。

(1)单镜头多线阵拼接：在一个相机的焦平面上摆放多个子线阵 CCD。大多数卫星相机采用该种方式，如美国 WorldView 系列卫星相机、IKONOS 卫星相机、QuickBird 卫星相机、印度 IRS-1C 卫星全色相机、日本 ALOS 卫星 PRISM 传感器的三线阵相机、法国 Pleiades 卫星 HR 相机等，中国的 CBERS-02B 卫星 HR 相机、“天绘一号”卫星 HR 相机和“资源三号”卫星三线阵相机等，它们的拼接原理如图 2-1-8 所示。

(2)多镜头多线阵拼接：采用多个镜头进行拼接，每个镜头内部存在一条或多条 CCD 线阵，采用该拼接方式的卫星有中国的“资源一号”02C 卫星 HR 相机、“高分一号”宽覆盖相机(WFV)。其中，“资源一号”02C 卫星具有两台 HR 相机，每台 HR 相机焦面上排列有 3 个子 CCD 线阵；“高分一号”宽覆盖相机则由 4 台多光谱相机构成，每台多光谱相机具有一个 CCD 线阵，幅宽为 200km，拼接后的宽覆盖影像的幅宽为 800km。

2.1.2 定位定姿传感器

2.1.2.1 航空测量定位定姿

定位定向系统(POS)是专为传感器直接对地定位而设计的设备。其核心部件为全球卫星导航系统 GNSS 和惯性测量单元 IMU，POS 能使地理空间数据的获取变得更高效、迅速和经济。最知名的 POS 厂商主要包括加拿大的 Applanix POS AV 系列与德国的 IGI AERO

Control 系列。

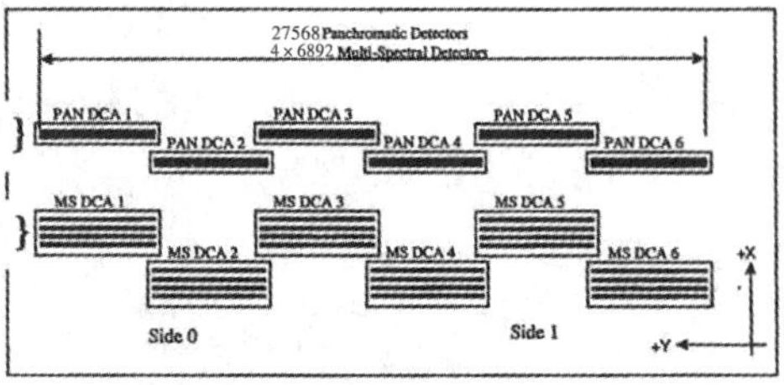

(a) QuickBird 卫星全色/多光谱相机 CCD 排列

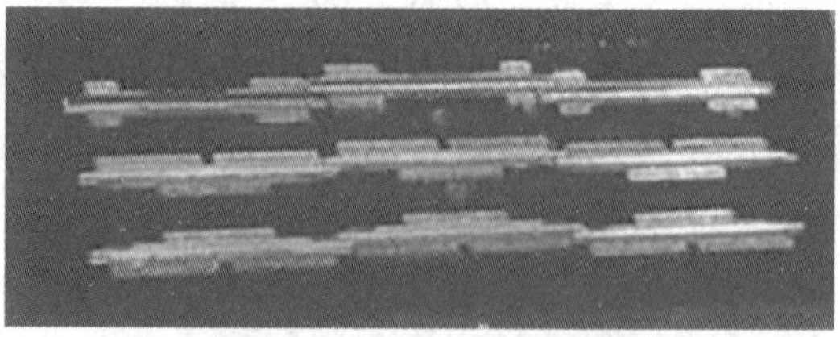

(b) IKONOS 卫星全色/多光谱相机 CCD 排列

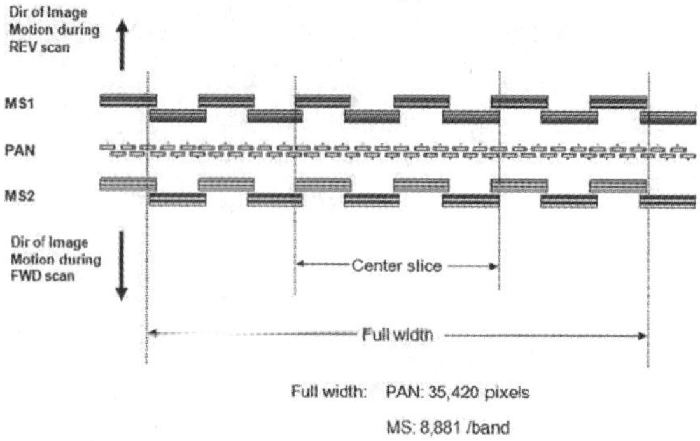

(c) WorldView-2 卫星全色/多光谱相机 CCD 排列

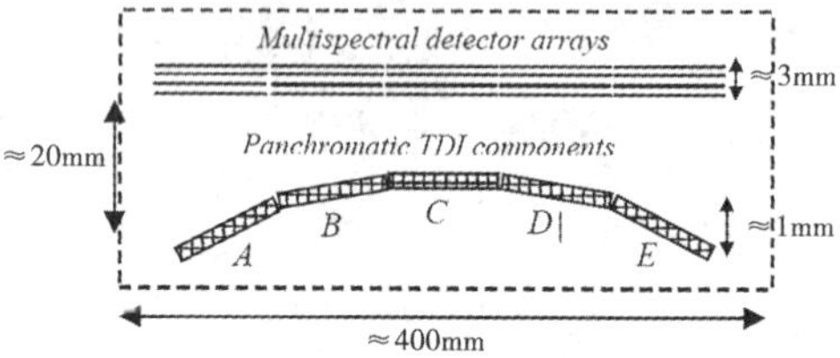

(d) Pleiades 卫星 HR 相机 CCD 排列

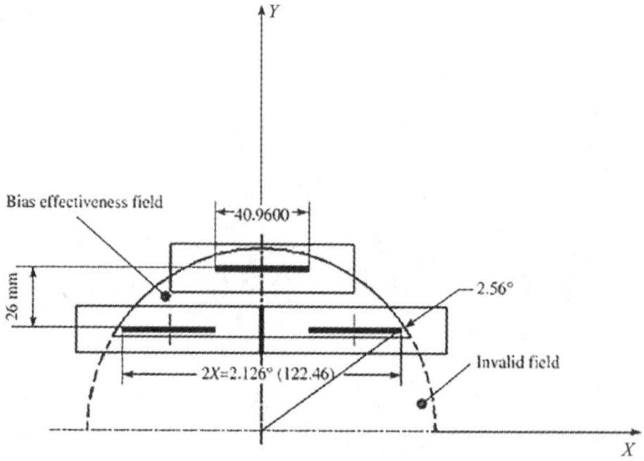

(e) CBERS-02B 卫星 HR 相机 CCD 排列

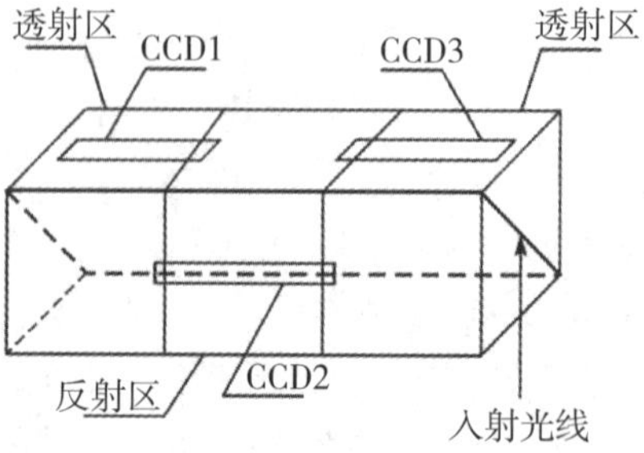

(f) “资源三号”卫星正视相机 CCD 排列

图 2-1-8　单镜头多线阵拼接相机 CCD 排列

1. POS AV

Applanix POS AV 设备的组件包括以下四项。

(1) GNSS 接收器：接收全球卫星导航系统 GNSS 的信号，确定设备的空间位置。

(2) IMU：IMU 全称是惯性测量单元(Interial Measurement Unit)，其根据惯性原理记录设备的姿态变化值。

(3) 信息处理系统：根据接收的 GNSS 数据和 IMU 数据，实时解算设备的位置和姿态，并及时输出给外部设备。

(4)数据处理软件 POSPac：根据 POS 原始记录的数据，结合 GNSS 数据、精密星历以及用户定义的坐标基准等解算设备的精密位置和姿态。

POS AV 系统共有 310、410、510 和 610 四个系列，其中 510 和 610 可用于航空摄影辅助测量，其后处理分为差分 GNSS 和 PPP 两种定位模式，组合以后的标称精度如表 2-1-2所示。

表 2-1-2　**POS AV 510、610 后处理定位定姿精度**

POS AV	差分 GNSS		PPP	
	510	610	510	610
平面位置(m)	<0.05	<0.05	<0.1	<0.1
高程(m)	<0.1	<0.1	<0.2	<0.2
速度(m/s)	0.005	0.005	0.005	0.005
水平角(°)	0.005	0.0025	0.005	0.0025
航向角(°)	0.008	0.005	0.008	0.005

POS AV 的实际精度还受测区的几何构型、大气变化状况和环境影响等因素影响。值得一提的是，POS 系统的定位精度主要取决于 GNSS 的定位精度，而定姿精度主要取决于 IMU 的性能，衡量 IMU 性能的主要指标是陀螺零偏，此处的 POS AV 510 所用的陀螺零偏为 0.1°/h，而 POS AV 610 所用的陀螺零偏小于 0.01°/h。

2. IGI AERO Control

IGI AERO Control 与 POS AV 类似，其核心部件由光纤陀螺惯性测量单元(IMU-IID)、计算机、GNSS 接收机组成。

AERO Control 设备的标称定位精度优于 0.1m(RMS)，定姿精度 Heading 为 0.01°、Roll 和 Pitch 可达到 0.004°，AERO Control 的相关精度如表 2-1-3 所示。

表 2-1-3　**AERO Control 的相关精度**

性　　能	AERO Control Ⅰ	AERO Control Ⅱ	AERO Control Ⅲ
位置(m)	0.05	0.05	0.05
速度(m/s)	0.005	0.005	0.005
Roll/Pitch(°)	0.008	0.004	0.003
真航向(°)	0.015	0.01	0.007
可用数据频率	128Hz，256Hz	128Hz，256Hz	400Hz

2.1.2.2　航天测量定轨定姿

1. 低轨卫星 GNSS 定轨

卫星定轨是根据带有随机误差的观测数据和轨道动力学模型，依照一定的准则，对卫星轨道状态参数、动力学模型参数、观测模型参数等进行最优估计的过程。目前，国内外低轨卫星的定轨方法可主要归结为以下三种。

(1)几何学定轨方法：几何学定轨的原理来自 GNSS 单点定位，要求接收机至少观测到 4 颗 GNSS 卫星，分别用伪距、载波相位和多普勒频移观测数据直接计算接收机天线相位中心的位置和速度。几何学定轨的优点是原理简单、计算量小。但是其缺点非常明显，定轨精度受观测数据质量限制；观测卫星数少于 4 颗时，就无法进行几何学定轨；解算的速度精度低，无法进行轨道预报等。

(2)动力学定轨方法：根据卫星的动力学模型，通过对其运动方程的数值积分将后续观测时刻的卫星状态参数归算到初始位置，用一个轨道弧段的不同时刻观测数据来估计确定初始时刻的卫星状态。动力学定轨法受到卫星动力模型误差的限制，例如地球引力模型误差、大气阻力模型误差等。因此在动力学定轨中，通过增加摄动力模型参数和经验力模型参数，并频繁调节模型参数来吸收摄动力模型误差，以提高动力学定轨的轨道精度。

(3)简化动力学定轨方法：充分利用卫星的动力学模型与几何观测信息，通过估计经验力的随机过程噪声(一般为一阶 Gauss-Markov 过程模型)，对动力学模型信息与几何观测信息做加权处理，利用过程噪声参数来吸收卫星动力学模型误差。也就是说，在定轨数据处理中，通过增加动力学模型过程噪声的方差，降低动力学模型在解中的作用，定轨结果偏向于几何学定轨。如果增加观测数据的噪声，观测数据在定轨中作用降低，该定轨方法转化为动力定轨方法。因此，通过合理调节动力学模型和观测噪声的随机模型，使定轨结果趋向于最优结果。

根据卫星任务对卫星轨道参数需求的时间延迟，卫星定轨可以分为实时自主定轨和事后精密定轨两种。实时自主定轨通常采用简化动力学定轨方法，将定轨算法和软件进行优化和简化，移植到星载 GNSS 接收机内部。当接收机观测得到新的观测数据后，立即进行数据处理并更新和预报低轨卫星轨道参数，满足卫星对轨道参数的实时需求。事后精密定轨是指观测数据下行到地面，使用高精度的 GNSS 精密星历和精密钟差，采用精确的轨道动力学模型和严密的观测数据建模，通过定轨数据处理获得低轨卫星的精确轨道参数，满足低轨卫星科学应用对高精度轨道参数的需求。

2. 恒星敏感器定姿

恒星敏感器(简称星敏仪)是以恒星作为姿态测量的参考源，可输出恒星在星敏感器坐标下的矢量方向，为航天器的姿态控制和天文导航系统提供高精度测量数据。图 2-1-9 给出了恒星敏感器的工作原理示意图，恒星敏感器通常包含全天球识别工作模式和星跟踪工作模式。在全天球工作模式下，恒星敏感器通过光学镜头在视场范围内拍摄得到星图，经过星点质心定位、星图识别和姿态计算等步骤之后，直接输出姿态信息。在星跟踪模式下，恒星敏感器利用先验姿态信息，进入星跟踪算法模块，通过局部的星点质心定位和识别最终解算出当前姿态信息。

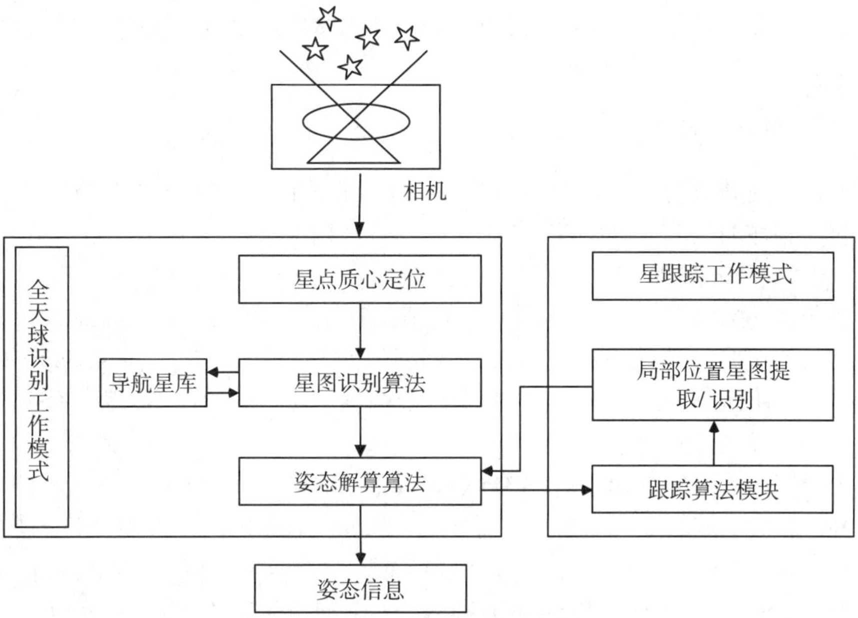

图 2-1-9　星敏感器工作原理示意图

对地观测卫星对卫星定姿精度的需求很高，一般需要搭载多个恒星敏感器和高精度陀螺仪进行组合定姿。每个恒星敏感器通过星图识别和姿态解算，得到星敏测量坐标系相对于惯性坐标系的姿态矩阵，通常用姿态四元数来表示，在不同时刻的惯性坐标系与星敏测量坐标系之间建立联系。在遥感卫星的对地摄影测量中，需要摄影相机相对于地球固定坐标系的姿态矩阵，因此，还需要进行多次坐标系转换来实现。如图 2-1-10 所示，J2000 惯性坐标系与地球固定坐标系间的转换需要经过岁差矩阵、章动矩阵、恒星时角旋转矩阵、极移矩阵的连续旋转得到，恒星敏测量坐标系与卫星本体或摄影相机坐标系之间的转换由实验室标定的安置矩阵来实现。

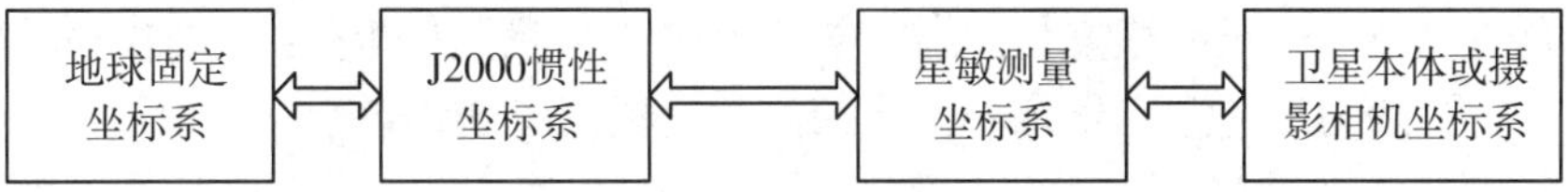

图 2-1-10　不同坐标系的卫星姿态的转换关系

由此可知，卫星定姿就是由带有粗差、系统误差和随机误差的星敏与陀螺仪等观测数据，通过一定的数学准则，最优估计星敏测量坐标系相对于 J2000 惯性系的姿态矩阵，然后通过坐标转换，确定卫星本体或摄影相机坐标系相对于地球固定坐标系的姿态矩阵。

2.1.3　激光扫描系统

LiDAR 是激光探测及测距系统(Light Detection and Ranging)的简称，也称 Laser Radar

或 LADAR(Laser Detection and Ranging)，是以发射激光束探测目标的位置、速度等特征量的雷达系统。其工作原理为向目标发射探测信号(激光束)，然后接收从目标反射回来的信号(目标回波)，并与发射信号进行适当处理，就可获得目标的有关信息，如目标距离、方位、高度、速度、姿态，甚至形状等参数。系统由激光发射机、接收机、转台和信息处理单元等组成。

2.1.3.1　机载激光扫描仪

机载 LiDAR 能够快速获取高分辨率 DSM 以及地面物体的三维坐标，在国土资源调查及测绘等相关领域具有广阔的应用前景。知名的机载 LiDAR 系统有 Leica ALS、Optech ALTM、Reigl VQ 和 LMS 系列。

徕卡机载激光扫描仪(Leica ALS)主要包括三种型号 ALS80-CM、ALS80-HP、ALS80-HA。徕卡 ALS80-CM 是为低空测量城市或者狭长地图应用而设计，而 ALS80-HP 是为大部分飞行测量应用而设计，它能通过不同的飞行高度适应不同的地形，而 ALS80-HA 则是一款适用于高海拔飞行的型号。

加拿大 Optech ALTM 系列包括 ALTM Gemini 和 ALTM PegasusHD500 等。ALTM Gemini 可应用在高海拔大区域的全自动测图，而 ALTM PegasusHD500 可提供高密度的数据采样。

奥地利 Riegl 机载 LiDAR 包括 VQ 系列和 LMS 系列。Reigl VQ 系列有 Reigl VQ-380i、Reigl VQ-480i、Reigl VQ-580、Reigl VQ-880-G 及 Reigl VQ-1560i 等，主要应用于超大区域/高海拔地区测量。Reigl LMS 系列包括 Reigl LMS-Q680i、Reigl LMS-Q780、Reigl LMS-Q1560 等，其特点是具有很好的测量覆盖能力。

2.1.3.2　星载激光扫描仪

星载 LiDAR 系统主要应用于全球范围内的测绘、大气探测以及深空探测等。目前一些空间大国开展了相关研究，如美国、欧洲、中国、日本等都研制了一些星载 LiDAR 系统。美国的主要星载雷达系统有 GLAS(第一个专门用于地球测量的激光雷达系统)、LOLA(月球轨道高度计)、ATLAS(先进地形激光测高系统)等。日本于 2007 年发射的 SELENE 卫星上搭载的 LALT 星载 LiDAR 系统，可以测绘出月球地形。2007 年 10 月，我国首颗探月卫星“嫦娥一号”CE-1(ChangE-1)发射成功，其搭载的激光高度计 LAM(Laser Altimeter)是我国第一个星载激光传感器，核心部件均为我国自主生产。2010 年 10 月发射的“嫦娥二号”搭载的改进激光传感器，将探测频度提高了 5 倍以上。

我国 2016 年 5 月 30 日发射的“资源三号”02 星搭载的激光测距仪，是我国首台对地观测激光测距仪，在 500km 轨道上可实现 1m 的测量精度。其获取的激光点可作为高程控制点，辅助“资源三号”02 星主载荷进行立体测绘，对于提高我国对全球三维地形的测量精度具有重要的意义。

我国 2019 年 11 月 3 日发射的“高分七号”立体测绘卫星也搭载激光测距仪，用于获取高精度激光点辅助光学立体影像的区域网平差，以提高立体影像无控定位精度，实现 1∶10000比例尺测图。

2.1.4 合成孔径雷达

合成孔径雷达(Synthetic Aperture Radar，SAR)是一种工作在微波波段的主动式传感器，即主动发射电磁波照射到地面，经过地面反射，由传感器接收其回波信息。SAR作为一种有源微波侦察探测成像系统，采用侧视成像，具有高分辨宽测绘带、远距离、强穿透等独特的优势，不受云雾、雨雪等天气影响，可全天时、全天候对地观测。

SAR诞生于20世纪50年代，经过60多年的蓬勃发展，其发射带宽从数十兆赫到现在的数吉赫，微波光子雷达带宽甚至达到10GHz。对应的平面分辨率从最初的数十米到现在的厘米级。分辨率提高后，能看清目标细节结构特征信息，成像质量已经达到光学卫星图像的水准。目前合成孔径雷达已广泛应用于战场侦察、地形测绘、海洋监视监测和应急防灾减灾等军用和民用领域。国际上美国、德国、加拿大、俄罗斯等国家均研制出了机载和星载SAR系统。最近几十年，我国的SAR技术也得到飞速发展，多种高分辨率雷达系统已装载在侦察机和战斗机上，多颗雷达卫星已在轨运行，服务于海洋、农牧、交通、减灾等多个领域，取得了很好的应用效果。

星载SAR由于运行轨道高、运行稳定、无运动误差以及全天时、全天候和全球观测等优势，已成为目前重要的遥感探测手段。新型星载雷达卫星的地面分辨率也越来越高，最高达到0.3m(如美国Lacrosse-5和Discoverer Ⅱ)。典型SAR卫星有美国的Seasat-A、SIR-A、SIR-B及Lacrosse卫星，加拿大的RadarSat-1和RadarSat-2卫星，德国TerraSAR-X卫星、意大利Cosmo-Skymed卫星，日本ALOS和ALOS-2卫星等。

目前机载SAR系统向着高分辨率、多极化、多波段、极化干涉测量的方向发展，分辨率已经达到0.1m。比较著名的机载SAR系统有美国Sandia实验室的MiniSAR系统、德国DLR研制的F-SAR系统、德国FGAN研制的PAMIR系统、法国宇航局的RAMSES系统等。MiniSAR是一种微型SAR系统，不但具有质量轻、体积小、成本低、便于装载侦察机的优势，还具备条带、聚束等多模式成像体制，可实现地面动态目标的检测与识别。F-SAR系统分辨率为0.2m，拥有全极化成像的性能。PAMIR雷达使用X波段成像，具备多通道、成像幅宽大、分辨高等特点，而且还具有动态目标检测和定位等功能，分辨率可达0.05m。RAMSES-NG带宽覆盖VHF波段到X波段，共有P、L、X、X-UHR四个波段，具体参数如表2-1-4所示。

表2-1-4 **RAMSES-NG的系统参数**

波　段	VHF-UHF	L	X	X-UHR
发射载频	340MHz	1.3GHz	9.5GHz	10GHz
极化	Full Polar	Full Polar	Full Polar	Dual Polar
带宽	240MHz	200MHz	1500MHz	4GHz
发射功率	500W	200W	200W	8000W
天线	Dipole	Patches network	Cornets	Parabol

图 2-1-11 为利用 X-UHR 波段对某机场进行超高分辨成像，试验场地平躺了一个工作人员，工作人员在人体躯干衣服里放了强散射金属条，成像图中可明显看到一个“X”形状。

图 2-1-11　RAMSES-NG 系统 4GHz 成像结果

SAR 利用接收的地物反射回波信息进行成像，其构像几何属于斜距投影，几何特点不同于中心投影或扫描类成像。高分辨率雷达影像主要存在斑点噪声、斜距影像的近距离压缩、透视收缩、叠掩、阴影及地形起伏引起的像点位移等几何方面的问题，使得 SAR 影像不能直接使用摄影测量的双像立体解析原理进行立体测绘，必须按其成像原理构建解析方法。

2.2　数字影像处理

2.2.1　数字影像

数字影像是一个灰度矩阵 g：

$$g = \begin{pmatrix} g_{0,\ 0} & g_{0,\ 1} & \cdots & g_{0,\ n-1} \\ g_{1,\ 0} & g_{1,\ 1} & \cdots & g_{1,\ n-1} \\ \vdots & \vdots & & \vdots \\ g_{m-1,\ 0} & g_{m-1,\ 1} & \cdots & g_{m-1,\ n-1} \end{pmatrix} \tag{2-2-1}$$

矩阵的每个元素 $g_{i,j}$ 是一个灰度值，对应着光学影像或实体的一个微小区域，称为像元素或像元或像素(pixel = picture element)。各像元素的灰度值代表其影像经采样与量化了的“灰度级”。若 Δx 与 Δy 是光学影像上的数字化间隔，则灰度值 $g_{i,j}$ 随对应的像素的点位坐标(x，y)

$$\begin{aligned} x &= x_0 + i \cdot \Delta x \quad (i = 0,\ 1,\ \cdots,\ n-1) \\ y &= y_0 + j \cdot \Delta y \quad (i = 0,\ 1,\ \cdots,\ m-1) \end{aligned} \tag{2-2-2}$$

如前所述，数字影像一般表达为空间的灰度函数，构成为矩阵形式的阵列。这种表达方式是与其真实影像相似的。但也可以通过变换，用另一种方式来表达，其中最主要的是通过傅里叶变换，把影像的表达由“空间域”变换到“频率域”。在空间域内是表达像点不同位置(x, y)处(或用(i, j)表达)的灰度值，而在频率域内则表达在不同频率中(像片上每毫米的线对数，即周期数)的振幅谱(傅里叶谱)。频率域的表达对数字影像处理是很重要的。因为变换后矩阵中元素的数目与原影像中的相同，但其中许多是零值或数值很小。这就意味着通过变换，数据信息可以被压缩，使其能更有效地存储和传递；其次是影像分解力的分析及许多影像处理过程，例如滤波、卷积及在有些情况下的相关运算，在频域内可以更有利地进行。其中所利用的一条重要关系，就是在空间域内的一个卷积相等于在频率域内其卷积函数的相乘；反之亦然。在摄影测量中所使用的影像的傅里叶谱可以有很大的变化。例如，在任何一张航摄像片上总可找到有些地方只包含很低的频率信息，而有些地方则主要包含高频，偶然地有些地区主要有一个狭窄范围的频率。航摄像片有代表性的傅里叶谱如图 2-2-1 所示。

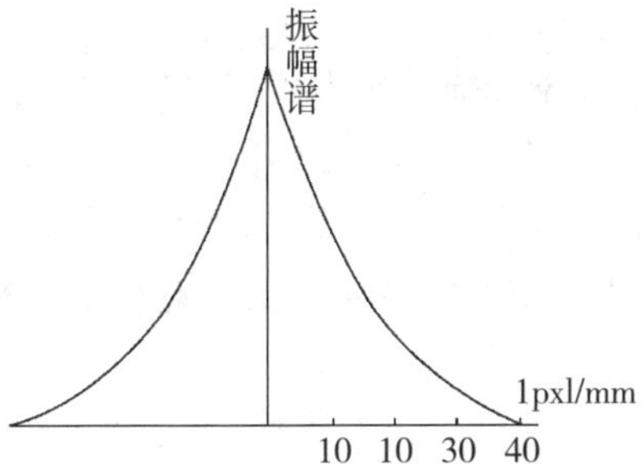

图 2-2-1 航摄像片傅里叶谱

2.2.2 数字影像量化

影像的灰度又称为光学密度。在摄影底片上，影像的灰度值反映了透明的程度，即透光的能力。设投射在底片上的光通量为 F_0，而透过底片后的光通量为 F，则透过率 T 或不透过率 O 分别定义为

$$T = \frac{F}{F_0}, \qquad O = \frac{F_0}{F} \tag{2-2-3}$$

透过率说明影像黑白的程度。但人眼对明暗程度的感觉是按对数关系变化的。为了适应人眼的视觉，在分析影像的性能时，不直接用透过率或不透过率表示其黑白的程度，而用不透过率的对数值表示：

$$D = \log O = \log \frac{1}{T} \tag{2-2-4}$$

式中，D 称为影像的灰度。当光通量仅透过 1/100，即不透过率是 100 时，则影像的灰度是 2。实际的航摄底片的灰度一般在 0.3~1.8 范围内。

影像灰度的量化是把采样点上的灰度数值转换成为某一种等距的灰度级。灰度级的级

数 i 一般选用 2 的 M 次方：

$$i = 2^M \quad (M = 1,\ 2,\ \cdots,\ 8) \tag{2-2-5}$$

当 $M=1$ 时，灰度只有黑白两级；当 $M=8$ 时，则得 256 个灰度级，其级数是介于 0 与 255 之间的一个整数，0 为黑，255 为白。由于这种分组正好可用存储器中 1B(8bit)表示，所以它对数字处理特别有利。如果影像的细节信息特别丰富，可取 $M=11$ 或 12，此时有 2048 或 4096 个灰度级，需要 11bit 或 12bit 存储一个像元。

影像量化误差与凑整误差一样，其概率密度函数是在[-0.5, 0.5]之间的均匀分布，即

$$p(x) = \begin{cases} 1, & -0.5 \leqslant x \leqslant 0.5 \\ 0, & \end{cases} \tag{2-2-6}$$

其均值为 $\mu=0$，其方差为

$$\sigma_x^2 = \int_{-\infty}^{+\infty} (x-\mu)^2 p(x)\,\mathrm{d}x = \int_{-0.5}^{+0.5} x^2\,\mathrm{d}x = \frac{1}{12} \tag{2-2-7}$$

2.2.3　数字影像采样

将传统的光学影像数字化得到的数字影像，或直接获取的数字影像，不可能对理论上的每一个点都获取其灰度值，而只能将实际的灰度函数离散化，对相隔一定间隔的“点”量测其灰度值。这种对实际连续函数模型离散化的量测过程就是采样，被量测的点称为样点，样点之间的距离即采样间隔。在影像数字化或直接数字化时，这些被量测的“点”也不可能是几何上的一个点，而是一个小的区域，通常是矩形或圆形的微小影像块，即像素。现在像素一般取长方形或正方形，长方形(或正方形)的长与宽通常称为像素的大小(或尺寸)，它通常等于采样间隔。因此，当采样间隔确定了以后，像素的大小也就确定了。在理论上采样间隔应由采样定理确定。

2.2.3.1　采样定理

影像采样通常是等间隔进行的。如何确定一个适当的采样间隔，可以对影像平面在空间域内和在频域内采用卷积和乘法进行分析。

现在就一维的情况说明其原理。

假设有图 2-2-2(a)所示的代表影像灰度变化的函数 $g(x)$ 从 $-\infty$ 延伸到 $+\infty$。$g(x)$ 的傅里叶变换为

$$G(f) = \int_{-\infty}^{+\infty} g(x)\,\mathrm{e}^{-j2\pi fx}\,\mathrm{d}x \tag{2-2-8}$$

假设当频率 f 值超出区间$[-f_l,\ f_l]$之外时等于零，其变换后的结果如图 2-2-2(b)所示。一个函数，如果它的变换对任何有限的 f_l 值呈现出这种性质，则称之为有限带宽函数。

为了得到 $g(x)$ 的采样，我们用间隔为 Δx 的脉冲串组成的采样函数(图 2-2-3(a))

$$s(x) = \sum_{k=-\infty}^{+\infty} \delta(x - k\Delta x) = \mathrm{comb}_{\Delta x}(x) \tag{2-2-9}$$

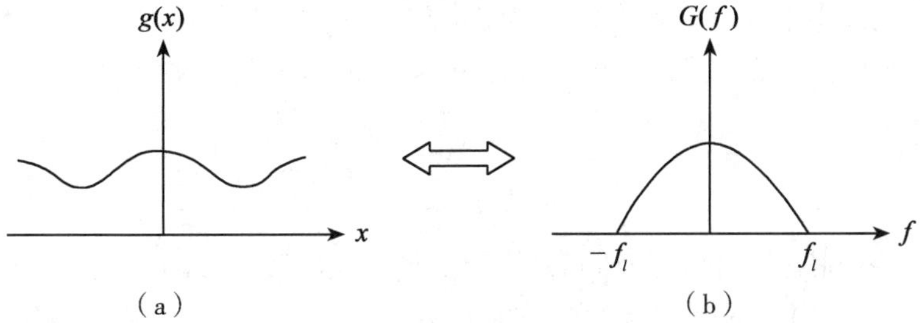

图 2-2-2　影像灰度及其傅里叶变换

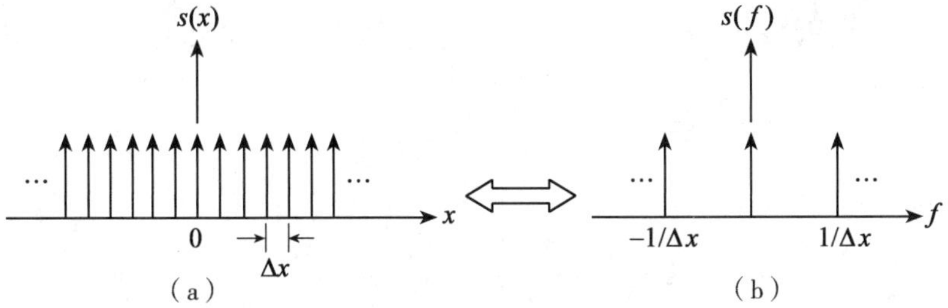

图 2-2-3　采样函数

乘以函数 $g(x)$。采样函数的傅里叶变换为间隔 $\Delta f=1/\Delta x$ 的脉冲串组成的函数(图 2-2-3(b))。

$$S(f)=\Delta f\sum_{k=-\infty}^{+\infty}\delta(f-k\Delta f)=\Delta f\cdot \mathrm{comb}_{sg}(f) \tag{2-2-10}$$

即在 $\pm 1/\Delta x$，$\pm 2/\Delta x$，$\pm 3/\Delta x$，…处有值。

在空间域中采样函数 $s(x)$ 与原函数 $g(x)$ 相乘得到采样后的函数(图 2-2-4(a))

$$s(x)g(x)=g(x)\sum_{k=-\infty}^{+\infty}\delta(x-k\Delta x)=\sum_{k=-\infty}^{+\infty}g(k\Delta x)\delta(x-k\Delta x) \tag{2-2-11}$$

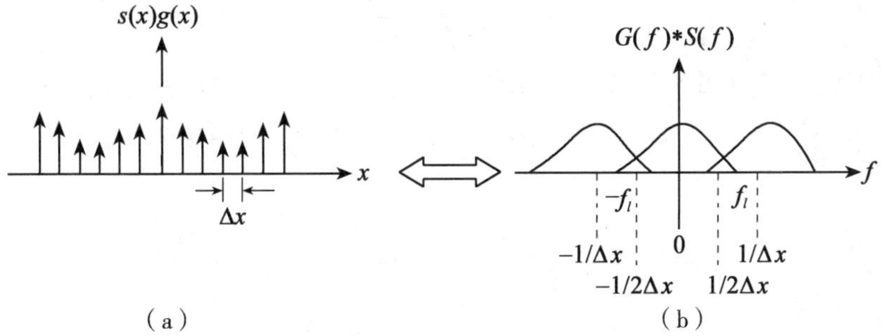

图 2-2-4　采样后的函数

与此相对应，在频域中则应为经过变换后的两个相应函数的卷积，成为在 $1/\Delta x$，$2/\Delta x$，…处每一处的影像谱形的复制品，如图 2-2-4(b)所示，这也就是 $s(x)g(x)$ 的傅里叶变换。

如果量 $1/2\Delta x$ 小于其频率限值 f_l 时(如图 2-2-4(b))，则产生输出周期谱形间的重叠，使信号变形，通常称为混淆现象。为了避免这个问题，选取采样间隔 Δx 时应使满足 $1/2\Delta x \geqslant f_l$，或

$$\Delta x \leqslant \frac{1}{2f_l} \tag{2-2-12}$$

这就是香农(Shannon)采样定理，即当采样间隔能使在函数 $g(x)$ 中存在的最高频率中每周期取两个样本时，则根据采样数据可以完全恢复原函数 $g(x)$。此时称 f_l 为截止频率或奈奎斯特(Nyquist)频率。

减少 Δx 显然会把各周期分隔开来，不会出现重叠，如图 2-2-5 所示。此时如果再将图 2-2-5 中由虚线表示的矩形窗口函数相乘，就有可能完全地把 $G(f)$ 孤立起来，获得如图 2-2-2(b)所示的频谱。

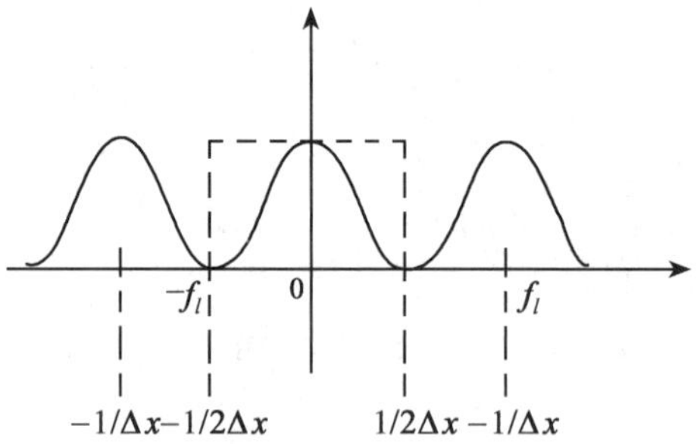

图 2-2-5　截止频率 f_l

自然可以通过傅里叶反变换得到原始的连续函数 $g(x)$。矩形窗口函数为

$$W(f) = \begin{cases} 1, & -f_l \leqslant f \leqslant f_l \\ 0, & \text{其他} \end{cases} \tag{2-2-13}$$

其反傅里叶变换为 sinc 函数，即

$$\frac{\sin(2\pi)f_l \cdot x}{2\pi f_l \cdot x} \tag{2-2-14}$$

经此复原的连续函数可用离散值表示为式(2-2-5)及窗口函数在空间域内函数式的卷积为

$$\begin{aligned} g(x) &= \sum_{k=-\infty}^{+\infty} g(k\Delta x) * \delta(x - k\Delta x) * \frac{\sin(2\pi)f_i x}{2\pi f_i x} \\ &= \sum_{k=-\infty}^{+\infty} g(k\Delta x) \frac{\sin(2\pi)f_l(x - k\Delta x)}{2\pi f_l(x - k\Delta x)} \end{aligned} \tag{2-2-15}$$

故欲完全恢复原始图像对采样点之间的函数值，严格来讲，需要通过式(2-2-15)进行内插，亦即 sinc 函数的内插。

上述 Shannon 采样间隔乃是理论上能够完全恢复原函数的最大间隔。实际上由于原来的影像中有噪声及采样光点不可能是一个理想的光点，这都会产生混淆和其他复杂现象。因此噪声部分应在采样以前滤掉，并且采样间隔最好是在原函数 $g(x)$ 中存在的最高频率

中每周期至少取 3 个样本。

2.2.3.2 实际采样分析

由于采样只可能在有限区间[0, x]内进行，这等价于在空间域与一矩形窗口函数

$$w(x)=\begin{cases}1, & 0\leqslant x\leqslant X(X>0)\\ 0, & 其他\end{cases} \tag{2-2-16}$$

相乘，频率域则是与一个 sinc 函数 $w(f)$ 的卷积：

$$[f(x)*s(x)]*w(x)\Leftrightarrow[F(f)*S(f)]*W(f) \tag{2-2-17}$$

因此，采样过程如图 2-2-6 所示。

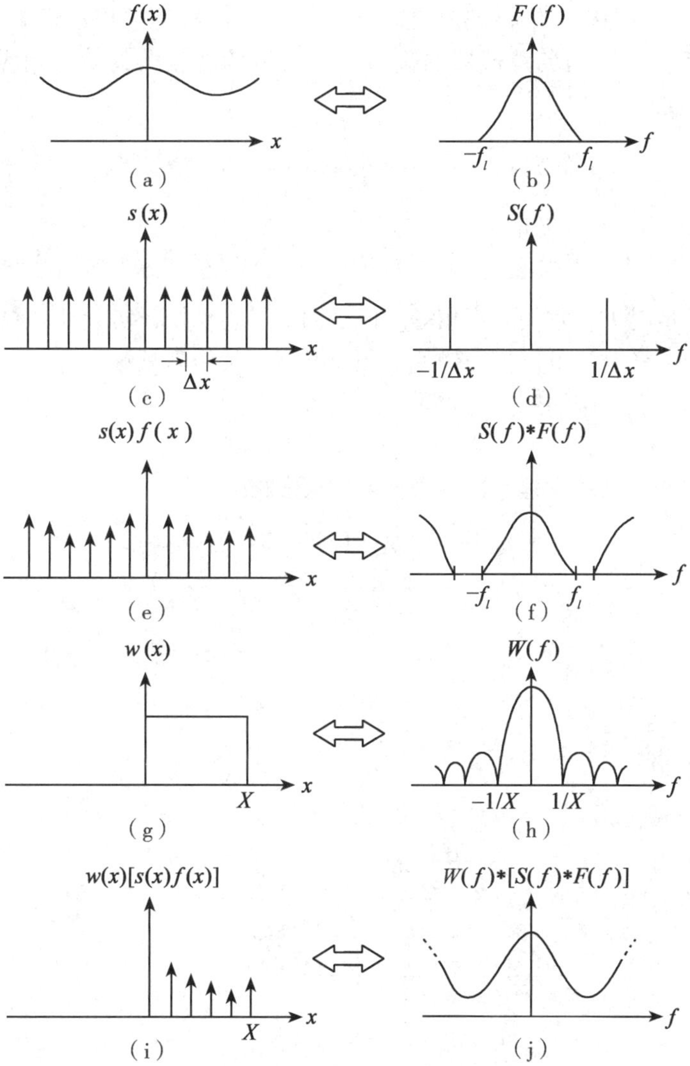

图 2-2-6 实际采样过程

由于 $W(f)$ 的非零部分延续到无穷，就使得原函数的频谱发生混淆。在做频谱分析时，为了改善这种影响，可不采用矩形窗口截断函数，而采用其他在频域有较小旁瓣的窗口，例如采用单位面积余弦窗，或称最小能量矩窗。

$$\begin{cases} \frac{1}{\sqrt{X}}\cos\left(\frac{\pi}{2X}\right)x, & |x| < X(X > 0) \\ 0, & |x| \geqslant X \end{cases} \tag{2-2-18}$$

其傅里叶变换为 $\frac{4\pi\sqrt{X}\cos(2\pi)Xf}{\pi^2 - 4X^2(2\pi f)^2}$，该窗口是根据功率谱估计偏移量最小的条件推导出来的。

实际采样时，光孔不可能是一个理论上的点，而是一个直径为 d 的圆。因此，实际采样也就是原灰度函数与定义在该圆内的一个特定函数 $h(x)$ 的卷积，即采样是原函数 $f(x)$ 通过脉冲响应函数为 $h(x)$ 的滤波器的输出，$h(x)$ 称为滤波器的脉冲响应函数或卷积核，一般取高斯型函数：

$$h(x) = \frac{1}{\sqrt{2\pi}\sigma}e^{-\frac{x^2}{2\sigma^2}} \Leftrightarrow H(f) = e^{-2\pi^2\sigma^2z^2} \tag{2-2-19}$$

其中，一般取 $\sigma = \frac{1}{2}d$ 或 $\sigma = \frac{1}{3}d$。只有当 $d = 0$ 时，$H(f) = 1$，采样函数的频谱才等于原函数的频谱。一般情况下，它们并不相等。但采用上述卷积核，实际是对原函数进行了低通滤波，在对影像采样时，可以抑制像片的颗粒噪声及其他高频噪声。

综上所述，一个一维函数的实际采样过程可表示为

$$\{[f(x) * h(x)] \cdot s(x)\} \cdot w(x) \Leftrightarrow \{[F(f) \cdot H(f)] \cdot S(f)\} \cdot W(f) \tag{2-2-20}$$

影像的采样是二维的过程，二维采样函数(图 2-2-7)为

$$s(x, y) = \sum_k \sum_l \delta(x - k\Delta x, y - l\Delta y) \tag{2-2-21}$$

其中，δ 满足：

$$\int_{-\infty}^{+\infty}\int_{-\infty}^{+\infty} g(x, y)\delta(x - x_0, y - y_0)\mathrm{d}x\mathrm{d}y = g(x_0, y_0) \tag{2-2-22}$$

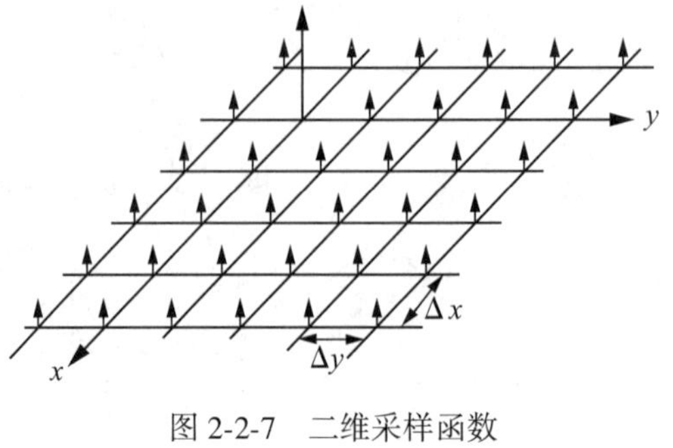

图 2-2-7　二维采样函数

以上一维采样不难推广至二维影像采样。

2.2.3.3 采样孔径与颗粒噪声

采用摄影方式获得光学影像，由于卤化银颗粒的大小和形状以及不同颗粒在曝光与显影中的性能都是一些随机因素，这就形成了影像的颗粒噪声，它对数字化影像产生很显著的影响。根据 Helava(1978)的研究，采样光孔对颗粒噪声的抑制作用可由下式表达：

$$S/N=\frac{4.5dD^{\frac{1}{2}}}{\sigma_D} \tag{2-2-23}$$

式中，σ_D 为影像的颗粒噪声，定义为用 48μm 直径的透光孔径在灰度 $D=1.0$ 时所测得的灰度变化的均方根值，以 0.001 为单位(柯达公司标准)；D 为实际像片的灰度值；d 为采样光孔直径，以微米(μm)为单位；S/N 为采样结果的信噪比。

式(2-2-23)表明采用较大的采样孔径可以获得较高的信噪比。以上结论是假定扫描光点内能量的分布是近似的高斯型，这对一般的光源与光栅装置都是如此。表 2-2-1 列出不同软片、孔径和灰度情况下的信噪比。由表中可知采样点光源的直径太小会降低信噪比；但是太大则会损失信号中的高频成分，降低其分解力及精度。

表 2-2-1　　不同介质信噪比

软片型号	σ(D)	D	扫描点直径(μm)		
			10	20	40
高分辨率航摄底片	9	0.2	11	22	44
		1.0	5	10	20
		2.0	3.6	7.1	14
Panaromic-X	20	0.2	5.0	10	20
		1.0	2.3	4.5	9
		2.0	1.6	3.2	6.3
Tri-X	56	0.2	1.8	3.6	7.1
		1.0	0.8	1.6	3.2
		2.0	0.6	1.1	2.3

2.2.4 影像重采样方法

当欲知不位于矩阵(采样)点上的原始函数 $g(x,\ y)$ 的数值时就需进行内插，此时称为重采样(resampling)，即在原采样的基础上再一次采样。每当对数字影像进行几何处理时总会产生这项问题，其典型的例子为影像的旋转、核线排队或数字纠正等。显然在数字影像处理的摄影测量应用中总会遇到一种或多种这样的几何变换，因此重采样技术对摄影测量学是很重要的。

根据采样理论可知，当采样间隔 Δx 等于或小于$\frac{1}{2f_l}$，而影像中大于 f_l 的频谱成分为零时，则地面的原始影像 $g(x)$ 可以由式(2-2-15)计算恢复。式(2-2-15)可以理解为原始影像与 sinc 函数的卷积，取用了 sinc 函数作为卷积核。但是这种运算比较复杂，所以常用一些简单的函数代替 sinc 函数。以下介绍三种实际上常用的重采样方法。

2.2.4.1　双线性插值法

双线性插值法的卷积核是一个三角形函数，表达式为

$$W(x) = 1 - (x),\ 0 \leqslant |x| \leqslant 1 \tag{2-2-24}$$

可以证明，利用式(2-2-24)作卷积对任一点进行重采样，与用 sinc 函数有一定的近似性。此时需要该点 P 邻近的 4 个原始像元素参加计算，如图 2-2-8 所示。图 2-2-8(b)表示式(2-2-24)的卷积核图形在沿 x 轴方向进行重采样时所应放的位置。

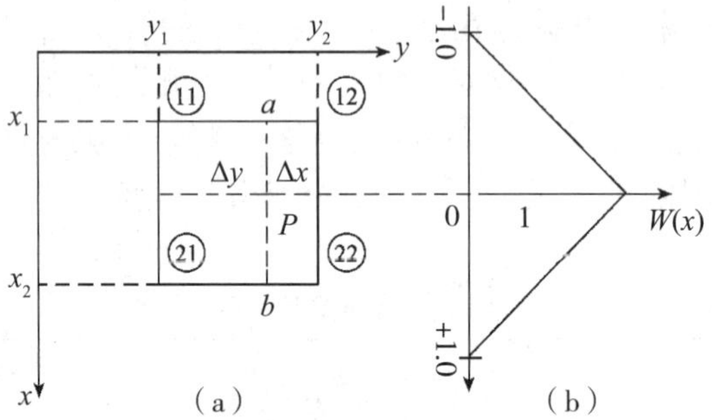

图 2-2-8　双线性插值法内插

计算可沿 x 轴方向和 y 轴方向分别进行。即先沿 y 轴方向分别对点 a，b 的灰度值重采样。再利用该两点沿 x 轴方向对 P 点重采样。在任一方向作重采样计算时，可使卷积核的零点与 P 点对齐，以读取其各原始像元素处的相应数值。实际上可以把两个方向的计算合为一个，即按上述运算过程，经整理归纳以后直接计算出 4 个原始点对点 P 所作贡献的“权”值，以构成一个 2×2 的二维卷积核 W(权矩阵)，把它与 4 个原始像元灰度值构成的 2×2 点阵 I 作阿达玛(Hadamard)①积运算得出一个新的矩阵。然后把这些新的矩阵元素相累加，即可得到重采样点的灰度值 $I(P)$ 为

$$I(P) = \sum_{i=1}^{2} \sum_{j=1}^{2} I(i,\ j) * W(i,\ j) \tag{2-2-25}$$

其中，

$$I = \begin{pmatrix} I_{11} & I_{12} \\ I_{21} & I_{22} \end{pmatrix};\quad W = \begin{pmatrix} W_{11} & W_{12} \\ W_{21} & W_{22} \end{pmatrix}$$

$$W_{11} = W(x_1)W(y_1);\ W_{12} = W(x_1)W(y_2)$$

$$W_{21} = W(x_2)W(y_1);\ W_{22} = W(x_2)W(y_2)$$

而此时按式(2-2-24)及图 2-2-8，有

① 两个矩阵 $A = |a_{ij}|$，$B = |b_{ij}|$的阿达玛(Hadamard)积定义为该两个矩阵中个对应元素值的乘积 $a_{ij} \times b_{ij}$所构成的矩阵，即(此处用“ * ”表示阿达玛积)：$A * B = |a_{ij}b_{ij}|$。

$$W(x_1)=1-\Delta x;\ W(x_2)=\Delta x$$
$$W(y_1)=1-\Delta y;\ W(y_2)=\Delta y$$
$$\Delta x = x-\text{int}(x)$$
$$\Delta y = y-\text{int}(y)$$

点 P 的灰度重采样值为

$$\begin{aligned}I(P) &= W_{11}I_{11}+W_{12}I_{12}+W_{21}I_{21}+W_{22}I_{22}\\ &=(1-\Delta x)(1-\Delta y)I_{11}+(1-\Delta x)\Delta y I_{12}+\Delta x(1-\Delta y)I_{21}+\Delta x\Delta y I_{22}\end{aligned} \tag{2-2-26}$$

2.2.4.2 双三次卷积法

卷积核也可以利用三次样条函数。

Rifman(1973)提出的下列式(2-2-27)的三次样条函数更接近于 sinc 函数。其函数值为

$$\begin{cases}W_1(x)=1-2x^2+|x|^3, & 0\leqslant|x|\leqslant 1\\ W_2(x)=4-8|x|+5x^2-|x|^3, & 1\leqslant|x|\leqslant 2\\ W_3(x)=0, & 2\leqslant|x|\end{cases} \tag{2-2-27}$$

利用式(2-2-26)作卷积核对任一点进行重采样时，需要该点四周 16 个原始像元参加计算，如图 2-2-9 所示。图 2-2-9(b)表示式(2-2-26)的卷积核图形在沿 x 轴方向进行重采样时所应放的位置。计算可沿 x、y 轴两个方向分别运算，也可以一次求得 16 个邻近点对重采样点 P 的贡献的“权”值。此时

$$I(P)=\sum_{i=1}^{4}\sum_{j=1}^{4}I(i,\ j)*W(i,\ j)$$
$$I=\begin{pmatrix}I_{11} & I_{12} & I_{13} & I_{14}\\ I_{21} & I_{22} & I_{23} & I_{24}\\ I_{31} & I_{32} & I_{33} & I_{34}\\ I_{41} & I_{42} & I_{43} & I_{44}\end{pmatrix} \tag{2-2-28}$$
$$W=\begin{pmatrix}W_{11} & W_{12} & W_{13} & W_{14}\\ W_{21} & W_{22} & W_{23} & W_{24}\\ W_{31} & W_{32} & W_{33} & W_{34}\\ W_{41} & W_{42} & W_{43} & W_{44}\end{pmatrix}$$

其中，
$$W_{11}=W(x_1)W(y_1)$$
$$\cdots\cdots$$
$$W_{44}=W(x_4)W(y_4)$$

即
$$W_{ij}=W(x_i)W(y_j)$$

而按式(2-2-27)及图 2-2-9 的关系，有

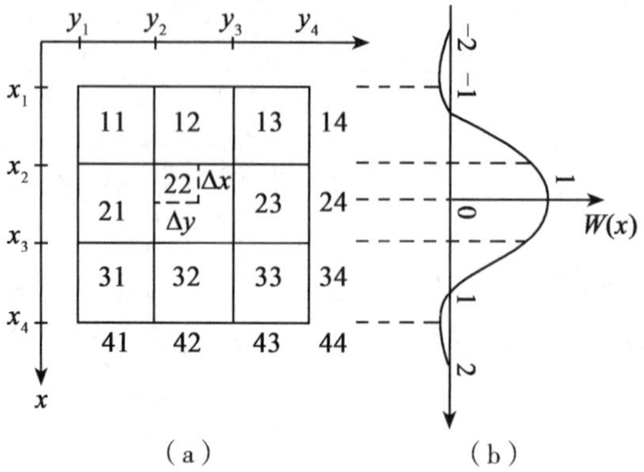

图 2-2-9　双三次卷积法内插

$$
x\text{ 轴方向：}\begin{cases} W(x_1)=W(1+\Delta x)=-\Delta x+2\Delta x^2-\Delta x^3 \\ W(x_2)=W(\Delta x)=1-2\Delta x^2+\Delta x^3 \\ W(x_3)=W(1-\Delta x)=\Delta x+\Delta x^2-\Delta x^3 \\ W(x_4)=W(2-\Delta x)=-\Delta x^2+\Delta x^3 \end{cases}
$$

$$
y\text{ 轴方向：}\begin{cases} W(y_1)=W(1+\Delta y)=-\Delta y+2\Delta y^2-\Delta y^3 \\ W(y_2)=W(\Delta y)=1-2\Delta y^2+\Delta y^3 \\ W(y_3)=W(1-\Delta y)=\Delta y+\Delta y^2-\Delta y^3 \\ W(y_4)=W(2-\Delta y)=-\Delta y^2+\Delta y^3 \end{cases}
$$

$$\Delta x = x - \mathrm{int}(x)$$

$$\Delta y = y - \mathrm{int}(y)$$

利用上述三次样条函数重采样的中误差约为双线性内插法的 1/3，但计算工作量增大。

2.2.4.3　最邻近像元法

直接取与 $P(x,\ y)$ 点位置最近像元 N 的灰度值为该点的灰度作为采样值，即

$$I(P)=I(N)$$

式中，N 为最近点，其影像坐标值为

$$
\begin{aligned} x_N &= \mathrm{int}(x+0.5) \\ y_N &= \mathrm{int}(y+0.5) \end{aligned} \qquad (2\text{-}2\text{-}29)
$$

其中，int 表示取整。

以上三种重采样方法中最邻近像元法最简单，计算速度快且能不破坏原始影像的灰度信息。但其几何精度较差，最大可达±0.5 像元。前两种方法的几何精度较好，但计算时间较长，特别是双三次卷积法较费时，在一般情况下较宜用双线性插值法。

2.2.4.4　双像素重采样

从频谱分析而言，上述的双线性与双三次内插法，均是一个低通滤波。滤掉信号中的

高频分量，使影像产生平滑（“模糊”）。随着计算机容量与外存（磁盘）容量的不断增加，因此有学者建议采用将原始的数字影像的一个像素在 x、y 轴方向均扩大 1 倍（相当于将原始影像放大 1 倍，即 zoom=2），然后再对放大了 1 倍的影像进行重采样。如图 2-2-10 所示，它相当于将一条灰度等于 100 的直线作旋转。图（b）是对原始影像（a）进行双线性内插的结果；图（d）则是由放大 1 倍后的影像（c）同样采用双线性内插的结果。由图2-2-10可以看出，对放大 1 倍的影像进行重采样——双像素影像重采样（image resampling by pixel doubling），能更好地保持影像的“清晰度”。

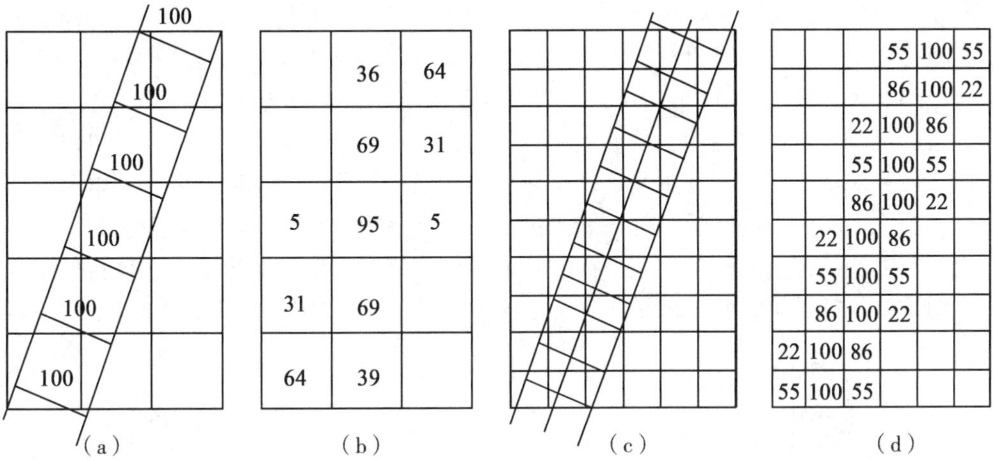

图 2-2-10　双像素重采样

2.2.5　数字影像增强与恢复

随着数字化技术的快速发展，数字影像在各个领域的应用越来越广泛。然而，由于拍摄环境、设备性能等因素的限制，数字影像往往存在质量不高、信息缺失等问题，因此，需要对数字影像进行增强，以最大程度恢复影像的信息。

2.2.5.1　数字影像增强技术

数字影像增强技术是指通过一系列算法和方法，对数字影像进行处理，以提高其视觉效果、改善其质量的技术。这种技术可以弥补拍摄过程中的不足，使数字影像更加清晰、逼真，满足人们在各个领域对高质量影像的需求。

1. 影像对比度增强

对比度是数字影像的重要属性之一，它决定了影像的明暗程度和细节表现。对比度增强技术通过调整影像中像素的亮度值，使影像的明暗对比更加明显，从而提高其视觉效果。常见的对比度增强方法包括直方图均衡化、对比度拉伸等。

直方图均衡化的原理主要是调整图像的灰度分布，改善图像的对比度，使图像中的细节信息更加突出，从而提高图像的视觉效果和质量。具体来说，直方图均衡化首先会计算原始图像的灰度直方图，这是一个统计图，表示不同灰度级在图像中出现的频率。然后，通过一种映射函数(通常是累积分布函数)，将原始图像的灰度级映射到新的灰度级范围上。这个过程实际上是对图像进行非线性拉伸，使得在原始图像中像素个数多的灰度级被展宽，而像素个数少的灰度级被缩减。这样，图像的直方图就被修正为均匀的直方图，图像的对比度因此得到了增强。直方图均衡化的结果是图像的直方图变得平直，即各灰度级具有相同的出现频数，由于灰度级具有均匀的概率分布，图像看起来就更清晰了。实质上，直方图均衡化是减少了图像的灰度级以换取对比度的加大，但这个过程是近似的，结果只能产生近似均匀的直方图。

对比度拉伸的原理就是通过对图像灰度值的重新分配，提高图像的对比度，使图像中的信息更加突出，视觉效果更加优秀。具体处理方法是对原图像中灰度值比较集中的像素点进行处理，使其均衡地分布在 0~255 的灰度范围内。这样做可以使图像中亮的像素点更亮，暗的更暗，对比度分明，从而使图像的边缘变得更加明显。对比度拉伸可以通过特定的函数或算法实现，例如通过确定两个灰度级阈值来控制变换函数的形状。这两个阈值通常选择为原始图像中的最低灰度值和最高灰度值。然后，根据一定的映射关系，将原始图像中的灰度值拉伸到新的灰度范围内，从而达到增强对比度的效果。对比度拉伸不仅可以提高图像的视觉效果，使细节更加清晰，还可以为后续的图像处理操作(如阈值分割)奠定良好的基础。

2. 影像细节增强

在图像处理中，细节通常是指图像中的边缘、纹理等高频信息，是数字影像中重要的信息载体，对于表达影像的内容和特征具有重要意义。细节增强技术旨在通过锐化边缘、增强纹理等方式，突出影像中的细节信息，使其更加清晰可辨。常见的细节增强方法包括边缘增强、纹理增强和噪声抑制等。

1)边缘增强

在数字图像中，边缘通常是指像素值发生突变的地方，是图像中灰度变化剧烈的区域，这些突变区域往往对应于物体的边界或不同纹理的交界。通过检测并强化这些边缘信息，可以增强图像的视觉效果，有助于后续的图像分析和处理。边缘增强就是利用图像处理技术，旨在突出图像中的边缘和轮廓，使其更加清晰、明显。边缘增强的方法有多种，常见的方法有基于梯度的边缘增强、掩膜技术、高频提升等。基于梯度的边缘增强，通过计算图像中每个像素点的梯度值(即灰度值的变化率)，可以检测到边缘的存在。然后，通过增强这些梯度值较大的区域，可以突出边缘信息。常见的梯度算子有 Sobel、Prewitt 和 Laplacian 等。掩膜技术是一种利用特定设计的掩膜(或称为滤波器)对图像进行卷积处理的方法。掩膜通常是一个小的矩阵，其元素值根据特定的算法设计。通过与图像进行卷积运算，掩膜可以突出或抑制图像的某些特征，从而增强边缘信息。在频域中，图像的边缘和细节信息通常对应于高频成分。因此，通过提升图像的高频成分，可以增强边缘和细节信息。这通常涉及对图像进行傅里叶变换，然后在频域中对高频成分进行增强处理。

2)纹理增强

纹理是图像中灰度或颜色的模式化排列，反映了物体的表面结构。增强纹理信息可以丰富图像的细节，使其更具真实感。纹理增强的原理主要是利用图像处理技术来突出图像中的纹理信息，使图像中的纹理特征更加清晰、明显。常见的方法包括滤波、形态学操作、调节高光和阴影等。所谓滤波，就是设计一个滤波器对图像进行处理，以到达期望的效果，常见滤波器：通过设定滤波器的大小和标准差，可以控制平滑程度和增强程度的高斯滤波器；用某块区域的中值作为本像素的值，能够去除图像中的噪声同时保留边缘和细节的中值滤波器；适用于检测水平和垂直边缘的 Sobel 滤波器；用于检测图像中的边缘和细节的 Laplacian 滤波器；等等。形态学操作基于结构元素(也称为模板或内核)对图像进行一系列集合运算，主要用于图像的前后景分割、形状检测、特征提取、对象分离、空洞填充及噪声消除等任务。形态学操作主要包括腐蚀、膨胀、开运算和闭运算等基本操作。腐蚀操作能够将图像的边界点消除，使图像沿着边界向内收缩，从而去除小于指定结构体元素的部分。膨胀操作则是将图像中的边界向外扩展，填充图像中的空洞和孔隙。开运算先进行腐蚀操作，再进行膨胀操作，主要用于去除图像中的小尺寸物体和噪声，平滑物体的边界。闭运算则先进行膨胀操作，再进行腐蚀操作，主要用于填充图像中的小空洞，连接接触在一起的物体。此外，形态学操作还包括一些组合操作，如梯度运算、顶帽运算和黑帽运算等。梯度运算用于检测图像中的边缘，分离物体和背景；顶帽运算可以检测图像中小尺寸的明亮区域；黑帽运算则可以检测图像中小尺寸的暗区域。

3)噪声抑制

噪声在图像中表现为像素值的随机变化，这些变化会干扰图像的真实信息，降低图像的质量。噪声抑制利用信号处理和图像处理的技术对图像进行滤波、平滑或其他数学运算，以减少或消除这些随机变化。具体来说，滤波器通过对图像进行特定操作，降低高频噪声成分，同时保留图像的低频信号。平滑算法则基于图像的局部特性，对像素值进行平均或加权平均，以消除噪声的影响。常见的噪声抑制方法包括均值滤波、中值滤波、高斯滤波、自适应滤波、变换域滤波、偏微分方程等。

3. 色彩增强

色彩是数字影像的重要组成部分，它对于表达影像的情感和氛围具有关键作用。色彩增强技术通过调整影像中像素的色彩信息，改善其色彩表现，使其更加鲜艳、自然。常见的色彩增强方法包括色彩平衡、饱和度调整等。

色彩平衡：通过对图像中的色调、明暗和饱和度等参数的调整，在图像中增加或减少某些色彩的分量，使得图像中的色彩分布更加均衡、自然。这包括调整图像的色调曲线、色温及白平衡等，通过这些调整，可以使图像中的各种颜色相互补充和融合，提升整体色彩效果和观赏性。

饱和度调整：基于 RGB 颜色空间下对像素的红、绿、蓝三个通道的强度进行不同程度的调整，从而改变图像的饱和度。当一种颜色的饱和度越高，它就越鲜艳；反之，饱和度越低，颜色就越接近于灰色。具体方法包括直接调整法和转换颜色空间等。直接调整法就是直接对 RGB 值进行修改，例如，可以判断每个像素的 R、G、B 值是否大于或小于某个阈值(如 128)，然后根据需要增加或减少这些值，从而改变饱和度。转换颜色空间是将 RGB 颜色空间转换为 HSV 或 HSL 颜色空间，然后调整其中的饱和度分量(S)。HSV 和

HSL 颜色空间将颜色分解为色调、饱和度和亮度(或明度)三个分量，使得对饱和度的调整更直观、方便。

2.2.5.2　数字影像恢复

数字影像恢复技术旨在通过特定的算法和数学模型，恢复因各种原因导致的影像质量下降问题，如模糊、失真、噪声等，从而提升影像的清晰度、对比度和细节表现。常见的数字影像恢复方法包括影像复原技术、插值算法、去噪算法和补偿算法等。

影像复原技术是在研究噪声和模糊退化原因的基础上，以退化影像为依据，运用某些先验知识，建立系统退化的数学模型，最后以最大的保真度恢复原始影像。其核心目标是通过一系列算法和数学方法，对受损的影像进行处理，以改善其视觉效果和质量。处理过程包括建立退化模型、逆过程恢复和先验知识应用。建立退化模型：首先，需要分析导致影像退化的原因，如光学系统的缺陷、运动模糊、噪声干扰等；然后，根据这些原因建立相应的退化模型，这通常是一个数学表达式，用于描述影像从原始状态到退化状态的变化过程。逆过程恢复：在建立了退化模型之后，利用影像复原技术试图找到这个退化过程的逆过程，即如何从退化的影像中恢复出原始的影像。这通常涉及一系列的数学运算和算法，如反卷积、滤波、插值等。先验知识应用：在影像复原过程中，通常会利用一些先验知识来帮助恢复，例如，可以利用图像的统计特性、纹理特征等信息来约束恢复过程，以提高恢复质量。

插值算法是图像处理中用于估计或“猜测”缺失像素值的重要工具，特别是在图像的缩放、旋转和变形等操作中应用此算法。影像插值算法是一种数学方法，用于在已知像素值的基础上，估计或计算出未知像素的值。这些已知的像素值通常来自原始图像或经过某种变换后的图像。常见算法包括最邻近插值(Nearest-neighbor Interpolation)、双线性插值(Bilinear Interpolation)和双三次插值(Bicubic Interpolation)。最邻近插值就是找到与待插值点最近的已知像素点，将该点的像素值直接赋给待插值点，其特点是计算简单、速度快，但效果较差，可能会出现锯齿状边缘。双线性插值是使用待插值点周围 4 个最邻近的像素点(在二维空间中)，在水平和垂直两个方向上分别进行线性插值，从而得到待插值点的像素值。相较于最邻近插值，双线性插值生成的图像更加平滑，但可能会损失一些高频信息。双三次插值使用待插值点周围 16 个(在二维空间中)最近的像素点，通过三次多项式进行插值计算。双三次插值能够提供更高的图像质量，边缘细节更加清晰，但计算复杂度也更高。

去噪算法通过一系列数学和计算技术，减少或消除数字图像中的噪声，从而恢复或增强图像的原始信息，提高图像质量，主要包括空间域滤波算法和变换域滤波算法。空间域滤波去噪算法直接在原始图像的像素值上进行操作，通过某种滤波器或算法来减少噪声，例如取像素邻域的平均灰度来代替中心像素值的均值滤波，取像素邻域内像素值的中位数作为中心像素的新值的中值滤波，利用高斯函数对图像进行平滑处理的高斯滤波等。变换域滤波将图像从空间域转换到变换域(如频域)，在变换域中处理噪声，然后再转换回空间域，例如傅里叶变换去噪、小波变换去噪。

补偿算法主要用于纠正或改善图像中的某些质量缺陷，这些缺陷可能由设备、环境或处理过程引起。补偿算法利用数学和计算技术，通过纠正或改善图像中的颜色、亮度、对比度等参数，使图像更接近原始或期望的状态。通常包括亮度补偿算法、颜色补偿算法和误差补偿算法。亮度补偿算法通过加性噪声模型，将图像视为亮度不均匀的背景图像与具有理想亮度图像的叠加，例如基于 MASK 原理的亮度补偿和 Wallis 滤波亮度补偿。颜色补偿算法通过调整 RGB 或 HSI 色彩空间中的参数，如蓝色分量，来补偿阴影区域，改善阴影区域的影像信息。误差补偿算法主要利用系统误差模型对信息进行补偿，例如利用投影仪和摄像机之间的 gamma 非线性响应产生的误差进行补偿。

◎ 思考题

1. 摄影测量有哪些传感器？各有什么特点？
2. 什么是数字影像？
3. 生产数字影像为什么要做采样？
4. 什么是影像重采样？为什么要进行重采样？
5. 影像重采样常用的算法有哪些？
6. 双线性插值的计算公式是什么？
7. 为什么要进行影像增强？有哪些常用算法？
8. 什么是影像恢复？有哪些常用算法？

第3章　数字摄影测量解析基础

摄影测量解析基础是利用数学和解析方法，处理和分析由摄影机获取的影像信息，从而确定被摄物体的形状、大小、位置和相互关系。这一过程通常涉及像点坐标的变换、投影光线的数学表达、同名光线的相交、核线几何关系、区域网平差等。

为了从数字影像提取几何信息，必须建立数字影像中的像元素与所摄物体表面相应的点之间的数学关系。由于经典的摄影测量学已经有一整套严密的像点坐标与对应的物点坐标的关系式，因而只需建立像素坐标系统(传感器坐标系统)与原有像坐标系统的关系，就可利用经典摄影测量的理论，这一过程称为数字影像的内定向。

经典的摄影测量理论中相对定向与绝对定向是一个迭代求解过程，但在某些情况下，数字影像的内方位元素难以严格测定，则不能应用经典的相对定向解算方法，而要利用相对定向的直接解算方法。在实时摄影测量的某些情况下，影像相对于物方坐标系的方位是任意的，且没有任何初值可供参考，这时常规的空间交会最小二乘算法就无法处理了，而必须建立新的空间后方交会的直接解法。

"核线"是摄影测量中一个众所周知的古老的概念，在常规的摄影测量中几乎没有实际的应用，但在数字摄影测量中则有重要的应用。它不仅可以将二维影像匹配化成一维匹配问题而被广泛地用于影像匹配系统，而且在多影像匹配(特别在近景摄影测量)中还可直接利用核线几何限制条件确定同名点。核线影像也是数字影像立体观测的基础。因此，如何在不同情况下进行核线采样就显得很重要，而有关的核线理论则是其基础。

区域网平差利用多条航线构成的摄影测量区域中的影像信息，通过共线条件方程，结合地面控制点和影像上的像点信息，用最小二乘法等数学方法进行平差计算，从而求解出影像内外方位元素和待求点的地面坐标。

本章介绍数字影像的内定向、相对定向直接解与空间后方交会直接解、核线几何关系解析理论、区域网平差等数字影像解析基础理论。这些理论不仅适用于数字摄影测量和计算机视觉，也适用于类似情况的模拟像片解析处理。

3.1　中心投影与透视变换

在摄影测量学中，为了从所获得的影像确定被研究物体的位置、形状和大小及其相互关系等信息，需要了解和掌握物方和像方之间的解析关系，这对于摄影测量的解析数据处理是十分重要的。

3.1.1　中心投影和正射投影

用一组假想的直线将物体向几何面投射称为投影，其投射线称为投影射线。投影的几何面通常取平面称为投影平面，在投影平面上得到的图形称为该物体在投影平面上的投影。投影有中心投影与平行投影两种，而平行投影又有斜投影与正射投影之分。当投影射线会聚于一点时，称为中心投影。如图 3-1-1(a)、(b)、(c)三种情况均属中心摄影，投影射线的会聚点 S 称为投影中心，航摄像片是地面的中心投影。

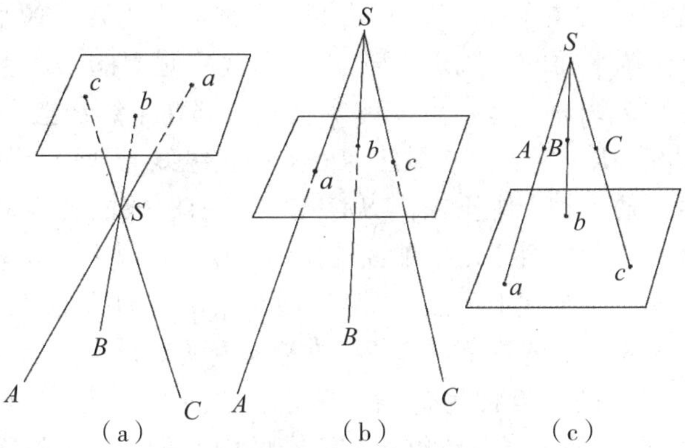

图 3-1-1 中心投影

当诸投影射线都平行于某一固定方向时，这种投影称为平行投影。平行投影中，当投影射线与投影平面成斜交的称为斜投影；投影射线与投影平面成正交的称为正射投影。图 3-1-2(a)、(b)所示两种投影情况均属平行投影。测量中，地面与地形图的投影关系属正射投影。

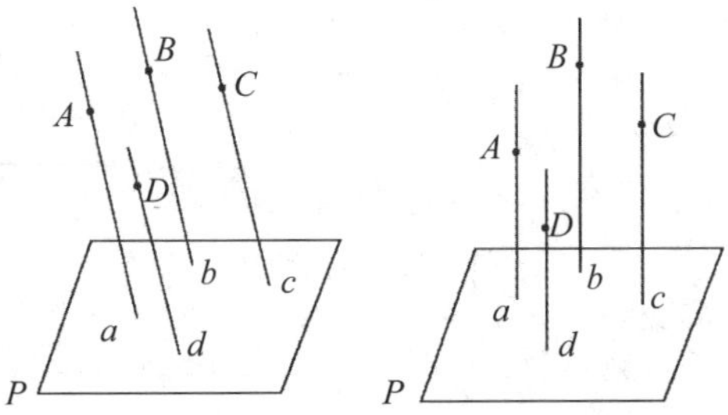

图 3-1-2 平行投影

3.1.2 透视变换中的重要点、线、面及特性

3.1.2.1 透视变换中的一些重要点、线、面

物点平面与像点平面这两个平面之间的中心投影变换关系又称透视变换关系。设像片平面 P 和水平地面(或图面)E 是以摄影物镜 S 作为投影中心的两个透视平面，如图 3-1-3 所示。两透视平面的交线称为透视轴或迹线，以 TT 表示。由投影中心作像片平面的垂

线，交像面于 o，称为像主点；距离 So 称为摄影机主距或像片主距，以 f 表示。像主点在地面上的对应点以 O 表示，称为地主点。SO 表示为摄影方向，即摄影瞬间摄影机主光轴的空间方位。由摄影中心作铅垂线交像片平面于点 n，称为像底点；此铅垂线交地面于点 N，称为地底点。距离 SN 是投影中心 S 相对于过点 N 的地平面的航高。地平面到投影中心的向上方向为航高的正值。像底点 n 和地底点 N 是一对透视对应点。过铅垂线 SnN 和摄影方向 SoO 的铅垂面称为主垂面，以 W 表示。主垂面既垂直于像平面 P，又垂直于地平面 E，也必然垂直于两平面的交线透视轴 TT，这是主垂面的一个重要特性。主垂面 W 与像平面的交线称为主纵线 vv，像主点 o 和像底点 n 都在主纵线上。主垂面 W 与地平面的交线称为摄影方向线，以 VV 表示。显然像面上的主纵线与地面上的摄影方向线是一对透视对应线，都垂直于透视轴。主垂面内 SoO 与 SnN 所组成的夹角是摄影方向相对于铅垂线的倾角，等于像片平面相对于水平地面的倾角 $\angle OSN$，以字母 α 表示。作 $\angle OSN$ 的角平分线，该线与像平面交主纵线上于点 c，与地面交摄影方向线上于点 C，点 c 和 C 是一对透视对应点，点 c 称像片上的等角点，C 称为地面上的等角点。过投影点中心作物面上一直线的平行线和像平面的交点称为合点。显然，物面上一组平行线有共同的合点(灭点)，换句话说，合点是物面上平行线组无穷远点的中心投影。过投影中心 S 作一水平面平行于地面，称为真水平面或合面 E_s。真水平面与像平面的交线称为真水平线 h_ih_i。地面 E 上任何平行线组的合点都落在真水平线上，所以真水平线又称为合线。合线 h_ih_i 与主纵线 vv 的交点 i，称为主合点。主合点是地面上一组平行于摄影方向线 VV 直线的无穷远点的构像。过像片内任何像点作平行于合线的平行线 hh，都称为像水平线。过像片上等角点 c 的像水平线 h_ch_c 称为等比线。像平面内所有像水平线均平行于透视抽，而与主纵线相垂直。过投影中心 S 在主垂面内作像平面的平行线，与地平面 E 的交点，称为主遁点 J。

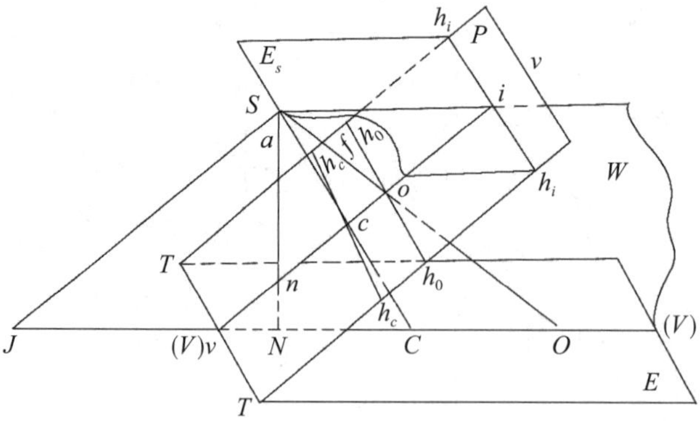

图 3-1-3　透视变化中重要的点、线

3.1.2.2　重要点、线的数学关系

参照图 3-1-3 可求得像底点 n、等角点 c 和主合点 i 到像主点的距离为

$$\begin{cases} on = f\tan\alpha \\ oc = f\tan\dfrac{\alpha}{2} \\ oi = f\cot\alpha \end{cases} \tag{3-1-1}$$

因为 $\angle iSc = \angle Sci = 90° - \dfrac{\alpha}{2}$，所以$\triangle Sic$ 是等腰三角形，则有

$$Si = ci = \frac{f}{\sin\alpha} \tag{3-1-2}$$

同样，在物面上有

$$\begin{aligned} ON &= H\tan\alpha \\ CN &= H\tan\frac{\alpha}{2} \end{aligned} \tag{3-1-3}$$

$$SJ = iV = \frac{H}{\sin\alpha} \tag{3-1-4}$$

3.1.2.3 重要点、线的特性

1. 底点的特性

设空间有一铅垂线组 AA_0，BB_0…，由投影中心 S 作铅垂线交像片平面得像底点，交地平面或图面 E 得地底点 N，根据合点的定义，把像片作为投影平面时像底点应为空间铅垂线组的合点。诸铅垂线在像面上的构像 aa_0，bb_0…应位于以点 n 为辐射中心的相应辐射线上，如图 3-1-4 所示。

2. 等角点的特性

在图 3-1-5 上，设 CK 是地平面 E 上过等角点 C 的任意直线，与摄影方向线 VV 组成 $\angle A$，从投影中心 S 引地面直线 CK 的平行线，交像平面真水平线于合点 i_k，点 i_k 是直线 CK 无穷远点在像片上的影像。因为 $Si /\!/ VV$ 和 $Si_k /\!/ CK$，所以 $\angle iSi_k = \angle VCK = \angle A$。

在过 S 点平行于 E 平面的平面 E_s 内的 Rt$\triangle Sii_k$ 和像平面 P 内的 Rt$\triangle cii_k$ 中，有 $\angle Sii_k = \angle Cii_k$，$Si = ci = f/\sin\alpha$ 和 ii_k 为公共边，则两三角形全等。$\triangle Sii_k = \triangle cii_k$，得

$$\angle ici_k = \angle iSi_k = \angle VCK = \angle A$$

这就是说，当地面为水平时，取等角点 c 和 C 为辐射中心，在像平面和地面上向任意一对透视对应点所引绘的方向，与相应的对应起始线之间的夹角是相等的。在倾斜的航摄像片上和水平地面上，由等角点 c 和 C 所引出的一对透视对应线无方向偏差，保持着方向角相等的特性。根据等角点的这个特性，就可以在倾斜航摄像片上以等角点 c 为角顶量出某一角度，来代替在地面以点 C 为测站实地量测的水平角。

3. 等比线的特性

由于等比线是一条像水平线，过 h_ch_c 可作一水平面 P^0 与地面平行，水平面 P^0 与底点

射线 Sn 相交得点 o^0，见图 3-1-6。那么在 Rt△ coS 和 Rt△ co^0S 中，Sc 为公用边和 $\angle cSo^0 = \angle cSo = \frac{\alpha}{2}$，则两三角形全等。又因 $So^0 = So = f$，这表示过航摄像片上等比线 h_ch_c 的水平面 P^0，相当于是在原摄站 S 和用原摄影仪所摄得的一张理想的水平像片。等比线既在航摄像片 P 上，又在理想的水平像片 P^0 上，所以等比线的构像比例尺等于水平像片的摄影比例尺 f/H，不受像片倾斜的影响。此即为等比线的特征和命名的由来。

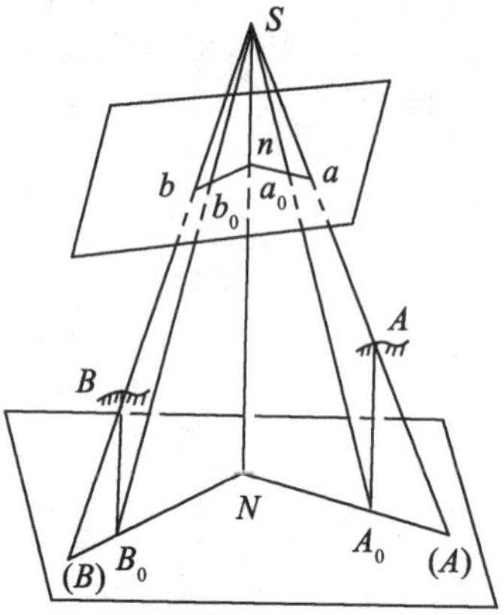

图 3-1-4　示意图

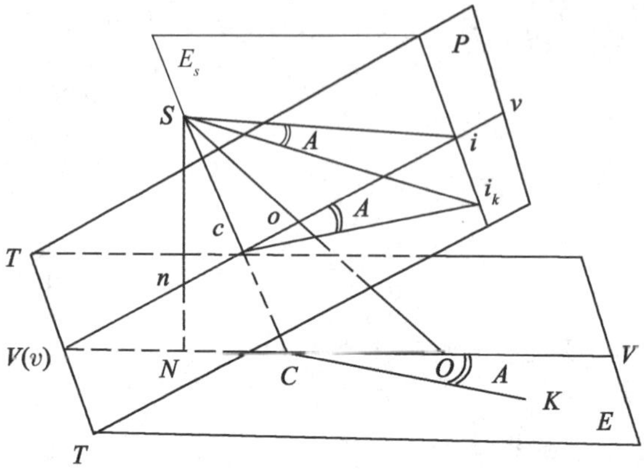

图 3-1-5　等角点

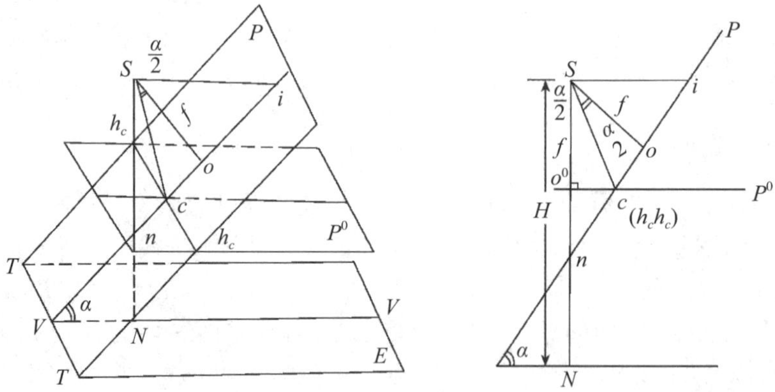

图 3-1-6　等比线

3.2　构像模型

为了从影像提取所研究物体的几何信息，必须建立影像中像元素与物体表面对应点之间的数学关系。普通面阵相机成像方式为中心投影，满足像点、投影中心、物点三点共线几何条件；线阵相机通常是以推扫方式获得影像，常用有理函数模型直接建立像点和空间坐标之间的关系。本节介绍的内容包括共线方程、有理函数模型、鱼眼相机和全景相机构像模型。

3.2.1 摄影测量常用的坐标系

3.2.1.1 像平面坐标系 *o-xy*

像平面坐标系是影像平面内的直角坐标系，用以表示像点在像平面上的位置，通常采用右手坐标系，x、y 轴的选择按需要而定。对于航空影像，两对边机械框标的连线为 x 轴和 y 轴的坐标系称为框标坐标系，其与航线方向一致的连线为 x 轴，航线方向为正向(图 3-2-1(a))。若以像主点 o 为坐标系原点，x、y 轴分别平行于框标坐标系的 x、y 轴，称为像平面直角坐标系(图 3-2-1(b))。在摄影测量解析计算中，像点的坐标应采用以像主点为原点的像平面坐标系中的坐标。

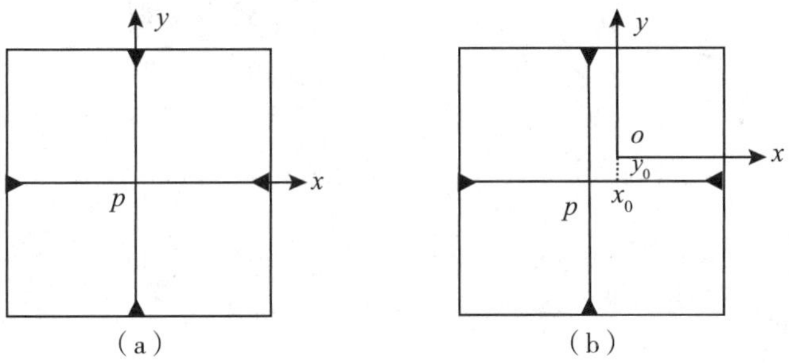

图 3-2-1 像平面坐标系

1. 像空间坐标系 *S-xyz*

该坐标系是一种过渡坐标系，用来表示像点在像方空间的位置。该坐标系以摄站点(或投影中心) S 为坐标原点，摄影机的主光轴 So 为坐标系的 z 轴，像空间坐标系的 x、y 轴分别与像平面坐标系的 x、y 轴平行，正方向如图 3-2-2 所示。该坐标系可以很方便地与像平面坐标系联系起来。在这个坐标系中，每一个像点的 z 坐标都等于 $-f$，而 x、y 的坐标就是像点的像平面坐标 x、y。像空间坐标系是随着像片的空间位置而定的，所以每幅像片的像空间坐标系是各自独立的。

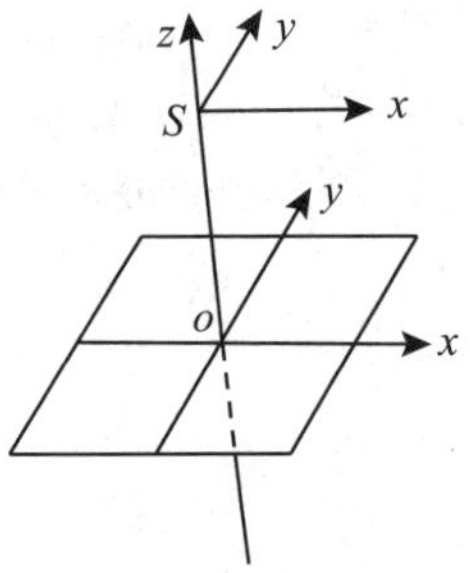

图 3-2-2 像空间坐标系

2. 像空间辅助坐标系 S-XYZ

该坐标系是一种过渡坐标系，它以摄站点(或投影中心)S 为坐标原点。在航空摄影测量中通常以铅垂方向(或设定的某一竖直方向)为 Z 轴，并取航线方向为 X 轴，如图 3-2-3 所示。

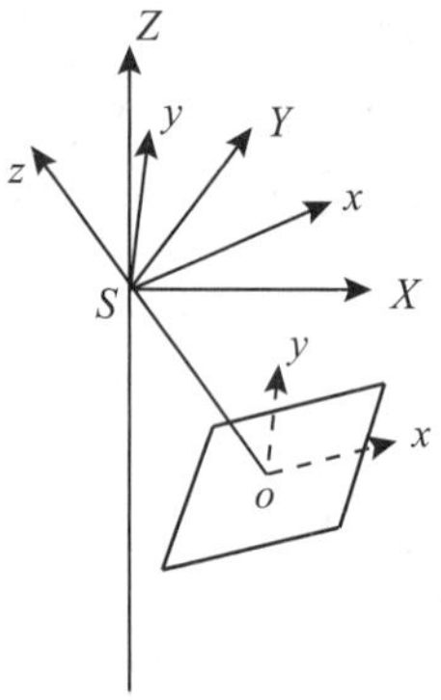

图 3-2-3　像空间辅助坐标系

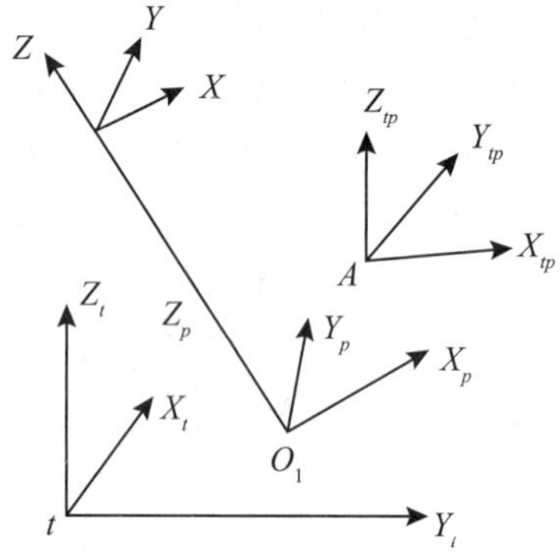

图 3-2-4　摄影测量常用坐标系

3. 摄影测量坐标系 O_1-$X_pY_pZ_p$

该坐标系是一种过渡坐标系，用来描述解析摄影测量过程中模型点的坐标。将像空间辅助坐标系 S-XYZ 沿着 Z 轴反方向平移至地面点，得到的坐标系 O_1-XYZ 称摄影测量坐标系(图 3-2-4)。由于它与像空间辅助坐标系平行，因此很容易由像点的像空间辅助坐标求得相应地面点的摄影测量坐标。

3.2.1.2　摄影测量地面坐标系

摄影测量地面坐标系(图 3-2-4)是指摄影测量的物方空间直角坐标系。摄影测量地面坐标系通常不是大地测量坐标系，我国的大地测量坐标系通常采用高斯-克吕格投影的坐标系，它的 X_t 轴指向正北方向(纬度)，高程则以我国黄海高程系统为标准。大地坐标系为左手坐标系，航测外业联测以大地测量成果为依据，测定的控制点坐标属于大地坐标系。摄影测量中，习惯用右手空间直角坐标系，而野外控制测量提供的控制点坐标是属于左手系的地面测量坐标，为此，需要将大地坐标系转换为摄影测量地面坐标系，原点通常选在地面某一个位置 A，Z_{tp}轴为过该点的铅垂线，向上为正且和大地测量坐标系的 Z_t 轴平行，Y_{tp}坐标轴指向正北方向(纬度)，X_{tp}坐标轴指向正东(经度)。

3.2.2　影像的内、外方位元素

3.2.2.1　内方位元素

确定摄影机的镜头中心(严格地说，应该是镜头的像方节点)相对于影像位置关系的

参数，称为影像的内方位元素。内方位元素包括以下 3 个参数：像主点(主光轴在影像面上的垂足)相对于影像中心的位置 x_0、y_0，以及镜头中心到影像面的垂距 f(也称主距)，如图 3-2-5 所示。对于航空影像，x_0、y_0 即像主点在框标坐标系中的坐标。内方位元素值一般由摄影机检校确定。

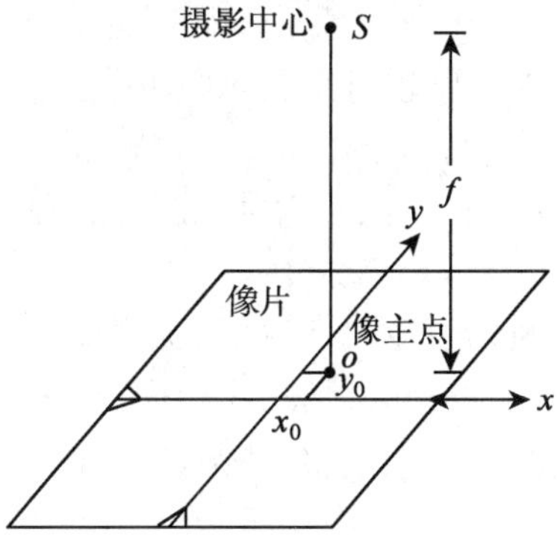

图 3-2-5 内方位元素

3.2.2.2 外方位元素

确定影像或摄影光束在摄影瞬间的空间位置和姿态的参数，称为影像的外方位元素。一幅影像的外方位元素包括 6 个参数：其中 3 个是线元素，用于描述摄影中心空间位置的坐标值；另外 3 个是角元素，用于描述影像面在摄影瞬间的空中姿态。

1. 线元素

三个线元素是反映摄影瞬间摄影中心 S 在地面选定的空间直角坐标系中的坐标值 (X_S, Y_S, Z_S)，这里的地面空间直角坐标系通常用地面摄影测量坐标系。如图 3-2-6 所示。

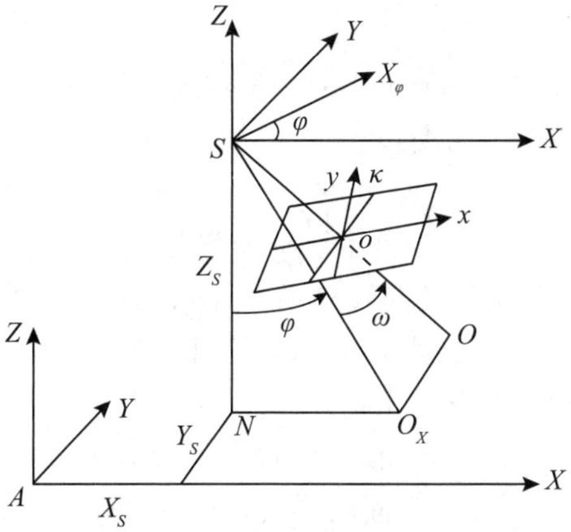

图 3-2-6 外方位元素

2. 角元素

角元素是描述像片在摄影瞬间空间姿态的要素。其中，两个角元素用以确定摄影机主光轴 SO 在空间的方向，另一个角元素则确定像片在像片面内的方位。可以认为像片摄影时的姿态是由理想姿态(像片水平且像片坐标系 x、y 轴分别平行于所选的地面坐标系 X、Y 轴)绕空间三个轴向依次旋转三个角度值后所得到的。进行第一次旋转的轴称为主轴；第二次旋转的轴称为副轴，即绕主轴进行第一次旋转后的某一坐标轴方向；第三次旋转的轴称为第三旋转轴，即实际摄影时的摄影方向 So。角元素有三种不同的表达形式：

(1)以 Y 轴为主轴的 φ-ω-κ 系统：以 Y 为主轴旋转 φ 角，然后绕 X 轴旋转 ω 角，最后绕 Z 轴旋转 κ 角。如图 3-2-6 所示，该系统中的三个外方位角元素定义如下：

航向倾角 φ：它是主光轴 SO 在 XZ 平面上的投影 SO_X 与 Z 轴的夹角。这相当于以 Y 轴为第一旋转轴，把沿铅垂方向的摄影机轴从起始位置 SN 旋转到 SO_X 处的转角。φ 角符号规定沿 Y 轴正方向朝向坐标原点方向观察，顺时针为正。

旁向倾角 ω：摄影方向 SO 与其在 XZ 平面上的投影 SO_X 的夹角。相当于以旋转 φ 角后的横轴 X_φ 为第二转轴，把 SO_X 转到 SO 位置的转角。ω 角的符号规定沿 X 轴正方向向坐标原点方向观察，逆时针为正。

像片旋角 κ：Y 坐标轴与 SO_XO 组成的平面与像片面的交线和像片面直角坐标系 y 轴的夹角。相当于以 SO 为第三转轴，使像片在像片面内转到实际摄影时方位的转角。κ 角符号规定由 Z 轴正方向向坐标原点方向观察，从 y 轴正方向上由交线起算，逆时针转到 y 轴为正角。

(2)以 X 轴为主轴的 ω'-φ'-κ'系统：以 X 为主轴旋转 ω'角，然后绕 Y 轴旋转 φ'角，最后绕 Z 轴旋转 κ'角。如图 3-2-7 所示，该系统中的三个外方位角元素定义如下：

旁向倾角 ω'：它是主光轴 SO 在 YZ 平面上的投影 SO_Y 与 Z 轴的夹角。相当于以 X 轴为第一旋转轴，把铅垂方向的摄影机轴从起始位置 SN 旋转到 SO_Y 的角。ω'角的符号规定逆时针方向为正。

航向倾角 φ'：它是摄影方向 SO 与其在 YZ 坐标面上的投影 SO_Y 的夹角。相当于以旋转 ω'角后的纵轴 $Y_{\omega'}$为第二转轴，将 SO_Y 转到 SO 位置的转角。φ'角的符号规定顺时针方向为正。

像片旋角 κ'：X 坐标轴与 SO_YO 组成的平面与像片平面的交线和像平面直角坐标系 x 轴之间的夹角。从 x 轴正方向上由交线起算，逆时针转到 x 轴为正角。

(3)以 Z 轴为主轴的 A-α-κ_v 系统：以 Z 为主轴旋转 A 角，然后绕 Y 轴旋转 α 角，最后绕 Z 轴旋转 κ_v 角。如图 3-2-8 所示，该系统中的三个外方位角元素定义如下：

方位角 A：它是主垂面与地面的交线和物方坐标系纵轴的夹角。以主垂面与纵轴、竖轴坐标面重合时为起始位置，以竖轴 Z 为第一转轴，旋转到摄影时主垂面应有位置的转角，从纵轴正方向起算顺时针旋转为正角。

像片倾角 α：主垂面内摄影方向 SO 与铅垂方向 Z 轴的夹角。相当于以绕主轴 Z 旋转 A 角后的横轴 X_A 为第二转轴，在主垂面内将摄影机轴 SO 自铅垂方向逆时针旋至应有位置的旋角。角 α 恒为正值。

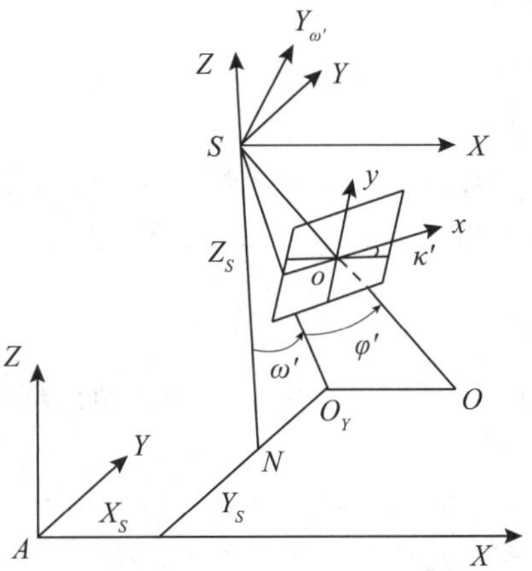

图 3-2-7 ω'-φ'-κ'系统

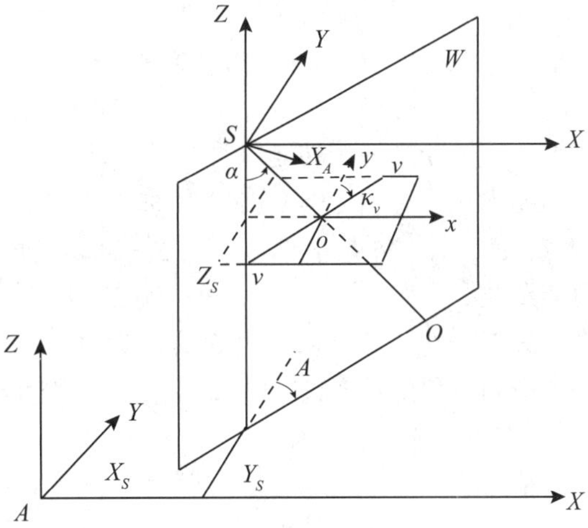

图 3-2-8 A-α-κ_v 系统

像片旋角 κ_v：主垂面与像平面的交线与像平面直角坐标系 y 轴的夹角。从主纵线的正方向起算逆时针旋至 y 轴正方向为正角。

特别注意的是，国际上最通用转角系是分别以 X、Y、Z 为第一、第二、第三转轴的 ω'-φ'-κ'，且遵循右手螺旋为正方向(即逆时针方向为正方向)，与我国采用的转角定义的差异在于 φ'角方向差 180°，也即取负数。因此，在参考外文资料的转角系时需要特别注意 φ'角方向。

3.2.3 空间直角坐标系的旋转变换

像点空间直角坐标的旋转变换是指像空间坐标与像空间辅助坐标之间的变换。由高等数学知识可知，空间直角坐标的变换是正交变换，一个坐标系按某种顺序依次地旋转三个角度即可变换为另一个同原点的坐标系。

在取得像点的像平面坐标后，加上 $z=-f$ 即可得到像点的像空间直角坐标。像点的空间直角坐标变换，通常是将像点的像空间直角坐标$(x, y, -f)$变换为像空间辅助坐标(X, Y, Z)。这是一个像点在原点相同的两个空间直角坐标系中的坐标变换。

由数学知识可知，其表达式为

$$\begin{pmatrix} X \\ Y \\ Z \end{pmatrix} = R\begin{pmatrix} x \\ y \\ -f \end{pmatrix} = \begin{pmatrix} a_1 & a_2 & a_3 \\ b_1 & b_2 & b_3 \\ c_1 & c_2 & c_3 \end{pmatrix}\begin{pmatrix} x \\ y \\ -f \end{pmatrix} \tag{3-2-1}$$

或

$$\begin{pmatrix} x \\ y \\ -f \end{pmatrix} = R^{\mathrm{T}}\begin{pmatrix} X \\ Y \\ Z \end{pmatrix} = \begin{pmatrix} a_1 & b_1 & c_1 \\ a_2 & b_2 & c_2 \\ a_3 & b_3 & c_3 \end{pmatrix}\begin{pmatrix} X \\ Y \\ Z \end{pmatrix} \tag{3-2-1a}$$

其中，

$$R^{\mathrm{T}}=\begin{pmatrix}a_1 & b_1 & c_1\\ a_2 & b_2 & c_2\\ a_3 & b_3 & c_3\end{pmatrix}$$

为空间轴系旋转变换的旋转矩阵。

矩阵元素 a_i，b_i，$c_i(i=1，2，3)$称为方向余弦。a_1，a_2，a_3 是 X 轴与 x，y，z 轴间夹角的余弦；b_1，b_2，b_3 是 Y 轴与 x，y，z 轴间夹角的余弦；c_1，c_2，c_3 是 Z 轴与 x，y，z 轴间夹角的余弦。

由于 R 是正交矩阵，所以九个方向余弦中只含有三个独立参数，这三个独立参数可以是一个空间直角坐标系(如 $S\text{-}XYZ$)按三个空间轴向顺次旋转至另一空间直角坐标系(如 $S\text{-}xyz$)的三个旋转角。

因为从一个空间直角坐标系旋转至另一个空间直角坐标系时，可以分别采用不同的主轴系统，因而九个方向余弦值亦可表达为不同转角系统角元素的函数。以影像外方位角元素 φ、ω、κ 系统为例，对于上述两种坐标系之间的转换关系可以理解成：像空间坐标系是像空间辅助坐标系(相当于摄影光束的起始位置)依次绕相应的坐标轴旋转 φ、ω、κ 三个角度以后的位置。此时式(3-2-1)中的旋转矩阵 R 可表示为

$$\begin{aligned}R=R_\varphi R_\omega R_\kappa&=\begin{pmatrix}\cos\varphi & 0 & -\sin\varphi\\ 0 & 1 & 0\\ \sin\varphi & 0 & \cos\varphi\end{pmatrix}\begin{pmatrix}1 & 0 & 0\\ 0 & \cos\omega & -\sin\omega\\ 0 & \sin\omega & \cos\omega\end{pmatrix}\begin{pmatrix}\cos\kappa & -\sin\kappa & 0\\ \sin\kappa & \cos\kappa & 0\\ 0 & 0 & 1\end{pmatrix}\\ &=\begin{pmatrix}a_1 & a_2 & a_3\\ b_1 & b_2 & b_3\\ c_1 & c_2 & c_3\end{pmatrix}\end{aligned}\tag{3-2-2}$$

把矩阵相乘后得到

$$\begin{aligned}a_1&=\cos\varphi\cos\kappa-\sin\varphi\sin\omega\sin\kappa\\ a_2&=-\cos\varphi\sin\kappa-\sin\varphi\sin\omega\cos\kappa\\ a_3&=-\sin\varphi\cos\omega\\ b_1&=\cos\omega\sin\kappa\\ b_2&=\cos\omega\cos\kappa\\ b_3&=-\sin\omega\\ c_1&=\sin\varphi\cos\kappa+\cos\varphi\sin\omega\sin\kappa\\ c_2&=-\sin\varphi\sin\kappa+\cos\varphi\sin\omega\cos\kappa\\ c_3&=\cos\varphi\cos\omega\end{aligned}\tag{3-2-3}$$

同理，用 $\omega'\text{-}\varphi'\text{-}\kappa'$系统可表示旋转矩阵 R 为

$$R=R_{\omega'}R_{\varphi'}R_{\kappa'}=\begin{pmatrix}1 & 0 & 0\\ 0 & \cos\omega' & -\sin\omega'\\ 0 & \sin\omega' & \cos\omega'\end{pmatrix}\begin{pmatrix}\cos\varphi' & 0 & -\sin\varphi'\\ 0 & 1 & 0\\ \sin\varphi' & 0 & \cos\varphi'\end{pmatrix}\begin{pmatrix}\cos\kappa' & -\sin\kappa' & 0\\ \sin\kappa' & \cos\kappa' & 0\\ 0 & 0 & 1\end{pmatrix}=\begin{pmatrix}a_1 & a_2 & a_3\\ b_1 & b_2 & b_3\\ c_1 & c_2 & c_3\end{pmatrix}\tag{3-2-4}$$

其中，

$$
\begin{aligned}
a_1 &= \cos\varphi'\cos\kappa' \\
a_2 &= -\cos\varphi'\sin\kappa' \\
a_3 &= -\sin\varphi' \\
b_1 &= \cos\omega'\sin\kappa' - \sin\omega'\sin\varphi'\cos\kappa' \\
b_2 &= \cos\omega'\cos\kappa' + \sin\omega'\sin\varphi'\sin\kappa' \\
b_3 &= -\sin\omega'\cos\varphi' \\
c_1 &= \sin\omega'\sin\kappa' + \cos\omega'\sin\varphi'\cos\kappa' \\
c_2 &= \sin\omega'\cos\kappa' - \cos\omega'\sin\varphi'\sin\kappa' \\
c_3 &= \cos\omega'\cos\varphi'
\end{aligned}
\tag{3-2-5}
$$

用 $A\text{-}\alpha\text{-}\kappa_v$ 系统可表示旋转矩阵 R 为

$$
R = R_A R_\alpha R_{\kappa_v} = \begin{pmatrix} \cos A & \sin A & 0 \\ -\sin A & \cos A & 0 \\ 0 & 0 & 1 \end{pmatrix} \begin{pmatrix} 1 & 0 & 0 \\ 0 & \cos\alpha & -\sin\alpha \\ 0 & \sin\alpha & \cos\alpha \end{pmatrix} \begin{pmatrix} \cos\kappa_v & -\sin\kappa_v & 0 \\ \sin\kappa_v & \cos\kappa_v & 0 \\ 0 & 0 & 1 \end{pmatrix}
$$

$$
= \begin{pmatrix} a_1 & a_2 & a_3 \\ b_1 & b_2 & b_3 \\ c_1 & c_2 & c_3 \end{pmatrix} \tag{3-2-6}
$$

其中，

$$
\begin{aligned}
a_1 &= \cos A\cos\kappa_v + \sin A\cos\alpha\sin\kappa_v \\
a_2 &= -\cos A\sin\kappa_v + \sin A\cos\alpha\cos\kappa_v \\
a_3 &= -\sin A\sin\alpha \\
b_1 &= -\sin A\cos\kappa_v + \cos A\cos\alpha\sin\kappa_v \\
b_2 &= \sin A\sin\kappa_v + \cos A\cos\alpha\cos\kappa_v \\
b_3 &= -\cos A\sin\alpha \\
c_1 &= \sin\alpha\sin\kappa_v \\
c_2 &= \sin\alpha\cos\kappa_v \\
c_3 &= \cos\alpha
\end{aligned}
\tag{3-2-7}
$$

由上述论述可知，完成两个空间直角坐标系的转换，关键是确定正交矩阵 R 中的 9 个方向余弦值。R 中的方向余弦可以用不同转角系统中 3 个角元素作为独立参数来表示，也可以任取 3 个独立参数来表示。

(1)用 3 个独立的方向余弦值为参数构成旋转矩阵。通常选用 a_2，a_3，b_3 作为独立参数，利用正交矩阵 $RR^{\mathrm{T}}=I$ 的特点，可导出旋转矩阵中 9 个方向余弦之间关系，可将其余 6 个方向余弦表示为所选 3 个方向余弦的函数。

旋转矩阵 R 中的元素满足：同一行(列)的各元素平方和为 1；任意两行(列)的对应元素乘积之和为 0；行列式 $|R|=1$；每个元素的值等于其代数余子式。由 a_2，a_3，b_3 构成的旋转矩阵如式(3-2-8)所示。

$$R=\begin{pmatrix}\sqrt{1-a_2^2-a_3^2} & a_2 & a_3 \\ \dfrac{-a_1a_3b_3-a_2c_3}{1-a_3^2} & \sqrt{1-b_1^2-b_3^2} & b_3 \\ a_2b_3-a_3b_2 & a_3b_1-a_1b_3 & \sqrt{1-a_3^2-b_3^2}\end{pmatrix} \tag{3-2-8}$$

(2)用反对称矩阵元素为参数构成旋转矩阵。在一个方阵内，当与主对角线对称的各个元素数值相等，而符号相反时，该矩阵称为反对称矩阵。例如，

$$S=\begin{pmatrix}0 & -\dfrac{c}{2} & -\dfrac{b}{2} \\ \dfrac{c}{2} & 0 & -\dfrac{a}{2} \\ \dfrac{b}{2} & \dfrac{a}{2} & 0\end{pmatrix} \tag{3-2-9}$$

其特点是 $S^{T}=-S$。用单位阵 I 加反对称矩阵 S 与单位阵减反对称矩阵的逆矩阵相乘 $(I+S)(I-S)^{-1}$ 也是一个正交矩阵。设 $R=(I+S)(I-S)^{-1}$，如式(3-2-10)所示。

$$R=\frac{1}{\Delta}\begin{pmatrix}1+\dfrac{1}{4}(a^2-b^2-c^2) & -c-\dfrac{ab}{2} & -b+\dfrac{ac}{2} \\ c-\dfrac{ab}{2} & 1+\dfrac{1}{4}(-a^2+b^2-c^2) & -a-\dfrac{bc}{2} \\ b+\dfrac{ac}{2} & a-\dfrac{bc}{2} & 1+\dfrac{1}{4}(-a^2-b^2+c^2)\end{pmatrix} \tag{3-2-10}$$

其中，

$$\Delta=\begin{vmatrix}1 & \dfrac{c}{2} & \dfrac{b}{2} \\ -\dfrac{c}{2} & 1 & \dfrac{a}{2} \\ -\dfrac{b}{2} & -\dfrac{a}{2} & 1\end{vmatrix}=1+\frac{1}{4}(a^2+b^2+c^2)$$

该形式的旋转矩阵称罗德里格斯矩阵(Rodrigues' Formula)，其中的 a，b，c 并不是方向余弦。

(3)用四元数元素为参数构成旋转矩阵。四元数是数学家 Hamilton 于 1843 年创造的，可以认为是一个包含 4 个元素的列向量，其表示方法为

$$q=w+xi+yj+zk \tag{3-2-11}$$

式中，w 为标量；(x, y, z) 为一向量。当 $w^2+x^2+y^2+z^2=1$ 时，q 称为单位四元数。

$q^{*}=w-xi-yj-zk$ 为 q 的共轭四元数。

假设有一向量 $P(X, Y, Z)$ 绕着一单位四元数 q 做旋转，将 P 视为无标量的四元数，则向量 P 的旋转表示为

$$\mathrm{Rot}(P)=qPq^{*} \tag{3-2-12}$$

根据四元数运算规则，

$$\mathrm{Rot}(P)=\begin{pmatrix} w & -x & -y & -z \\ x & w & -z & y \\ y & z & w & -x \\ z & -y & x & w \end{pmatrix}\begin{pmatrix} w & x & y & z \\ -x & w & -z & y \\ -y & z & w & -x \\ -z & -y & x & w \end{pmatrix}P$$

$$=\begin{pmatrix} x^2+y^2+z^2+w^2 & 0 & 0 & 0 \\ 0 & w^2+x^2-y^2-z^2 & 2xy-2wz & 2xz+2wy \\ 0 & 2xy+2wz & w^2-x^2+y^2-z^2 & 2yz-2wx \\ 0 & 2xz-2wy & 2yz+2wx & w^2-x^2-y^2+z^2 \end{pmatrix}P \tag{3-2-13}$$

式中，4×4 矩阵的右下角 3×3 矩阵即为三维空间的旋转矩阵 R。

由上述可以看出，旋转矩阵 R 可以用多种方式来表示。相对而言，用不同转角系统的三个角元素表示 R 的方法直观，几何意义清晰，容易理解。其他几种方法如四元数表示方法虽然不够直观，但使用方便，在一些摄影测量平差模型解算中不需要提供初值，可以直接进行迭代运算。

3.2.4 中心投影的构像方程

航摄像片是地面景物的中心投影构像，为了研究像点与地面点相应点的数学关系，必须建立中心投影的构像方程，即共线方程。如图 3-2-9 所示，S 为摄影中心，在某一规定的物方空间坐标系中其坐标为(X_S，Y_S，Z_S)，A 为任一物方空间点，它的物方空间坐标为(X_A，Y_A，Z_A)。a 为 A 在影像上的构像，相应的像空间坐标和像空辅助坐标分别为(x，y，$-f$)和(X，Y，Z)。摄影时 S、A、a 三点位于一条直线上，那么像点的像空间辅助坐标与物方点物方空间坐标之间有以下关系：

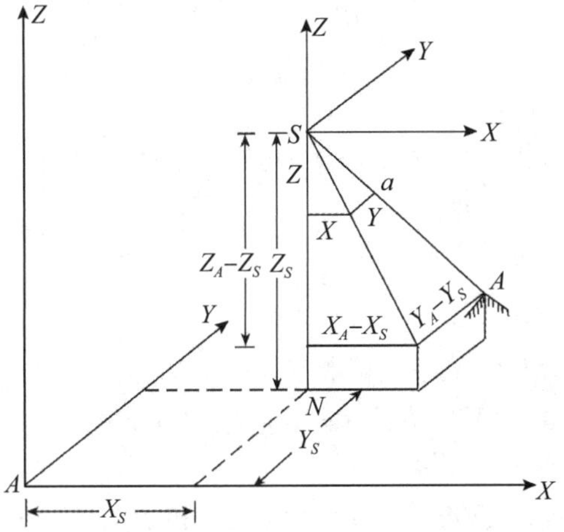

图 3-2-9 共线方程

$$\frac{X}{X_A - X_S} = \frac{Y}{Y_A - Y_S} = \frac{Z}{Z_A - Z_S} = \frac{1}{\lambda}$$

则

$$X = \frac{1}{\lambda}(X_A - X_S),\ Y = \frac{1}{\lambda}(Y_A - Y_S),\ Z = \frac{1}{\lambda}(Z_A - Z_S) \tag{3-2-14}$$

由式(3-2-1a)可知，像空间坐标与像空间辅助坐标有下列关系：

$$\begin{pmatrix} x \\ y \\ -f \end{pmatrix} = \begin{pmatrix} a_1 & b_1 & c_1 \\ a_2 & b_2 & c_2 \\ a_3 & b_3 & c_3 \end{pmatrix} \begin{pmatrix} X \\ Y \\ Z \end{pmatrix}$$

将上式展开为

$$\begin{aligned} \frac{x}{-f} &= \frac{a_1 X + b_1 Y + c_1 Z}{a_3 X + b_3 Y + c_3 Z} \\ \frac{y}{-f} &= \frac{a_2 X + b_2 Y + c_2 Z}{a_3 X + b_3 Y + c_3 Z} \end{aligned} \tag{3-2-15}$$

再将式(3-2-14)代入上式，并考虑到像主点的坐标(x_0，y_0)，得

$$\begin{cases} x - x_0 = -f\dfrac{a_1(X_A - X_S) + b_1(Y_A \quad Y_S) + c_1(Z_A - Z_S)}{a_3(X_A - X_S) + b_3(Y_A - Y_S) + c_3(Z_A - Z_S)} \\ y - y_0 = -f\dfrac{a_2(X_A - X_S) + b_2(Y_A - Y_S) + c_2(Z_A - Z_S)}{a_3(X_A - X_S) + b_3(Y_A - Y_S) + c_3(Z_A - Z_S)} \end{cases} \tag{3-2-16}$$

式(3-2-16)就是常见的共线条件方程式(简称共线方程)。式中，x，y 为像点的像平面坐标；x_0，y_0，f 为影像的内方位元素；X_S，Y_S，Z_S 为摄站点的物方空间坐标；X_A，Y_A，Z_A 为物方点的物方空间坐标；a_i，b_i，c_i(i=1，2，3)为影像的三个外方位角元素组成的九个方向余弦。

由式(3-2-14)和式(3-2-1)还可以推出共线方程的另一种形式(反演公式)：

$$\begin{pmatrix} X_A - X_S \\ Y_A - Y_S \\ Z_A - Z_S \end{pmatrix} = \lambda \begin{pmatrix} X \\ Y \\ Z \end{pmatrix} = \lambda R \begin{pmatrix} x \\ y \\ -f \end{pmatrix}$$

则有

$$\begin{pmatrix} X_A \\ Y_A \\ Z_A \end{pmatrix} = \lambda \begin{pmatrix} a_1 & a_2 & a_3 \\ b_1 & b_2 & b_3 \\ c_1 & c_2 & c_3 \end{pmatrix} \begin{pmatrix} x \\ y \\ -f \end{pmatrix} + \begin{pmatrix} X_S \\ Y_S \\ Z_S \end{pmatrix} \tag{3-2-17}$$

共线条件方程的应用主要有：

(1)单像空间后方交会和多像空间前方交会；

(2)解析空中三角测量光束法平差中的基本数学模型；

(3)构成数字投影的基础；

(4)计算模拟影像数据(已知影像内外方位元素和物点坐标求像点坐标)；

(5)利用数字高程模型(DEM)与共线方程制作正射影像；

(6)利用 DEM 与共线方程进行单幅影像测图等。

推扫式成像(如 ADS40)和框幅式成像的影像存在很大的不同：框幅式相机属面中心投影成像，而线阵扫描传感器则是推扫式的线中心投影(图 3-2-10)，设飞行方向为 x 轴，缝隙保持水平并且垂直飞行方向沿航线方向推扫，每条线阵影像的外方位元素都不同。

对于框幅式影像，物方点 A、像点 a 和投影中心 S 满足共线方程式(3-2-16)。推扫式成像的影像，则为每条线阵影像满足共线方程式(3-2-18)，即物点 A、像点 $a(0, y)$ 和投影中心 S 共线，外方位元素为该条线阵列影像在空间摄影瞬间的位置和姿态。

$$
\begin{aligned}
0 &= -f\frac{a_1(X - X_S) + b_1(Y - Y_S) + c_1(Z - Z_S)}{a_3(X - X_S) + b_3(Y - Y_S) + c_3(Z - Z_S)} \\
y &= -f\frac{a_2(X - X_S) + b_2(Y - Y_S) + c_2(Z - Z_S)}{a_3(X - X_S) + b_3(Y - Y_S) + c_3(Z - Z_S)}
\end{aligned}
\tag{3-2-18}
$$

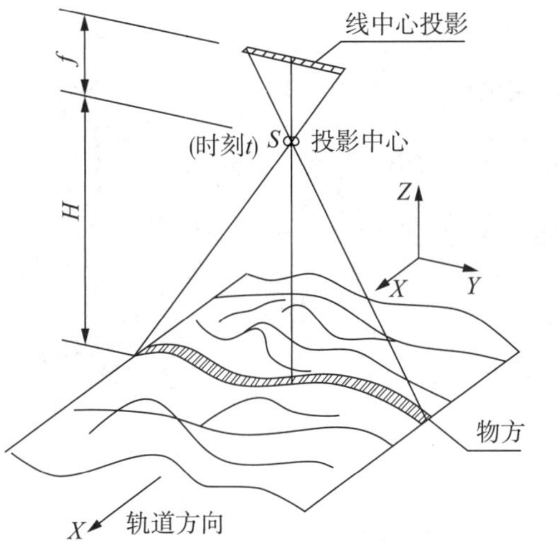

图 3-2-10 线阵列推扫式扫描成像

3.2.5 像点坐标系统误差

像点坐标的系统误差主要是由摄影物镜畸变、大气折光以及地球曲率诸因素引起的，这些误差对每幅影像的影响有相同的规律性，是系统误差。

1. 摄影机物镜畸变差改正

物镜畸变差包括对称畸变和非对称畸变，可用以下形式的多项式来表达：

$$
\begin{cases}
\Delta x = (x - x_0)(K_1 r^2 + K_2 r^4) + P_1(r^2 + 2(x - x_0)^2) + 2P_2(x - x_0)\cdot(y - y_0) \\
\Delta y = (y - y_0)(K_1 r^2 + K_2 r^4) + P_2(r^2 + 2(y - y_0)^2) + 2P_1(x - x_0)\cdot(y - y_0)
\end{cases}
\tag{3-2-19}
$$

式中，$r^2 = (x - x_0)^2 + (y - y_0)^2$，是以像主点为极点的向径；$\Delta x$，$\Delta y$ 为像点坐标改正数；x_0，y_0 为像主点坐标；$x-x_0$，$y-y_0$ 为像点坐标；k_1、k_2 为物镜畸变差改正系数，P_1、P_2

为偏心畸变差改正系数，均由摄影机鉴定获得。

2. 大气折光改正

大气折光引起像点在辐射方向的改正为

$$\Delta r=-\left(f+\frac{r^2}{f}\right)\cdot r_f \tag{3-2-20a}$$

其中，

$$r_f=\frac{n_0-n_H}{n_0+n_H}\cdot\frac{r}{f} \tag{3-2-20b}$$

式中，r 是以像底点为极点的向径，$r=\sqrt{x'^2+y'^2}$；f 为摄影机主距；r_f 为折光差角；n_0 和 n_H 分别为地面和高度 H 处的大气折射率，可由气象资料或大气模型获得。

那么，大气折光差引起的像点坐标的改正值为

$$\mathrm{d}x=\frac{x'}{r}\Delta r,\quad \mathrm{d}y=\frac{y'}{r}\Delta r \tag{3-2-21}$$

式中，x'，y'为大气折光改正以前的像点坐标。

3. 地球曲率改正

由地球曲率引起像点坐标在辐射方向的改正为

$$\delta=\frac{H}{2Rf^2}r^3 \tag{3-2-22}$$

式中，r 是以像底点为极点的向径，$r=\sqrt{x'^2+y'^2}$；f 为摄影机主距；H 为摄站点的航高；R 为地球的曲率半径。

像点坐标的改正分别为

$$\begin{cases}\delta_x=\dfrac{x'}{r}\delta=\dfrac{x'Hr^2}{2f^2R}\\[2ex]\delta_y=\dfrac{y'}{r}\delta=\dfrac{y'Hr^2}{2f^2R}\end{cases} \tag{3-2-23}$$

式中，x'，y'为地球曲率改正以前的像点坐标。

最后，经摄影物镜畸变差、大气折光差和地球曲率改正后的像点坐标为

$$\begin{cases}x=x'+\Delta x+\mathrm{d}x+\delta_x\\y=y'+\Delta y+\mathrm{d}y+\delta_y\end{cases} \tag{3-2-24}$$

式中，$(x,\ y)$为经过各项系统误差改正后的像点坐标；$(x',\ y')$为经过摄影材料变形改正后的像点坐标；Δx，Δy 为物镜畸变差引起的像点坐标改正数；$\mathrm{d}x$，$\mathrm{d}y$ 为大气折光引起的像点坐标改正数；δ_x，δ_y 为地球曲率引起的像点坐标改正数。

在本书后续所介绍的摄影测量解析计算中，在未加说明的情况下，均认为像点坐标已经做上述系统误差改正的处理。

3.2.6　有理函数成像模型

有理函数模型(Rational Function Model，RFM)是可以直接建立起像点和空间坐标之间

的关系，不需要内外方位元素，而回避成像的几何过程，其可以广泛应用于线阵影像的处理。有理函数模型是将像点坐标(r，c)表示为以相应地面点空间坐标(P，L，H)为自变量的多项式的比值，其中 P 为经度，L 为纬度，H 为离椭球面距离。为了增强参数求解的稳定性，将地面坐标和像点坐标正则化到-1 和 1 之间。

$$\begin{cases} r_n = \dfrac{\mathrm{Num}L(P_n, L_n, H_n)}{\mathrm{Den}L(P_n, L_n, H_n)} \\ c_n = \dfrac{\mathrm{Num}S(P_n, L_n, H_n)}{\mathrm{Den}S(P_n, L_n, H_n)} \end{cases} \tag{3-2-25}$$

式中，

$$\begin{aligned} \mathrm{Num}L(P_n, L_n, H_n) = & a_0 + a_1L_n + a_2P_n + a_3H_n + a_4L_nP_n + a_5L_nH_n + a_6P_nH_n \\ & + a_7L_n^2 + a_8P_n^2 + a_9H_n^2 + a_{10}P_nL_nH_n + a_{11}L_n^3 + a_{12}L_nP_n^2 \\ & + a_{13}L_nH_n^2 + a_{14}L_n^2P_n + a_{15}P_n^3 + a_{16}P_nH_n^2 + a_{17}L_n^2H_n \\ & + a_{18}P_n^2H_n + a_{19}H_n^3 \end{aligned}$$

$$\begin{aligned} \mathrm{Den}L(P_n, L_n, H_n) = & b_0 + b_1L_n + b_2P_n + b_3H_n + b_4L_nP_n + b_5L_nH_n + b_6P_nH_n \\ & + b_7L_n^2 + a_8P_n^2 + b_9H_n^2 + b_{10}P_nL_nH_n + b_{11}L_n^3 + b_{12}L_nP_n^2 \\ & + b_{13}L_nH_n^2 + b_{14}L_n^2P_n + b_{15}P_n^3 + b_{16}P_nH_n^2 + b_{17}L_n^2H_n \\ & + b_{18}P_n^2H_n + b_{19}H_n^3 \end{aligned}$$

$$\begin{aligned} \mathrm{Num}S(P_n, L_n, H_n) = & c_0 + c_1L_n + c_2P_n + c_3H_n + c_4L_nP_n + c_5L_nH_n + c_6P_nH_n \\ & + c_7L_n^2 + c_8P_n^2 + c_9H_n^2 + c_{10}P_nL_nH_n + c_{11}L_n^3 + c_{12}L_nP_n^2 \\ & + c_{13}L_nH_n^2 + c_{14}L_n^2P_n + c_{15}P_n^3 + c_{16}P_nH_n^2 + c_{17}L_n^2H_n \\ & + c_{18}P_n^2H_n + c_{19}H_n^3 \end{aligned}$$

$$\begin{aligned} \mathrm{Den}S(P_n, L_n, H_n) = & d_0 + d_1L_n + d_2P_n + d_3H_n + d_4L_nP_n + d_5L_nH_n + d_6P_nH_n \\ & + d_7L_n^2 + d_8P_n^2 + d_9H_n^2 + d_{10}P_nL_nH_n + d_{11}L_n^3 + d_{12}L_nP_n^2 \\ & + d_{13}L_nH_n^2 + d_{14}L_n^2P_n + d_{15}P_n^3 + d_{16}P_nH_n^2 + d_{17}L_n^2H_n \\ & + d_{18}P_n^2H_n + d_{19}H_n^3 \end{aligned}$$

其中，(P_n，L_n，H_n) 为正则化的地面坐标，(r_n，c_n) 为正则化的影像坐标。

$$\begin{aligned} & L_n = \frac{L - \mathrm{LAT\_OFF}}{\mathrm{LAT\_SCALE}},\ P_n = \frac{P - \mathrm{LONG\_OFF}}{\mathrm{LONG\_SCALE}},\ H_n = \frac{H - \mathrm{HEIGHT\_OFF}}{\mathrm{HEIGHT\_SCALE}}, \\ & r_n = \frac{r - \mathrm{LINE\_OFF}}{\mathrm{LINE\_SCALE}},\ c_n = \frac{c - \mathrm{SAMP\_OFF}}{\mathrm{SAMP\_SCALE}} \end{aligned} \tag{3-2-26}$$

这里 LAT_OFF, LAT_SCALE, LONG_OFF, LONG_SCALE, HEIGHT_OFF 和 HEIGHT_SCALE 为地面坐标的正则化参数；LINE_OFF, SAMP_OFF, SAMP_SCALE, LINE_SCALE 为影像坐标的正则化参数。

a_i、b_i、c_i、d_i 称为有理多项式系数(Rational Polynomial Coefficient, RPC)，是 RFM 的重要数据文件。例如，Space imaging 公司发布的 IKONOS 卫星图像 RPC 参数共有 90

个，其中 80 个为有理多项式系数，10 个为规则化参数。它们一起构成了 IKONOS 卫星图像的有理函数模型。

在 RFM 中由光学投影引起的畸变表示为一阶多项式，而像地球曲率、大气折射及镜头畸变等改正，由二阶多项式逼近，高阶部分的其他未知畸变用三阶多项式模拟。

有理函数模型具有许多优势，如：

(1)因为 RFM 中每一等式右边都是有理函数，所以 RFM 能得到比多项式模型更高的精度。另一方面，多项式模型次数过高时会产生振荡，而 RFM 不会振荡。

(2)众所周知，在像点坐标中加入附加改正参数能提高传感器模型的精度。在 RFM 中则无须另行加入这一附加改正参数，因为多项式系数本身包含了这一改正参数。

(3)RFM 独立于摄影平台和传感器，这是 RFM 最诱人的特性。这就意味着用 RFM 纠正影像时，无须了解摄影平台和传感器的几何特性，也无须知道任何摄影时的有关参数。这一点确保 RFM 不仅可用于现有的任何传感器模型，而且可应用于一种全新的传感器模型。

当然，有理函数模型也有缺点：

(1)该定位方法无法为影像的局部变形建立模型。

(2)模型中很多参数没有物理意义，无法对这些参数的作用和影响作出定性分析。

(3)解算过程中可能会出现分母过小或者零分母，影响该模型的稳定性。

(4)有理多项式系数之间也有可能存在相关性，会降低模型的稳定性。

(5)如果影像的范围过大或者有高频的影像变形，则定位精度无法保证。

3.2.7　鱼眼相机和全景相机构像模型

鱼眼镜头广泛应用于监控、街景拍摄、机器人导航等。鱼眼镜头一般是由十几个不同的透镜组合而成的，在成像的过程中，入射光线经过不同程度的折射，投影到尺寸有限的成像平面上，使得鱼眼镜头与普通镜头相比拥有了更大的视野范围。鱼眼相机的成像过程分解成两步：第一步，三维空间点线性地投影到一个球面上，它是一个虚拟的单位球面，球心与相机坐标系的原点重合；第二步，单位球面上的点投影到图像平面上。图 3-2-11 展示了鱼眼相机的成像过程。

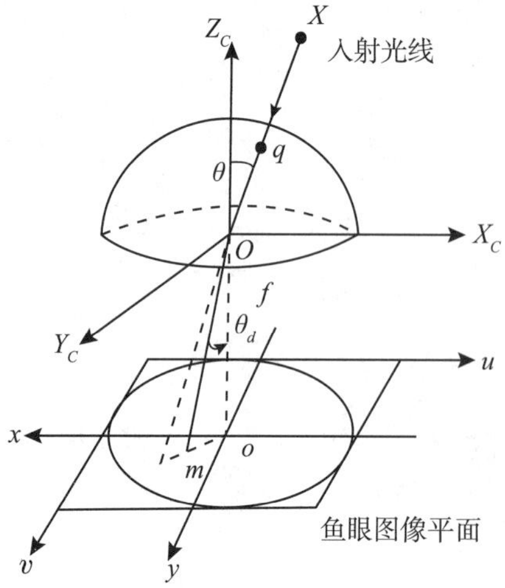

图 3-2-11　鱼眼相机成像

为了将尽可能大的场景投影到有限的图像平面内，鱼眼相机会按照一定的投影函数来设计。根据投影函数的不同，鱼眼相机的设计模型大致分为四种：等距投影模型、等积投影模型、正交投影模型和球面立体投影模型。

(1)等距投影：

$$r = f\theta \tag{3-2-27}$$

式中，$r = \sqrt{x^2 + y^2}$，为鱼眼图像中的点到中心的距离，$(x,\ y)$ 为像点坐标；f 是鱼眼相机的焦距；θ

是入射光线与鱼眼相机光轴之间的夹角，即入射角。等距投影的特点是入射角与半径呈线性关系。

(2)等积投影：

$$r = 2f\sin 0.5\theta \tag{3-2-28}$$

入射角与其在影像上的投影面积之比为常数，与入射角的方位无关。

(3)正交投影：

$$r = f\sin\theta \tag{3-2-29}$$

入射角的正弦与半径成比例，反映了从球面到投影面的投影是正交的。

(4)球面立体投影：

$$r = 2f\tan 0.5\theta \tag{3-2-30}$$

这种投影具有保角特性，即共形，但距离变化较大。

在这些模型中，等距投影和等积投影应用最广泛。选择了某个投影模型，就可以进一步推导鱼眼相机物、像间的成像几何模型。以等距投影为例，设物点的世界坐标为 X_W，物体到相机的旋转矩阵和平移矢量分别为 R、T，则其在相机坐标系中的坐标 $X=[X, Y, Z]=\lambda[R|T]X_W$，代入式(3-2-27)，可得

$$\sqrt{x^2+y^2} = f\theta = f\arctan\frac{\sqrt{X^2+Y^2}}{Z} \tag{3-2-31}$$

注意到入射光、折射光在像平面上的投影共线，投影角相等(或相差 180°)，即 $\frac{Y}{X}=\frac{y}{x}$。继续展开

$$\begin{cases} x-x_0 = fX\dfrac{\arctan\dfrac{\sqrt{X^2+Y^2}}{Z}}{\sqrt{X^2+Y^2}} \\ y-y_0 = fY\dfrac{\arctan\dfrac{\sqrt{X^2+Y^2}}{Z}}{\sqrt{X^2+Y^2}} \end{cases} \tag{3-2-32}$$

式(3-2-32)就是等距投影下的鱼眼相机成像几何方程。

全景相机常用于采集街景图像，全景图能够覆盖全方位 360°，或者水平方向 360°的图像。根据成像方式不同，全景相机大致分为三大类：多镜头组合系统、旋转式扫描系统和折反射系统。多镜头组合式全景相机由一系列独立、固定的鱼眼镜头组成，多个镜头独立成像，再拼接为全景图。旋转式全景相机是给定线阵列 CCD，绕着竖直固定旋转轴做圆周运动并成像，就获得 360°水平柱面图像。折反射式全景相机包括两个组合镜子和透镜。镜子首先折射周围的光至透镜，透镜再实现成像。目前，多镜头组合式全景相机应用最广泛。

这里以理想的全景相机为例，推导相机物、像间的成像几何模型。理想的全景相机的成像面可以看作数学上完美的球面(或柱面)，其投影中心在球心。图 3-2-12 示意了全景

相机的理想球面成像模型，球心 S、球面像点 u 及对应物方点 P 三点共线的几何关系。

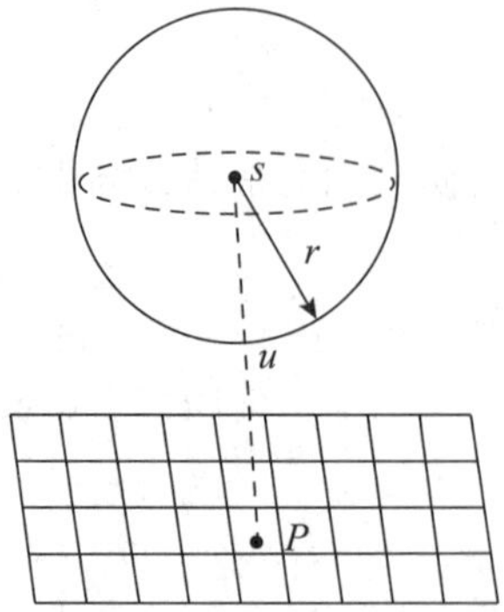

图 3-2-12　理想全景相机的模型

式(3-2-33)描述了像点 u、物点 P 及球心 S 三点共线。

$$x' = \lambda [R \mid T] X_W \tag{3-2-33}$$

式中，x' 为像点 u 传感器坐标，X_W 为物点 P 的世界坐标，R 和 T 分别为旋转矩阵和偏移矢量。

x' 可以通过式(3-2-34)得到

$$\begin{cases} x' = r\cos\left(\dfrac{\pi(H-2y)}{2H}\right)\sin\left(\dfrac{\pi(2x-W)}{W}\right) \\ y' = r\cos\left(\dfrac{\pi(H-2y)}{2H}\right)\cos\left(\dfrac{\pi(2x-W)}{W}\right) \\ z' = r\sin\left(\dfrac{\pi(H-2y)}{2H}\right) \end{cases} \tag{3-2-34}$$

式中，W 和 H 分别为图像的宽和高；(x, y)为像点在图像上的坐标。

3.3　单张影像解析基础

3.3.1　影像的内定向

内定向是摄影测量处理的第一步，在模拟测图仪上测图时，首先应将像片的框标与像片盘上的框标重合。在解析测图仪上测图时，在将像片安放在像片盘上后，首先要观测像片框标的坐标，使像片坐标系统与像片车架坐标系统联系在一起。数字影像测图的第一步也是内定向，这是因为在像片数字化时，像片的方位是任意的，像在解析测图仪上测图一样，必须进行内定向。

数字影像是以“扫描坐标系”IJ 为准，即像元素的位置是由它所在的列号 I 与行号 J 来确定的，它与像片本身的像坐标系 $o\text{-}xy$ 是不一致的。一般来说，数字化时影像的扫描方向应大概平行于像片的 x 轴，这对于以后的处理(特别是核线排列)是十分有利的。因此，扫描坐标系的 I 与 x 轴大致平行，如图 3-3-1 所示。

内定向的目的就是确定扫描坐标系与像片坐标系之间的关系及数字影像可能存在的变形。数字影像的变形主要是在影像数字化过程中产生的，主要有仿射变形。因此，扫描坐标系与像片坐标系之间的关系可以用下列关系式表示：

$$\begin{cases} x = (m_0 + m_1 I + m_2 J) \cdot \Delta \\ y = (n_0 + n_1 I + n_2 J) \cdot \Delta \end{cases} \tag{3-3-1}$$

其中，Δ 是采样间隔。因此，内定向的本质可以归结为确定式(3-3-1)的参数：m_0、m_1、m_2 和 n_0、n_1、n_2。为了求解仿射变形的 6 个参数必须观测 4 个框标的扫描坐标，并与已知的框标的像片坐标进行平差计算，求得 6 个参数。因此，内定向的基本步骤有两步。

1. 框标的识别与定位

框标识别的方法有很多，但其中最简单的方法是：将框标周围的影像显示在计算机屏幕上，利用光标给定其近似位置，再由系统精确定位(参考第 5 章)。由于航摄像片上的框标均有一定的几何形状，如 RC-10 航摄机的框标形状，如图 3-3-2 所示，其中心是个圆点，该像素的灰度值为 64，因而可以利用一些自动识别框标的方法。一般需要将框标影像窗口变为二值影像(也可以用原始影像)，然后再利用数学形态学的方法或各种特征提取与定位的方法(参考第 5 章)，自动确定框标的位置，从而解算出框标的扫描坐标 (I_K, J_K)，$K=1, 2, 3, 4$。如图 3-3-2 所示，灰度值为 64 的像元素对应的行、列号，即该框标的扫描坐标。

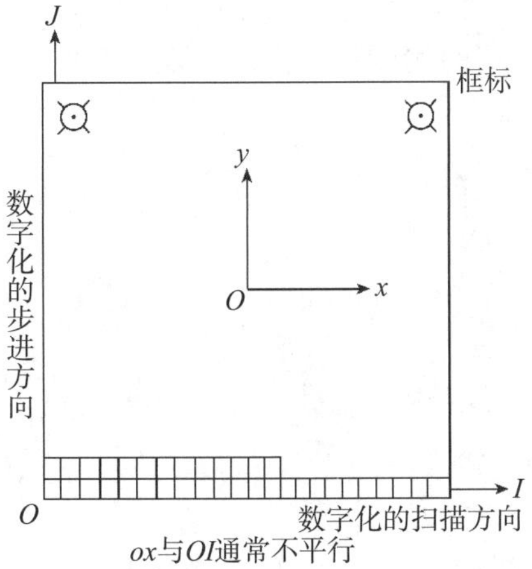

图 3-3-1 扫描坐标系与像片坐标系

83	25	12	16	16	12	12	11	11	10	11
64	85	24	12	11	11	10	11	11	11	10
18	62	81	29	13	10	10	11	10	13	18
10	18	61	60	15	10	10	11	11	13	32
10	11	16	17	11	10	12	15	13	11	22
11	11	11	11	12	14	15	13	11	11	11
11	11	13	14	14	12	13	16	12	11	11
10	11	12	11	11	11	33	64	16	10	11
12	11	11	11	11	12	16	19	11	11	12
11	11	11	11	10	10	11	11	9	9	11
11	12	13	14	11	11	11	16	11	11	13
11	17	55	65	16	11	10	11	11	11	29
20	61	99	31	12	11	16	19	11	11	15
63	96	30	12	12	16	35	24	11	11	11
100	37	12	12	11	12	11	10	10	11	11

图 3-3-2 RC-10 框标灰度阵列

2. 确定变形参数

由于仿射变形的 6 个参数在 x，y 轴方向是独立的，所以可以分别求解。在实际求解时，先将框标坐标重心化，其重心是像片之主点，因此式(3-3-1)又可写成

$$\begin{pmatrix} x - x_0 \\ y - y_0 \end{pmatrix} = \begin{pmatrix} m_1 & m_2 \\ n_1 & n_2 \end{pmatrix} \begin{pmatrix} I - I_0 \\ J - J_0 \end{pmatrix} \tag{3-3-2}$$

表 3-3-1 中所列就是一个立体像对实际内定向的算例。由表中可以看出：在扫描方向与步进方向上存在明显的比例尺变形差异，但剪形畸变极小。

表 3-3-1 **内定向参数**

		左片		右片	
		量测坐标/mm	扫描坐标(像素)	量测坐标/mm	扫描坐标(像素)
框标 1		303.495	33.89	392.775	19.04
		386.545	46.01	387.020	57.98
框标 2		605.285	4257.87	604.555	4244.02
		386.915	42.19	386.270	25.68
框标 3		393.120	37.89	393.500	51.94
		598.280	4273.03	598.730	4285.18
框标 4		604.945	4260.39	605.340	4274.68
		598.645	4269.85	597.995	4253.24
主点参数	$x_0 I_0$	499.211	2147.510	499.042	2147.42
	$y_0 J_0$	492.596	2157.770	492.504	2155.52
	$m_1 m_2$	1.00306	−0.00246	1.00289	−0.00397
	$n_1 n_2$	0.00257	1.00173	0.00410	1.00162

式(3-3-1)和式(3-3-2)是全数字化自动测图系统的解析基础，它可以将扫描坐标 I，J 换算成像片坐标，也可以由像点坐标反求扫描坐标：

$$\begin{pmatrix} I \\ J \end{pmatrix} = \begin{pmatrix} m_1^0 & m_2^0 \\ n_1^0 & n_2^0 \end{pmatrix} \begin{pmatrix} x - x_0 \\ y - y_0 \end{pmatrix} - \begin{pmatrix} I_0 \\ J_0 \end{pmatrix} \tag{3-3-3}$$

其中，

$$\begin{pmatrix} m_1^0 & m_2^0 \\ n_1^0 & n_2^0 \end{pmatrix} = \begin{pmatrix} m_1 & m_2 \\ n_1 & n_2 \end{pmatrix}^{-1}$$

因此，若已知某个像点的像片坐标，就可以根据上式求得的 I，J 从数字影像中取出相应的像素。

若已知像片的外方位元素，即可以由数字影像的像素行、列号直接求得像点的像片坐标。因为

$$\begin{pmatrix} u \\ v \\ w \end{pmatrix} = \begin{pmatrix} a_1 & a_2 & a_3 \\ b_1 & b_2 & b_3 \\ c_1 & c_2 & c_3 \end{pmatrix} \begin{pmatrix} x - x_0 \\ y - y_0 \\ -f \end{pmatrix} = \begin{pmatrix} a_1 & a_2 & a_3 \\ b_1 & b_2 & b_3 \\ c_1 & c_2 & c_3 \end{pmatrix} \begin{pmatrix} m_1 & m_2 & 0 \\ n_1 & n_2 & 0 \\ 0 & 0 & 1 \end{pmatrix} \begin{pmatrix} I - I_0 \\ J - J_0 \\ -f \end{pmatrix}$$

$$\begin{pmatrix} u \\ v \\ w \end{pmatrix} = \begin{pmatrix} a_1^0 & a_2^0 & a_3^0 \\ b_1^0 & b_2^0 & b_3^0 \\ c_1^0 & c_2^0 & c_3^0 \end{pmatrix} \begin{pmatrix} I - I_0 \\ J - J_0 \\ -f \end{pmatrix} \tag{3-3-4}$$

其中，

$$\begin{cases}a_1^0=a_1m_1+a_2n_1,\\a_2^0=a_1m_2+a_2n_2,\\a_3^0=a_3,\end{cases}\quad\begin{cases}b_1^0=b_1m_1+b_2n_1,\\b_2^0=b_1m_2+b_2n_2,\\b_3^0=b_3,\end{cases}\quad\begin{cases}c_1^0=c_1m_1+c_2n_1\\c_2^0=c_1m_2+c_2n_2\\c_3^0=c_3\end{cases}$$

3.3.2 空间后方交会

如果我们知道一幅影像的 6 个外方位元素，就能确定被摄物体与航摄影像的关系。因此，如何获取影像的外方位元素，一直是摄影测量工作者探讨的问题。可采取的方法：利用雷达、全球导航卫星系统(GNSS)、惯性导航系统(INS)及星相摄影机来获取影像的外方位元素；也可利用影像覆盖范围内一定数量的控制点的空间坐标与影像坐标，根据共线条件方程，反求该影像的外方位元素，这种方法称为单幅影像的空间后方交会。这种由物方已知若干个控制点及相应的像点坐标，求解摄站的坐标与影像的方位，是一个摄影测量的基本问题。

1. 空间后方交会的基本方程

空间后方交会的数学模型是共线方程，即中心投影的构像方程式(3-2-16)，为书写方便省去式(3-2-16)中地面点的角标，表示为

$$\begin{cases}x-x_0=-f\dfrac{a_1(X-X_S)+b_1(Y-Y_S)+c_1(Z-Z_S)}{a_3(X-X_S)+b_3(Y-Y_S)+c_3(Z-Z_S)}\\[2ex]y-y_0=-f\dfrac{a_2(X-X_S)+b_2(Y-Y_S)+c_2(Z-Z_S)}{a_3(X-X_S)+b_3(Y-Y_S)+c_3(Z-Z_S)}\end{cases}\tag{3-3-5}$$

式中 x，y 为地面点的像点坐标，通过坐标点量测获取；X，Y，Z 为地面点的坐标，可以通过普通测量方法或从控制点库中得到；x_0，y_0，f 为摄影主距，可从摄影机鉴定表中查取。为此，共线方程中的未知数，就只有 6 个外方位元素。由于一个已知点可列出两个方程式，如有 3 个不在一条直线上的已知点，就可列出 6 个独立的方程式，求解 6 个外方位元素。因此，进行空间后方交会，至少应有 3 个已知三维坐标的地面控制点。但共线条件方程中观测值与未知数之间是非线性函数关系。为了便于计算，需把非线性函数表达式用泰勒公式展开成线性形式，我们将这一数学处理过程称为“线性化”。通常的做法是将非线性函数按泰勒级数展开取至一次项。当采用 φ-ω-κ 系统时，线性化方程为

$$\begin{cases}x=(x)+\dfrac{\partial x}{\partial X_S}\Delta X_S+\dfrac{\partial x}{\partial Y_S}\Delta Y_S+\dfrac{\partial x}{\partial Z_S}\Delta Z_S+\dfrac{\partial x}{\partial\varphi}\Delta\varphi\\[2ex]\qquad+\dfrac{\partial x}{\partial\omega}\Delta\omega+\dfrac{\partial x}{\partial\kappa}\Delta\kappa\\[2ex]y=(y)+\dfrac{\partial y}{\partial X_S}\Delta X_S+\dfrac{\partial y}{\partial Y_S}\Delta Y_S+\dfrac{\partial y}{\partial Z_S}\Delta Z_S+\dfrac{\partial y}{\partial\varphi}\Delta\varphi\\[2ex]\qquad+\dfrac{\partial y}{\partial\omega}\Delta\omega+\dfrac{\partial y}{\partial\kappa}\Delta\kappa\end{cases}\tag{3-3-6}$$

式中，(x)，(y)为函数的近似值；ΔX_S，ΔY_S，ΔZ_S，$\Delta\varphi$，$\Delta\omega$，$\Delta\kappa$ 为外方位元素的改正数。为了求出式(3-3-6)中的各偏导数，将共线方程改写成下面的形式：

$$\begin{cases} x = -f\dfrac{\bar{X}}{\bar{Z}} \\ y = -f\dfrac{\bar{Y}}{\bar{Z}} \end{cases} \tag{3-3-7}$$

式中，

$$\begin{cases} \bar{X} = a_1(X - X_S) + b_1(Y - Y_S) + c_1(Z - Z_S) \\ \bar{Y} = a_2(X - X_S) + b_2(Y - Y_S) + c_2(Z - Z_S) \\ \bar{Z} = a_3(X - X_S) + b_3(Y - Y_S) + c_3(Z - Z_S) \end{cases} \tag{3-3-8}$$

于是式(3-3-6)中的各个系数为

$$\begin{cases} a_{11} = \dfrac{\partial x}{\partial X_S} = \dfrac{1}{\bar{Z}}[a_1 f + a_3(x - x_0)] \\ a_{12} = \dfrac{\partial x}{\partial Y_S} = \dfrac{1}{\bar{Z}}[b_1 f + b_3(x - x_0)] \\ a_{13} = \dfrac{\partial x}{\partial Z_S} = \dfrac{1}{\bar{Z}}[c_1 f + c_3(x - x_0)] \\ a_{21} = \dfrac{\partial y}{\partial X_S} = \dfrac{1}{\bar{Z}}[a_2 f + a_3(y - y_0)] \\ a_{22} = \dfrac{\partial y}{\partial Y_S} = \dfrac{1}{\bar{Z}}[b_2 f + b_3(y - y_0)] \\ a_{23} = \dfrac{\partial y}{\partial Z_S} = \dfrac{1}{\bar{Z}}[c_2 f + c_3(y - y_0)] \\ a_{14} = \dfrac{\partial x}{\partial \varphi} = (y - y_0)\sin\omega - \left\{\dfrac{x - x_0}{f}[(x - x_0)\cos\kappa - (y - y_0)\sin\kappa] + f\cos\kappa\right\}\cos\omega \\ a_{15} = \dfrac{\partial x}{\partial \omega} = -f\sin\kappa - \dfrac{x - x_0}{f}[(x - x_0)\sin\kappa + (y - y_0)\cos\kappa] \\ a_{16} = \dfrac{\partial x}{\partial \kappa} = (y - y_0) \\ a_{24} = \dfrac{\partial y}{\partial \varphi} = -(x - x_0)\sin\omega - \left\{\dfrac{y - y_0}{f}[(x - x_0)\cos\kappa - (y - y_0)\sin\kappa] - f\sin\kappa\right\}\cos\omega \\ a_{25} = \dfrac{\partial y}{\partial \omega} = -f\cos\kappa - \dfrac{y - y_0}{f}[(x - x_0)\sin\kappa + (y - y_0)\cos\kappa] \\ a_{26} = \dfrac{\partial y}{\partial \kappa} = -(x - x_0) \end{cases} \tag{3-3-9}$$

其中，前6个系数与外方位线元素有关，后6个系数与外方位角元素有关。下面以a_{14}为例说明其推演过程。

因为

$$\begin{pmatrix}\overline{X}\\\overline{Y}\\\overline{Z}\end{pmatrix}=R^{-1}\begin{pmatrix}X-X_S\\Y-Y_S\\Z-Z_S\end{pmatrix}=R_\kappa^{-1}R_\omega^{-1}R_\varphi^{-1}\begin{pmatrix}X-X_S\\Y-Y_S\\Z-Z_S\end{pmatrix}$$

所以

$$\frac{\partial\begin{pmatrix}\overline{X}\\\overline{Y}\\\overline{Z}\end{pmatrix}}{\partial\varphi}=R_\kappa^{-1}R_\omega^{-1}\frac{\partial R_\varphi^{-1}}{\partial\varphi}\begin{pmatrix}X-X_S\\Y-Y_S\\Z-Z_S\end{pmatrix}=R^{-1}R_\varphi\frac{\partial R_\varphi^{-1}}{\partial\varphi}\begin{pmatrix}X-X_S\\Y-Y_S\\Z-Z_S\end{pmatrix}\tag{3-3-10}$$

而

$$R_\varphi^{-1}=\begin{pmatrix}\cos\varphi&0&\sin\varphi\\0&1&0\\-\sin\varphi&0&\cos\varphi\end{pmatrix}\tag{3-3-11}$$

则

$$R_\varphi\frac{\partial R_\varphi^{-1}}{\partial\varphi}=\begin{pmatrix}\cos\varphi&0&-\sin\varphi\\0&1&0\\\sin\varphi&0&\cos\varphi\end{pmatrix}\begin{pmatrix}-\sin\varphi&0&\cos\varphi\\0&0&0\\-\cos\varphi&0&-\sin\varphi\end{pmatrix}=\begin{pmatrix}0&0&1\\0&0&0\\-1&0&0\end{pmatrix}\tag{3-3-12}$$

将式(3-3-11)与式(3-3-12)代入式(3-3-10)，得

$$\frac{\partial\begin{pmatrix}\overline{X}\\\overline{Y}\\\overline{Z}\end{pmatrix}}{\partial\varphi}=\begin{pmatrix}a_1&b_1&c_1\\a_2&b_2&c_2\\a_3&b_3&c_3\end{pmatrix}\begin{pmatrix}0&0&1\\0&0&0\\-1&0&0\end{pmatrix}\begin{pmatrix}X-X_S\\Y-Y_S\\Z-Z_S\end{pmatrix}=\begin{pmatrix}-c_1(X-X_S)+a_1(Z-Z_S)\\-c_2(X-X_S)+a_2(Z-Z_S)\\-c_3(X-X_S)+a_3(Z-Z_S)\end{pmatrix}$$

$$a_{14}=\frac{\partial x}{\partial\varphi}=\frac{-f}{\overline{Z}^2}\left(\frac{\partial\overline{X}}{\partial\varphi}\overline{Z}-\frac{\partial\overline{Z}}{\partial\varphi}\overline{X}\right)$$

$$=\frac{-f}{\overline{Z}}\left\{-c_1(X-X_S)+a_1(Z-Z_S)-\frac{\overline{X}}{\overline{Z}}[-c_3(X-X_S)+a_3(Z-Z_S)]\right\}$$

再顾及关系式(3-3-7)，经进一步改化可得

$$a_{14}=\frac{\partial x}{\partial\varphi}=-f\left[b_2-b_3\frac{\overline{Y}}{\overline{X}}+b_2\left(\frac{\overline{Y}}{\overline{X}}\right)^2-b_1\frac{\overline{X}}{\overline{Z}}\frac{\overline{Y}}{\overline{Z}}\right]$$

$$= -f\left[\cos\omega\cos\kappa + \sin\omega\frac{\overline{Y}}{\overline{Z}} + \cos\omega\cos\kappa\left(\frac{\overline{Y}}{\overline{X}}\right)^2 - \cos\omega\sin\kappa\frac{\overline{X}}{\overline{Z}}\frac{\overline{Y}}{\overline{Z}}\right]$$

$$= (y - y_0)\sin\omega - \left\{\frac{x - x_0}{f}[(x - x_0)\cos\kappa - (y - y_0)\sin\kappa] + f\cos\kappa\right\}\cos\omega$$

其他系数均可用类似方法导出。

在竖直摄影情况下，当外方位角元素为小角时，可以近似地用 $\varphi=\omega=\kappa=0$ 及 $Z-Z_S=-H$ 代入式(3-3-9)，得各系数值为

$$\begin{cases} a_{11} = -\dfrac{f}{H}, & a_{12} = 0, & a_{13} = -\dfrac{x}{H} \\ a_{21} = 0, & a_{22} = -\dfrac{f}{H}, & a_{23} = -\dfrac{y}{H} \\ a_{14} = -f\left(1 + \dfrac{x^2}{f^2}\right), & a_{15} = -\dfrac{xy}{f}, & a_{16} = y \\ a_{24} = -\dfrac{xy}{f}, & a_{25} = -f\left(1 + \dfrac{y^2}{f^2}\right), & a_{26} = -x \end{cases} \tag{3-3-13}$$

式中，H 为平均摄影距离(航空摄影的相对航高)。

2. 空间后方交会的误差方程和法方程

由前述可知，求解 6 个外方位元素有 3 个控制点即可，但在实际作业中，为了提高精度并提供检查条件，通常要有 4 个以上的控制点，此时列出方程式的个数多于未知数，这就需要采用最小二乘原理计算 6 个改正数。

当把控制点坐标作为真值，像点坐标作为观测值时，则由式(3-3-6)列出误差方程式：

$$\begin{cases} v_x = a_{11}\Delta X_S + a_{12}\Delta Y_S + a_{13}\Delta Z_S + a_{14}\Delta\varphi + a_{15}\Delta\omega + a_{16}\Delta\kappa - l_x \\ v_y = a_{21}\Delta X_S + a_{22}\Delta Y_S + a_{23}\Delta Z_S + a_{24}\Delta\varphi + a_{25}\Delta\omega + a_{26}\Delta\kappa - l_y \end{cases} \tag{3-3-14}$$

式中，

$$\begin{cases} l_x = x - (x) = x + f\dfrac{a_1(X - X_S) + b_1(Y - Y_S) + c_1(Z - Z_S)}{a_3(X - X_S) + b_3(Y - Y_S) + c_3(Z - Z_S)} \\ l_y = y - (y) = y + f\dfrac{a_2(X - X_S) + b_2(Y - Y_S) + c_2(Z - Z_S)}{a_3(X - X_S) + b_3(Y - Y_S) + c_3(Z - Z_S)} \end{cases} \tag{3-3-15}$$

式中，x，y 为像点坐标观测值；(x)，(y) 为用控制点的物方坐标及外方位元素的近似值代入式(3-3-5)计算得到的像点坐标近似值。

可将式(3-3-14)写成矩阵形式：

$$V = AX - L \tag{3-3-16}$$

式中，

$$V = (v_x \ v_y)^{\mathrm{T}}$$

$$A = \begin{pmatrix} a_{11} & a_{12} & a_{13} & a_{14} & a_{15} & a_{16} \\ a_{21} & a_{22} & a_{23} & a_{24} & a_{25} & a_{26} \end{pmatrix}$$

$$X = (\Delta X_S \quad \Delta Y_S \quad \Delta Z_S \quad \Delta\varphi \quad \Delta\omega \quad \Delta\kappa)^{\mathrm{T}}$$

$$L = (l_x \quad l_y) = (x - (x) \quad y - (y))^{\mathrm{T}}$$

根据最小二乘间接平差原理，其法方程如下：

$$A^{\mathrm{T}}PAX = A^{\mathrm{T}}PL \tag{3-3-17}$$

式中，P 为观测值的权矩阵，它反映了观测值的量测精度。对所有像点坐标的观测值，一般认为是等精度量测，则 P 为单位矩阵，由此得到法方程解的表达式：

$$X = (A^{\mathrm{T}}A)^{-1}A^{\mathrm{T}}L \tag{3-3-18}$$

从而可求出外方位元素近似值的改正数 ΔX_S，ΔY_S，ΔZ_S，$\Delta\varphi$，$\Delta\omega$，$\Delta\kappa$。

由于共线方程在线性化过程中各系数取自泰勒级数展开式的一次项，且未知数的初值一般比较粗略，因此计算需要迭代进行。每次迭代时用未知数近似值与上次迭代计算的改正数之和作为新的近似值，重复计算过程，求出新的改正数，这样反复趋近，直到改正数小于某一限值为止，最后得出 6 个外方位元素的解：

$$\begin{cases} X_S = X_S^0 + \Delta X_S^1 + \Delta X_S^2 + \cdots \\ Y_S = Y_S^0 + \Delta Y_S^1 + \Delta Y_S^2 + \cdots \\ Z_S = Z_S^0 + \Delta Z_S^1 + \Delta Z_S^2 + \cdots \\ \varphi = \varphi^0 + \Delta\varphi^1 + \Delta\varphi^2 + \cdots \\ \omega = \omega^0 + \Delta\omega^1 + \Delta\omega^2 + \cdots \\ \kappa = \kappa^0 + \Delta\kappa^1 + \Delta\kappa^2 + \cdots \end{cases} \tag{3-3-19}$$

3. 空间后方交会的计算过程及精度

空间后方交会的求解过程如下：

(1)获取已知数据。从摄影资料中查取影像比例尺 $1/m$，平均摄影距离(航空摄影的航高)、内方位元素(x_0，y_0，f)；获取控制点的空间坐标(X_t，Y_t，Z_t)。

(2)量测控制点的像点坐标并进行必要的影像坐标系统误差改正，得到像点坐标。

(3)确定未知数的初始值。单像空间后方交会必须给出待定参数的初始值，对于竖直航空摄影影像的单像空间后方交会，且地面控制点大体对称分布的情况下，可按如下方法确定初始值：

$$Z_S^0 = H = m \cdot f, \; X_S^0 = \frac{1}{n}\sum_{i=1}^{n} X_{ti}, \; Y_S^0 = \frac{1}{n}\sum_{i=1}^{n} Y_{ti}$$

$$\varphi^0 = \omega^0 = 0$$

式中，m 为摄影比例尺分母，n 为控制点个数。κ^0 可在航迹图上找出，或根据控制点坐标通过坐标正反变换求出。

(4)计算旋转矩阵 R。利用角元素近似值按式(3-2-3)计算方向余弦值，组成 R 阵。

(5)逐点计算像点坐标的近似值。利用未知数的近似值按共线条件式(3-2-16)计算控制点像点坐标的近似值(x)，(y)。

(6)逐点计算误差方程式的系数和常数项，组成误差方程式。

(7)计算法方程的系数矩阵 $A^{\mathrm{T}}A$ 与常数项 $A^{\mathrm{T}}L$，组成法方程式。

(8)求解外方位元素。根据法方程，按式(3-3-17)求解外方位元素改正数，并与相应的近似值求和，得到外方位元素新的近似值。

(9)检查计算是否收敛。将所求得的外方位元素的改正数与规定的限差比较，通常对 φ，ω，κ 的改正数 $\Delta\varphi$，$\Delta\omega$，$\Delta\kappa$ 给予限差，这个限差通常为 0. 1′，当 3 个改正数均小于 0. 1′时，迭代结束。否则用新的近似值重复(4)～(8)步骤的计算，直到满足要求为止。利用共线方程进行单像空间后方交会的计算机程序框图如图 3-3-3 所示。

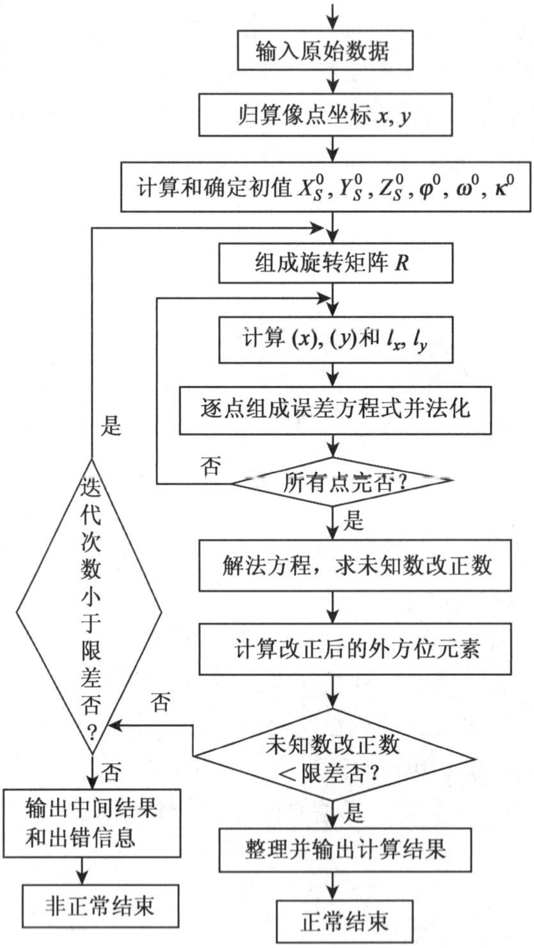

图 3-3-3　空间后方交会的计算机程序框图

按上述方法所求得的影像外方位元素的精度，可以通过法方程式中未知数的系数矩阵的逆阵 $(A^TA)^{-1}$ 来求解，此时视像点坐标为等精度不相关观测值。因为 $(A^TA)^{-1}$ 中第 i 个主对角线上元素 Q_{ii} 就是法方程式中第 i 个未知数的权倒数，若单位权中误差为 m_0，则第 i 个未知数的中误差为

$$m_i = \sqrt{Q_{ii}}\, m_0 \tag{3-3-20}$$

当参加空间后方交会的控制点有 n 个时，则单位权中误差可按下式计算：

$$m_0 = \pm\sqrt{\frac{[vv]}{2n-6}} \tag{3-3-20a}$$

空间后方交会使用的控制点应当避免位于一个圆柱面上，否则，会出现解不唯一的情况。

3.3.3 空间后方交会直接解

空间后方交会直接解法来源于大地测量，即从一个“新点”上对 3 个“老点”观测 3 个方向的水平角和垂直角，从而根据三个“老点”的坐标与角度观测值计算“新点”的坐标以及角度观测参考坐标系(一般就是经纬仪系统)的方位。摄影测量空间后方交会就是上述的三维空间后方交会问题。如图 3-3-4 所示，物方一已知点 $P_i(X_i, Y_i, Z_i)$ 在影像上的成像 $p_i(x_i, y_i)$，根据影像已知的内方位元素(f, x_0, y_0)可求得从摄站点 $S(X_S, Y_S, Z_S)$ 到已知点 P_i 的观测方向 α_i，β_i。

$$\begin{cases} \tan\alpha_i = \dfrac{x_i - x_0}{f} \\ \tan\beta_i = \dfrac{y_i - y_0}{\sqrt{f^2 + (x_i - x_0)^2}} \end{cases} \tag{3-3-21}$$

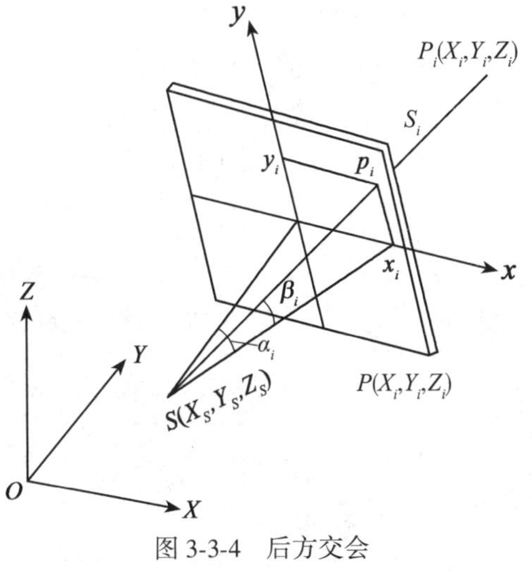

图 3-3-4 后方交会

现在的问题是怎样由 3 个已知点 $P_i(i = 1, 2, 3)$ 与相应像点 $p_i(i = 1, 2, 3)$ 的坐标直接求解摄站点 S 的坐标与影像的方位。

直接解法的基本思想是将它分成两步：先求出 3 个已知点 P_i 到摄站点 S 的距离 S_i；然后求出摄站点 S 的坐标和影像方位。

3.3.3.1 距离方程组

由图 3-3-4 可知：

$$S_i \cdot \begin{pmatrix} \cos\alpha_i\cos\beta_i \\ \sin\alpha_i\cos\beta_i \\ \sin\beta_i \end{pmatrix} = R \cdot \begin{pmatrix} X_i - X_S \\ Y_i - Y_S \\ Z_i - Z_S \end{pmatrix} \tag{3-3-22}$$

式中，R 是影像坐标系相对于物方坐标系的旋转矩阵，对于另一个物方控制点 $P_j(j = 1, 2, 3;\ j \neq i)$ 可得一相似的方程式：

$$\begin{aligned} &(-2)(\cos\alpha_j\cos\beta_j \quad \sin\alpha_j\cos\beta_j \quad \sin\beta_j)S_j \\ &= (-2)(X_j - X_S \quad Y_j - Y_S \quad Z_j - Z_S) \cdot R^{\mathrm{T}} \end{aligned} \tag{3-3-23}$$

现将式(3-3-23)两边左乘到方程(3-3-22)，可得

$$\begin{aligned} &2S_iS_j[\sin\beta_i\sin\beta_j + \cos\beta_i\cos\beta_j\cos(\alpha_j - \alpha_i)] \\ &= (-2)[(X_i - X_S)(X_j - X_S) + (Y_i - Y_S)(Y_j - Y_S) + (Z_i - Z_S)(Z_j - Z_S)] \\ &= [(X_i - X_j)^2 + (Y_i - Y_j)^2 + (Z_i - Z_j)^2] - \\ &\quad [(X_i - X_S)^2 + (Y_i - Y_S)^2 + (Z_i - Z_S)^2] - \\ &\quad [(X_j - X_S)^2 + (Y_j - Y_S)^2 + (Z_j - Z_S)^2] \\ &= S_{ij}^2 - S_i^2 - S_j^2 \end{aligned}$$

令

$$\cos\varphi_{ij} = \sin\beta_i\sin\beta_j + \cos\beta_i\cos\beta_j\cos(\alpha_j - \alpha_i) \tag{3-3-24}$$

则上式可化为

$$S_{ij}^2 = S_i^2 + S_j^2 - 2S_iS_j\cos\varphi_{ij} \tag{3-3-25}$$

显然，由式(3-3-25)可知，其几何意义是一个三角形中的余弦公式。对于摄站 S 与 3 个控制点 P_1、P_2 和 P_3 可构成一个四面体，如图 3-3-5 所示。

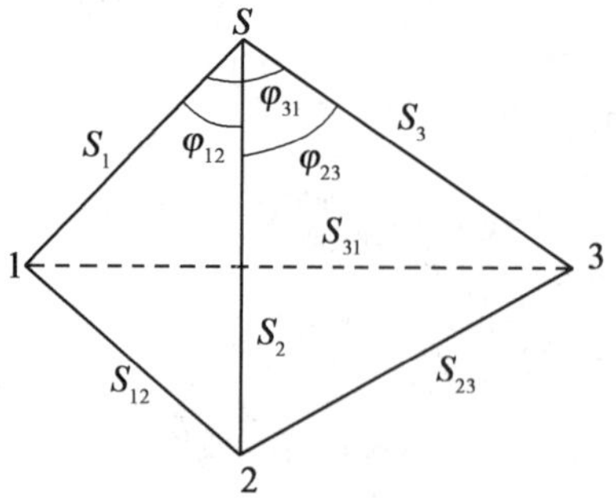

图 3-3-5　空间四面体

对这个四面体可构成如下方程组：

$$\begin{cases} S_1^2 - 2S_1S_2\cos\varphi_{12} + S_2^2 - S_{12}^2 = 0 \\ S_2^2 - 2S_2S_3\cos\varphi_{23} + S_3^2 - S_{23}^2 = 0 \\ S_3^2 - 2S_3S_1\cos\varphi_{31} + S_1^2 - S_{31}^2 = 0 \end{cases} \tag{3-3-26}$$

式中，S_{12}，S_{23}，S_{31}是相应控制点之间的距离；φ_{12}，φ_{23}，φ_{31}是相应射线(棱线)之间的夹

角，均可由已知点的坐标和射线方位角 α，β 求得，是方程组的已知值。而 S_1，S_2，S_3 是待求的未知值，是方程组的未知数。因此，方程组(3-3-22)也可写成如下形式：

$$\begin{cases}x_1^2+2a_{12}x_1x_2+x_2^2+b_{12}=0\\x_2^2+2a_{23}x_2x_3+x_3^2+b_{23}=0\\x_3^2+2a_{31}x_3x_1+x_1^2+b_{31}=0\end{cases}\tag{3-3-27}$$

其中，$a_{ij}=\cos\varphi_{ij}$，$b_{ij}=S_{ij}(i,\ j=1,\ 2,\ 3;\ i\neq j)$。因此，解算摄站 S 到 3 个控制点的距离问题，被归结为解算一个三元二次联立方程组的问题。这个方程组的解算方法有两种：一是迭代解法；二是直接解法。这些解法将在下面推导。

3.3.3.2 求解摄站坐标与影像方位元素

由于旋转正交矩阵 R 可利用反对称矩阵

$$S=\begin{pmatrix}0&-c&b\\c&0&-a\\-b&a&0\end{pmatrix}$$

组成

$$R=(E-S)^{-1}(E+S)$$

因此，方程式(3-3-22)可写成

$$(E-S)S_i\begin{pmatrix}\cos\alpha_i\cos\beta_i\\\sin\alpha_i\cos\beta_i\\\sin\beta_i\end{pmatrix}=(E+S)\begin{pmatrix}X_i-X_S\\Y_i-Y_S\\Z_i-Z_S\end{pmatrix}\tag{3-3-28}$$

将 S 矩阵代入式(3-3-28)，并按已知量(其中 S_i 已解得，为已知量)和未知量(X_S，Y_S，Z_S 及 a，b，c)，对式(3-3-28)进行整理，得

$$\begin{aligned}&S_i\begin{pmatrix}\cos\alpha_i\cos\beta_i\\\sin\alpha_i\cos\beta_i\\\sin\beta_i\end{pmatrix}-\begin{pmatrix}X_i\\Y_i\\Z_i\end{pmatrix}\\&=\begin{pmatrix}0&S_i\sin\beta_i+Z_i&-S_i\sin\alpha_i\cos\beta_i-Y_i\\-S_i\sin\beta_i-Z_i&0&S_i\cos\alpha_i\cos\beta_i+X_i\\S_i\sin\alpha_i\cos\beta_i+Y_i&-S_i\cos\alpha_i\cos\beta_i-X_i&0\end{pmatrix}\begin{pmatrix}a\\b\\c\end{pmatrix}\\&-\begin{pmatrix}1&-c&b\\c&1&-a\\-b&a&1\end{pmatrix}\begin{pmatrix}X_S\\Y_S\\Z_S\end{pmatrix}\end{aligned}\tag{3-3-29}$$

引入辅助参数 u，v，w，则

$$\begin{pmatrix}u\\v\\w\end{pmatrix}=-\begin{pmatrix}1&-c&b\\c&1&-a\\-b&a&1\end{pmatrix}\begin{pmatrix}X_S\\Y_S\\Z_S\end{pmatrix}\tag{3-3-30}$$

代入式(3-3-29)，并从 3 个点的 9 个方程式中选取 6 个方程式，构成 6 个线性方程组

$$\begin{pmatrix} S_1\cos\alpha_1\cos\beta_1 - X_1 \\ S_1\sin\alpha_1\cos\beta_1 - Y_1 \\ S_1\sin\beta_1 - Z_1 \\ S_2\cos\alpha_2\cos\beta_2 - X_2 \\ S_2\sin\alpha_2\cos\beta_2 - Y_2 \\ S_3\sin\beta_3 - Z_3 \end{pmatrix}$$

$$= \begin{pmatrix} 0 & S_1\sin\beta_1 + Z_1 & -S_1\sin\alpha_1\cos\beta_1 - Y_1 & 1 & 0 & 0 \\ -S_1\sin\beta_1 - Z_1 & 0 & S_1\cos\alpha_1\cos\beta_1 + X_1 & 0 & 1 & 0 \\ S_1\sin\alpha_1\cos\beta_1 + Y_1 & -S_1\cos\alpha_1\cos\beta_1 - X_1 & 0 & 0 & 0 & 1 \\ 0 & S_2\sin\beta_2 + Z_2 & -S_2\sin\alpha_2\cos\beta_2 - Y_2 & 1 & 0 & 0 \\ -S_2\sin\beta_2 - Z_2 & 0 & S_2\cos\alpha_2\cos\beta_2 + X_2 & 0 & 1 & 0 \\ S_3\sin\alpha_3\cos\beta_3 + Y_3 & S_3\cos\alpha_3\cos\beta_3 - X_3 & 0 & 0 & 0 & 1 \end{pmatrix} \begin{pmatrix} a \\ b \\ c \\ u \\ v \\ w \end{pmatrix} \tag{3-3-31}$$

解算上面联立方程组，即可解得旋转矩阵中三个参数 a，b，c 与三个辅助坐标参数 u，v，w。根据式(3-3-30)，可求得摄站点 S 的坐标，即

$$\begin{pmatrix} X_S \\ Y_S \\ Z_S \end{pmatrix} = \frac{1}{a^2 + b^2 + c^2 + 1} \begin{pmatrix} 1 + a^2 & ab + c & ac - b \\ ab - c & 1 + b^2 & bc + a \\ ac + b & bc - a & 1 + c^2 \end{pmatrix} \begin{pmatrix} u \\ v \\ w \end{pmatrix} \tag{3-3-32}$$

由上分析与推导可以看出，空间后方交会直接解法的关键是解算三元二次联立方程组(3-3-26)。

3.3.3.3　求解摄站点到控制点的距离

下面介绍两种求解摄站点到控制点的距离的算法：一种是由波兰大地测量学者于 1971 年提出的迭代解；另一种是由德国大地测量学者 Gragarend 于 1989 年提出的直接解法。

1. 迭代解

改写方程组(3-3-26)，以其中第一式为例，因为

$$\cos\varphi_{12} = 1 - 2\sin^2\left(\frac{\varphi_{12}}{2}\right)$$

因此，由余弦定理，可将式(3-3-26)的第一式写成

$$S_{12}^2 = S_1^2 + S_2^2 - 2S_1S_2 + 4S_1S_2\sin^2\left(\frac{\varphi_{12}}{2}\right) \tag{3-3-33}$$

或

$$S_{12}^2 = (S_1 - S_2)^2 + 4S_1S_2\sin^2\left(\frac{\varphi_{12}}{2}\right) \tag{3-3-34}$$

将式(3-3-34)乘以 $\dfrac{\cos\varphi_{12}}{2\sin^2\left(\dfrac{\varphi_{12}}{2}\right)}$，再加式(3-3-33)，并整理，得

$$S_{12}^2\frac{1}{2\sin^2\left(\dfrac{\varphi_{12}}{2}\right)}=S_1^2+S_2^2+(S_1-S_2)^2\frac{\cos\varphi_{12}}{2\sin^2\left(\dfrac{\varphi_{12}}{2}\right)} \tag{3-3-35}$$

令

$$2F_{12}=\frac{1}{2\sin^2\left(\dfrac{\varphi_{12}}{2}\right)}$$

$$2G_{12}=\frac{\cos\varphi_{12}}{2\sin^2\left(\dfrac{\varphi_{12}}{2}\right)}=2F_{12}\cos\varphi_{12}$$

代入式(3-3-35)，从而可将方程组(3-3-26)改写成如下的形式：

$$\begin{cases}S_1^2+S_2^2=2F_{12}S_{12}^2-2G_{12}(S_1-S_2)^2\\ S_2^2+S_3^2=2F_{23}S_{23}^2-2G_{23}(S_2-S_3)^2\\ S_3^2+S_1^2=2F_{31}S_{31}^2-2G_{31}(S_3-S_1)^2\end{cases} \tag{3-3-36}$$

将此方程组写成矩阵形式：

$$\begin{pmatrix}1&1&0\\0&1&1\\1&0&1\end{pmatrix}\begin{pmatrix}S_1^2\\S_2^2\\S_3^2\end{pmatrix}=2\begin{pmatrix}F_{12}S_{12}^2-G_{12}(S_1-S_2)^2\\F_{23}S_{23}^2-G_{23}(S_2-S_3)^2\\F_{31}S_{31}^2-G_{31}(S_3-S_1)^2\end{pmatrix} \tag{3-3-37}$$

由于

$$\begin{pmatrix}1&1&0\\0&1&1\\1&0&1\end{pmatrix}^{-1}=\frac{1}{2}\begin{pmatrix}1&-1&1\\1&1&-1\\-1&1&1\end{pmatrix}$$

代入式(3-3-37)，则可得到求解距离 S_{ij} 的迭代计算公式：

$$\begin{pmatrix}S_1^2\\S_2^2\\S_3^2\end{pmatrix}=\begin{pmatrix}1&-1&1\\1&1&-1\\-1&1&1\end{pmatrix}\begin{pmatrix}F_{12}S_{12}^2-G_{12}(S_1-S_2)^2\\F_{23}S_{23}^2-G_{23}(S_2-S_3)^2\\F_{31}S_{31}^2-G_{31}(S_3-S_1)^2\end{pmatrix} \tag{3-3-38}$$

令

$$a\ =(F_{12}S_{12}^2\quad F_{23}S_{23}^2\quad F_{31}S_{31}^2)^{\mathrm T}$$

$$b^{(K)}=(-G_{12}(S_1^{(K)}-S_2^{(K)})^2\quad -G_{23}(S_2^{(K)}-S_3^{(K)})^2\quad -G_{31}(S_3^{(K)}-S_1^{(K)})^2)^{\mathrm T}$$

$$x^{(K)}=(S_1^{2(K)}\quad S_2^{2(K)}\quad S_3^{2(K)})^{\mathrm T}$$

$$A\ =\begin{pmatrix}1&-1&1\\1&1&-1\\-1&1&1\end{pmatrix}$$

这样，迭代计算公式(式(3-3-38))可写成如下形式：

$$x^{(K+1)} = Aa + Ab^{(K)} \quad (K=0, 1, 2, \cdots) \tag{3-3-39}$$

因此，距离的初值，即当 $K=0$ 时，

$$x^0 = Aa$$

$$S_i^{(0)} = \sqrt{S_i^{(0)2}}$$

$$b^{(0)} = (-G_{12}(S_1^{(0)} - S_2^{(0)})^2 \quad -G_{23}(S_2^{(0)} - S_3^{(0)})^2 \quad -G_{31}(S_3^{(0)} - S_1^{(0)})^2)$$

代入式(3-3-39)进行迭代。

2. 直接解

直接解的基本思想是由方程组(3-3-26)的三个方程式中消去常数项 S_{12}^2、S_{23}^2、S_{31}^2，构成两个二次型。

$$X^{\mathrm{T}}PX = 0 \tag{3-3-40}$$

$$X^{\mathrm{T}}QX = 0 \tag{3-3-41}$$

然后再进行"消元"，即 $X^{\mathrm{T}}PX - \lambda \cdot X^{\mathrm{T}}QX$，使得矩阵 $P-\lambda Q$ 的行列式值等于零，即

$$|P - \lambda Q| = 0$$

从而使"消元"后的方程式可作因式分解，达到解算的目的。按此思路，直接解法可分下述步骤进行。

(1)消去方程组(3-3-26)的常数项。将式(3-3-26)中第一式分别乘以$(-S_{23}^2/S_{12}^2)$，$(-S_{31}^2/S_{12}^2)$，再分别加到第二式、第二式中，得

$$\frac{S_{23}^2}{S_{12}^2}x_1^2 - 2\cos\varphi_{12}\frac{S_{23}^2}{S_{12}^2}x_1x_2 + \frac{S_{23}^2 - S_{12}^2}{S_{12}^2}x_2^2 + 2\cos\varphi_{23}x_2x_3 - x_3^2 = 0$$

$$\frac{S_{31}^2 - S_{12}^2}{S_{12}^2}x_1^2 - 2\cos\varphi_{12}\frac{S_{31}^2}{S_{12}^2}x_1x_2 + \frac{S_{31}^2}{S_{12}^2}x_2^2 + 2\cos\varphi_{31}x_1x_3 - x_3^2 = 0$$

写成二次型

$$X^{\mathrm{T}}PX = (x_1 \quad x_2 \quad x_3) \cdot P \cdot \begin{pmatrix} x_1 \\ x_2 \\ x_3 \end{pmatrix} = 0$$

$$X^{\mathrm{T}}QX = (x_1 \quad x_2 \quad x_3) \cdot Q \cdot \begin{pmatrix} x_1 \\ x_2 \\ x_3 \end{pmatrix} = 0$$

其中，

$$P = \begin{pmatrix} \dfrac{S_{23}^2}{S_{12}^2} & -\cos\varphi_{12}\dfrac{S_{23}^2}{S_{12}^2} & 0 \\ -\cos\varphi_{12}\dfrac{S_{23}^2}{S_{12}^2} & \dfrac{S_{23}^2 - S_{12}^2}{S_{12}^2} & \cos\varphi_{23} \\ 0 & \cos\varphi_{23} & -1 \end{pmatrix}$$

$$Q=\begin{pmatrix} \dfrac{S_{31}^2-S_{12}^2}{S_{12}^2} & -\cos\varphi_{12}\dfrac{S_{31}^2}{S_{12}^2} & \cos\varphi_{31} \\ -\cos\varphi_{12}\dfrac{S_{31}^2}{S_{12}^2} & \dfrac{S_{31}^2}{S_{12}^2} & 0 \\ \cos\varphi_{31} & 0 & -1 \end{pmatrix}$$

(2)求解特征值$|P-\lambda Q|=0$。将式(3-3-40)中的第二式乘以$(-\lambda)$，加到第一式中，得

$$X^{\mathrm{T}}\cdot(P-\lambda Q)\cdot X=0$$

欲使上式可解，则其系数矩阵$P-\lambda Q$必定是亏秩，即

$$|P-\lambda Q|=a_3\lambda^2+a_2\lambda^2+a_1\lambda+a_0=0 \tag{3-3-42}$$

其中，

$$\begin{cases} a_3=-|Q|=-\dfrac{S_{31}^2}{S_{12}^2}\left(-\dfrac{S_{31}^2}{S_{12}^2}\sin^2\varphi_{12}+\sin^2\varphi_{31}\right) \\ a_2=\dfrac{S_{23}^2-S_{12}^2}{S_{12}^2}\sin^2\varphi_{31}+2\dfrac{S_{31}^2}{S_{12}^2}(1-\cos\varphi_{12}\cos\varphi_{23}\cos\varphi_{31}) \\ \qquad -\dfrac{S_{31}^2}{S_{12}^2}\cdot\dfrac{2S_{23}^2+S_{31}^2}{S_{12}^2}\sin^2\varphi_{12} \\ a_1=-\dfrac{S_{31}^2-S_{12}^2}{S_{12}^2}\sin^2\varphi_{23}-2\dfrac{S_{23}^2}{S_{12}^2}(1-\cos\varphi_{12}\cos\varphi_{23}\cos\varphi_{31}) \\ \qquad +\dfrac{S_{33}^2}{S_{12}^2}\cdot\dfrac{2S_{31}^2+S_{23}^2}{S_{12}^2}\sin^2\varphi_{12} \\ a_0=|P|=\dfrac{S_{23}^2}{S_{12}^2}\left(-\dfrac{S_{33}^2}{S_{12}^2}\sin^2\varphi_{12}+\sin^2\varphi_{23}\right) \end{cases} \tag{3-3-43}$$

解算三次方程(3-3-42)，可求得特征值λ_1、λ_2、λ_3，三次方程的解取决于它的判别式。

(3)改化$X^{\mathrm{T}}(P-\lambda Q)X=0$。在方程式(3-3-41)中引入齐次坐标$p$，$q$：

$$p=\frac{x_2}{x_1};\ q=\frac{x_3}{x_1} \tag{3-3-44}$$

这样式(3-3-41)可改化为

$$\begin{aligned} &p^2(S_{23}^2-S_{12}^2-\lambda S_{31}^2)+2pq\cos\varphi_{23}S_{12}^2+q^2(-1+\lambda)S_{12}^2 \\ &+2p\cos\varphi_{12}(\lambda S_{31}^2-S_{23}^2)-2q\lambda\cos\varphi_{31}S_{12}^2+[S_{23}^2-\lambda(S_{31}^2-S_{12}^2)]=0 \end{aligned} \tag{3-3-45}$$

然后，再做平移

$$p=p'+p_0,\qquad q=q'+q_0$$

消去线性项，代入式(3-3-45)，得

$$\begin{cases} p_0=\dfrac{S_{23}^2\cos\varphi_{12}+\lambda[S_{12}^2\cos\varphi_{23}\cos\varphi_{31}-(S_{33}^2+S_{31}^2)\cos\varphi_{12}]+\lambda^2S_{31}^2\cos\varphi_{12}}{S_{23}^2-S_{12}^2\sin^2\varphi_{23}+\lambda(S_{12}^2-S_{31}^2-S_{23}^2)+\lambda^2S_{31}^2} \\ q_0=\dfrac{S_{23}^2\cos\varphi_{12}\cos\varphi_{23}+\lambda[(S_{12}^2-S_{23}^2)\cos\varphi_{31}-S_{31}^2\cos\varphi_{12}\cos\varphi_{23}]+\lambda^2S_{31}^2\cos\varphi_{31}}{S_{23}^2-S_{12}^2\sin^2\varphi_{23}+\lambda(S_{12}^2-S_{31}^2-S_{23}^2)+\lambda^2S_{31}^2} \end{cases} \tag{3-3-46}$$

这样式(3-3-45)被改化为

$$p'^2(S_{23}^2-S_{12}^2-\lambda S_{31}^2)+2p'q'S_{12}^2\cos\varphi_{23}+q'^2S_{12}^2(-1+\lambda)=0 \tag{3-3-47}$$

进而对式(3-3-47)做旋转变换

$$\begin{cases}p'=p''\cos\tau-q''\sin\tau\\ q'=p''\sin\tau+q''\cos\tau\end{cases}$$

消去互乘项 $p'q'$，可得

$$\tan2\tau=\frac{2S_{12}^2\cos\varphi_{23}}{S_{23}^2-\lambda(S_{12}^2+S_{31}^2)} \tag{3-3-48}$$

方程式(3-3-47)被改化为

$$\eta^2p''^2-\xi^2q''^2=0 \tag{3-3-49}$$

其中，

$$\begin{cases}\eta^2(\lambda)=\alpha\pm\beta,\ \xi^2(\lambda)=-\alpha\pm\beta\\ \alpha(\lambda)=\dfrac{1}{2}[S_{23}^2-2S_{12}^2+\lambda(S_{12}^2-S_{31}^2)]\\ \beta(\lambda)=\dfrac{1}{2}\sqrt{[S_{23}^2-\lambda(S_{12}^2+S_{31}^2)]^2+4S_{12}^4\cos^2\varphi_{23}}\end{cases} \tag{3-3-50}$$

由于式(3-3-49)可分解，得 $\eta p''+\xi q''=0$，

或

$$\eta p''-\xi q''=0 \tag{3-3-51}$$

令

$$r=\frac{q''}{p''}$$

所以

$$r=\mp\frac{\eta(\lambda)}{\xi(\lambda)} \tag{3-3-52}$$

或分别写成

$$\begin{cases}r_-(\lambda)=-\dfrac{\eta(\lambda)}{\xi(\lambda)}\\ r_+(\lambda)=+\dfrac{\eta(\lambda)}{\xi(\lambda)}\end{cases} \tag{3-3-53}$$

按式(3-3-52)，式(3-3-51)可写成

$$q''(\lambda)=r(\lambda)p''(\lambda)$$

即

$$-\sin\tau p'+\cos\tau q'=r(\lambda)(\cos\tau p'+\sin\tau q')$$

或

$$p(\sin\tau+r\cos\tau)+q(-\cos\tau+r\sin\tau)-p_0(\sin\tau+r\cos\tau)-q_0(-\cos\tau+r\sin\tau)=0 \tag{3-3-54}$$

(4)距离解算过程。首先应解算三次方程式(3-3-42)，求得 3 个特征值 λ_1，λ_2，λ_3。

选取其中两个特征值(例如 λ_1 和 λ_2)，分别求得 $\sin\tau(\lambda_1)$，$\cos\tau(\lambda_1)$，$p_0(\lambda_1)$，$q_0(\lambda_1)$，$r_-(\lambda_1)$ 与 $\sin\tau(\lambda_2)$，$\cos\tau(\lambda_2)$，$p_0(\lambda_2)$，$q_0(\lambda_2)$，$r_+(\lambda_2)$，代入下式构成线性联立方程组：

$$\begin{cases} p[\sin\tau(\lambda_1)+r_-(\lambda_1)\cos\tau(\lambda_1)]+q[-\cos\tau(\lambda_1)+r_-(\lambda_0)\sin\tau(\lambda_1)] \\ -p_0(\lambda_1)(\sin\tau(\lambda_1)+r_-(\lambda_1)\cos\tau(\lambda_1))-q_0(\lambda_1)(-\cos\tau(\lambda_1)+r_-(\lambda_1)\sin\tau(\lambda_1))=0 \\ p[\sin\tau(\lambda_2)+r_+(\lambda_2)\cos\tau(\lambda_2)]+q[-\cos\tau(\lambda_2)+r_+(\lambda_0)\sin\tau(\lambda_2)] \\ -p_0(\lambda_1)(\sin\tau(\lambda_2)+r_+(\lambda_2)\cos\tau(\lambda_2))-q_0(\lambda_2)(-\cos\tau(\lambda_2)+r_+(\lambda_2)\sin\tau(\lambda_2))=0 \end{cases} \tag{3-3-55}$$

由此方程组求解齐次坐标 p，q；p，q 一定要是正实数，否则要用 λ_3 替代式(3-3-55)中的 λ_1 或 λ_2，再解 p，q。由式(3-3-27)可得

$$\begin{cases} 1+2a_{12}p+p^2+\dfrac{b_{12}}{x_1^2}=0 \\ 1+2a_{23}\dfrac{q}{p}+\left(\dfrac{q}{p}\right)^2+\dfrac{b_{23}}{x_2^2}=0 \\ 1+2a_{31}\dfrac{1}{q}+\dfrac{1}{q^2}+\dfrac{b_{31}}{x_3^2}=0 \end{cases}$$

因此，可由下面等式求解未知的距离：

$$\begin{cases} S_1^2=x_1^2=-\dfrac{b_{12}}{1+2a_{12}p+p^2} \\ S_2^2=x_2^2=-\dfrac{b_{23}}{p^2+2a_{23}pq+q^2} \\ S_3^2=x_3^2=-\dfrac{b_{31}q^2}{1+2a_{31}q+q^2} \end{cases} \tag{3-3-56}$$

3.4 双像解析基础

3.4.1 立体像对空间前方交会

利用单像空间后方交会求得影像的外方位元素后，欲由单幅影像上的像点坐标反求相应地面点的空间坐标，仍然是不可能的。因为根据单个像点及其相应影像的外方位元素只能确定地面点所在的空间方向。要确定被摄物体点的空间位置，必须利用具有一定重叠的两张像片构成立体模型，来确定被摄物体的空间位置。

1. 立体像对的几何关系

一对具有一定重叠度的像片对，是由两个不同摄站对同一摄区摄影获得的，在摄影瞬间存在如图 3-4-1 所示的几何关系。S_1 和 S_2 称为摄站点，S_1O_1 和 S_2O_2 分别表示两摄影光束的主光轴。地面点 A 向不同摄站的投射光线 AS_1 和 AS_2 称为同名光线，同名光线分别与两像平面的交点 a_1 和 a_2 称为同名像点。相邻两摄站的连线 B 称为摄影基线，包含摄影基线与地面任意一点组成的平面称为该地面点的核面。过像主点的核面称为主核面，过左片主点的核面

称为左主核面，过右片主点的核面称为右主核面。核面与像片面的交线称为核线，摄影基线的延长线与像面的交点称为核点，像面上的所有核线都交于该像片的核点上。

使用立体像对上的同名像点，就能得到两条同名射线在空间的方向，这两条射线在空间一定相交，其相交处必然是该地面点的空间位置。从共线方程(式(3-2-16))也可说明这个问题，对于任一地面未知点(X, Y, Z)，使用立体像对上两同名像点的坐标(x_1, y_1)，(x_2, y_2)，可列出 4 个方程式，从而求出 3 个未知数。

由立体像对左右两影像的内、外方位元素和同名像点的影像坐标量测值来确定该点的物方空间坐标，称为立体像对的空间前方交会。下面给出两种空间前方交会法的数学模型。

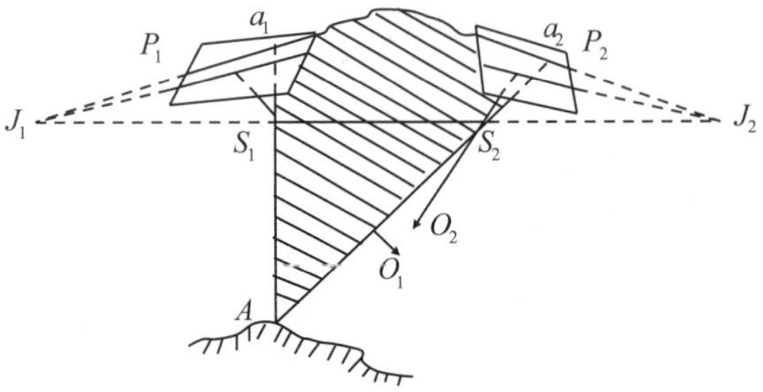

图 3-4-1　立体像对的几何关系

2. 利用点投影系数的空间前方交会方法

假定在空中 S_1 和 S_2 两个摄站对同一地面进行摄影，获得一个立体像对，如图 3-4-1 所示。任一地面点 A 在该像对内左片上的构像为 a_1，在右片上的构像为 a_2。过左、右摄站点 S_1 和 S_2 分别各作一像空间辅助坐标系 $S_1\text{-}X_1Y_1Z_1$ 和 $S_2\text{-}X_2Y_2Z_2$，使坐标系的轴向分别保持与地面空间直角坐标系的轴向平行，此时三个坐标轴向彼此平行，只是坐标系的原点不同。左摄站 S_1 在 $t\text{-}XYZ$ 坐标系中的坐标为(X_{S1}, Y_{S1}, Z_{S1})，右摄站 S_2 在 $t\text{-}XYZ$ 坐标系中的坐标为(X_{S2}, Y_{S2}, Z_{S2})。两摄站点的坐标差就是摄影基线 B 在该坐标系中的基线分量，即 $B_X = X_{S2} - X_{S1}$，$B_Y = Y_{S2} - Y_{S1}$，$B_Z = Z_{S2} - Z_{S1}$。

地面点 A 在 $t\text{-}XYZ$ 坐标系中的坐标(X_A, Y_A, Z_A)，其对应像点 a_1 和 a_2 在像空间坐标系 $S_1\text{-}x_1y_1z_1$ 和 $S_2\text{-}x_2y_2z_2$ 中的坐标分别为$(x_1, y_1, -f)$和$(x_2, y_2, -f)$。而像点a_1和a_2分别在像空间辅助坐标系 $S_1\text{-}X_1Y_1Z_1$ 和 $S_2\text{-}X_2Y_2Z_2$ 中的坐标为(X_1, Y_1, Z_1)和(X_2, Y_2, Z_2)。只要已知各像片的姿态角，可根据像空间坐标系和像空间辅助坐标系之间的变换关系式进行变换，即

$$\begin{pmatrix} X_1 \\ Y_1 \\ Z_1 \end{pmatrix} = R_1 \begin{pmatrix} x_1 \\ y_1 \\ -f \end{pmatrix}, \quad \begin{pmatrix} X_2 \\ Y_2 \\ Z_2 \end{pmatrix} = R_2 \begin{pmatrix} x_2 \\ y_2 \\ -f \end{pmatrix} \tag{3-4-1}$$

式中，R_1 和 R_2 分别为左右像片的旋转矩阵。

从图 3-4-2 中相似三角形的关系可得两投影射线关系：

$$\begin{cases}\dfrac{S_1A}{S_1a}=\dfrac{X_A-X_{S1}}{X_1}=\dfrac{Y_A-Y_{S1}}{Y_1}=\dfrac{Z_A-Z_{S1}}{Z_1}=N_1\\[2ex]\dfrac{S_2A}{S_2a}=\dfrac{X_A-X_{S2}}{X_2}=\dfrac{Y_A-Y_{S2}}{Y_2}=\dfrac{Z_A-Z_{S2}}{Z_2}=N_2\end{cases}\tag{3-4-2}$$

式中，N_1 和 N_2 称为点投影系数。N_1 是像点 a_1 在左像空间辅助坐标系中的点投影系数，N_2 是像点 a_2 在右像空间辅助坐标系中的点投影系数。一般情况下，不同点有不同的点投影系数，同一点在左、右片上的点投影系数也是不同的。

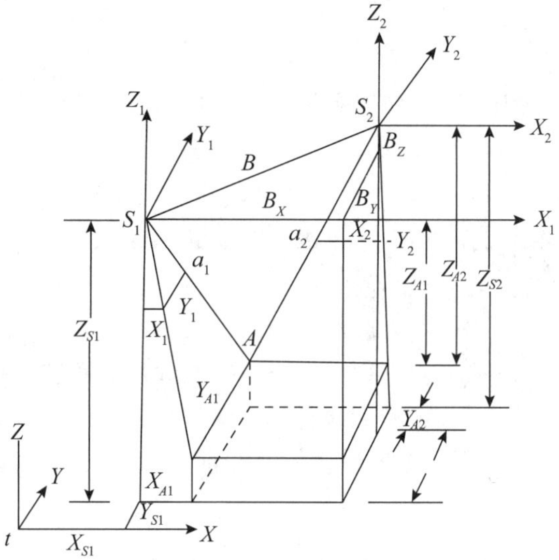

图 3-4-2　立体像对空间前方交会

根据式(3-4-2)，可得前方交会公式

$$\begin{pmatrix}X_A\\Y_A\\Z_A\end{pmatrix}=\begin{pmatrix}X_{S1}\\Y_{S1}\\Z_{S1}\end{pmatrix}+\begin{pmatrix}N_1X_1\\N_1Y_1\\N_1Z_1\end{pmatrix}=\begin{pmatrix}X_{S2}\\Y_{S2}\\Z_{S2}\end{pmatrix}+\begin{pmatrix}N_2X_2\\N_2Y_2\\N_2Z_2\end{pmatrix}=\begin{pmatrix}X_{S1}\\Y_{S1}\\Z_{S1}\end{pmatrix}+\begin{pmatrix}B_X\\B_Y\\B_Z\end{pmatrix}+\begin{pmatrix}N_2X_2\\N_2Y_2\\N_2Z_2\end{pmatrix}\tag{3-4-3}$$

由式(3-4-3)，可得

$$\begin{cases}B_X=N_1X_1-N_2X_2\\B_Y=N_1Y_1-N_2Y_2\\B_Z=N_1Z_1-N_2Z_2\end{cases}\tag{3-4-4}$$

由式(3-4-4)中的一、三式联立求解，得

$$\begin{cases}N_1=\dfrac{B_XZ_2-B_ZX_2}{X_1Z_2-Z_1X_2}\\[2ex]N_2=\dfrac{B_XZ_1-B_ZX_1}{X_1Z_2-Z_1X_2}\end{cases}\tag{3-4-5}$$

或
$$\begin{cases} N_1 = \dfrac{B_X Y_2 - B_Y X_2}{X_1 Y_2 - X_2 Y_1} \\ N_2 = \dfrac{B_X Y_1 - B_Y X_1}{X_1 Y_2 - X_2 Y_1} \end{cases}$$

任一点的地面坐标(地面摄测坐标)可由下式求得

$$\begin{cases} X = X_{S1} + N_1 X_1 = X_{S1} + B_X + N_2 X_2 \\ Y = Y_{S1} + N_1 Y_1 = Y_{S1} + B_Y + N_2 Y_2 = Y_{S1} + \dfrac{1}{2}(N_1 Y_1 + N_2 Y_2 + B_Y) \\ Z = Z_{S1} + N_1 Z_1 = Z_{S1} + B_Z + N_2 Z_2 \end{cases} \tag{3-4-6}$$

3. 利用共线方程的严格解法

共线方程决定了摄影中心点、像点和物点间严格的关系。由共线方程(3-2-16)线性化可得

$$\begin{cases} x = (x) - a_{11}\Delta X - a_{12}\Delta Y - a_{13}\Delta Z \\ y = (y) - a_{21}\Delta X - a_{22}\Delta Y - a_{23}\Delta Z \end{cases} \tag{3-4-7}$$

其中，a_{11}、a_{12}、a_{13}和a_{21}、a_{22}、a_{23}见式(3-3-9)，ΔX、ΔY和ΔZ为像点(x，y)对应物方点(X，Y，Z)的改正数。

对左右影像上的一对同名点，可列出 4 个上述的线性方程式，而未知数个数为 3，故可以用最小二乘法求解。若 n 幅影像中含有同一个空间点，则可由总共 $2n$ 个线性方程式求解 X，Y，Z 三个未知数。这是一种严格的空间前方交会物方坐标解算方法，但需要空间坐标的初值。

3.4.2　立体像对相对定向

利用立体像对中同名光线共面相交的几何关系，通过量测的像点坐标，以解析计算方法(此时不需要野外控制点)求解两像片的相对方位元素值的过程，称为解析相对定向。相对定向的目的是建立一个与被摄物体相似的几何模型，以确定模型点的三维坐标。

3.4.2.1　相对定向元素与共面条件方程

1. 相对定向元素

确定相邻两像片的相对位置和姿态的要素，称为相对定向元素。相对定向元素由于选取像空间辅助坐标系的不同，其相对定向元素也有所不同。

当像空间辅助坐标系的原点取在左摄站点上，其坐标轴系保持与立体像对中左片的像空间坐标系的轴系分别重合，则左片对像空间辅助坐标系的外方位元素的角元素为零，两像片外方位元素的相对差为：$B_X = X_{S2} - X_{S1}$，$B_Y = Y_{S2} - Y_{S1}$，$B_Z = Z_{S2} - Z_{S1}$，$\Delta\varphi = \varphi_2 - \varphi_1 = \varphi_2$，$\Delta\omega = \omega_2 - \omega_1 = \omega_2$，$\Delta\kappa = \kappa_2 - \kappa_1 = \kappa_2$。其中，$B_Y$，$B_Z$，$\varphi_2$，$\omega_2$，$\kappa_2$ 就是五个相对定向元素；

而 B_X 只决定立体模型的大小，不影响相对方位。采用这组相对定向元素的相对定向方法，称为连续法像对的相对定向。它在完成相对定向建立立体模型的过程中，像片对中的左片的方位始终保持不变，而右片只相对于左片做 5 个相对运动。

当像空间辅助坐标系的原点取在左摄站点上，坐标系的 X 轴向保持与摄影基线 B 的方向重合，并使坐标系的 Z 轴落在像片对中左片的主核面内。这样选定像空间辅助坐标系是使两像片的外方位元素保持 $Y_{S2}=Y_{S1}$，$Z_{S2}=Z_{S1}$，$\omega_1=0$ 的相对关系。这时左、右像片作相对变化的元素为 φ_1，κ_1，φ_2，ω_2，κ_2。同样 B 只决定模型比例尺，不改变相对方位。这 5 个元素 φ_1，κ_1，φ_2，ω_2，κ_2 称为单独法相对定向的相对定向元素。

2. 共面条件方程式

图 3-4-3 表示一个立体模型实现正确相对定向后的示意图，图中 m_l，m_2 表示模型点 M 在左右两幅影像上的构像。S_1m_1，S_2m_2 表示一对同名光线，它们与空间基线 S_1S_2 共面，这个平面可以用 3 个矢量 $\boldsymbol{R}_1$，$\boldsymbol{R}_2$ 和 $\boldsymbol{B}$ 的混合积表示，即

$$B \cdot (R_1 \times R_2) = 0 \tag{3-4-8}$$

上式改用坐标的形式表示时，即为一个三阶行列式等于零。

$$F = \begin{vmatrix} B_X & B_Y & B_Z \\ X_1 & Y_1 & Z_1 \\ X_2 & Y_2 & Z_2 \end{vmatrix} = 0 \tag{3-4-9}$$

式(3-4-9)便是解析相对定向的共面条件方程式。其中，

$$\begin{pmatrix} X_1 \\ Y_1 \\ Z_1 \end{pmatrix} = R_{\text{左}} \begin{pmatrix} x_1 \\ y_1 \\ -f \end{pmatrix}, \quad \begin{pmatrix} X_2 \\ Y_2 \\ Z_2 \end{pmatrix} = R_{\text{右}} \begin{pmatrix} x_2 \\ y_2 \\ -f \end{pmatrix}$$

为像点的像空间辅助坐标。

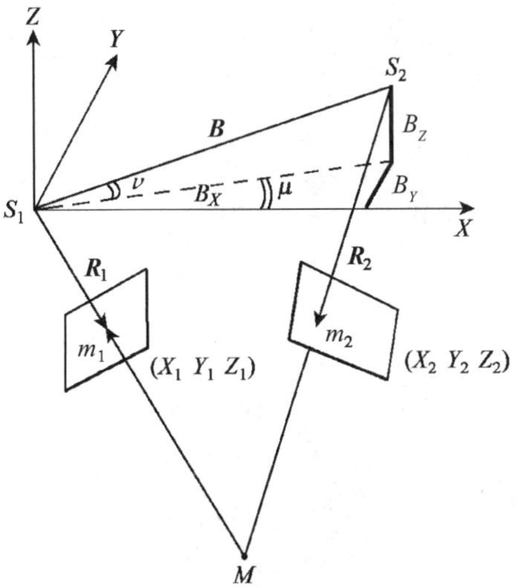

图 3-4-3　共面条件

3.4.2.2　连续像对相对定向

1. 解算公式

连续像对相对定向通常假定左方影像是水平的或其方位元素是已知的，即可把式(3-4-9)中的X_1，Y_1，Z_1视为已知值，且$B_Y \approx B_X \cdot \mu$，$B_Z \approx B_X \cdot \nu$，此时连续像对的相对定向元素为右影像的三个角元素$\varphi$，$\omega$，$\kappa$和与基线分量有关的两个角元素$\mu$，$\nu$。式(3-4-9)可以表示为

$$F = \begin{vmatrix} B_X & B_X\mu & B_X\nu \\ X_1 & Y_1 & Z_1 \\ X_2 & Y_2 & Z_2 \end{vmatrix} = B_X \begin{vmatrix} 1 & \mu & \nu \\ X_1 & Y_1 & Z_1 \\ X_2 & Y_2 & Z_2 \end{vmatrix} = 0 \tag{3-4-10}$$

因为式(3-4-10)是一个非线性函数，可按多元函数泰勒公式展开的办法将式(3-4-10)展开至小值一次项，得

$$F = F_0 + \frac{\partial F}{\partial \varphi}\mathrm{d}\varphi + \frac{\partial F}{\partial \omega}\mathrm{d}\omega + \frac{\partial F}{\partial \kappa}\mathrm{d}\kappa + \frac{\partial F}{\partial \mu}\mathrm{d}\mu + \frac{\partial F}{\partial \nu}\mathrm{d}\nu = 0 \tag{3-4-11}$$

式中，F_0是用相对定向元素的近似值求得的F值；$\mathrm{d}\varphi$，$\mathrm{d}\omega$，$\mathrm{d}\kappa$，$\mathrm{d}\mu$，$\mathrm{d}\nu$为相对定向待定参数的改正数。

按行列式对式(3-4-10)取偏微分，可得到式(3-4-11)中的各项偏导数。

$$\begin{aligned}
\frac{\partial F}{\partial \mu} &= B_X \begin{vmatrix} 0 & 1 & 0 \\ X_1 & Y_1 & Z_1 \\ X_2 & Y_2 & Z_2 \end{vmatrix} = B_X(Z_1X_2 - Z_2X_1) \\
\frac{\partial F}{\partial \nu} &= B_X \begin{vmatrix} 0 & 0 & 1 \\ X_1 & Y_1 & Z_1 \\ X_2 & Y_2 & Z_2 \end{vmatrix} = B_X(X_1Y_2 - X_2Y_1) \\
\frac{\partial F}{\partial \varphi} &= B_X \begin{vmatrix} 1 & \mu & \nu \\ X_1 & Y_1 & Z_1 \\ \dfrac{\partial X_2}{\partial \varphi} & \dfrac{\partial Y_2}{\partial \varphi} & \dfrac{\partial Z_2}{\partial \varphi} \end{vmatrix} \\
\frac{\partial F}{\partial \omega} &= B_X \begin{vmatrix} 1 & \mu & \nu \\ X_1 & Y_1 & Z_1 \\ \dfrac{\partial X_2}{\partial \omega} & \dfrac{\partial Y_2}{\partial \omega} & \dfrac{\partial Z_2}{\partial \omega} \end{vmatrix} \\
\frac{\partial F}{\partial \kappa} &= B_X \begin{vmatrix} 1 & \mu & \nu \\ X_1 & Y_1 & Z_1 \\ \dfrac{\partial X_2}{\partial \kappa} & \dfrac{\partial Y_2}{\partial \kappa} & \dfrac{\partial Z_2}{\partial \kappa} \end{vmatrix}
\end{aligned} \tag{3-4-12}$$

由于$\begin{pmatrix} X_2 \\ Y_2 \\ Z_2 \end{pmatrix} = R_\varphi R_\omega R_\kappa \begin{pmatrix} x_2 \\ y_2 \\ -f \end{pmatrix}$，则

$$\frac{\partial\begin{pmatrix}X_2\\Y_2\\Z_2\end{pmatrix}}{\partial\varphi}=\frac{\partial R_\varphi}{\partial\varphi}R_\varphi^{-1}R_\varphi R_\omega R_\kappa\begin{pmatrix}x_2\\y_2\\-f\end{pmatrix}=\begin{pmatrix}-\sin\varphi & 0 & -\cos\varphi\\0 & 0 & 0\\\cos\varphi & 0 & -\sin\varphi\end{pmatrix}\begin{pmatrix}\cos\varphi & 0 & \sin\varphi\\0 & 1 & 0\\-\sin\varphi & 0 & \cos\varphi\end{pmatrix}R\begin{pmatrix}x_2\\y_2\\-f\end{pmatrix}$$

$$=\begin{pmatrix}0 & 0 & -1\\0 & 0 & 0\\1 & 0 & 0\end{pmatrix}\begin{pmatrix}X_2\\Y_2\\Z_2\end{pmatrix}$$

所以,

$$\frac{\partial X_2}{\partial\varphi}=-Z_2$$

$$\frac{\partial Y_2}{\partial\varphi}=0$$

$$\frac{\partial Z_2}{\partial\varphi}=X_2$$

故

$$\frac{\partial F}{\partial\varphi}=\frac{\partial X_2}{\partial\varphi}\cdot B_X\begin{vmatrix}\mu & \nu\\Y_1 & Z_1\end{vmatrix}-\frac{\partial Y_2}{\partial\varphi}\cdot B_X\begin{vmatrix}1 & \nu\\X_1 & Z_1\end{vmatrix}+\frac{\partial Z_2}{\partial\varphi}\cdot B_X\begin{vmatrix}1 & \mu\\X_1 & Y_1\end{vmatrix}$$

$$=(-Z_2)\cdot B_X(\mu Z_1-\nu Y_1)+X_2\cdot B_X(Y_1-\mu X_1)$$

$$=B_XY_1X_2-B_XX_1X_2\mu-B_XZ_1Z_2\mu+B_XZ_2Y_1\nu$$

同理，做类似的运算:

$$\frac{\partial\begin{pmatrix}X_2\\Y_2\\Z_2\end{pmatrix}}{\partial\omega}=\begin{pmatrix}0 & -\sin\varphi & 0\\\sin\varphi & 0 & -\cos\varphi\\0 & \cos\varphi & 0\end{pmatrix}\begin{pmatrix}X_2\\Y_2\\Z_2\end{pmatrix}$$

所以,

$$\frac{\partial X_2}{\partial\omega}=-Y_2\sin\varphi$$

$$\frac{\partial Y_2}{\partial\omega}=X_2\sin\varphi-Z_2\cos\varphi$$

$$\frac{\partial Z_2}{\partial\omega}=Y_2\cos\varphi$$

故

$$\frac{\partial F}{\partial\omega}=\frac{\partial X_2}{\partial\omega}\cdot B_X\begin{vmatrix}\mu & \nu\\Y_1 & Z_1\end{vmatrix}-\frac{\partial Y_2}{\partial\omega}\cdot B_X\begin{vmatrix}1 & \nu\\X_1 & Z_1\end{vmatrix}+\frac{\partial Z_2}{\partial\omega}\cdot B_X\begin{vmatrix}1 & \mu\\X_1 & Y_1\end{vmatrix}$$

$$\approx B_XY_1Y_2-B_XX_1Y_2\mu+B_XZ_1Z_2-B_XX_1Z_2\nu$$

类似地,

$$\frac{\partial\begin{pmatrix}X_2\\Y_2\\Z_2\end{pmatrix}}{\partial\kappa}=\begin{pmatrix}0 & -\cos\varphi\cos\omega & -\sin\omega\\\cos\varphi\cos\omega & 0 & \sin\varphi\cos\omega\\\sin\omega & -\sin\varphi\cos\omega & 0\end{pmatrix}\begin{pmatrix}X_2\\Y_2\\Z_2\end{pmatrix}$$

$$\frac{\partial X_2}{\partial \kappa} = -Y_2\cos\varphi\cos\omega - Z_2\sin\omega$$

$$\frac{\partial Y_2}{\partial \kappa} = X_2\cos\varphi\cos\omega - Z_2\sin\varphi\cos\omega$$

$$\frac{\partial Z_2}{\partial \kappa} = X_2\sin\omega - Y_2\sin\varphi\cos\omega$$

故

$$\frac{\partial F}{\partial \kappa} = \frac{\partial X_2}{\partial \kappa}\cdot B_X\begin{vmatrix}\mu & \nu \\ Y_1 & Z_1\end{vmatrix} - \frac{\partial Y_2}{\partial \kappa}\cdot B_X\begin{vmatrix}1 & \nu \\ X_1 & Z_1\end{vmatrix} + \frac{\partial Z_2}{\partial \kappa}\cdot B_X\begin{vmatrix}1 & \mu \\ X_1 & Y_1\end{vmatrix}$$

$$\approx -B_X X_2 Z_1 - B_X Z_1 Y_2 \mu + B_X X_1 X_2 \nu + B_X Y_1 Y_2 \nu$$

将各偏分代入式(3-4-11)，等式两边分别除以 B_X，并略去二次以上小项，经整理后可得：

$$(Z_1X_2 - X_1Z_2)\mathrm{d}\mu + (X_1Y_2 - X_2Y_1)\mathrm{d}\nu + Y_1X_2\mathrm{d}\varphi + (Y_1Y_2 + Z_1Z_2)\mathrm{d}\omega - X_2Z_1\mathrm{d}\kappa + \frac{F_0}{B_X} = 0 \tag{3-4-13}$$

结合式(3-4-5)，可得

$$Z_1X_2 - Z_2X_1 = -\frac{B_XZ_1 - B_XX_1}{N_2} = \frac{-B_X}{N_2}\left(Z_1 - \frac{B_Z}{B_X}X_1\right) \approx -\frac{B_X}{N_2}Z_1$$

$$X_1Y_2 - X_2Y_1 = \frac{B_XY_1 - B_XX_1}{N_2} = \frac{B_X}{N_2}\left(Y_1 - \frac{B_Y}{B_X}X_1\right) \approx \frac{B_X}{N_2}Y_1$$

将上述值代入式(3-4-13)中，各项同乘 $-\frac{N_2}{Z_2}$，近似取 $Y_1 = Y_2$，$Z_1 = Z_2$，可进一步简化得

$$B_X\mathrm{d}\mu - \frac{Y_2}{Z_2}B_X\mathrm{d}\nu - \frac{X_2Y_2}{Z_2}N_2\mathrm{d}\varphi - \left(Z_2 + \frac{Y_2^2}{Z_2}\right)N_2\mathrm{d}\omega + X_2N_2\mathrm{d}\kappa - \frac{F_0N_2}{B_XZ_2} \tag{3-4-14}$$

令

$$Q = \frac{F_0N_2}{B_XZ_2}$$

所以，

$$Q = B_X\mathrm{d}\mu - \frac{Y_2}{Z_2}B_X\mathrm{d}\nu - \frac{X_2Y_2}{Z_2}N_2\mathrm{d}\varphi - \left(Z_2 + \frac{Y_2^2}{Z_2}\right)N_2\mathrm{d}\omega + X_2N_2\mathrm{d}\kappa \tag{3-4-15}$$

式(3-4-15)即为连续法相对定向的解析计算公式。式中，

$$Q = \frac{F_0N_2}{B_XZ_2} = \frac{F_0}{X_1Z_2 - X_2Z_1} = \frac{\begin{vmatrix}B_X & B_Y & B_Z \\ X_1 & Y_1 & Z_1 \\ X_2 & Y_2 & Z_2\end{vmatrix}}{\begin{vmatrix}X_1 & Z_1 \\ X_2 & Z_2\end{vmatrix}}$$

$$= \frac{B_X Z_2 - B_Z X_2}{X_1 Z_2 - Z_1 X_2} Y_1 - \frac{B_X Z_1 - B_Z X_1}{X_1 Z_2 - Z_1 X_2} Y_2 - B_Y$$
$$= N_1 Y_1 - N_2 Y_2 - B_Y \tag{3-4-16}$$

式中，$N_1 Y_1$ 为左片像点以左投影中心为坐标原点的模型坐标。同样，$N_2 Y_2$ 为右片同名像点以右投影中心为坐标原点的模型坐标，两投影中心在 Y 轴方向的差为 B_Y，所以式(3-4-16)表示在模型点上的上下视差。

2. 相对定向元素解算过程

由于在式(3-4-15)中有 5 个未知数 $d\varphi$，$d\omega$，$d\kappa$，$d\mu$，$d\nu$，因此，相对定向至少需要量测 5 对同名像点的像点坐标。当有多余观测值时，将 Q 视为观测值，由式(3-4-15)得到误差方程式：

$$V_Q = B_X d\mu - \frac{Y_2}{Z_2} B_X d\nu - \frac{X_2 Y_2}{Z_2} N_2 d\varphi - \left(Z_2 + \frac{Y_2^2}{Z_2} \right) N_2 d\omega + X_2 N_2 d\kappa - Q \tag{3-4-17}$$

当观测了 6 对以上同名像点时，就可按最小二乘的原理求解。设观测了 n 对同名像点，可列出 n 个误差方程，其矩阵形式为

$$V = AX - L, \qquad P = I$$

相应的法方程为

$$A^{\mathrm{T}} PAX = A^{\mathrm{T}} PL$$

法方程式的解为

$$X = (A^{\mathrm{T}} PA)^{-1} A^{\mathrm{T}} PL \tag{3-4-18}$$

因为误差方程式(3-4-17)是由共面条件方程严密式(3-4-10)经线性化后的结果，所以相对定向元素的求解是一个逐步趋近的迭代过程，通常认为当所有改正数小于限值，如 0.3×10^{-4}rad 时，迭代计算结束。

连续像对相对定向的计算机程序框图如图 3-4-4 所示。至于相对定向结果的精度评定，其方法类似于单像空间后方交会的做法，这里不再重复。

3.4.2.3 单独像对相对定向

单独像对相对定向的原理和连续像对相对定向的原理相同，不同的是此时选用摄影基线为空间辅助坐标系的 X 轴，其正方向与航线方向一致，相对定向的角元素仍选用 φ-ω-κ 系统。相对定向元素左影像为 φ_1、κ_1，右影像为 φ_2、ω_2、κ_2。共面条件方程简化为

$$F = \begin{vmatrix} B & 0 & 0 \\ X_1 & Y_1 & Z_1 \\ X_2 & Y_2 & Z_2 \end{vmatrix} = B \begin{vmatrix} Y_1 & Z_1 \\ Y_2 & Z_2 \end{vmatrix} = 0 \tag{3-4-19}$$

按泰勒公式展开，保留到小值一次项，经整理后得到

$$F = F_0 + B[-X_1 Y_2 d\varphi_1 + X_1 Z_2 d\kappa_1 - X_2 Y_1 d\varphi_2 + (Z_1 Z_2 + Y_1 Y_2) d\omega_2 - X_2 Z_1 d\kappa_2] = 0$$

将上式乘常数 $\frac{f}{BZ_1 Z_2}$，视 $Z_1 = Z_2 = -f$，则有

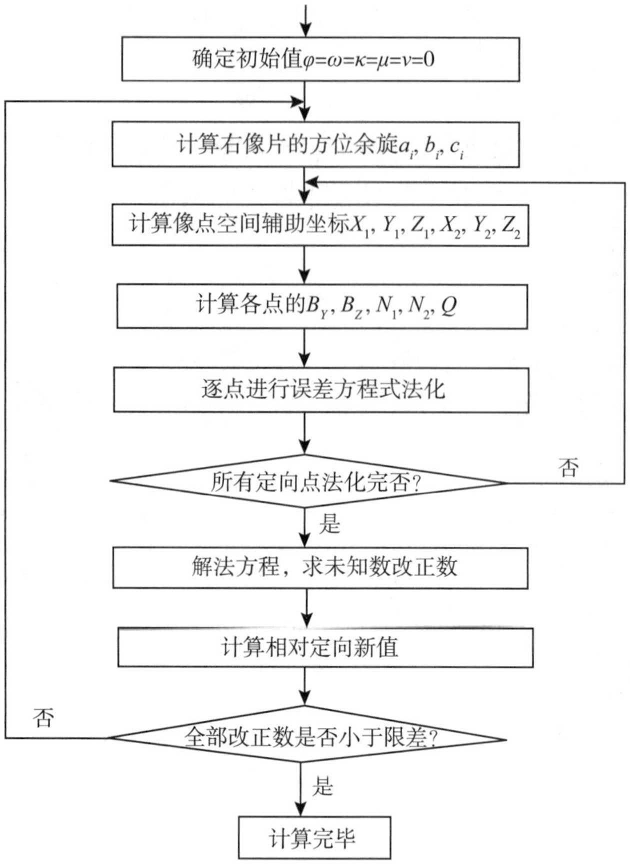

图 3-4-4　连续法相对定向计算过程

$$q = \frac{X_1 Y_2}{Z_1} \mathrm{d}\varphi_1 - X_1 \mathrm{d}\kappa_1 - \frac{X_2 Y_1}{Z_1} \mathrm{d}\varphi_2 - \left(Z_1 + \frac{Y_1 Y_2}{Z_1} \right) \mathrm{d}\omega_2 + X_2 \mathrm{d}\kappa_2 \tag{3-4-20}$$

上式中，

$$q = -\frac{fF_0}{BZ_1Z_2} = -\frac{f(Y_1Z_2 - Y_2Z_1)}{Z_1Z_2} = -f\frac{Y_1}{Z_1} + f\frac{Y_2}{Z_2} = y_{t1} - y_{t2} \tag{3-4-21}$$

式(3-4-21)中，y_{t1}，y_{t2}相当于是空间辅助坐标系中一对理想像片上同名像点的坐标。显然，在完成相对定向后($y_{t1}-y_{t2}$)应为 0，所以在这里同样可以把 $q=0$ 作为检验单独像对相对定向是否完成的标准。

用式(3-4-20)求解相对定向元素过程中，如有多余观测，则需要按最小二乘原理平差，把 q 视为观测值，将式(3-4-20)写成误差方程式的形式：

$$V_q = \frac{X_1 Y_2}{Z_1} \mathrm{d}\varphi_1 - X_1 \mathrm{d}\kappa_1 - \frac{X_2 Y_1}{Z_1} \mathrm{d}\varphi_2 - \left(Z_1 + \frac{Y_1 Y_2}{Z_1} \right) \mathrm{d}\omega_2 + X_2 \mathrm{d}\kappa_2 - q \tag{3-4-22}$$

单独像对 5 个相对定向元素 φ_1，κ_1，φ_2，ω_2，κ_2 的求解仍然是个逐渐趋近的过程，具体算法与连续像对相对定向元素的求解过程类似。定向元素的精度，也可按空间后方交会精度的方法求解。

相对定向在计算机视觉中通常用基础矩阵进行处理，与摄影测量中相对定向有紧密的联系，基础矩阵元素和相对定向元素可以相互转换。在计算机图形学中常常用到齐次坐标，齐次坐标是用 $n+1$ 个数表示 n 维坐标的一种方法，比如像点 (x, y) 的齐次坐标为 $(x, y, 1)$， 物方点 (X, Y, Z) 的齐次坐标为 $(X, Y, Z, 1)$。齐次坐标能够非常方便地用矩阵运算表示平移、旋转和缩放这 3 个最常见的仿射变换。以平移变换为例，齐次坐标表示的平移变换为

$$\begin{pmatrix} x' \\ y' \\ 1 \end{pmatrix} = \begin{pmatrix} 1 & 0 & t_x \\ 0 & 1 & t_y \\ 0 & 0 & 1 \end{pmatrix} \begin{pmatrix} x \\ y \\ 1 \end{pmatrix}$$

其中，$(x', y', 1)$ 为平移变换后的像点齐次坐标；t_x，t_y 为平移量。在计算机视觉中，物体的成像模型用齐次坐标表示，如图 3-4-5 所示，空间任一点 M 和在图像上的成像 m 的中心投影关系可用下式表示：

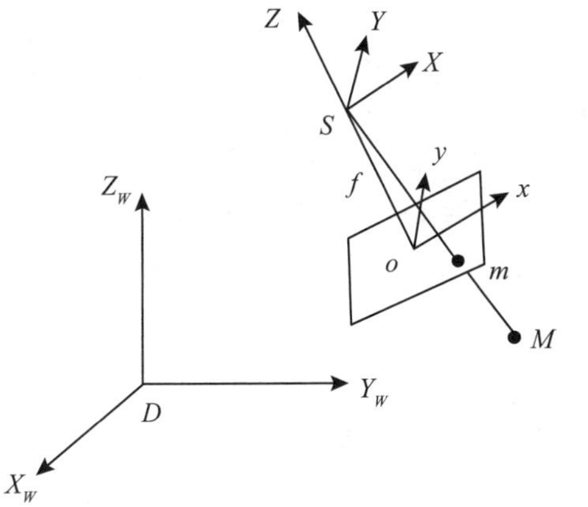

图 3-4-5　中心投影

$$Z\begin{pmatrix} x \\ y \\ 1 \end{pmatrix} = \begin{pmatrix} f & 0 & 0 & 0 \\ 0 & f & 0 & 0 \\ 0 & 0 & 1 & 0 \end{pmatrix} \begin{pmatrix} X \\ Y \\ Z \\ 1 \end{pmatrix} \tag{3-4-23}$$

式中，(X, Y, Z) 为空间点 M 在 $S\text{-}XYZ$ 坐标系中的坐标，(x, y) 为像点 m 在 $o\text{-}xy$ 坐标系中的坐标。空间点 M 在 $S\text{-}XYZ$ 坐标系和 $D\text{-}X_WY_WZ_W$ 坐标系下的齐次坐标 $(X, Y, Z, 1)$ 与 $(X_W, Y_W, Z_W, 1)$ 存在如下关系：

$$\begin{pmatrix} X \\ Y \\ Z \\ 1 \end{pmatrix} = \begin{pmatrix} R & t \\ 0^{\mathrm{T}} & 1 \end{pmatrix} \begin{pmatrix} X_W \\ Y_W \\ Z_W \\ 1 \end{pmatrix} \tag{3-4-24}$$

式中，R 为 3×3 单位正交矩阵；t 为三维平移向量，$0^{\mathrm{T}} = (0 \quad 0 \quad 0)$。

将式(3-4-24)代入式(3-4-23)，得

$$Z\begin{pmatrix}x\\y\\1\end{pmatrix}=\begin{pmatrix}f&0&0&0\\0&f&0&0\\0&0&1&0\end{pmatrix}\begin{pmatrix}R&t\\0^{\mathrm{T}}&1\end{pmatrix}\begin{pmatrix}X_W\\Y_W\\Z_W\\1\end{pmatrix}=PM \tag{3-4-25}$$

式中，P 为 3×4 矩阵，称为投影矩阵；M 表示 M 点在物方坐标系下的齐次坐标。

设两个相机的投影矩阵分别为 P_1 和 P_2，则两个相机的投影方程如下：

$$\begin{aligned}Z_1m&=P_1M=(P_{11}\quad p_1)M\\Z_2m'&=P_2M=(P_{21}\quad p_2)M\end{aligned} \tag{3-4-26}$$

其中，m、m'分别为像点在像平面坐标系下的齐次坐标。将 P_1 与 P_2 矩阵左面的 3×3 部分记为 $P_{i1}(i=1,\ 2)$，右边的 3×1 部分记为 $p_i(i=1,\ 2)$。

将式(3-3-26)中的 M 消去，得

$$Z_2m'-Z_1P_{21}P_{11}^{-1}m=p_2-P_{21}P_{11}^{-1}p_1 \tag{3-4-27}$$

令

$$p=p_2-P_{21}P_{11}^{-1}p_1$$

用 p 定义的反对称矩阵$[p]$左乘式(3-4-27)，得

$$[p]_XZ_2m'-Z_1P_{21}P_{11}^{-1}m=0 \tag{3-4-28}$$

将上式两边除以 Z_2，并记 $Z=Z_1/Z_2$，得

$$[p]_XZP_{21}P_{11}^{-1}m=[p]_Xm' \tag{3-4-29}$$

将 m'^{T} 左乘上式两边，然后两边除以 Z 得

$$m'^{\mathrm{T}}[p]_XP_{21}P_{11}^{-1}m=0 \tag{3-4-30}$$

令 $F=[p]_xP_{21}P_{11}^{-1}$，则式(3-4-30)可写成

$$m'^{\mathrm{T}}Fm=0 \tag{3-4-31}$$

式中，F 矩阵称为基础矩阵(或基本矩阵)。

如果将图 3-4-5 的物方坐标系 $S\text{-}XYZ$ 设定为相对定向中左像片的像空间坐标系，基础矩阵 F 的表达式为

$$F=\begin{pmatrix}f_{11}&f_{12}&f_{13}\\f_{21}&f_{22}&f_{23}\\f_{31}&f_{32}&f_{33}\end{pmatrix}=\begin{pmatrix}1&0&-x_0\\0&1&-y_0\\0&0&-f\end{pmatrix}^{\mathrm{T}}\begin{pmatrix}0&-bz&by\\bz&0&-bx\\-by&bx&0\end{pmatrix}\begin{pmatrix}r'_{11}&r'_{12}&r'_{13}\\r'_{21}&r'_{22}&r'_{23}\\r'_{31}&r'_{32}&r'_{33}\end{pmatrix}\begin{pmatrix}1&0&-x'_0\\0&1&-y'_0\\0&0&-f'\end{pmatrix} \tag{3-4-32}$$

式中，$(x_0,\ y_0,\ f)$和$(x'_0,\ y'_0,\ f')$分别为左影像和右影像的内方位元素；$(r'_{11},\ r'_{12},\ r'_{13},\ r'_{21},\ r'_{22},\ r'_{23},\ r'_{31},\ r'_{32},\ r'_{33})$由右影像的角元素$(\varphi,\ \omega,\ \kappa)$确定；考虑到 bx 为比例因子参量，$(by,\ bz,\ \varphi,\ \omega,\ \kappa)$为影像对的相对定向元素。

3.4.2.4　模型点坐标的计算

在相对定向元素正确求得之后，立体模型就建立起来。由于求解相对定向元素过程中，模型基线 B 是任意选取的，因此，建立起的模型比例尺也是任意的，此时坐标系的原点在立体像对中左摄站点上。计算单个模型中各模型点坐标可按照立体像对前方交会方

法进行，即

$$\begin{pmatrix} X_1 \\ Y_1 \\ Z_1 \end{pmatrix} = R_1 \begin{pmatrix} x_1 \\ y_1 \\ -f \end{pmatrix}, \quad \begin{pmatrix} X_2 \\ Y_2 \\ Z_2 \end{pmatrix} = R_2 \begin{pmatrix} x_2 \\ y_2 \\ -f \end{pmatrix}$$

$$N_1 = \frac{B_X Z_2 - B_Z X_2}{X_1 Z_2 - Z_1 X_2}, \quad N_2 = \frac{B_X Z_1 - B_Z X_1}{X_1 Z_2 - Z_1 X_2}$$

式中，R_1，R_2 为立体像对中左、右像片的角元素组成各自的旋转矩阵。对于以单独法像对的相对定向建立起单个模型而言，$B_Y = B_Z = 0$，因此，其点投影系数分别为

$$N_1 = \frac{B_X Z_2}{X_1 Z_2 - Z_1 X_2}, \quad N_2 = \frac{B_X Z_1}{X_1 Z_2 - Z_1 X_2} \tag{3-4-33}$$

于是模型内各模型点坐标如下：

左摄站点坐标：

$$\begin{cases} X_{S1} = 0 \\ Y_{S1} = 0 \\ Z_{S1} = 0 \end{cases} \tag{3-4-34}$$

右摄站点坐标：

$$\begin{cases} X_{S2} = X_{S1} + B_X \\ Y_{S2} = Y_{S1} + B_Y \\ Z_{S2} = Z_{S1} + B_Z \end{cases} \tag{3-4-35}$$

一般模型点坐标：

$$\begin{cases} X_m = X_{S1} + N_1 X_1 \\ Y_m = \frac{1}{2}[Y_{S1} + N_1 Y_1 + Y_{S2} + N_2 Y_2] = Y_{S1} + \frac{1}{2}(N_1 Y_1 + N_2 Y_2 + B_X) \\ Z_m = Z_{S1} + N_1 Z_1 \end{cases} \tag{3-4-36}$$

为了建立以地面坐标为原点的模型坐标 X_P、Y_P、Z_P，需将像空间辅助坐标系原点平移至该坐标系 Z 轴与模型表面的交点 A 上，此时模型中左摄站的坐标为 $X_{SP1} = Y_{SP1} = 0$，而 $Z_{SP1} = mf$，这里 m 为摄影比例尺分母。各模型点作平移以后的坐标为

右摄站点坐标：

$$\begin{cases} X_{SP2} = X_{SP1} + mB_X = mB_X \\ Y_{SP2} = Y_{SP1} + mB_Y = mB_Y \\ Z_{SP2} = Z_{SP1} + mB_Z = mf + mB_Z \end{cases} \tag{3-4-37}$$

一般模型点坐标：

$$\begin{cases} X_{mP} = X_{SP1} + mN_1 X_1 = mN_1 X_1 \\ Y_{mP} = Y_{SP1} + \frac{1}{2}(mN_1 Y_1 + mN_2 Y_2 + mB_X) = \frac{1}{2}(N_1 Y_1 + N_2 Y_2 + B_X) \cdot m \\ Z_{mP} = Z_{SP1} + mN_1 Z_1 = mf + mN_1 Z_1 \end{cases} \tag{3-4-38}$$

3.4.3 立体像对相对定向直接解

在竖直航空摄影或已知倾角近似值的倾斜摄影时，相对定向一般采用迭代解(参考解析摄影测量学)。但是当不知道倾斜摄影中的倾角近似值及不知道影像的内方位元素时，则须采用相对定向的直接解法。本节介绍相对定向的直接解。对于一般的航空影像，其相

对定向的解算与解析摄影测量中的解算完全一样。

3.4.3.1　相对定向直接解的数学模型

众所周知，相对定向的目的是恢复构成立体像对的两张像片的相对方位，建立被摄物体的几何模型。其数学模型是相应的摄影光线与基线应满足共面条件：

$$\begin{vmatrix} B_X & B_Y & B_Z \\ u & v & w \\ u' & v' & w' \end{vmatrix} = 0 \tag{3-4-39}$$

其中，

$$\begin{pmatrix} u \\ v \\ w \end{pmatrix} = \begin{pmatrix} x \\ y \\ -f \end{pmatrix}$$

$$\begin{pmatrix} u' \\ v' \\ w' \end{pmatrix} = \begin{pmatrix} a'_1 & a'_2 & a'_3 \\ b'_1 & b'_2 & b'_3 \\ c'_1 & c'_2 & c'_3 \end{pmatrix} \begin{pmatrix} x' \\ y' \\ -f' \end{pmatrix} = R' \begin{pmatrix} x' \\ y' \\ -f' \end{pmatrix}$$

将共面方程(3-4-39)展开，得

$$L_1yx' + L_2yy' - L_3yf' + L_4fx' + L_5fy' - L_6ff' + L_7xx' + L_8xy' - L_9xf' = 0 \tag{3-4-40}$$

等式两边除以 L_5，得

$$L_1^0yx' + L_2^0yy' - L_3^0yf' + L_4^0fx' + L_5^0fy' - L_6^0ff' + L_7^0xx' + L_8^0xy' - L_9^0xf' = 0 \tag{3-4-41}$$

其中，$L_i^0 = L_i / L_5$，$L_5^0 = 1$。方程(3-4-41)就是相对定向直接解(或称相对定向线性变换——RLT)的基本模型。它不需要任何近似值就能直接解出 8 个系数 L_1^0，L_2^0，…，L_8^0。

3.4.3.2　相对定向直接解的参数解算

当给定 B_X 以后，则 L_5 与基线分量可由下式求得：

$$\begin{cases} L_5^2 = \dfrac{2B_X^2}{L_1^{02} + L_2^{02} + L_3^{02} + L_4^{02} + L_5^{02} + L_6^{02} - L_7^{02} - L_8^{02} - L_9^{02}} \\ L_i = L_i^0 L_5 \quad (i = 1, 2, \cdots, 9) \\ B_Y^2 = -\dfrac{L_1L_7 + L_2L_8 + L_3L_9}{B_X} \\ B_Z^2 = \dfrac{L_4L_7 + L_5L_8 + L_6L_9}{B_X} \end{cases} \tag{3-4-42}$$

而右像片三角元素的旋转矩阵 R' 的 9 个元素可由下式求得：

$$a'_1 = \frac{L_3L_5 - L_6L_2 - B_ZL_1 - B_YL_4}{B_X^2 + B_Y^2 + B_Z^2};\quad b'_1 = \frac{B_Ya_1 + L_4}{B_X};\quad c'_1 = \frac{B_Za_1 + L_1}{B_X}$$

$$a'_2 = \frac{L_1L_6 - L_3L_4 - B_ZL_2 - B_YL_5}{B_X^2 + B_Y^2 + B_Z^2};\quad b'_2 = \frac{B_Ya_2 + L_5}{B_X};\quad c'_2 = \frac{B_Za_2 + L_2}{B_X}$$

$$a'_3 = \frac{L_2L_4 - L_1L_5 - B_ZL_3 - B_YL_6}{B_X^2 + B_Y^2 + B_Z^2};\ b'_3 = \frac{B_Ya_3 + L_6}{B_X};\ c'_3 = \frac{B_Za_3 + L_3}{B_X}$$

由式(3-4-42)可知，L_5 可以取正号，也可以取负号。无论 L_5 取正或负，对基线分量 B_Y，B_Z 无影响。但对于 R 的 9 个参数则不同，L_5 取值不同，会产生不同的两组解。例如：

已知 $(B_X, B_Y, B_Z, \Delta\omega, \Delta\varphi, \Delta\kappa) = (1, 0.1, 0.2, 0.3, 0.4, 0.5)$

当取 L_5 为正值，即 $L_5 = 0.82737$，得

$$R_P = \begin{pmatrix} 0.80831 & -0.44158 & 0.38942 \\ 0.55900 & 0.78321 & -0.27219 \\ -0.18480 & 0.43770 & 0.87992 \end{pmatrix}$$

其相应之角元素$(\omega, \varphi, \kappa) = (0.3, 0.4, 0.5)$。

当取 L_5 为负值，即 $L_5 = -0.82737$，得

$$R_N = \begin{pmatrix} 0.76740 & -0.08360 & 0.63569 \\ -0.40143 & -0.83573 & 0.37470 \\ 0.49994 & -0.54274 & -0.67490 \end{pmatrix}$$

其相应的角元素$(\omega, \varphi, \kappa) = (-2.63477, 0.68891, 0.10851)$。那么，两组解的物理意义是什么？应该取哪一组解呢？

如图 3-4-6 所示，若将右方摄影光束绕基线 B 旋转 180°，显然仍然满足共面条件。这时，绕基线 B 旋转 180°后的右方光束（如图 3-4-6 中的 $\boldsymbol{S'm'_2}$）的方位就是相对定向的“第二个解”。即 $\boldsymbol{Sm}$，$\boldsymbol{S'm'_2}$ 仍与基线 B 共面，满足共面条件。

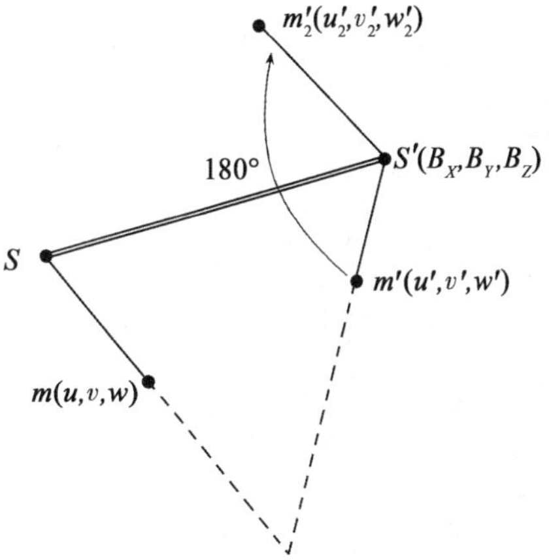

图 3-4-6 相对定向第二个解的几何解释

若空间直角坐标系绕矢量 $\boldsymbol{l} = (\lambda, \mu, \gamma)$ 旋转任意角度 θ，则其旋转矩阵

$$A = \begin{pmatrix} \lambda^2(1-\cos\theta)+\cos\theta & \lambda\mu(1-\cos\theta)+\gamma\sin\theta & \gamma\lambda(1-\cos\theta)-\mu\sin\theta \\ \lambda\mu(1-\cos\theta)-\gamma\sin\theta & \mu^2(1-\cos\theta)+\cos\theta & \mu\gamma(1-\cos\theta)+\lambda\sin\theta \\ \gamma\lambda(1-\cos\theta)+\mu\sin\theta & \mu\gamma(1-\cos\theta)-\lambda\sin\theta & \gamma^2(1-\cos\theta)+\cos\theta \end{pmatrix} \tag{3-4-43}$$

若取基线 B 为单位向量，则 $\lambda = B_X$，$\mu = B_Y$，$\gamma = B_Z$。且考虑 $\theta = 180°$，代入上式，得

$$A = \begin{pmatrix} 2B_X^2 - 1 & 2B_XB_Y & 2B_XB_Z \\ 2B_XB_Y & 2B_Y^2 - 1 & 2B_YB_Z \\ 2B_XB_Z & 2B_YB_Z & 2B_Z^2 - 1 \end{pmatrix} \tag{3-4-44}$$

因此，绕基线旋转 180°后的右光束：

$$\begin{pmatrix} u'_2 \\ v'_2 \\ w'_2 \end{pmatrix} = A\begin{pmatrix} u' \\ v' \\ w' \end{pmatrix} = AR\begin{pmatrix} x' \\ y' \\ -f' \end{pmatrix} \tag{3-4-45}$$

将 u'_2，v'_2，w'_2 替换 u_2，v_2，w_2 代入共面方程，可证明它仍满足共面条件，

$$\begin{pmatrix} B_x & B_y & B_z \\ u & v & w \\ u'_2 & v'_2 & w'_2 \end{pmatrix} = 0$$

因此，这就说明满足共面条件可获得两组解，但其中只有一组是正确的，而另一组是“假”的。

由式(3-4-45)可知，两个旋转矩阵 R_P 与 R_N 之间存在下述关系：

$$R_P = AR_N \quad 或 \quad R_N = AR_P \tag{3-4-46}$$

其中，A 由基线分量所确定(见式(3-4-44))，但必须对基线分量规格化：

$$B_X = \frac{B_X}{B};\ B_Y = \frac{B_Y}{B};\ B_Z = \frac{B_Z}{B}$$

$$B = \sqrt{B_X^2 + B_Y^2 + B_Z^2}$$

按上例可得规格化后基线分量：

$$B_X = 0.9759$$

$$B_Y = 0.0976$$

$$B_Z = 0.1952$$

$$A = \begin{pmatrix} 0.90476 & 0.19048 & 0.38095 \\ 0.19048 & -0.98095 & 0.03810 \\ 0.38095 & 0.03810 & -0.92379 \end{pmatrix} \tag{3-4-47}$$

由于“立体像对”是由在不同摄站对同一物体所摄取的像片所构成，否则就不能构成“立体像对”，从而也就不存在求解相对定向的问题。在上述的相对定向模型中，取左像的坐标系作为相对定向的方位元素的参数坐标系，如图 3-4-7 所示。为确保右像片与左像片构成立体像对，右像片的方位元素 φ，ω(确定摄影方向的元素)必须满足如下取值范围：

$$-\frac{\pi}{2} < \varphi, \quad \omega > \frac{\pi}{2} \tag{3-4-48}$$

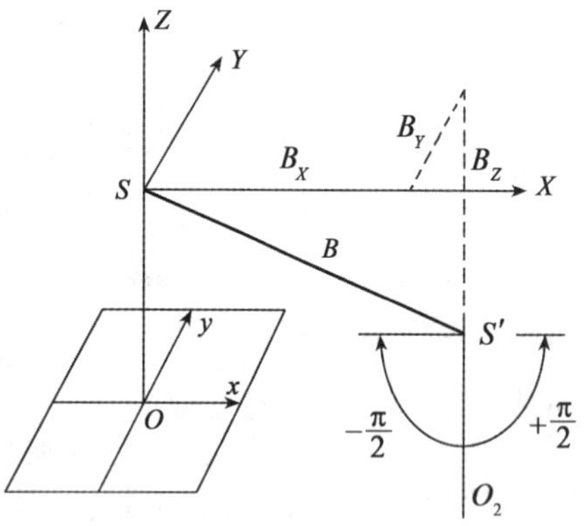

图 3-4-7　φ，ω 的取值范围

由此取值范围，就可以确定相对定向解中的一个正确解。例如，上例中 R_P 所代表的解是正确解，而 R_N 所代表的解无物理意义，它不能与左像片构成“立体像对”，因为 $\omega=-2.6347<-\frac{\pi}{2}$。

3.4.4　核线几何关系解析与核线排列

“核线”是摄影测量的一个基本概念，从 20 世纪 70 年代初由摄影测量学者 Helava 等提出了“核线”相关的概念后，核线的概念已在摄影测量自动化系统中受到广泛的重视。由核线的几何定义可知：同名像点必然位于同名核线上，例如图 3-4-8 就表示了一对实际航摄像片上的同名核线的灰度曲线，曲线上的“×”就表示同名像点。其同名点的点号同时还列在表 3-4-1 中。表中 *NL*，*NR* 分别表示左片、右片核线上同名点之点号。从这一实例中，我们可以直观地体会在同名核线上自动搜索同名像点的可能性。

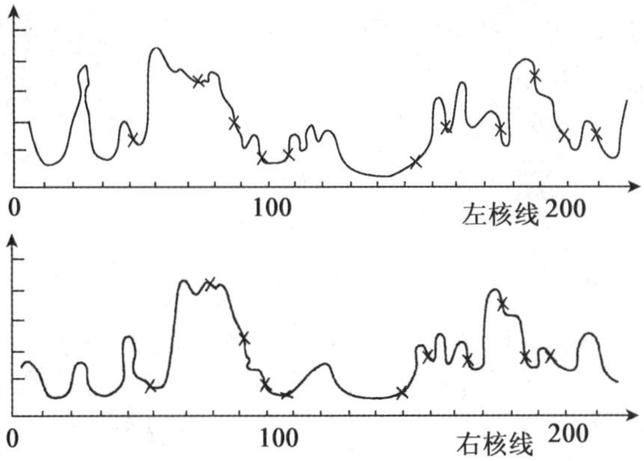

图 3-4-8　核线灰度曲线

表 3-4-1　核线上同名点号

NL	42	65	79	88	99	143	154	174	187	198	207
NR	51	71	83	92	101	141	151	167	178	187	198

3.4.4.1 核线几何关系解析

确定同名核线的方法有很多，但基本上可以分为两类：一是基于数字影像几何纠正的核线解析关系；二是基于共面条件的同名核线几何关系。

1. 基于数字影像几何纠正的核线解析关系

我们知道，核线在航空摄影像片上是互相不平行的，它们交于一个点——核点。但是，如果将像片上的核线投影(或称为纠正)到一对“相对水平”——平行于摄影基线的像片对上，则核线相互平行。

如图 3-4-9 所示，以左片 P 为例，P_0 为平行于摄影基线 B 的“水平”像片。l 为倾斜像片上的核线，l_0 为核线 l 在“水平”像片上的投影。设倾斜像片上的坐标系为 x，y；“水平”像片上的坐标系为 u，v，则

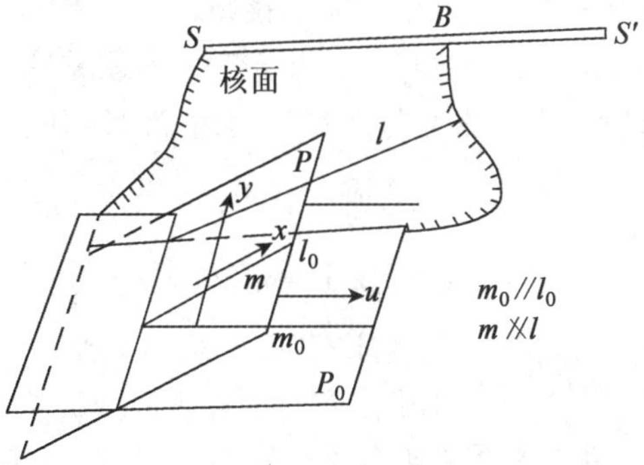

图 3-4-9　倾斜与“水平”

$$
\begin{cases}
x = -f \cdot \dfrac{a_1 u + b_1 v - c_1 f}{a_3 u + b_3 v + c_3 f} \\
y = -f \cdot \dfrac{a_2 u + b_2 v - c_2 f}{a_3 u + b_3 v + c_3 f}
\end{cases} \tag{3-4-49}
$$

显然，在“水平”像片上，当 v = 常数时，则为核线，将 $v=c$ 代入式(3-4-49)，经整理得

$$
\begin{cases}
x = \dfrac{d_1 u + d_2}{d_3 u + 1} \\
y = \dfrac{e_1 u + e_2}{e_3 u + 1}
\end{cases} \tag{3-4-50}
$$

若以等间隔取一系列的 u 值 $k\Delta$，$(k+1)\Delta$，$(k+2)\Delta$，…，即求解得一系列的像点坐标(x_1, y_1)，(x_2, y_2)，(x_3, y_3)，…。这些像点就位于倾斜像片的核线上，若将这些像点经重采样后的灰度 $g(x_1, y_1)$，$g(x_2, y_2)$，…直接赋给“水平”像片上相应的像点，即

$$
\begin{aligned}
& g_0(k\Delta, c) - g(x_1, y_1) \\
& g_0((k+1)\Delta, c) = g(x_2, y_2) \\
& \cdots
\end{aligned}
$$

就能获得“水平”像片上的核线。

由于在“水平”像片对上，同名核线的 v 坐标值相等，因此将同样的 $v'=c$ 代入右片共线方程：

$$
\begin{cases}
x' = -f \cdot \dfrac{a'_1 u' + b'_1 v' - c'_1 f}{a'_3 u' + b'_3 v' + c'_3 f} \\
y' = -f \cdot \dfrac{a'_2 u' + b'_2 v' - c'_2 f}{a'_3 u' + b'_3 v' + c'_3 f}
\end{cases} \tag{3-4-51}
$$

即能获得在右片上的同名核线。

由以上分析可知，此方法的实质是一个数字纠正，将倾斜像片上的核线投影(纠正)到“水平”像片对上，求得“水平”像片对上的同名核线。

2. 基于共面条件的同名核线几何关系

这一方法是直接从核线的定义出发，不通过“水平”像片作媒介，直接在倾斜像片上获取同名核线，其原理如图 3-4-10 所示。现在的问题是：若已知左片上任意一个像点 $p(x_p, y_p)$，怎样确定左片上通过该点的核线 l 及它在右片上的同名核线 l'？

由于核线在像片上是直线，因此上述问题可以转化为确定左核线上的另外一个点(如图 3-4-10 中的 $q(x, y)$)，与右同名核线上的两个点(如图中 p'，q')。注意，这里并不要求 p 与 p'或 q 与 q'是同名点。

由于同一核线上的点均位于同一核面上，即满足共面条件：

$$
\boldsymbol{B} \cdot (\boldsymbol{S}p \times \boldsymbol{S}q) = 0 \tag{3-4-52}
$$

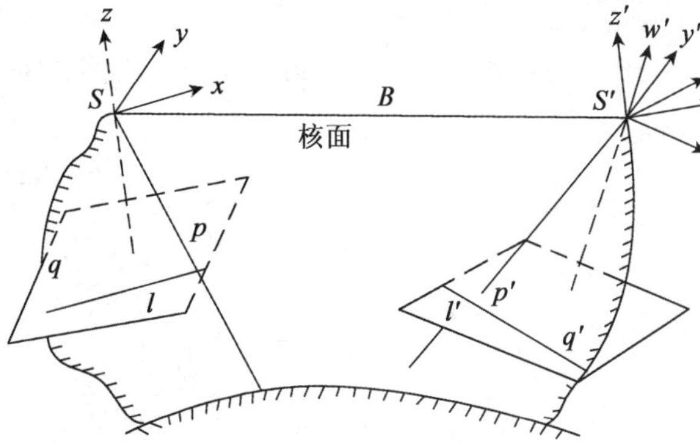

图 3-4-10 基于共面条件的同名核线几何关系

或

$$\begin{vmatrix} B_X & B_Y & B_Z \\ x_p & y_p & -f \\ x & y & -f \end{vmatrix} = 0 \tag{3-4-53}$$

由此可得左片上通过 p 的核线上任意一个点的 y 坐标：

$$y = \frac{A}{B}x + \frac{C}{B}f \tag{3-4-54}$$

其中，

$$A = f \cdot B_Y + y_p \cdot B_Z$$

$$B = f \cdot B_X + x_p \cdot B_Z$$

$$C = y_p \cdot B_X - x_p \cdot B_Y$$

为了获得右片上同名核线上任意一个像点，如图 3-4-10 中 p'，可将整个坐标系统绕右摄站中心 S'旋转至 u'-v'-w'坐标系统中，因此可用与式(3-4-54)相似的公式求得右核线上的点(u'，v')：

$$\begin{vmatrix} -u'_S & -v'_S & -w'_S \\ u'_p & v'_p & -w'_p \\ u' & v' & -f \end{vmatrix} = 0$$

得

$$v' = \frac{A'}{B'}u' + \frac{C'}{B'}f \tag{3-4-55}$$

式中，

$$A' = v'_p w'_S - w'_p v'_S$$

$$B' = u'_p w'_S - w'_p u'_S$$

$$C' = v'_p u'_S - u'_p v'_S$$

$$(u'_p \quad v'_p \quad w'_p) = (x_p \quad y_p \quad -f) M_{21}$$

$$(u'_S \quad v'_S \quad w'_S) = (B_X \quad B_Y \quad B_Z) M_{21}$$

M_{21}是旋转矩阵。

式(3-4-54)、式(3-4-55)就是美国陆军工程兵测绘研究所数字立体摄影测量系统的核线几何解析式。

若采用独立像对相对方位元素系统，则得相类似的结果。由于在此系统中 $B_Y = B_Z = 0$，所以共线方程可写成

$$\begin{vmatrix} v_p & w_p \\ v & w \end{vmatrix} = 0 \tag{3-4-56}$$

其中，v，w 为像点的空间坐标：

$$v = b_1 x + b_2 y - b_3 f$$
$$w = c_1 x + c_2 y - c_3 f$$

代入式(3-4-56)，可得

$$y = \frac{v_p(c_1 x - c_3 f) - w_p(b_1 x - b_3 f)}{b_2 w_p - c_2 v_p}$$

或

$$y = \frac{A}{B}x + \frac{C}{B}f \tag{3-4-57}$$

式中，

$$A = v_p c_1 - w_p b_1$$
$$B = b_2 w_p - c_2 v_p$$
$$C = w_p b_3 - v_p c_3$$

同理可得右片上同名核线的两个像点的坐标。

3.4.4.2　核线的重排列(重采样)

在解析测图仪上安装的核线扫描系统(如 AS-11-BX，RASTAR)，大多是采用硬件控制，利用上述的解析关系，将扫描线直接对准同名核线。但是在一般情况下数字影像的扫描行与核线并不重合，为了获取核线的灰度序列，必须对原始数字影像灰度进行重采样。按上述两种不同解析方式获取核线，相应有两种不同的重采样方式。

1. 在“水平”像片获取核线影像

如图 3-4-11 所示，图(a)为原始(倾斜)影像的灰度序列；图(b)为待定的平行于基线的“水平”像片的影像。按式(3-4-49)或式(3-4-50)依次将“水平”像片上的坐标 u，v 反算到原始像片上 x，y。但是，由于所求得的像点不一定恰好落在原始采样的像元中心，这就必须进行灰度内插——重采样。

2. 直接在倾斜像片上获取影像

按上述共面条件确定像片上核线的方向：

$$\tan K = \frac{\Delta y}{\Delta x} \tag{3-4-58}$$

从而根据该核线的一个起点坐标及方向 K，就能确定核线在倾斜像片上的位置，如图

3-4-12(a)表示采用线性内插所得的核线上的像素之灰度：

$$d = \frac{1}{\Delta}[(\Delta - y_1)d_1 + y_1 d_2] \tag{3-4-59}$$

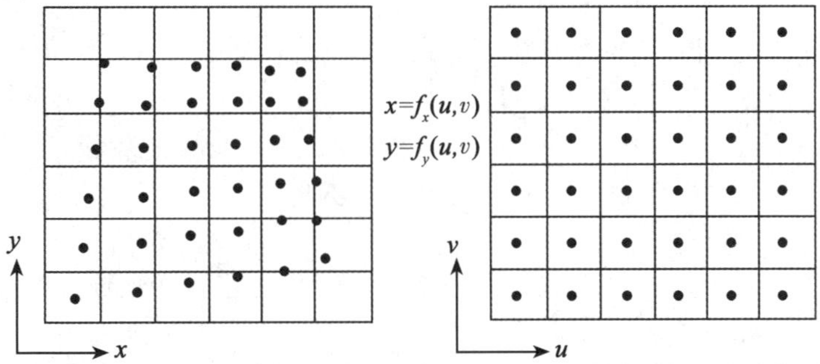

(a)原始(倾斜)影像　(b)"水平"影像(核线影像)

图 3-4-11　基于"水平"影像获取核线影像

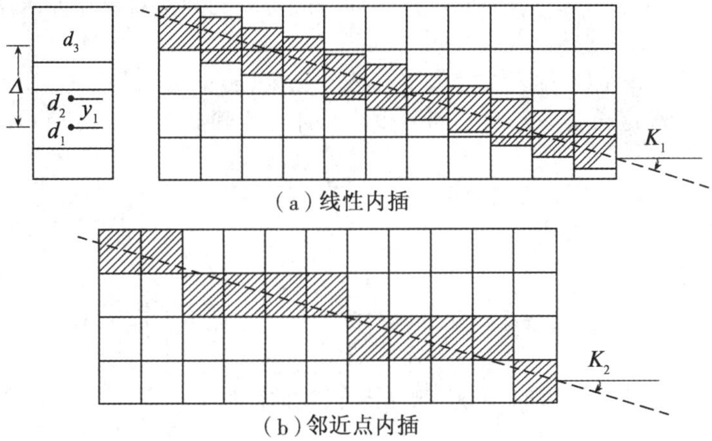

(a)线性内插

(b)邻近点内插

图 3-4-12　在倾斜像片上排列核线

显然，其计算工作量要比双线性内插要小得多，若采用邻近点法(图 3-4-12(b))，则无须进行内插。由于对此核线而言 K 是常数，这说明只要从每条扫描线上取出 n 个像元素

$$n = \frac{1}{\tan K} \tag{3-4-60}$$

拼起来，就能获得核线——沿核线进行像元素的重新排列，从而极大地提高了核线排列的效率。由此所产生的像元素在 Y 轴方向之移位，最大是 0.5 像元，其中误差为

$$m_Y = \int_{-0.5}^{+0.5} X^2 \mathrm{d}X = \pm 0.29 \text{ 像元} \tag{3-4-61}$$

在 x 轴方向不产生移位。由此所产生的相关结果误差(左、右视差之误差)是很小的。

3.4.4.3　利用相对定向直接解进行核线排列

当影像的内方位元素不能严格已知(甚至完全不知道，例如数字影像的一个局部影像块)时，则关系式(3-4-39)中应考虑到

$$\begin{pmatrix} u \\ v \\ w \end{pmatrix} = \begin{pmatrix} x + \mathrm{d}x \\ y + \mathrm{d}y \\ -f \end{pmatrix}$$
$$\begin{pmatrix} u' \\ v' \\ w' \end{pmatrix} = R'\begin{pmatrix} x' + \mathrm{d}x' \\ y' + \mathrm{d}y' \\ -f' \end{pmatrix} \tag{3-4-62}$$

式中，$\mathrm{d}x$，$\mathrm{d}y$，f，$\mathrm{d}x'$，$\mathrm{d}y'$，f' 为内方位元素(未知)。将它们代入共面条件，并展开，即

$$L_9 y' + L_1 + L_2 x + L_3 y + L_4 x' + L_5 xx' + L_6 xy' + L_7 yx' + L_8 yy' = 0 \tag{3-4-63}$$

上式也可表达为相对定向解算过程中常用的“上下视差”等式：

$$q = L_1^0 + L_2^0 x + L_3^0 y + L_4^0 x' + L_5^0 xx' + L_6^0 xy' + L_7^0 yx' + L_8^0 yy' \tag{3-4-64}$$

式中，$L_i^0 = L_i/L_9 (i \neq 3)$，$L_3^0 = 1 + L_3/L_6$，$q = y - y'$。

观测 8 个点(或 8 个点以上)的同名点，即可用常规的间接观测误差求解式(3-4-64)中的参数以 $L_i^0 (i=1,\ 2,\ \cdots,\ 8)$。

按直接在原始影像上排列核线的基本算法，已知任意一个像点(如左像片上一像点)坐标$(x'_1,\ y'_1)$，要确定通过该像点的同名核线，计算步骤如图 3-4-13 所示。

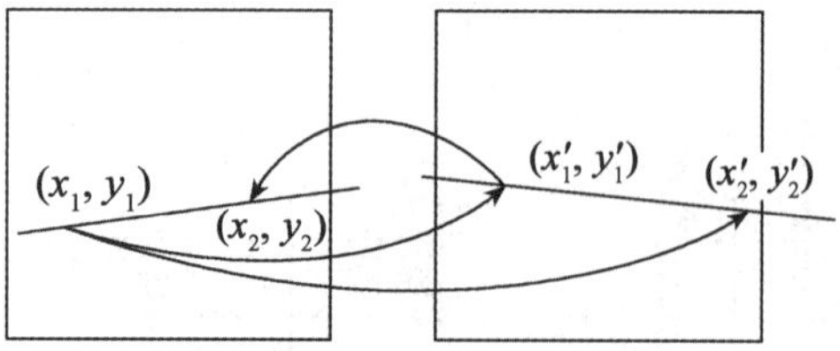

图 3-4-13　确定核线方向的计算顺序

(1)由共面条件的展开式(3-4-64)及像点坐标$(x_1,\ y_1)$确定另一个像片(如右方像片)上的两点$(x'_1,\ y'_1)$与$(x'_2,\ y'_2)$。其中 x'_1，x'_2 可以任意选定，这样，只要确定 y'_1 和 y'_2 即可，如

$$y'_1 = \frac{(1 - L_3^0) y_1 - L_1^0 - L_2^0 x_1 - L_4^0 x'_1 - L_5^0 x_1 x'_1 - L_7^0 y_1 x'_1}{1 + L_6^0 x_1 + L_8^0 y_1} \tag{3-4-65}$$

(2)由右方像片上两个像点中的任意一点(如$(x'_1,\ y'_1)$)，利用式(3-4-57)反求左方像片上的另一点$(x_2,\ y_2)$。

(3)由此可以确定左、右同名核线的方向：

$$\begin{cases} \tan K = \dfrac{y_2 - y_1}{x_2 - x_1} \\ \tan K' = \dfrac{y'_2 - y'_1}{x'_2 - x'_1} \end{cases} \tag{3-4-66}$$

3.4.5 单元模型绝对定向

相对定向建立起的立体模型，是相对于选取的某个坐标系，这个坐标系在地面坐标系中的方位是未知的，比例尺也是任意的。要确定立体模型在地面坐标系中的方位和大小，则需要把模型坐标变换为地面坐标。这种坐标系的变换称为绝对定向。其目的是将建立的模型坐标纳入地面坐标系，并归化为规定的比例尺。为计算方便，通常要求地面坐标系的轴系方向与模型的摄影测量坐标系的轴系方向大致相同。一般情况下，模型坐标是属右手空间直角的摄影测量坐标系，而地面坐标为左手空间直角坐标系。因此，在进行模型的绝对定向之前，需要做空间直角坐标系的转换，即将地面测量坐标系转换为地面摄影测量坐标系。

3.4.5.1 大地坐标与摄影测量坐标的变换

地球上任一点的大地坐标是用大地经度、纬度来表示。为了测制地形图和在平面上表示方便，通常运用一定的数学法则(投影方式)将大地坐标系变换到平面上的平面直角坐标，常见的投影方式为高斯-克吕格投影(Gauss-Kruger)和通用横轴墨卡托投影(Universal Transverse Mercator，UTM)。我国自1952年起开始正式采用高斯-克吕格平面直角坐标系，大地测量提供给摄影测量人员的平面控制点坐标(X_i，Y_i)是高斯-克吕格投影坐标，而高程h是沿铅垂方向到大地水准面的高度。我国北京1954、西安1980和CGCS2000坐标系采用高斯-克吕格投影，WGS-84坐标系则采用通用横轴墨卡托投影(UTM)。

摄影测量平差往往是在对摄影测量平差处理自身有利的某个空间右手系直角坐标系中进行的。其XY平面为地球表面某地面点的切面，X轴方向与航线飞行方向大体一致，Z轴方向垂直于该切面。因此对于摄影测量平差而言，必须在平差前将控制点坐标转换到摄影测量坐标系，而在平差后，又必须将所有加密点的平差坐标变换到控制点坐标系中。这里主要介绍大地坐标(B，L)与投影平面坐标变换及投影坐标系与摄影测量坐标系间的近似变换方法。

1. 大地坐标(B，L)与投影平面坐标变换

高斯-克吕格投影与横轴墨卡托投影(Transverse Mercator，TM)都属于等角横切椭圆柱投影，是将地球椭球面转换到平面的一种正形投影。其基本定义是选择某一个经线作为中央子午线，将球体展开形成一个平面。对于正圆形球体，高斯-克吕格投影与横轴墨卡托投影是完全一样的投影，但对于椭球体，它们的定义和处理方式是不一样的。但可以证明当经度小于3°时，它们的差异是毫米级，为此在国际上横轴墨卡托投影与高斯-克吕格投影采用了完全相同的算法。通用横轴墨卡托投影(UTM)是在横轴墨卡托投影基础上，将中央经线的长度变为原先的0.9996倍的横轴墨卡托投影，因此可以将通用横轴墨卡托投影(UTM)理解为投影系数为0.9996的高斯-克吕格投影。

我国通常采用高斯-克吕格投影6°带和3°带两种分带方法。测图比例尺小于1∶10000时，一般采用6°分带；测图比例尺大于等于1∶10000时则采用3°分带。通用横轴墨卡托投影(UTM)只有6°带一种分带方式。在每个分带上都进行投影坐标转换，形成独立的平

面直角坐标系。

高斯平面直角坐标系是以中央子午线和赤道投影后的交点 O 作为坐标原点，以中央子午线的投影为纵坐标 x 轴，规定 x 轴向北为正；以赤道的投影为横坐标 y 轴，规定 y 轴向东为正。大地经纬坐标(B, L)可以采用式(3-4-67)转换为高斯平面坐标(x, y)：

$$\begin{cases} x = X + \dfrac{N}{2}t(\cos B)^2L^2 + \dfrac{N}{24}t(5 - t^2 + 9\eta^2 + 4\eta^4)(\cos B)^4L^4 + \dfrac{N}{720}t(61 - 58t^2 + t^4)(\cos B)^6L^6 \\ y = N\cos BL + \dfrac{N}{6}(1 - t^2 + \eta^2)(\cos B)^3L^3 + \dfrac{N}{120}(5 - 18t^2 + t^4 + 14\eta^2 - 58\eta^2t^2)(\cos B)^5L^5 \end{cases} \tag{3-4-67}$$

式中，$N = \dfrac{a}{\sqrt{1 - e^2(\sin B)^2}}$；$a$ 为椭球长半轴；b 为椭球短半轴；$e = \dfrac{\sqrt{a^2 - b^2}}{a}$ 为椭球体第一偏心率；$t = \tan B$；$\eta^2 = e'^2_2(\cos B)^2$；$e' = \dfrac{\sqrt{a^2 - b^2}}{b}$ 为椭球体第二偏心率；X 为自赤道量起的子午线弧长。

$$X = a_0B - \frac{a_2}{2}\sin 2B + \frac{a_4}{4}\sin 4B - \frac{a_6}{6}\sin 6B + \frac{a_8}{8}\sin 8B$$

式中，

$$a_0 = m_0 + \frac{m_2}{2} + \frac{3}{8}m_4 + \frac{5}{16}m_6 + \frac{35}{128}m_8 + \cdots$$

$$a_2 = \frac{m_2}{2} + \frac{m_4}{2} + \frac{15}{32}m_6 + \frac{7}{16}m_8$$

$$a_4 = \frac{m_4}{8} + \frac{3}{16}m_6 + \frac{7}{32}m_8$$

$$a_6 = \frac{m_6}{32} + \frac{3}{16}m_8$$

$$a_8 = \frac{m_8}{128}$$

$$m_0 = a(1 - e^2),\ m_2 = \frac{3}{2}e^2m_0,\ m_4 = \frac{5}{4}e^2m_2,\ m_6 = -\frac{7}{6}e^2m_4,\ m_8 = \frac{9}{8}e^2m_6$$

2. 高斯-克吕格坐标与摄影测量坐标变换

只要已知两个控制点的高斯-克吕格坐标(X, Y)和摄影测量坐标(X_P, Y_P)即可进行。一般应取在平差范围内距离最远的两个点。

首先各自将坐标系变换到以一个控制点为原点的情况，则平面相似变换中的平移项为零，如图 3-4-14 所示。

可以写出：

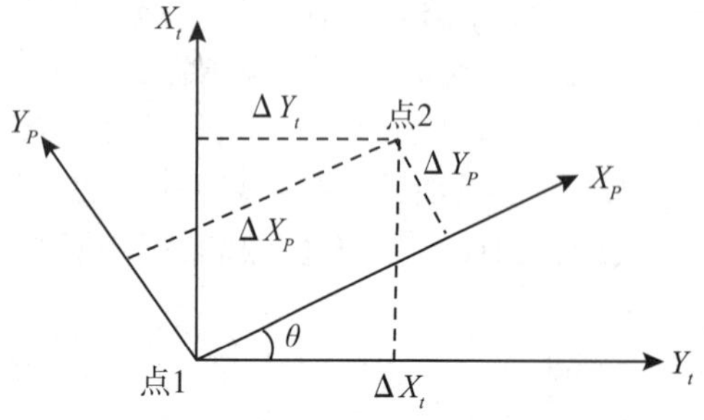

图 3-4-14　坐标正变换

$$\begin{pmatrix}\Delta X_P\\ \Delta Y_P\end{pmatrix}=\lambda\begin{pmatrix}\sin\theta & \cos\theta\\ \cos\theta & -\sin\theta\end{pmatrix}\begin{pmatrix}\Delta X_t\\ \Delta Y_t\end{pmatrix}=\begin{pmatrix}b & a\\ a & -b\end{pmatrix}\begin{pmatrix}\Delta X_t\\ \Delta Y_t\end{pmatrix} \tag{3-4-68}$$

由上式可以求出：

$$\begin{pmatrix}a\\ b\end{pmatrix}=\frac{1}{\Delta X_t^2+\Delta Y_t^2}\begin{pmatrix}\Delta Y_t & \Delta X_t\\ \Delta X_t & -\Delta Y_t\end{pmatrix}\begin{pmatrix}\Delta X_P\\ \Delta Y_P\end{pmatrix} \tag{3-4-69}$$

即

$$\begin{cases}a=\dfrac{\Delta X_P\Delta Y_t+\Delta Y_P\Delta X_t}{\Delta X_t^2+\Delta Y_t^2}\\ b=\dfrac{\Delta X_P\Delta X_t-\Delta Y_P\Delta Y_t}{\Delta X_t^2+\Delta Y_t^2}\end{cases} \tag{3-4-70}$$

回到式(3-4-68)，进而可求出：

$$\lambda=\sqrt{a^2+b^2}=\sqrt{\frac{\Delta X_P^2+\Delta Y_P^2}{\Delta X_t^2+\Delta Y_t^2}} \tag{3-4-71}$$

利用求出的系数 a，b，按式(3-4-68)可将所有控制点坐标变换为摄影测量坐标。注意此时应将控制点的高程乘比例尺系数，归化到摄影测量坐标系中：

$$Z_P=\lambda Z_t \tag{3-4-72}$$

3. 摄影测量坐标与高斯-克吕格坐标的变换

对式(3-4-68)两边左乘 $\begin{pmatrix}b & a\\ a & -b\end{pmatrix}^{-1}$，并结合式(3-4-72)，可得到反变换公式为

$$\begin{pmatrix}X_t\\ Y_t\end{pmatrix}=\begin{pmatrix}b & a\\ a & -b\end{pmatrix}^{-1}\begin{pmatrix}X_P\\ Y_P\end{pmatrix}=\frac{1}{a^2+b^2}\begin{pmatrix}b & a\\ a & -b\end{pmatrix}\begin{pmatrix}X_P\\ Y_P\end{pmatrix} \tag{3-4-73}$$

$$Z_t=\frac{1}{\lambda}Z_P$$

利用式(3-4-73)，可将全部摄影测量平差后所得到的加密点的地面坐标变换到测图所要求的高斯-克吕格坐标系中。

4. 对摄测高程引入地球曲率改正

图 3-4-15 中，摄测坐标系的 XY 平面与地球表面相切，所以摄测坐标系的高程起始面与地球表面之间存在因地球曲率引起的高程差。在距离原点为 D 处的点 A 上，其高程差值 $\Delta Z_R=AA'$。

在假设地球为圆球的前提下，从图 3-4-15 中可以列出下列简单的几何关系：

$$\frac{\Delta Z_R}{A'O}=\frac{A'O}{2R} \tag{3-4-74}$$

式中，R 为地球平均半径。

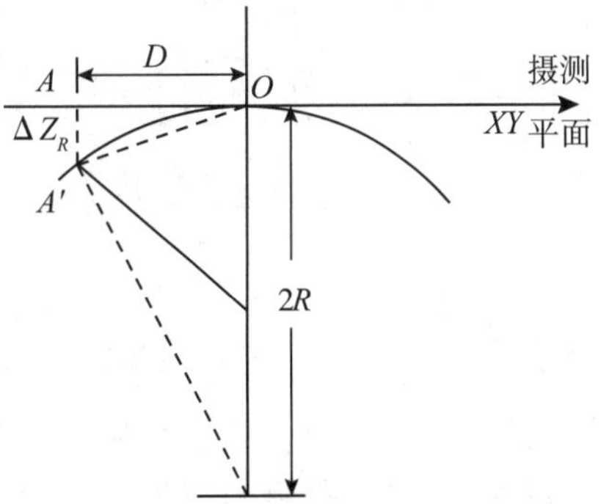

图 3-4-15　摄测坐标系高程起始面与地球表面关系示意图

$$(A'O)^2 = D^2 + \Delta Z_R^2 \tag{3-4-75}$$

但由于 ΔZ_R 远远小于 D，故可近似取 $A'O \approx D$，故有 $D = \sqrt{X_P^2 + Y_P^2}$，进而有

$$\Delta Z_R = \frac{D^2}{2R} \tag{3-4-76}$$

3.4.5.2　解析绝对定向元素的基本公式

一个立体像片对有 12 个外方位元素，通过相对定向求得了 5 个定向元素，要恢复像片对的绝对位置和方位，还要求解 7 个绝对定向元素，包括旋转、平移和缩放。也就是立体模型需要进行空间相似变换。这种坐标变换，数学上为一不同原点的三维空间相似变换，其公式为

$$\begin{pmatrix} X_{tp} \\ Y_{tp} \\ Z_{tp} \end{pmatrix} = \lambda \begin{pmatrix} a_1 & a_2 & a_3 \\ b_1 & b_2 & b_3 \\ c_1 & c_2 & c_3 \end{pmatrix} \begin{pmatrix} X_P \\ Y_P \\ Z_P \end{pmatrix} + \begin{pmatrix} \Delta X \\ \Delta Y \\ \Delta Z \end{pmatrix} \tag{3-4-77}$$

式中，X_{tp}，Y_{tp}，Z_{tp}为地面控制点的地面摄影测量坐标；X_P，Y_P，Z_P 为模型点的摄影测量坐标；λ 为比例因子；a_i，b_i，c_i 为由角元素 Φ，Ω，K 的函数组成的方向余弦；ΔX，ΔY，ΔZ 为坐标原点的平移量。

求解绝对定向的 7 个参数(即绝对定向元素)，通常是提供一定数量的地面控制点来进行运算，即式(3-4-77)中，X_{tp}，Y_{tp}，Z_{tp}和 X_P，Y_P，Z_P 为已知，求解 7 个未知量 λ，Φ，Ω，K 和 ΔX，ΔY，ΔZ。空间相似变换公式(3-4-77)是一个多元的非线性函数，为了便于最小二乘法求解，对式(3-4-77)采用多元函数的泰勒公式展开，并保留到小值一次项，则有

$$F = F_0 + \frac{\partial F}{\partial \lambda}\mathrm{d}\lambda + \frac{\partial F}{\partial \Phi}\mathrm{d}\Phi + \frac{\partial F}{\partial \Omega}\mathrm{d}\Omega + \frac{\partial F}{\partial K}\mathrm{d}K + \frac{\partial F}{\partial \Delta X}\mathrm{d}\Delta X + \frac{\partial F}{\partial \Delta Y}\mathrm{d}\Delta Y + \frac{\partial F}{\partial \Delta Z}\mathrm{d}\Delta Z \tag{3-4-78}$$

将上式列成误差方程式：

$$\begin{cases} v_X = \dfrac{\partial X}{\partial \Delta X}\mathrm{d}\Delta X + \dfrac{\partial X}{\partial \Phi}\mathrm{d}\Phi + \dfrac{\partial X}{\partial \Omega}\mathrm{d}\Omega + \dfrac{\partial X}{\partial K}\mathrm{d}K + \dfrac{\partial X}{\partial \lambda}\mathrm{d}\lambda - l_X \\ v_Y = \dfrac{\partial Y}{\partial \Delta Y}\mathrm{d}\Delta Y + \dfrac{\partial Y}{\partial \Phi}\mathrm{d}\Phi + \dfrac{\partial Y}{\partial \Omega}\mathrm{d}\Omega + \dfrac{\partial Y}{\partial K}\mathrm{d}K + \dfrac{\partial Y}{\partial \lambda}\mathrm{d}\lambda - l_Y \\ v_Z = \dfrac{\partial Z}{\partial \Delta Z}\mathrm{d}\Delta Z + \dfrac{\partial Z}{\partial \Phi}\mathrm{d}\Phi + \dfrac{\partial Z}{\partial \Omega}\mathrm{d}\Omega + \dfrac{\partial Z}{\partial K}\mathrm{d}K + \dfrac{\partial Z}{\partial \lambda}\mathrm{d}\lambda - l_Z \end{cases} \tag{3-4-79}$$

$$\begin{aligned} l_X &= X_{tp} - \Delta X - \lambda X' \\ l_Y &= Y_{tp} - \Delta Y - \lambda Y' \\ l_Z &= Z_{tp} - \Delta Z - \lambda Z' \end{aligned} \qquad \begin{pmatrix} X' \\ Y' \\ Z' \end{pmatrix} = \begin{pmatrix} a_1 & a_2 & a_3 \\ b_1 & b_2 & b_3 \\ c_1 & c_2 & c_3 \end{pmatrix} \begin{pmatrix} X_P \\ Y_P \\ Z_P \end{pmatrix} \tag{3-4-79a}$$

设 Φ，Ω，K 的近似值为零，λ 的近似值为 1(即变换前已经做过近似比例尺的归化)，则式(3-4-79)中的各项偏导数值如下：

$$
\begin{cases}
\dfrac{\partial X}{\partial \Delta X}=1, \quad \dfrac{\partial Y}{\partial \Delta Y}=1, \quad \dfrac{\partial Z}{\partial \Delta Z}=1 \\
\dfrac{\partial X}{\partial \lambda}=X', \quad \dfrac{\partial Y}{\partial \lambda}=Y', \quad \dfrac{\partial Z}{\partial \lambda}=Z' \\
\dfrac{\partial X}{\partial \Phi}=-\lambda Z', \quad \dfrac{\partial X}{\partial \Omega}=-\lambda Y'\sin\Phi \\
\dfrac{\partial Y}{\partial \Phi}=0, \quad \dfrac{\partial Y}{\partial \Omega}=\lambda X'\sin\Phi-\lambda Z'\cos\Phi \\
\dfrac{\partial Z}{\partial \Phi}=\lambda X', \quad \dfrac{\partial Z}{\partial \Omega}=\lambda Y'\cos\Phi \\
\dfrac{\partial X}{\partial K}=-\lambda Y'\cos\Phi\cos\Omega-\lambda Z'\sin\Omega \\
\dfrac{\partial Y}{\partial K}=\lambda X'\cos\Phi\cos\Omega+\lambda Z'\sin\Phi\cos\Omega \\
\dfrac{\partial Z}{\partial K}=\lambda X'\sin\Omega-\lambda Y'\sin\Phi\cos\Omega
\end{cases} \tag{3-4-80}
$$

在空间相似变换(或绝对定向)的 7 个待定参数都是小值的情况下，上式中 Φ, Ω, K 均用零为近似值代入，而 λ 取用 1 代入，可得误差方程式的矩阵形式为

$$
\begin{pmatrix} v_X \\ v_Y \\ v_Z \end{pmatrix}=\begin{pmatrix} 1 & 0 & 0 & X' & -Z' & 0 & -Y' \\ 0 & 1 & 0 & Y' & 0 & -Z' & X' \\ 0 & 0 & 1 & Z' & X' & Y' & 0 \end{pmatrix}\begin{pmatrix} \mathrm{d}\Delta X \\ \mathrm{d}\Delta Y \\ \mathrm{d}\Delta Z \\ \mathrm{d}\lambda \\ \mathrm{d}\Phi \\ \mathrm{d}\Omega \\ \mathrm{d}K \end{pmatrix}-\begin{pmatrix} l_X \\ l_Y \\ l_Z \end{pmatrix} \tag{3-4-81}
$$

上式便是单元模型的空间相似变换(或绝对定向)的误差方程式。式中，X'，Y'，Z' 表示模型点经式(3-4-79a)变换后的坐标；v_X，v_Y，v_Z 表示视 X_P，Y_P，Z_P 为观测值的改正数；$\mathrm{d}\Delta X$，$\mathrm{d}\Delta Y$，$\mathrm{d}\Delta Z$，$\mathrm{d}\lambda$，$\mathrm{d}\Phi$，$\mathrm{d}\Omega$，$\mathrm{d}K$ 为 7 个待定参数近似值的改正数；l_X，l_Y，l_Z 为误差方程式的常数项，由式(3-4-79a)求得。

3.4.5.3 坐标的重心化

坐标的重心化是区域网平差中经常采用的一种数据预处理方法，目的有两个：一是减少模型点坐标在计算过程中的有效位数，以保证计算的精度；二是采用了重心化坐标以后，可使法方程式的系数简化，个别项的数值变成零，部分未知数可以分开求解，从而提高了计算速度。

我们取单元模型中全部控制点(或已知点)的摄影测量坐标系和地面摄影测量坐标，计算其重心的坐标：

$$
\begin{cases}
X_{tpg}=\dfrac{\sum X_{tp}}{n}, \quad Y_{tpg}=\dfrac{\sum Y_{tp}}{n}, \quad Z_{tpg}=\dfrac{\sum Z_{tp}}{n} \\
X_g=\dfrac{\sum X_P}{n}, \quad Y_g=\dfrac{\sum Y_P}{n}, \quad Z_g=\dfrac{\sum Z_P}{n}
\end{cases} \tag{3-4-82}
$$

式中，X_{tpg}，Y_{tpg}，Z_{tpg}为地面摄影测量坐标系重心的坐标；X_g，Y_g，Z_g 为摄影测量坐标系重心的坐标；n 为参与计算重心坐标的控制点点数；

在求重心坐标时必须注意一点，就是两个坐标系中采用的点数要相等，同时点名要一致。重心化的地面摄影测量坐标由下式计算：

$$\begin{cases}\overline{X}_{tp}=X_{tp}-X_{tpg}\\ \overline{Y}_{tp}=Y_{tp}-Y_{tpg}\\ \overline{Z}_{tp}=Z_{tp}-Z_{tpg}\end{cases}\tag{3-4-83}$$

重心化的摄影测量坐标由下式计算：

$$\begin{cases}\overline{X}=X_P-X_g\\ \overline{Y}=Y_P-Y_g\\ \overline{Z}=Z_P-Z_g\end{cases}\tag{3-4-84}$$

对于误差方程式(3-4-81)，若直接用重心化坐标表示则化为以下形式：

$$\begin{pmatrix}v_X\\ v_Y\\ v_Z\end{pmatrix}=\begin{pmatrix}1&0&0&\overline{X}&-\overline{Z}&0&-\overline{Y}\\ 0&1&0&\overline{Y}&0&-\overline{Z}&\overline{X}\\ 0&0&1&\overline{Z}&\overline{X}&\overline{Y}&0\end{pmatrix}\begin{pmatrix}\mathrm{d}\Delta X\\ \mathrm{d}\Delta Y\\ \mathrm{d}\Delta Z\\ \mathrm{d}\lambda\\ \mathrm{d}\Phi\\ \mathrm{d}\Omega\\ \mathrm{d}K\end{pmatrix}-\begin{pmatrix}l_X\\ l_Y\\ l_Z\end{pmatrix}\tag{3-4-85}$$

$$\begin{pmatrix}l_X\\ l_Y\\ l_Z\end{pmatrix}=\begin{pmatrix}\overline{X}_{tp}\\ \overline{Y}_{tp}\\ \overline{Z}_{tp}\end{pmatrix}-\lambda R\begin{pmatrix}\overline{X}\\ \overline{Y}\\ \overline{Z}\end{pmatrix}-\begin{pmatrix}\Delta X\\ \Delta Y\\ \Delta Z\end{pmatrix}\tag{3-4-86}$$

坐标重心化的优点可以从下面求解过程中看出。

3.4.5.4　绝对定向元素的解算

绝对定向元素的解算实际上就是要确定空间相似变换的 7 个待定参数，至少需要列出 7 个误差方程式。在航空摄影测量中，这需要利用最少两个平高程控制点和一个高程控制点。若有多余的控制点，便可按最小二乘法原理来解算。

根据一个平高控制点可以列出一组误差方程式(3-4-85)，而一个高程控制点可以列出式(3-4-85)中的第三个误差方程式。设有多余的控制点，则按式(3-4-85)可列出一般误差方程式的矩阵形式：

$$V=AX-L,\qquad P=I$$

相应的法方程式解为

$$X=(A^{\mathrm{T}}A)^{-1}A^{\mathrm{T}}L$$

式中，
$$X = (\mathrm{d}\Delta X,\ \mathrm{d}\Delta Y,\ \mathrm{d}\Delta Z,\ \mathrm{d}\lambda,\ \mathrm{d}\Phi,\ \mathrm{d}\Omega,\ \mathrm{d}K)^{\mathrm{T}}$$

在坐标重心化情况下：

$$A^{\mathrm{T}}A = \begin{pmatrix} n_X & 0 & 0 & \sum \bar{X} & \sum \bar{Z} & 0 & \sum \bar{Y} \\ 0 & n_Y & 0 & \sum \bar{Y} & 0 & \sum \bar{Z} & -\sum \bar{X} \\ 0 & 0 & n_Z & \sum \bar{Z} & -\sum \bar{X} & -\sum \bar{Y} & 0 \\ \sum \bar{X} & \sum \bar{Y} & \sum \bar{Z} & \sum (\bar{X}^2 + \bar{Y}^2 + \bar{Z}^2) & 0 & 0 & 0 \\ \sum \bar{Z} & 0 & -\sum \bar{X} & 0 & \sum (\bar{X}^2 + \bar{Z}^2) & \sum \bar{X}\bar{Y} & \sum \overline{ZY} \\ 0 & \sum \bar{Z} & -\sum \bar{Y} & 0 & \sum \bar{X}\bar{Y} & \sum (\bar{Y}^2 + \bar{Z}^2) & -\sum \overline{XZ} \\ \sum \bar{Y} & -\sum \bar{X} & 0 & 0 & \sum \overline{ZY} & -\sum \overline{XZ} & \sum (\bar{X}^2 + \bar{Y}^2) \end{pmatrix} \tag{3-4-87}$$

$$A^{\mathrm{T}}L = \begin{pmatrix} \sum l_X \\ \sum l_Y \\ \sum l_Z \\ \sum (\bar{X}l_X + \bar{Y}l_Y + \bar{Z}l_Z) \\ \sum (\bar{X}l_Z - \bar{Z}l_Y) \\ \sum (\bar{Y}l_Z - \bar{Z}l_X) \\ \sum (\bar{X}l_Y - \bar{Y}l_X) \end{pmatrix} \tag{3-4-88}$$

由于采用了重心化坐标，式(3-4-87)中的 $\sum \bar{X} = \sum \bar{Y} = \sum \bar{Z} = 0$，于是该式变为

$$\begin{pmatrix} n_X & 0 & 0 & 0 & 0 & 0 & 0 \\ 0 & n_Y & 0 & 0 & 0 & 0 & 0 \\ 0 & 0 & n_Z & 0 & 0 & 0 & 0 \\ 0 & 0 & 0 & \sum (\bar{X}^2 + \bar{Y}^2 + \bar{Z}^2) & 0 & 0 & 0 \\ 0 & 0 & 0 & 0 & \sum (\bar{X}^2 + \bar{Z}^2) & \sum \bar{X}\bar{Y} & \sum \bar{Z}\bar{Y} \\ 0 & 0 & 0 & 0 & \sum \bar{X}\bar{Y} & \sum (\bar{Y}^2 + \bar{Z}^2) & -\sum \bar{X}\bar{Z} \\ 0 & 0 & 0 & 0 & \sum \bar{Z}\bar{Y} & -\sum \bar{X}\bar{Z} & \sum (\bar{X}^2 + \bar{Y}^2) \end{pmatrix} \tag{3-4-89}$$

又由式(3-4-88)中的 $\sum l_X$、$\sum l_Y$、$\sum l_Z$ 可按式(3-4-86)表示：

$$\begin{pmatrix} \sum l_X \\ \sum l_Y \\ \sum l_Z \end{pmatrix} = \sum \begin{pmatrix} X_{tp} - \Delta X \\ Y_{tp} - \Delta Y \\ Z_{tp} - \Delta Z \end{pmatrix} - \lambda R \sum \begin{pmatrix} \bar{X} \\ \bar{Y} \\ \bar{Z} \end{pmatrix} = \sum \begin{pmatrix} \bar{X}_{tp} \\ \bar{Y}_{tp} \\ \bar{Z}_{tp} \end{pmatrix} - \lambda R \sum \begin{pmatrix} \bar{X} \\ \bar{Y} \\ \bar{Z} \end{pmatrix} = 0 \tag{3-4-90}$$

考虑到式(3-4-90)，并以式(3-4-89)作为法方程的系数矩阵情况下，可知以重心化坐

标解算相似变换的参数(或绝对定向的参数时)，7 个参数中 3 个平移量为零，实际解算 4 个参数($d\lambda$，$d\Phi$，$d\Omega$，dK)，并且其中的 $d\lambda$ 可以单独求出。

空间相似变换解算一般是采用重心化坐标。重心化坐标的优点是可以避免待定未知数 $d\Delta X$，$d\Delta Y$，$d\Delta Z$ 的计算，因为重心化后它们的值等于零。各定向参数的增量 $d\Delta X$，$d\Delta Y$，$d\Delta Z$，$d\lambda$，$d\Phi$，$d\Omega$，dK 求得后，分别与其相应的近似值相加(λ 除外，$\lambda=\lambda^0(1+d\lambda)$)即可求得各定向元素。空间相似变换的解算也是采用迭代计算，逐渐趋近。现将解算的具体过程归纳如下：

(1)确定待定参数的初始值：$\Phi^0=\Omega^0=K^0=0$，$\lambda^0=1$，$\Delta X=\Delta Y=\Delta Z=0$。

(2)计算地面摄影测量坐标系重心的坐标和重心化的坐标。

(3)计算摄影测量坐标系重心的坐标和重心化的坐标。

(4)计算常数项：

$$\begin{pmatrix} l_X \\ l_Y \\ l_Z \end{pmatrix} = \begin{pmatrix} \overline{X}_{tp} \\ \overline{Y}_{tp} \\ \overline{Z}_{tp} \end{pmatrix} - \lambda R \begin{pmatrix} \overline{X} \\ \overline{Y} \\ \overline{Z} \end{pmatrix}$$

(5)按式(3-4-84)计算误差方程式系数。

(6)逐点法化及法方程式求解。

(7)计算待定参数的新值：

$$\lambda = \lambda_0(1 + d\lambda),\ \Phi = \Phi^0 + d\Phi$$

$$\Omega = \Omega^0 + d\Omega,\ K = K^0 + dK$$

(8)判断 $d\Phi$，$d\Omega$，dK 是否均小于给定的限值 ε。若大于限值 ε，则重复步骤(3)~(8)；否则，计算过程结束。

3.4.6　立体像对光束法严密解

双像立体测图可以按相对定向和绝对定向两个步骤计算地面点坐标(相对定向-绝对定向解法)；或先分别求出两幅影像的外方位元素，然后再作前方交会计算地面点坐标(后交-前交解法)。除了这两种方法，还有一种方法，是将两幅影像的外方位元素与物方空间点坐标在一个整体内进行定向，俗称一步定向法。这种方法的理论较严密，又称立体像对光束法严密解法。

1. 立体像对的光束法严密解法(一步定向法)

仍由共线方程出发，但在线性化过程中与单影像空间后方交会问题的不同之处，是此时把空间点坐标 X，Y，Z 作为未知数，与其他未知参数一起求它们的改正数，这时误差方程的一般形式为

$$\begin{cases} v_x = a_{11}\Delta X_S + a_{12}\Delta Y_S + a_{13}\Delta Z_S + a_{14}\Delta\varphi + a_{15}\Delta\omega + a_{16}\Delta\kappa - a_{11}\Delta X - a_{12}\Delta Y - a_{13}\Delta Z - l_x \\ v_y = a_{21}\Delta X_S + a_{22}\Delta Y_S + a_{23}\Delta Z_S + a_{24}\Delta\varphi + a_{25}\Delta\omega + a_{26}\Delta\kappa - a_{21}\Delta X - a_{22}\Delta Y - a_{23}\Delta Z - l_y \end{cases} \tag{3-4-91}$$

对于一个立体像对中重叠范围内的任一点，可从左、右像片出发列出两组如式(3-4-91)的误差方程式。

对于控制点而言，上式中 $\Delta X=\Delta Y=\Delta Z=0$。这种解法含有左、右两幅像片的 12 个外方位元素未知数，对每一个待定点则引入 3 个空间坐标未知数。而每一对同名点可立出 4 个误差方程式，因此至少需要 3 个控制点才能确定平差的基准。设在一个立体像对中含有 4 个控制点，n 个待定点，则需求解$(12+3n)$个未知数，而误差方程式个数为$(16+4n)$。

将误差方程式(3-4-91)表示为矩阵的形式：

$$\begin{pmatrix} v_1 \\ v_2 \end{pmatrix} = \left(\begin{array}{cc:c} A_1 & 0 & B_1 \\ 0 & A_2 & B_2 \end{array}\right) \begin{pmatrix} t_1 \\ t_2 \\ \vdots \\ X \end{pmatrix} - \begin{pmatrix} L_1 \\ L_2 \end{pmatrix} \tag{3-4-92}$$

式中，v_1 为由左像片像点列出的误差方程式组；v_2 为由右像片像点列出的误差方程式组；t_1 为由左像片外方位元素组成的列矩阵；t_2 为由右像片外方位元素组成的列矩阵；X 为该模型中全部待定点坐标改正数组成的列矩阵；L_1 为与 v_1 相应的误差方程式的常数项；L_2 为与 v_2 相应的误差方程式的常数项；A_1，A_2，B_1，B_2 为系数矩阵。

式(3-4-92)还可以表示成更紧凑的形式：

$$V = (A \;\vdots\; B)\begin{pmatrix} t \\ X \end{pmatrix} - L \tag{3-4-93}$$

对于控制点，$X=0$。

式(3-4-93)相应的法方程式为

$$\begin{pmatrix} A^{\mathrm{T}}A & A^{\mathrm{T}}B \\ B^{\mathrm{T}}A & B^{\mathrm{T}}B \end{pmatrix}\begin{pmatrix} t \\ X \end{pmatrix} = \begin{pmatrix} A^{\mathrm{T}}L \\ B^{\mathrm{T}}L \end{pmatrix} \quad 或 \quad \begin{pmatrix} N_{11} & N_{12} \\ N_{12}^{\mathrm{T}} & N_{22} \end{pmatrix}\begin{pmatrix} t \\ X \end{pmatrix} = \begin{pmatrix} u_1 \\ u_2 \end{pmatrix} \tag{3-4-94}$$

式中，

$$\begin{gathered} A^{\mathrm{T}}A = \begin{pmatrix} A_1^{\mathrm{T}}A_1 & 0 \\ 0 & A_2^{\mathrm{T}}A_2 \end{pmatrix},\quad B^{\mathrm{T}}B = (B_1^{\mathrm{T}}B_1 \quad B_2^{\mathrm{T}}B_2) \\ A^{\mathrm{T}}B = \begin{pmatrix} A_1^{\mathrm{T}}B_1 \\ A_2^{\mathrm{T}}B_2 \end{pmatrix},\quad B^{\mathrm{T}}A = (B_1^{\mathrm{T}}A_1 \quad B_2^{\mathrm{T}}A_2) \\ A^{\mathrm{T}}L = \begin{pmatrix} A_1^{\mathrm{T}}L_1 \\ A_2^{\mathrm{T}}L_2 \end{pmatrix},\quad B^{\mathrm{T}}L = (B_1^{\mathrm{T}}L_1 \quad B_2^{\mathrm{T}}L_2) \end{gathered} \tag{3-4-95}$$

法方程式(3-4-94)消去一组未知数后，可得改化法方程式：

$$(N_{11} - N_{12}N_{22}^{-1}N_{12}^{\mathrm{T}})t = (u_1 - N_{12}N_{22}^{-1}u_2) \tag{3-4-96}$$

$$(N_{22} - N_{12}^{\mathrm{T}}N_{11}^{-1}N_{12})X = (u_2 - N_{12}^{\mathrm{T}}N_{11}^{-1}u_1) \tag{3-4-97}$$

由式(3-4-96)求得的 t 为左、右两幅像片的外方位元素，由式(3-4-97)求得的 X 为立体像对中全部待定点的坐标。

2. 双像解析摄影测量三种解法的比较

双像解析摄影测量可应用三种解算方法：后交-前交解法，相对定向-绝对定向解法和一步定向法。针对三种方法的比较分析如下：①第一种方法前交的结果依赖空间后方交会的精度，前交过程中没有充分利用多余条件进行平差计算；②第二种方法的计算公式比较多，最后的点位精度取决于相对定向和绝对定向的精度，用这种方法的解算结果不能严格表达一幅影像的外方位元素；③第三种方法的理论最严密、精度最高，待定点的坐标是完全按最小二乘法原理求解出来的。

基于上述分析的原因，第一种方法往往在已知影像的外方位元素、需确定少量的待定点坐标时采用；第二种方法往往在航带法解析空中三角测量中应用；第三种方法在光线束法解析空中三角测量中应用。

3.5　区域网解析空中三角测量基础

我们知道每个立体像对都需要三个地面控制点，才能求解全部模型点坐标。当测区范围内有许多个立体像对时，则需要大量的地面控制点。这些点如都采取野外实地测量，则野外工作量很大，成本高、效率低。能否在野外只测少量的控制点，加密出每个立体像对所需要测图控制点？答案是肯定的，区域网空中三角测量就是要解决这一问题。

3.5.1　解析空中三角测量概述

在双像解析摄影测量中，为了绝对定向的需要，每个像对都要在野外测求 4 个地面控制点，这样外业工作量太大，效率不高。能否在由很多像对所构成的一条航带中，或由几条航带所构成的一个区域网中，仅测少量的外业控制点，而在内业用解析摄影测量的方法加密出每个像对所要求的控制点，然后进行测图呢？回答是肯定的，解析空中三角测量就是为解决这个问题而提出的方法，因而解析空中三角测量也称摄影测量加密。

采用大地测量测定地面点三维坐标的方法历史悠久，至今仍有十分重要的地位。随着摄影测量与遥感技术的发展和电子计算机技术的进步，摄影测量方法在点位测定方面的精度显著提高，应用领域也不断扩展。此外，对某些任务而言，则只有采用摄影测量方法才能有效解决问题。

摄影测量方法测定(或加密)点位坐标的意义在于：

(1)不需直接接触被量测的目标物体。凡是在影像上可以看到的目标，不受地面通视条件限制，均可以测定其位置和几何形状。

(2)可以快速地在大范围内同时进行点位测定，从而可节省大量的野外测量工作。

(3)摄影测量平差计算时，加密区域内部精度均匀，且很少受区域大小的影响。

所以，摄影测量加密方法已成为一种十分重要的点位测定方法，它主要有以下几种应用：

(1)为立体测绘地形图、制作影像平面图和正射影像图提供定向控制点(图上精度要求在 0.1mm 以内)和内、外方位元素。

(2)取代大地测量方法，进行三、四等或等外三角测量的点位测定(要求精度为厘米级)。

(3)用于地籍测量，以测定大范围内界址点的国家统一坐标，称为地籍摄影测量，以建立坐标地籍(要求精度为厘米级)。

(4)单元模型中解析计算大量点的地面坐标，用于诸如数字高程模型采样或桩点法测图。

(5)解析法地面摄影测量，例如各类建筑物变形测量、工业测量，以及用影像重建物方目标等。此时，所要求的精度往往较高。

从传统方法上讲，根据平差中采用的数学模型可分为航带法、独立模型法和光束法。航带法是通过相对定向和模型连接先建立自由航带，以点在该航带中的摄影测量坐标为观测值，通过非线性多项式中变换参数的确定，使自由网纳入所要求的地面坐标系，并使公共点上不符值的平方和为最小。独立模型法平差是先通过相对定向建立起单元模型，以模型点坐标为观测值，通过单元模型在空间的相似变换，使之纳入规定的地面坐标系，并使模型连接点上残差的平方和为最小。而光束法则直接由每幅影像的光线束出发，以像点坐标为观测值，通过每个光束在三维空间的平移和旋转，使同名光线在物方最佳地交会在一起，并使之纳入规定的坐标系，从而加密出待求点的物方坐标和影像的方位元素。

根据平差范围的大小，解析空中三角测量又可分为单模型法、单航带法和区域网法。单模型法是在单个立体像对中加密大量的点，或用解析法高精度地测定目标点的坐标。单航带法是对一条航带进行处理，在平差中无法顾及相邻航带之间公共点条件。而区域网法则是对由若干条航带(每条航带有若干个像对或模型)组成的区域进行整体平差，平差过程中能充分地利用各种几何约束条件，并尽量减少对地面控制点数量的要求。

3.5.2 航带法区域网平差

航带法区域网平差是最早提出的一种平差方法，是以单航带作为基础，把几条航带或一个测区作为一个解算的整体，同时求得整个测区内全部待定点的坐标。

3.5.2.1 航带法的基本思想

首先，将每条航带构成自由网，然后用本航带的控制点及与上一条相邻航带的公共点，进行本航带的三维线性变换，把整个区域内的各条航带都纳入统一的摄影测量坐标系，然后各航带按非线性变形改正公式同时解算各航带的非线性改正系数。计算过程中既要顾及相邻航带间公共点的坐标应相等，控制点的摄测坐标与它的地面摄测坐标应相等，又要使观测值改正数的平方和[pvv]最小，单点在平差中不起作用，故不参加平差计算，在这种条件下最后求出全区待定点的地面坐标。

3.5.2.2 航带法的实现

1. 建立自由比例尺的航带网

各航带分别进行模型的相对定向和模型连接，然后求出各航带模型中摄站点、控制点和待定点的摄影测量坐标。由于此时求得的摄影测量坐标在坐标系原点和模型比例尺方面还是各自独立的，故称为自由比例尺的航带网。

自由航带网的构建主要包括像对的相对定向和模型连接两部分内容。

像对的相对定向方法已在3.4节中叙述，此处重点介绍如何把相对定向后的立体模型连接成自由航带网。以连续法相对定向为例，相对定向后，各立体模型的像空间辅助坐标系相互平行，但坐标原点和比例尺不同。因此，相邻模型之间公共点具有以下关系(图 3-5-1)。

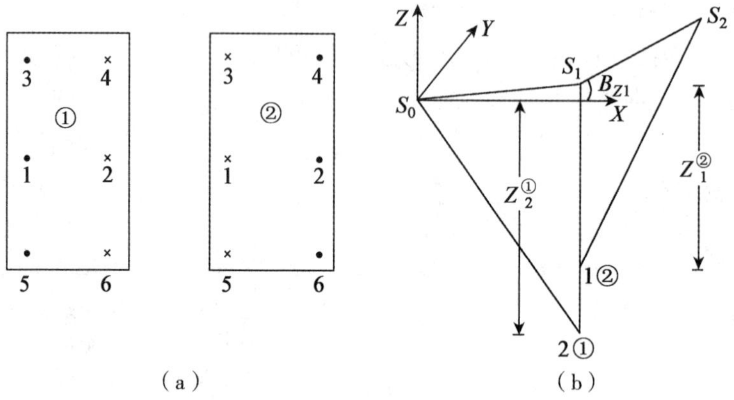

图 3-5-1　连续法相对定向模型连接

在图 3-5-1 中，①、②表示模型的编号，模型①中的 2、4、6 点与模型②中的 1、3、5 点是同名点，如果前后两个模型的比例尺一致，则点 1 在模型②中的高程与点 2 在模型①中的高程有以下关系：

$$Z_1^{②} = Z_2^{①} - B_{Z1} \tag{3-5-1}$$

如果前后两个模型的比例尺不一致，则

$$Z_1^{②} \neq Z_2^{①} - B_{Z1}$$

其比例尺的归化系数为

$$k = \frac{Z_2^{①} - B_{Z1}}{Z_1^{②}} \tag{3-5-2}$$

式中，$Z_2^{①}$为模型①中 2 点的坐标；$Z_1^{②}$为模型②中 1 点的坐标；B_{Z1}为在模型①中求得的相对定向元素 B_Z。

为了提高模型连接的精度，模型比例尺归化系数 k 是取用由公共点 2、4、6 上求得的各 k 值的平均值，即

$$k_{均} = \frac{1}{3}(k_2 + k_4 + k_6) \tag{3-5-3}$$

求得模型比例尺归化系数以后，在后一模型中，每一模型点的空间辅助坐标及基线分量 B_X、B_Y、B_Z 均需乘以归化系数 k，就可获得与前一模型比例尺一致的坐标。由此可见，模型连接的实质就是求出相邻模型之间的比例尺归化系数 k。

在求出各单个模型的摄影测量坐标后，需将其连接成一个整体的航带模型，也就是将航带中所有的摄站点、模型点的坐标都纳入全航带统一的摄影测量坐标系，一般为第一幅影像所在的像空间辅助坐标系，以构成自由航带网。

对于求解第二个模型和以后各模型中的摄站点及模型点的摄影测量坐标，应考虑模型比例尺归化系数 k。假设摄影测量坐标用(X_P、Y_P、Z_P)表示：

(1)第二模型及以后各模型的摄站点的摄影测量坐标为

$$\begin{cases}(X_P)_{S2}=(X_P)_{S1}+kmB_{X2}\\(Y_P)_{S2}=(Y_P)_{S1}+kmB_{Y2}\\(Z_P)_{S2}=(Z_P)_{S1}+kmB_{Z2}\end{cases}\tag{3-5-4}$$

(2)第二模型及以后各模型中模型点的摄影测量坐标为

$$\begin{cases}X_P=(X_P)_{S1}+kmNX_1\\Y_P=\dfrac{1}{2}[(Y_P)_{S1}+kmNY_1+(Y_P)_{S2}+kmN'Y_2]\\Z_P=(Z_P)_{S1}+kmNZ_1\end{cases}\tag{3-5-5}$$

式中各模型左摄站的坐标，如式(3-5-4)、式(3-5-5)中的$(X_P)_{S1}$，$(Y_P)_{S1}$，$(Z_P)_{S1}$均由前一个模型求得。B_{Y2}、B_{Z2}均为本像对求得的相对定向元素；B_{X2}由本像对2点的左右视差P_2代替；X_1、Y_1、Z_1为左像点的像空间辅助坐标；X_2、Y_2、Z_2为右像点的像空间辅助坐标；N为点投影系数；而m则为第一个模型比例尺分母。

对于单独像对相对定向而言，相对定向后，由于每个模型的空间辅助坐标系互不平行，因此模型连接不能采用求比例尺归化系数方法，而是根据相邻两个模型的公共连接点和公共摄站点进行空间相似变换完成模型之间的连接。

2. 建立松散的区域网

为了将区域中各自由比例尺的航带网拼成松散的区域网，需要将自由比例尺的航带网逐条依次进行空间相似变换，即对各航带网进行概略绝对定向(与单元模型绝对定向完全相同)，具体过程如下所示。

(1)首先计算整个区域及各航带重心的地面摄测坐标和摄测坐标，如图3-5-2所示。

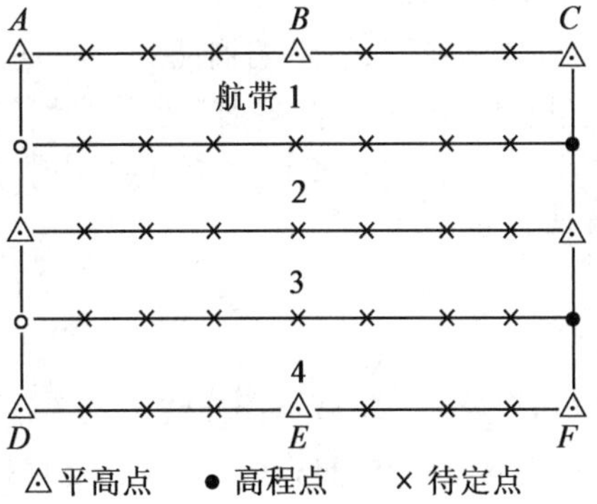

图3-5-2　航带法区域网空中三角测量示意图

全区域重心的地面摄测坐标：

$$\begin{cases}X_{tpg}=\dfrac{1}{2}(X_{tpA}+X_{tpF})\\Y_{tpg}=Y_{tpA}\\Z_{tpg}=\dfrac{1}{2}(Z_{tpA}+Z_{tpF})\end{cases}\tag{3-5-6}$$

全区域重心的摄影测量坐标：

$$\begin{cases} X_g = \dfrac{1}{2}(X_A + X_F) \\ Y_g = Y_A \\ Z_g = \dfrac{1}{2}(Z_A + Z_F) \end{cases} \tag{3-5-7}$$

每条航带重心的 X 和 Z 坐标与全区重心的相应坐标相等；而各航带重心的 Y 坐标，则根据 A 点和 F 点的 Y 坐标增量按全区航带总数平分的办法求得。

任一航带重心的地面摄测坐标：

$$\begin{cases} X_{tpgi} = X_{tpg} \\ Y_{tpgi} = Y_{tpA} - (i-1)\left(\dfrac{Y_{tpA} - Y_{tpF}}{N}\right) \\ Z_{tpgi} = Z_{tpg} \end{cases} \tag{3-5-8}$$

任一航带重心的摄测坐标：

$$\begin{cases} X_{gi} = X_g \\ Y_{gi} = Y_A - (i-1)\left(\dfrac{Y_A - Y_F}{N}\right) \\ Z_{gi} = Z_g \end{cases} \tag{3-5-9}$$

式中，i 为航带的顺序编号；N 为全区域航带的总数。

区域及各航带的重心坐标求得后，即可计算各点的重心化地面摄测坐标和摄测坐标。

(2)利用第一条航带中的已知控制点，首先进行概略绝对定向，求出第一条航带中各点在区域摄测坐标系中的概略坐标。

(3)依次进行第二条航带及以后各条航带的概略绝对定向。这时，每一条航带中若有控制点信息，则利用控制点进行概略绝对定向；若无控制点信息，则利用上一航带与本航带间的公共点作为“已知”的控制点，进行概略绝对定向。注意：此时各接边点坐标都不取中数，保持各航带的相对独立性。

3. 区域网整体平差

航带网绝对定向后，所构成的航带模型仍存在残余系统误差和偶然误差在模型连接中传递累积的影响，使航带网产生模型的扭曲。因此，还需利用控制点的地面坐标和地面摄测坐标概略值之间的不符关系，进行各条航带网的非线性变形的改正。航带模型的变形是非常复杂的，不能用一个简单的数学公式精确地表达出来，通常采用多项式曲面来逼近复杂的变形曲面，通过最小二乘法拟合，使控制点处拟合曲面上的变形值与实际相差最小。通常采用的多项式有两种形式，一种是对 X、Y、Z 坐标分别列出多项式；另一种是平面坐标采用正形变换多项式，而高程则采用一般多项式。

以三次非完全多项式为例，非线性变形的改正公式为

$$\begin{cases}\Delta X = A_0 + A_1\overline{X} + A_2\overline{Y} + A_3\overline{X}^2 + A_4\overline{X}\,\overline{Y} + A_5\overline{X}^3 + A_6\overline{X}^2\overline{Y}\\ \Delta Y = B_0 + B_1\overline{X} + B_2\overline{Y} + B_3\overline{X}^2 + B_4\overline{X}\,\overline{Y} + B_5\overline{X}^3 + B_6\overline{X}^2\overline{Y}\\ \Delta Z = C_0 + C_1\overline{X} + C_2\overline{Y} + C_3\overline{X}^2 + C_4\overline{X}\,\overline{Y} + C_5\overline{X}^3 + C_6\overline{X}^2\overline{Y}\end{cases} \tag{3-5-10}$$

式中，$\Delta X = \overline{X}_{tp} - \overline{X}$，$\Delta Y = \overline{Y}_{tp} - \overline{Y}$，$\Delta Z = \overline{Z}_{tp} - \overline{Z}$；$\Delta X$，$\Delta Y$，$\Delta Z$ 是定向点系统误差的改正数；$\overline{X}$，$\overline{Y}$，$\overline{Z}$ 为绝对定向后点的重心化摄测坐标；$\overline{X}_{tp}$，$\overline{Y}_{tp}$，$\overline{Z}_{tp}$ 为相应点的重心化地面摄测坐标；A_i，B_i，C_i 为待定参数。

对于常规的非完全三次多项式共有 21 个待定参数，必须至少有 7 个平面高程控制点才能解决问题。在控制点数量较少或航线长度较短时，一般可采用二次多项式，此时只需把式(3-5-10)中含 $\overline{X}$，$\overline{Y}$，$\overline{Z}$ 三次项略去即可，此时待定参数共有 15 个，必须至少有 5 个平面高程控制点才能解决问题。

区域网中，各航带网同时进行非线性改正，整体平差后求得待定地面点的坐标。每一条航带的非线性改正可以采用式(3-5-11)取二次项的形式：

$$\begin{cases}\Delta X = A_0 + A_1\overline{X} + A_2\overline{Y} + A_3\overline{X}^2 + A_4\overline{X}\,\overline{Y}\\ \Delta Y = B_0 + B_1\overline{X} + B_2\overline{Y} + B_3\overline{X}^2 + B_4\overline{X}\,\overline{Y}\\ \Delta Z = C_0 + C_1\overline{X} + C_2\overline{Y} + C_3\overline{X}^2 + C_4\overline{X}\,\overline{Y}\end{cases} \tag{3-5-11}$$

下面以 X 坐标的计算为例，说明误差方程式的建立。坐标关系为

$$X_{tp} = X_{tpg} + \overline{X} + A_0 + A_1\overline{X} + A_2\overline{Y} + A_3\overline{X}^2 + A_4\overline{X}\,\overline{Y} \tag{3-5-12}$$

设重心化摄测坐标 $\overline{X}$ 为观测值，其改正数为 v_x，由式(3-5-12)可得航带法区域网平差的观测方程式。

对于控制点：

$$-v_x = A_0 + A_1\overline{X} + A_2\overline{Y} + A_3\overline{X}^2 + A_4\overline{X}\,\overline{Y} - (X_{tp} - X_{tpgi} - \overline{X}) \tag{3-5-13}$$

对于相邻航带的公共点：

$$\begin{aligned} v_x + \overline{X} + \Delta X + X_{gi} &= v'_x + \overline{X}' + \Delta X' + X_{gi+1}\\ -(v_x - v'_x) &= A_0 + A_1\overline{X} + A_2\overline{Y} + A_3\overline{X}^2 + A_4\overline{X}\,\overline{Y}\\ &\quad - (A'_0 + A'_1\overline{X}' + A'_2\overline{Y}' + A'_3\overline{X}'^2 + A'_4\overline{X}'\,\overline{Y}')\\ &\quad - [(\overline{X}' + X_{gi+1}) - (\overline{X} + X_{gi})]\end{aligned} \tag{3-5-14}$$

假定控制点的误差方程的权为 1，那么对于航带间连接点(设该点位于航带 i 的下排点和航带 i+1 的上排点)，其权 p 为 0.5。

若第 i 条航带有 n 个控制点，其误差方程式为

$$-V_i^{控} = A_i^{控}a_i - l_i^{控} \tag{3-5-15}$$

式中，$-V_i$ 为第 i 条航带控制点改正数组成的矩阵；A_i 为第 i 条航带控制点误差方程式系数组成的矩阵；a_i 为第 i 条航带非线性改正系数矩阵；l_i 为第 i 条航带控制点 X、Y、Z 坐标误差方程式常数项组成的矩阵。

若第 i 条航带有 m 个公共点，其误差方程式为

$$-V_{i,\ i+1} = (A_i^{下} \quad -A_{i+1}^{上})\begin{pmatrix} a_i \\ a_{i+1} \end{pmatrix} - l_{i,\ i+1} \tag{3-5-16}$$

式中，i，$i+1$ 为相邻航带的编号；$A_i^{下}$ 为第 i 条航带下排点的误差方程式系数；$A_{i+1}^{上}$ 为第 $i+1$ 条航带上排点的误差方程式系数；a_i 和 a_{i+1} 分别为第 i、$i+1$ 条航带非线性改正系数矩阵；$l_{i,i+1}$ 为公共点误差方程常数项。

对于每一个本航带控制点或上下航带间连接点可以列出式(3-5-15)或式(3-5-16)，写成一般的矩阵形式为

$$V = AX - L，权 P \tag{3-5-17}$$

式中，A 为误差方程式系数矩阵；X 为由各航带待定非线性改正系数所组成的列矩阵；L 为常数项矩阵；P 为对角线的权矩阵。

相应的法方程为

$$A^{\mathrm{T}}PAX - A^{\mathrm{T}}PL = 0 \tag{3-5-18}$$

解法方程即可求出整体平差后航带网中各航带的非线性改正系数。

4. 待定点地面测量坐标的计算

求得每条航带的非线性变形改正系数以后，按下式求得待定点的地面摄测坐标：

$$\begin{cases} X_{tp} = X_{tpgi} + \bar{X} + A_{0i} + A_{1i}\bar{X} + A_{2i}\bar{Y} + A_{3i}\bar{X}^2 + A_{4i}\bar{X}\bar{Y} \\ Y_{tp} = Y_{tpgi} + \bar{Y} + B_{0i} + B_{1i}\bar{X} + B_{2i}\bar{Y} + B_{3i}\bar{X}^2 + B_{4i}\bar{X}\bar{Y} \\ Z_{tp} = Z_{tpgi} + \bar{Z} + C_{0i} + C_{1i}\bar{X} + C_{2i}\bar{Y} + C_{3i}\bar{X}^2 + C_{4i}\bar{X}\bar{Y} \end{cases} \tag{3-5-19}$$

式中，i 为航带的编号；X_{tpgi}、Y_{tpgi}、Z_{tpgi} 为第 i 条航带重心的地面摄测坐标；$\bar{X}$、$\bar{Y}$、$\bar{Z}$ 为该航带某点的重心化摄测坐标。

如果是单点，由式(3-5-19)求得结果为该点的地面摄测坐标。若是相邻航带公共点，则取用相邻两条航带计算出的坐标的均值。最后再将地面摄测坐标转换为地面测量坐标。

航带法空中三角测量是通过一个个像对的相对定向和模型连接构建自由航带，以各条自由航带为平差的基本单元，各航带中点的摄测坐标作为平差的观测值。由于这种方法构建自由航带时，是以前一步计算结果作为下一步计算的依据，所以误差累积得很快，甚至偶然误差也会产生二次和的累积作用，这是航带法平差的主要缺点和不严密之处。

3.5.3　独立模型法区域网平差

为了避免误差累积，可以单模型(或双模型)作为平差计算单元。由一个个相互连接的单模型既可以构成一条航带网，也可以组成一个区域网，但构网过程中的误差被限制在单个模型范围内，而不会发生传递累积，这样就可克服航带法空中三角测量的不足，有利于提高加密精度。

1. 独立模型法基本思想

把一个单元模型(可以由一个立体像对或两个立体像对，甚至 3 个立体像对组成)视

为刚体，利用各单元模型彼此间的公共点连成一个区域，在连接过程中，每个单元模型只能做平移、缩放、旋转(因为它们是刚体)，这样的要求只有通过单元模型的三维线性变换(空间相似变换)来完成。在变换中要使模型间公共点的坐标尽可能一致，控制点的摄测坐标应与其地面摄测坐标尽可能一致(即它们的差值尽可能小)，同时观测值改正数的平方和为最小，在满足这些条件下，按最小二乘法原理求得待定点的地面摄测坐标(见图3-5-3)。

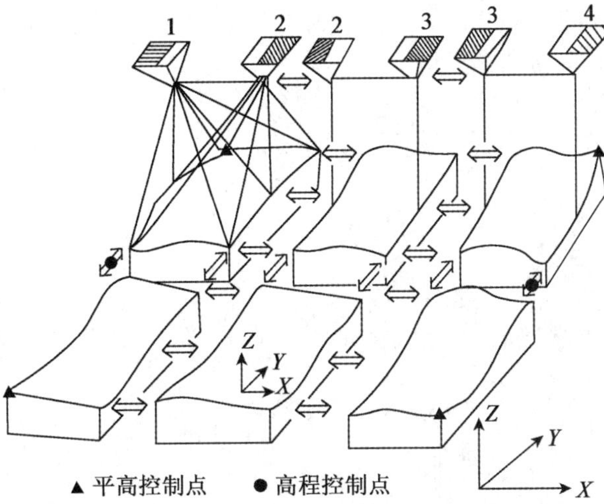

图 3-5-3 独立模型法空中三角测量示意图

独立模型法区域网空中三角测量的主要内容：求出各单元模型中模型点的坐标，包括摄站点坐标；利用相邻模型之间的公共点和所在模型中的控制点，对每个模型各自进行空间相似变换，列出误差方程式及法方程式；建立全区域的改化法方程式，并按循环分块法求解，求得每个模型的 7 个参数；由已经求得的每个模型的 7 个参数，计算每个模型中待定点平差后的坐标。若为相邻模型的公共点，则取其平均值为最后结果。

2. 独立模型法的实现

单元模型建立后，在模型 j 内，像点 i 的观测方程为

$$-\begin{pmatrix} v_{\bar{X}} \\ v_{\bar{Y}} \\ v_{\bar{Z}} \end{pmatrix}_{ij} = \lambda_j R_j \begin{pmatrix} \bar{X} \\ \bar{Y} \\ \bar{Z} \end{pmatrix}_{ij} + \begin{pmatrix} X_g \\ Y_g \\ Z_g \end{pmatrix}_j - \begin{pmatrix} X \\ Y \\ Z \end{pmatrix}_i \tag{3-5-20}$$

式中，i 为点号，j 为模型号；$(\bar{X} \quad \bar{Y} \quad \bar{Z})_{ij}^{\mathrm{T}}$ 为模型 j 内量测点 i 的重心化模型坐标；$(X \quad Y \quad Z)_i^{\mathrm{T}}$ 为点 i 的地面坐标；$(X_g \quad Y_g \quad Z_g)$ 为模型重心点的地面坐标；λ_j 为单元模型的缩放值；R_j 为单元模型的旋转矩阵；$(v_{\bar{X}} \quad v_{\bar{Y}} \quad v_{\bar{Z}})_{ij}^{\mathrm{T}}$ 为模型 j 内像点 i 的误差。

观测方程线性化后的观测方程为

$$\begin{pmatrix} v_{\bar{X}} \\ v_{\bar{Y}} \\ v_{\bar{Z}} \end{pmatrix}_{ij} = \begin{pmatrix} 0 & -\bar{Z} & \bar{Y} & -\bar{X} \\ \bar{Z} & 0 & -\bar{X} & -\bar{Y} \\ -\bar{Y} & \bar{X} & 0 & -\bar{Z} \end{pmatrix}_{ij} \begin{pmatrix} \mathrm{d}a \\ \mathrm{d}b \\ \mathrm{d}c \\ \mathrm{d}\lambda \end{pmatrix}_{j} - \begin{pmatrix} \mathrm{d}X_G \\ \mathrm{d}Y_G \\ \mathrm{d}Z_G \end{pmatrix}_{j} + \begin{pmatrix} X \\ Y \\ Z \end{pmatrix}_{i} - \begin{pmatrix} \bar{X} \\ \bar{Y} \\ \bar{Z} \end{pmatrix}_{ij} \tag{3-5-21}$$

式中，各字母含义同式(3-5-20)，而 $\mathrm{d}a$，$\mathrm{d}b$，$\mathrm{d}c$ 是 R_j 按 Rodrigues 矩阵展开时 a，b，c 参数的增量。Rodrigues 矩阵为

$$R = \frac{1}{k}\begin{pmatrix} 1+\frac{1}{4}(a^2-b^2-c^2) & -c+\frac{1}{2}ab & b+\frac{1}{2}ac \\ c+\frac{1}{2}ab & 1+\frac{1}{4}(-a^2+b^2-c^2) & -a+\frac{1}{2}bc \\ -b+\frac{1}{2}ac & a+\frac{1}{2}bc & 1+\frac{1}{4}(-a^2-b^2+c^2) \end{pmatrix}$$

$$k = \frac{1}{1+\frac{1}{4}(a^2+b^2+c^2)}$$

地面控制点也作为观测值来处理，有同样的改正数，引进地面控制点的附加观测误差方程式：

$$\begin{pmatrix} v_X^c \\ v_Y^c \\ v_Z^c \end{pmatrix}_{i} = \begin{pmatrix} X \\ Y \\ Z \end{pmatrix}_{i} - \begin{pmatrix} X_c \\ Y_c \\ Z_c \end{pmatrix}_{i} \tag{3-5-22}$$

式中，X_c，Y_c，Z_c 为地面控制点坐标。

对每一个模型中的每一个连接点可以列出误差方程式(3-5-21)，而每一个控制点则应同时列出式(3-5-21)和式(3-5-22)两个误差方程式。然后，可以进行迭代计算，反复趋近求解。为了稳定性，也可以将平面和高程分开，交互迭代求解。

求出每个模型的变换参数后，可通过三维线性变换计算各个模型点的地面坐标值，公式为

$$\begin{pmatrix} X_{tp} \\ Y_{tp} \\ Z_{tp} \end{pmatrix}_{i,j} = \lambda R \begin{pmatrix} \bar{X} \\ \bar{Y} \\ \bar{Z} \end{pmatrix}_{i,j} + \begin{pmatrix} X_g \\ Y_g \\ Z_g \end{pmatrix}_{j} \tag{3-5-23}$$

式中，$\bar{X}$、$\bar{Y}$、$\bar{Z}$ 为单元模型的重心化摄测坐标；X_{tp}，Y_{tp}，Z_{tp} 为地面模型点坐标；X_g，Y_g，Z_g 为该模型重心在地面摄测坐标系中的坐标；λ 为单元模型的缩放系数；R 为由模型绝对定向角元素构成的旋转矩阵；i 为点号；j 为模型编号。

3.5.4　光束法区域网平差

1. 光束法的基本思想

光束法区域网空中三角测量是以一幅影像所组成的一束光线作为平差的基本单元，以

中心投影的共线方程作为平差的基础方程。通过各个光线束在空间的旋转和平移，使模型之间公共点的光线实现最佳的交会，并使整个区域最佳地纳入已知的控制点坐标系统。这里的旋转相当于光线束的外方位角元素，而平移相当于摄站点的空间坐标。在具有多余观测的情况下，由于存在像点坐标量测误差，相邻影像公共交会点坐标应相等，控制点的加密坐标与地面测量坐标应一致，均是在保证[*pvv*]最小的意义下的一致。这便是光束法区域网空中三角测量(也可简称为光束法平差)的基本思想(图 3-5-4)。

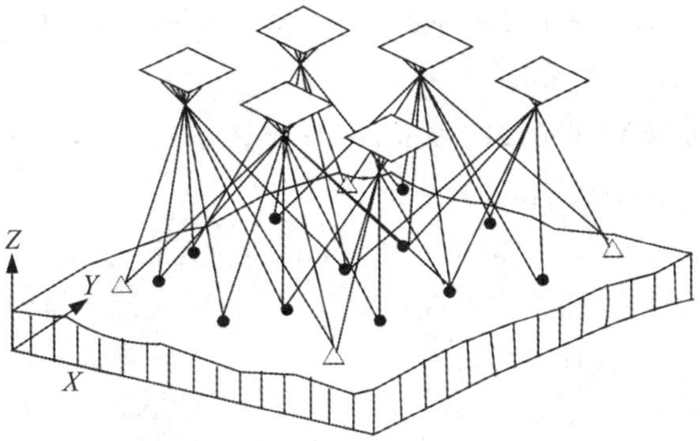

图 3-5-4　光束法空中三角测量示意图

光束法区域网空中三角测量的基本内容有：

(1)各影像外方位元素和地面点坐标近似值的确定。可以利用航带法区域网空中三角测量方法提供影像外方位元素和地面点坐标的近似值，也可以用 POS 提供的外方位元素和传感器直接定位获得的地面点坐标为近似值。

(2)从每幅影像上的控制点和待定点的像点坐标出发，按每条摄影光线的共线条件方程列出误差方程式。

(3)逐点法化建立改化法方程式，按循环分块的求解方法先求出其中的一类未知数，通常是先求得每幅影像的外方位元素。

(4)空间前方交会求得待定点的地面坐标，对于相邻影像公共交会点应取其均值作为最后结果。

在步骤(3)中，在某些特定情况下，也可以先消去每幅影像的外方位元素未知数而建立只含坐标未知数的改化法方程式，直接求解待定点的地面坐标。

如果我们分析一下各种空中三角测量平差方法的平差基本单元，就会发现：航带法区域网平差是以每条航带为平差单元，将单航带的摄影测量坐标视为“观测值”；独立模型法区域网平差则是以单元模型为平差单元，将点的模型坐标作为观测值；而光束法区域网平差则以单张影像为平差单元，影像坐标量测值为观测值。

显然，只有影像坐标才是真正原始的、独立的观测值，而其他两种方法下的观测值，往往是相关而不独立的。从这个意义上讲，光束法平差是最严密的。此外，在介绍摄影测量基础的时候，我们曾讲到影像坐标中存在由于诸物理因素、量测仪器误差等引起的像点坐标系统误差，这些误差项均是影像坐标的函数。由于光束法区域网平差是从原始的影像坐标观测值出发建立平差数学模型，所以只有在光束法平差中才能最佳地顾及和改正影像系统误差的影响。

2. 光束法的实现

光线束法区域网平差的数学模型仍然是共线方程，在对共线方程进行线性化过程中，与单像空间后方交会时不同的是，这里对 X，Y，Z 也要进行偏微分。在内方位元素视为已知的情况下，其误差方程式可表示为

$$\begin{cases} v_x = a_{11}\Delta X_S + a_{12}\Delta Y_S + a_{13}\Delta Z_S + a_{14}\Delta\varphi + a_{15}\Delta\omega + a_{16}\Delta\kappa \\ \qquad - a_{11}\Delta X - a_{12}\Delta Y - a_{13}\Delta Z - l_x \\ v_y = a_{21}\Delta X_S + a_{22}\Delta Y_S + a_{23}\Delta Z_S + a_{24}\Delta\varphi + a_{25}\Delta\omega + a_{26}\Delta\kappa \\ \qquad - a_{21}\Delta X - a_{22}\Delta Y - a_{23}\Delta Z - l_y \end{cases} \tag{3-5-24}$$

式中，各系数值详见 3. 3 节，此处略去了其中的内方位元素 f，x_0，y_0。常数项 $l_x=x-(x)$，$l_y=y-(y)$；(x)和(y)是把未知数的初始值代入共线方程式计算得到的。当影像上每点的 l_x，l_y 小于某一限差时，迭代计算结束。

把误差方程式写成矩阵的形式：

$$V = (A \quad B)\begin{pmatrix} t \\ X \end{pmatrix} - L \tag{3-5-25}$$

式中，$V = (v_x \quad v_y)^{\mathrm{T}}$，$L = (x - (x) \quad y - (y))^{\mathrm{T}}$

$$A = \begin{pmatrix} a_{11} & a_{12} & a_{13} & a_{14} & a_{15} & a_{16} \\ a_{21} & a_{22} & a_{23} & a_{24} & a_{25} & a_{26} \end{pmatrix}$$

$$B = \begin{pmatrix} -a_{11} & -a_{12} & -a_{13} \\ -a_{21} & -a_{22} & -a_{23} \end{pmatrix}$$

$$t = (\Delta Xs \quad \Delta Ys \quad \Delta Zs \quad \Delta\varphi \quad \Delta\omega \quad \Delta\kappa)^{\mathrm{T}}$$

$$X = (\Delta X \quad \Delta Y \quad \Delta Z)^{\mathrm{T}}$$

$$L=(l_x \quad l_y)^{\mathrm{T}}$$

对每一个像点可以列出一组式(3-5-25)的误差方程式。这类误差方程式中含有两类未知数 t 和 X。其中，t 对应于所有影像(每幅影像为 6 个)外方位元素的总和，X 对应于所有待定点的坐标。相应的法方程式为

$$\begin{pmatrix} A^{\mathrm{T}}A & A^{\mathrm{T}}B \\ B^{\mathrm{T}}A & B^{\mathrm{T}}B \end{pmatrix}\begin{pmatrix} t \\ X \end{pmatrix} = \begin{pmatrix} A^{\mathrm{T}}L \\ B^{\mathrm{T}}L \end{pmatrix} \tag{3-5-26a}$$

或

$$\begin{pmatrix} N_{11} & N_{12} \\ N_{12}^{\mathrm{T}} & N_{22} \end{pmatrix}\begin{pmatrix} t \\ X \end{pmatrix} = \begin{pmatrix} L_1 \\ L_2 \end{pmatrix} \tag{3-5-26b}$$

对于区域网空中三角测量而言，由于所涉及的航线数、每条航线的影像数和每幅影像的量测像点数(即光束数)有时会很多，此时误差方程式的总数是十分可观的。在解算过程中可先消去其中的一类未知数而只求另一类未知数。一般情况下，待定点坐标未知数 X 的个数要远远大于定向未知数 t 的个数，因此式(3-5-26a)中消去未知数 X 以后，可得仅

含一种类型未知数 t 的改化法方程：

$$(N_{11} - N_{12}N_{22}^{-1}N_{12}^{\mathrm{T}})t = L_1 - N_{12}N_{22}^{-1}L_2 \tag{3-5-27}$$

通过解法方程，可以得到未知数 t：

$$t = (A^{\mathrm{T}}A - A^{\mathrm{T}}B\,(B^{\mathrm{T}}B)^{-1}B^{\mathrm{T}}A)^{-1} \cdot (A^{\mathrm{T}}L - A^{\mathrm{T}}B\,(B^{\mathrm{T}}B)^{-1}B^{\mathrm{T}}L) \tag{3-5-28}$$

利用式(3-5-28)求出每幅影像的外方位元素后，再利用空间前方交会方法，即可求得全部待定点的地面坐标。

至此，我们已分别介绍了解析空中三角测量中常用的三种区域网平差方法，即航带法区域网平差、独立模型法区域网平差和光束法区域网平差。现在可以从数学模型和平差原理来比较这三种方法各有什么特点，以及在实际作业中应如何选择合适的区域网平差方法。

航带法区域网平差的数学模型是航带坐标的非线性多项式改正公式，“观测值”是自由航带中各点的摄影测量坐标，平差单元为航带。整体平差未知数是各航带的多项式改正系数。显然，这种平差方法的特点是未知数少，解算方便和快速，但精度不高。所谓观测值，即自由航带坐标并不是真正的原始观测值，故彼此并不独立，因此它不是严密的平差方法。目前，该方法主要用于为严密平差提供初始值和小比例尺低精度点位加密。

独立模型法区域网平差的数学模型是单元模型的空间相似变换公式，观测值是计算的或量测的模型坐标，平差单元为独立模型，未知数是各模型空间相似变换的 7 个参数，亦可按平面 4 个、高程 3 个参数分开求解。此外，未知数还有加密点的地面坐标。对于一个区域而言，其未知数要比航带法区域网平差时多得多。但是如采用平高分求的办法，其解算所占有的内存和计算时间要比光束法区域网平差少得多。这种方法是一种相当严密的平差方法。如果能顾及模型坐标间的相关特性，独立模型法在理论上与光束法同样严密。

光束法区域网平差的数学模型是共线条件方程式，平差单元是单个光束，每幅影像的像点坐标为原始观测值，未知数是各影像的外方位元素(在某些特定条件下也包含内方位元素)和所有待求点的地面坐标。通过各个光束在空间的旋转和平移(6 个定向参数)使同名光线最佳地交会，并最佳地纳入地面控制系统。它是最严密的一步解法，直接从原始观测值构建误差方程，既能有效补偿影像系统误差，又能方便地整合导航数据、地面测量观测值等非摄影测量观测值。它还可以严密地处理非常规摄影及非量测相机的影像数据。目前，光束法区域网平差已广泛应用于各种高精度的解析空中三角测量和点位测定实际生产中。

当然，与前两种方法相比，光束法区域网平差也有缺点。首先，由于共线方程所描述的像点坐标与各未知参数之关系是非线性的，因此必须建立线性化误差方程式和提供各未知数初始值。而这对于航带法区域网平差是不必要的，对于平面独立模型法平差也不需要。其次，光束法区域网平差未知数多、计算量大，计算速度也相对较慢。此外，光束法区域网平差不能像前两种方法那样，可将平面高程分开处理，而只能是三维网平差。

◎ 思考题

1. 已知框标坐标检定值为 $(x_k,\ y_k)(k=1,\ 2,\ 3,\ \cdots,\ n)$，其扫描坐标观测值为 $(i_k,$

j_k)(k=1，2，3，…，n)，试推导内定向参数解算公式。

2. 给出像素坐标(行、列号)与地面坐标之间的解析表达式(共线方程)。

3. 怎样由同名点的扫描坐标(i_1，j_1)，(i_2，j_2)计算其空间坐标(X，Y，Z)？

4. 给出相对定向直接解的程序框图，并编制相应程序。

5. 在相对定向的直接解中怎样确定其正确解？

6. 试推导空间后方交会的直接解算公式。

7. 绘出空间后方交会的直接解的程序框图，并编制相应程序。

8. 在什么情况下采用一般的解析相对定向？在什么情况下采用相对定向的直接解？

9. 在什么情况下采用一般的空间后方交会最小二乘解？在什么情况下采用空间后方交会的直接解？

10. 采用独立像对相对方位元素系统，推导由左像片上一点 $p'(x', y')$ 与其同名右核线上一点 p'' 的横坐标 x''，计算其纵坐标 y'' 的公式。

11. 采用独立像对相对方位元素系统，推导由右像片上一点 $p''(x'', y'')$ 与其同一核线上的另一点 p''_2 的坐标 x''_2，计算其纵坐标 y''_2 的公式。

12. 画出直接在原始倾斜影像上获取核线影像的程序框图，并编制相应程序。

13. 在利用相对定向直接解进行核线排列时，怎样确定左核线上的另一点？推导其计算公式(参考图 3-4-13)。

14. 解析空中三角测量的目的和意义是什么？进行解析空中三角测量需要利用哪些信息？

15. 解析空中三角测量中的控制点、检查点、连接点和定向点各有何用途？

16. 简述设立影像连接点的各种方法，并比较其特点。

17. 像点坐标观测值中的系统误差主要包括哪些内容？如何改正？

18. 试说明航带法解析空中三角测量的基本思想及基本作业过程。

19. 采用重心化坐标会对航带网绝对定向元素的求解带来什么影响？

20. 航带法解析空中三角测量中，为什么要将控制点的地面测量坐标转换到地面摄测坐标中？

21. 试说明航带法区域网平差的基本思想及主要流程。它与单航带平差相比有哪些优点？

22. 试说明独立模型法区域网平差的基本思想。

23. 独立模型法平差与航带法平差有什么区别？试比较两者优缺点。

24. 试说明光束法区域网平差方法的基本思想。为什么说它是最严密的解析空中三角测量点位的方法？

25. 光束法区域网平差中为什么要先确定未知数的初始值？有哪几种计算初始值的方法？各有什么缺点？

26. 列出光束法区域网平差中控制点和加密点的像点坐标观测值方程式。如何计算常数项？

27. 下图是由四幅影像组成一个最简单的光束法区域网平差例子，试计算观测值个数、未知数及多余观测个数。并绘出误差方程式、法方程式和改化法方程式的结构。

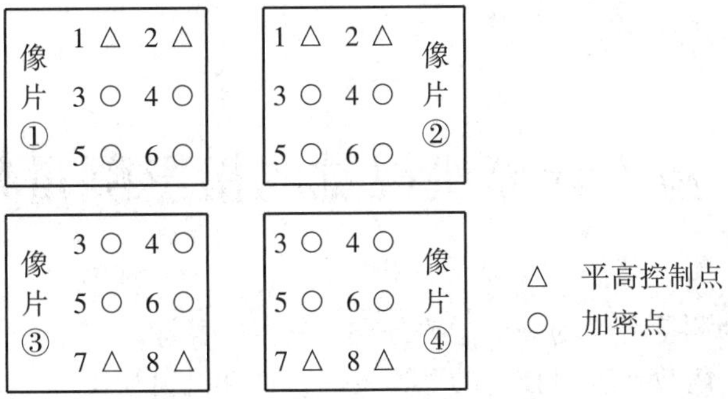

28. 如何进行空中三角测量结果的精度评定?
29. 自检校光束法区域网平差的主要目的是什么?
30. 什么叫粗差?它与偶然误差和系统误差有何区别?简述粗差检测原理。

第 4 章　基于计算机视觉的摄影测量几何基础

摄影测量，作为测量科学的一个重要分支，其主要目标是利用摄影技术获取物体的几何信息和空间关系。随着计算机技术的飞速发展，计算机视觉技术为摄影测量提供了新的理论和方法，使得摄影测量技术向更高精度、更广泛的应用领域发展。本章介绍基于计算机视觉的摄影测量几何基础，包括成像几何、相对定向与核线约束、空间点求相机参数和区域网平差等内容。这些理论不仅适用于数字摄影测量和计算机视觉，也适用于模拟像片的解析处理。

4.1　成像几何

摄影测量的基本成像原理是基于小孔成像的几何模型，即物体通过一个小孔在成像平面上形成倒立的实像。在摄影测量中，相机被视为一个投影中心，通过镜头将三维空间中的物体投影到二维的成像平面上，形成物体的影像。通过分析这个几何关系，就可以理解和掌握物体成像空间关系的计算机成像模型。

4.1.1　矩阵形式的构像模型

经典摄影测量的构像模型是由像点、投影中心、物方点组成的共线条件方程，其成像几何关系如图 4-1-1 所示。

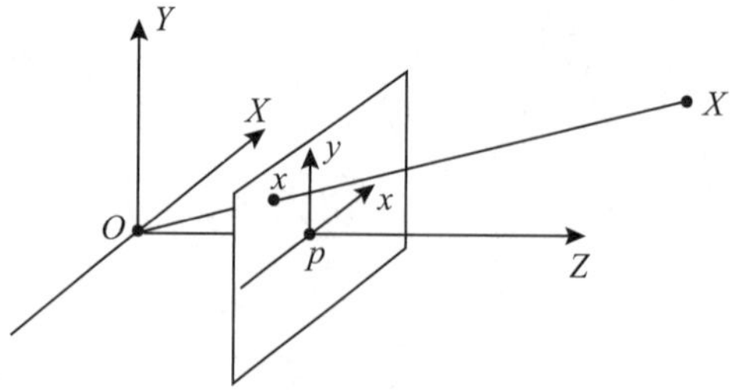

图 4-1-1　成像几何关系

解析公式为

$$\begin{cases} x - x_0 + \Delta x = -f\dfrac{a_1(X - X_S) + b_1(Y - Y_S) + c_1(Z - Z_S)}{a_3(X - X_S) + b_3(Y - Y_S) + c_3(Z - Z_S)} \\ y - y_0 + \Delta y = -f\dfrac{a_2(X - X_S) + b_2(Y - Y_S) + c_2(Z - Z_S)}{a_3(X - X_S) + b_3(Y - Y_S) + c_3(Z - Z_S)} \end{cases} \tag{4-1-1}$$

显然这是非线性模型，其数学处理比较复杂，为便于数学处理，我们从物理成像模型出发讨论其矩阵表示的几何模型。设空间点 P 经相机光心 O 投影至物理成像平面 $O\text{-}x'\text{-}y'$ 上，投影点为 p'。设空间点 P 的物方坐标为$(X_W, Y_W, Z_W)^{\mathrm{T}}$，在相机坐标系中坐标为$(X_c, Y_c, Z_c)^{\mathrm{T}}$，$p'$在相机坐标中的坐标为$(X, Y, Z)^{\mathrm{T}}$，相机焦距为$f$，如图 4-1-2 所示。

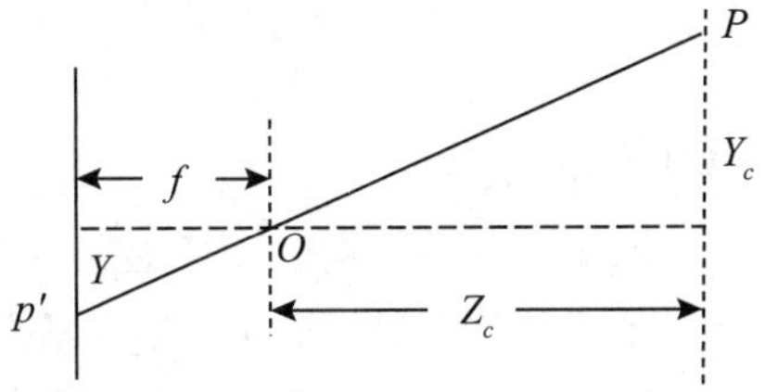

图 4-1-2　物方点与像点比例关系

则根据空间三角形相似关系可知，在相机坐标系中，影像坐标与物方点坐标存在关系为

$$\frac{Z_c}{f} = -\frac{X_c}{X} = -\frac{Y_c}{Y} \tag{4-1-2}$$

整理可得

$$X = -f\frac{X_c}{Z_c} \tag{4-1-3}$$

$$Y = -f\frac{Y_c}{Z_c} \tag{4-1-4}$$

设影像上 p 点的行列坐标$(u, v)^{\mathrm{T}}$，相机中心线在影像坐标系中位置为 C_x，C_y，则有

$$\begin{cases} u = f\dfrac{x_c}{z_c} + C_x \\ v = f\dfrac{Y_c}{z_c} + C_y \end{cases} \tag{4-1-5}$$

整理后的矩阵形式为

$$\begin{pmatrix} u \\ v \\ 1 \end{pmatrix} = \frac{1}{z_c}\begin{pmatrix} f & 0 & C_x \\ 0 & f & C_y \\ 0 & 0 & 1 \end{pmatrix}\begin{pmatrix} X_c \\ Y_c \\ Z_c \end{pmatrix} \tag{4-1-6}$$

空间点 P 的物方坐标$(X_W, Y_W, Z_W)^{\mathrm{T}}$与相机坐标$(X_c, Y_c, Z_c)^{\mathrm{T}}$仅存在旋转和平移，根据空间几何关系，此变化可表示为

$$\begin{pmatrix} u \\ v \\ 1 \end{pmatrix} = \begin{pmatrix} f & 0 & C_x \\ 0 & f & C_y \\ 0 & 0 & 1 \end{pmatrix}\begin{pmatrix} R_1 & R_2 & R_3 & T_x \\ R_4 & R_5 & R_6 & T_y \\ R_7 & R_8 & R_9 & T_z \\ 0 & 0 & 0 & 1 \end{pmatrix}\begin{pmatrix} X_W \\ Y_W \\ Z_W \\ 1 \end{pmatrix} \tag{4-1-7}$$

将相机参数矩阵记为 K，旋转和平移记为 $[R \mid T]$，P 的物方坐标记为 X 则有，像点坐标记为 x，如图 4-1-1 所示，则有

$$x = K[R \mid T]X \tag{4-1-8}$$

这就是矩阵形式的构像模型，也是计算机视觉的通用成像模型。其中，$[R \mid T]$ 通常用齐次坐标表示，也就是 4×4 的矩阵，最后一行是(0 0 0 1)。对应物方坐标的齐次坐标为 $(X\ Y\ Z\ 1)^{\mathrm{T}}$。若将此矩阵形式的构像模型展开，则刚好可以得到传统摄影测量的构像方程。

与 4×4 矩阵容易混淆的另外一个影像方位参数是四元数(Quaternion)，四元数全称为单位四元数，是用空间向量表示旋转的一种方法。用欧拉角表示旋转时，若选择±90°作为第二次旋转角，则第一次旋转和第三次旋转等价，整个旋转被限制在只能绕竖直轴旋转，丢失了一个维度，这个现象称万向锁(Gimbal Lock)问题。四元数可以避开这个问题，其数学表达为

$$\begin{cases} q = w + xi + yj + zk \\ \| q \| = x^2 + y^2 + z^2 + w^2 = 0 \end{cases} \tag{4-1-9}$$

其中，(x, y, z, w) 就是四元数，它可以与旋转矩阵对等地相互转换，四元数转为旋转矩阵 R 的公式为

$$R(q) = \begin{pmatrix} 1 - 2y^2 - 2z^2 & 2xy - 2zw & 2xz + 2yw \\ 2xy + 2zw & 1 - 2x^2 - 2z^2 & 2yz - 2xw \\ 2xz - 2zw & 2yz + 2xw & 1 - 2x^2 - 2y^2 \end{pmatrix} \tag{4-1-10}$$

矩阵转换为四元素的公式为

$$w = \frac{\sqrt{(tr(R)) + 1}}{2} \tag{4-1-11}$$

$$x = \frac{m_{32} - m_{23}}{4w} \tag{4-1-12}$$

$$y = \frac{m_{13} - m_{31}}{4w} \tag{4-1-13}$$

$$z = \frac{m_{21} - m_{12}}{4w} \tag{4-1-14}$$

式中，$m_{11} \sim m_{33}$ 为矩阵 R 元素，$\mathrm{tr}(R)$ 是矩阵的迹，计算公式为

$$\begin{aligned} \mathrm{tr}(R(q)) &= m_{11} + m_{22} + m_{33} \\ &= 3 - 4(x^2 + y^2 + z^2) \\ &= 4[1 - (x^2 + y^2 + z^2)] - 1 \\ &= 4w^2 - 1 \end{aligned} \tag{4-1-15}$$

传统摄影测量采用共线条件方程，是非线性模型；而矩阵形式模型是线性的，这样有利于用纯数学的方法进行解算。传统共线条件方程和矩阵形式模型之间的重要差异是对相机位姿的描述。传统摄影测量学采用线元素和角元素描述相机位姿，线元素是位置，角元素是姿态。线元素是 X、Y、Z 三个坐标值，角元素用欧拉角描述，也就是绕 X、Y、Z 三

个坐标轴的 ω，φ，κ 三个旋转角度。矩阵形式模型采用一个 4×4 的矩阵描述相机位姿，只有数学意义，没有物理意义。那么，传统共线条件方程和矩阵形式模型中哪种方法比较好呢？

这其实没有绝对的好坏之分，只能说与摄影测量的发展有关。早期的摄影测量采用模拟作业方法，也就是用物理模型来模拟成像的过程，通过恢复模型，求解目标点位置。最初目标位置不是通过计算获得，而是用实物的机械动作来求解，因此所有影像的位姿必须是有物理意义，并且具有可操作性。毫无疑问，线元素和角元素是最佳选择。随着摄影测量进入解析时代，研究者直接继承了模拟时代的相关技术，并在计算机中进行了改进和实现，逐渐发展为数字摄影测量。摄影测量作为工程学科，其最大意义在于工程应用，为了在工程应用中使用解析和数字摄影测量的理论与技术，相关部门制定了一系列生产规范，通过法规形式高效、通畅地开展生产，为信息产业作出了不可磨灭的贡献。另外，随着计算机技术的突飞猛进，视觉感知技术被推到科技发展的风口浪尖。计算机视觉发展壮大，其研究群体是摄影测量的成百上千倍。计算机视觉通过影像解算目标位置，几何基础与摄影测量是一致的，但在处理过程中引入了大量计算机数值计算的理论和技术。这些数值计算理论和技术拓宽了几何解算的范畴，使影像解算目标位置的方法变得更加广义，甚至做到任意成像都可解算。那么，是否可以认为计算机视觉的描述更好呢？其实不然。无论计算机视觉是摄影测量，最终的目标是要用于实际生产和生活，具体来讲，矩阵形式构像模型具有更大的鲁棒性，但在具体应用时还得解算到具有几何和物理意义的线元素和角元素。例如，在计算机中用交互方式展示或控制成像模型，此时也不可能让操作人员输入矩阵，而只能用线元素和角元素对目标进行操作。再如在视觉系统中，需要控制机械手臂，也不可能给出矩阵指令，而只能给出移动、旋转指令，包括汽车自动驾驶、飞行器导航等最终都需要线元素和角元素。

不仅在工程应用中不能直接用 $[R \mid T]$ 矩阵，在数学解算过程中也需要额外考虑。其实用矩阵 $[R \mid T]$ 表示旋转平移有些不合理，旋转矩阵 R 包含 3×3 共 9 个数值进行描述，却只有 3 个自由度的变化，属于冗余表达。针对这个问题，数学家罗德里格斯进行了深入研究。传统摄影测量用欧拉角描述旋转，只包含 3 个变量，似乎满足 3 个自由度，其实不是。所谓 3 个自由度，必须是 3 个不相关的变量，而欧拉角的 3 个角度是相关的，无法表述 3 个自由度。于是，罗德里格斯提出了包含 3 个自由度的旋转向量(Axis-Angle)，也即罗德里格斯向量，通过旋转轴和旋转角一起定义旋转。将旋转向量对应的旋转矩阵称为罗德里格斯矩阵，也就是我们通常用的旋转矩阵 R，只是加个条件。罗德里格斯矩阵是正则化后的矩阵，其特征值为 1。针对旋转矩阵处理问题，挪威数学家 Sophus Lie 也开展了深入研究，提出李群(Lie group)和对应的李代数(Lie algebra)理论，彻底解决了旋转矩阵和旋转向量的求导问题，感兴趣的读者可进一步查阅相关文献。

4.1.2 相机畸变模型

为了获得好的成像效果，相机前方加装透镜。加入透镜后对成像光线传播产生新的影响：第一，透镜自身的形状对光线传播的影响；第二，在机械组装过程中，透镜和成像平面不可能完全平行，使得光线穿过透镜投影到成像面时的位置发生变化。由透镜形状引起的畸变，称为径向畸变；在相机的组装过程中由于不能使透镜和成像面严格平行而引起的畸变，称为切向畸变。与传统摄影测量理论一致，影像的畸变模型公式为

$$\begin{cases} x_{\text{corrected}} = x(1 + k_1r^2 + k_2r^4 + k_3r^6) + 2p_1xy + p_2(r^2 + 2x^2) \\ y_{\text{corrected}} = y(1 + k_1r^2 + k_2r^4 + k_3r^6) + p_1(r^2 + 2y^2) + 2p_2xy \end{cases} \tag{4-1-16}$$

然而，对畸变模型的应用，计算机视觉与传统摄影测量存在方法论上的细微差异。传统摄影测量采用的方法是先对整张影像进行去畸变处理，得到无畸变的影像，然后开展摄影测量处理。也就是传统摄影测量定义的是有畸变到无畸变的模型，获得任何像点位置坐标后先用畸变模型算出无畸变的像点坐标(通常以毫米为单位)，然后开展摄影测量处理。这个方法的优点是摄影测量处理过程不考虑畸变，算法简单高效。不足之处是必须先对相机进行严格的检校以获取其畸变参数，相机使用过程中不能引入新畸变。如果相机未经过严格检校，处理过程中需要复杂的迭代处理，开展自检校平差，非常容易进入迭代不收敛的陷阱中。

在计算机视觉中，其搭载的相机通常不是专业相机，相机易受环境影响而发生变化，不适合采用传统摄影测量的畸变改正方法。为此，计算机视觉定义的是无畸变到有畸变的模型，获得任何像点位置坐标后不需要做任何处理直接代入处理方程即可。该方法的优点是将相机畸变作为方程未知数纳入整体解算，能同步解算相机检校参数。不足之处是方程组更加复杂，求解时需谨慎处理数值稳定性问题。

无论是采用传统摄影测量的有畸变到无畸变模型，还是计算机视觉的无畸变到有畸变模型，它们的本质是相同的，都是相机引起的畸变，畸变参数可以相互转换。但由于畸变模型的输入与输出之间的映射公式为高次多项式，转换模型不可能是直接解，只能间接求解。常用的方法是在影像上按一定间隔取格网点，计算格网点畸变前后的坐标，然后利用这些点拟合出畸变模型，这种间接求解方法通常可将精度损失控制到像素的百分之一以内，即算是无损转换了。

4.1.3　摄影测量与计算机视觉的相互转换

经典摄影测量的构像模型为

$$\begin{cases} x - x_0 + \Delta x = -f\dfrac{a_1(X - X_S) + b_1(Y - Y_S) + c_1(Z - Z_S)}{a_3(X - X_S) + b_3(Y - Y_S) + c_3(Z - Z_S)} \\ y - y_0 + \Delta y = -f\dfrac{a_2(X - X_S) + b_2(Y - Y_S) + c_2(Z - Z_S)}{a_3(X - X_S) + b_3(Y - Y_S) + c_3(Z - Z_S)} \end{cases} \tag{4-1-17}$$

而计算机视觉的构像模型为

$$x = K[R \mid T]X \tag{4-1-18}$$

两者的物理意义是一样的，都是描述物方空间点$(X\ Y\ Z)^{\mathrm{T}}$和影像点$(x\ y)^{\mathrm{T}}$之间的关系，然而在具体表达形式上有细微差异，具体体现在旋转矩阵、投影中心和畸变参数三个方面。

1. 旋转矩阵

经典摄影测量旋转矩阵定义的是影像空间旋转到物方空间的转换运算，具体公式为

$$\begin{pmatrix} X_A - X_S \\ Y_A - Y_S \\ Z_A - Z_S \end{pmatrix} = \lambda R \begin{pmatrix} x \\ y \\ -f \end{pmatrix} = \lambda \begin{pmatrix} a_1 & a_2 & a_3 \\ b_1 & b_2 & b_3 \\ c_1 & c_2 & c_3 \end{pmatrix} \begin{pmatrix} x \\ y \\ -f \end{pmatrix} \tag{4-1-19}$$

而计算机视觉的旋转矩阵定义的是物方空间旋转到影像空间的转换运算，具体公式为

$$\begin{pmatrix} u \\ v \\ 1 \end{pmatrix} = \begin{pmatrix} f & 0 & C_x \\ 0 & f & C_y \\ 0 & 0 & 1 \end{pmatrix} \begin{pmatrix} R_1 & R_2 & R_3 & T_x \\ R_4 & R_5 & R_6 & T_y \\ R_7 & R_8 & R_9 & T_z \\ 0 & 0 & 0 & 1 \end{pmatrix} \begin{pmatrix} X_W \\ Y_W \\ Z_W \\ 1 \end{pmatrix} \tag{4-1-20}$$

因此，它们直接是互逆的关系，即

$$R_{摄影测量} = R_{计算机}^{-1}$$

由于旋转矩阵的正定矩阵，逆矩阵就是转置，因此也可以表示为

$$R_{摄影测量} = R_{计算机}^{\mathrm{T}}$$

此外，必须注意以下两个问题：

(1)经典摄影测量的像空间坐标系 Z 轴是由像点指向焦点，但是计算机视觉的像空坐标系 Z 轴是由焦点指向像点，与经典摄影测量刚好相反。

(2)经典摄影测量的像平面坐标系是 x 轴从左向右，y 轴从下向上。但是计算机视觉的像平面坐标系是 x 轴从左向右，这与经典摄影测量一样；y 轴却是从上向下，这与经典摄影测量相反。

因此，计算机视觉的旋转矩阵与经典摄影测量的旋转矩阵完整转换为

$$R_{摄影测量} = \begin{pmatrix} 1 & 0 & 0 \\ 0 & -1 & 0 \\ 0 & 0 & -1 \end{pmatrix} R_{计算机}^{\mathrm{T}} \tag{4-1-21}$$

2. 投影中心

经典摄影测量有投影中心的概念，其物理含义就是相机透镜的焦点，但在计算机视觉中没有投影中心，只有旋转和平移的数学操作，我们可以通过对经典摄影测量的像方程进行数学推导，让其变为计算机视觉的构像方程形式，具体推导为

$$\begin{gathered} \begin{pmatrix} X_A - X_S \\ Y_A - Y_S \\ Z_A - Z_S \end{pmatrix} = \lambda R \begin{pmatrix} x \\ y \\ -f \end{pmatrix} = \lambda \begin{pmatrix} a_1 & a_2 & a_3 \\ b_1 & b_2 & b_3 \\ r_1 & r_2 & r_3 \end{pmatrix} \begin{pmatrix} x \\ y \\ -f \end{pmatrix} \\ \begin{pmatrix} x \\ y \\ -f \end{pmatrix} = \frac{1}{\lambda} \begin{pmatrix} a_1 & a_2 & a_3 \\ b_1 & b_2 & b_3 \\ c_1 & c_2 & c_3 \end{pmatrix}^{\mathrm{T}} \begin{pmatrix} X_A - X_S \\ Y_A - Y_S \\ Z_A - Z_S \end{pmatrix} \end{gathered} \tag{4-1-22}$$

由于

$$\begin{cases} x = u - cx \\ y = cy - v \end{cases} \tag{4-1-23}$$

$$R_{摄影测量} = \begin{pmatrix} 1 & 0 & 0 \\ 0 & -1 & 0 \\ 0 & 0 & -1 \end{pmatrix} R_{计算机}^{\mathrm{T}} \tag{4-1-24}$$

则有

$$\begin{pmatrix} u \\ v \\ 1 \end{pmatrix} = \frac{1}{\lambda} KR \begin{pmatrix} X_A - X_S \\ Y_A - Y_S \\ Z_A - Z_S \end{pmatrix} \tag{4-1-25}$$

式中，K 为计算机视觉的相机内参数；R 为计算机视觉的旋转矩阵。

由于计算机视觉的构像方程为 $x = K[R \mid T]X$，因此，可以得到经典摄影测量有投影中心与计算机视觉坐标平移量的转换关系：

$$\begin{pmatrix} X_S \\ Y_S \\ Z_S \end{pmatrix} = -\frac{1}{\lambda} R^{\mathrm{T}} \begin{pmatrix} T_x \\ T_y \\ T_z \end{pmatrix} \tag{4-1-26}$$

式中，R 为计算机视觉的旋转矩阵；$(T_x \quad T_y \quad T_z)^{\mathrm{T}}$ 为计算机视觉的坐标平移量；λ 为计算机视觉焦距与经典摄影测量焦距之间的缩放系数，如果都使用像素为单位，则 $\lambda = 1$。

3. 畸变参数

在 4.1.2 小节中讲过，计算机视觉和经典摄影测量使用的相机畸变模型都表达为式(4-1-16)。

对畸变模型的应用，计算机视觉与传统摄影测量存在微小差异。传统摄影测量采用的方法是先对整张影像进行去畸变处理，得到无畸变的影像，然后开展摄影测量处理。而计算机视觉定义的是无畸变到有畸变的模型，获得任何像点位置坐标后不需要做任何处理直接代入处理方程即可。这也说明，计算机视觉与传统摄影测量的畸变模型是互逆的，由于畸变模型的输入与输出之间的映射公式为高次多项式，无法直接求解其逆变化的参数，只能通过间接求解。常用的方法是在影像上按一定间隔取格网点，计算格网点畸变前后的坐标，然后利用这些点拟合出畸变模型，这种间接求解方法通常可将精度损失控制到像素的百分之一以内，也可以算是无损转换了。

此外，计算机视觉与传统摄影测量对 K_1、K_2、K_3、P_1、P_2 等畸变参数的单位也有差异，计算机视觉通常采用像素为单位的畸变参数，而传统摄影测量采用毫米为单位的畸变参数，它们之间转换公式为

$$K_{1毫米} = \frac{K_{1像素}}{pz^2},\ K_{2毫米} = \frac{K_{2像素}}{pz^3},\ K_{3毫米} = \frac{K_{3像素}}{pz^4},\ P_{1毫米} = \frac{P_{1像素}}{pz^2},\ P_{2毫米} = \frac{P_{2像素}}{pz^2} \tag{4-1-27}$$

式中，pz 是以毫米为单位的像素大小。

4.2　相对定向与核线约束

同一目标在两张不同位置的影像上成像，可以不考虑影像绝对位置，通过同名像点开

展相对定向，确定两张影像的相对位置和同名像点的模型坐标。传统摄影测量相对定向采用5个以上连接点，通过迭代完成参数解算，具体解算方法有单独模型法和连续相对定向法。无论单独模型法还是连续相对定向法，在解算过程中都是先给定初值，然后通过对角元素求偏导计算迭代增量完成解算。三角函数是非单调函数，如果初值与方程解之间差异比较大，方程往往不收敛，导致相对定向失败，为此需要推导更一般化的相对定向方法。

双像成像几何关系如图4-2-1所示，物方空间点 P 成像在 P_1 和 P_2 影像上，在 P_1 影像中的投影点为 p_1，在 P_2 影像中的投影点为 p_2。两幅影像相机中心为 O_1 和 O_2，它们的连线即为基线(baseline)，基线与物方空间点 P 组成核平面。

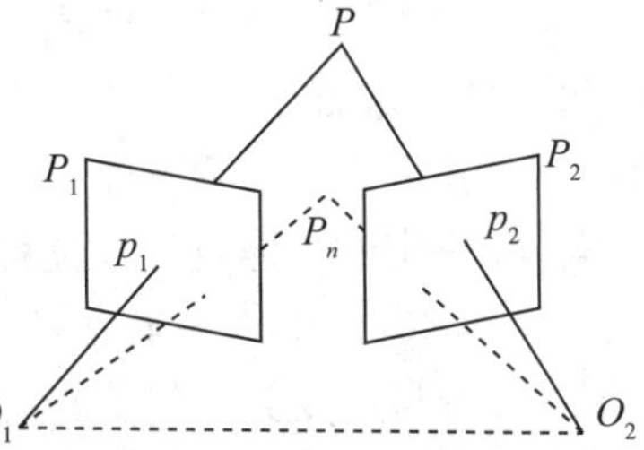

图4-2-1　双像成像几何关系

显然，点 P 与其在两张影像上的像点 p_1、p_2 共面，设像点 p_1 坐标为(u_1, v_1)，像点 p_2 坐标为(u_2, v_2)，以 P_1 影像相机光心 O_1 为坐标原点的坐标系中，P 的坐标为$(X, Y, Z)^{\mathrm{T}}$，影像 P_2 相对影像 P_1 存在旋转 R 和平移 T，则有如下两个成像关系式：

$$(u_1, v_1, 1)^{\mathrm{T}} = K(X, Y, Z)^{\mathrm{T}} \tag{4-2-1}$$

$$(u_2, v_2, 1)^{\mathrm{T}} = K(R(X, Y, Z)^{\mathrm{T}} + T) \tag{4-2-2}$$

式中，f 是相机焦距；K 是相机内参数。

将式(4-2-1)中(X, Y, Z)，代入式(4-2-2)，归一化，并记 $x_1=(u_1, v_1, 1)^{\mathrm{T}}$，$x_2=(u_2, v_2, 1)^{\mathrm{T}}$ 可得：

$$x_2 = Rx_1 + T \tag{4-2-3}$$

为消去后面的 T，可在等式两边同时乘一个满足 $T^{\wedge} \cdot T=0$ 的向量 $T^{\wedge}$，得：

$$T^{x_2} = T^{Rx_1} \tag{4-2-4}$$

再在等式两边同时左乘 x_2^{T}，得：

$$x_2^{\mathrm{T}} T^{x_2} = x_2^{\mathrm{T}} T^{Rx_1} \tag{4-2-5}$$

等式左边 x_2^{T} 和 x_2 相互正交，内积为0，令 $E=T^{\wedge} \cdot R$，则有

$$x_2^{\mathrm{T}} E x_1 = 0 \tag{4-2-6}$$

即左影像坐标的转置乘一个矩阵 E 再乘右影像坐标后结果是0，也就是左右影像之间存在一个矩阵可以使左右影像坐标相乘后得到0。这个矩阵 E 在计算机视觉中被称为本质矩阵(Essential Matrix)，表述左右同名像点必须满足的条件。如果将相机参数 K 单独提取出来放到本质矩阵，并令 $F=K^{-\mathrm{T}}EK^{-1}$(或 $E=K^{-\mathrm{T}}FK$)，则称 F 矩阵称为基础矩阵(Fundamental Matrix)，基础矩阵与本质矩阵一样，描述左右同名像点必须满足的条件，但 F 使用影像

坐标，即

$$(u_2,\ v_2,\ 1)^{\mathrm{T}} F (u_1,\ v_1,\ 1)^{\mathrm{T}} = 0 \tag{4-2-7}$$

基础矩阵可以不考虑相机参数而直接用影像坐标进行运算，比使用本质矩阵更方便，因此在实际处理中更受欢迎。

其实基础矩阵与本质矩阵并不是新概念，在传统摄影测量中被称为核线约束体条件，只要将同名点共面方程展开可得到：

$$x'xf_{11} + x'yf_{12} + x'f_{13} + y'xf_{21} + y'yf_{22} + y'f_{23} + xf_{31} + yf_{32} + f_{33} = 0 \tag{4-2-8}$$

式中，$f_{11} \sim f_{33}$是 3×3 的矩阵系数，其实也就是基础矩阵的线性化表达，形式与基础矩阵一样，但其物理意义不一样。式(4-2-8)在传统摄影测量中一直被称为相对定向的直接线性解(RLT)。直接线性解可用于影像匹配的核线方向限定或匹配点共面条件判断，使用时将同名点放入线性化公式(式(4-2-8))即可求解。

这里为什么说直接线性解与基础矩阵(或本质矩阵)之间的物理意义不一样呢？因为基础矩阵与本质矩阵是旋转矩阵，是正定的，但直接线性解仅仅是 9 个系数，不一定满足旋转矩阵条件。要想解出基础矩阵(或本质矩阵)，实现相对定向，又该如何处理呢？

基础矩阵(或本质矩阵)是秩为 2、自由度为 7 的齐次矩阵(其理论依据与证明与传统摄影测量相对定向一致，这里不再讨论)，因此，至少需要 7 个点才可以求解，多于 7 个点时，则需要求最小二乘解。求解过程中，要充分利用 F 秩为 2 的条件，使用奇异值分解算法(SVD)来求解。有关 SVD 求解算法，请参考线性代数和数值计算相关书籍。

基础矩阵(或本质矩阵)描述的是右影像相对左影像的位置和姿态。对两张自由影像而言，可指定左影像的位置和姿态为 $P_{左}=[0\,|\,0]$，则右影像的位置和姿态为 $P_{右}=[R\,|\,T]$，此时，同名点的模型坐标可以使用前方交会算出。

在相对定向中，如果两张影像拍摄的是一个平面(比如墙、地面等)，则相对定向还可以进一步特例化。此时两张影像之间存在平面投影关系，其投影矩阵称为单应矩阵(Homography)，如图 4-2-2 所示。

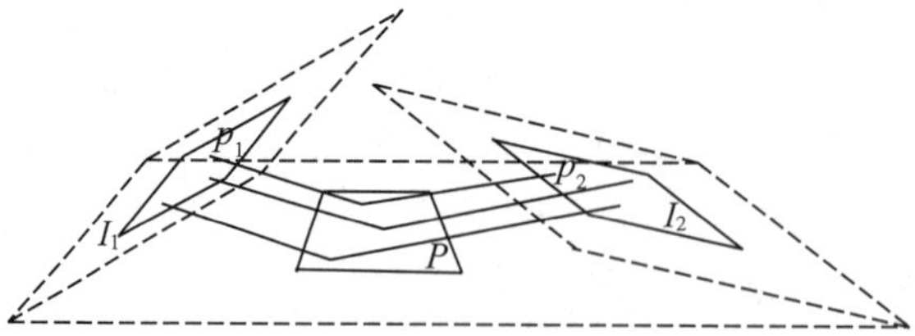

图 4-2-2　平面投影变化

单应矩阵是基础矩阵的特例。通过基础矩阵可以知道两张影像的相对位置，可以求解两张影像上同名点满足的几何关系，但是无法实现将一张影像变化为另一张影像。然而，如果两张影像间存在单应变化，则可以将一张影像直接变化为另一张影像，也就是可以实现视角变化。这一点在匹配、纠正及平差的初值估算中非常重要，特别是倾斜摄影时，为了更好地匹配同名点，可以用单应变化对影像进行视角转换。

单应矩阵的求解与基础矩阵 F 类似，单应矩阵 H 是一个 3×3 的矩阵，但其自由度更少，仅需要4个同名点就可以求解，求解时同样需要SVD分解。

4.3 空间点求相机参数

考虑 n 个物方点 P 和它们在影像上的投影位置 p，如何求解相机的位姿 $[R \mid T]$ 呢？按传统摄影测量，这是空间后方交会，可直接按3.3节“单像空间后方交会”的内容求解。基本过程是先对未知数 X_S，Y_S，Z_S，φ，ω，κ 给初值，然后求导计算改正数，迭代求解。每次迭代时用未知数近似值与上次迭代计算的改正数之和作为新的近似值，再次计算求出新的改正数，这样反复处理直到改正数小于某一限值为止，求得6个外方位元素。

这个方法看起来没有任何问题，实际上却有些不足：首先 X_S，Y_S，Z_S，φ，ω，κ 的初值不能太差，更重要的是角元素必须在某个区间，因为角度变化并不符合函数的单调性，例如 sin( ) 函数在 $\pi/2$ 的左边和右边并不是单调的，而 cos( ) 函数在 π 的左边和右边也不是单调的，实际表现就是 φ，ω，κ 不能收敛到任意角度。正是由于这个原因，需要改用矩阵形式的构像模型求解相机位姿 $[R \mid T]$。

已知物方点和对应像点求解相机的位姿 $[R \mid T]$，通常包括直接线性变换(Direct Linear Transformation，DLT)求解和光束法平差(Bundle Adjustment，BA)求解。光束法平差求解在下一节讲，本节先介绍直接线性变换DLT。

根据矩阵构像模型，物方点 X、相机位姿内参数 K、相机位姿 $[R \mid T]$ 与物方点投影像点 x 之间满足方程：$x = K[R \mid T]X$。

其中，未知数 $[R \mid T]$ 为一个 3×4 的矩阵，包含了旋转与平移信息，共6个自由度。这是个标准 $Ax=b$ 的线性方程。6个自由度至少需要3对同名点才可以求解，当 $n>3$ 时，方程数大于未知数，是个超定方程，可以用最小二乘求解。

根据同名点物方坐标 (X, Y, Z) 和其像点坐标 (x, y) 代入 $Ax=b$ 的线性方程后，可以直接求得 $r_1 \sim r_{12}$ 共12个未知数的值。此时还要将12个未知数转换为 $[R \mid T]$ 形式，也即包含一个旋转矩阵 R 和平移量 T。为让求解的旋转矩阵 R 满足正定条件，此时需要做 QR 分解(矩阵的正交分解)，才能得到 $[R \mid T]$。有关 QR 分解请参考线性代数和数值计算相关书籍。

4.4 区域网平差与优化

区域网平差就是用连接点将所有影像相互连接到一起形成自由网模型，之后添加少量控制点进行绝对定向，最终实现所有影像的定向。建立自由网模型的核心是求解所有影像的位置和姿态，但已知条件只有同名像点。因此，建立自由网的过程中既要求解影像的位置和姿态，也要求解连接点坐标。这个问题看起来是没有解的，因为影像的位置和姿态与连接点位置是相关的，连接点坐标由像点通过影像的位置和姿态前方交会得到，同时影像的位置和姿态又是通过连接点坐标和像点后方交会得到，可见区域网平差是个优化过程，通过不断修改影像位置和姿态，最终求解出符合条件的内外方位参数。

4.4.1　平差的本质

根据影像成像的实际物理模型，我们可知来自影像上同名位置的连接点可以将物方点与相机中心连接起来，具体表现：任何一张影像的所有像点都会聚到相机中心，而且来自不同影像的同名像点与其相机中心的连线必定会聚到地面点，形成两个方向的光束会聚现象。只要采用合适的处理方法，应该可以找到合理的影像位置和姿态与连接点坐标，这种充分利用光束会聚现象的求解方法被称为光束法平差(Bundle Adjustment)，其目标是使用所有影像连接点，求解影像的位置和姿态及连接点对应物方坐标，让它们满足构像方程。

从数据求解的角度来看，这是个最大似然估计(Maximum Likelihood Estimation，MLE)问题，通俗讲就是“所有影像在什么样的状态下，最可能形成所看到的连接点及其对应物方坐标的关系”。

最大似然估计的求解比传统求解方程复杂。普通方程求解，可以根据目标函数和观测数据列出误差方程，例如求解直线方程 $y=kx+b$，可以将观测点坐标(x_1, y_1)，(x_2, y_2)，…，(x_n, y_n)代入方程求解，如果观测数量多于方程未知数，可以采用最小二乘求解。仅知道连接点的自由网平差，无法直接列出目标方程。然而，连接点像方坐标 x_j、影像位置和姿态 P，以及连接点物方坐标 X_j 满足成像方程：

$$x_j = PX_j \tag{4-4-1}$$

式中，$P=K[R|T]$，K 为内参数矩阵，R 为旋转矩阵，T 为平移量；如果有 n 张影像，则存在 n 个这样的关系，即

$$x_{ij} = P_i X_{ij} \tag{4-4-2}$$

这个方程中，只有方程左边 x_{ij}是已知量，方程的右边 $P_i X_{ij}$都是未知量，无法直接求解。由于物方坐标由影像位置和姿态决定，求解只可能是不断迭代和优化的过程，其本质是求解最大似然估计(MLE)问题。那么，如何求最大似然估计呢？这需要从概率学角度来分析。

在非线性优化中，所有待估计的变量组成“状态变量”：

$$x = \{x_1, \cdots, x_n, y_1, \cdots, y_m\} \tag{4-4-3}$$

在已知输入数据 u 和观测数据 z 的条件下，x 的条件概率分布为

$$P(x|z, u) \tag{4-4-4}$$

其中，u 和 z 是对所有输入和观测数据的统称。为了估计状态变量的条件分布，利用贝叶斯法则，有

$$P(x|z) = \frac{P(z|x)P(x)}{P(z)} \propto P(z|x)P(x) \tag{4-4-5}$$

贝叶斯法则的左侧称为后验概率；右侧的 $P(z|x)$称为似然，$P(x)$称为先验。直接求后验分布很困难，但求一个状态的最优估计，使得在该状态下后验概率最大(Maximize a Posterior，MAP)，则是可行的：

$$x_{\mathrm{MAP}}^* = \arg\max P(x|z) = \arg\max P(z|x)P(x) \tag{4-4-6}$$

也即求解最大后验概率，相当于最大化似然和先验的乘积，则 x 的最大似然为

$$x_{\mathrm{MLE}}^* = \arg\max P(z|x) \tag{4-4-7}$$

在噪声服从高斯分布 $v_k \sim N(0, Q_k)$ 的假设下，对于某次观测：

$$z_{k,j} = h(y_j, x_k) + v_{k,j} \tag{4-4-8}$$

观测数据的条件概率为

$$P(z_{j,k} \mid x_k, y_j) = N(h(y_j, x_k), Q_{k,j}) \tag{4-4-9}$$

为获得使它最大化的 x_k，y_j，可使用最小化负对数求高斯分布的最大似然。对一个任意高维高斯分布 $x \sim N(\mu, \Sigma)$，其概率密度函数形式为

$$P(x) = \frac{1}{\sqrt{(2\pi)^N \det(\Sigma)}} \exp\left(-\frac{1}{2}(x-u)^{\mathrm{T}} \Sigma^{-1} (x-u)\right) \tag{4-4-10}$$

取负对数，变为

$$-\ln(P(x)) = \frac{1}{2}\ln((2\pi)^N \det(\Sigma)) + \frac{1}{2}(x-u)^{\mathrm{T}} \Sigma^{-1} (x-u) \tag{4-4-11}$$

对原分布求最大化相当于对负对数求最小化。最小化上式的 x，第一项与 x 无关，略去。于是，只要最小化右侧的二次型项，就可以得到对状态的最大似然估计，也即

$$x^* = \arg\min((z_{k,j} - h(x_k, y_j))^{\mathrm{T}} Q_{k,j}^{-1} (z_{k,j} - h(x_k, y_j))) \tag{4-4-12}$$

该式等价于最小化噪声项的平方。对于所有观测，若定义数据与估计值之间的误差：

$$\begin{aligned} e_{v,k} &= x_k - f(x_{k-1}, u_k) \\ e_{y,j,k} &= z_{k,j} - h(x_k, y_j) \end{aligned} \tag{4-4-13}$$

则该误差的平方和为

$$J(x) = \sum_k e_{v,k}^{\mathrm{T}} R_k^{-1} e_{v,k} + \sum_k \sum_j e_{y,k,j}^{\mathrm{T}} Q_{k,j}^{-1} e_{y,k,j} \tag{4-4-14}$$

因此，最大似然估计就是求数据与估计值之间的误差最小，更直观地讲，就是不断对状态的估计值进行微调，使得整体误差下降到可以接受。

针对区域网平差问题，可以利用最大似然估计方法，不断调整影像的位置和姿态及连接点对应物方坐标，让它们满足构像方程，从而获得所有影像的内外方位元素和连接点坐标。

4.4.2 平差优化之求导

针对使用连接点求解影像的位置和姿态及连接点物方坐标的问题，观测数据满足方程：

$$x_{ij} = P_i X_{ij} \tag{4-4-15}$$

其观测数据误差方程为

$$v = x - PX \tag{4-4-16}$$

前面已经讨论过，最大似然估计是个迭代过程，每次迭代都是对未知数进行微小调整，直到整体误差下降到可以接受。那么，微小调整又是如何定义的呢？函数的导数是函数在某个位置的变化的度量，使用求导对函数进行调整显然是最理想的方法。对高次非线性函数求导，大家都会想到泰勒展开，得到变化量表达式，进而开展迭代。这里只要对 4×4 矩阵 P 求导即可，但是千万别忘记，这个 P 矩阵必须包含 $[R \mid T]$，且其中 R 矩阵必

须是正定的。直接求导得到微小变化量加回 P 矩阵后，无法保证矩阵还是正定的，因此需要引入李群和李代数。

李群是由挪威数学家 Sophus Lie 创立的连续变换数学理论，与之对应的代数称为李代数，其相关理论请参考《现代数学基础：李代数》，这里仅给出重要步骤和结论。

当给矩阵 P 乘一个微小变化矩阵 P'，它的李代数表示为 ξ，针对成像方程有

$$\begin{pmatrix} u_i \\ v_i \\ 1 \end{pmatrix} = K\exp(\xi^{\wedge})\begin{pmatrix} X_i \\ Y_i \\ Z_i \\ 1 \end{pmatrix} \tag{4-4-17}$$

优化目标为

$$\xi^{*} = \arg\min_{\xi} \frac{1}{2}\sum_{i=1}^{n}\left\| u_i - \frac{1}{s_i}K\exp(\xi^{\wedge})P_i \right\|_2^2 \tag{4-4-18}$$

其误差项是像点与物方点投影后的差异，即重投影误差(Reprojection error)，重投影误差用 e 表示，重投影误差关于优化变量的导数，采用李代数模型，通用表达为

$$e(x + \Delta x) \approx e(x) + J\Delta x \tag{4-4-19}$$

式中，J 是雅可比(Jacobian)矩阵，表示对向量求一阶偏导数，是优化的关键部分。由于像素坐标误差包含 2 维可变，相机位姿包含 6 维可变，J 必定是 2×6 的矩阵，下面推导 J 的形式。

将物方点在相机坐标系下的坐标记为 P'，把它前三维取出来：

$$P' = (\exp(\xi^{\wedge})P)_{1:3} = \begin{pmatrix} X' \\ Y' \\ Z' \end{pmatrix} \tag{4-4-20}$$

那么，相机投影模型相对于 P' 有

$$\begin{pmatrix} u_e \\ v_e \\ 1 \end{pmatrix} = \begin{pmatrix} f & 0 & c_x \\ 0 & f & c_y \\ 0 & 0 & 1 \end{pmatrix}\begin{pmatrix} X' \\ Y' \\ Z' \end{pmatrix} \tag{4-4-21}$$

展开后得：

$$\begin{cases} u_e = f\dfrac{X'}{Z'} + C_x \\ v_e = f\dfrac{Y'}{Z'} + C_y \end{cases} \tag{4-4-22}$$

对 $\xi^{\wedge}$ 左乘扰动量 $\delta\xi$，利用链式法则求 e 的导数，有

$$\frac{\partial e}{\partial \delta\xi} = \lim_{\delta\xi \to 0}\frac{e(\delta\xi \oplus \xi)}{\delta\xi} = \frac{\partial e}{\partial P'}\frac{\partial P'}{\partial \delta\xi} \tag{4-4-23}$$

式中，$\oplus$ 指李代数上的左乘扰动，结果的第一项是误差关于投影点的导数，第二项是物方点关于李代数 ξ 的导数。

第一项的计算过程及结果为

$$\frac{\partial e}{\partial P'}=-\begin{pmatrix}\frac{\partial u}{\partial X'} & \frac{\partial u}{\partial Y'} & \frac{\partial u}{\partial Z'}\\ \frac{\partial v}{\partial X'} & \frac{\partial v}{\partial Y'} & \frac{\partial v}{\partial Z'}\end{pmatrix}=-\begin{pmatrix}\frac{f}{Z'} & 0 & -\frac{fX'}{Z'^2}\\ 0 & \frac{f}{Z'} & -\frac{fY'}{Z'^2}\end{pmatrix} \tag{4-4-24}$$

第二项的计算过程及结果为(详细推导请参考李代数)

$$\frac{\partial P'}{\partial\delta\xi}=\begin{pmatrix}I & -P'^{\wedge}\\ 0 & 0\end{pmatrix} \tag{4-4-25}$$

取前 3 维得

$$\frac{\partial P'}{\partial\delta\xi}=(I \quad -P'^{\wedge}) \tag{4-4-26}$$

将两项相乘，得到 2×6 的雅可比矩阵：

$$\frac{\partial e}{\partial\delta\xi}=\begin{pmatrix}\frac{f}{Z'} & 0 & -\frac{fX'}{Z'^2} & -\frac{fX'Y'}{Z'^2} & f+\frac{fX'^2}{Z'^2} & -\frac{fY'}{Z'}\\ 0 & \frac{f}{Z'} & -\frac{fY'}{Z'^2} & -f-\frac{fY'^2}{Z'^2} & \frac{fX'Y'}{Z'^2} & \frac{fX'}{Z'}\end{pmatrix} \tag{4-4-27}$$

这个雅可比矩阵的形式和内容与本书 3.3 节“单像空间后方交会”的“空间后方交会的基本方法”内容中矩阵 A 是一致的：3.3 节“单像空间后方交会”中直接用 φ、ω、κ 及三角函数进行计算，而这里用更广义的向量数值计算导出。

除了相机位姿外，物方点的坐标也需要优化，此时，需求 e 关于物方点 P 的导数，仍利用链式法则，可得到：

$$\frac{\partial e}{\partial P}=\frac{\partial e}{\partial P'}\frac{\partial P'}{\partial P} \tag{4-4-28}$$

第一项误差关于投影点的导数，前面已经推导，第二项按定义：

$$P'=\exp(\xi^{\wedge})P=RP+T \tag{4-4-29}$$

求导后只剩下 R，于是有

$$\frac{\partial e}{\partial P}=-\begin{pmatrix}\frac{f}{Z'} & 0 & -\frac{fX'}{Z'^2}\\ 0 & \frac{f}{Z'} & -\frac{fY'}{Z'^2}\end{pmatrix}R \tag{4-4-30}$$

至此，相机位姿优化和物方点优化的两个雅可比矩阵都得到了，可以采用不同迭代求解方程，即可获取最大似然估计。

4.4.3　典型迭代求解方法

1. 局部求导解法

对于函数 $f(x)$ 其最小二乘数学表达为

$$\min_{x} \frac{1}{2} f(x)_2^2 \tag{4-4-31}$$

式中，自变量 $x \in \mathbf{R}^n$，f 是任意函数，设它有 m 维则 $f(x) \in \mathbf{R}^m$。如果 f 为简单数学函数，那令目标函数导数为零，则求解 x 最优值就如求任何一个二元一次方程极值一样：

$$\frac{\mathrm{d}f}{\mathrm{d}x} = 0 \tag{4-4-32}$$

解此方程，就得到导数为零处的极值。它们可能是极大值、极小值或鞍点值。但当 f 函数比较复杂而不方便直接求解时，通常用迭代法，从初始值出发，不断地更新当前优化变量，使目标函数下降，直到增量非常小，无法再使函数下降，可认为此时算法收敛得到极值。这个过程中，无须寻找全局导函数为零的情况，只要找到迭代点的梯度方向即可，那么增量 Δx 如何确定？求解增量最简单的方式是将目标函数在 x 附近进行泰勒展开：

$$f(x + \Delta x)_2^2 \approx f(x)_2^2 + J(x)\Delta x + \frac{1}{2}\Delta x^{\mathrm{T}} H \Delta x \tag{4-4-33}$$

式中，J 是 $\|f(x)\|^2$ 关于 x 的导数，即雅可比矩阵；而 H 则是二阶导数，即海塞(Hessian)矩阵。可以选择保留泰勒展开的一阶或二阶项，对应的求解方法则为一阶梯度或二阶梯度法。

如果保留一阶梯度，那么增量方程为

$$\Delta x^* = - J^{\mathrm{T}}(x) \tag{4-4-34}$$

它的意义是只要沿着反向梯度方向前进即可。这里还可以在该方向上取一个步长 λ，让其下降加快，这个解法被称为最速下降法。

如果保留二阶梯度信息，那么增量方程为

$$\Delta x^* = \arg\min f(x)_2^2 + J(x)\Delta x + \frac{1}{2}\Delta x^{\mathrm{T}} H \Delta x \tag{4-4-35}$$

对右侧等式求其关于 Δx 的导数，并令它为零，就可以得到增量解：

$$H\Delta x = - J^{\mathrm{T}},\ \Delta x = - H^{-1} J^{\mathrm{T}} \tag{4-4-36}$$

使用二阶梯度和海塞矩阵求解 Δx 的这种法被称为牛顿法。

由上述可以看到，一阶和二阶梯度法都十分直观，把函数在迭代点附近进行泰勒展开，求更新量最小化的解 Δx。由于泰勒展开之后函数变成了多项式，所以求解增量时只需解线性方程即可，避免了直接求导函数为零的问题。但这两种方法也存在一定的问题：最速下降法因其局部梯度下降特性，容易产生振荡路径，从而增加迭代次数；牛顿法虽然收敛速度快，但需要构造并求逆海塞矩阵，当问题规模较大时计算复杂度显著增加。

2. 信赖域解法

针对牛顿法求解最小二乘需计算海塞矩阵的复杂问题，可采用高斯-牛顿(Gauss-Newton)法进行改进，改进思想是对 $f(x)$ 进行一阶泰勒展开：

$$f(x + \Delta x) \approx f(x) + J(x)\Delta x \tag{4-4-37}$$

这里雅可比矩阵 $J(x)$ 为 $f(x)$ 关于 x 的导数，是 $m \times n$ 的矩阵。为了寻找下降矢量 Δx，使 $\|f(x + \Delta x)\|^2$ 达到最小，求解方程：

$$\Delta x^{*}=\arg\min_{\Delta x}\frac{1}{2}f(x)+J(x)\Delta x^{2} \tag{4-4-38}$$

展开目标函数平方项得：

$$\begin{aligned}\frac{1}{2}f(x)+J(x)\Delta x^{2}&=\frac{1}{2}(f(x)+J(x)\Delta x)^{\mathrm{T}}(f(x)+J(x)\Delta x)\\&=\frac{1}{2}(f(x)_{2}^{2}+2f(x)^{\mathrm{T}}J(x)\Delta x+\Delta x^{\mathrm{T}}J(x)^{\mathrm{T}}J(x)\Delta x)\end{aligned} \tag{4-4-39}$$

对 Δx 求导，并令导数为零，则有

$$2J(x)^{\mathrm{T}}f(x)+2J(x)^{\mathrm{T}}J(x)\Delta x=0 \tag{4-4-40}$$

整理后为

$$J(x)^{\mathrm{T}}J(x)\Delta x=-J(x)^{\mathrm{T}}f(x) \tag{4-4-41}$$

这是标准 $Ax=b$ 方程，被称为增量方程，也称为高斯-牛顿方程(Gauss-Newton Equations)或法化方程(Normal Equations)。对比牛顿法，高斯-牛顿法用 $J^{\mathrm{T}}J$ 作为牛顿法二阶海塞矩阵的近似，省略了计算海塞矩阵的过程。由于原先二阶海塞矩阵是正定可逆的，但 $J^{\mathrm{T}}J$ 却不一定，这将使 Δx 不一定是最小解，可能导致方程无法收敛。那么，是否可以给 Δx 添加一个信赖区域(trust region)获得更好的近似呢？利文贝格-马夸特(Levenberg-Marquadt，L-M)法就是这样一种解法，它比高斯-牛顿法更鲁棒，是目前比较受欢迎的方法之一。

为有效确定信赖区域范围，可根据近似模型与实际函数之间的差异来估算：如果差异小，就让范围变大；如果差异大，就缩小近似范围，其数学表达为

$$\rho=\frac{f(x+\Delta x)-f(x)}{J(x)\Delta x} \tag{4-4-42}$$

式中，分子为实际函数下降值，分母是近似模型下降值。ρ 最理想是接近 1，如果 ρ 太小，需要缩小近似范围；如果 ρ 太大，则需要放大近似范围。利文贝格-马夸特求解最小二乘问题的过程如下：

(1)给定初始值 x_0，和初始信赖半径 u；

(2)求解

$$\min_{\Delta x_k}\frac{1}{2}\|f(x_k)+J(x_k)\Delta x_k\|^{2},\ \text{s. t.}\ \|D\Delta x_k\|^{2}\leqslant\mu \tag{4-4-43}$$

式中，Levenberg 给 D 取单位阵 I，后来 Marqaurdt 提出将 D 取成非负对角阵，并取 $J^{\mathrm{T}}J$ 的对角元素平方根，使得在梯度小的维度上约束范围更大一些，具体计算公式为

$$\min_{\Delta x_k}\frac{1}{2}\|f(x_k)+J(x_k)\Delta x_k\|^{2}+\frac{\lambda}{2}\|D\Delta x\|^{2} \tag{4-4-44}$$

类似高斯-牛顿法，该问题可转换为 $(J^{\mathrm{T}}J+\lambda I)x=b$。

(3)计算 ρ；

(4)如果 $\rho>3/4$ 让 $u=2\times u$，如果 $\rho<1/4$ 则 $u=u/2$；

(5)令 $x_{k+1}=x_k+\Delta x_k$；

(6)重复(2)、(3)、(4)、(5)步骤，直到结果满意。

对比高斯-牛顿法，其实就是将法化方程 $J^{T}J$ 变为$(J^{T}J+\lambda I)$，也就是对角线上添加了一个小值 λ，当 λ 较小时，$J^{T}J$ 占 A 中主要地位，利文贝格-马夸特法接近于高斯-牛顿法，当 λ 较大时，λI 在 A 中占主要地位，利文贝格-马夸特法接近于最速下降，也就是说利文贝格-马夸特法就是在一阶、二阶导数间交替优化，在一定程度上避免线性方程组系数矩阵的非奇异和病态问题，提供更稳定、更准确的增量 Δx。

3. 共轭梯度解法

共轭梯度(Conjugate Gradient，CG)法最初是由 Hesteness 和 Stiefel 于 1952 年为求解线性方程组而提出的。后来，人们把这种方法用于求解无约束最优化问题，使之成为一种重要的最优化问题求解方法。共轭梯度法在王之卓教授编写的《摄影测量原理》一书中被称为共轭斜量法。

共轭梯度法处理过程中不需要矩阵整体求逆，具有较快的收敛速度和二次终止性，被广泛应用于解决实际问题。共轭梯度法的基本思想是把共轭性与最速下降法相结合，利用已知点处的梯度构造一组共轭方向，选择其中一个优化方向后，计算这个方向的最大步长，一次将这个方向的优化全部进行完，以后的优化更新过程中不需要朝这个方向更新。理论上对 N 维问题求最优，只要对 N 个方向都求出最优即可，为了不影响之前优化方向上的更新量，需要每次优化方向与其他优先化方向共轭正交，这也正是共轭梯度算法的名称来源。这里需要先介绍共轭正交概念。

设 G 是对称正定矩阵，若存在两个非零向量 u 和 v 满足：

$$u^{T}Gv = 0 \tag{4-4-45}$$

则称 u 和 v 为关于 G 共轭，当 $G=I$ 时，则上式变为

$$u^{T}v = 0 \tag{4-4-46}$$

即两个向量相互正交，可见共轭是正交的推广，正交是共轭的特例。更直接的理解是一个方向的共轭向量就是与这个方向正交的那个向量，共轭是一个对称关系，如果 u 与 v 共轭，则 v 与 u 共轭，显然共轭向量线性无关。正因为共轭正交向量线性无关，求解向量时可以逐个求解，共轭梯度法的核心步骤如下：

(1)计算梯度方向，并保证所有梯度共轭正交。

(2)计算当前的步长，保证此步长是本方向的最大步长。

之后每一步都更新未知数 x，直到残差小于给定的阈值。由于共轭梯度法的证明较复杂，需要引入其他知识，这里直接给出共轭梯度法的计算伪代码。

$$r_0 = b - Ax_0$$

$$p_0 = r_0$$

$$k = 0$$

while

$$\alpha_k = \frac{r_k^{T}r_k}{p_k^{T}Ap_k}$$

$$x_{k+1} = x_k + \alpha_k p_k$$

$$r_{k+1} = r_k - \alpha_k Ap_k$$

$$\text{if } r_{k+1} < \epsilon: \text{ break}$$

$$\beta_{k+1} = \frac{r_{k+1}^{T} r_{k+1}}{r_k^{T} r_k}$$

$$p_{k+1} = r_{k+1} + \beta_k p_k$$

$$k = k + 1$$

$$\text{return } x_{k+1}$$

算法中，p 为梯度方向，α 为步长，r 为当前残差，ϵ 为最小残差，实际使用时，x_0 可以从 0 开始迭代。

仔细观察共轭梯度法伪代码可发现，此算法不需要矩阵求逆，也不需要大矩阵乘法运算，算法的复杂度较低，的确非常适合计算机编程实现。

◎ 思考题

1. 请推导矩阵形式成像模型。
2. 请比较矩阵形式成像模型与线元素、角元素描述的成像模型之间的差异。
3. 请比较空间后方交会的直接解法与平差解法的差异。
4. 光束法平差求解的本质是什么？
5. 当观测数多于方程未知数时，请推导超定方程 $Ax=b$ 的求解方法。
6. 什么是牛顿法求解？请推导其过程。

第 5 章　影像特征提取与定位算子

对于一幅数字影像，我们最关注的是其中显著的目标，而要识别这些目标，关键在于提取它们的影像特征。特征提取是影像分析和影像匹配的基础，也是单张影像处理的最重要的任务。特征提取通常由各种算子完成。由于特征可分为点状特征、线状特征和面状特征，因而特征提取算子又可分为点特征提取算子与线特征提取算子，而面状特征主要是通过区域分割获取的。

对数字影像中的明显目标，我们不仅要识别它们，还需要确定它们的位置。例如，地面控制点在影像上一般为明显目标，对它们的位置需要精确量测。另外，有一些明显目标虽不是控制点，但要将它们用于影像方位的确定，也需要精确地量测其位置。在数字摄影测量中，特征的定位通过特征定位算子实现，特征定位算子分为圆状特征点的定位算子与角点的定位算子，这就是自动化的“单像量测”。其中，高精度定位算子能使定位的精度达到“子像素”级的精度，它们的研究与提出，是数字摄影测量的重要发展，也是摄影测量工作者对“数字图像处理”所作的独特贡献。

5.1　影像信息量与特征

影像信息量和特征作为图像处理和遥感技术中的核心概念，对于影像的分析、解译和识别具有至关重要的作用。影像信息量是指图像中包含信息的详细程度和复杂性，它反映了图像所携带的信息的丰富程度。影像信息量取决于图像中像素的亮度级、像元个数及其相互关系。一般来说，像素的亮度级越多，像元个数越大，图像的信息量就越大。此外，图像中不同地物之间的对比度、纹理、形状等特征也会影响影像信息量的大小。影像特征则是图像中不同地物所表现出的几何形状、大小、色调、纹理等方面的特性。这些特征是我们对图像进行理解和识别的基础。通过分析图像中的特征，我们可以提取出有用的信息，进而对图像进行分类、分割、目标检测等操作。

5.1.1　信息量

影像信息量是对影像信号中所包含信息的量化表示，它反映了影像的详细程度和复杂性，是影像分析和处理的重要参考指标。信息是基本随机事件发生概率的实值函数，因此，信息测度也称为熵。影像的熵就是它的信息量的度量，熵值越大，影像中包含的细节信息就越多。信息熵主要通过像素点在影像中出现的概率来表示，若所有信息点出现的概率在一幅影像中是相等的，则可以认为这幅影像所蕴含的信息量达到最大。熵有多种定义，常用的四种分别是 Shannon-Wiener 熵、条件熵、平方熵与立方熵。

对一个具有 n 个灰度值 g_1，g_2，…，g_n 的数字影像，灰度 g_i 出现的概率为 p_i，该数字影像的 Shannon-Wiener 熵定义为

$$H[P] = H[p_1, p_2, \cdots, p_n] = -k\sum_{i=1}^{n} p_i \log p_i \tag{5-1-1}$$

其中，灰度概率 p_i 可近似取为灰度的频率：

$$p_i = \frac{f_i}{N} \tag{5-1-2}$$

这两式中，f_i 为灰度 g_i 的频数；N 为影像像素的总数，即灰度值总数 $N = \sum_{i=1}^{n} f_i$；k 是一适当的常数。

由此容易证明，对于均匀分布的灰度，其熵最大。

一幅影像的熵是整幅影像的信息度量，它可用于影像的编码，对影像进行压缩，而不能对影像的特征进行描述。但是影像局部区域的熵(可称为影像的局部熵)是该局部区域信息的量度，可反映影像的特征存在与否。

5.1.2 比特分割

用灰度出现的概率计算熵，可作为影像所含信息量的测度。但是信息量并不等于信号，也就是说其中还可能包含噪声分量。如何从影像中区分信号与噪声，一般可以对影像的灰度作频谱分析，计算其功率谱。根据白噪声的性质——它的振幅波是一个常数，即可估算噪声分量。在此，我们要介绍另一种简单的方法，即比特分割。由于在影像数字化时，像元灰度量化为 256 个灰度等级，即 8bit，比特分割就是用于确定哪几位比特是信号，哪几位是噪声。

比特分割就是将量化后的数据分成不同的比特位，依次取出某一比特位上的值(0 或 1)形成二值图像。假如图像上有一条公路，量化后的灰度值在 24 至 27 之间，如图 5-1-1 所示，图(a)表示量化后的原始数据，图(b)、(c)和(d)分别表示比特分割后在 0 比特位、1 比特位和 2 比特位时的图像。公路应该是光强分布均匀的地物，由图 5-1-1 可见，只有在 2 比特位上才能完整地显示出公路的图像，而在低于 2 比特位的图像上，由于量化等级太细，显示不出公路的图像，因此在此情况下，量化噪声为 2bit。

图 5-1-1 只是一种极为简单的例子，由于影像是由不同光强、不同类型的地物组成的，因此比特分割必须在整个灰度范围内，由低比特位到高比特位系统地进行分析。如果前 n 个比特位都显示噪声图像，则量化噪声为 $n$bit，即 $n=1$ 表示 1bit 量化噪声(灰度±1)，$n=2$ 表示 2bit 量化噪声(灰度±2)等。

比特分割的具体步骤如下：

(1)直方图分析。直方图分析的目的是检查灰度的最小值和最大值，从而决定比特分割的层次。

(2)灰度值移位和压缩。根据直方图分析的资料，将每一灰度值都减去最小灰度值，从而使灰度值从 0 开始。另外，如果灰度范围的两端像元数不多或存在离散的灰度值，则合并成一个灰度，以便尽可能减少一次比特分割的过程。

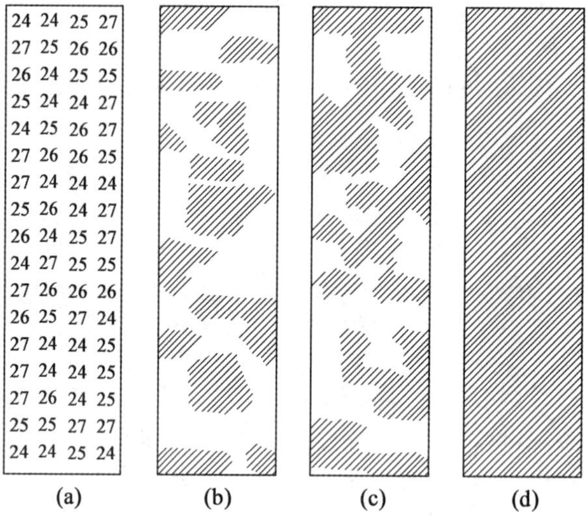

图 5-1-1　对图像进行比特分割

(3)比特分割。将每一个比特分割后的二值影像显示或输出硬拷贝。

(4)比特合成。将 n 个显示为噪声的比特分割图像合并成一个图像，以最后确定其量化噪声。比特合成在一般情况下是不必要的，因为每次比特分割后的图像是互不相关的。但是，在某些情况下，如当对某一比特位的图像无法最后确定其是否为噪声图像时，可以用比特合成作进一步的验证。

(5)排除量化噪声。通过比特分割的方法确定了量化噪声后，就可以将原始灰度数据进行比特压缩，从而消除量化噪声。

比特分割还可以用于影像的特征提取与纹理分析。

5.1.3　影像特征

影像特征即区别影像要素的总称，是影像固有属性，是指不同地物在遥感影像上所表现出的几何形状、大小、色调、纹理等方面的特征。这些特征是光线差异在影像上的典型反映，通常包括颜色、纹理、形状和结构等。从更广泛的意义来讲，影像特征还可以指影像的边缘特征或轮廓，是影像基本形状的抽象描述。特征提取的过程保留了影像的边缘轮廓，而摒弃了它们的细节部分，这对于不同传感器影像的匹配非常有利。影像特征对于理解场景和动作识别也具有重要意义。通过分析场景中的物体特征，人们能够理解场景的结构和含义，从而识别出图片所代表的场景。同时，影像特征对于动作识别也具有生物学意义，人们通过观察动作的细微差别，能够识别出不同的动作类型和动作意图。

1. 颜色特征

颜色是人类辨别物体的基本方法，是区别于不同物体最直观且最明显的视觉特征。和其他的视觉特征相比，颜色特征具有很好的稳定性。它对影像本身的尺寸、方向和视角等依赖性小，对影像的放缩、旋转或者平移均不敏感。较常用的颜色特征有颜色矩、颜色直方图和颜色聚合向量等。

颜色矩(color moments)是一种影像颜色的表示方法，由 Stick 和 Orengo(1995)提出。颜色矩将影像颜色分布用矩来表示，通过计算矩将影像中各种颜色的分布情况统计出来。在颜色分布中，主要信息集中在低阶矩，因此一般采用一阶矩、二阶矩和三阶矩就足够表达影像的颜色分布，它们的数学表达分布为

$$u_i = \frac{1}{n}\sum_{j=1}^{n} X_{ij} \tag{5-1-3}$$

$$\sigma_i = \left(\frac{1}{n}\sum_{j=1}^{n} (p_{ij} - u_i)^2\right)^{\frac{1}{2}} \tag{5-1-4}$$

$$s_i = \left(\frac{1}{n}\sum_{j=1}^{n} (p_{ij} - u_i)^3\right)^{\frac{1}{3}} \tag{5-1-5}$$

式中，p_{ij}表示影像中第j个颜色分量。

颜色矩无须对特征进行空间量化，较适用于无法自主分割的影像，但不适合对某一具体目标进行描述，更直观的理解就是颜色矩可以反映影像颜色是否类似。

颜色直方图(color histogram)描述了不同颜色在整幅影像中所占的比例，在影像描述过程中不必考虑每种颜色所处的空间位置，颜色直方图特别适用于描述那些难以进行自动分割的影像。颜色直方图的计算方法通过统计影像颜色落在每个区间上的像素点数量，得到一幅影像的颜色分布，可以用一维的离散函数来表示影像的颜色直方图：

$$H(k) = \frac{n_k}{N} \quad (k = 0,\ 1,\ \cdots,\ L - 1) \tag{5-1-6}$$

式中，k 为特征值；n_k 为特征值为 k 的像素点的个数；N 为影像中像素点的总数。

颜色直方图描述了影像的色调，例如春天的影像色调偏绿而秋天的影像偏黄，通过直方图可以明显地反映这一特点，也可以通过直方图匹配让两幅影像的色调接近。

颜色聚合向量(color coherence vector)是一种改进的颜色直方图算法，其基本思想是将属于直方图的每个小区间的像素划分为两部分。将该小区间内像素所占据的连续区域面积大于给定阈值的这些像素称为聚合像素，小于给定阈值的像素称为非聚合像素。颜色聚合向量通常用$<(a_1,\ b_1),\ (a_2,\ b_2),\ \cdots,\ (a_N,\ b_N)>$表示，其中，$a$ 是颜色直方图中第 i 个区域内的聚合像素总量，b 为对应的非聚合像素总量，这样就实现了表达颜色分布的空间信息，可以弥补颜色直方图和颜色矩无法表达影像色彩的空间位置分布的不足。

2. 纹理特征

纹理特征是物体表面的一种特有属性，反映了不同对象的区别，是影像独有的特征。纹理特征与人类视觉效果相关联，尚未有统一的定义标准，常用纹理特征主要有灰度共生矩阵(Gray Level Co-occurrence Matrix，GLCM)、微结构描述符、Gabor 变换、局部二值模(Local Binary Patterns，LBP)、Census 变换和 Tamura 纹理等。

灰度共生矩阵(GLCM)是 R. Haralick 等(1973)提出的一种统计方法，其本质是以数学

统计为理论基础而对纹理特征进行表示，核心思想是通过计算像素之间的空间位置得到共生矩阵，然后从中提取表示整幅影像的纹理特征信息。纹理特征信息主要包括能量(Energy)、熵(Entropy)、对比度(Contrast)和均匀性(Homogeneity)。假设矩阵大小为$k \times k$，i 和 j 分别表示该矩阵的行元素和列元素，$P(i, j)$表示矩阵的元素值，则上述四个参数的计算公式分别为

$$\text{Engery} = \sum_i \sum_j P(i, j)^2 \tag{5-1-7}$$

$$\text{Entropy} = \sum_i \sum_j P(i, j) \log P(i, j) \tag{5-1-8}$$

$$\text{Constrast} = \sum_i \sum_j (i, j)^2 P(i, j) \tag{5-1-9}$$

$$\text{Homogeneity} = \sum_i \sum_j \frac{P(i, j)}{1 + |i, j|} \tag{5-1-10}$$

从这四个公式中可看出，能量(Engery)代表影像纹理变化的稳定情况，值越小，纹理越不稳定；熵(Entropy)代表影像纹理的非均匀分布情况，熵越小，影像的纹理分布程度越简洁；对比度(Contrast)代表影像纹理深度和清晰情况，对比度越小，对应的效果则越模糊；均匀性(Homogeneity)代表 GLCM 中元素在各方向上的近似度。

Gabor 变换由 D. Gabor 于 20 世纪 40 年代提出，是通过模拟人类视觉系统提取边缘特征的一种线性滤波器，能反映影像在局部范围内方向和频率的强度变化。此算法克服了傅里叶变换只能反映整体信号的局限，且对光照变换不敏感，可抵抗噪声。采用了多通道滤波技术的 Gabor 变换可从不同粗细粒程度上反映影像的纹理特征，但在进行非正交变换时，所提取的不同特征分量之间常会出现一些无用信息。算法特征维度较高计算量大，提取纹理的效率较低。

局部二值模(LBP)由芬兰数学家 T. Ojala 等于 1994 年提出，其本质是对每个像素与周围像素关系的反映，其计算公式为

$$\text{LBP}_{(P, R)} = \sum_{i=1}^{P-1} s(x_i - x_c) \times 2^i \quad (i = 0, 1, \cdots, P-1) \tag{5-1-11}$$

$$s(u) = \begin{cases} 1, & u \geqslant 0 \\ 0, & u < 0 \end{cases} \tag{5-1-12}$$

式中，P，R 分别代表邻域像素点的个数和邻域半径。局部二值模的计算过程为从左上角开始，沿顺时针方向依次与中心像素进行比较，如果大于等于中心像素的取值为 1，否则为 0，最终得到一个二进制数，即为特征编码。与局部二值模非常相似的一个算法是 Census 变换，其基本思想是：在影像区域定义一个矩形窗口，选取中心像素作为参考像素，将矩形窗口中每个像素的灰度值与参考像素的灰度值进行比较，灰度值小于或等于参考值的像素标记为 0，大于参考值的像素标记为 1，最后再将它们按位连接，得到变换后的结果，变换后的结果是由 0 和 1 组成的二进制码流。Census 变换的计算公式为

$$T(p) = \bigoplus_{q \in N_p} \xi(I(p), I(q)) \tag{5-1-13}$$

$$\xi(I(p), I(q)) = \begin{cases} 0, & I(q) < I(p) \\ 1, & I(q) \geqslant I(p) \end{cases} \tag{5-1-14}$$

式中，p 是窗口中心像素；N_p 为中心像素 p 的邻域；q 是窗口中心像素以外的其他像素 N_p 中的元素；$T(p)$ 表示 p 的 Census 变换结果。$I(*)$ 表示像素点 $*$ 处的灰度值，$\oplus$ 符号在这里表示比特连接。Census 变换对影像整体明暗变化不敏感，是较好的特征匹配方法之一。

Tamura 纹理由日本学者 Tamura 等(1978)以心理学为研究基础，根据人类对纹理的不同视觉感知差异，提出的一种具有更加直观视觉效果的纹理特征，该特征包含与心理学角度相对应的粗糙度(coarseness)、方向度(directionality)、对比度(contrast)、规整度(regularity)、线性度(line likeness)和粗略度(roughness)六种属性，由于算法与心理学有关，尚未形成确定的计算方法。

3. 形状特征

形状特征能够直观区分物体的底层特征，表征能力好的形状特征需具有唯一性、抽象性和尺度不变性等特点，较典型的形状特征有傅里叶形状描述符、小波轮廓描述符、Zernike 正交矩等。傅里叶形状描述符将二维影像转化为一维影像，具体求解过程：先将影像从空间域或时域转换到离散域，并在一个新的直角坐标系上，重新对采样后的影像进行描绘，然后对其做傅里叶变换处理。从边界点信息可求得质心距离、复坐标函数和曲率函数三种参数。小波轮廓描述符通过对影像进行小波变换，然后用轮廓描述提取系数得到，具有唯一性和可比较性。Zernike 正交矩利用正交函数来提取形状特征，不仅具有冗余性相对小、抗噪声能力强的优点，而且具有旋转不变性。

4. 结构特征

影像的结构特征也称局部特征，用于描述影像的细节信息，常见特征有 SIFT 特征、SURF 特征、ORB 特征等。SIFT 特征由 Low 于 1999 年提出，是当前比较流行且非常稳定的一种局部特征，其包含 128 维特征向量，不受尺度、光照、旋转等变化的影响。SURF 算法对 SIFT 算法做了进一步优化，采用 Hessian 矩阵确定特征点的位置，通过引入积分图，处理效率大幅提升。对于特征点描述，SURF 算法采用 Haar 小波响应算法，最终得到一个 64 维的特征描述子，较 SIFT 算法降低了一半的维度，计算更简单，计算量也有所降低。ORB 算法采用 FAST(Features from Accelerated Segment Test)算法来检测关键点，采用 BRIEF(Binary Robust Independent Elementary Features)算法计算特征描述符并获得旋转不变性。相较于 SIFT 算法和 SURF 算法，ORB 算法运算量更小，多用于实时运算或移动端计算，但由于其只采用 FAST 算法进行关键点检测，因此特征表达能力较弱。

5.2 点特征提取

特征主要指明显点，如角点、圆点等。提取点特征的算子称为兴趣算子或有利算子(interest operator)，运用某种算法从影像中提取我们所感兴趣的，即有利于某种目的的点。现在已提出一系列算法各异，且具有不同特色的兴趣算子，比较知名的有 Moravec 算子、Hannah 算子与 Forstner 算子等。

5.2.1　Moravec 算子

Moravec 于 1977 年提出利用灰度方差提取点特征的算子，其步骤如下：

(1)计算各像元的兴趣值 IV(Interest Value)。在以像素(c, r)为中心的 $w \times w$ 的影像窗口中(如 5×5 的窗口)，计算图 5-2-1 所示 4 个方向相邻像素灰度差的平方和：

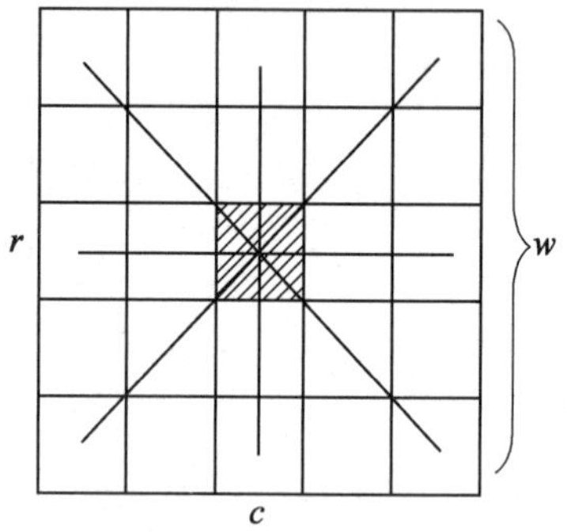

图 5-2-1　Moravec 算子

$$\begin{cases} V_1 = \sum_{i=-k}^{k-1} (g_{c+i,\ r} - g_{c+i+1,\ r})^2 \\ V_2 = \sum_{i=-k}^{k-1} (g_{c+i,\ r+i} - g_{c+i+1,\ r+i+1})^2 \\ V_3 = \sum_{i=-k}^{k-1} (g_{c,\ r+i} - g_{c,\ r+i+1})^2 \\ V_4 = \sum_{i=-k}^{k-1} (g_{c+i,\ r-i} - g_{c+i+1,\ r-i-1})^2 \end{cases} \tag{5-2-1}$$

其中，$k=\mathrm{int}(w/2)$。取其中最小者作为该像素(c, r)的兴趣值：

$$\mathrm{IV}_{c,\ r} = \min\{V_1,\ V_2,\ V_3,\ V_4\} \tag{5-2-2}$$

(2)给定一经验阈值，将兴趣值大于该阈值的点(即兴趣值计算窗口的中心点)作为候选点。阈值的选择应以候选点中包括所需要的特征点而又不含过多的非特征点为原则。

(3)选取候选点中的极值点作为特征点。在一定大小的窗口内(可不同于兴趣值计算窗口，例如 5×5，7×7 或 9×9 像元)，将候选点中兴趣值不是最大者均去掉，仅留下一个兴趣值最大者，该像素即为一个特征点。有的文献中称此步骤为"抑制局部非最大"。

综上所述，Moravec 算子是在 4 个主要方向上，选择具有最大—最小灰度方差的点作为特征点。

5.2.2　Forstner 算子

该算法通过计算各像素的 Robert's 梯度和像素(c, r)为中心的一个窗口(如 5×5)的灰度协方差矩阵，在影像中寻找具有尽可能小而接近圆的误差椭圆的点作为特征点。其步骤如下：

(1)计算各像素的 Robert's 梯度(图 5-2-2)。

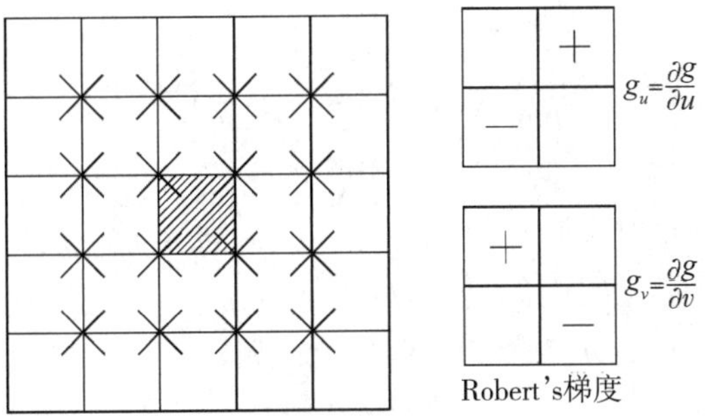

图 5-2-2 Forstner 算子

$$\begin{cases} g_u = \dfrac{\partial g}{\partial u} = g_{i+1,\ j+1} - g_{i,\ j} \\ g_v = \dfrac{\partial g}{\partial v} = g_{i,\ j+1} - g_{i+1,\ j} \end{cases} \tag{5-2-3}$$

(2)计算 $l \times l$(如 55 或更大)窗口中灰度的协方差矩阵。

$$Q = N^{-1} = \begin{pmatrix} \sum g_u^2 & \sum g_u g_v \\ \sum g_v g_u & \sum g_v^2 \end{pmatrix}^{-1} \tag{5-2-4}$$

其中，

$$\begin{aligned} &\sum g_u^2 = \sum_{i=c-k}^{c+k-1} \sum_{j=r-k}^{r+k-1} (g_{i+1,\ j+1} - g_{i,\ j})^2 \\ &\sum g_v^2 = \sum_{i=c-k}^{c+k-1} \sum_{j=r-k}^{r+k-1} (g_{i,\ j+1} - g_{i+1,\ j})^2 \\ &\sum g_u g_v = \sum_{i=c-k}^{c+k-r} \sum_{j=r-k}^{r+k-1} (g_{i+1,\ j+1} - g_{i,\ j})(g_{i,\ j+1} - g_{i+1,\ j}) \\ &k = \mathrm{int}(l/2) \end{aligned} \tag{5-2-5}$$

(3)计算兴趣值 q 与 w。

$$q = \frac{4\det N}{(\mathrm{tr}N)^2} Q \tag{5-2-6}$$

$$w = \frac{1}{\mathrm{tr}Q} = \frac{\det N}{\mathrm{tr}N} \tag{5-2-7}$$

式中，$\det N$ 代表矩阵 N 之行列式；$\mathrm{tr}N$ 代表矩阵 N 之迹；w 为该像元的权。

可以证明，q 即像素$(c，r)$对应误差椭圆的圆度：

$$q = 1 - \frac{(a^2 - b^2)^2}{(a^2 + b^2)^2} \tag{5-2-8}$$

式中，a 与 b 为椭圆之长、短半轴。如果 a，b 中任一个为 0，则 $q=0$，表明该点可能位于边缘上；如果 $a=b$，则 $q=1$，表明为一圆。

(4)确定待选点。如果兴趣值大于给定的阈值，则该像元为待选点。阈值为经验值，可参考下列值：

$$\begin{cases} T_q = 0.5 \sim 0.75 \\ T_w = \begin{cases} f\bar{w}, & f = 0.5 \sim 1.5 \\ cw_c, & c = 5 \end{cases} \end{cases} \tag{5-2-9}$$

式中，$\bar{w}$ 为权平均值；w_c 为权的中值。

当 $q>T_q$ 同时 $w>T_w$ 时，该像元为待选点。

(5)选取极值点。以权值 w 为依据，选择极值点，即在一个适当窗口中选择 w 最大的待选点，而去掉其余的点。

由于 Forstner 算子较复杂，可首先用一简单的差分算子提取初选点，然后采用 Forstner 算子在 3×3 窗口计算兴趣值，并选择备选点最后提取的极值点为特征点。具体步骤如下：

(1)利用差分算子提取初选点。

差分算子：计算像素(c, r)在上下左右四个方向的灰度差分绝对值 d_{g1}，d_{g2}，d_{g3}，d_{g4}。

$$\begin{cases} d_{g1} = |g_{c,r} - g_{c+1,r}| \\ d_{g2} = |g_{c,r} - g_{c,r+1}| \\ d_{g3} = |g_{c,r} - g_{c-1,r}| \\ d_{g4} = |g_{c,r} - g_{c,r-1}| \end{cases} \tag{5-2-10}$$

$$M = \mathrm{Mid}\{d_{g1}, d_{g2}, d_{g3}, d_{g4}\} \tag{5-2-11}$$

若对给定的阈值 T，$M>T$，则(c, r)为一初选点；否则，(c, r)不是特征点。也就是四个方向的差分绝对值有任意两个大于阈值，则该像素有可能是一个特征点。

(2)在以初选点(c, r)为中心的 3×3 窗口中，按 Forstner 算子法计算协方差矩阵 N 与误差椭圆的圆度 $q_{c,r}$。

(3)给定阈值 T_q，若限制误差椭圆长短半轴之比不得大于 3.2~2.4，则可求得 $T_q=0.32 \sim 0.5$。

若 $q_{c,r}>T_q$，则该像素为一备选点，按以下原则确定其权。

$$w_{c,r} = \begin{cases} 0, & q_{c,r} \leqslant T_q \\ \dfrac{\det N}{\mathrm{tr} N}, & q_{c,r} > T_q \end{cases} \tag{5-2-12}$$

(4)以权值为依据，选择一适当窗口中的极值点为特征点，即选取窗口中权最大者为权值点。

关于 Hannah 算子，由于其计算较复杂，且实质上与 Forstner 算子一致，故不在此介绍。上述 Moravec 算子较简单，Forstner 算子较复杂，但它能给出特征点的类型且精度也较高。

5.2.3 Harris 算子

Harris 角点提取算子是 Chris Harris 和 Mike Stephens 在 Moravec 算子基础上发展出的，利用自相关矩阵的角点提取算法(Harris，1988；苏国中，2005)，又称 Plessey 算法。这种算子利用信号处理中自相关函数的相关特性，利用了与自相关函数相联系的矩阵 M：

$$M=\begin{pmatrix} g_x & g_x g_y \\ g_x g_y & g_y \end{pmatrix} \tag{5-2-13}$$

式中，g_x 是灰度 g 在 x 轴方向的梯度；g_y 是 y 轴方向的梯度。

矩阵 M 的特征值是自相关函数的一阶曲率，如果两个曲率值都高，那么就认为该点是角点特征。

Harris 提取算法的步骤如下：

(1)首先确定一个 $n\times n$ 大小的影像窗口，对窗口内的每一个像素点进行一阶差分运算，求得在 x，y 轴方向的梯度 g_x，g_y。

(2)对梯度值进行高斯滤波：

$$g_x=G\otimes g_x,\quad g_y=G\otimes g_y \tag{5-2-14}$$

式中，G 为高斯卷积模板；σ 取 0.3~0.9。

(3)根据式(5-2-13)，计算矩阵 M。然后计算兴趣值：

$$I=\det M-k\cdot(\mathrm{tr}M)^2 \tag{5-2-15}$$

式中，det 是矩阵的行列式；tr 是矩阵的迹；k 是默认常数，一般取 $k=0.04$。

(4)选取兴趣值的局部极值点，在一定窗口内取最大值。局部极值点的数目往往很多，也可以根据特征点数提取的数目要求，对所有的极值点排序，根据要求选出兴趣值最大的若干个点作为最后的结果。

Harris 角点给出兴趣值作为衡量特征点显著性，可以控制特征点提取的输出。在一块区域内，可以按照兴趣值大小输出所需要的特征点数目。有些情况下，需要特征点分布均匀，则可以通过取一定格网内最大值实现均匀特征点的输出。

上述 Moravec 算子较简单，Forstner 算子较复杂，但它能给出特征点的类型且精度也较高。Harris 算子复杂程度介于两者之间，是在实际处理过程很受欢迎的算子之一。

5.2.4 SUSAN 算子

SUSAN 算法(Smallest Univalue Segment Assimilating Nucleus，同化核分割最小值)是英国牛津大学的 S. M. Smith 和 J. M. Brady 于 1995 年提出的，它主要用于提取图像中的角点及边缘特征。

1. 基本原理

在图像上设置一个移动的圆形模板(图 5-2-3)，若模板内的像素灰度与模板中心的像素差值小于给定的阈值，则认为该点与中心点是同值的，由满足这样条件的像素组成的区域叫作同化核同值区(Univalue Segment Assimilating Nucleus，USAN)。

SUSAN 算子使用圆形模板进行角点检测，一般模板的半径是 3~5 像素。

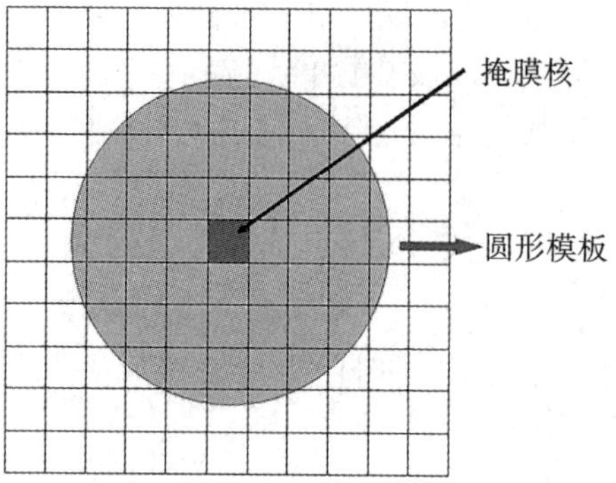

图 5-2-3　SUSAN 的圆形模板

由图 5-2-4 可以看到，USAN 包含了图像结构的重要信息。掩膜核及掩膜完全包含在图像中时(c)(深色区域)，USAN 的值最大；当模板移向图像边缘时，USAN 区域逐渐变小，掩膜核在图像的一条直线边缘附近时(b)，USAN 值接近其最大值的一半；掩膜核在图像的一个角点处(a)，USAN 值接近最大值的 1/4。在一幅图像中搜索图像角点或边缘点，就是搜索 USAN 最小(小于一定值)的点，即搜索最小化同化核同值区，这样可得到特征点检测的 SUSAN 算法。

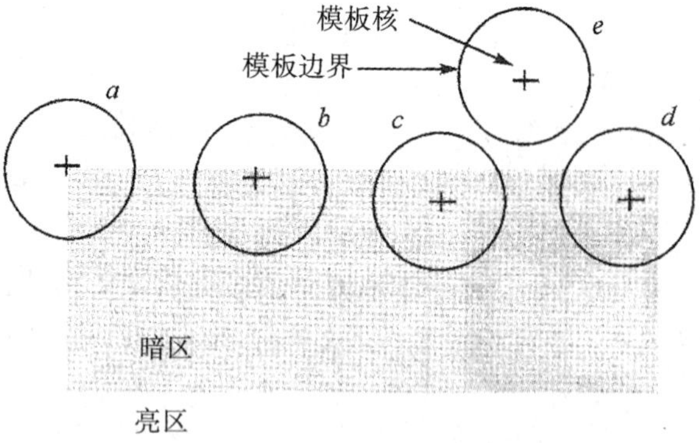

图 5-2-4　在不同位置下的四种不同的掩膜

2. 数学模型

对整幅图像中的所有像素，用圆形模板进行扫描，将模板中各像元的亮度(或灰度)与核心点的亮度(或灰度)值利用下面的判别函数进行比较：

$$c(\boldsymbol{r},\ \boldsymbol{r}_0)=\begin{cases}1, & |I(\boldsymbol{r})-I(\boldsymbol{r}_0)|\leqslant t\\ 0, & |I(\boldsymbol{r})-I(\boldsymbol{r}_0)|>t\end{cases} \tag{5-2-16}$$

式中，$\boldsymbol{r}_0$ 为模板核所在位置；$\boldsymbol{r}$ 表示模板核其他像素所在位置；$I(\boldsymbol{r})$ 为像元的亮度值(或灰度值)，t 为亮度差(或灰度差)阈值，阈值 t 是所能检测边缘点的最小对比度，也是能忽略的噪声的最大容限。t 越小，可从对比度越低的图像中提取特征。因此，对于不同对比度和噪声情况的图像，应取不同的 t 值。

图像中每一点的 USAN 区域大小可用下式表示：

$$n(\boldsymbol{r}_0)=\sum_{r} c(\boldsymbol{r},\ \boldsymbol{r}_0) \tag{5-2-17}$$

式中，n 是 USAN 区域的像素个数，即 USAN 区域的面积，把这个面积和几何阈值进行比较，得到响应函数：

$$R(\boldsymbol{r}_0)=\begin{cases} g-n(\boldsymbol{r}_0), & n(\boldsymbol{r}_0)<g \\ 0, & \text{其他} \end{cases} \tag{5-2-18}$$

式中，R 为响应函数，g 为阈值。

设模板能取到的最大 n 值为 $n_{\max}$，为了消除噪声的影响，通常用几何阈值 g 控制角点的生成质量，这样就可以确定边缘或角点的位置。

阈值 g 决定了特征的形状，一般的取值为 $3n_{\max}/4$(对应边缘)、$n_{\max}/2$(对应角点)。通常在检测角点时，取值为 1/2 模板的像素个数，当采用 7×7 的圆形模板时，$g=37\times1/2$。

3. 计算步骤

(1)在图像中放置圆形模板，即确定掩膜核。

(2)掩膜在整幅图像上进行二维遍历，计算模板内与模板核有相同亮度的像素个数。

(3)形成角点强度图像，如图 5-2-5 所示。

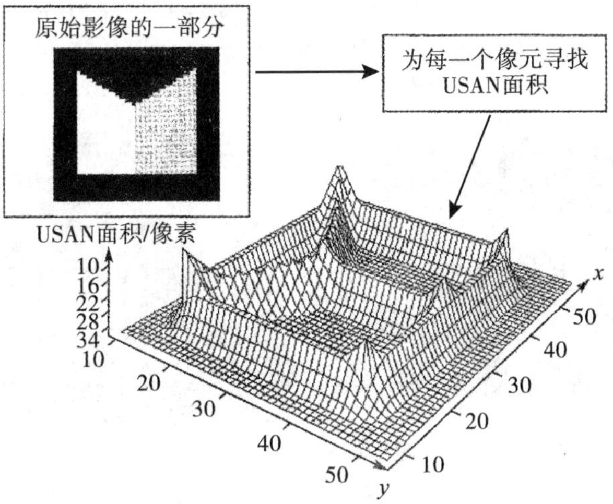

图 5-2-5　角点强度图像

(4)通过寻求 USAN 的中心与邻接性去除伪点。

(5)通过抑制局部非最大确定最终角点，即通过将一个边缘点作为 3×3 模板的中心，在它的 8-邻域范围内的点中进行比较，保留最大亮度的点即为角点。

SUSAN 算法的特点：

(1)无须梯度运算，保证了算法的效率。

(2)具有积分特征(在一个模板内计算 USAN 面积)，这就使得 SUSAN 算法在抗噪和计算速度方面有较大的改进。

(3)具有良好的定位能力。

(4)比 Harris 角点算子运行速度快 10 倍以上。

SUSAN 算子与 Harris 算子的比较如下：Harris 算子不需要设置阈值，整个过程的自动化程度高，可以根据需要调整提取的特征点数；同时具有抗干扰强、精度高的特点。SUSAN 算子提取特征点分布合理，较适合提取图像边缘上的拐点。由于它不需对图像求导数，所以也有较强的抗噪声能力。利用 SUSAN 算法提取图像拐点，阈值的选取是关键，它没有自适应算法，也不像 Harris 算法可根据需要提出一定数目的特征点。该算法编程容易，易于硬件实现。为克服影像灰度值分布不均对提取 SUSAN 算子角点的影响，可对影像采取二值化(或多值化)分割，以进一步改进提取效果。在纹理信息丰富的区域，SUSAN 算子对明显角点提取的能力较强；在纹理相近处，Harris 算子提取角点的能力较强。

5.2.5　FAST 算子

FAST(Features from Accelerated Segment Test)是由 Edward Rosten 和 Tom Drummond 于 2006 年提出的角点检测算法。FAST 算子的核心思想是通过比较像素点与其周围邻域像素点的灰度值来判断该像素点是否为角点，具体步骤如下：

(1)选择中心点。在图像中选取一个像素点作为中心点 P，其像素值为 I_p。

(2)确定邻域。以中心点 P 为圆心，选择一个合适的半径 r(通常为 3)，覆盖 P 点周围的 M 个像素(对于 $r=3$，$M=16$)，如图 5-2-6 所示。

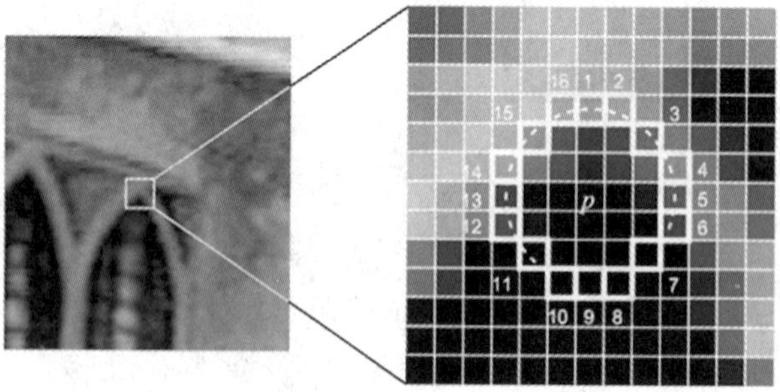

图 5-2-6　FAST 算子

(3)设定阈值。设定一个灰度值阈值 t。

(4)角点检测。如果在 P 点周围的 M 个像素点中，存在连续的 N 个点的像素值小于 I_p-t 或者大于 I_p+t，则认为 P 点为角点。通常，为了提高检测效率，会先检测第 1、5、9、13 号像素点(这四个点构成一个圆周的四个等分点)，如果这四个点中有至少三个满足条件，则继续对该点的邻域进行检测。

FAST算子有如下优点：

(1)快速，FAST算法通过一次计算就可以得到图像中的所有角点，运算速度非常快。

(2)稳定，FAST算法对光照变化、噪声等因素具有较好的鲁棒性，可以在复杂环境下提取稳定的特征点。

(3)鲁棒，FAST算法对图像旋转、缩放等变换具有较好的适应性，可以提取不同尺度和方位的特征点。

FAST算子的不足：

(1)不具备尺度不变性，FAST算法在检测图像特征时，对尺度变化较敏感，难以处理图像中的尺度变换。

(2)对图像噪声敏感，FAST算法对图像噪声的影响较大，噪声较多的图像中可能会出现误检角点的情况。

5.3 线特征提取

线特征是指影像的“边缘”与“线”。“边缘”可定义为影像局部区域特征不相同的那些区域间的分界线；而“线”则可以认为是具有很小宽度的，其中间区域具有相同的影像特征的边缘对，也就是距离很小的一对边缘构成一条线。因此，线特征提取算子通常也称为边缘提取算子。边缘的剖面灰度曲线通常是一条刀刃曲线，由于噪声的影响，灰度曲线并不是平滑的。对这种边缘进行检测，通常是检测一阶导数(或差分)最大或二阶导数(或差分)为零的点。常用的方法有差分算子、拉普拉斯算子、LOG算子等。由于各种差分算子均对噪声较敏感(即提取的特征并非真正的特征，而是噪声)，因此一般应先做低通滤波，尽量排除噪声的影响，再利用差分算子提取边缘。LOG算子就是这种将低通滤波与边缘提取综合考虑的算子。

5.3.1 一阶梯度算子

1. 一阶梯度概念

影像处理中最常用的方法就是梯度运算。对一个灰度函数 $g(x, y)$，其梯度定义为一个向量：

$$G[g(x, y)] = \begin{pmatrix} \dfrac{\partial g}{\partial x} \\ \dfrac{\partial g}{\partial y} \end{pmatrix} \tag{5-3-1}$$

它的两个重要的特性是：①向量 $G[g(x, y)]$ 的方向是函数 $g(x, y)$ 在 (x, y) 处最大增加率的方向；②$G[g(x, y)]$ 的模就等于最大增加率。

$$G(x, y) = \text{mag}[G] = \left[\left(\frac{\partial g}{\partial x}\right)^2 + \left(\frac{\partial g}{\partial y}\right)^2\right]^{\frac{1}{2}} \tag{5-3-2}$$

在数字影像中，导数的计算通常用差分予以近似，则梯度算子的差分表示为

$$G_{i,j}=[(g_{i,j}-g_{i+1,j})^2+(g_{i,j}-g_{i,j+1})^2]^{\frac{1}{2}} \tag{5-3-3}$$

为了简化运算，通常用差分绝对值之和进一步近似为

$$G_{i,j}=|g_{i,j}-g_{i+1,j}|+|g_{i,j}-g_{i,j+1}| \tag{5-3-4}$$

对于一给定的阈值 T，当 $G_{ij}>T$ 时，则认为像素(i, j)是边缘上的点。

2. Robert's 梯度算子

Roberts 梯度定义为

$$G_r[g(x, y)]=\begin{pmatrix}\dfrac{\partial g}{\partial u}\\ \dfrac{\partial g}{\partial v}\end{pmatrix}=\begin{pmatrix}g_u\\ g_v\end{pmatrix} \tag{5-3-5}$$

式中，$g_u=\dfrac{\partial g}{\partial u}$ 是 g 的 $\dfrac{\pi}{4}$ 方向导数；$g_v=\dfrac{\partial g}{\partial v}$ 是 g 的 $\dfrac{3\pi}{4}$ 方向导数。容易证明其模为

$$G_r(x, y)=(g_u^2+g_v^2)^{\frac{1}{2}} \tag{5-3-6}$$

与前面式(5-3-3)定义的梯度的模完全相等。

用差分近似表示导数，则有

$$G_{i,j}=[(g_{i,j}-g_{i+1,j+1})^2+(g_{i,j}-g_{i+1,j+1})^2]^{\frac{1}{2}} \tag{5-3-7}$$

或

$$G_{i,j}=|g_{i,j}-g_{i+1,j+1}|+|g_{i,j}-g_{i+1,j+1}| \tag{5-3-8}$$

如果仅对某一方向的边缘感兴趣，可利用图 5-3-1 所示的方向差分算子进行边缘检测。

北 $\begin{pmatrix}1&1&1\\1&-2&1\\-1&-1&-1\end{pmatrix}$　东北 $\begin{pmatrix}1&1&1\\-1&-2&1\\-1&-1&1\end{pmatrix}$　东 $\begin{pmatrix}-1&1&1\\-1&-2&1\\-1&1&1\end{pmatrix}$　东南 $\begin{pmatrix}-1&-1&1\\-1&-2&1\\1&1&1\end{pmatrix}$

南 $\begin{pmatrix}-1&-1&-1\\1&-2&1\\1&1&1\end{pmatrix}$　西南 $\begin{pmatrix}1&-1&-1\\1&-2&-1\\1&1&1\end{pmatrix}$　西 $\begin{pmatrix}1&1&-1\\1&-2&-1\\1&1&-1\end{pmatrix}$　西北 $\begin{pmatrix}1&1&1\\1&-2&-1\\1&-1&-1\end{pmatrix}$

图 5-3-1　方向差分算子

3. Prewitt 算子

Prewitt 算子利用像素上、下、左、右邻近点的灰度差，Prewitt 算子模板如下所示。

$$G_x=\begin{pmatrix}1&0&-1\\1&0&-1\\1&0&-1\end{pmatrix},\quad G_y=\begin{pmatrix}-1&-1&-1\\0&0&0\\1&1&1\end{pmatrix}$$

4. Sobel 算子

Sobel 算子对像素位置的影响做了处理，Sobel 模板为

$$G_x = \begin{pmatrix} 1 & 0 & -1 \\ 2 & 0 & -2 \\ 1 & 0 & -1 \end{pmatrix},\quad G_y = \begin{pmatrix} -1 & -2 & -1 \\ 0 & 0 & 0 \\ 1 & 2 & 1 \end{pmatrix}$$

5. Kirsch 算子

Kirsch 算子是一个 3×3 的非线性算子，它与 Prewitt 算子和 Sobel 算子不同的是取平均值的方法。Kirsch 算子用不等权的 8 个 3×3 循环平均梯度算子，如图 5-3-2 所示，分别与图像做卷积，取其中的最大值输出，它可以检测各个方向上的边缘，减少了由于平均而造成的细节丢失，但同时增加了计算量。

$$\begin{pmatrix} 5 & 5 & 5 \\ -3 & 0 & -3 \\ -3 & -3 & -3 \end{pmatrix} \begin{pmatrix} -3 & 5 & 5 \\ -3 & 0 & 5 \\ -3 & -3 & -3 \end{pmatrix} \begin{pmatrix} -3 & -3 & 5 \\ -3 & 0 & 5 \\ -3 & -3 & 5 \end{pmatrix} \begin{pmatrix} -3 & -3 & -3 \\ -3 & 0 & 5 \\ -3 & 5 & 5 \end{pmatrix}$$

$$\begin{pmatrix} -3 & -3 & -3 \\ -3 & 0 & -3 \\ 5 & 5 & 5 \end{pmatrix} \begin{pmatrix} -3 & -3 & -3 \\ 5 & 0 & -3 \\ 5 & 5 & -3 \end{pmatrix} \begin{pmatrix} 5 & -3 & -3 \\ 5 & 0 & -3 \\ 5 & -3 & -3 \end{pmatrix} \begin{pmatrix} 5 & 5 & -3 \\ 5 & 0 & -3 \\ -3 & -3 & -3 \end{pmatrix}$$

图 5-3-2 Kirsch 算子模板

5.3.2 二阶差分算子

1. 二阶差分概念

影像中的点特征或线特征点上的灰度与其周围或两侧影像灰度平均值的差别较大，因此可以用二阶差分的原理来提取，即

$$\begin{aligned} g''_{ij} &= (g_{i+1,j} - g_{i,j}) - (g_{i,j} - g_{i-1,j}) \\ &= (g_{i-1,j} \quad g_{i,j} \quad g_{i+1,j}) \begin{pmatrix} -1 \\ 2 \\ -1 \end{pmatrix} \\ &= -g_{ij}[-1 \quad 2 \quad -1] \end{aligned} \tag{5-3-9}$$

此时二阶差分算子为

$$(-1 \quad 2 \quad -1)$$

需要在纵横方向同时检测时的算子为

$$D = (-1 \quad 2 \quad -1) + \begin{pmatrix} -1 \\ 2 \\ -1 \end{pmatrix} = \begin{pmatrix} 0 & -1 & 0 \\ -1 & 4 & -1 \\ 0 & -1 & 0 \end{pmatrix} \tag{5-3-10}$$

再加上两个对角方向同时检测时二维算子为

$$D_1 = \begin{pmatrix} 0 & -1 & 0 \\ -1 & 4 & -1 \\ 0 & -1 & 0 \end{pmatrix} + \begin{pmatrix} & & -1 \\ & 2 & \\ -1 & & \end{pmatrix} + \begin{pmatrix} -1 & & \\ & 2 & \\ & & -1 \end{pmatrix} = \begin{pmatrix} -1 & -1 & -1 \\ -1 & 8 & -1 \\ -1 & -1 & -1 \end{pmatrix} \tag{5-3-11}$$

2. 拉普拉斯算子

拉普拉斯(Laplace)算子定义为

$$\nabla^2 g = \frac{\partial^2 g}{\partial x^2} + \frac{\partial^2 g}{\partial y^2} \tag{5-3-12}$$

若 $g(x, y)$ 的傅里叶变换为 $G(u, v)$，则 $\nabla^2 g$ 的傅里叶变换为

$$-(2\pi)^2(u^2 + v^2)G(u, v) \tag{5-3-13}$$

故拉普拉斯算子实际上是一高通滤波器。对于数字影像，拉普拉斯算子定义为

$$\begin{aligned} \nabla^2 g_{ij} &= (g_{i+1,\, j} - g_{i,\, j}) - (g_{i,\, j} - g_{i-1,\, j}) + (g_{i,\, j+1} - g_{i,\, j}) - (g_{i,\, j} - g_{i,\, j-1}) \\ &= g_{i+1,\, j} + g_{i-1,\, j} + g_{i,\, j+1} + g_{i,\, j-1} - 4g_{i,\, j} \end{aligned} \tag{5-3-14}$$

通常将上式乘-1，则拉普拉斯算子即成为原灰度函数与矩阵(称为卷积核或掩膜)的卷积。

然后取其符号变化的点，即通过零的点为边缘点，因此通常也称其为零交叉(zero-crossing)点。此外，Laplace 算子是各向同性的导数算子，它具有旋转不变性。即旋转后的 Laplace 算子与旋转前的 Laplace 算子相等，不因旋转而变，因而是各向同性的。但是对数字图像来说，这个算子只能用差分来近似。这时它已不能完全符合各向同性的性质，而是对某些不同走向的边缘的处理效果略有不同。

3. 高斯-拉普拉斯算子(LOG 算子)

由于各种差分算子对噪声很敏感，因而在进行差分运算前应先进行低通滤波。通过理论推导，说明最优低通滤波器的波形近似于高斯函数。如在提取边缘时，利用高斯函数先进行低通滤波，然后再利用拉普拉斯算子进行高通滤波并提取零交叉点，这就是高斯-拉普拉斯算子(Laplace of Guassian)或称为 LOG 算子。

高斯滤波函数为

$$f(x, y) = \exp\left(-\frac{x^2 + y^2}{2\sigma^2}\right) \tag{5-3-15}$$

进行低通滤波后结果为

$$f(x, y) \otimes g(x, y) \tag{5-3-16}$$

再经拉普拉斯算子处理可得：

$$G(x, y) = \nabla^2[f(x, y) \otimes g(x, y)] \tag{5-3-17}$$

不难证明

$$G(x, y) = [\nabla^2 f(x, y)] \otimes g(x, y) \tag{5-3-18}$$

$$\nabla^2 f(x, y)=\frac{x^2+y^2-2\sigma^2}{\sigma^2}\exp\left(-\frac{x^2+y^2}{2\sigma^4}\right) \tag{5-3-19}$$

即 LOG 算子以 $\nabla^2 f(x, y)$ 为卷积核，对原灰度函数进行卷积运算后提取零交叉点为边缘点。

5.3.3　特征分割法

特征分割法是一种基于图像特征将图像划分为不同区域的技术。特征分割法基于图像中的特定特征(如灰度、颜色、纹理、形状等)将图像划分为若干个独立的区域。这些特征在同一区域内通常表现出一致性或相似性，而在不同区域间则表现出明显的差异。特征分割法的目标是确保分割出的图像区域具有均匀性和连通性，并且区域边界规整，以保证边缘的空间定位精度。在线特征提取方面，基于边缘的分割算法通过检测图像中的边缘信息提取线特征，常见的方法包括 Canny 算子、LSD 算子、Hough 变换等。

5.3.3.1　Canny 算子

Canny 算子是 J. F. Canny 于 1986 年提出的一个多级边缘检测算子。该算子把边缘检测问题转换为检测单位函数极大值问题，根据边缘检测的有效性和定位的可靠性，研究了最优边缘检测器所需的特性，推导出最优边缘检测器的数学表达式。

Canny 边缘检测方法是一个具有滤波、增强和检测的多阶段的优化算子，利用了梯度方向信息，采用“非极大抑制”及双阈值技术，获得了单像素连续边缘，是检测效果较好的一种边缘检测方法。

Canny(1986)给出了评价边缘检测性能优劣的三个指标：好的信噪比，好的定位性能，对单一边缘要有唯一响应。他并将上述判据用数学的形式表示出来，然后采用最优化数值方法，得到给定边缘类型对应的最佳边缘检测模板。

其基本原理是：先利用高斯函数对图像进行低通滤波；然后对图像中的每个像素进行处理，寻找边缘的位置及在该位置的边缘法向，并采用一种“非极大抑制”的技术在边缘法向寻找局部最大值；最后对边缘图像做滞后阈值化处理，消除虚假响应。

具体步骤如下：

(1)利用高斯平滑滤波器与图像做卷积以去除噪声。

$$H(x, y)=\exp\left(-\frac{a^2+b^2}{2\sigma^2}\right) \tag{5-3-20}$$

$$G(x, y)=f(x, y)\otimes H(x, y) \tag{5-3-21}$$

用一阶偏导的有限差分计算梯度的幅值和方向。

$$H_1=\begin{pmatrix}-1 & -1\\ 1 & 1\end{pmatrix} \tag{5-3-22}$$

$$H_2=\begin{pmatrix}1 & -1\\ 1 & -1\end{pmatrix} \tag{5-3-23}$$

$$\varphi_1(m, n)=f(m, n)\otimes H_1(x, y) \tag{5-3-24}$$

$$\varphi_2(m, n)=f(m, n)\otimes H_2(x, y) \tag{5-3-25}$$

则梯度的幅值和方向为

$$\varphi(m,\ n) = \sqrt{\varphi_1^2(m,\ n) + \varphi_2^2(m,\ n)} \tag{5-3-26}$$

$$\theta_\varphi = \arctan \frac{\varphi_2(m,\ n)}{\varphi_1(m,\ n)} \tag{5-3-27}$$

(2)对梯度幅值进行非极大值抑制(Non-Maxima Suppression，NMS)。由于全局的梯度并不足以确定边缘，为确定边缘必须保留局部梯度最大的点，而抑制非极大值。解决的方法是利用梯度的方向。

图 5-3-3 中，4 个扇区的标号为 0 到 3，对应 3×3 邻域的 4 种可能组合。

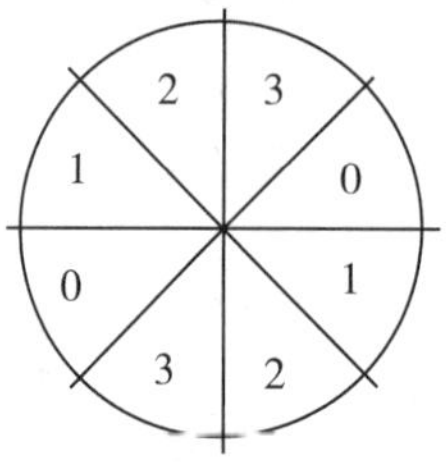

1	2	3
8	+	4
7	6	5

图 5-3-3　非极大值抑制

在每一点上，邻域的中心像素 M 与沿着梯度线的两个像素相比，如果 M 的梯度值不大于沿梯度线的两个相邻像素梯度值，则令 $M=0$。

(3)用双阈值检测并连接边缘。双阈值算法对非极大值抑制图像采用两个阈值 τ_1 和 τ_2，且 $2\tau_1 \approx \tau_2$，从而可以得到两个阈值边缘图像 $N_1[i,\ j]$ 和 $N_2[i,\ j]$。由于 $N_2[i,\ j]$ 使用高阈值得到，因而含有很少的假边缘，但有间断(不闭合)。双阈值法要在 $N_2[i,\ j]$ 中把边缘连接成轮廓，当到达轮廓的端点时，该算法就在 $N_1[i,\ j]$ 的 8-邻域位置寻找可以连接到轮廓上的边缘，这样，算法不断地在 $N_1[i,\ j]$ 中收集边缘，直到将 $N_2[i,\ j]$ 连接起来为止。

5.3.3.2　LSD 算子

LSD(Line Segment Detector)是 Gioi 等于 2010 年提出的，被认为是最新、最权威的线段检测算子，已被纳入了 OpenCV 标准库。LSD 算法具有实时性、准确性、鲁棒性，计算效率高，不需过多设置参数，能控制虚假直线等优点。

LSD 算法本质上是一种相位编组的直线提取算法，它利用梯度方向取代梯度幅值，直接在灰度图像中进行直线提取。为了减少噪声对线特征提取的影响，LSD 算法首先利用高斯模板对原始图像进行去噪处理；然后计算每个像素的梯度幅值和梯度方向，并对梯度幅值进行排序，按照梯度幅值的顺序，通过迭代方法将具有梯度方向相似性的像素划分为具有同一梯度方向的像素区域；最后利用矩形结构逼近这些相同梯度方向的区域，取矩形结构的中心线作为该区域线段特征。该算法包括四个步骤：梯度幅值和梯度方向估计、直线支撑区域生成、矩形逼近直线支撑区域和直线检测。

1. 梯度幅值和梯度方向估计

首先利用高斯模板对数字图像进行去噪，然后计算图像的梯度场。像素梯度根据下式进行计算：

$$g_x(x, y)=\frac{I(x+1, y)+I(x+1, y+1)-I(x, y)-I(x, y+1)}{2}$$
$$g_y(x, y)=\frac{I(x, y+1)+I(x+1, y+1)-I(x, y)-I(x+1, y)}{2} \tag{5-3-28}$$

梯度方向：

$$\alpha=\arctan\left(-\frac{g_x(x, y)}{g_y(x, y)}\right) \tag{5-3-29}$$

梯度幅值：

$$G(x, y)=\sqrt{g_x^2(x, y)+g_y^2(x, y)} \tag{5-3-30}$$

2. 直线支撑区域生成

像素梯度能够反映像素灰度值变化大小及方向等几何属性，梯度大小反映了图像局部像素灰度值变化的剧烈程度。具体地，较小的梯度幅值对应图像中灰度变化缓慢的区域，较大的梯度幅值对应图像中的边缘部分。

在直线支撑区域生成过程中，首先需要建立矩阵存储每个像素点的梯度信息，并按照像素梯度幅值从大到小的顺序进行排序。将梯度幅值较大的像素作为种子点，将该种子点的梯度方向设置为直线支撑区域方向，对该种子点的8-邻域像素进行检测，将方向夹角小于阈值 τ 的像素点加入直线支撑区域内，并将该像素标记为已遍历像素，如图5-3-4所示。

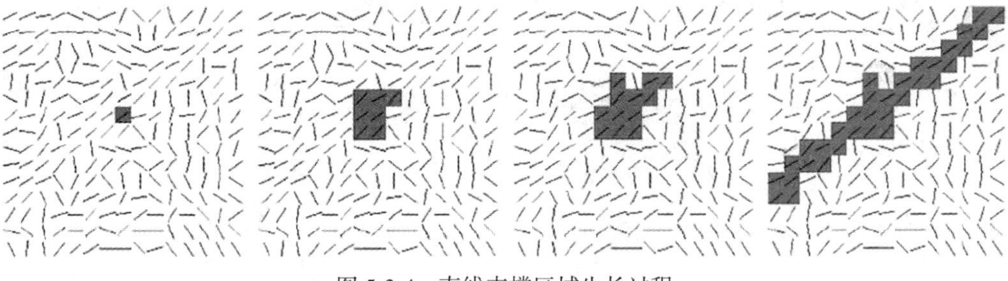

图 5-3-4　直线支撑区域生长过程

每当添加一个新的像素到当前支撑区域后，需要计算直线支撑区域的梯度方向

$$\overline{\alpha}=\arctan\left(\frac{\sum\sin\alpha_i}{\sum\cos\alpha_i}\right) \tag{5-3-31}$$

式中，α_i 对应直线支撑区域内每个像素点的梯度方向值；$\overline{\alpha}$ 对应重新计算得到的新的直线支撑区域平均梯度方向。

3. 矩形逼近直线支撑区域

在获得直线支撑区域后，需要对每个直线支撑区域进行矩形近似，计算直线支撑区域的最小外包矩形，同时计算矩形结构的中心、方向角、长度和宽度等参数，如图 5-3-5 所示。

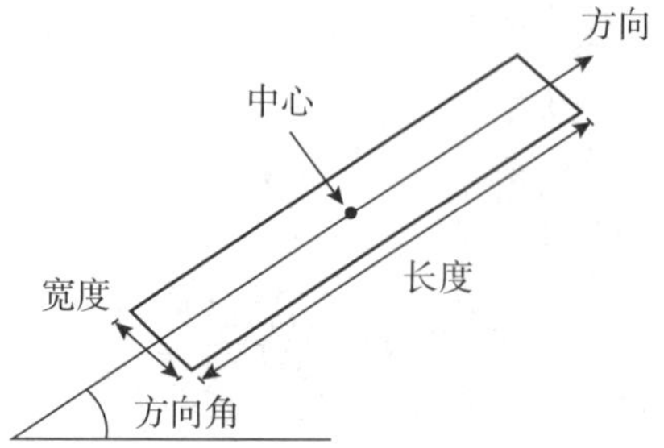

图 5-3-5　矩形结构的中心、方向角、长度和宽度

每个直线支撑区域，对区域内的像素灰度进行加权平均，计算矩形中心点的坐标

$$\begin{cases} c_x = \dfrac{\sum g(i) \cdot x(i)}{\sum g(i)} \\ c_y = \dfrac{\sum g(i) \cdot y(i)}{\sum g(i)} \end{cases} \tag{5-3-32}$$

式中，$g(i)$ 为直线支撑区域内像素的 i 灰度值；$x(i)$、$y(i)$ 为像素点的横、纵坐标。

矩形的方向为直线支撑区域内像素点方向的均值。矩形的长和宽，以矩形内所有像素中属于直线支撑区域的像素的比率应达到 99% 为准则来计算。此时得到的矩形对应的中心线即为该直线支撑区域提取的直线段特征。图 5-3-6 为基于矩形结构近似的直线段示例图，左为原图，中为直线支撑区域，右为直线支撑区域满足 99% 比率的近似矩形。

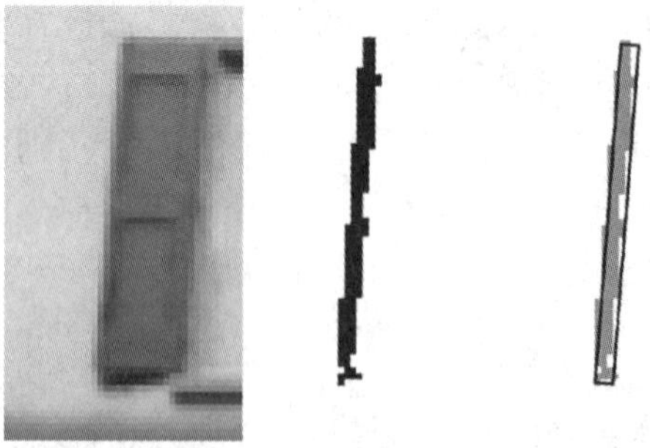
图 5-3-6　基于矩形结构近似的直线段示例

4. 直线检测

LSD 算法主要依据 Helmholtz 原则，对初始直线进行检测，剔除错误直线段。假设图

像模型为一随机场 $\Gamma=[1, M]\times[1, N]$，图像上每个像素点的梯度方向为一服从 $[0, 2\pi]$ 区间均匀分布的随机变量，且随机变量间相互独立。直线支撑区域由其主轴的两个端点和宽度决定，且由于支撑区域有方向，因此端点的排列顺序不同对应不同的支撑区域。

一幅大小为 $M\times N$ 的图像中，总共可能有 $MN\times MN$ 种有向直线，宽度总共有 $\sqrt{MN}$ 种取值，则一幅图像中可能出现的直线支撑区域总数为 $(MN)^{5/2}$ 种。

在直线检测过程中，对于每一个直线支撑区域 r，定义直线区域的错误报警数（NFA），作为判断直线是否正确的标准：

$$\mathrm{NFA}(r)=(NM)^{5/2}B(n, k, p) \tag{5-3-33}$$

式中，$B(n, k, p)$ 为二次项模型。

$$B(n, k, p)=\sum_{j=k}^{n}\binom{n}{k}p^{j}(1-p)^{n-j} \tag{5-3-34}$$

式中，n 为直线支撑区域 r 内总的像素个数；k 为某一梯度方向的像素个数；p 为给定的精度值。将式(5-3-33)代入式(5-3-34)得到 NFA 的计算公式

$$\mathrm{NFA}(r)=(NM)^{5/2}\sum_{j=k}^{n}\binom{n}{k}p^{j}(1-p)^{n-j} \tag{5-3-35}$$

如果直线支撑区域 r 的错误报警数 $\mathrm{NFA}(r)$ 小于阈值 ε，则认为 r 是 ε 有意义的直线支撑区域，即为检测到的直线段。

5.3.3.3 Hough 变换

Hough 变换是 1962 年由 Hough 提出来的，用于检测图像中直线、圆、抛物线、椭圆等且形状能够用一定函数关系描述的曲线。Hough 变换已成功应用于影像分析、模式识别等很多领域。其基本原理是将影像空间中的曲线（包括直线）变换到参数空间中，通过检测参数空间中的极值点，确定出该曲线的描述参数，从而提取影像中的规则曲线。

直线 Hough 变换常采用的直线模型为

$$\rho=x\cos\theta+y\sin\theta \tag{5-3-36}$$

式中，ρ 是从原点引到直线的垂线长度；θ 是垂线与 x 轴正向的夹角（图 5-3-7）。

对于影像空间直线上任一点 (x, y)，Hough 变换将其映射到参数空间 (θ, ρ) 的一条正弦曲线上（图 5-3-8(a)），由于影像空间内的一条直线由一对参数 (θ_0, ρ_0) 唯一地确定，因而该直线上的各点变换到参数空间的各正弦曲线必然都经过点 (θ_0, ρ_0)（图 5-3-8(b)），在参数平面（或空间）中的这个点的坐标就代表了影像空间这条直线的参数。这样，检测影像中直线的问题就转换为检测参数空间中的共线点的问题（图5-3-8(c)）。由于存在噪声及特征点的位置误差，参数空间中所映射的曲线并不严格地通过一点，而是在一个小区域中出现一个峰，只要检测峰值点，就能确定直线的参数。Hough 变换的计算过程如下：

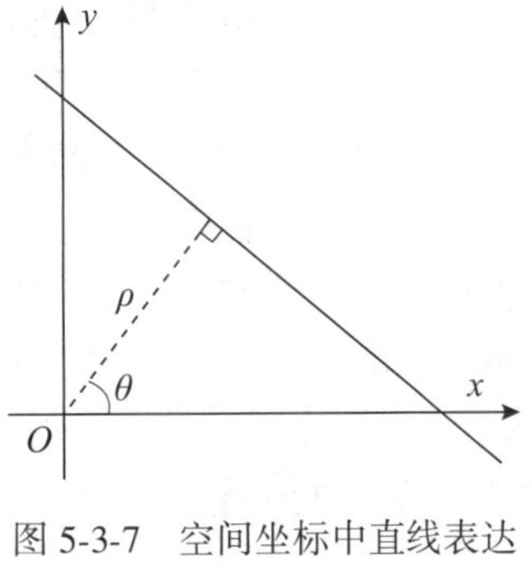

图 5-3-7 空间坐标中直线表达

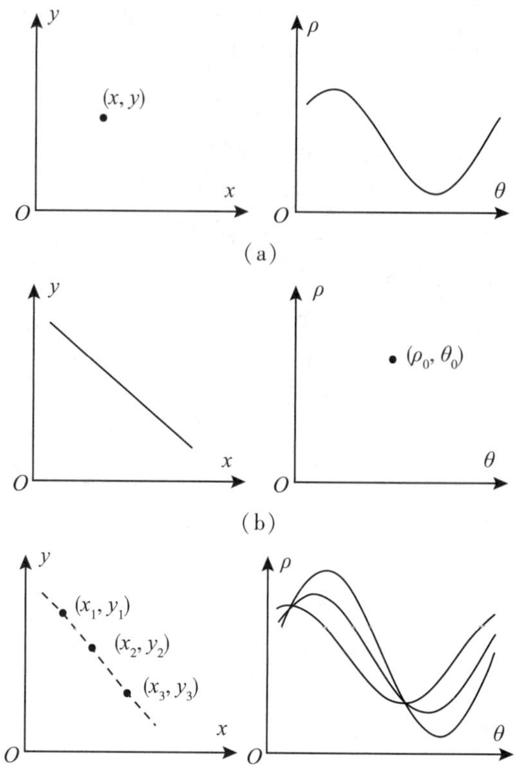

图 5-3-8　Hough 变换的参数空间

(1)对影像进行预处理提取特征并计算其梯度方向 I；

(2)将 $(\theta,\ \rho)$ 参数平面量化，设置二维累计矩阵 $H(\theta_i,\ \rho_j)$；

(3)边缘细化，即在边缘点的梯度方向上保留极值点而剔除那些非极值点；

(4)对每一边缘点，以其梯度方向 φ 为中心，设置一小区间 $[\varphi-\theta_0,\ \varphi+\theta_0]$，其中 θ_0 为经验值，一般可取 $5°\sim10°$，在此小区间上以 $\Delta\theta$ 为步长，按式(5-3-36)对每个区间中的 θ 量化值计算相应的 ρ 值，并给相应的累计矩阵元素增加一个单位值；

(5)对累计矩阵进行阈值检测，将大于阈值的点作为备选点；

(6)取累计矩阵(即参数空间)中备选点中的极大值点为所需的峰值点，这些点所对应的参数空间的坐标即所检测直线的参数。

利用上述各种方法提取的边缘像素，可能只是一些不相连的或无序的边缘点，这需要采用一定的方法将它们形成一个连贯的、对应于一个物体的边界或景物实体之间任何有意义的边界。这些方法包括近似位置附近搜索法、启发式图搜集法、动态规划法、松弛法与轮廓追踪法等，限于篇幅这里不再详细介绍。

5.4　面特征提取

影像中的物体，除了角点、线特征外，还有由同质区域组成的面特征，在物体内部具有灰度、颜色相近或纹理一致的特点。根据这种同质性，把一整幅影像划分为若干互不相交的区域，每个区域对应于某一物体或物体的某一部分，也就是影像分割。下面简要介绍几种具有代表性的影像分割方法。

5.4.1 区域生长法

区域生长法是根据同一物体内像素具有一定相似性，对相邻像素或区域进行合并得到同质区域的分割方法。区域内像素的相似性度量可以包括像素灰度值、纹理、颜色等信息。

具体来说，首先对每一个需要分割的区域找一个种子像素作为生长的起点，然后将种子像素周围邻域中与种子像素有相同或相似特性的像素合并到种子像素所在的区域中，将这些新像素当成新的种子像素继续进行上述过程，直到再没有满足条件的像素可以被包括进来为止。显然，像素相似性的判断需要根据具体应用来确定，即根据具体应用目的设置生长或相似性判断准则。

在实际应用中，区域生长法时一般需要解决三个问题：①选择或确定一组能够正确代表所需要区域的种子像素；②确定在生长过程中将相邻像素合并进来的准则；③制定让生长过程停止下来的条件或规则。种子像素的选取一般与具体问题的特点有关。生长准则的选取则不仅与具体问题有关，也与图像数据的类型有关。停止条件或者规则的制定则需要从图像的局部和全局两个方面进行考虑，因此常需要对分割结果建立一定的模型或辅以特定的先验知识。

生长准则是区域生长算法的关键，这里以常用的基于区域灰度差异法的生长准则为例，介绍区域生长分割算法的步骤：①对图像进行逐行扫描，找出还没有归属的像素；②以该像素为中心检查它的邻域像素，即邻域中的像素逐个与它比较，如果灰度差小于预先确定的阈值，则将它们合并；③以新合并的像素为中心，返回步骤②，检查新的像素的邻域，直到区域不能进一步扩张；④返回到步骤①，继续扫描，直到不再发现没有归属的像素，结束整个生长过程。

5.4.2 Meanshift 影像分割

Meanshift(即均值偏移)算法由 Fukunaga 等于 1975 年提出，是一种采用 Parzen 窗口技术，基于核密度非参数估计的聚类算法。Fukunaga 等(1975)将指向样本概率密度最大方向的偏移向量称为 Meanshift 向量，称为均值偏移向量。Meanshift 算法的基本思想是：对于给定的一定数量样本，任选其中一个样本，以该样本为中心点划定一个区域，求取该区域内样本的质心，即密度最大处的点，再以该点为中心继续执行上述迭代过程，直至最终收敛，即搜索到特征空间中样本点最密集的区域。如果两个样本点搜索到同一个局部密度最大点，则说明这两个样本点属于同一个聚类簇，因此，利用均值偏移算法中任一样本点寻找聚类中心的过程可以实现图像分割。

1. Meanshift 基本原理

首先，假设以点 $\boldsymbol{x}$ 为中心、h 为带宽围成的 d 维空间超球体为 $S_h(x)$，n_x 为超球体中包含的样本点数，$\{\boldsymbol{x}_i\}_{i=1,\cdots,n}$ 为组成的样本点集，则由这些样本点形成的均值偏移向量 $m_h(\boldsymbol{x})$ 为

$$m_h(\boldsymbol{x}) = \frac{1}{n_x}\sum_{\boldsymbol{x}_i \in S_h(\boldsymbol{x})}[\boldsymbol{x}_i - \boldsymbol{x}] = \frac{1}{n_x}\sum_{\boldsymbol{x}_i \in S_h(\boldsymbol{x})}\boldsymbol{x}_i - \boldsymbol{x} \tag{5-4-1}$$

常用 $S_h(x)$ 来表示图像中一个半径为 h 的圆形区域，这个圆形区域满足以下关系的 y 点的集合：

$$S_h(x) = \{y:(y-x)^{\mathrm{T}}(y-x) \leqslant h^2\} \tag{5-4-2}$$

从式(5-4-2)中可以发现，在 n 个样本点 $\boldsymbol{x}_i$ 中，有 n_x 个点落入 S_h 区域中，$\boldsymbol{x}_i - \boldsymbol{x}$ 是样本点 $\boldsymbol{x}_i$ 相对于点 $\boldsymbol{x}$ 的偏移向量。式(5-4-1)定义的 Meanshift 向量 $m_h(\boldsymbol{x})$ 就是对落入区域 S_h 中的 n_x 个样本点相对于点 $\boldsymbol{x}$ 的偏移向量求和，然后再平均，该向量指向概率密度梯度的方向。

然后，引入核函数的均值偏移。核函数是用来计算映射到高维空间之后的内积的一种简便方法，目的是让低维的不可分数据变成高维可分。利用核函数，可以忽略映射关系，直接在低维空间中完成计算。在均值偏移中引入核函数的概念，能够使计算中距离中心的点具有更大的权值，反映距离越短，权值越大的特性。引入核函数的均值偏移向量如式(5-4-3)所示。

$$m_h(\boldsymbol{x}) = \frac{\sum_{i=1}^{n}\boldsymbol{x}_i g\left(\frac{\|\boldsymbol{x}-\boldsymbol{x}_i\|^2}{h}\right)}{\sum_{i=1}^{n} g\left(\frac{\|\boldsymbol{x}-\boldsymbol{x}_i\|^2}{h}\right)} - \boldsymbol{x} \tag{5-4-3}$$

式中，$\boldsymbol{x}$ 为中心点；$\boldsymbol{x}_i$ 为带宽范围内的点；n 为带宽范围内的点的数量；$g(\boldsymbol{x}) = -k'(\boldsymbol{x})$，$k(\boldsymbol{x})$ 为核函数，即 $g(\boldsymbol{x})$ 为核函数导数求负。

在上述概念和原理的基础上，利用 Meanshift 向量计算公式，通过迭代找到最大密度点的过程，就称为 Meanshift 算法。算法实现过程描述为：给定初始点 $\boldsymbol{x}$、核函数 $k(\boldsymbol{x})$ 和容许误差 ε，把式(5-4-3)右边第一项记为 $m_h(\boldsymbol{x})$，在满足最小误差的条件下，循环执行下面三步，直至满足结束条件：

(1)计算 $m_h(\boldsymbol{x})$；

(2)将 $m_h(\boldsymbol{x})$ 指向的位置设置为当前点；

(3)如果 $m_h(\boldsymbol{x}) < \varepsilon$，则结束循环，否则，继续执行(1)。

由式(5-4-3)可知，上面的步骤就是不断沿着概率密度的梯度方向移动。同时，步长不仅与梯度的大小有关，而且与该点的概率密度有关，在密度大的地方，更接近我们要找的概率密度的峰值，Meanshift 算法使得移动的步长小一些；相反，在密度小的地方，移动的步长就大一些。在满足一定条件下，Meanshift 算法一定会收敛到该点附近的峰值。

2. 基于 Meanshift 的影像分割

图像分割问题可以看成对每个像素点找聚类中心的问题，基于 Meanshift 的图像分割就是将图像像素点 $\boldsymbol{x}$ 组成的数据集利用 Meanshift 算法思想进行聚类的过程，将收敛于同一点的邻域像素归为同一类。选择不同特征空间、核函数和带宽将得到不同效果的分割结

果。根据前面介绍的 Meanshift 算法过程，可以将基于 Meanshift 的图像分割算法的步骤概括如下：

(1)确定特征矢量 $\boldsymbol{x}$，在图像分割中采用光谱特征向量，还可以加上空间距离约束的空间位置向量；

(2)选择合适的搜索窗口大小即带宽 h 与选择核函数 $k(\boldsymbol{x})$；

(3)设置初始中心点，用式(5-4-3)计算均值偏移向量；

(4)重复求均值偏移向量直至收敛，找到聚类中心。

5.4.3 简单线性迭代聚类(SLIC)超像素分割

超像素概念是 Ren Xiaofeng 于 2003 年提出并逐步发展起来的图像分割技术，是指具有相似颜色、亮度、纹理等特征的相邻像素构成的有一定视觉意义的不规则像素块。它利用像素之间特征的相似性将像素分组，用少量的超像素代替大量的像素来表达图片特征，在很大程度上降低了图像后处理的复杂度，所以通常作为分割算法的预处理步骤。超像素分割已经广泛用于图像分割、姿势估计、目标跟踪、目标识别等计算机视觉领域。这里介绍一种被广泛使用的基于简单线性迭代聚类(Simple Linear Iterative Clustering，SLIC)的超像素分割算法，该算法思想简单、实现方便，具有简单易用、计算量低、效率高的特点，可以生成简洁整齐的超像素，邻域特征比较容易表达。

该算法采用局部像素聚类(Local Clustering)，以彩色图像为例，将像素定义为 5 维向量，即像素在 Lab 颜色空间中的 L、a、b 值以及空间坐标 x、y，然后对 5 维特征向量构造距离度量标准，对图像像素进行局部聚类，因此，在进行 SLIC 分割算法之前先将图像由 RGB 颜色空间转换到更接近人类生理视觉的 Lab 颜色空间。该算法需要设置的参数较少，默认情况下只需要设置一个预分割的超像素的个数。下面介绍 SLIC 具体的实现步骤。

(1)初始化种子点(聚类中心)：按照设定的超像素个数，在图像内均匀地分配种子点。假设图像有 N 个像素点，预分割为 K 个相同尺寸的超像素，那么每个超像素的大小为 N/K，则相邻种子点的距离(步长)近似为 $S=\sqrt{N/K}$。

(2)在种子点的 $n \times n$ 邻域内重新选择种子点(一般取 $n=3$)。具体方法：计算该邻域内所有像素点的梯度值，将种子点移到该邻域内梯度最小的地方。这样做的目的是避免种子点落在梯度较大的轮廓边界上，以免影响后续聚类效果。

(3)在每个种子点周围的邻域内为每个像素点分配类标签(即属于哪个聚类中心)。与标准的 K-means 在整张图中搜索不同，SLIC 的搜索范围限制为 $2S \times 2S$，可以加速算法收敛，如图 5-4-1 所示。需要注意：期望的超像素尺寸为 $S \times S$，但是搜索的范围是 $2S \times 2S$。

(4)距离度量。包括颜色距离和空间距离。对于每个搜索到的像素点，分别计算它和该种子点的距离。距离计算方法如下：

$$d_c = \sqrt{(l_j - l_i)^2 + (a_j - a_i)^2 + (b_j - b_i)^2} \tag{5-4-4}$$

$$d_S = \sqrt{(x_j - x_i)^2 + (y_j - y_i)^2} \tag{5-4-5}$$

$$D' = \sqrt{\left(\frac{d_c}{N_c}\right)^2 + \left(\frac{d_S}{N_S}\right)^2} \tag{5-4-6}$$

式中，d_c 为颜色距离；d_S 为空间距离；N_S 是类内最大空间距离，$N_S = S = \sqrt{N/K}$，适用于每个聚类。最大颜色距离 N_c，既随图像不同而不同，也随聚类不同而不同，通常取一个固定常数 m（取值范围[1，40]，一般取 10）。最终的距离度量定义为 D'。由于每个像素点会被多个种子点搜索到，所以每个像素点都会有一个与周围种子点的距离，取最小值对应的种子点作为该像素点的聚类中心。

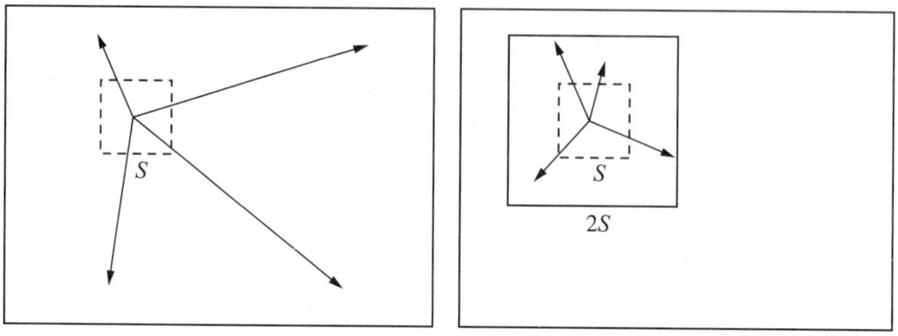

（a）标准 K-means 搜索整幅影像　（b）SLIC 搜索范围限制在有限区域

图 5-4-1　SLIC 像素点搜索范围示意图

（5）迭代优化。完成一次聚类后，重新计算每个超像素块的聚类中心，并重新进行迭代。理论上上述步骤不断迭代直到误差收敛，即每个像素点聚类中心不再发生变化为止。也可以通过设置迭代次数来终止迭代，如一般迭代次数取 10。

（6）增强连通性。经过上述迭代优化可能出现以下瑕疵：出现多连通情况，超像素尺寸过小，单个超像素被切割成多个不连续超像素等，这些情况可以通过增强连通性解决。主要思路是：新建一张标记表，表内元素均为-1，按照“Z”形走向（从左到右，从上到下顺序）将不连续的超像素、尺寸过小超像素重新分配给邻近的超像素，遍历过的像素点分配给相应的标签，直到所有点遍历完毕为止。

5.5　特征定位

在数字摄影测量中，明显目标的定位有着重要的作用。数字影像上明显目标主要是指地面上明显地物在影像上的反映，或者是数字影像自身的明显标志，例如道路、河流的交叉口、田角、房角、建筑物上的明显标志、影像四角上的框标、地面人工标志点等。它们可用于影像的定向，或者需要精确确定其空间位置，因而不仅需要提取这些明显点，还要精确地确定其位置。虽然这些明显目标可以由通常的兴趣算子提取，但是，并不是所有兴趣算子均能精确定位。定位算子就是为了解决这一问题而被提出来的。

最初的定位算子一般是基于影像分割。其过程是先进行影像分割，提取边缘，然后采用不同的标准去定位角点。如 Medloni 和 Yasumoto（1987）使用三次 B 样条拟合边缘，提取有较大曲率和离拟合曲线较远的点为角点。Hidio Ogawa（1994）通过计算边缘上每个点的局部对称性，选取极值作为角点。Freeman(1977)基于链码曲线检测角点。这些方法在很大程度上取决于影像分割的质量。

其后的许多方法不是通过影像分割，而是基于对灰度曲面的研究。有的是通过小面元模型(facet model)计算灰度函数的曲率，通过各种方法定位角点。Zuniga-Haralick 检测器提取最大曲率的边缘点为角点。Kitchen-Rosenfield 角点检测器是把梯度角的变化率与梯度的模之积作为角点尺度。Dreschler-Nagel 定位算子提取正和负高斯曲率极值点之间具有最大坡度的点为角点。还有的方法是通过模板匹配定位角点，即通过分析各种目标的形状形成一套模板，把每块模板与影像上同样大的区域进行卷积，与最大值对应的模板形状就是角点的形状，对应区域中心即角点的位置。模板匹配方法直观，但计算量较大，且模板数量有限，不可能穷举所有的边缘及角点。

矩不变算法是计算机视觉与模式识别中广泛使用的方法，它也被用于定位算法。其原理是一个物体的灰度矩在影像退化前后其值保持不变。它既可以用来对边缘定位，又可以用来对角点定位。

摄影测量界对定位算子的研究虽然起步稍晚，但其研究较深入、细致，这当然是测量界对精度的特殊要求的必然结果。较著名的工作是由 Wong 与 Wei-Hsin、Trinder、Mikhail 及 Forstner 等(1986)完成的。

5.5.1 Medioni-Yasumoto 定位算子

在提取出边缘 $a_1(x_1, y_1)b_1$ 的基础上，用三次 B 样条进行曲线 $a_0(x_0, y_0)b_0$ 的拟合。利用三次 B 样条参数方程

$$\begin{cases} x = x(t) = a_3t^3 + a_2t^2 + a_1t + a_0 \\ y = y(t) = b_3t^3 + b_2t^2 + b_1t + b_0 \end{cases} \tag{5-5-1}$$

由边缘上的点确定系数 a_i，$b_i(i=0, 1, 2, 3)$，然后计算曲线上相应位置的曲率

$$c(t) = \frac{\frac{dx}{dt}\cdot\frac{d^2y}{dt^2} - \frac{d^2x}{dt^2}\cdot\frac{dy}{dt}}{\left[\left(\frac{dx}{dt}\right)^2 + \left(\frac{dy}{dt}\right)^2\right]^{\frac{3}{2}}} \tag{5-5-2}$$

并由曲线的法线方程

$$\frac{dx_0}{dt}(x - x_0) + \frac{dy_0}{dt}(y - y_0) = 0 \tag{5-5-3}$$

求出过(x_0, x_y)的法线与边缘的交点(x_1, y_1)。其中，(x_0, y_0)为曲线上的点，$\frac{dx_0}{dt}$与$\frac{dy_0}{dt}$为该点的导数。计算边缘上的点(x_1, y_1)到曲线的距离

$$d = [(x_1 - x_0)^2 + (y_1 - y_0)^2]^{\frac{1}{2}} \tag{5-5-4}$$

选择具有较大位移和较大曲率的边缘点(x_1, y_1)为角点，如图 5-5-1 所示。

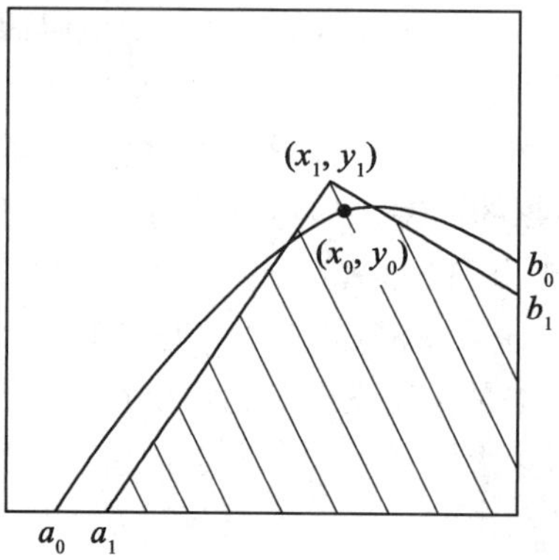

图 5-5-1　Medioni-Yasumoto 定位算子

5.5.2　基于小面元模型的定位算子

影像的任意局部表面(facet)总可以近似用简单的曲面(如二次曲面)予以描述，即一个小块影像灰度可表示为

$$
\begin{aligned}
g(x,\ y) &= I(x,\ y) + n(x,\ y) \\
I(x,\ y) &= k_0 + k_1 x + k_2 y + k_3 x^2 + k_4 xy + k_5 y^2
\end{aligned}
\tag{5-5-5}
$$

式中，可以将 $I(x,\ y)$理解为理想情况下的影像；$n(x,\ y)$为噪声；$g(x,\ y)$是观察到的实际影像。则在该小块面积内的灰度函数可利用一个窗口中的各像素进行最小二乘拟合求出，即求出系数 $k_i(i=0,\ 1,\ \cdots,\ 5)$。

将 $g(x,\ y)$按泰勒公式展开：

$$
g(x,\ y) = g(x_0,\ y_0) + g_x x + g_y y + \frac{1}{2} g_{xx} x^2 + g_{xy} xy + \frac{1}{2} g_{yy} y^2 + \varepsilon \tag{5-5-6}
$$

其中，$g_x = \dfrac{\partial g}{\partial x}$；$g_y = \dfrac{\partial g}{\partial y}$；$g_{xx} = \dfrac{\partial^2 g}{\partial x^2}$；$g_{xy} = \dfrac{\partial^2 g}{\partial x \partial y}$；$g_{yy} = \dfrac{\partial^2 g}{\partial y^2}$；$\varepsilon$ 为余项。

将式(5-5-5)与式(5-5-6)比较可得

$$
\begin{cases}
g(x_0,\ y_0) = k_0 \\
g_x = k_1 \\
g_y = k_2 \\
g_{xx} = 2k_3 \\
g_{xy} = k_4 \\
g_{yy} = 2k_5
\end{cases}
\tag{5-5-7}
$$

1. Zuniga-Haralick 定位算子

该算子的定位过程为

(1)求解每个 $n \times n$ 窗口内的灰度函数

$$
g(x,\ y) = k_0 + k_1 x + k_2 y + k_3 x^2 + k_4 xy + k_5 y^2 \tag{5-5-8}
$$

(2)利用零交叉边缘检测器提取边缘，即图 5-5-2 中的 $\theta_1 T\theta_0$ 曲线。

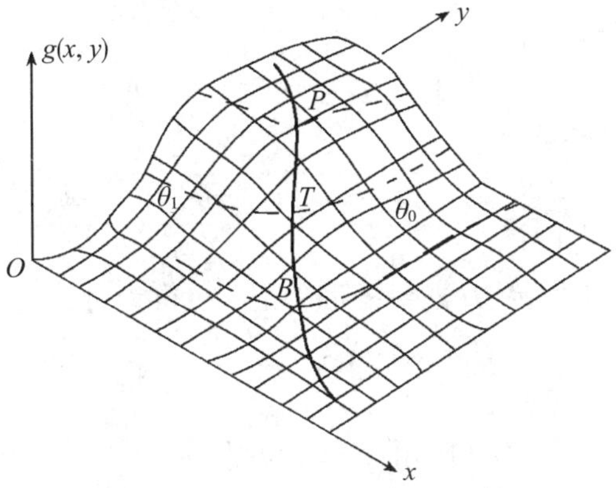

图 5-5-2 基于小面元模型的定位算子

(3)计算边缘点的梯度角变化率 k，以 k 为衡量角点的尺度，称为角点尺度。当 k 大于给定的阈值，则认为该点为角点。若以中心像元为坐标原点，则原点的角点尺度为

$$k=\frac{\left|-2(k_1^2k_5-k_1k_2k_4+k_2^2k_3)\right|}{(k_1^2+k_2^2)^{\frac{3}{2}}} \tag{5-5-9}$$

2. Kitchen-Rosenfeld 定位算子

Kitchen 和 Rosenfeld 使用的角点尺度为

$$k'=\frac{\left|g_{xx}g_y^2+g_{yy}g_x^2-2g_{xy}g_xg_y\right|}{g_x^2+g_y^2} \tag{5-5-10}$$

将式(5-5-9)代入式(5-5-10)得

$$k'=k(g_x^2+g_y^2)^{\frac{1}{2}} \tag{5-5-11}$$

即 Kitchen-Rosenfeld 定位算子与 Zuniga-Haralick 定位算子的角点尺度表达式的差异只在于一个系数$(g_x^2+g_y^2)^{1/2}$，即梯度的模。

3. Dreschler-Nagel 定位算子

Dreschler-Nagel 利用式(5-5-5)对窗口内灰度函数 $g(x, y)$ 进行拟合，求得中心像元(x_0, y_0)处的偏导数。二阶偏导数矩阵为

$$\begin{pmatrix} g_{xx} & g_{xy} \\ g_{yx} & g_{yy} \end{pmatrix} \tag{5-5-12}$$

这个矩阵表示灰度函数 $g(x, y)$ 在中心像元(x_0, y_0)处的曲面曲率。λ_1 与 λ_2 与为(x_0, y_0)处的主曲率，则以上对称矩阵可通过一个线性变换化为对角型

$$\begin{pmatrix} \lambda_1 & 0 \\ 0 & \lambda_2 \end{pmatrix} \tag{5-5-13}$$

其中，λ_1 与 λ_2 为矩阵的特征值。因为通过线性变换，矩阵的迹和行列式的值不变，于是得到

$$\begin{cases} g_{xx} + g_{yy} = \lambda_1 + \lambda_2 \\ g_{xx}g_{yy} - g_{xy}^2 = \lambda_1\lambda_2 \end{cases} \tag{5-5-14}$$

解方程得 λ_1 与 λ_2 的表达式

$$\lambda_{1,2} = \frac{g_{xx} + g_{yy} \pm \sqrt{(g_{xx} - g_{yy})^2 + 4g_{xy}^2}}{2} \tag{5-5-15}$$

λ_1 与 λ_2 之积称为高斯曲率 H(取值既可为正，也可为负)

$$H = \lambda_1 \cdot \lambda_2 = g_{xx}g_{yy} - g_{xy}^2 \tag{5-5-16}$$

Dreschler-Nagel 定位步骤如下：

(1)按式(5-5-16)计算搜索窗口内的各像素高斯曲率；

(2)搜索窗口内正与负高斯曲率极值点对 P(正高斯曲率极值点)与 B(负高斯曲率极值点)；

(3)在通过 P 和 B 的曲线上选择主曲率零交叉点 T(图 5-5-2)，T 即 P 与 B 之间具有最大坡度的点，即所定位的角点。

可以证明 Zuniga-Haralick 定位算子中，使用零交叉边缘检测器检测的边缘包含 $\theta_1T\theta_0$ 的曲线(θ_1 处 λ_1 穿过零值，θ_0 处 λ_2 穿过零值)，具有最大角点尺度的边缘点就是 Dreshler-Nagel 定位算子的转变点 T。因此，Dreshler-Nagel 定位算子、Zuniga-Haralick 定位算子及 Kitchen-Rosenfeld 定位算子本质上都是一致的，只是它们在表达方式和处理步骤上有所不同。

5.5.3　矩不变定位算子

1. 边缘定位

灰度矩的定义：$g(i, j)(i=0, 1\cdots, n-1; j=0, 1, \cdots, m-1)$为点$(i, j)$处的灰度，数字影像的 k 阶灰度矩为

$$m_k = \frac{1}{N}\sum_{i=0}^{n-1}\sum_{j=0}^{m-1} g^k(i, j) = \frac{1}{N}\sum_{l=0}^{255} N_l g_l^k \tag{5-5-17}$$

式中，N 为像素个数；g_l 为可能的灰度；N_l 为相应频数。

理想边缘的数学表达式为(一维情况，见图 5-5-3)

$$f(x) = g_1 + (g_2 - g_1) - u(x - x_0) \tag{5-5-18}$$

式中，g_1 为边缘下缘灰度；g_2 为边缘上绕灰度；x_0 为边缘位置；$u(x)$为单位阶跃函数。

若在 N 个样本中，位于边缘下缘的样本数为 n_0，则

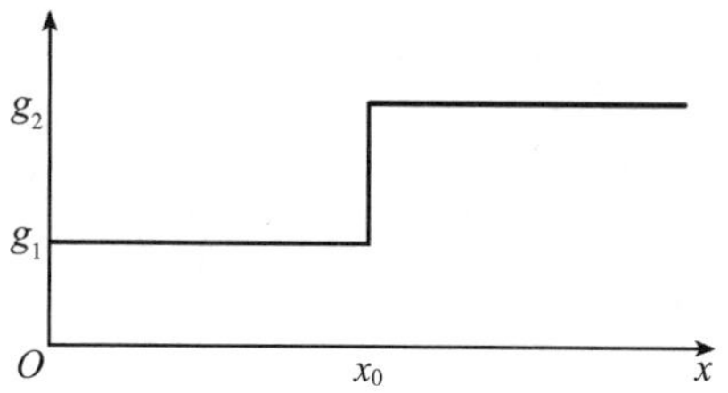

图 5-5-3　矩不变边缘定位

$$\sum_{l=0}^{255} N_l g_l^k = n_0 g_1^k + (N - n_0) g_2^k$$

取 $k=1$，2，3，可解得参数 g_1，g_2 与 n_0（n_0 与 x_0 之差小于一个像素）：

$$n_0 = \frac{N}{2}\left(1 - \frac{c}{\sqrt{4 + c^2}}\right) \tag{5-5-19}$$

其中，

$$c = \frac{1}{\sigma^3}(3m_1 m_2 - m_3 - 3m_1^3)$$

$$\sigma^2 = m_2 - m_1^2$$

2. 角点定位

若在一圆形窗口中存在一角点 $P_0(x_0, y_0)$，其两边与圆周交点为 $P_1(x_1, y_1)$ 与 $P_2(x_2, y_2)$，圆半径为 r，则 $\angle P_1P_0P_2$ 与圆弧 P_1P_2 所包含区域面积为

$$A = \frac{\alpha r^2 + x_2 y_1 - x_1 y_2 + (x_1 - x_2)(y_2 - y_0) - (y_1 - y_2)(x_2 - x_0)}{2} \tag{5-5-20}$$

式中，α 为 P_1P_2 之弧度，$\alpha = \arctan\frac{y_1}{x_1} - \arctan\frac{y_2}{x_2}$，且

$$\begin{cases} x_1^2 + y_1^2 = r^2 \\ x_2^2 + y_2^2 = r^2 \end{cases} \tag{5-5-21}$$

另外，加上其质量矩 M_x，M_y，M_{xy}：

$$M_x = \frac{g_2\{(x_1 - x_2)(r^2 - x_1x_2 - y_1y_2) + (y_0 + y_1 + y_2)\cdot[(x_1 - x_2)(y_2 - y_0) - (y_1 - y_2)(x_2 - x_0)]\}}{6} \tag{5-5-22}$$

$$M_y = \frac{g_2\{(y_1 - y_2)(r^2 - x_1x_2 - y_1y_2) + (x_0 + x_1 + x_2)\cdot[(x_1 - x_2)(y_2 - y_0) - (y_1 - y_2)(x_2 - x_0)]\}}{6} \tag{5-5-23}$$

$$\begin{aligned} M_{xy} = g_2\Big\{&\frac{r^2}{16}(y_2^2 - y_1^2 - x_2^2 + x_1^2) + \frac{1}{12}[(x_2y_0 - x_0y_2)(x_2y_2 + x_0y_0) \\ &+ (x_0y_1 + x_1y_0)(x_1y_1 + x_0y_0)] + \frac{1}{24}[x_0^2(y_1^2 - y_2^2) + y_0^2(x_1^2 - x_2^2)]\Big\} \end{aligned} \tag{5-5-24}$$

可解出 P_0，P_1 与 P_2 三点的坐标 (x_0, y_0)，(x_1, y_1) 与 (x_2, y_2)。矩不变算法易受噪声的影响，定位精度不太高。

5.5.4 Wong-Trinder 圆点定位算子

Wong 和 Wei-Hsin(1986)利用二值图像重心对圆点进行定位。首先利用阈值 T=(最小灰度值+平均灰度值)/2 成将窗口中的影像二值化为 g_{ij}($i=0$, l, …, $n-1$; $j=0$, 1, …, $m-1$)。然后，计算目标重心坐标 (x, y) 与圆度 γ：

$$
\begin{cases}
x = \dfrac{m_{10}}{m_{00}} \\
M'_x = \dfrac{M_{20} + M_{02}}{2} + \sqrt{\left(\dfrac{M_{20} - M_{02}}{2}\right)^2 + M_{11}^2} \\
\gamma = \dfrac{M'_x}{M'_y} \\
y = \dfrac{m_{01}}{m_{00}} \\
M'_y = \dfrac{M_{20} + M_{02}}{2} - \sqrt{\left(\dfrac{M_{20} - M_{02}}{2}\right)^2 + M_{11}^2}
\end{cases}
\tag{5-5-25}
$$

其中，

$$m_{pq} = \sum_{i=0}^{n-1}\sum_{j=0}^{m-1} i^p j^q g_{ij} \quad (p,\ q = 0,\ 1,\ 2,\ \cdots)$$

$$M_{pq} = \sum_{i=0}^{n-1}\sum_{j=0}^{m-1} (i - x)^p (j - y)^q g_{ij} \quad (p,\ q = 0,\ 1,\ 2,\ \cdots)$$

分别为 $p+q$ 阶原点矩与中心矩。当 γ 小于阈值时，目标不是圆；否则，圆心为$(x,\ y)$。

Trinder(1990)发现，该算子受二值化影响，误差可达 0.5 像素，因此他利用原始灰度 W_{ij} 为权。

$$
\begin{cases}
x = \dfrac{1}{M}\sum_{i=0}^{n-1}\sum_{j=0}^{m-1} i g_{ij} W_{ij} \\
y = \dfrac{1}{M}\sum_{i=0}^{n-1}\sum_{j=0}^{m-1} j g_{ij} W_{ij}
\end{cases}
\tag{5-5-26}
$$

其中，

$$M = \sum_{i=0}^{n-1}\sum_{j=0}^{m-1} g_{ij} W_{ij}$$

改进的算子在理想情况下定位精度可达 0.01 像素，但是这种算法只能对圆点定位。

5.5.5　Mikhail 定位算子

若 $g(x,\ y)$为实际影像，系统的点扩散函数为 $p(x,\ y)$，系统的输入为 $f(x,\ y)$，则

$$g(x,\ y) = f(x,\ y) * p(x,\ y) \tag{5-5-27}$$

其中，$*$ 表示卷积运算。若影像中的明显目标可用一组参数 X 描述，则输入影像 $f(x,\ y;\ X)$，而输出的实际影像为

$$g(x,\ y) = f(x,\ y;\ X) * p(x,\ y) \tag{5-5-28}$$

若点扩散函数 p 为已知，可利用最小二乘法求解参数向量 X。

对于一维理想边缘(如式(5-5-18)由三个参数描述)，设点扩散函数为高斯函数，则

$$g(x) = f(x;\ g_1,\ g_2,\ x_0) * p(x) \tag{5-5-29}$$

由最小二乘法可求解 g_1，g_2，x_0，从而可确定边缘的位置与形状。对于一个十字丝影

像，可用7个参数描述，在理想情况下，定位精度可达0.03~0.05像素。但是Mikhail算子的问题在于系统的点扩散函数常常是不知道的，而确定系统的点扩散函数则需要花费很多工作量。

◎ 思考题

1. 怎样计算影像的信息量？局部影像信息量与影像特征有什么关系？

2. 比特分割有什么作用？怎样进行比特分割？

3. 什么是影像特征？绘出其剖面灰度曲线。

4. 试述Moravec算子、Forstner点特征提取及Harris算子的原理，绘出其程序框图并编制相应程序。

5. 试述SIFT算子的特点与原理。

6. 什么是线特征？有哪些梯度算子可用于线特征的提取？

7. 差分算子的缺点是什么？为什么LOG算子能避免差分算子的缺点？

8. 什么是特征分割？它与通常的特征提取有什么不同？

9. 绘出利用Hough变换提取直线的程序框图并编制相应程序。

10. 什么是影像分割？有哪几种主要的影像分割方法？分别简述其主要步骤。

11. 定位算子与特征提取算子有什么区别？有哪几种类型的特征定位算子？

12. 绘出Medioni-Yasumoto定位算子的程序框图，并编制相应程序。

13. 基于小面元模型的定位算子有哪几种？它们的区别与联系分别是什么？

14. 怎样利用矩不变性质进行边缘定位及角点定位？

15. 绘出高精度圆点定位算子的程序框图并编制相应程序。

16. Mikhail定位算子的优缺点是什么？怎样利用其进行十字丝定位？

17. Forstner定位算子与其特征提取算子的区别与联系是什么？编制其定位算子程序。

18. 为什么利用梯度方向的定位算子达不到较高的精度？

19. 试述高精度直线与角点定位算子的定位过程，绘制其程序框图并编制相应程序。

20. 试分析高精度角点定位算子的理论精度。

第 6 章　影像匹配理论与算法

摄影测量中双像(立体像对)量测是提取物体三维信息的基础。在数字摄影测量中以影像匹配代替传统人工观测，以达到自动确定同名像点的目的。影像匹配是指通过一定的匹配算法在两幅或多幅影像之间识别同名点的过程，影像匹配的本质是判断二维信号的同源性。这是一个复杂且具有挑战性的问题，因为在实际应用中，影像之间可能存在尺度变化、旋转、光照变化、噪声干扰、遮挡等问题。因此，研究者们提出了许多不同的匹配算法和技术，以适应各种复杂情况。然而，无论哪种影像匹配方法，其基本过程都包含以下四个基本要素：

(1)选择匹配目标，也就是在影像中选择需要匹配的位置；

(2)选择一种相似性度量的计算方法；

(3)设计一种适当检索策略快速找出同名点对；

(4)为了剔除错误的匹配点还需要设计过滤错误的方法。

影像匹配在遥感处理、数字摄影测量、计算机视觉、地图学及军事应用等多个领域都有广泛的应用，是图像融合、目标识别、目标变化检测、计算机视觉等处理中的一个重要步骤。根据影像匹配在摄影测量中的不同用途，我们将影像匹配分为用于影像定向稀疏匹配和用于三维重建的密集匹配，而稀疏匹配又包含基于模板的匹配和基于特征的匹配两大类。为此，本章将按模板匹配、特征匹配和密集匹配进行介绍。

6.1　模板匹配

模板匹配是一种最原始、最基本的影像匹配算法，其目标是在影像中寻找与给定模板最相似的区域。模板通常是一幅小影像，模板匹配就是在一幅大影像中搜寻这个模板，确定其坐标位置。

6.1.1　模板匹配基本原理

模板匹配通过在原影像上滑动模板，计算模板影像与原影像中对应区域的相似度(或差异度)，找到相似度最高(或差异度最低)的区域作为匹配结果。模板匹配的基本过程：首先，准备影像(I)和模板(T)，影像(I)是待搜索的大图像，模板(T)是已知的小影像；然后，滑动模板在原影像上进行遍历，从左到右，从上到下，在每个位置，计算模板与原影像对应区域的相似度(或差异度)，并将结果保存在结果矩阵(R)中；最后，取结果矩阵(R)中的最大值(或最小值，取决于相似度计算方法)位置即为模板在原影像中的匹配位置。

6.1.1.1 匹配目标

模板匹配中匹配目标也称为模板，是用于影像间相互比较的参考图像。模板的选择是一个非常关键的步骤，它直接影响匹配结果的准确性和效率。一个合适的模板能够更有效地在源影像中找到与之相似的区域，从而提高匹配的准确性和效率。模板的选择要遵循如下原则：

(1)代表性。模板应能够代表待匹配目标的主要特征，包括形状、颜色、纹理等。这样，模板才能在源图像中准确地找到与之相似的区域。

(2)独特性。模板应具有足够的独特性，以便在源图像中与其他区域区分开来。如果模板过于普通或常见，可能会导致误匹配。

(3)清晰度。模板应具有足够的清晰度和对比度，以便在匹配过程中能够准确识别。模糊的模板可能会降低匹配的准确性。

(4)尺寸适当。模板的尺寸应适当，既不过大，也不过小。过大的模板可能会增加计算量，降低匹配效率；而过小的模板可能无法包含足够的特征信息，影响匹配的准确性。

常见的模板选择方法有以下两种。

(1)基于特征的选择。当源图像和模板图像在特征和控制点上有较高一致性时，可以选择基于特征的方法。特征可以是点、曲线、边缘或表面模型等，这些特征在模板和源图像中应具有相似性和一致性。

(2)基于区域的选择。当模板图像在图像中缺乏显著特征时，可以选择基于区域的方法。这种方法直接处理像素值，通过计算图像与模板的强度值来衡量匹配程度。

6.1.1.2 相似性度量

若模板匹配的目标窗口(图 6-1-1)灰度矩阵为 $G(g_{i,j})(i=1, 2, \cdots, m; j=1, 2, \cdots, n)$，$m$ 与 n 是矩阵 G 的行列数，一般情况下取奇数。与 G 相应的灰度函数为 $g(x, y)$，$(x, y)\in D$，将 G 中元素排成一行构成一个 $N=m\cdot n$ 维的目标向量 $X=(x_1, x_2, \cdots, x_N)$。搜索区灰度矩阵为 $G'=(g'_{i,j})(i=1, 2, \cdots, k; j=1, 2, \cdots, l)$，$k$ 与 l 是矩阵 G' 的行与列数，一般情况下也取奇数。与 G' 相应的灰度函数为 $g'(x', y')$，$(x', y')\in D'$。G' 中任意一个 m 行 n 列的子块(即搜索窗口)记为

$$G'_{r,c}=(g'_{i+r, j+c})\quad (i=1, 2, \cdots, m, j=1, 2, \cdots, n)$$
$$(r=\mathrm{int}(m/2)+1, \cdots, k-\mathrm{int}(m/2))$$
$$(c=\mathrm{int}(n/2)+1, \cdots, l-\mathrm{int}(n/2))$$

将 $G'_{r,c}$ 的元素排成一行构成一个 $N=m\cdot n$ 维的搜索向量，记为 $Y=(y_1, y_2, \cdots, y_N)$，则模板匹配的一些基本算法如下：

1. 差绝对值和(差矢量分量绝对值和)

$g(x, y)$ 与 $g'(x', y')$ 的差平方和为

$$S(p, q)=\iint_{(x, y)\in D}\left|g(x, y)-g'(x+p, y+q)\right|\mathrm{d}x\mathrm{d}y \tag{6-1-1}$$

若 $S(p_0, q_0) > S(p, q)(p \neq p_0, q \neq q_0)$，则 p_0，q_0 为搜索区影像相对于目标区影像的位移参数。对于一维相关应有 $q \equiv 0$。

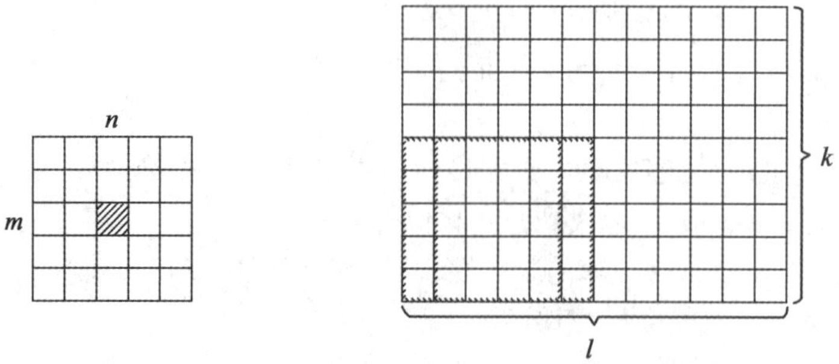

(a) 目标区　　(b) 搜索区

图 6-1-1　目标区与搜索区

离散灰度数据差绝对值和的计算公式为

$$S(c, r) = \sum_{i=1}^{m} \sum_{j=1}^{n} \left| g_{i,j} - g'_{i+r, j+c} \right| \tag{6-1-2}$$

若 $S(c_0, r_0) > S(c, r)(c \neq c_0, r \neq r_0)$，则 c_0，r_0 为搜索区影像相对于目标区影像的位移行、列参数。对于一维相关应有 $r \equiv 0$。

两影像窗口灰度差绝对值和即灰度矢量 X 与 Y 之差矢量

$$X - Y = (x_1 - y_1, x_2 - y_2, \cdots, x_N - y_N)$$

之分量的绝对值之和。

$$S = |x_1 - y_1| + |x_2 - y_2| + \cdots + |x_N - y_N| = \sum_{i=1}^{N} |x_i - y_i| \tag{6-1-3}$$

当 $N = 2$ 时，

$$S = |x_1 - y_1| + |x_2 - y_2| = \min \tag{6-1-4}$$

S 等值线是二维平面上以 $(x)_1, x_2)$ 为中心、边长为 $\sqrt{2}S$、对角线与坐标轴平行的一个正方形(图 6-1-2)。

2. 差平方和(差矢量模)

$g(x, y)$ 与 $g'(x', y')$ 的差平方和为

$$S^2(p, q) = \iint_{(x, y) \in D} [g(x, y) - g'(x + p, y + q)]^2 \mathrm{d}x\mathrm{d}y \tag{6-1-5}$$

若 $S^2(p_0, q_0) > S^2(p, q)(p \neq p_0, q \neq q_0)$，则 p_0，q_0 为搜索区影像相对于目标区影像的位移参数。对于一维相关应有 $q \equiv 0$。

离散灰度数据的计算公式为

$$S^2(c, r) = \sum_{i=1}^{m} \sum_{j=1}^{n} \{(g_{i,j}\} - g'_{i+r, j+c})^2 \tag{6-1-6}$$

若 $S^2(c_0, r_0) > S^2(c, r)(c \neq c_0, r \neq r_0)$，则 c_0，r_0 为搜索区影像相对于目标区影像的位移行、列参数。对于一维相关应有 $r \equiv 0$。

两影像窗口灰度差的平方和即灰度向量 X 与 Y 之差矢量

$$X - Y = (x_1 - y_1,\ x_2 - y_2,\ \cdots,\ x_N - y_N)$$

之模的平方。

$$S^2 = |X-Y|^2 = (x_1-y_1)^2 + (x_2-y_2)^2 + \cdots + (x_N - y_N)^2 = \sum_{i=1}^{N}(x_i - y_i)^2 \tag{6-1-7}$$

它是 N 维空间点 Y 与点 X 之间距离的平方。故差平方和最小等于 N 维空间点 Y 与点 X 之距离最小。当 $N=2$ 时，

$$S^2 = (x_1 - y_1)^2 + (x_2 - y_2)^2 = \min \tag{6-1-8}$$

S 等值线是二维平面上的一个圆(图 6-1-3)。

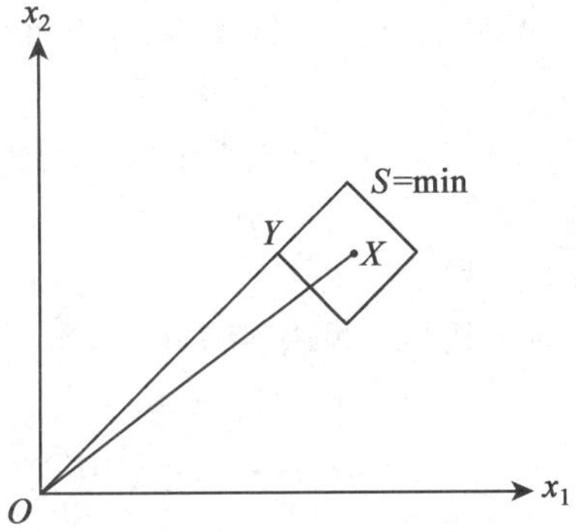

图 6-1-2　差绝对和几何意义

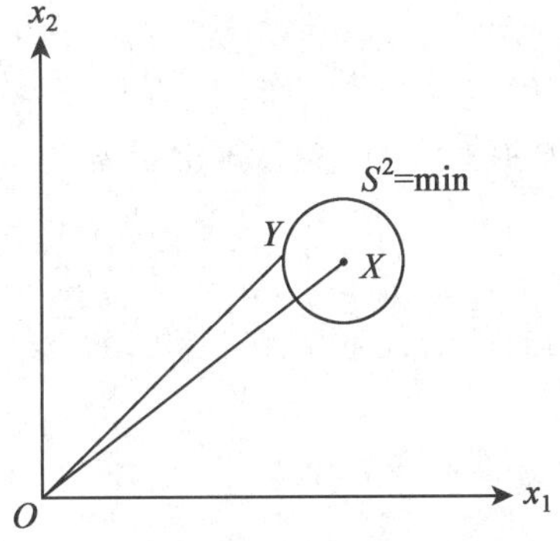

图 6-1-3　差平方和几何意义

3. 相关系数(矢量夹角)

(1)定义与计算公式。相关系数是标准化的协方差函数，协方差函数除以两信号的方差即得相关系数。$g(x,\ y)$ 与 $g'(x',\ y')$ 的相关系数为

$$\rho(p,\ q) = \frac{C(p,\ q)}{\sqrt{C_{gg}C_{g'g'}(p,\ q)}} \tag{6-1-9}$$

式中，

$$C_{gg} = \iint_{(x,\ y)\in D}\{g(x,\ y) - E[g(x,\ y)]\}^2 \mathrm{d}x\mathrm{d}y$$

$$C_{g'g'}(p,\ q) = \iint_{(x,\ y)\in D}\{g'(x+p,\ y+q) - E[g'(x+p,\ y+q)]\}^2 \mathrm{d}x\mathrm{d}y$$

其中，$C(p,\ q)$，$E(g(x,\ y))$ 与 $E(g'(x+p,\ y+q))$ 由式(6-1-2)定义。

若 $\rho(p_0,\ q_0) > \rho(p,\ q)(p \neq p_0,\ q \neq q_0)$，则 p_0，q_0 为搜索区影像相对于目标区影像的位移参数。对于一维相关应有 $q \equiv 0$。

由离散灰度数据对相关系数的估计为

$$\rho(c,\ r) = \frac{\sum_{i=1}^{m}\sum_{j=1}^{n}(g_{i,\ j} - \bar{g})(g'_{i+r,\ j+c} - \bar{g}')}{\sqrt{\sum_{i=1}^{m}\sum_{j=1}^{n}(g_{i,\ j} - \bar{g})^2 \cdot \sum_{i=1}^{m}\sum_{j=1}^{n}(g'_{i+r,\ j+c} - \bar{g}'_{r,\ c})^2}} \tag{6-1-10}$$

$$\bar{g}=\frac{1}{m\cdot n}\sum_{i=1}^{m}\sum_{j=1}^{n}g_{i,j}$$

$$\bar{g}'_{c,r}=\frac{1}{m\cdot n}\sum_{i=1}^{m}\sum_{j=1}^{n}g'_{i+r,j+c}$$

考虑到计算工作量，相关系数的实用公式为

$$\rho(c,r)=\frac{\sum_{i=1}^{m}\sum_{j=1}^{n}(g_{i,j}\cdot g'_{i+r,j+c})-\frac{1}{m\cdot n}\left(\sum_{i=1}^{m}\sum_{j=1}^{n}g_{i,j}\right)\left(\sum_{i=1}^{m}\sum_{j=1}^{n}g'_{i+r,j+c}\right)}{\sqrt{\left[\sum_{i=1}^{m}\sum_{j=1}^{n}g_{i,j}^{2}-\frac{1}{m\cdot n}\left(\sum_{i=1}^{m}\sum_{j=1}^{n}g_{i,j}\right)^{2}\right]\left[\sum_{i=1}^{m}\sum_{j=1}^{n}g'^{2}_{i+r,j+c}-\frac{1}{m\cdot n}\left(\sum_{i=1}^{m}\sum_{j=1}^{n}g'_{i+r,j+c}\right)^{2}\right]}}$$

(6-1-11)

若 $\rho(c_0, r_0)>\rho(c, r)(c\neq c_0, r\neq r_0)$，则 c_0，r_0 为搜索区影像相对于目标区影像的位移行、列参数。对于一维相关应有 $r\equiv 0$。

相关系数的估计值最大，等价于矢量 X' 与 Y' 的夹角最小(图 6-1-4)，因为

$$\rho=\frac{(X'\cdot Y')}{|X'||Y'|}=\frac{|X'||Y'|\cos\alpha}{|X'||Y'|}=\cos\alpha \tag{6-1-12}$$

式中，α 是矢量 X' 与矢量 Y' 的夹角。X' 与 Y' 的定义同前段内容一样。

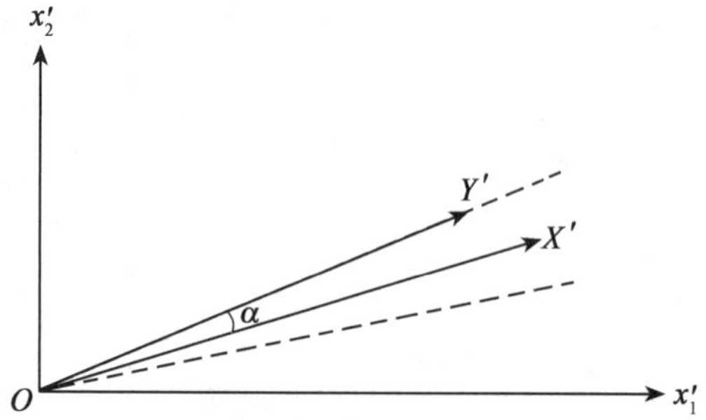

图 6-1-4　相关系数的几何意义

相关系数是两个单位长度矢量 $\frac{X'}{|X'|}$ 与 $\frac{Y'}{|Y'|}$ 的数积，其值等于 X 与 E 两矢量构成的超平面与 Y 与 E 两矢量构成的超平面之夹角 α 的余弦。因而其取值范围满足

$$|\rho|\leqslant 1 \tag{6-1-13}$$

(2)相关系数是灰度线性变换的不变量。设 X 与 Y 是目标影像灰度与搜索影像灰度矢量，其相关系数为

$$\rho=\frac{\sum_{i=1}^{N}(x_i-\bar{x})(y_i-\bar{y})}{\sqrt{\sum_{i=1}^{N}(x_i-\bar{x})^2\sum(y_i-\bar{y})^2}} \tag{6-1-14}$$

当搜索影像灰度矢量变为 Y'，并假设它与 Y 呈一线性畸变

$$Y'=aY+b \tag{6-1-15}$$

则 Y' 与 X 的相关系数 ρ' 为

$$\rho' = \frac{\sum_{i=1}^{N}(x_i - \bar{x})(y'_i - \bar{y})}{\sqrt{\sum_{i=1}^{N}(x_i - \bar{x})^2 \sum_{i=1}^{N}(y'_i - \bar{y})^2}} = \frac{\sum_{i=1}^{N}(x_i - \bar{x})[(ay_i + b) - (a\bar{y} + b)]}{\sqrt{\sum_{i=1}^{N}(x_i - \bar{x})^2 \sum_{i=1}^{N}[(ay_i + b) - (a\bar{y} + b)]^2}}$$

$$= \frac{a\sum_{i=1}^{N}(x_i - \bar{x})(y_i - \bar{y})}{\sqrt{\sum_{i=1}^{N}(x_i - \bar{x})^2 \cdot a^2 \sum_{i=1}^{N}(y_i - \bar{y})^2}} = \rho \tag{6-1-16}$$

即灰度矢量经线性变换后，相关系数保持不变。

4. 相关函数(矢量数积)

$g(x, y)$ 与 $g'(x', y')$ 的相关函数定义为

$$R(p, q) = \iint_{(x, y) \in D} g(x, y) g'(x + p, y + q) \mathrm{d}x\mathrm{d}y \tag{6-1-17}$$

若 $R(p_0, q_0) > R(p, q)(p \neq p_0, q \neq q_0)$，则 p_0，q_0 为搜索区影像相对于目标区影像的位移参数。对于一维相关应有 $q \equiv 0$。

由离散灰度数据对相关函数的估计公式为

$$R(c, r) = \sum_{i=1}^{m} \sum_{j=1}^{n} g_{i,j} \cdot g'_{i+r, j+c} \tag{6-1-18}$$

若 $R(c_0, r_0) > R(c, r)(r \neq r_0, c \neq c_0)$，则 c_0，r_0 为搜索区影像相对于目标区影像的位移行、列参数。对于一维相关应有 $r \equiv 0$。

相关函数的估计值即矢量 X 与 Y 的数积

$$R(X \cdot Y) = \sum_{i=1}^{N} x_i y_j \tag{6-1-19}$$

在 N 维空间 $\{y_1, y_2, \cdots, y_N\}$ 中，$R = (X \cdot Y)$ 是 y_1，y_2，…，y_N 的线性函数

$$R = \sum_{i=1}^{N} x_i y_j = \max \tag{6-1-20}$$

它是 N 维空间的一个超平面。当 $N = 2$ 时，

$$R = x_1 y_1 + x_2 y_2 \tag{6-1-21}$$

是二维平面上垂直于 X 的一条直线(图 6-1-5)。因目标向量 X 是已知常数向量，故相关函数最大(即矢量 X 与 Y 的数积最大)等价于矢量 Y 在 X 上的投影最大。设 X 与 Y 之模为 $|X|$ 与 $|Y|$，夹角为 θ，则

$$(X \cdot Y) = |X| \cdot |Y| \cdot \cos\theta = \max \tag{6-1-22}$$

等价于

$$|Y|\cos\theta = \max \tag{6-1-23}$$

上式左端即向量 Y 在向量 X 上的投影(图 6-1-5)。

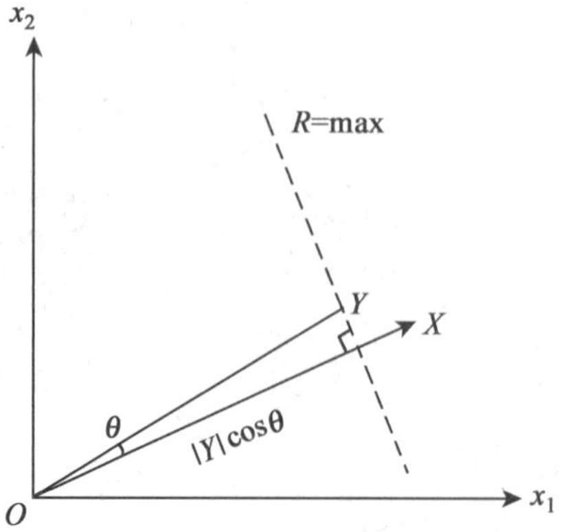

图 6-1-5　相关函数的几何意义

5. 协方差函数(矢量投影)

协方差函数是中心化的相关函数。$g(x, y)$ 与 $g'(x', y')$ 的协方差函数定义为

$$C(p, q) = \iint_{(x, y)\in D}\{g(x, y) - E[g(x, y)]\}\{g'(x+p, y+q) - E[g'(x+p, y+q)]\}\mathrm{d}x\mathrm{d}y$$

$$E[g(x, y)] = \frac{1}{|D|}\iint_{(x, y)\in D} g(x, y)\mathrm{d}x\mathrm{d}y$$

$$E[g'(x+p, y+q)] = \frac{1}{|D|}\iint_{(x, y)\in D} g'(x+p, y+q)\Big]\mathrm{d}x\mathrm{d}y \tag{6-1-24}$$

式中，$|D|$ 为 D 之面积。

若 $C(p_0, q_0) > C(p, q)(p \neq p_0, q \neq q_0)$，则 p_0，q_0 为搜索区影像相对于目标区影像的位移参数，对于一维相关有 $q \equiv 0$。

由离散数据对协方差函数的估计为

$$C(c, r) = \sum_{i=1}^{m}\sum_{j=1}^{n}(g_{i, j} - \bar{g})\cdot(g'_{i+r, j+c} - \bar{g}'_{c, r}) \tag{6-1-25}$$

$$\bar{g} = \frac{1}{m\cdot n}\sum_{i=1}^{m}\sum_{j=1}^{n} g_{i, j}$$

$$\bar{g}'_{c, r} = \frac{1}{m\cdot n}\sum_{i=1}^{m}\sum_{j=1}^{n} g'_{i+r, j+c}$$

若 $C(c_0, r_0) > C(c, r)(c \neq c_0, r \neq r_0)$，则 c_0, r_0 为搜索区影像相对于目标区影像的位移行、列参数。对于一维相关应有 $r \equiv 0$。

设矢量

$$\bar{X} = (\bar{x}, \bar{x}, \cdots, \bar{x}), \bar{Y} = (\bar{y}, \bar{y}, \cdots, \bar{y}), \bar{x} = \frac{1}{N}\sum_{i=1}^{N} x_i, \bar{y} = \frac{1}{N}\sum_{i=1}^{N} y_i$$

令
$$X' = X - \bar{X}, Y' = Y - \bar{Y}$$

矢量 $\bar{X}$ 即矢量 X 在矢量 $E = (1, 1, \cdots, 1)$ 上的投影矢量，X，$\bar{X}$ 与 X' 构成一直角三角形，

X是斜边，$\bar{X}$与X'是两直角边。Y，$\bar{Y}$与Y'也具有相同的关系。协方差函数的估计值即矢量X'与Y'的数积

$$C=(X'\cdot Y')=\sum_{i=1}^{N}(x_i-\bar{x})(y_j-\bar{y})=\sum_{i=1}^{N}x'_iy'_j \tag{6-1-26}$$

其中，$x'=x_i-\bar{x}$；$y'=y_i-\bar{y}(i=1,\ 2,\ \cdots,\ N)$。

由于C是Y'在X'的投影与X'的长之积，因而协方差测度等价于Y'在X'上投影最大，而$C=\max$在二维空间中是平行于$\bar{X}$(或E)的一条直线，如图6-1-6所示。协方差函数的实用估计式为

$$C(c,\ r)=\sum_{i=1}^{m}\sum_{j=1}^{n}g_{i,\,j}\cdot g'_{i+r,\,j+c}-\frac{1}{m\cdot n}\sum_{i=1}^{m}\sum_{j=1}^{n}g_{i,\,j}\cdot\frac{1}{m\cdot n}\sum_{i=1}^{m}\sum_{j=1}^{n}g'_{i+r,\,j+c} \tag{6-1-27}$$

由频谱分析可知，减去信号的均值等于去掉其直流分量。因而当两影像的灰度强度平均相差一个常量时，应用协方差测度可不受影响。

6.1.1.3 检索策略

模板匹配搜索方法一般是对整幅影像逐像素遍历搜索，首先将模板与待搜索图像的原点对齐，计算出待搜索图像原点处与模板的相似度，然后通过滑动模板图像计算出待搜索图像全部像素点与模板的相似度。当某像素点的相似度达到要求或取得最大值时就判定该位置为最佳匹配，即目标物体位于该位置。检测实现过程如图6-1-7所示。

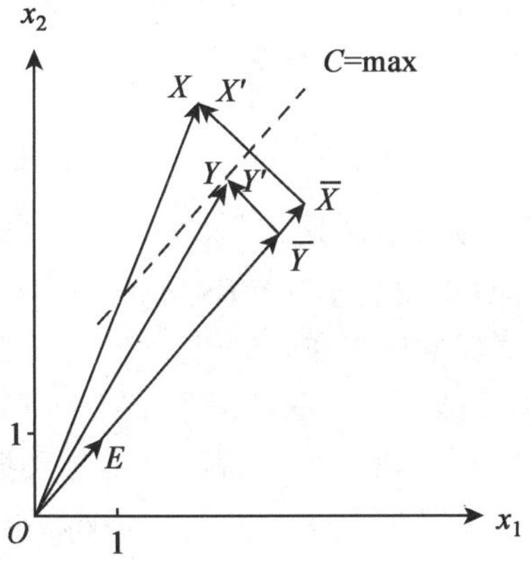

图6-1-6 协方差函数的几何意义

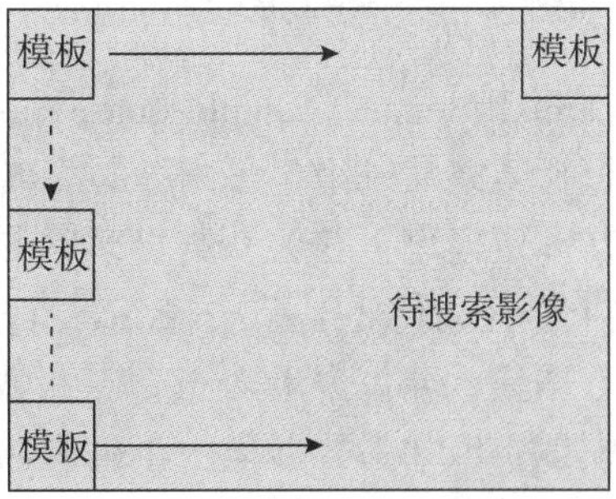

图6-1-7 模板匹配检索过程

逐像素遍历搜索的效率较低，为了提升搜索效率，通常有如下加速方法：

(1)设置合适的模板特征(如方差)阈值，当目标区域的模板特征小于阈值时跳过，从而减少匹配次数提升效率。

(2)调整移动步长，减少所需要的匹配次数提升效率。

(3)采用图像金字塔提升效率。

6.1.1.4　错点剔除

受各种因素(如噪声、光照变化、传感器差异等)的影响，可能会产生一些错误的匹配点，这些错点会干扰后续的变换参数求解、目标识别等任务，因此必须进行有效的剔除。错点剔除的方法非常多，下面介绍几种常见的方法。

1. 反向匹配验证

反向匹配验证是指在影像匹配过程中，不仅进行正向的匹配(即从一张影像到另一张影像的匹配)，还进行反向的匹配(即从第二张影像回到第一张影像的匹配)，并检查这两个方向的匹配结果是否一致。如果两个方向的匹配结果都满足一定的条件，则认为匹配是可靠的。

反向匹配验证的处理步骤如下：

(1)正向匹配。固定左影像(或参考影像)上的点元素。在右影像(或观测影像)上沿核线搜索，寻找最佳匹配点，获取同名像点对，记为 A。

(2)反向匹配。固定右影像(或观测影像)上的匹配点元素。在左影像(或参考影像)上沿核线进行搜索，寻找最佳的匹配点来获取同名像点对，记为 B。

(3)匹配结果验证。比较同名像点对 A 与 B 所对应的相关参数。如果这些参数之间的差异小于设置的阈值，则认为匹配成功；否则，认为匹配是不可靠的，需要进一步处理。

通过反向匹配验证，可以确保匹配结果在两个方向上都是一致的，从而提高了匹配的可靠性。反向匹配验证策略可以广泛应用于各种影像匹配任务，特别是当匹配点结果的可靠性不高时，在进行检查修改中可以运用反向匹配方法予以解决。

2. 几何约束下 RANSAC 剔错点

RANSAC(Random Sample Consensus)算法由 Fischler 和 Bolles 在 1981 年提出，其核心是通过试探方式从一组包含离群的测数据中估算数学模型参数。RANSAC 是一个非确定性算法，在一定概率下它会获得合理结果，随着试探次数增加，产生合理结果概率也会增加。相对最小二乘拟合算法，RANSAC 显得更加鲁棒。举个简单例子，对于一组包含误差的观测数据集，若数据集内正确观测数量的比例超过 80%，此时用最小二乘拟合，结果很容易收敛。但如果数据集内正确观测数量的比例只有 20%，此时用最小二乘拟合不可能获得合理结果。然而，如果用 RANSAC 算法估算，只要试探次数够多，也能得到合理结果。RANSAC 算法有个基本假设：在观测数据集中符合合理模型的样本是有规律的，而错误样本服从随机分布。RANSAC 算法的基本过程如下：

(1)在观测数据集中随机选择一些元素设定为内群(inliers)；

(2)拟合内群数学模型参数；

(3)把未选到的数据元素放入建立的模型中，计算是否为内群，并记录内群的元素个数；

(4)多次重复以上步骤，找出内群元素个数最多的一次所对应模型作为结果。

下面以拟合直线为例来说明 RANSAC 算法处理过程，处理过程如图 6-1-8 所示。

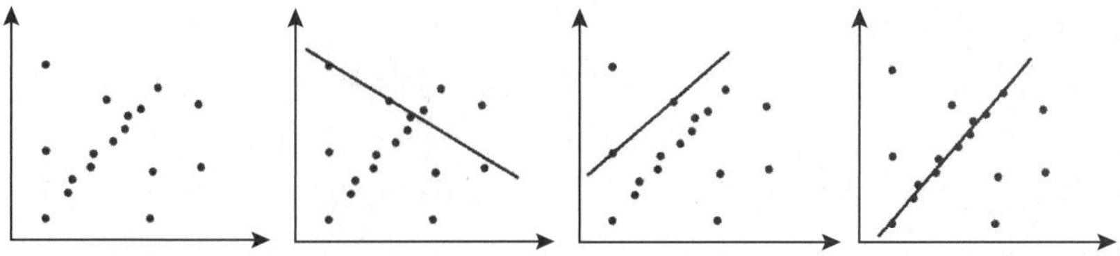

图 6-1-8 用 RANSAC 算法求直线

图 6-1-8(a)是观测数据集，由于直线只需要两点就可以确定参数，因此可在观测数据集中随机选择两个点，如图 6-1-8(b)所示。然后检查除选中的两点以外的其他点是否经过直线，并记录经过的点数，之后不断重复这个过程，如图 6-1-8(c)所示。如此试探下去，那么总有一次会出现如图 6-1-8(d)所示的结果，即很多点都出现在试探直线上，这就是 RANSAC 算法获得的直线方程。

针对双像匹配问题，采用 RANSAC 剔除匹配错误点的过程如下：

(1)随机选取 5 对匹配点(其中任意 3 对都不共线)；

(2)用选择的 5 对点计算相对定向模型参数；

(3)计算其余匹配点在相对定向模型中的误差，误差小于阈值为内点，记录内点数目。

(4)重复上述(1)、(2)、(3)步骤，选取包含内点最多的点集为正确匹配点。

图 6-1-9 所示为在相对定向过程中，采用 RANSAC 算法进行匹配点剔粗差后的结果，同名点由最初的 298 个减少到 251 个，保留点的同名性都比较好，有效地剔除了误匹配。

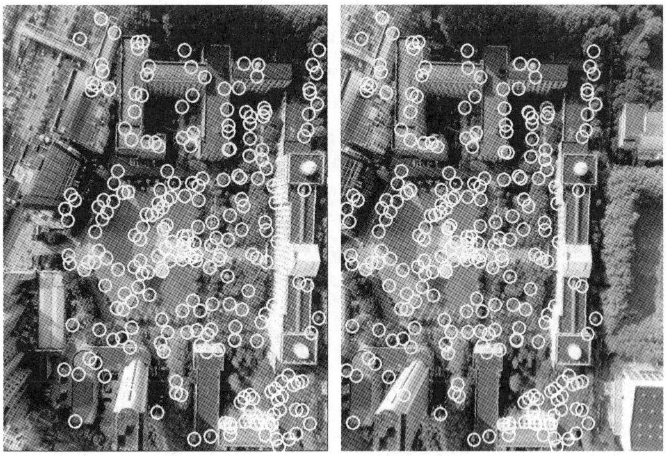

图 6-1-9 RANSAC 剔除错误匹配

3. 几何约束下 PROSAC 剔错点

PROSAC(Progressive Sample Consensus)算法是 Ondrej Chum 等在 2005 年的 CVPR 会议上提出的剔错算法。它和 RANSAC 算法的主要不同点在于：RANSAC 对所有的采样点按

照相同的优先级看待，而 PROSAC 算法首先对采样点与模型之间的相关性进行排序，然后从相关性大的采样点进行迭代，然后经过不断假设—验证，获取最优解。PROSAC 算法假设采样集合中正确的点集比错误的点集的数量多，即内点数量大于外点数量。事实上对于噪声不是很大的场合，一般能满足这个假设条件。即使不满足此条件，PROSAC 算法的最差计算效率也是和 RANSAC 相同的，因此 PROSAC 算法在鲁棒性和时间效率上优于 RANSAC 算法。

对于 N 个采样点的集合，可以表示为 U_N，U_N 中的采样点依照它们的质量(相关性)降序排列，其中质量函数为 $q(u)$：

$$u_i,\ u_j \in U_N:\ i < j \Rightarrow q(u_i) < q(u_j)$$

在 PROSAC 算法中有两个关键问题：如何假设生长集的大小和终止条件。

1)增长函数和抽样

为了能使算法不断采样到符合预期数学模型的数据点，首先需要制定生成正确数据集的策略，PROSAC 算法定义了样本集合的增长函数，用以确定每次抽样时选取的子集合大小。

设 u_i 为正确的数据点，$p\{u_i\}$ 代表采样到该点的概率，对 $p\{u_i\}$ 和 $q\{u_i\}$ 的关系进行假设：排序越靠前的点，越可能是正确的数据点，且被采样的概率高：

$$q(u_i) \geqslant q(u_j) \Rightarrow P\{u_i\} \geqslant P\{u_j\}，\text{即 } i < j \Rightarrow P\{u_i\} \geqslant P\{u_j\}$$

采样策略：用标准的 RANSAC 算法，从 U_N 中采样 T_N 个势为 m 的集合，并记为 $\{M_i\}_{i=1}^{T_N}$。按照采样质量降序排列的这 T_n 个集合为 $\{M_{(i)}\}_{i=1}^{T_N}$，即

$$i < j \Rightarrow q(M_{(i)}) \geqslant q(M_{(j)})$$

如果采样按照 $M_{(i)}$ 的顺序进行，则质量高的内点将会被优先提取到，而质量低的外点会被晚抽取。记 U_n 为有 n 个高质量内点的集合，记 T_n 为 $\{M_i\}_{i=1}^{T_N}$ 中包含 U_n 中的高质量点的平均数：

$$T_n = T_N \frac{\begin{pmatrix} n \\ m \end{pmatrix}}{\begin{pmatrix} N \\ m \end{pmatrix}} = T_N \prod_{i=0}^{m-1} \frac{n-i}{N-i}$$

则有

$$\frac{T_{n+1}}{T_n} = \frac{T_N}{T_N} \prod_{i=0}^{m-1} \frac{n+1-i}{N-i} \prod_{i=0}^{m-1} \frac{N-i}{n-i} = \frac{n+1}{n+1-m}$$

最终可以得到 T_{n+1} 的递归关系式：

$$T_{n+1} = \frac{n+1}{n+1-m} T_n$$

这样 T_n 个采样集合只包含集合 U_n 中的高质量内点集，而 $U_{n+1} = U_n \cup \{u_{n+1}\}$，则 $T_{n+1} - T_n$ 个采样集合中包含一个数据点 u_{n+1} 和 $m-1$ 个来自 U_n 中的数据点。通常 T_n 的值不是整数，令 $T'_m = 1$，且 $T'_{n+1} = T'_n + \lceil T_{n+1} - T_n \rceil$，其中⌈ ⌉是 ceil 函数也即向上取整，则增长函数可以定义为：$g(t) = \min\{n:\ T'_n \geqslant t\}$。

由此可见，在 PROSAC 中，第 t 次采样集合 M_t 为：$M_t = \{u_{g(t)}\} \cup M'_t$，这里 $M'_t \in U_{g(t)}$

为一个从 $U_{g(t)}$ 集合中随机抽取的势为 $|M'_t|=m-1$ 的子集。T_N 实际上就是经过了多少采样次数后 PROSAC 达到和 RANSAC 同样的状态，根据经验推荐 $T_N = 200000$。

PROSAC 算法的步骤如下：

(1)设置初始值，$t:=0, n:=m, n^*:=N$；循环执行(2)、(3)、(4)步直到达到终止条件。

(2)选定假设生成集合。

令 $t:=t+1$，如果 $t=T'_n$，且 $n<n^*$，有 $n:=n+1$。

(3)对于势为 m 的半随机采样集合 M_t，如果 $T'_n<t$，从 U_{n-1} 集合中随机抽取 $m-1$ 个点和 U_n；否则，从 U_n 中随机抽取 m 个点。

(4)模型参数预测。

通过采样集合 M_t 估算出模型参数 p_t。

(5)模型检验。

用第(4)步拟合的模型，从余集中搜索与模型匹配的点，根据终止条件判断是否结束迭代过程。

2)终止条件

如果集合 U_n 中内点 I_n 数量符合以下两个条件时，PROSAC 算法退出循环迭代。

(1)非随机性：I_n 偶然地作为非正确模型的内点的概率小于 5% 时。

(2)极大性：如果有超过 I_n 数量个内点在 U_n 中，且经过 k 次抽样仍未被发现的概率小于 5% 时。

6.1.2 NCC 模板匹配

归一化相关系(Normalized Cross Correlation，NCC)匹配是最典型的一种模板匹配，完全按模板匹配的做法，在左影像中按一定间隔获取子影像块作为模板，然后在右影像上滑动来自左影像的模板，计算模板影像与原影像中对应区域的相似度(或差异度)，找到相似度最高(或差异度最低)的区域作为匹配结果。

NCC 模板来源于左影像，为了提升匹配的速度和提高匹配质量，通常会对模板进行优化，忽视没有特征的模板(例如灰度非常一致)。

NCC 的相似性度量采用了一种对灰度的线性变化不敏感的算法，具体如下：

设模板图像为 $t=(t_1, t_2, \cdots, t_n)$，基准图对应窗口的图像为 $w=(w_1, w_2, \cdots, w_n)$，NCC 测量准则定义为

$$\mathrm{NCC}=\frac{\sum(t_i-\bar{t})(w_i-\bar{w})}{\sqrt{\sum(t_i-\bar{t})^2\sum(w_i-\bar{w})^2}} \tag{6-1-28}$$

式中，t_i 和 w_i 分别为模板图像和窗口图像各像素的灰度值；$\bar{t}$ 和 $\bar{w}$ 分别为模板图像和窗口图像的灰度均值。

NCC 测量准则的重要特性是对图像灰度的线性变换保持不变，证明如下：设图像 A 中像素 (x, y) 的灰度值为 $a(x, y)$，图像 B 中像素 (x, y) 的灰度值为 $b(x, y)$。则标准互相关可以表示为下式：

$$\mathrm{NCC}=\frac{\sum\limits_{x,y}(a(x,y)-\bar{a})(b(x,y)-\bar{b})}{\sqrt{\sum\limits_{x,y}(a(x,y)-\bar{a})^2\sum\limits_{x,y}(b(x,y)-\bar{b})^2}} \tag{6-1-29}$$

式中，$\bar{a}$ 和 $\bar{b}$ 代表图像 A 和 B 的均值。不失一般性，设图像 A 发生线性灰度变换：

$$a(x,y)'=ka(x,y)+d$$

将上式代入式(6-1-29)，得到：

$$\begin{aligned}\mathrm{NCC}&=\frac{\sum\limits_{x,y}(a(x,y)'-\bar{a}')(b(x,y)-\bar{b})}{\sqrt{\sum\limits_{x,y}(a(x,y)'-\bar{a}')^2\sum\limits_{x,y}(b(x,y)-\bar{b})^2}}\\&=\frac{\sum\limits_{x,y}(ka(x,y)+d-k\bar{a}-d)(b(x,y)-\bar{b})}{\sqrt{\sum\limits_{x,y}(ka(x,y)+d-k\bar{a}-d)^2\sum\limits_{x,y}(b(x,y)-\bar{b})^2}}\\&=\frac{k\sum\limits_{x,y}(a(x,y)-\bar{a})(b(x,y)-\bar{b})}{k\sqrt{\sum\limits_{x,y}(a(x,y)-\bar{a})^2\sum\limits_{x,y}(b(x,y)-\bar{b})^2}}\\&=\mathrm{NCC}\end{aligned}$$

由此可见，NCC 对灰度的线性变换保持不变。

在检索策略方面，NCC 直接使用了对整幅影像逐像素遍历搜索的方法，在错点剔除方面，NCC 通常采用反向匹配验证和几何约束下 RANSAC 剔错点。

在 OpenCV 中，NCC 匹配被封装在模板匹配 matchTemplate 函数中，并提供了 6 种灰度相似性度量方法：平方差法、归一化平方差法、相关法、归一化相关法、相关系数法及归一化相关系数法。上述 6 种方法按照从简单到复杂的顺序，计算成本逐渐增加，但是匹配效果越来越好。其中，3 种归一化后的方法取值范围是已知的，可以通过设置合适的阈值来达到所想要的效果，在实际中广泛应用。在 6 种方法中归一化相关系数法是匹配效果最好、应用最多的。

6.1.3　两次扩展匹配 ETM

两次扩展影像匹配(Extend Twice Match，ETM)算法由武汉大学张祖勋院士提出，其核心思想：以少量近似同名点为种子点，采用两次扩展策略将已知点与待匹配特征点相联系，充分利用待匹配点与周围已知点间的相互关系以增强同名点位预测的准确性；在匹配过程中还会根据匹配结果自动剔除不可靠的已知点(包括通过特征匹配得到的低精度的初始种子点)，可以保证匹配结果的可靠性。

两次扩展影像匹配不需额外地对相邻匹配点进行相关性分析，在扩展过程中已经包含相邻匹配点的依赖关系，算法不包含递推和迭代。此外算法不是对所有影像点进行匹配，而只针对特征点进行匹配，处理效率非常高。两次扩展影像匹配(ETM)算法中，两次扩展策略是匹配的关键技术，算法通过两次扩展连接了待匹配点与已知点，同时也通过连接关系对已知点进行评估，使匹配结果整体可靠。其算法流程如图 6-1-10 所示。

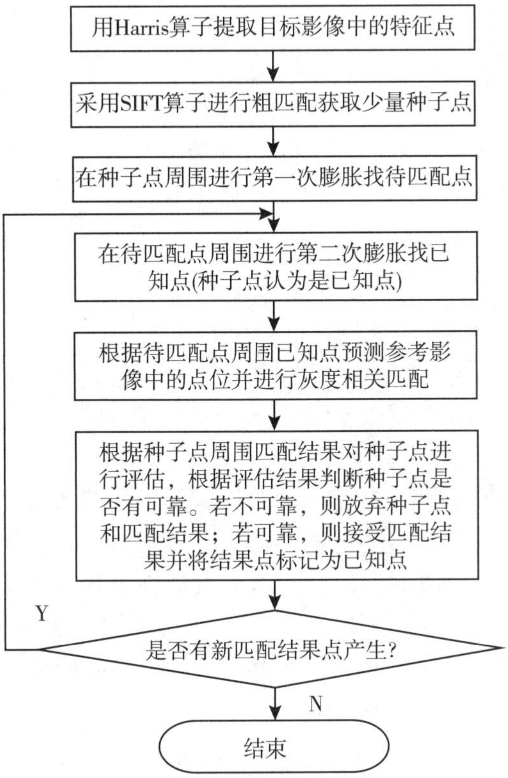

图 6-1-10　两次扩展影像匹配(ETM)算法处理流程

ETM 算法以少量近似同名点为种子点，采用两次扩展，对影像上所有特征点进行扩张式匹配，各步骤的详细处理过程如下：

(1)选择左右影像中任意一幅影像作为基准影像，按照给定的间隔(cx)对局部影像进行 Harris 显著特征提取，形成待匹配的特征点集合，如图 6-1-11 所示。图 6-1-11 中十字丝表示的点为待匹配特征点。

(2)对基准影像和待匹配影像构成的影像对进行粗略匹配，获取同名种子点(如图 6-1-11中三角形所表示的点 Pseed)。这些种子点将作为初始的已知点(如图 6-1-11 中正方形所表示的点 Pknown)形成初始已知匹配点集合，简称初始的已知点集合(种子点都是已知点)。已知匹配点集合中同名点点位不需要很精确。在粗略匹配的时候，可以采用一些比较成熟的特征匹配算法进行处理(如 SIFT 匹配、SURF 匹配、HarrisSIFT 匹配等)，也可以采用在缩小影像上进行标准的基于窗口的灰度匹配方法来获取少量同名点。特别说明的是，即使已知匹配点集合中存在少量的误匹配点，也不会影响后续匹配。

(3)基于基准影像，以当前的已知点集合中各已知点分别进行扩展并搜索待匹配特征点。以待处理的已知点为中心，进行第一次扩展，找到扩展路径中的待匹配特征点，并记

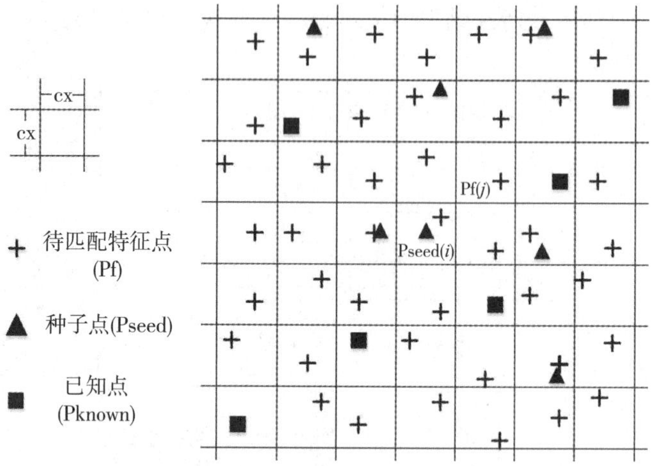

图 6-1-11　ETM 算法待匹配的特征点

录下这些特征点。若该点的搜索范围已经到其搜索边界，那么跳过该点，进行下一个已知点的搜索。具体实施时，可以按此方式对各已知点依次提取并操作。第一次执行步骤(3)时，将步骤(2)所得种子点构成的初始已知匹配点集合中各点作为已知点分别执行扩展；后续执行步骤(3)时，根据上一轮迭代的步骤(7)所得各新增的已知点，对所有已知点分别执行扩展。搜索边界可能有两种情况：一是，指扩展的时候到了影像的边缘；二是，两个相邻的已知点的第一次扩展的范围相接。

对于已知点的第一次扩展，包括对每个已知点都可能进行多次扩张式的扩展，寻找其周围的待匹配特征点。可以对任一已知点 Pknown，分别搜索扩展范围内的所有的待匹配特征点 Pf。

扩展算法的定义如下：

$$D(X) = \{x \mid B[x] \cap x \neq \varnothing\} = X \oplus B \tag{6-1-30}$$

式中，$x \in X$，表示初始元素集合 X 中的初始元素 x，本算法中为已知点 Pknown(对步骤(3)而言)或待匹配特征 Pf(对步骤(4)而言)；$B[\ ]$指对元素的某种操作，此处为 8-邻域增长操作；$D(X)$为对初始元素集合 X 操作所得结果元素集合，此处为扩展得到的待匹配特征点。

如图 6-1-11 所示，假设此时 Pseed(i)为需要扩展搜索的已知点，同时假设此次为该点的第一次扩展，那么沿着图 6-1-12 中编号为①的扩展路径，可以得到包括 f1，f2，f3，f4，f5，f6 和 Pf(j)在内的共计 7 个待匹配特征点。下一次返回至步骤(3)对 Pseed(i)进行搜索，再次进行扩展时是按照图 6-1-12 中编号为②的扩展路径进行处理；同理在下一次迭代时，对 Pseed(i)按照图 6-1-12 中编号为③的扩展路径进行扩展处理。

(4)基于基准影像，对步骤(3)中得找到的每个待匹配特征点进行第二次扩展，查找该点周围的多个已知点。具体实施时可以设定最少点数的阈值，查找到的各已知点和待匹配影像上相应点构成已知点对。通过找到的已知点进行距离加权平均，计算出待匹配特征点的同名点的初始位置，并确定搜索范围。

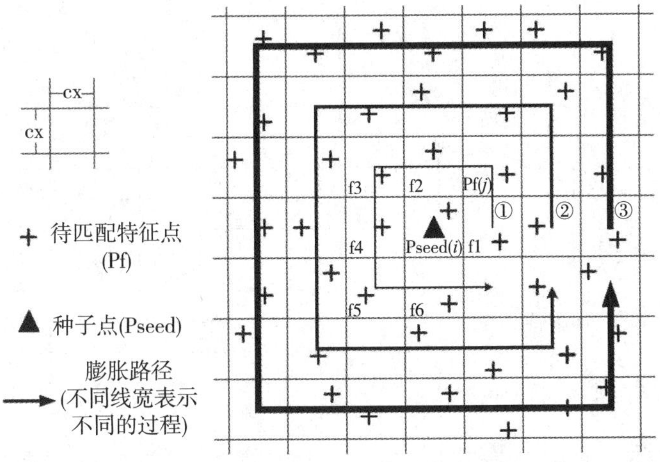

图 6-1-12 ETM 算法第一次扩展

第一次扩展是对已知点进行的扩展；第二次扩展是对待匹配点进行的扩展。本算法在步骤(4)中，对步骤(3)中得到的待匹配特征点进行第二次扩展，具体实现与步骤(3)的扩展算法的定义一致，寻找到待匹配特征点周围的一定数目的已知点。

距离加权平均的定义如下：

$$\begin{cases} x_{p'} = x_p + \sum\limits_{(q_i,\ q_i') \in Q} \left((x_{q_i'} - x_{q_i}) \times \left(1 - \dfrac{S_{p,\ q_i}}{\sum\limits_{(q_j,\ q_j') \in Q} S_{p,\ q_j}} \right) \right) \\ y_{p'} = y_p + \sum\limits_{(q_i,\ q_i') \in Q} \left((y_{q_i'} - y_{q_i}) \times \left(1 - \dfrac{S_{p,\ q_i}}{\sum\limits_{(q_j,\ q_j') \in Q} S_{p,\ q_j}} \right) \right) \end{cases} \tag{6-1-31}$$

式中，i，$j = 1, 2, 3\cdots, N$（N 为已知点对的数目）；$p(x_p,\ y_p)$ 为基准影像上待匹配特征点坐标；$p'(x_{p'},\ y_{p'})$ 为待匹配点的可能匹配点坐标（待匹配影像上），即待匹配特征点的同名点的初始位置；Q 为所有的已知点对的集合，$(q_i,\ q_i')$ 和 $(q_j,\ q_j')$ 分别为该集合中基准影像和待匹配影像上的一对匹配点；$S_{p,\ q_i} = \sqrt{(x_p - x_{q_i})^2 + (y_p - y_{q_i})^2}$ 是 p、q_i 点之间的距离，q_i 为已知点对集合 Q 中任意已知点对中的左片点（基准影像上）。

步骤(4)中，由待匹配特征点周围的已知点来计算其同名点的初始匹配位置和匹配搜索范围。算法充分考虑了各匹配点与周围点的相互关系，增强了同名点的预测准确性，提高匹配成功率。

如图 6-1-13 所示，假设此时对 Pf(j)进行扩展搜索，那么沿着图 6-1-13 中所示扩展路径进行搜索，可以找到包括 Pseed(i)、s1，s2，s3，s4，s5 和 n1，n2，n3，n4，n5 在内的 11 个已知点。假设设定的待匹配点周围需要的已知点数目阈值为 10，现已达到要求，那么就可以通过这 11 个已知点，通过距离加权平均的方法来估算待匹配特征点 Pf(i)的同名点的粗略匹配位置 $\mathrm{Qf}_{p(j)}$，即 $p'(x_{p'},\ y_{p'})$和匹配搜索范围 Rang(j)，即待匹配点同名点的初始位置及搜索范围。此处匹配的搜索范围可由本领域技术人员预设构建规则，例如是由第二次扩展中查找的已知点(即集合 Q 中已知点)所对应的匹配点坐标的外包矩形而确定的。

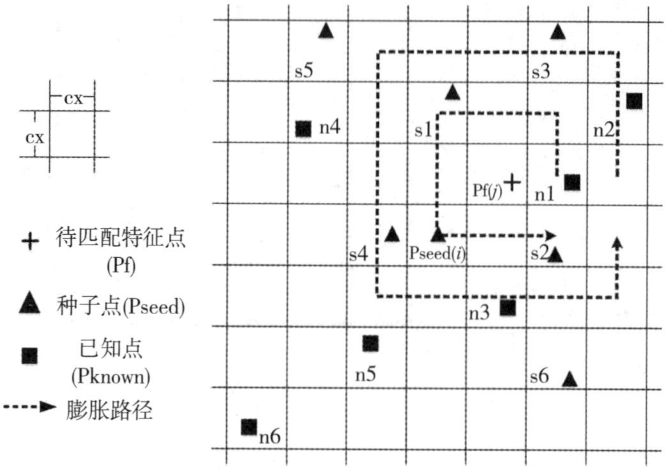

图 6-1-13　ETM 算法第二次扩展

(5)基于基准影像和待匹配影像，根据步骤(4)获得待匹配点同名点的初始位置以及搜索范围进行灰度匹配。匹配过程中为加快匹配速度，采用单点多级金字塔匹配算法。具体过程：将基准影像和待匹配影像分别作为影像对的左右影像，以待匹配点及其同名点的初始位置为中心分别对影像对的左右影像建立多级金字塔影像块；然后在金字塔顶层影像上进行灰度相关匹配，根据步骤(4)所得初始位置及搜索范围获取待匹配影像上的同名点；按金字塔级数逐级向下传递匹配；最后回到最底层的原始影像获得待匹配点同名点的坐标(Pf(j)的最佳匹配点位置 Qf(j))及相关系数 Cf(j)。

灰度相关的判断标准采用左右影像上建立的两个窗口之间的相关系数，相关系数实际上是两个窗口灰度的标准化的协方差。根据如下公式计算：

$$R(u,\ v)=\frac{\sum_{j=1}^{M}\sum_{k=1}^{N} g_{1_{j,k}}\cdot g_{2_{j,k}}-MN\,\overline{g_1}\cdot\overline{g_2}}{\sqrt{\sum_{j=1}^{M}\sum_{k=1}^{N} g_{1_{j,k}}^2-MN\,\overline{g_1}^2}\cdot\sqrt{\sum_{j=1}^{M}\sum_{k=1}^{N} g_{2_{j,k}}^2-MN\,\overline{g_2}^2}} \tag{6-1-32}$$

式中，u，v 分别为左右影像上待计算相关系数的两个点；$R(u,\ v)$ 为 u，v 两点的相关系数；M，N 为计算相关系数的左右匹配窗口的宽高；$g_{1_{j,k}}$，$g_{2_{j,k}}$ 为左右匹配窗口里面像素的灰度值；$\overline{g_1}$，$\overline{g_2}$ 为左右匹配窗口的灰度均值。

每次计算时，对待计算的两个点 u，v，分别在左右影像上建立一个 $M\times N$ 大小(具体实施时各领域技术人员可自行根据影像大小设定取值)的窗口。然后按照以式(6-1-32)计算两个窗口的相关系数，得到的值认为是 u，v 两个像素之间的相关系数。最后在待匹配位置的搜索范围内，寻找相关系数最大时对应的两个点的位置，认为这个位置就是同名点的位置。

(6)对当前的已知点集合中各已知点，分别根据步骤(5)所得匹配结果进行统计，包括统计一个已知点在本次迭代中进行第一次扩展找到的所有待匹配特征点中，匹配所得相关系数低于预定系数阈值的待匹配特征点占所有待匹配特征点的比率，当该比率大于给定的比率阈值，则将此已知点从当前的已知点集合中剔除。

具体实施中，将步骤(3)中找到的每个待匹配的特征点都匹配完成后，按每个已知点为分组对象对匹配结果进行统计。若某个已知点扩展过程中找到的多个特征点中匹配结果的相关系数(如步骤(5)所计算 $R(u, v)$) 低于给定系数阈值(具体实施时各领域技术人员可自行预设阈值，例如 Thresh_C 取经验值为 0.8)的特征点的比率(Per(i))大于给定的比率阈值(具体实施时各领域技术人员可自行预设阈值，例如 Thresh_P 取经验值为 60%)，则认为此已知点不可靠，将其作为错误点剔除。通过该步骤，降低了本算法对于种子点点位精度的要求，提高了本方法匹配的可靠性。

(7)对当前的已知点集合中剩余的各已知点，根据步骤(5)所得匹配结果，当有待匹配特征点的匹配所得相关系数大于等于预设系数阈值时，将其作为新增的已知点，加入已知点集合中；判断本次迭代新增的已知点总数(UnKnowns)是否小于预设的数量阈值，小于阈值则匹配结束，否则返回步骤(3)。

在步骤(6)的判断中，认为某已知点已经不可靠，那么认为该已知点对应分组的匹配结果也不可靠，需要放弃该分组的匹配结果。若认为该已知点仍然可靠，则将步骤(5)中得到的相关系数大于一定系数阈值(Thresh_C)的可靠匹配点作为新增的已知点放入已知点集合中，并返回步骤(3)；根据当前的已知点集合重复步骤(3)~(7)，直到新发现的已知点的数目小于一定的数量阈值(具体实施时各领域技术人员可自行预设相应阈值 Thresh_N，例如取 Thresh_N=10)时结束整个匹配过程。

本算法以少量近似同名点为种子点，采用两次扩展策略，对影像上所有特征点进行扩张式匹配。在匹配过程中充分考虑了各匹配点与周围点的相互关系，增强了同名点预测的准确性，结果精度不依赖初始匹配种子点位置精度且匹配过程中会自动剔除初始匹配种子点中精度较低的种子点，以保证结果的可靠性。该算法突破了现有技术中对先验条件约束的依赖，以及匹配效率不高的问题，同时也可有效地处理纹理不显著、视差不连续区域的误匹配问题。

6.1.4　最小二乘影像匹配

20 世纪 80 年代，德国 Ackermann 教授提出了一种新的影像匹配方法——最小二乘影像匹配(Least Squares Image Matching，LSIM)，或称为最小二乘匹配 LSM。由于该方法充分利用了影像窗口内的信息进行平差计算，使影像匹配达到 1/10 甚至 1/100 像素精度，即影像匹配精度达到子像素(Subpixel)等级。因而，最小二乘影像匹配被称为“高精度影像匹配”，也有人习惯地称其为“高精度影像相关”。它不仅可以被用于一般的数字地面模型生产、正射影像图生产，而且可以用于控制点的加密(空中三角测量)及工业上的高精度量测。由于在最小二乘影像匹配中可以非常灵活地引入各种已知参数和条件(如共线方程等几何条件、已知的控制点坐标等)，从而可以进行整体平差。它不仅可以解决“单点”

的影像匹配问题，以求其“视差”，也可以直接求解其空间坐标；而且可以同时求解待定点的坐标与影像的方位元素；还可以同时解决“多点”影像匹配(Multi-Point Matching)或“多片”影像匹配(Multi-Photo Matching)。另外，在最小二乘影像匹配系统中，可以很方便地引入“粗差检测”，从而大大地提高影像匹配的可靠性。它甚至还可用于解决影像遮蔽问题(Occlusion)。

正由于最小二乘影像匹配方法具有灵活、可靠和高精度的特点，因此，它受到广泛的重视，得到快速发展。当然这个算法也有某些缺点，如当初始值不太准时，算法的收敛性等问题有待解决。

本章将由最简单的常用的影像匹配的算法——灰度差的平方和最小，引入最小二乘影像匹配的基本原理，然后介绍单点最小二乘影像匹配基本系统及最小二乘影像匹配精度。

6.1.4.1　最小二乘影像匹配原理

由前节可知，影像匹配中判断影像相似的方法很多，其中有一种是“灰度差的平方和最小”。若将灰度差记为余差 v，则上述判断可写成

$$\sum vv = \min$$

因此，它与最小二乘法的原则是一致的。但是，在一般情况下，它没有考虑影像灰度中存在系统误差，认为影像灰度只存在偶然误差(随机噪声)，即

$$n_1 + g_1(x, y) = n_2 + g_2(x, y)$$

或

$$v = g_1(x, y) - g_2(x, y) \tag{6-1-33}$$

这就是一般的按 $\sum vv = \min$ 原则进行影像匹配的数字模型。若在此系统中引入系统变形的参数，按 $\sum vv = \min$ 的原则，求解变形参数，就构成了最小二乘影像匹配算法。

影像灰度的系统畸变有两大类：一类是辐射畸变；另一类是几何畸变。由此产生了影像灰度分布之间的差异。产生辐射变形的原因：照明及被摄影物体辐射面的方向、大气与摄影机物镜所产生的衰减、摄影处理条件的差异及影像数字化过程中所产生的误差等。产生几何畸变的主要因素有摄影机方位不同所产生的影像的透视畸变、影像的各种畸变及由于地形坡度所产生的影像畸变等。在竖直航空摄影的情况下，地形高差则是几何畸变的主要因素。因此，在陡峭山区的影像匹配要比平坦地区影像匹配困难。在影像匹配中引入这些畸变参数，同时按最小二乘的原则，求解这些参数，就是最小二乘影像匹配的基本思想。

1. 仅考虑辐射的线性畸变的最小二乘匹配——相关系数

假定灰度分布 g_2 相对于另一个灰度分布 g_1 存在线性畸变，因此

$$g_1(x, y) + n_1 = h_0 + h_1 g_2(x, y) + g_2 + n_2$$

式中，h_0，h_1 为线性畸变的参数；n_1，n_2 分别为 g_1，g_2 中所存在的随机噪声。按上式可得出仅考虑辐射线性畸变的最小二乘匹配的数学模型

$$v = h_0 + h_1 g_2 - (g_1 - g_2) \tag{6-1-34}$$

按 $\sum vv = \min$ 的原理，可得法方程式

$$nh_0 + \left(\sum g_2\right) h_1 = \sum g_1 - \sum g_2$$

$$\left(\sum g_2\right) h_0 + \left(\sum g_2^2\right) h_1 = \sum g_1 g_2 - \sum g_2^2$$

由此可得

$$\begin{aligned} h_1 &= \frac{\sum g_1 \sum g_2 - n \sum g_2 g_1}{\left(\sum g_2\right)^2 - n \sum g_2^2} - 1 \\ h_0 &= \frac{1}{n}\left(\sum g_1 - \sum g_2 - \left(\sum g_2\right) h_1\right) \end{aligned} \tag{6-1-35}$$

假定对 g_1，g_2 已作过中心化处理，则

$$\sum g_1 = 0,\ \sum g_2 = 0,\ h_0 = 0$$

则

$$h_1 = \frac{\sum g_2 g_1}{\sum g_2^2} - 1 \tag{6-1-36}$$

因此，在消除了两个灰度分布的系统的辐射畸变后，其残余的灰度差的平方和

$$\begin{aligned} \sum vv &= \sum \left(g_2 \cdot \frac{\sum g_2 g_1}{\sum g_2^2} - g_1\right)^2 \\ &= \left(\frac{\sum g_2 g_1}{\sum g_2^2}\right)^2 \sum g_2^2 - 2\frac{\sum g_2 g_1}{\sum g_2^2} \sum g_2 g_1 + \sum g_1^2 \\ &= \sum g_1^2 - \frac{\left(\sum g_2 g_1\right)^2}{\sum g_2^2} \end{aligned} \tag{6-1-37}$$

因为相关系数

$$\rho^2 = \frac{\left(\sum g_2 g_1\right)^2}{\sum g_1^2 \sum g_2^2}$$

所以，相关系数与 $\sum vv$ 的关系

$$\sum vv = \sum g_1^2 (1 - \rho^2)$$

或

$$\frac{\sum vv}{\sum g_1^2} = 1 - \rho^2$$

其中，$\sum vv$ 是噪声的功率；$\sum g_1^2$ 为信号的功率。可令它们之比为信噪比，即

$$(\mathrm{SNR})^2 = \frac{\sum g_1^2}{\sum vv}$$

由此可得相关系数与信噪比之间的关系

$$\rho = \sqrt{1 - \frac{1}{(\mathrm{SNR})^2}} \tag{6-1-38}$$

或

$$(\mathrm{SNR})^2 = \frac{1}{1 - \rho^2} \tag{6-1-39}$$

这是相关系数的另一种表达形式。由此式可知，以"相关系数最大"作为影像匹配搜索同名点的准则，其实质是搜索"信噪比为最大"的灰度序列。

但是，影像匹配的主要目的是确定影像相对移位，而在上述算法中只考虑辐射畸变，没有引入几何变形参数。因此，传统的影像匹配算法均是以目标区相对于搜索区不断地移动一个整像素，在移动的过程中计算相关系数，搜索最大相关系数的影像区中心作为同名像点。其搜索过程可用下式表达：

$$\max\{\rho(x \pm i \cdot \Delta,\ y \pm j \cdot \Delta)\} \quad (-k \leqslant i \leqslant k;\ -l \leqslant j \leqslant l;\ k,\ l\ \text{为正整数})$$

其中，Δ 为数字影像的采样间隔。因此，搜索的直接结果均以整像素为单位。

在最小二乘影像匹配算法中，可引入几何变形参数，直接解算影像移位，这是此算法的特点。下面以一个最简单的例子说明其原理。

2. 仅考虑影像相对移位的一维最小二乘匹配

设两个一维灰度函数 $g_1(x)$，$g_2(x)$，除随机噪声 $n_1(x)$，$n_2(x)$ 外，$g_2(x)$ 相对于 $g_1(x)$ 只存在零次几何变形——移位量 Δx，因此

$$g_1(x) + n_1(x) = g_2(x + \Delta x) + n_2(x)$$

或

$$v(x) = g_2(x + \Delta x) - g_1(x) \tag{6-1-40}$$

为求解相对移位量 Δx（视差值），需对式（6-1-40）进行线性化：

$$v(x) = g'_2(x) \cdot \Delta x - [g_1(x) - g_2(x)]$$

对于离散的数字影像而言，灰度函数的导数 $g'_2(x)$ 可由差分代替

$$\dot{g}_2(x) = \frac{g_2(x + \Delta) - g_2(x - \Delta)}{2\Delta}$$

其中，Δ 为采样间隔。因此，误差方程式可写成

$$v = \dot{g}_2 \cdot \Delta x - \Delta g \tag{6-1-41}$$

按最小二乘法原理，解得影像的相对移位

$$\Delta x = \frac{\sum \dot{g}_2 \cdot \Delta g}{\sum \dot{g}_2^2} \tag{6-1-42}$$

由于最小二乘影像匹配是非线性系统，因此必须进行迭代。迭代过程收敛的速度取决于初值。为此，采用最小二乘影像匹配，必须已知初匹配的结果。

6.1.4.2　单点最小二乘影像匹配

两个二维影像之间的几何变形，不仅存在相对移位，而且还存在图形变化。如图

6-1-14所示，左方影像上为矩形影像窗口，而在右方影像上相应的影像窗口，是个任意四边形。只有充分地考虑影像的几何变形，才能获得最佳的影像匹配。但是，由于影像匹配窗口的尺寸均很小，所以一般只要考虑一次畸变：

$$\begin{cases} x_2 = a_0 + a_1 x + a_2 y \\ y_2 = b_0 + b_1 x + b_2 y \end{cases}$$

有时只考虑仿射变形或一次正形变换。若同时再考虑到右方影像相对于左方影像的线性灰度畸变，则可得

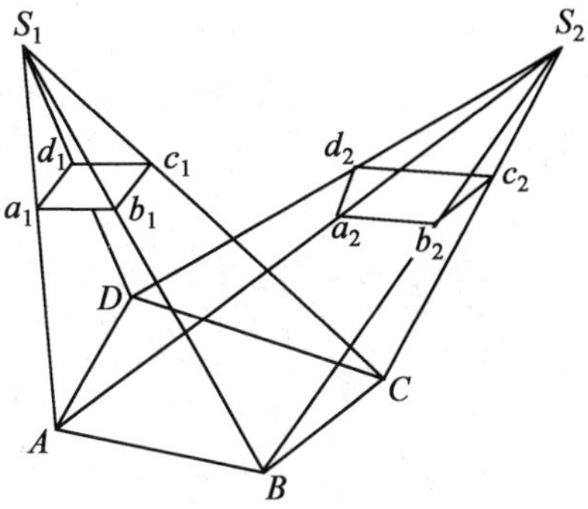

图 6-1-14　几何变形

$$g_1(x,\ y) + n_1(x,\ y) = h_0 + h_1 g_2(a_0 + a_1 x + a_2 y,\ b_0 + b_1 x + b_2 y) + n_2(x,\ y)$$

经线性化后．即可得最小二乘影像匹配的误差方程式

$$v = c_1 \mathrm{d}h_0 + c_2 \mathrm{d}h_1 + c_3 \mathrm{d}a_0 + c_4 \mathrm{d}a_1 + c_5 \mathrm{d}a_2 + c_6 \mathrm{d}b_0 + c_7 \mathrm{d}b_1 + c_8 \mathrm{d}b_2 - \Delta g \quad (6\text{-}1\text{-}43)$$

式中，未知数 $\mathrm{d}h_0$，$\mathrm{d}h_1$，$\mathrm{d}a_0$，…，$\mathrm{d}b_2$ 是待定参数的改正值，它们之初值分别为

$$h_0 = 0,\ h_1 = 1;\ a_0 = 0,\ a_1 = 1,\ a_2 = 0;\ b_0 = 0,\ b_1 = 0,\ b_2 = 1$$

观测值 Δg 是相应像素的灰度差，误差方程式的系数为

$$\begin{cases} c_1 = 1 \\ c_2 = g_2 \\ c_3 = \dfrac{\partial g_2}{\partial x_2} \cdot \dfrac{\partial x_2}{\partial a_0} = (\dot{g}_2)_x = \dot{g}_x \\ c_4 = \dfrac{\partial g_2}{\partial x_2} \cdot \dfrac{\partial x_2}{\partial a_1} = x\,\dot{g}_x \\ c_5 = \dfrac{\partial g_2}{\partial x_2} \cdot \dfrac{\partial x_2}{\partial a_2} = y\,\dot{g}_x \\ c_6 = \dfrac{\partial g_2}{\partial y_2} \cdot \dfrac{\partial y_2}{\partial b_0} = \dot{g}_y \\ c_7 = \dfrac{\partial g_2}{\partial y_2} \cdot \dfrac{\partial y_2}{\partial b_1} = x\,\dot{g}_y \\ c_8 = \dfrac{\partial g_2}{\partial y_2} \cdot \dfrac{\partial y_2}{\partial b_2} = y\,\dot{g}_y \end{cases} \quad (6\text{-}1\text{-}44)$$

由于在数字影像匹配中，灰度均是按规则格网排列的离散阵列，且采样间隔为常数 Δ，可被视为单位长度，故式(6-1-44)中的偏导数均用差分代替：

$$\dot{g}_y = \dot{g}_J(I,\ J) = \frac{1}{2}[g_2(I,\ J+1) - g_2(I,\ J-1)]$$

$$\dot{g}_x = \dot{g}_I(I,\ J) = \frac{1}{2}[g_2(I+1,\ J) - g_2(I-1,\ J)]$$

按式(6-1-43)与式(6-1-44)逐个像元(在目标区内)建立误差方程式，其矩阵形式为

$$V = CX - L \tag{6-1-45}$$

式中，$X = (\mathrm{d}h_0,\ \mathrm{d}h_1,\ \mathrm{d}a_0,\ \mathrm{d}a_1,\ \mathrm{d}a_2,\ \mathrm{d}b_0,\ \mathrm{d}b_1,\ \mathrm{d}b_2)^{\mathrm{T}}$。在建立误差方程式时，可采用以目标区中心为坐标原点的局部坐标系。由误差方程式建立法方程式

$$(C^{\mathrm{T}}C)X = (C^{\mathrm{T}}L) \tag{6-1-46}$$

最小二乘影像匹配的迭代过程如图 6-1-15 所示，其具体步骤如下：

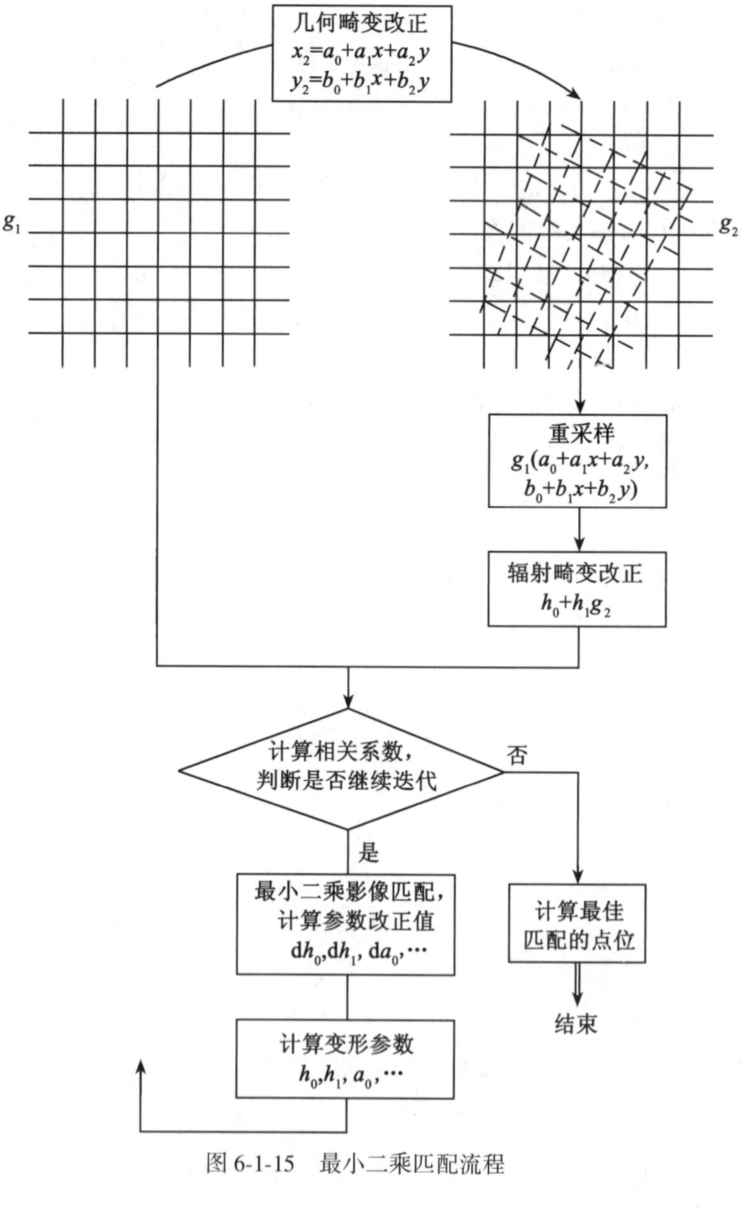

图 6-1-15　最小二乘匹配流程

(1) 几何变形改正。根据几何变形改正参数 a_0，a_1，a_2，b_0，b_1，b_2 将左方影像窗口的影像坐标（像素的行列号）变换至右方影像坐标：

$$\begin{cases} x_2 = a_0 + a_1 x + a_2 y \\ y_2 = b_0 + b_1 x + b_2 y \end{cases}$$

(2)重采样。由于换算所得之坐标 x_2，y_2 一般不可能是右方影像阵列中的整数行列号，因此重采样是必须的，由重采样获得 $g_2(x_2, y_2)$。一般来说，重采样可采用双线性内插。

(3)辐射畸变改正。利用由最小二乘影像匹配所求得辐射畸变改正参数 h_0，h_1；对上述重采样的结果做辐射改正，$h_0+h_1g_2(x_2, y_2)$。

(4)计算左方影像窗口与经过几何、辐射改正后的右方影像窗口的灰度 g_1 与 $h_0+h_1g_2(x_2, y_2)$之间的相关系数ρ，判断是否需要继续迭代。一般来说，若相关系数小于前一次迭代后所求得的相关系数，则可认为迭代结束；另外，也可以根据几何变形参数(特别是移位改正值 $\mathrm{d}a_0$，$\mathrm{d}b_0$)是否小于某个预定的阈值来判断迭代结束。

(5)采用最小二乘影像匹配，求解变形参数的改正值 $\mathrm{d}h_0$，$\mathrm{d}h_1$，$\mathrm{d}a_0$，…。

(6)计算变形参数。由于变形参数的改正值是根据经过几何、辐射改正后的右方影像灰度窗口求得的，因此，变形参数应按下列算法求得。设 h_0^{i-1}，h_1^{i-1}，a_0^{i-1}，a_1^{i-1}，… 是前一次变形参数，而 $\mathrm{d}h_0^i$，$\mathrm{d}h_1^i$，$\mathrm{d}a_0^i$，… 是本次迭代所求得的改正值，则几何改正参数 a_0^i，a_1^i，…，b_0^i，… 满足：

$$\begin{pmatrix} 1 \\ x_2 \\ y_2 \end{pmatrix} = \begin{pmatrix} 1 & 0 & 0 \\ a_0^i & a_1^i & a_2^i \\ b_0^i & b_1^i & b_2^i \end{pmatrix} \begin{pmatrix} 1 \\ x \\ y \end{pmatrix} = \begin{pmatrix} 1 & 0 & 0 \\ \mathrm{d}a_0^i & 1+\mathrm{d}a_1^i & \mathrm{d}a_2^i \\ \mathrm{d}b_0^i & \mathrm{d}b_1^i & 1+\mathrm{d}b_2^i \end{pmatrix} \begin{pmatrix} 1 & 0 & 0 \\ a_0^{i-1} & a_1^{i-1} & a_2^{i-1} \\ b_0^{i-1} & b_1^{i-1} & b_2^{i-1} \end{pmatrix} \begin{pmatrix} 1 \\ x \\ y \end{pmatrix}$$

所以，

$$\begin{cases} a_0^i = a_0^{i-1} + \mathrm{d}a_0^i + a_0^{i-1}\mathrm{d}a_1^i + b_0^{i-1}\mathrm{d}a_2^i \\ a_1^i = a_1^{i-1} + a_1^{i-1}\mathrm{d}a_1^i + b_1^{i-1}\mathrm{d}a_2^i \\ a_2^i = a_2^{i-1} + a_2^{i-1}\mathrm{d}a_1^i + b_2^{i-1}\mathrm{d}a_2^i \\ b_0^i = b_0^{i-1} + \mathrm{d}b_0^i + a_0^{i-1}\mathrm{d}b_1^i + b_0^{i-1}\mathrm{d}b_2^i \\ b_1^i = b_1^{i-1} + a_1^{i-1}\mathrm{d}b_1^i + b_1^{i-1}\mathrm{d}b_2^i \\ b_2^i = b_2^{i-1} + a_2^{i-1}\mathrm{d}b_1^i + b_2^{i-1}\mathrm{d}b_2^i \end{cases} \tag{6-1-47}$$

对于辐射畸变参数满足：

$$\begin{pmatrix} 1 \\ g_1 \end{pmatrix} = \begin{pmatrix} 1 & 0 \\ h_0^i & h_1^i \end{pmatrix} \begin{pmatrix} 1 \\ g_2 \end{pmatrix} = \begin{pmatrix} 1 & 0 \\ \mathrm{d}h_0^i & 1+\mathrm{d}h_1^i \end{pmatrix} \begin{pmatrix} 1 & 0 \\ h_0^{i-1} & h_1^{i-1} \end{pmatrix} \begin{pmatrix} 1 \\ g_2 \end{pmatrix}$$

则有

$$\begin{cases} h_0^i = h_0^{i-1} + \mathrm{d}h_0^i + h_0^{i-1}\mathrm{d}h_1^i \\ h_1^i = h_1^{i-1} + h_1^{i-1}\mathrm{d}h_1^i \end{cases} \tag{6-1-48}$$

(7)计算最佳匹配的点位。我们知道影像匹配的目的是获得同名点。通常是以待定的目标点建立一个目标影像窗口，即窗口的中心点即为目标点。但是，在高精度影像相关中，必须考虑目标窗口的中心点是否是最佳匹配点。根据最小二乘匹配的精度理论可知：匹配精度取决于影像灰度的梯度 $\dot{g}_x^2$，$\dot{g}_y^2$。因此，可用梯度的平方为权，在左方影像窗口内对坐标作加权平均：

$$\begin{cases} x_i = \dfrac{\sum x \cdot \dot{g}_x^2}{\sum \dot{g}_x^2} \\ y_i = \dfrac{\sum y \cdot \dot{g}_y^2}{\sum \dot{g}_y^2} \end{cases} \tag{6-1-49}$$

以它作为目标点坐标，它的同名点坐标可由最小二乘影像匹配所求得的几何变换参数求得

$$\begin{cases} x_2 = a_0 + a_1 x + a_2 y \\ y_2 = b_0 + b_1 x + b_2 y \end{cases} \tag{6-1-50}$$

随着以最小二乘法为基础的高精度数字影像匹配算法的不断发展，为了进一步提高其可靠性与精度，摄影测量学者进而又提出了各种带制约条件的最小二乘影像匹配算法。例如，附带共线条件的最小二乘相关及与 VLL 法结合的最小二乘影像匹配方法都得了广泛的研究，感兴趣的读者可阅读附录 9 自行学习。

6.1.4.3　最小二乘影像匹配的精度

利用一般的匹配算法(如相关系数法等)，至多能获得一个影像匹配质量指标，如相关系数越大，则影像匹配的质量越好，但是无法获得其精度指标。利用最小二乘匹配算法，则可以根据 σ_0 及法方程式系数矩阵的逆矩阵，同时求得其精度指标。其中，几何变形参数的移位量的精度，就是我们所关心的利用最小二乘匹配算法进行“立体量测”的精度。同时，研究最小二乘影像匹配对于“特征提取”及它与影像匹配的质量等问题，均具有十分重要的意义。

首先，仍以最简单的一维最小二乘匹配为例。由式(6-1-41)与式(6-1-42)可知，

$$\hat{\sigma}_x^2 = \frac{\sigma_0^2}{\sum \dot{g}^2}$$

其中，

$$\sigma_0^2 = \frac{1}{n-1}\sum v^2$$

n 为目标区像元个数。由于上式右边是 $\hat{\sigma}_x^2$ 的无偏估计，所以

$$\sigma_0^2 \approx \sigma_v^2$$

因此

$$\hat{\sigma}_x^2 = \frac{1}{n} \cdot \frac{\sigma_v^2}{\sigma_{\dot{g}}^2} \tag{6-1-51}$$

若定义信噪比为

$$\mathrm{SNR} = \frac{\sigma_g}{\sigma_v}$$

则最小二乘影像一维匹配的方差

$$\hat{\sigma}_x^2 = \frac{1}{n \cdot \mathrm{SNR}^2} \cdot \frac{\sigma_g^2}{\sigma_{\dot{g}}^2} \tag{6-1-52}$$

根据相关系数与信噪比的关系式(6-1-38)，上式还可表示为

$$\hat{\sigma}_x^2 = \frac{(1-\rho^2)}{n} \cdot \frac{\sigma_g^2}{\sigma_{\tilde{g}}^2} \tag{6-1-53}$$

由此可以得到一些很重要的结论：影像匹配的精度与相关系数有关，相关系数越大，则精度越高。换言之，它与影像窗口的“信噪比”有关，信噪比越大，则匹配的精度越高。由前述可知，“信噪比”可以根据影像的功率谱进行估计，因此，由式(6-1-53)可以在影像匹配之前估计出影像匹配的“验前方差”。另外，影像匹配的精度还与影像的纹理结构有关，即与 $\sigma_g/\sigma_{\tilde{g}}$ 有关。特别是当 $\sigma_{\tilde{g}}$ 越大，则影像匹配精度越高。当 $\sigma_{\tilde{g}}^2 \approx 0$，即目标窗口内灰度没有变化(如湖水表面、雪地等)时，则无法进行影像匹配。同时，这也说明了“特征提取”的重要性及“基于特征匹配”的优点。

6.2 特征匹配

特征匹配(Feature Matching)是指将从影像中提取的特征作为共轭实体，将所提特征属性或描述参数作为匹配实体，通过计算匹配实体之间的相似性测度以实现共轭实体配准或识别的影像匹配方法。

特征匹配基于图像的特定特征进行匹配。这些特征通常包括角点、线段、边缘、轮廓、局部能量等局部特征，以及多边形图像结构等全局特征。特征匹配一般包括特征提取、特征描述和特征匹配三个步骤。首先，从图像或数据中提取出具有唯一性和再现性的特征；其次，对这些特征进行描述，形成特征描述符；最后，通过计算特征描述符之间的相似性测度来实现匹配。

6.2.1 特征匹配基本原理

为了获取影像对中的同名点，特征匹配也遵循影像匹配的基本规则，仍然需要选择匹配目标、选择相似性度量方法、应用检索策略找同名点，同时也需要剔除错点。然而为了更方便地应用特征匹配，目前大多数的特征匹配算法将以上过程总结为特征提取、特征描述、同名配对三步，其中特征描述是基于特征进行相似性度量，而同名配对中应用了相似性度量、检索策略和错点剔除。

6.2.1.1 匹配目标

特征匹配的匹配目标就是影像特征信息。特征选择至关重要，它决定了哪些特征将被用于后续的匹配过程，直接影响到匹配的准确性和效率。

特征选择旨在从原始特征集合中挑选出最具代表性、最有利于匹配的特征子集。这有助于减少计算量，提高匹配速度，同时降低噪声和冗余信息对匹配结果的影响，从而提高匹配的准确性。在影像特征匹配中，常用的特征包括颜色特征、纹理特征、形状特征和空间关系特征等。针对不同的特征，都有其对应的特征提取算子，常见的特征有 SIFT 特征、FAST 特征、Harris 特征、Forstner 特征等。本书在第 5 章“影像特征提取与定位算子”中对特征提取已经进行了详细阐述，相关的特征提取都可以应用到特别匹配的特征选择中。

6.2.1.2　相似性度量

特征匹配的相似性度量方法非常多，下面介绍 5 种常见方法。

1. 欧氏距离

欧氏距离是最常见的度量向量差异方法之一，适用条件是两个向量有相同维数。欧氏距离有两种计算方法，分别为

$$D_1 = \sum_{i=0}^{n} |A_i - B_i| \tag{6-2-1}$$

$$D_2 = \sum_{i=0}^{n} (A_i - B_i)^2 \tag{6-2-2}$$

在一维空间中，欧氏距离就是两个数值之差的绝对值；在二维和三维空间中，欧氏距离就是我们最熟悉的两点间平面距离和空间距离，多维空间的欧氏距离也被称为闵氏距离（Minkowski Distance）。

2. 汉明距离

汉明距离，由美国科学家 Richard Wesley Hamming 在 1950 年提出，因此也得名 Hamming Distance。在信息论中，两个等长字符串之间的汉明距离是两个字符串对应位置的不同字符个数，换句话说，它就是将一个字符串变换成另外一个字符串所需要替换的字符个数。例如，1011101 与 1001001 之间的汉明距离是 2，而 2143896 与 2233796 之间的汉明距离是 3。汉明距离在密码学中有极其重要的地位，在二值数据序列比较运算中，汉明距离又称为差异和，也就是两个二进制数在所有位上的差异总和，当代 CPU 提供了专用指令 popcnt 来执行这个运算。

3. 编辑距离

编辑距离（Minimum Edit Distance，MED），由俄罗斯科学家 Vladimir Levenshtein 在 1965 年提出，因此也得名 Levenshtein Distance。在信息论、语言学和计算机科学领域，编辑距离用来度量两个字符串相似程度。通俗地讲，编辑距离是指在两个字符串 S1、S2 之间，由字符串 S1 最少经过多少次单字符编辑转换为字符串 S2，编辑距离是度量序列数据相似度的基本算法。在自然语言处理中，例如拼写检查中可以根据一个拼错的字和其他正确字的编辑距离，判断哪一个是比较可能的字。在文献查重中也常常使用编辑距离判别两段文字的相似度。基因序列分析中，DNA 也可以视为用 A、C、G 和 T 组成的字符串，因此编辑距离也常用于判断 DNA 的相似度。

4. 直方图相交

直方图相交是一种度量直方图距离的方法，具体指两个直方图在每个小区间中共有的像素数量。假设 I 和 Q 是含有 n 个小区间的两个颜色直方图，则它们之间的距离函数为

$$\sum_{j=0}^{n} \min(I_j,\ Q_j) \tag{6-2-3}$$

5. 马氏距离

马氏距离由印度统计学家 P. C. Manhalanobis 提出，用于衡量两个多维向量的相似度。如果两个特征向量的各分量之间具有不同的权重和相关性，其马氏距离计算公式为

$$D = (A - B)^{\mathrm{T}}C^{-1}(A - B) \tag{6-2-4}$$

式中，C 代表特征向量的协方差矩阵。

马氏距离的优点：一是两点之间的马氏距离与原始数据的测量单位无关，二是原始数据和均值之差计算出的两点之间的马氏距离相同；三是马氏距离不受变量之间的相关性感受的影响。

6.2.1.3 检索策略

影像匹配的最终目标是找到最相似的位置对，因此一个好的检索策略对算法的处理效率起至关重要的作用。通过制定科学合理的检索策略，可以更快速、准确地找到所需的信息，是匹配算法可以应用的保障，常见的检索策略有 BF 暴力匹配、KNN 最邻近算法、FLANN 算法等。

1. BF 暴力匹配

BF(Brute Force)暴力匹配算法的工作原理是将两幅图像中每个特征的描述子进行一对一比较，找到相似度最高的特征点对为最佳特征匹配。其中相似度判定方式采用匹配算法对应的相似性度量方法，例如 SIFT 对应欧氏距离，ORB 对应汉明距离等。

暴力匹配算法比较简单，使用方便，适用于大多数的特征批匹配。但是其主要缺点为耗时过长，时间复杂度为 $O(M\times N)$，以及会有较多的匹配错误，需要后续对匹配的特征点做进一步的筛选，去除错误的匹配对。

2. KNN 算法

KNN(K-Nearest Neighbor)，即 K-邻近算法是由 Cover 和 Hart 于 1968 年提出。所谓 K 最邻近，就是 K 附近的邻居的意思，指每个样本都可以用它最接近的 k 个邻居来代表。它是数据挖掘分类技术算法中最基础的方法之一。

用一句古语可以将此算法概括为"物以类聚，人以群分"。也就是说，要对一个新样本进行分类，需要以与它最近的 k 个样本的类别来判断。它的原理也比较好懂，古语"近朱者赤，近墨者黑"就可以说明其原理。

即一个样本在特征空间中的 k 个最相邻的样本的大多数属于某一个类别，则该样本也属于这个类别，并具有这个类别上样本的特性。从原理上可以看出，KNN 算法依赖极限定理，是一个理论上比较成熟的算法。KNN 算法因具有简单且有效的优点，迅速地被用于医学图像处理、文本分类，甚至人脸识别等近几年热门的研究领域。对现有的机器学习分类器来说，KNN 算法无疑是最佳的处理文本分类的机器学习算法之一，其在机器学习分类算法中占有重要地位。KNN 算法对各类数据的包容性和适应性，使其在机器学习研究领域展现出巨大的潜力，而被众多研究人员熟知和期待。

KNN 的三要素分别是 k 值的选择、距离度量和决策方法。这三要素也是决定 KNN 算法分类准确率的最为关键因素。第一，k 值在很大程度上决定了分类的结果，它代表新进样本取与其最近邻居的个数。第二，距离度量是指在 n 维属性的空间中，如何计算新进样本与各训练样本的距离。目前最常用的距离算法是欧氏距离，就是我们中学时期求平面直角坐标系上两点间距离的计算方法，即各维度的数值之差的平方和再开平方。这也是一般默认的数据点间的距离算法。第三，决策方法是指在 k 个最近邻居的类别已知的情况下，判断新进样本的策略或方法。最基本的方法是多数表决法，即 k 个最近的邻居中，数量最多的邻居的分类即为新进样本的分类结果。同时还有改进的策略，权重多数表决，即为 k 个最近的邻居根据距离赋予不同的权重，以此来提升结果的准确率。除此之外，还可以根据所分类数据的具体使用情境来制定不同的策略。以上就是 KNN 算法至关重要的三要素，它们主导着 KNN 算法最终结果的准确性。

KNN 算法很早即被提出，同时也因它分类的过程简单，造成了分类效率上的不足。究其原因是对于每个新进样本，每一次的分类都要计算其与每个现有训练样本的距离，最后再一一排序，找出距离其最近的 k 个邻居样本。如果训练样本的数量非常大，就会造成大量冗余的计算。故其在分类效率上是有不可不承认的缺点。这一点需要我们不断改进。除此之外，KNN 算法还有分类效果的不足。这是指在进行到最后一步的“决策”的过程中，不同的决策方法会对结果的准确性造成不同的影响，很难有一种决策方法适用每个分类样本。这也是改进 KNN 算法的一个必要的方向。基于这些原因，KNN 算法的改进潜力巨大，可以从两方面下手改进，也可以巧妙地设计以兼而并之地的改进。这就需要进行深入的了解与思考。

假设一个有 n 条数据，每条数据有 m 维属性和一个类别属性的训练样本集为 T，则 $T=\{T_1, T_2, T_3, \cdots\}$，其中 $T_p=\{a_1, a_2, a_3, \cdots, a_m\}(p=1, 2, 3, \cdots, n)$。那么，KNN 算法的分类过程如下：

(1)计算待分类样本与 n 个训练样本的距离。

对于每个待分类样本 $S_i=\{s_1, s_2, s_3, \cdots, s_m\}$，采用要求的距离公式与训练样本集 T 中的每条数据 T_j 进行 n 次距离计算。将计算的 n 个结果放入距离集合 D，其中 $D=\{d_{i1}, d_{i2}, d_{i3}, \cdots, d_{in}\}$。

(2)将计算得到的距离从小到大排序。

由上一步我们得出的距离集合为 $D=\{d_{i1}, d_{i2}, d_{i3}, \cdots, d_{in}\}$，对此集合进行由小到大的排序，并记录每个距离对应的训练数据待用。

(3)取出排好序的前 k 个训练数据。

将上述排序后的距离集合 D 的前 k 个最小距离取出，确认它们的类别属性。

(4)将这 k 个最近的邻居样本的类别计数。

统计出这 k 个最邻近训练样本的类别属性，个数最多的即为待分类样本的最终分类结果，记为插入待测样本属性链。

3. FLANN 算法

FLANN 是在 2009 年被 Lowe 等提出的快速最邻近搜索算法，其中基于 K-D 树的搜索策略是 FLANN 中最常用的搜索策略。K-D 树(K-Dimensional 树)是一种组织 K 维空间信息的树形数据结构，其目的是提高数据检索效率，K-D 树的使用包括建立 K-D 树和遍历检索两步。

建立 K-D 树的过程：K-D 树是二叉树，每个节点包含 K 维信息，K-D 树的非叶节点用一个超平面把空间分割成两半，节点左边子树代表在超平面左边的信息，节点右边的子树代表在超平面右边信息，如此递归分解下去，直到所有数据元素都被分到叶子上。特别注意的是每进一次子树，需要换一个超平面，循环用多维数据的每一维分割数据。简单地说，就是先选择某一维为基准如 X 轴，然后将待分类数据按本维即 X 轴的某个值为界分为两部分，分别放在左子树和右子树，之后对左右子树分别再次分割，但此时的分割基准必须用另外一维如 Y 轴，一直分下去直到数据元素都被分到叶节点上。以一个 2×2 的三维数据为例子，其建立 K-D 树的过程如图 6-2-1 所示。

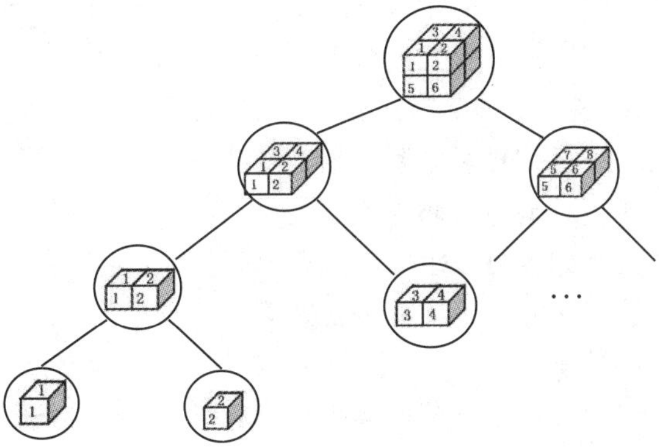

图 6-2-1　K-D 树的建立过程

遍历检索 K-D 树的过程如图 6-2-2 所示。从根节点开始，递归往下找，往左还是往右的决定方法与建树判断一样，直到叶节点(如图 6-2-2 中的箭头 1)。将叶节点当作“当前最佳点”，然后回溯经历的父节点(如图 6-2-2 中的箭头 2)。如果父节点比当前点的距离近，则以最近距离为半径的圆与父节点超平面求交：如果未相交，继续回溯到上一级父节点；如果相交，则进入另一个分支继续递归往下找，直到叶节点(如图 6-2-2 中的箭头 3)，并更新为“当前最佳点”，然后再次回溯经历的父节点，注意这次不能再次走上次走过的路径，直到回溯到根节点，检索结束，“当前最佳点”即为目标点。

4. 哈希函数检索

与树形索引类似，哈希(Harris)函数检索也是非常通用的一种快速查找方式。哈希函数检索的基本处理原理是将查询的目标信息通过哈希函数转为目标信息地址，然后直接得到目标信息。例如，通过影像的行列序号找到影像灰度值就属于哈希函数检索，其哈希函数就是根据行列号计算灰度地址；再如，日常生活中的找火车座位、飞机座位、电影院位置等都属于哈希函数检索，甚至人们按地址送快递其实也属于哈希函数检索。

哈希函数检索的具体过程如下：首先需要设计哈希函数，函数的输入是信息的多维表

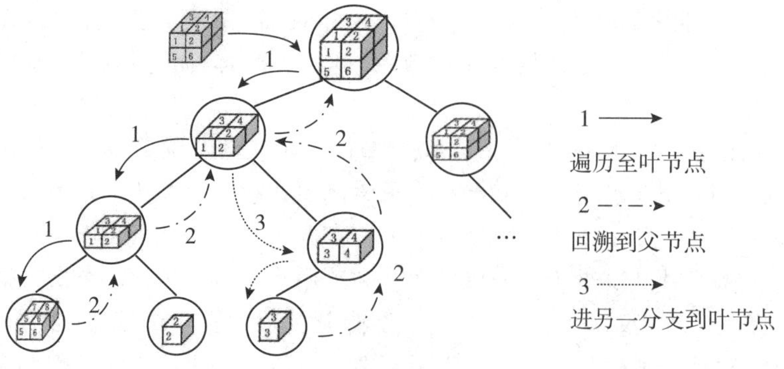

图 6-2-2　K-D 树的检索过程

达，函数的输出是信息具体对应位置，特别注意的是哈希函数要尽量做到一对一的映射，如果出现多对一或一对多时，必须采用额外措施保证稳定输出；设计好函数后，将数据集的元素按哈希函数计算其位置，并将数据放到其位置中，形成按哈希组织的数据集；数据组织好后，检索过程就仅需要通过哈希函数得到目标位置取出数据。如果哈希函数比较高效，则检索就高效，例如按行列号取像素就相当高效。

在空中三角测量的连接点显示处理中，也会用到哈希函数检索，实现通过连接点 ID 找连接点与影像的关系。例如，可以定义连接点 ID 为是 8 位数字，如 01010001，此点 ID 的含义：开始两位代表航带序号，接着两位是航带中的影像序号，最后 4 位是影像上的点序号。此时设计的哈希函数就是输入点号，输出航带序号、航带影像序号和影像上点序号，当需要查询某个连接点信息时，使用连接点 ID 就可以获取航带序号、航带影像序号和影像上点序号，只要在测区工程中将对应影像调出来，读入其连接点，直接定位到连接点，并显示在计算机屏幕上。

6.2.1.4　错点剔除

模板匹配的错点剔除方法对特征匹配一样有效，此外特征匹配还扩展了一些错点剔除的新方法，下面介绍几种常见的方法。

1. Lowe 比值法

Lowe 比值法，是 Lowe(1999)基于 SIFT(尺度不变特征变换)算法提出的用于筛选优秀匹配点的方法。该方法通过比较最邻近距离与次邻近距离的比率来剔除错误的匹配点。在应用 Lowe 比值法时，比率阈值 T 受多个因素影响，必须予以考虑。

(1)比率阈值 T 的选择。Lowe 推荐的阈值为 0.8，但实验结果表明，对于不同应用场景，最佳阈值可能有所不同。如果阈值设置不当，可能会导致匹配点数目过多(包含错误匹配)或过少(丢失正确匹配)。为此，阈值 T 的选择应根据具体应用场景和需求来确定。例如，对于准确度要求高的匹配，可以选择较低的阈值(如 0.4)；对于匹配点数目要求较多的匹配，可以选择较高的阈值(如 0.6)。在实际应用中，需要通过实验来确定最佳阈值。

(2)特征空间的维度。由于特征空间的高维性，相似的距离可能存在大量其他的错误匹配，从而增加了错误匹配的风险。特征空间的维度越高，相似度计算的复杂性和不确定性就越大。因此，在特征提取和描述阶段，应尽可能选择具有较低维度且能够有效区分不同特征点的描述子。

(3)图像遮挡和背景混乱。图像遮挡和背景混乱可能导致无法正确提取和匹配特征点，从而影响 Lowe 比值法的有效性。在图像预处理阶段，应尽可能消除图像遮挡和背景混乱的影响。例如，可以通过图像增强、去噪、分割等方法来改善图像质量，从而提高特征点的提取和匹配效果。

为了降低误差和不确定性对匹配结果的影响，可以采取多种措施。例如，可以使用多种特征提取和描述方法进行比较和验证；可以引入置信度等概念来评估匹配结果的可靠性；还可以结合其他图像处理和计算机视觉技术来提高匹配的准确性和鲁棒性。

2. 局部约束法

利用特征点及其邻域的几何关系来区分匹配点。具体流程如下：①邻域定义：为每个特征点设定一个邻域，确定邻域内的其他特征点。②局部一致性检查：对比匹配点在两个图像中的邻域结构，剔除与邻域不一致的点对。这种方法无须依赖全局几何模型，灵活且适用于局部结构复杂的场景，但在全局一致性方面表现较弱。

3. 基于图匹配

将特征点及其匹配关系建模为图，通过图论算法找到全局一致的匹配子集。主要步骤如下：①构建匹配图：将特征点作为节点，匹配关系作为边。②图论算法优化：使用算法如最大团算法，找到全局一致的匹配子集。③剔除不一致点对：移除那些不符合全局结构的匹配点对。图匹配方法结合局部和全局约束，能有效处理复杂场景下的匹配问题，保证全局一致性。

6.2.2 SIFT 特征匹配

SIFT 算子最初由 D. G. Lowe 于 1999 年提出，当时主要应用于对象识别。2004 年，D. G. Lowe 对该算子作了全面的总结，并正式命名为一种基于尺度空间的、对图像缩放、旋转甚至仿射变换保持不变性的图像局部特征描述算子——SIFT(Scale Invariant Feature Transform)算子，即尺度不变特征变换。

SIFT 算子主要有以下几个特点：

(1)SIFT 特征是图像的局部特征，其对旋转、尺度缩放、亮度变化保持不变，对视角变化、仿射变换、噪声也保持一定程度的稳定性。

(2)独特性好，信息量丰富，适用于在海量特征数据库中进行快速、准确的匹配。

(3)多量性，即使少数的几个物体也可以产生大量 SIFT 特征向量。

(4)可扩展性，可以很方便地与其他形式的特征向量进行联合。

SIFT 算子主要包括基于尺度空间极值探测的特征点提取、基于主方向的特征描述和同名特征点配对三个关键步骤，下面详细介绍这三个步骤。

6.2.2.1　SIFT 特征提取

SIFT 特征提取包括建立尺度空间、DOG 算子、高斯差分尺度空间、局部极值探测和关键点的精确定位 5 个步骤。

1. 建立尺度空间

尺度空间(Scale Space)思想最早由 Li Jima 于 1962 年提出；20 世纪 80 年代，Witkin(1983)和 Koendernk(1984)等的奠基性工作使得尺度空间方法逐渐得到关注和发展。尺度空间的基本思想是：在视觉信息(图像信息)处理模型中引入一个被视为尺度的参数，通过连续变化尺度参数获得不同尺度下的视觉处理信息，然后综合这些信息以深入地挖掘图像的本质特征(孙剑，2005)。

Koenderink 和 Lindeberg(1994)证明，高斯卷积核是实现尺度变换的唯一线性核。二维高斯函数定义如下：

$$G(x, y, \sigma) = \frac{1}{2\pi\sigma^2}\exp\left(-\frac{x^2+y^2}{2\sigma^2}\right) \tag{6-2-5}$$

式中，σ 为高斯分布的方差。

一幅二维图像，在不同尺度下的尺度空间表示可由图像与高斯核卷积得到：

$$L(x, y, \sigma) = G(x, y, \sigma) * I(x, y) \tag{6-2-6}$$

式中，(x, y) 为图像的像素位置；L 为图像的尺度空间；σ 为尺度空间因子，其值越小，则表征图像被平滑得越少，相应的尺度也就越小。同时大尺度对应于图像的概貌特征，小尺度对应于图像的细节特征。

2. DOG 算子

为了有效提取稳定的关键点，Lowe(1999)提出了利用高斯差分函数 DOG(Difference Of Gaussian)对原始影像进行卷积：

$$D(x, y, \sigma) = [G(x, y, k\sigma) - G(x, y, \sigma)] * I(x, y) = L(x, y, k\sigma) - L(x, y, \sigma) \tag{6-2-7}$$

式(6-2-7)即为 DOG 算子。有很多理由选择 DOG 算子来进行特征点提取：

(1)DOG 算子的计算效率高，它只需利用不同的 σ 对图像进行高斯卷积，生成平滑影像 L，然后将相邻的影像相减即可生成高斯差分影像 D。

(2)高斯差分函数 $D(x, y, \sigma)$ 是比例尺归一化的“高斯-拉普拉斯函数”(LOG 算子—— $\sigma^2 \nabla^2 G$) 的近似。当 $\sigma^2 \nabla^2 G$ 为最小和最大时，影像上能够产生大量、稳定的特征点，并且特征点的数量和稳定性要比其他的特征提取算子(如 Hessian 算子、Harris 算子)多得多、稳定得多。

高斯差分函数与高斯-拉普拉斯函数之间的近似关系可以表示为

$$\sigma \nabla^2 G = \frac{\partial G}{\partial \sigma} \approx \frac{G(x, y, k\sigma) - G(x, y, \sigma)}{k\sigma - \sigma} \tag{6-2-8}$$

$$G(x, y, k\sigma) - G(x, y, \sigma) \approx (k-1)\sigma^2 \nabla^2 G \tag{6-2-9}$$

式(6-2-9)中的系数 $(k-1)$ 为一常数，因此不影响每个比例尺空间内的极值探测。当 $k=1$ 时，式(6-2-9)的近似误差为0。Lowe(1999)通过实验发现，近似误差不影响极值探测的稳定性，并且不会改变极值的位置。

3. 高斯差分尺度空间

图 6-2-3 为生成高斯差分尺度空间的示意图。假设将尺度空间分为 P 层，每层尺度空间又被分为 S 子层，基准尺度空间因子为 σ，则尺度空间的生成步骤如下：

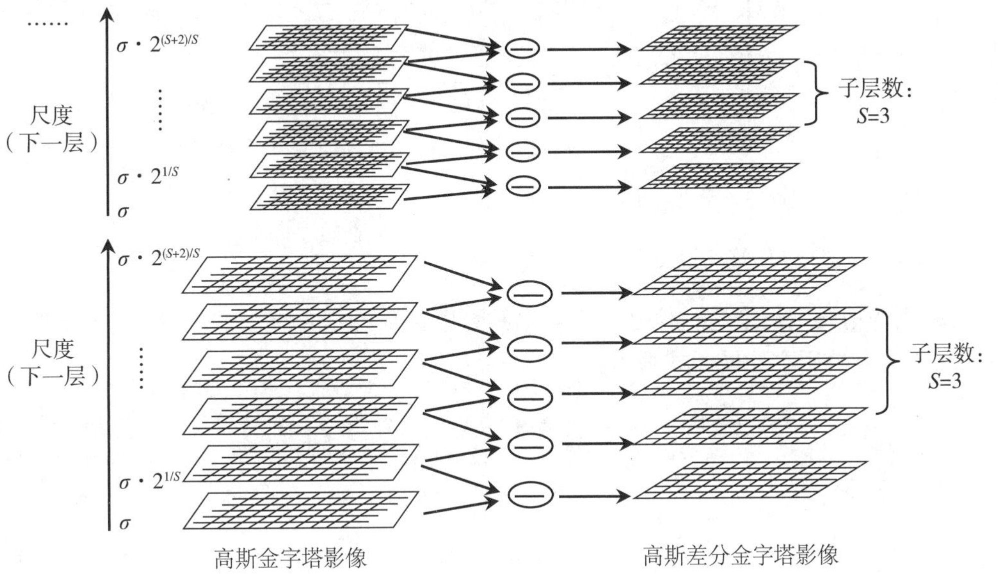

图 6-2-3 高斯差分尺度空间的生成

(1)在第一层尺度空间中，利用 $\sigma \cdot 2^{n/S}$ 卷积核分别对原始影像进行高斯卷积，生成高斯金字塔影像(S+3 张)，其中 n 为高斯金字塔影像的索引号(0，1，2，…，S+2)，S 为该层尺度空间的子层数。

(2)将第一层尺度空间中的相邻高斯金字塔影像相减，生成高斯差分金字塔影像。

(3)不断地将原始影像降采样 2 倍，并重复类似(1)和(2)的步骤，生成下一层尺度空间。

4. 局部极值探测

为了寻找高斯差分尺度空间中的极值点(最大值或最小值)，在高斯差分金字塔影像中，每个采样点与它所在的同一层比例尺空间的周围 8 个相邻点和相邻上、下比例尺空间中相应位置上的 9×2 个相邻点进行比较。如果该采样点的值小于或大于它的相邻点(26 个相邻点)，那么该点即为一个局部极值点(关键点)。图 6-2-4 中，×表示当前探测的采样点，⬭表示与当前探测点相邻的 26 个比较点。

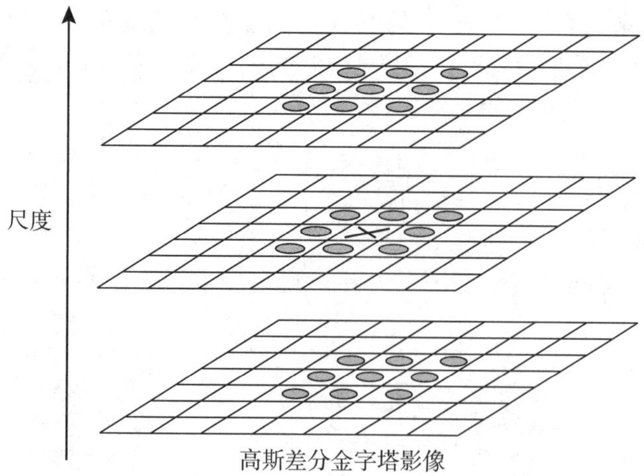

图 6-2-4　高斯差分尺度空间局部极值探测

5. 关键点的精确定位

关键点的精确定位是通过拟合三维二次函数以精确确定关键点的位置(达到子像素精度)。在关键点处用泰勒展开式得到：

$$D(X) = D + \frac{\partial D^{\mathrm{T}}}{\partial X}X + \frac{1}{2}X^{\mathrm{T}}\frac{\partial^2 D}{\partial X^2}X \quad D \to D_0 \tag{6-2-10}$$

式中, $X=(x,\ y,\ \sigma)^{\mathrm{T}}$ 为关键点的偏移量, D 是 $D(x,\ y,\ \sigma)$ 在关键点处的值。令

$$\frac{\partial D(X)}{\partial X} = 0$$

可以得到 X 的极值 $\hat{X}$：

$$\hat{X} = -\frac{\partial^2 D^{-1}}{\partial X^2}\frac{\partial D}{\partial X} \tag{6-2-11}$$

如果 $\hat{X}$ 在任一方向上大于 0.5，就意味着该关键点与另一采样点非常接近，这时就用插值来代替该关键点的位置。关键点加上 $\hat{X}$ 即为关键点的精确位置。

为了增强匹配的稳定性，需要删除低对比度的点。将式(6-2-11)代入式(6-2-10)得：

$$D(\hat{X}) = D + \frac{1}{2}\frac{\partial D^{\mathrm{T}}}{\partial X}\hat{X} \quad D \to D_0 \tag{6-2-12}$$

$D(\hat{X})$ 可用来衡量特征点的对比度，如果 $D(\hat{X}) < \theta$，则 $\hat{X}$ 为不稳定的特征点，应删除。θ 经验值为 0.03。

同时，因为 DOG 算子会产生较强的边缘响应，所以应去除低对比度的边缘响应点，以增强匹配的稳定性，提高抗噪声能力。

高斯差分算子的极值在横跨边缘的地方有较大的主曲率，而在垂直边缘的方向有较小的主曲率。主曲率通过一个 2×2 的 Hessian 矩阵 H 求出：

$$H = \begin{pmatrix} D_{xx} & D_{xy} \\ D_{xy} & D_{yy} \end{pmatrix} \tag{6-2-13}$$

导数 D 通过相邻采样点的差值计算。D 的主曲率和 H 的特征值成正比，令 α 为最大特征值，β 为最小特征值，则

$$\mathrm{tr}(H) = D_{xx} + D_{yy} = \alpha + \beta$$

$$\det(H) = D_{xx}D_{yy} - (D_{xy})^2 = \alpha\beta$$

令 γ 为最大特征值与最小特征值的比值，则

$$\alpha = \gamma\beta$$

$$\frac{\mathrm{tr}(H)^2}{\det(H)} = \frac{(\alpha + \beta)^2}{\alpha\beta} = \frac{(\gamma\beta + \beta)^2}{\gamma\beta^2} = \frac{(\gamma + 1)^2}{\gamma}$$

$(\gamma + 1)^2/\gamma$ 的值在两个特征值相等时最小，并随着 γ 的增大而增大。因此，为了检测主曲率是否在某阈值 γ 下，只需检测

$$\frac{\mathrm{tr}(H)^2}{\det(H)} < \frac{(\gamma + 1)^2}{\gamma} \tag{6-2-14}$$

γ 的经验值为 10。

6.2.2.2 SIFT 特征描述

利用关键点的局部影像特征(梯度)为每一个关键点确定主方向(梯度最大的方向)。

$$\begin{aligned} m(x, y) &= \sqrt{(L(x+1, y) - L(x-1, y))^2 + (L(x, y+1) - L(x, y-1))^2} \\ \theta(x, y) &= \arctan\left[\frac{L(x+1, y) - L(x-1, y)}{L(x, y+1) - L(x, y-1)}\right] \end{aligned} \tag{6-2-15}$$

式中，$m(x, y)$ 和 $\theta(x, y)$ 分别为高斯金字塔影像 (x, y) 处梯度的大小和方向；L 所用的尺度为每个关键点所在的尺度。在以关键点为中心的邻域窗口内(16×16 像素窗口)，利用高斯函数对窗口内各像素的梯度大小进行加权(越靠近关键点的像素，其梯度方向信息贡献越大)，用直方图统计窗口内的梯度方向。梯度直方图的范围是 0°~360°，其中每 10°一个柱，共 36 个柱。直方图的主峰值(最大峰值)代表了关键点处邻域梯度的主方向，即关键点的主方向。

图 6-2-5 为由关键点邻域梯度信息生成的特征向量。

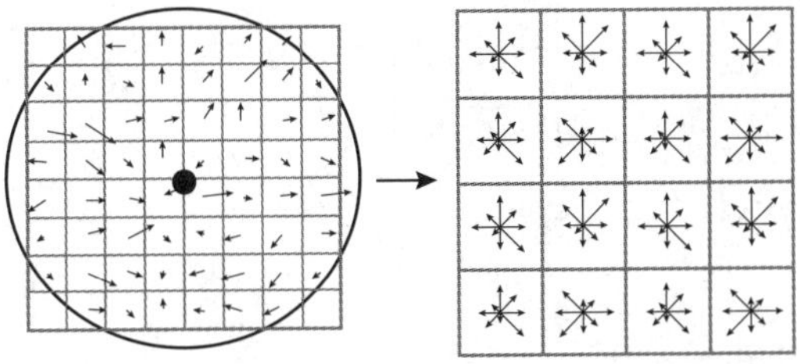

(a)邻域梯度方向　　(b)关键点特征向量

图 6-2-5　由关键点邻域梯度信息生成的特征向量

首先，将坐标轴旋转到关键点的主方向。只有以主方向为零点方向来描述关键点才能使其具有旋转不变性。

然后，以关键点为中心取 8×8 的窗口，如图 6-2-5(a)所示。图 6-2-5(a)中的黑点为当前关键点的位置，每个小格代表关键点邻域所在尺度空间的一个像素，箭头方向代表该像素的梯度方向，箭头长度代表梯度大小，圆圈代表高斯加权的范围。分别在每 4×4 的小块上计算 8 个方向的梯度方向直方图，绘制每个梯度方向的累加值，即可形成一个种子点，如图 6-2-5(b)所示。图 6-2-5(b)中，一个关键点由 4×4 共 16 个种子点组成，每个种子点有 8 个方向向量信息，就可以产生 128 维的向量，即 SIFT 特征向量。这种邻域方向性信息联合的思想增强了算法抗噪声的能力，同时对于含有定位误差的特征匹配也提供了较好的容错性。此时的 SIFT 特征向量已经去除了尺度变化、旋转等几何变形因素的影响。继续将特征向量的长度归一化，则可以进一步去除光照变化的影响。

6.2.2.3　SIFT 同名点配对

当两幅影像的 SIFT 特征向量生成后，采用关键点特征向量的欧氏距离作为两幅影像中关键点的相似性判定度量。在左图像中取出某个关键点，并通过遍历找出其与右影像中欧氏距离最近的前两个关键点。如果最近的距离与次近的距离比值小于某个阈值(经验值 0.8)，则接受这一对匹配点。降低阈值，可增加匹配点的正确率，但匹配点数同时会减少。

由 SIFT 特征匹配的方法可以看出，SIFT 特征是图像的局部特征，其对旋转、尺度缩放、亮度变化均保持不变性。但是 SIFT 算子具有多量性，即使很小的影像或少数几个物体也能产生大量的特征点，如一幅纹理丰富的 150×150 像素的影像就能产生 1400 个特征点。因此，SIFT 特征匹配最终归结为在高维空间搜索最邻近点的问题。利用标准的 SIFT 算法来遍历比较每个特征点是不现实的(除非影像很小)。因此，必须针对实际情况对标准的 SIFT 特征匹配方法进行优化，目前已涌现了诸如 PCA-SIFT、SURF 等改进算法。其中，PCA-SIFT 方法对特征描述进行数据降维，提高了效率；SURF(Speed Up Robust Features)算法，不但提高了计算速度，并保证了一定的精度。

6.2.3　ORB 特征匹配

ORB 是一种基于加速分割测试特征(FAST)检测器和二进制鲁棒独立基本特征(Binary Robust Independent Elementary Features，BRIEF)描述符的特征提取方法。ORB 运用灰度质心法在 FAST 角点检测的基础上加上了方向，又通过在 BRIEF 描述子的点对集矩阵上加入旋转矩阵，给 BRIEF 描述子加上了旋转不变性，使算法具备了平移、旋转、光照的不变性。该算法的特征提取速度较 SURF、SIFT 等算子提升了一个数量级以上，其计算效率甚至能满足手机等移动终端设备的实时性要求。

6.2.3.1　FAST 角点检测

1. FAST 特征点检测

ORB 首先使用 FAST 检测器来识别影像中的角点。FAST 通过对每个像素的邻域像素进行灰度值比较，如果候选点邻域内有足够多的像素点与该候选点的灰度值差别够大，则认为该候选点为一个特征点(图 6-2-6)。FAST 检测器的主要优势在于其计算效率高，适合实时应用。然而，FAST 本身对尺度和旋转变化不敏感，因此在 ORB 中引入了旋转不变性。

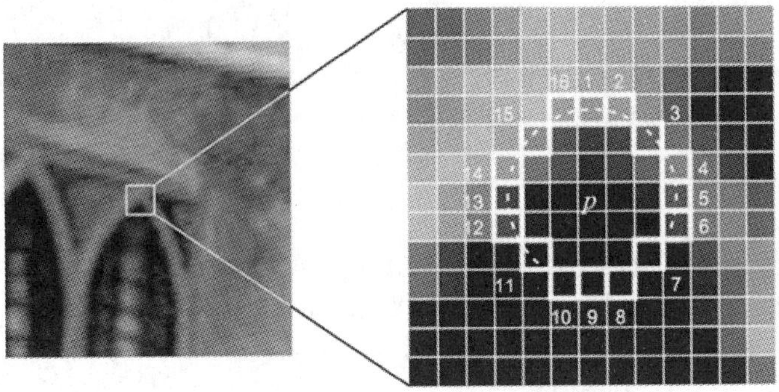

图 6-2-6　FAST 角点检测

2. 方向计算

在 ORB 中，图像区域为 FAST 关键点的邻域，即以关键点 O 为圆心，以 r 个像素为半径的圆形区域。即 x，y 的取值范围是 $[-r, r]$，且在该圆形区域内。这样就可以得到一个向量 $\boldsymbol{OC}$，用向量 $\boldsymbol{OC}$ 的方向 θ 表示 FAST 关键的方向：

$$\theta = \arctan2(m_{01}, m_{10}) \tag{6-2-16}$$

arctan2 表示取值区间在 $(-\pi, \pi]$ 的反正切函数。

6.2.3.2　BRIEF 特征描述

ORB 算子在特征描述部分采用 BRIEF 描述符进行特征描述。BRIEF 通过对特征点邻域内的一系列随机像素对进行灰度值比较，生成一个长度固定的二进制字符串。这些二进制字符串作为特征点的描述符，能够快速计算，并且存储紧凑。

BRIEF 选用的是 256bit 的描述子，即 BRIEF-32，在进行特征描述前用积分图像法对图像进行平滑处理。为了给 BRIEF 加入方向信息，首先需要将点集改写成矩阵形式。对于一个 n 比特的测试点集 (x_i, y_i)，定义一个 $2 \times n$ 的矩阵 S：

$$S = \begin{pmatrix} x_1 & x_2 & \cdots & x_n \\ y_1 & y_2 & \cdots & y_n \end{pmatrix} \tag{6-2-17}$$

根据 FAST 获得的方向角 θ，求出它对应的旋转矩阵 R_θ，这样就得到带有方向特性的测试点集 $S_\theta = R_\theta S$。可称此方法为 steered BRIEF，描述子可表示为

$$g_n(p, \theta): = f_{n_d}(p) \mid (x_i, y_i) \in S_\theta \tag{6-2-18}$$

在生成描述符后，ORB 通过一系列步骤来提升特征点的稳定性和描述符的区分性。首先，ORB 使用 Harris 角点检测器对 FAST 检测到的特征点进行排序，依据响应强度筛选出最具代表性的特征点。以确保留下来的特征点在后续的匹配过程中具有更高的可靠性。此外，ORB 对生成的 BRIEF 描述符进行去相关性处理。常用的方法是 PCA(Principal

Components Analysis，主成分分析）或 LDA（Linear Discriminant Analysis，线性判别分析），通过减少特征之间的相关性来压缩描述符维度。

6.2.3.3　同名点配对

ORB 通常采用最邻近搜索方法寻找同名点对，通过在两个特征组中为每个特征点找到在汉明距离最近的特征点。但随着特征点数量和图像规模的增加，直接最邻近搜索的计算开销变得巨大，因此需要采用一些优化策略来提升效率。

1. 特征点数量限制

减少特征点的数量可以显著提高匹配速度。常用的方法是通过阈值限制或采样策略筛选出最显著的特征点。例如，特征点的显著性可以通过特征响应强度（如 SIFT 的 DoG 响应、ORB 的 FAST 响应）来度量，仅保留具有较高置信度或对比度的点。此外，可以采用网格采样方法或通过密度控制手段，确保在图像中均匀分布特征点，进一步降低特征点数量。

2. 影像数量限制

影像数量的增加同样会显著增加匹配计算的复杂度。为了减少计算量，通常会采用分阶段的匹配策略：首先进行粗略的匹配（例如基于图像的全局特征或低分辨率图像）；然后在初步匹配成功的图像对上执行精细的特征匹配。这种策略在多图像场景下（如全景拼接、三维重建等）尤为有效，因为它能够减少参与特征匹配的图像数量。此外，基于空间一致性的匹配策略（如 RANSAC（Random Sample Consensus，随机样本一致性））可以过滤掉不符合几何约束的错误匹配，从而提高匹配的准确性。

通过这些加速策略，直接最邻近搜索方法在面对大规模图像数据时能够保持较好的匹配效率和精度。

6.3　密集匹配

密集匹配主要用于获取影像间的密集同名点，进而恢复三维场景或物体三维信息。密集匹配的结果通常以视差图、深度图或密集三维点的形式进行表达。密集匹配可大致分为两类：一类是双目立体匹配；另外一类为多视影像密集匹配（Multi-View Stereo）。前者是利用一对经过核线纠正的立体影像生成视差图，然后通过三维变换获得场景的三维信息；后者是利用不同视角拍摄的多张影像直接获取场景的三维信息。本节重点介绍两种密集匹配常用相似性测度和两种密集匹配方法。

6.3.1　密集匹配基本原理

6.3.1.1　匹配目标

密集匹配通常对影像中的所有像素点都进行匹配操作，而不仅限于稀疏的关键点。在实际应用中，为提高处理效率，可对像素点进行间隔采样处理，但无论是否采样，密集匹配的目标通常是规则的格网。针对每个匹配位置，使用单个像素点的灰度很难描述其特征，因此通常也会取匹配位置附近的一个小窗口，这一特点与模板匹配非常类似。

6.3.1.2　相似性度量

为计算不同影像中像点的相似性，密集匹配最基本的相似性度量是相关系数，但现在也增加一些匹配测度方法，以下介绍两种适用于密集匹配的相似性测度方法。

1. 互信息

互信息(Mutual Information)是信息论里常用的信息度量，它可以表示信息之间的关系，是两个随机变量统计相关性的测度。对于两幅影像 I_1 和 I_2，其互信息为两张影像各自的信息熵之和与联合信息熵之差：

$$MI_{I_1,I_2} = H_{I_1} + H_{I_2} - H_{I_1,I_2} \tag{6-3-1}$$

式中，H_{I_1} 和 H_{I_2} 分别为影像 I_1 和 I_2 的信息熵，H_{I_1,I_2} 为两者的联合信息熵。影像的信息熵是根据其灰度值的概率分布函数 P 计算得到，联合信息熵则是根据两张影像灰度值的联合概率分布函数计算。信息熵和联合信息熵的计算公式为式(6-3-2)和式(6-3-3)。

$$H_I = -\int_0^1 P_I(i)\log P_I(i)\,\mathrm{d}i \tag{6-3-2}$$

$$H_{I_1,I_2} = -\int_0^1\int_0^1 P_{I_1,I_2}(i_1,\ i_2)\log P_{I_1,I_2}(i_1,\ i_2)\,\mathrm{d}i_1\mathrm{d}i_2 \tag{6-3-3}$$

数字影像灰度值的概率分布函数即灰度直方图，可通过统计两张影像的灰度直方图和联合灰度直方图来计算它们的互信息。当两张影像对齐较好时，它们之间的联合信息熵较小，此时可根据影像间的对齐关系预测它们之间的同名信息，由式(6-3-1)可知它们之间的互信息较大。对于两视核线影像的立体匹配问题，影像间的对齐关系即影像的视差图，因此基于互信息的立体匹配问题的实质为寻找基准影像的视差图，进一步根据视差图进行卷积后实现基准影像与待匹配影像的最佳套合。

式(6-3-1)是用于计算整张影像的互信息值，无法作为影像匹配的相似性测度。为了将互信息作为相似性用于影像匹配，需使用泰勒展开将影像联合信息熵的计算转化为所有像素的联合信息熵的和，因此，通过计算每一个像素 $\boldsymbol{p}$ 所对应的同名像点的联合信息熵之和实现影像联合熵的计算，即

$$HI_{I_1,I_2} = \sum_{\boldsymbol{p}} h_{I_1,I_2}(I_{1\boldsymbol{p}},\ I_{2\boldsymbol{p}}) \tag{6-3-4}$$

对于基准影像上的任一像点 $\boldsymbol{p}$，当该点的视差为 d 时，则其在匹配影像上的同名像点为 $\boldsymbol{q}=e(\boldsymbol{p},\ d)=(p_x-d,\ p_y)^{\mathrm{T}}$。任一同名像点(在基准影像和匹配影像上的灰度值分别为 i 和 k)的联合信息熵可根据两张影像所有同名像点的联合概率分布函数 P_{I_1,I_2} 计算得到，如下式：

$$h_{I_1,I_2}(i,\ k) = -\log[P_{I_1,I_2}(i,\ k)\otimes g(i,\ k)]\otimes g(i,\ k) \tag{6-3-5}$$

式中，$g(i,\ k)$ 为高斯卷积核，用于有效地执行 Parzen 估计。

为了避免非重叠区和遮挡区像素对互信息的计算产生影响，在统计影像概率分布时，

应该排除这些区域的像素，因此计算影像的信息熵不能使用整幅影像灰度值的概率分布函数，而应使用联合概率分布函数的边缘函数，即

$$\begin{cases} P_{I_1}(i)=\sum_k P_{I_1,\ I_2}(i,\ k) \\ P_{I_2}(k)=\sum_i P_{I_1,\ I_2}(i,\ k) \end{cases} \tag{6-3-6}$$

根据式(6-3-6)得到的影像灰度的概率分布函数，可以按式(6-3-7)计算同名像点在基准影像和匹配影像上的信息熵：

$$\begin{cases} h_{I_1}(i)=-\log[P_{I_1}(i)\otimes g(i)]\otimes g(i) \\ h_{I_2}(k)=-\log[P_{I_2}(k)\otimes g(k)]\otimes g(k) \end{cases} \tag{6-3-7}$$

因此，互信息计算公式为

$$\begin{gathered} MI_{I_1,\ I_2}=\sum_p mi_{I_1,\ I_2}(I_{1p},\ I_{2p}) \\ mi_{I_1,\ I_2}(i,\ k)=h_{I_1}(i)+h_{I_2}(k)-h_{I_1,\ I_2}(i,\ k) \end{gathered} \tag{6-3-8}$$

根据式(6-3-8)可计算出两张影像的互信息查找表，具体计算过程如下：

(1)统计两张影像灰度值的联合概率密度直方图，如图 6-3-1 所示。

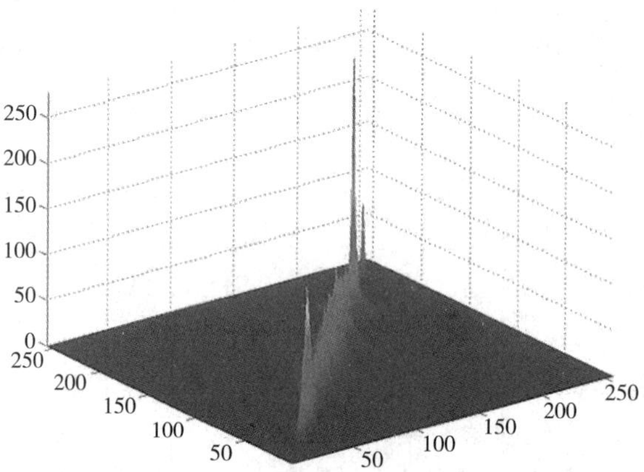

图 6-3-1　两张影像的联合概率密度直方图

(2)创建基准影像的概率密度直方图 P_{I_1}，其中每一个单元的值是联合概率密度直方图 $P_{I_1,\ I_2}$ 中每一列元素的总和。

(3)创建匹配影像的概率密度直方图 P_{I_2}，其中每一个单元的值是联合概率密度直方图 $P_{I_1,\ I_2}$ 中每一行元素的总和。

(4)计算信息熵。按照式(6-3-5)和式(6-3-7)，分别根据联合概率密度直方图 $P_{I_1,\ I_2}$、概率密度直方图 P_{I_1} 和 P_{I_2}，计算影像的联合信息熵和信息熵。

(5)创建互信息对照表 $MI_{I_1,\ I_2}$，对照表的横轴为基准影像 I_1 的灰度值，纵轴为匹配影像 I_2 的灰度值(图 6-3-2)。可按照式(6-3-8)计算互信息对照表 $MI_{I_1,\ I_2}$ 中每一个单元的值，最后将互信息对照表的值进行线性拉伸，映射至设置的取值区间。

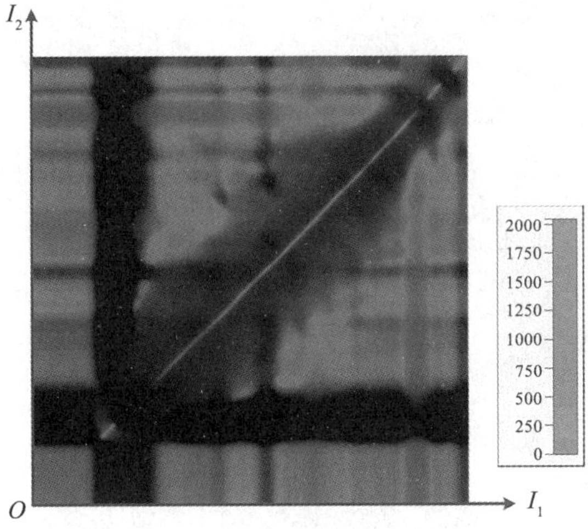

图 6-3-2 互信息查找表晕渲图

相对于相关系数来说，使用互信息作为相似性测度具有以下优点：

(1)互信息的计算使用了灰度值的统计直方图，因而具有一定的抗噪特性；

(2)互信息可以逐点对应，不需要模板窗口，因此具有较强的保边缘作用。

2. Census 相似性测度

Census 相似性测度是一种局部非参数化的相似性测度，它不是直接利用两个匹配窗口的灰度值计算相似程度，而是首先根据窗口内像素与窗口中心像素的相对大小将窗口编码为一个比特字符串，然后计算左右两个窗口对应的比特字符串的汉明距离并将其作为相似度。Census 测度能够在一定程度上抵抗辐射差异。它的具体计算过程如下：

(1)对窗口内像素进行编码。对于一个局部窗口(如大小为 7×7 的窗口)，对于中心像素点 $\boldsymbol{p}$，其灰度为 $I(\boldsymbol{p})$，$N(\boldsymbol{p})$表示局部窗口内所有像素的集合，$\boldsymbol{p}' \in N(\boldsymbol{p})$ 为窗口内某一个像素，按如下公式进行编码：

$$C(\boldsymbol{p},\ \boldsymbol{p}') = \bigotimes_{\boldsymbol{p}' \in N(\boldsymbol{p})} \xi(I(\boldsymbol{p}),\ I(\boldsymbol{p}'))$$

$$\xi(I(\boldsymbol{p}),\ I(\boldsymbol{p}')) = \begin{cases} 1, & (I(\boldsymbol{p}') < I(\boldsymbol{p})) \\ 0, & (I(\boldsymbol{p}') \geqslant I(\boldsymbol{p})) \end{cases} \tag{6-3-9}$$

式中，$\otimes$ 表示字符串的连接。即当像素 $\boldsymbol{p}'$的灰度 $I(\boldsymbol{p}')$ 小于中心像素 $\boldsymbol{p}$ 的灰度 $I(\boldsymbol{p})$ 时，编码为 1；否则，编码为 0。通过编码，得到一个由 0 和 1 组成的比特字符串；

(2)计算汉明距离。对两个比特字符串进行异或运算，当对应两个编码值不相同，则异或结果为 1；否则，异或结果为 0，然后统计结果为 1 的个数，即为汉明距离，其计算公式为

$$\mathrm{Dist}_{\mathrm{Hamming}}(C_L,\ C_R) = \sum_{i=1}^{n} C_{Li} \oplus C_{Ri} \tag{6-3-10}$$

式中，$\oplus$ 为异或操作符号。相同的编码值越多时，匹配相似性越大，此时汉明距离越小。汉明距离算法在密码学中也被称为差异和运算，CPU 指令是 popcout。

如图 6-3-3 所示，为计算两个大小为 5×3 的灰度窗口的 Census 代价的示例。

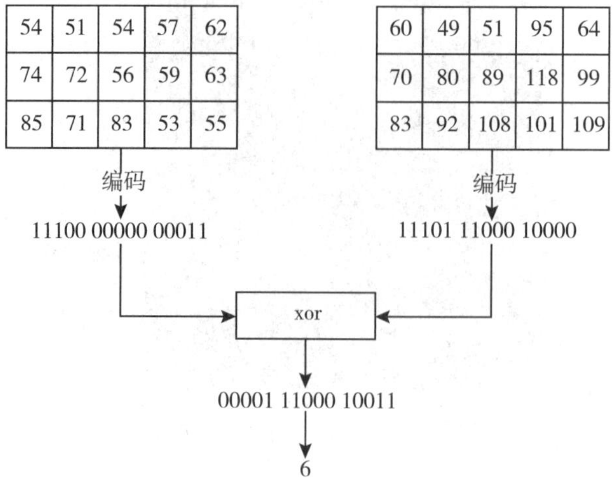

图 6-3-3　Census 代价计算示例

6.3.1.3　检索策略

由于密集匹配的匹配目标通常基于格网，因此其检索策略通常是局部相关的，也就是以某区域中格网点为目标，综合考虑相互关系，实现整体上的最优匹配。例如，SGM 匹配采用了匹配代价立方体，采用动态规划实现最优匹配，而 BRM 采用了概率松弛对目标区域的匹配点进行最优求解，从而实现最佳匹配。

6.3.1.4　错点剔除

1. 概率松弛约束

概率松弛约束是指在一定条件下，随机变量的概率分布不严格地符合某个规律或约束，而是有一定的宽松度或灵活性。这种宽松度允许某些变量或事件在一定程度上偏离其理论上的严格规律或约束条件。在实际问题中，由于多种限制条件的影响，某些变量可能无法完全遵循其严格的理论规律表现。为了更准确地描述和解决实际问题，概率松弛的概念被引入。通过放宽约束条件，可以使得概率论的应用更加贴近于实际世界，从而得到更加严谨和精确的处理和研究结果。

使用概率松弛约束的基本过程如下：①定义松弛变量，松弛变量是约束条件的宽松度一种数学描述，这些松弛变量可以是实数、向量或其他形式的数学对象。②建立松弛模型，包含松弛变量的松弛模型，用于反映求解问题的不确定性和模糊性，并允许在一定范围内偏离严格的约束条件。③对松弛模型求解，对包含松弛变量的优化问题或概率问题进行求解，通常需要应用数学优化方法、概率论和统计学方法等技术手段。

在使用概率松弛约束时，需要注意以下几点：①合理设置松弛度，松弛度的设置应该根据实际问题的需求和约束条件的特点来确定。过小的松弛度可能导致问题无法解决或结果不准确；过大的松弛度则可能导致解的质量下降或失去实际意义。②考虑约束条件的相互影响，实际问题中，约束条件之间可能存在相互影响或制约关系。因此，在设置松弛度时需要考虑这些相互影响，以确保解的有效性和可行性。③验证解的合理性，在求解松弛问题后，需要对得到的解进行验证和评估。这包括检查解是否满足实际问题的需求和约束条件的要求，以及评估解的质量和可靠性等方面。

2. 动态规划

动态规划(Dynamic Programming，DP)是一种在数学、计算机科学和经济学中广泛使用的算法设计技术，它以把原问题分解为相对简单的子问题的方式来求解复杂问题。动态规划的核心思想包括最优子结构和重叠子问题两个方面。

(1)最优子结构，如果问题的最优解可以由其子问题的最优解有效地构造出来，那么该问题就具有最优子结构性质。这意味着，我们可以通过求解子问题的最优解来逐步构建出整个问题的最优解。

(2)重叠子问题，在求解问题的过程中，有些子问题可能会被重复计算多次。动态规划通过保存子问题的解，避免做这些重复的计算，从而提高了算法的效率。

正因为动态规划具有求解复杂问题的能力，在密集匹配中，动态规划可以用来优化匹配过程，从而间接地帮助剔除错误的匹配点。例如，在计算最优匹配点时，动态规划可以确保我们找到的点是最优解，从而避免了那些由于错误匹配而产生的较大不一致性。

6.3.2 SGM 半全局匹配

影像匹配的目的是对输入的影像，自动获取同名像点。影像密集匹配，则是为了匹配逐像素的同名像点，且一般把匹配同名像点转化为计算核线影像的逐像素视差图。图6-3-4所示为航空核线影像及其对应的逐像素视差图。

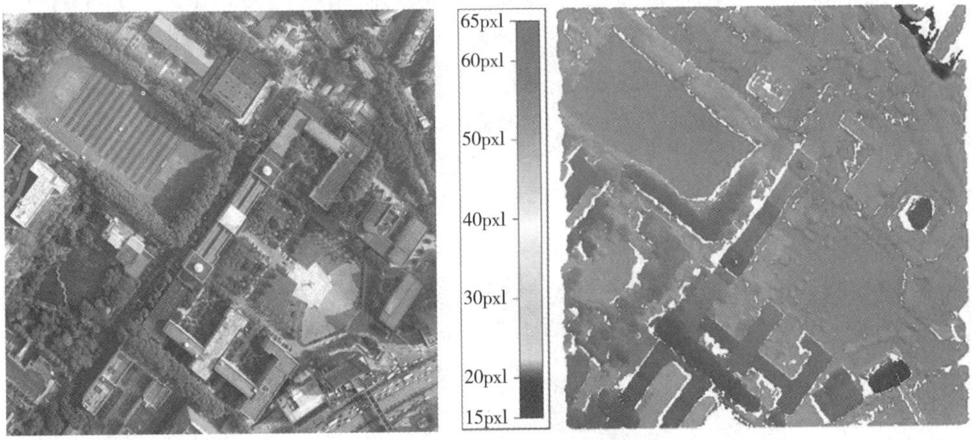

图 6-3-4 航空影像(左)和其对应的逐像素视差图(右)

这个目标显然是局部匹配方法难以达到的。主要有以下难点：首先，计算代价巨大，需要匹配所有的像素点；其次，难以得到完整而可靠的结果，因为每个像素点的匹配都是独立计算的，相互之间没有制约，受纹理缺乏、几何与辐射变形和遮挡等因素的影响，匹配的完整度和可靠度难以得到保证，导致难以匹配出完整且精细反映地物结构和局部细节的结果。

全局匹配的方法不采用独立匹配每个像素的方式，而是将匹配问题建模为一个能量最小化的问题，整体地求解所有像素的匹配结果。在匹配每个像素的同时引入邻域像素的约束，提高匹配的可靠性。一般而言，全局匹配需要构建一个如式(6-3-11)所示形式的能量方程，该方程包含两项：数据项 E_{data} 和光滑约束项 E_{smooth}。其中，数据项用于表示图像一致性(Photo Consistency)，该项为所有同名像点匹配代价的总和，反映了同名点的相似性；光滑约束项则引入邻域像素的约束，提高匹配的可靠性。

$$E = E_{\text{data}} + E_{\text{smooth}} \tag{6-3-11}$$

为了计算逐像素的视差图，利用半全局匹配算法(Semi-Global Matching，SGM)也可构建与式(6-3-11)相似的能量函数，如式(6-3-12)所示：

$$E(D) = \sum_{p}\left(C(\boldsymbol{p}, D_p) + \sum_{q \in N_p} P_1 T[\,|D_p - D_q| = 1\,] + \sum_{q \in N_p} P_2 T[\,|D_p - D_q| > 1\,]\right) \tag{6-3-12}$$

式中，$\boldsymbol{p}$ 为影像上某像素；D_p 为像素 $\boldsymbol{p}$ 的视差；$C(\boldsymbol{p}, D_p)$ 为像素 $\boldsymbol{p}$ 在视差为 D_p 时的匹配代价；$\boldsymbol{q}$ 为其 $\boldsymbol{p}$ 邻域像素；D_q 为邻域像素 $\boldsymbol{q}$ 的视差；P_1 和 P_2 为惩罚系数；D 为待解的视差场。

能量函数(式(6-3-12))的第一项为数据项，对应为匹配代价；后两项为光滑约束项，其中第二项表示邻域视差变化值为 1 时惩罚值为 P_1，第三项表示当邻域视差变化超过 1 时惩罚值为 P_2，其中 P_1 远小于 P_2。光滑项的物理意义：

(1)鼓励相邻像素的视差缓慢变化。当相邻像素视差相同，即 $D_p = D_q$ 时，不增加代价；而当相邻像素视差变化为 1 时，即 $|D_p - D_q| = 1$ 时，加入较小的惩罚值 P_1。

(2)压制相邻像素的视差剧烈变化。当相邻像素视差变化大于 1 时，即 $|D_p - D_q| > 1$ 时，加入较大的惩罚值 P_2。但是在影像的灰度变化较大处，可能会出现视差断裂，灰度变化越大，出现视差断裂的可能性越高，此时应加入较小的惩罚值，即惩罚值 P_2 应与影像的梯度成反比，因此根据以下公式确定 P_2 的值：

$$P_2 = \frac{P'_2}{I_{bp} - I_{bq}} \tag{6-3-13}$$

式中，P'_2 为常量；I_{bp} 和 I_{bq} 为基准影像上像素 $\boldsymbol{p}$ 和邻域像素 $\boldsymbol{q}$ 的灰度。

由式(6-3-12)可知，当待解视差场 D 发生变化时，即 D_p 和 D_q 变化时，能量函数 $E(D)$ 的取值随之发生变化。能量函数最小化的过程即求解视差场 D，使得总能量最小。该能量函数最小化问题的解法有很多，如图割、置信传播、动态规划等算法，半全局匹配算法采用多方向动态规划算法。

半全局匹配算法通常包含匹配代价(也即相似性度量)、代价累积、生成视差图、视差图优化四个步骤，下面进行详细介绍。

6.3.2.1　匹配代价

对于基准影像中的一个像素 $\boldsymbol{p}$，其影像坐标为(p_x, p_y)，当视差值为 d 时，可得到其在匹配影像上的同名像点的 $\boldsymbol{q}$ 坐标为(p_x-d, p_y)，可利用相似性测度计算匹配代价 $C(\boldsymbol{p}, d)$。经典的半全局匹配采用互信息作为匹配代价，其定义为

$$C_{MI}(\boldsymbol{p}, d) = -mi(I_{bp}, I_{bq}) \tag{6-3-14}$$

在已知视差搜索范围的条件下，可计算影像任一像素在所有视差取值情况下的匹配代价，称为代价柱体，从而建立了一个视差空间中的匹配代价立方体，该立方体的 XY 平面为影像平面，Z 轴为视差值。假设影像宽度为 W，高度为 H，视差范围为 D，则代价立方体大小为 $W\times H\times D$。如图 6-3-5 所示为构建代价立方体的过程示意图。

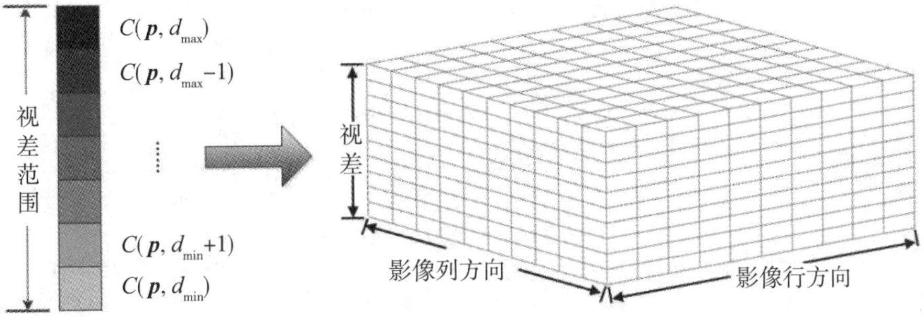

图 6-3-5　代价立方体构建的示意图

匹配的目的便是获得每一个像素的最优视差，构成如图 6-3-6 所示的视差曲面。

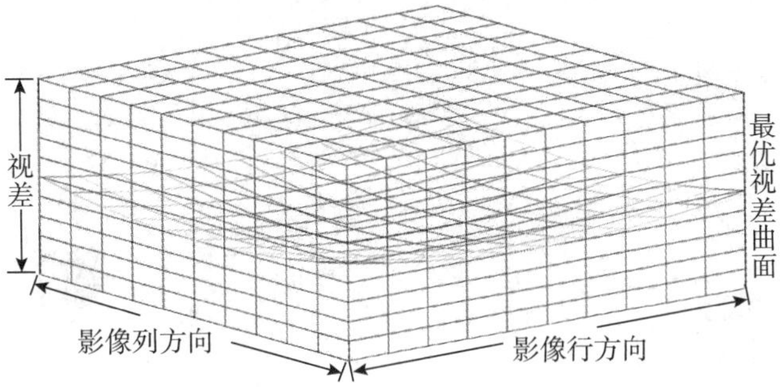

图 6-3-6　视差曲面的示意图

6.3.2.2　代价累积

对于局部匹配算法而言，像素的匹配不考虑邻域像素的影响，相当于能量函数只有数据项，而没有光滑项，因此直接取每个像素代价柱体中代价最小处(Winner Takes All 算法，WTA)对应的视差构成最优视差曲面。全局匹配算法则考虑邻域像素的影响，故需采用全局解法计算最优视差曲面。

式(6-3-12)所示的能量函数对应为一个二维优化问题，为了最小化该能量函数，半全局匹配方法将二维优化问题转化为 16 个方向的一维动态规划问题。如图 6-3-7 所示，通过计算 16 个方向的路径代价，并进行代价的累积形成累积代价立方体，其大小与代价立方体的大小相同。

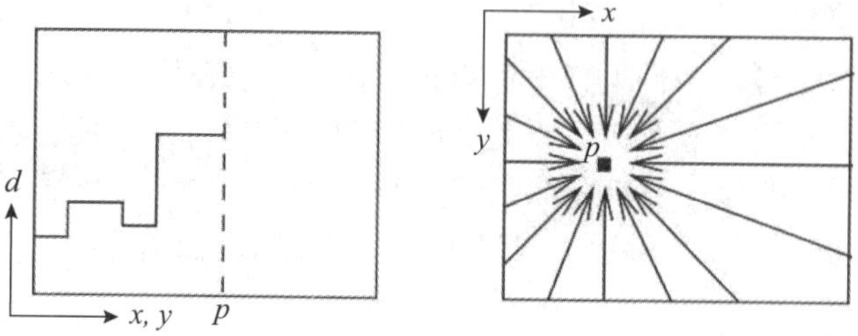

（a）最小路径代价$L_r(\boldsymbol{p}, d)$　　（b）方向$\boldsymbol{r}$上的16个方向

图 6-3-7　视差空间上代价累积示意图

对于像素 $\boldsymbol{p}$，在方向 $\boldsymbol{r}$ 上视差为 d 处的路径代价 $L_r(\boldsymbol{p}, d)$ 按下式计算：

$$L_r(\boldsymbol{p}, d) = C(\boldsymbol{p}, d) + \min\left(\begin{array}{l} L_r(\boldsymbol{p}-\boldsymbol{r}, d) \\ L_r(\boldsymbol{p}-\boldsymbol{r}, d-1) + P_1 \\ L_r(\boldsymbol{p}-\boldsymbol{r}, d+1) + P_1 \\ L_r(\boldsymbol{p}-\boldsymbol{r}, i) + P_2 \end{array}\right) - \min_k L_r(\boldsymbol{p}-\boldsymbol{r}, k) \quad (6\text{-}3\text{-}15)$$

式中，$L_r(\boldsymbol{p}-\boldsymbol{r}, d)$为在方向 $\boldsymbol{r}$ 上像素 $\boldsymbol{p}$ 的前一个像素的路径代价，使用最后一项是为了保证累积代价不会沿着路径向前不断增大而导致数据超限溢出。路径代价计算过程如图 6-3-8所示。

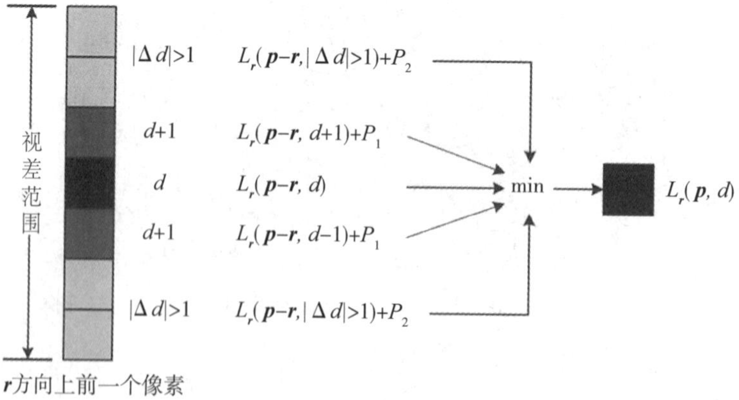

图 6-3-8　路径代价计算示意图

多个方向上的动态规划实际上是实现了式(6-3-12)所示的能量函数中约束项，使得邻域像素的视差对中心像素的视差结果产生约束，最终得到相容性最佳的视差图。多方向动态规划中方向 $\boldsymbol{r}$ 的物理意义为中心像素邻域像素，如图 6-3-9 所示。8 方向的动态规划实

际对应3×3影像窗口内邻域像素的约束；而 16 个方向则对应 5×5 影像窗口内邻域像素的约束。

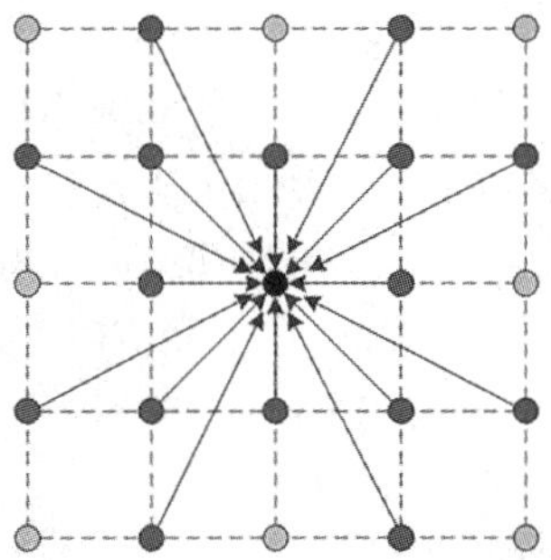

图 6-3-9 动态规划方向与中心像素邻域关系图

将所有方向的路径代价按式(6-3-15)进行聚合便得到累积代价立方体。

$$S(\boldsymbol{p}, d) = \sum_r L_r(\boldsymbol{p}, d) \tag{6-3-16}$$

由式(6-3-16)可知，累积代价 $S \leqslant 16(C_{\max} + P_2)$。在 $P_2 = C_{\max}$ 时，$S \leqslant 2^5 C_{\max}$。为了节省内存，可使用 16 比特位的短整型(short)保存累积代价 S，因此要求 $C_{\max} < 2^{11}$，故需将匹配代价 $C(\boldsymbol{p}, d)$线性映射至$[0, 2^{11})$的取值区间内。

6.3.2.3 生成视差图

对于计算获得的累积代价 $S(\boldsymbol{p}, d)$，采用 WTA 算法计算像素 $\boldsymbol{p}$ 的最优视差 d。即取 $S(\boldsymbol{p}, d)$的最小值 $\min_d S(\boldsymbol{p}, d)$处对应的视差 d 作为该像素的视差结果。显然这样获得的视差 d 的精度是像素级别的。为了达到子像素级别的匹配精度，可根据视差 d，$d-1$ 和 $d+1$处的累积代价 $S(\boldsymbol{p}, d)$，$S(\boldsymbol{p}, d-1)$和 $S(\boldsymbol{p}, d+1)$进行二次抛物线(设抛物线函数为 $y = ax^2 + bx + c$) 的拟合，计算最优视差。由此获得的视差图是具有噪声点的，采用二维中值滤波可有效去除噪声点。

在地物遮挡、弱纹理等匹配困难区域易出现误匹配，单纯依赖影像匹配是很难剔除误匹配的，采用双视立体影像匹配中常用的视差一致性检验的方法可有效地剔除遮挡和弱纹理造成的误匹配。首先，通过两次匹配分别获取基准影像和匹配影像的视差图 D_b 和 D_m。对于基准影像 I_b 上像素 $\boldsymbol{p}$，利用视差图 D_b 可计算其在匹配影像 I_m 上的匹配点 $\boldsymbol{q}$，再利用视差图 D_m 可将 $\boldsymbol{q}$ 点再计算其在基准影像 I_b 上匹配点 $\boldsymbol{p}'$。在假设“每个像素正确的匹配相同，错误的匹配则各异”的前提下，如果像素 $\boldsymbol{p}$ 的匹配结果正确，那么 $\boldsymbol{p}$ 与 $\boldsymbol{p}'$坐标应基本一致，以 $|p_x - p'_x| \leqslant 1$ 作为匹配正确点的判断条件，即可快速检测并剔除误匹配。

6.3.2.4 视差图优化

采用视差一致性原理虽然能检测和剔除大部分的误匹配，但是对于构成区域的误匹配(peaks)则可能失效。为了检测并剔除这些误匹配，需引入图像分割的方法，依据相邻像素的视差变化值不大于 1 的原则，对视差图进行分割；对于分割结果中较小的分割区域，则认为是误匹配而将其整体剔除。

6.3.3　跨接松弛匹配 BRM

跨接松弛匹配(Bridge Relaxation Match，BRM)由武汉大学段延松等(2018)提出。该算法起源于 VirtuoZo 摄影测量工作站 DPW，早在 1996 年，武汉大学张祖勋教授就提出了 Bridge Match 算法，并放入 ViruoZo 用于摄影测量生产，取得了很好的效果。当时的匹配算法仅考虑了基于核线约束的灰度相关，在弱纹理区域和重复纹理区域匹配效果有待改进，为此后面提出了 BRM 算法。BRM 算法在采用 NCC 基础上重新定了一种综合性相似测度来计算匹配代价，算法先在缩小核线上匹配初始视差图；然后，以初始视差图作为匹配点搜索范围的参考；之后，在局部区域建立自适应视差曲面，利用特征点相邻像素间的空间关系建立约束；最后，通过计算松弛迭代概率增量对视差进行优化，获取高质量匹配结果。算法匹配流程如图 6-3-10 所示。

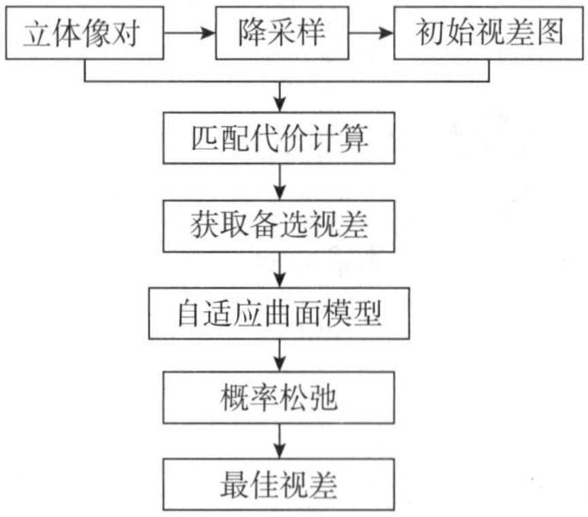

图 6-3-10　BRM 算法流程

6.3.3.1　生成参考视差图

航空影像往往存在像幅较大、特征过多的特点，在特征点提取、影像匹配时会耗费大量内存及时间。受金字塔影像匹配由粗到精策略的启发，匹配前我们首先将原始影像对(L_0，R_0)缩小到某一尺寸范围内，即降采样处理。降采样倍数越大，匹配时间越短，但降采样太大会导致特征丢失，所以采样后影像也不宜太小。经过降采样处理后的影像对记为(L_1，R_1)，其将被用于生成初始参考视差图，具体步骤如下：

(1)首先获取若干可靠的种子视差。

(2)以较小网格大小在左影像 L_1 中提取 Harris 特征点。

(3)使用灰度模板匹配方法搜索同名点。一般情况下，测绘生产中所用的核线像对的视差不超过影像宽度的一半，所以模板匹配的搜索区间的长度可设置为影像半宽度。在模板匹配时，使用归一化相关系数(NCC)来计算两个像素的相似性，根据“赢家通吃”方案，相似度最高的视作同名点。为了减小局部纹理重复的影响，采用较大的窗口尺寸(推荐 15 × 15)。降采样处理后的影像对(L_1，R_1)尺寸较小，因此匹配速度较快。

(4)计算每个匹配点对的视差，并进行中值滤波处理，消除异常视差。

(5)使用这些种子点视差值进行内插得到初始视差图 D_{ref}，插值方式可采用局部多项式法或双三次卷积法，得到的初始视差图 D_{ref} 与 L_1 尺寸相同。

6.3.3.2 获取备选同名点

1. 综合性相似度测度

由于 NCC 在处理弱纹理或重复纹理场景时的匹配效果并不理想。“方差商数”$q\mathrm{Var}(p, q)$(Quotient of Var)代表了 p，q 两个点所在窗口的方差差异：方差的差异越大，说明 p 和 q 的相似度越低，$q\mathrm{Var}(p, q)$的值就越小。通过评估图像不同窗口内像素强度分布的差异，有助于捕捉到纹理或边缘信息，这使得方差商数对弱纹理区域匹配有一定帮助，其计算公式如下：

$$q\mathrm{Var}(p, q)=\begin{cases}\dfrac{\mathrm{Var}_p}{\mathrm{Var}_q}, & \mathrm{Var}_p < \mathrm{Var}_q \\ \dfrac{\mathrm{Var}_q}{\mathrm{Var}_p}, & \text{其他}\end{cases} \tag{6-3-17}$$

式中，Var_p 和 Var_q 分别为 p、q 所在窗口的灰度方差。

为提高匹配可靠性，BRM 融合归一化相关系数和方差商数，定义了一种综合相似性测度 S。p，q 两点的相似度 S 定义为相关系数和方差商数的和：

$$S(p, q)=\rho(p, q)+q\mathrm{Var}(p, q) \tag{6-3-18}$$

2. 获取密集特征和备选点

首先在原始影像 L_0 内按照特定的窗口大小 w 密集提取 Harris 特征点。如果窗口中所有像素的 Harris 特征值未达到预设的显著性标准，则认定该窗口内纹理较弱，将该窗口的中心像素作为特征点，同时计算并记录以该特征点为中心的窗口灰度均值和方差。

针对每个特征点，其同名点的搜索范围是依据参考视差图 D_{ref}确定的。我们假设特征点的视差值在图像经过降采样处理前后，其变化仅受降采样比率因子的影响。如图 6-3-11 所示，对于原始左影像 L_0 的一个特征点 p，其坐标为(x_p, y_p)，我们可以根据降采样比例 r 将其映射到 D_{ref}中，映射后的对应的点是 $p_d(x'_p, y'_p)$，这种映射关系可以通过下述的数学公式进行简明表达：

$$\begin{cases} x'_p=\dfrac{x_p}{r} \\ y'_p=\dfrac{y_p}{r}\end{cases} \tag{6-3-19}$$

在参考视差图中，(x'_p, y'_p)对应的视差值为 d，本算法设定搜索半径记为 R，通常为 5 个像素，可直接确定在原始右影像 L_1 中的匹配点搜索范围为$[r\times d-R, r\times d+R]$。考虑到 d 在参考视差图中可能是由插值得出的，其可能与实际视差存在一定偏差。因此本算法取以(x'_p, y'_p)为中心的 3×3 窗口，统计该窗口内视差的最大值 d_{max} 和最小值 d_{min}，则 p 在 R_0 中的视差搜索范围 n_{range} 可由下式计算得到：

$$n_{range} = [x_p + r \times d_{min} - 3,\ x_p + r \times d_{max} + 3] \tag{6-3-20}$$

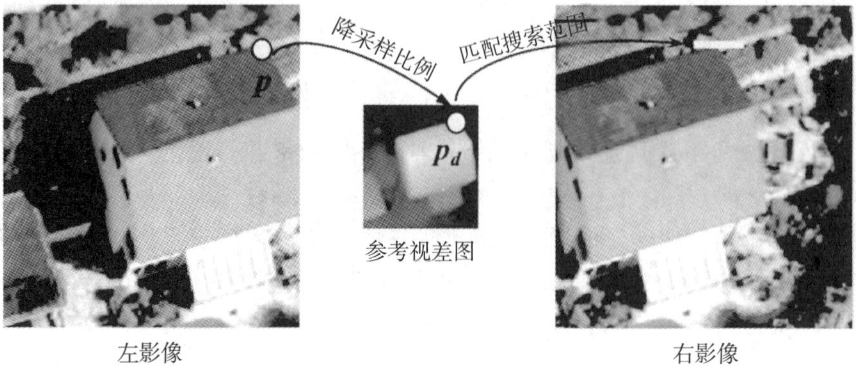

图 6-3-11　根据参考视差图确定匹配搜索范围

通过扩展搜索范围以适应视差的实际变动，式(6-3-20)不仅增加了匹配过程的适应性，还引入了容错机制，而提升了匹配过程的稳健性。为防止过窄的搜索范围限制备选匹配点的数量，而可能会降低匹配结果的准确度，本算法设置 n_{range} 的最小值为 10。这样的设置旨在确保即使在视差值波动较大或者初步估计不够精确的情况下，也能覆盖足够多的潜在匹配点，从而维持匹配过程的质量和可靠性。

在确定了搜索范围后，通过计算每个像素点与搜索范围内各目标点之间的相似度 S，我们可以构建出视差值与相似度之间的关系，形成一条视差-相似度曲线，如图 6-3-12 所示。该曲线揭示了不同视差值与相应相似度之间的变化关系，使得我们能够识别潜在的匹配点。需要注意的是，由于部分特征点取自窗口中心像素，其通常分布在纹理很少或没有纹理的区域，并且综合性相似度测度 S 的计算主要依赖局部像素信息，它可能会受到图像噪声的影响，这有时会使得曲线上相似度最高的点不一定代表正确的匹配点。在这种情况下，单纯将相似度的最大值视为正确视差，可能会引入匹配误差。

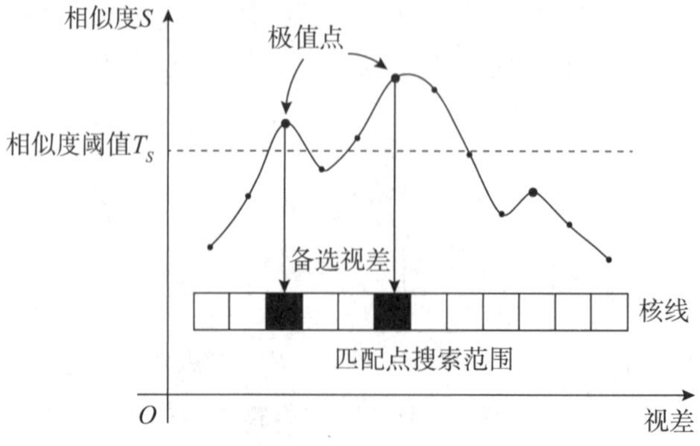

图 6-3-12　相似度曲线中探测备选视差

为了解决此问题，我们在相似度曲线中探测出所有极值点，选取相似度最高的前 n 个极值点作为备选匹配。为了确保所选匹配点的相似度达到一个合理的水平，需要为相似度 S 设置一个适当的阈值 T_S。只有当 S 超过这个阈值 T_S 时，候选匹配点才会被考虑。本算法将该阈值设置在 1.3 至 1.5 之间，这样既能保证选出多个潜在的匹配点，又能确保这些候选点之间具有足够高的相似度，平衡了匹配点选择的广度与准确性。

6.3.3.3 自适应概率松弛优化

每个特征点都有一系列备选视差值，为了确定最优视差值，采用地形自适应概率松弛优化，其核心思想基于直观的观察：颜色或纹理相近的局部区域往往属于同一连续的表面，这为在局部区域内建立连续的视差曲面提供了理论基础。考虑到"多数真实场景具有连续光滑的深度表面"这一事实，传统的方法在优化密集匹配结果时对视差图进行局部平滑约束，有两种常见的方法：一是全局优化策略，它通过在能量函数中引入平滑项，来对视差变化大的相邻点进行惩罚；二是局部优化策略，该策略通过在一定窗口内进行代价聚合来实现，隐含地假设该窗口内的视差值相对一致。然而，若平滑约束过于强硬，可能会导致深度图中真实的视差不连续区域，如植被或建筑边缘呈现出模糊效果。地形自适应概率松弛优化处理流程如图 6-3-13 所示。

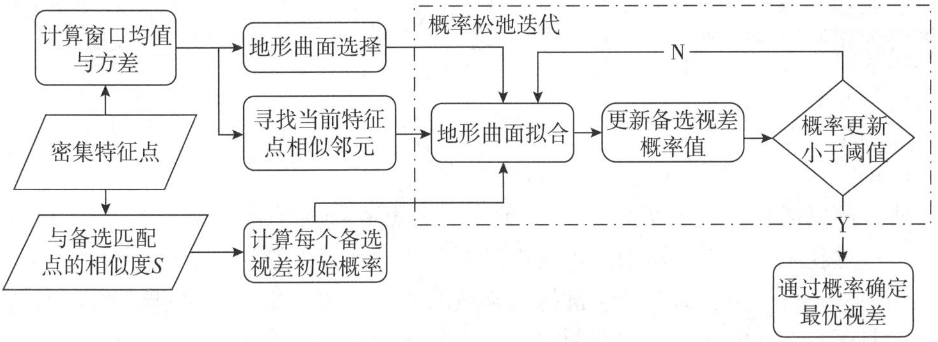

图 6-3-13　地形自适应概率松弛优化

我们将地形信息作为约束条件，构建了一个自适应地形曲面(视差曲面)模型，基于目标特征点与其邻近特征点的窗口均值和方差，判断这两种特征点之间的空间关系，选择适当的平面或曲面模型来拟合局部视差曲面。这相当于施加了一个局部自适应平滑约束，防止约束跨越影像中的边缘区域，从而避免造成边缘区域深度模糊。最后，采用概率松弛技术解算出备选视差中的最优视差。这是本算法提出的地形自适应概率松弛算法的关键步骤之一，目的是通过不断迭代，使得与局部曲面拟合度更高的备选点获得更大的概率值，从而实现更精确的视差估计。在此过程中，算法充分利用了局部特征点之间的相互支持和地形连续性的特点，通过动态调整各种约束条件和权重参数，有效地实现了在多样地形条件下视差值的精确匹配，并且能够避免出现深度模糊的问题。

1. 地形自适应视差曲面拟合

视差曲面反映了地形的变化，其与真实的地形曲面基本一致，因此本算法通过拟合局部地形曲面来优化局部视差曲面。如图 6-3-14 所示，首先在当前特征点 p 周围最邻近的特征点中聚合一定数量的“相似邻元”。聚合方式为：以目标点为中心，向外逐层扩展搜索周围的特征点。

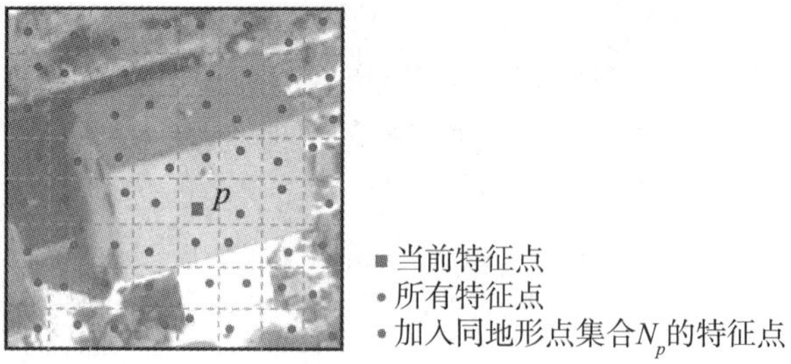

图 6-3-14　相似邻元聚合

若某个特征点所属窗口的均值和方差与目标点 p 所在窗口的均值及方差的差异都低于预设的阈值，则认为这两个点灰度接近，位于相似的地形上，遵循同一地面模型。将这样的点聚合为相似邻元集 N_p，参与曲面参数解算。判断条件可以概括为

$$\begin{cases} |\text{mean}_p - \text{mean}_i| \leqslant T_1 \\ |\text{Var}_p - \text{Var}_i| \leqslant T_2 \end{cases} \tag{6-3-21}$$

式中，mean_p，Var_p 分别为 p 点所在窗口的均值和方差；mean_i，Var_i 分别为当前搜索到的特征点所在窗口的均值和方差；T_m，T_r 分别为判断两特征点是否属于相似邻元的阈值。这种方法通过利用特征点邻域内的点提供局部支持，相当于施加了分段平滑性约束。

具体到每个目标点，需要为它选择最合适的曲面模型。我们将使用三种模型拟合待求点的视差曲面：平面模型、二次曲面模型和三次曲面模型。一般认为，当某一区域实际地形起伏越大，产生的辐射/反射差异越明显，影像上对应窗口内的灰度方差就越大，因而可以用作选取模型的依据。例如，当方差接近 0 时，认为该点附近地形比较平滑，可能是屋顶一类的倾斜平面，使用平面模型；方差在 80 左右时，地形有一定起伏，使用二次曲面模型；方差接近 160 时，地形最复杂，使用三次曲面模型。这三种曲面模型的表达式定义如下：

平面模型：$z = f_1(x, y) = ax + by + c$

二次曲面：$z = f_2(x, y) = ax + by + c + dx^2 + exy + fy^2$

三次曲面：$z = f_3(x, y) = ax + by + c + dx^2 + exy + fy^2 + gx^3 + hx^2y + ixy^2 + jy^3$

其中，a，b，…，j 是平面或曲面的参数；(x, y) 是目标点的图像坐标；z 是目标点的视差值。

平面模型、二次曲面模型和三次曲面模型分别包含 3 个、6 个和 10 个待解参数。为了保证拟合过程的稳定性和精确度，所选取拟合 N_p 中点数量一般多于必需个数，对 3 种

曲面模型至少分别选周围 5 个、8 个和 12 个相似邻元。

选择了合适的模型和相似邻元集 N_p 后，就可以拟合地形曲面，即拟合最佳视差曲面。拟合过程本质上是求参数向量的最小二乘解，是一个凸优化问题。只有当输入的(不相关)方程个数等于或多余未知参数个数时才能获得参数解。与一般的曲面拟合不同，我们将每个目标点的所有备选视差值都视为带权观测值，权值直接使用这一视差为最优视差的概率值。权值矩阵 P 如下所示：

$$P = \begin{pmatrix} P_1 & & \\ & \ddots & \\ & & P_n \end{pmatrix} P_i = \begin{pmatrix} p_{i1} & & \\ & \ddots & \\ & & p_{ij} \end{pmatrix} \tag{6-3-22}$$

式中，P_i 是第 i 个点的所有备选视差的概率矩阵。

$$Z = Bt \tag{6-3-23}$$

式中，Z 是观测值向量；由 N_p 中每个点的备选视差构成；B 是系数矩阵；t 是未知曲面参数向量。

以平面模型为例(m 个不同的目标点，每个目标点 n 个备选视差值)，可列出误差方程如下：

$$Z = \begin{pmatrix} z_{11} \\ z_{12} \\ \vdots \\ z_{1n} \\ z_{21} \\ \vdots \\ z_{mn} \end{pmatrix}, \quad B_{mn\times 3} = \begin{pmatrix} x_{11} & y_{11} & 1 \\ x_{12} & y_{12} & 1 \\ \vdots & \vdots & \vdots \\ x_{m(n-1)} & y_{m(n-1)} & 1 \\ x_{mn} & y_{mn} & 1 \end{pmatrix}, \quad t = \begin{pmatrix} a \\ b \\ c \end{pmatrix} \tag{6-3-24}$$

式中，z_{ij} 是 N_p 中第 i 点的第 j 备选视差值；$(x_{ij},\ y_{ij})$ 是 N_p 中第 i 点的图像坐标；根据最小二乘解算出参数，就得到函数 $z = f_i(x,\ y)$，$(i = 1,\ 2,\ 3)$，即为最优视差曲面。

理论上，仅采用三次曲面模型就可以拟合包括二次曲面和平面的所有地形，即高次项的系数为 0 时退化为低次曲面。但实际上，数值计算解出的系数永远不可能严格为 0，而是一个接近 0 的小数。换句话说，这时用三次曲面模型计算平面的 z 值和直接用平面模型计算的结果仍存在像素级的差距，无法达到理想效果；并且，统一使用三次曲面模型会导致额外的计算量，所以有必要使用不同的模型。

2. 概率松弛解算最佳视差

概率松弛通过对每个目标点的所有备选视差值赋予一个初始概率，然后不断更新这些概率，直到迭代出最优视差。迭代的初始概率值由以下公式计算：

$$p_{ij}^0 = \frac{R(i,\ j)}{\sum_{j=1}^{n} R(i,\ j)} \quad (j = 1,\ \cdots,\ n) \tag{6-3-25}$$

式中，$R(i,\ j)$ 为当前目标点与第 i 个候选点的相似度；p_{ij}^0 为第 j 个候选点为真正同名点的初始概率；n 是候选点个数。

松弛迭代的重要参数，兼容系数 C_{ijkl} 表达第 i 点第 j 个备选点与第 k 点的第 l 个备选点同时为真值的合理程度(满意度)。计算表达式如下：

$$C_{ijkl}=\exp\left(\frac{-\left|dz_{ij}-dz_{kl}\right|}{\lambda}\right) \tag{6-3-26}$$

式中，dz_{ij} 表示第 i 点的第 j 个备选点视差值与拟合值的差异(残差)；第 i 个像点 $(x_p,\ y_p)$ 处，第 j 个备选视差为 par_{ij}，有 $dz_{ij}=\left|f(x_p,\ y_p)-\text{par}_{ij}\right|$，其值越小，表明该备选点越符合之前拟合的局部地形曲面，越有可能是正确的匹配点；λ 是调整参数；兼容系数是差异值较差 $\left|dz_{ij}-dz_{kl}\right|$ 的函数，我们设置这个函数以便正确的匹配点之间的兼容系数取得更大的值。

每一轮迭代都重新拟合曲面参数即更新 f；兼容系数也要重新计算，从上一轮的概率更新本轮概率，概率松弛参照下面公式：

$$\begin{cases} dp_{ij}^{r}=\dfrac{\sum\limits_{k\in N_p}\left(w_k\sum\limits_{k=1}^{n}C_{ijkl}p_{kl}^{r-1}\right)}{\sum\limits_{k\in N_p}w_k} \\ q_{ij}^{r}=c_0p_{ij}^{r-1}+c_1dp_{ij}^{r} \\ p_{ij}^{r}=\dfrac{q_{ij}^{r}}{\sum\limits_{j=1}^{n}q_{ij}^{r}} \end{cases} \tag{6-3-27}$$

式中，n 为备选点数，p_{ij}^{r-1} 为第 i 点的第 j 个备选点在第 $r-1$ 次迭代的匹配概率；q_{ij}^{r} 是第 r 次迭代的相对概率，可能大于 1；p_{ij}^{r} 是 q_{ij}^{r} 归一化后得到真正概率；N_p 为当前目标点的相似邻元集合；c_0，c_1 为松弛系数；w_k 是为 N_p 集合中点根据其到目标点距离远近分配的权值，表达式如下：

$$w_k=\frac{1}{\sqrt{2\pi}}\exp\left(-\frac{x^2+y^2}{2}\right) \tag{6-3-28}$$

迭代到概率变化值不超过 1×10^{-4} 时结束。

最终，选择具有最大概率值、且到拟合面 $z=f(x,\ y)$ 的距离 dz_i 不超过某个距离阈值 d 的备选视差为真值，如果 $dz_i>d$ 则丢弃该点。

6.3.4　铅垂线轨迹匹配 VLL

在摄影测量学中影像匹配的目的是提取物体的几何信息，确定其空间位置，因而在由前面所述的影像匹配方法获取左右影像同名点后，还要利用空间前方交会解算其对应物点的空间三维坐标$(X,\ Y,\ Z)$，然后建立数字表面模型(如数字地面模型 DTM)。在建立数字表面模型时可能还会使用一定的内插方法，但或多或少地降低了精度。因此，能够直接确定物体表面点空间三维坐标的基于物方的影像匹配方法得到了研究，这些方法也被称为“地面元影像匹配”。此时待定点平面坐标$(X,\ Y)$是已知的，只需要确定其高程 Z。因而基于物方的影像匹配也可以理解为高程直接求解的影像匹配方法。下面介绍铅垂线轨迹法

(Vertical Line Locus, VLL)直接求解高程的原理。

VLL 是 Kern 厂解析测图仪 DSR-11 附加 CCD 相机构成的混合型数字摄影测量工作站中的影像相关器所使用的方法。假设在物方有一条铅垂线轨迹，则它在影像上的投影也是一直线，如图 6-3-15 所示。这就是说 VLL 与地面交点 A 在影像上的构像必定位于相应的“投影差”上。利用 VLL 法搜索其相应的像点 a_1 与 a_2 来确定 A 点的高程的过程，与人工在解析测图仪或立体测图仪上的过程十分相似。VLL 法的具体计算步骤如下：

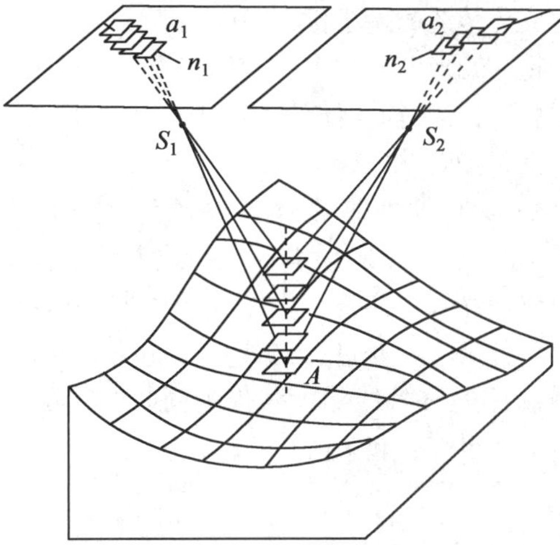

图 6-3-15 VLL 法影像匹配

(1)给定地面点的平面坐标 (X, Y) 与近似最低高程 $Z_{\min}$，高程搜索步距 ΔZ 可由所要求的高程精度确定。

(2)由地面点平面坐标 (X, Y) 与可能的高程

$$Z_i = Z_{\min} + i \cdot \Delta Z \quad (i = 0, 1, 2, \cdots) \tag{6-3-29}$$

计算左右像坐标 (x'_i, y'_i) 与 (x''_i, y''_i)：

$$\begin{aligned}
x'_i &= -f\frac{a'_1(X - X'_S) + b'_1(Y - Y'_S) + c'_1(Z - Z'_S)}{a'_3(X - X'_S) + b'_3(Y - Y'_S) + c'_3(Z - Z'_S)} \\
y'_i &= -f\frac{a'_2(X - X'_S) + b'_2(Y - Y'_S) + c'_2(Z - Z'_S)}{a'_3(X - X'_S) + b'_3(Y - Y'_S) + c'_3(Z - Z'_S)} \\
x''_i &= -f\frac{a''_1(X - X''_S) + b''_1(Y - Y''_S) + c''_1(Z - Z''_S)}{a''_3(X - X''_S) + b''_3(Y - Y''_S) + c''_3(Z - Z''_S)} \\
y''_i &= -f\frac{a''_2(X - X''_S) + b''_2(Y - Y''_S) + c''_2(Z - Z''_S)}{a''_3(X - X''_S) + b''_3(Y - Y''_S) + c''_3(Z - Z''_S)}
\end{aligned} \tag{6-3-30}$$

(3)分别以 (x'_i, y'_i) 与 (x''_i, y''_i) 为中心在左右影像上取影像窗口，计算其匹配测度，如相关系数 ρ_i (也可以利用其他测度)。

(4)将 i 的值增加 1，重复(2)、(3)两步，得到 ρ_0，ρ_1，ρ_2，…，ρ_n，取其最大者 ρ_k：

$$\rho_k = \max\{\rho_0, \rho_1, \rho_2, \cdots, \rho_n\}$$

其对应高程为 $Z_k = Z_{\min} + k \cdot \Delta Z$，则认为地面点 A 高程 $Z = Z_k$。

(5)还可以利用 ρ_k 及其相邻的几个相关系数拟合一抛物线，以其极值对应的高程作为 A 点的高程，以进一步提高精度，或以更小的高程步距在一小范围内重复以上过程。

6.3.5　多视影像匹配 GCCC

多视影像匹配算法(Geometrically Constrained Cross-Correlation，GCCC)是传统的影像相关匹配算法的扩展，它放弃传统的基于像方空间的匹配策略，而采用基于像物空间关系的匹配策略，运用匹配由物方几何条件约束引导的多影像同时匹配的概念，放弃传统的基于立体影像对的双像匹配算法，通过同时匹配多景影像来直接获取特征的三维信息，使得算法的可靠性和精度同时得以提高。

多视影像匹配算法(GCCC)的原理如图 6-3-16 所示。与 VLL 法相同的是，GCCC 的搜索空间也为高程空间；不同的是，GCCC 没有在铅垂线上搜索合适的高程，而是在基准影像上搜索特征点所对应的成像光线。最终的匹配结果由归一化相关系数(是高程的函数)峰值所对应的高程确定(确定峰值时要进行二次曲线拟合，从而达到子像元级的匹配精度)。因此，GCCC 算法实际上是在核线约束条件下同时匹配所有影像，而不是先进行各个立体像对的匹配再把匹配结果综合起来考虑。

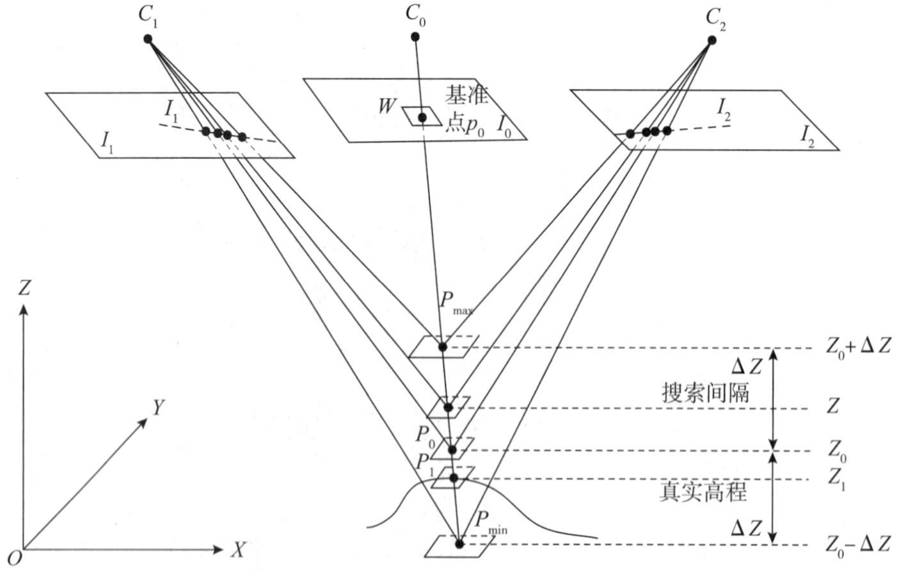

图 6-3-16　附加核线约束的多视影像匹配原理

GCCC 多视影像匹配的步骤如下：

(1)在基准影像 C_0 上提取特征点。

(2)对于(1)提取的任一特征点 $\boldsymbol{p}$，其影像坐标为(p_x，p_y)，确定其高程搜索范围[$Z_0-\Delta Z$，$Z_0+\Delta Z$]和高程搜索步长 dZ，dZ 设定为使得待匹配影像上沿同名核线的最小步长为1个像元。

(3)对于[$Z_0-\Delta Z$，$Z_0+\Delta Z$]中的高程值Z，将(p_x，p_y)和高程Z代入共线条件方程，计算其地面点平面坐标(X，Y)，由此得到地面点(X，Y，Z)；

(4)将地面点(X，Y，Z)投影至其他影像，如图6-3-16所示的C_1和C_2，得到对应的投影点，取相应的影像窗口分别计算相关系数，设为$NCC_i(\boldsymbol{p}, Z)$($i=1, 2, \cdots, n$，其中n为除基准影像以外的影像数)。

(5)按式(6-3-31)计算SNCC：

$$\mathrm{SNCC}(\boldsymbol{p}, Z)=\frac{1}{n}\sum_{i=1}^{n}\mathrm{NCC}_i(\boldsymbol{p}, Z) \tag{6-3-31}$$

(6)确定$\mathrm{SNCC}(\boldsymbol{p}, Z)$取值最大的高程$Z$对应的地面点($X$，$Y$，$Z$)点$\boldsymbol{p}$的最终匹配结果。

(7)重复以上(2)~(7)步骤来匹配其他所有的特征点，形成三维点云。

多视影像匹配算法主要有以下三个优点：

(1)匹配点的确定是同时综合考虑了所有影像间的互相关结果，因此可以有效地减少误匹配。

(2)匹配的最终结果为基准点对应成像光线上的空间点。

(3)由于空间点坐标的确定实际上等价于多影像的空间前方交会，因此相对于单个立体模型而言具有更高的高程精度。

随着深度学习技术的发展，基于深度学习的密集匹配方法发展迅猛。大体上，基于深度学习来获取深度图有两种模式。第一种是将深度学习用于计算核线立体像对间更恰当的匹配代价；第二种是端到端地从原始立体像对中直接学习出视差图(深度图)。

6.3.6　多视优化匹配PMVS

多视优化匹配(Patch-based Multi-View Stereo，PMVS)算法由Yasutaka Furukawa和Jean Ponce于2007年提出，是一种基于面片的多视图立体重建算法，该算法首先通过对采集到的多视图像间的特征进行匹配，重建出稀疏的空间点(面片)，然后通过对面片扩散和过滤得到表面的稠密点云(面片)。由于PMVS能够对图像中发生部分遮挡的情况进行有效处理，并生成较好的三维点云模型，适合处理无人机航拍图像中部分地物被其他地物所遮挡的情况。采用PMVS进行物体三维重建所获得模型的重建精度和完整性都很突出，是三维重建算法中重建效果最好的算法之一。一个完整的PMVS算法主要分为初始化特征提取与匹配、面片生成、面片拓展和面片过滤四步，如图6-3-17所示。

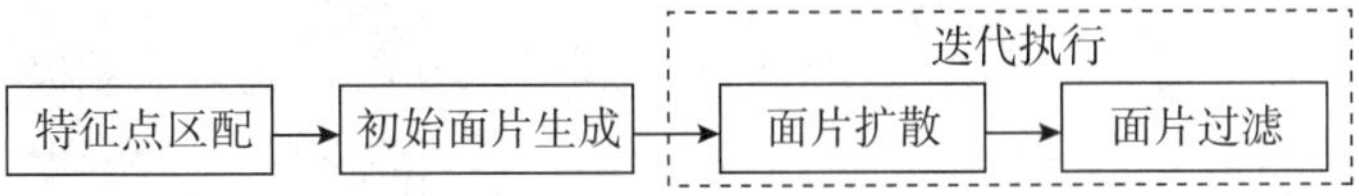

图6-3-17　PMVS算法主要步骤

PMVS算法的核心内容包括以下七项。

1. 面片模型

PMVS 中面片 p 是正切于重建物体表面的一个小矩形，如图 6-3-18 所示，它的一边平行于参考相机的 x 轴。对于一个面片 p，具有的几何特征如下：

(1)中心点：$c(p)$。

(2)单位法向：$n(p)$，该向量指向相机的光心。

(3)任意一个面片 p 均对应于一个参考图像 $R(p)$，且在 $R(p)$ 中始终保持对 p 可见。针对 p 有扩展矩形，p 在 $R(p)$ 中的投影是 $\mu\times\mu$ 大小的，μ 的值可以是 5 或 7。

$R(p)$ 是 p 的参考图像，每个与 p 相关联的除了参考图像 $R(p)$ 外，还有准可视图像集 $V(p)$ 和可视图像集 $V^*(p)$，其中在 $V(p)$ 中 p 是可以被观测到，但实际上高光、运动模糊等外在因素可能导致 p 无法观测到，或者是被其他移动的障碍物遮挡，导致 $V(p)$ 中部分图像上观测不到 p，$V^*(p)$ 是 $V(p)$ 中可以观测到 p 的图像集。$R(p)$ 是 $V^*(p)$ 的子集，三者之间的关系如图 6-3-19 所示。

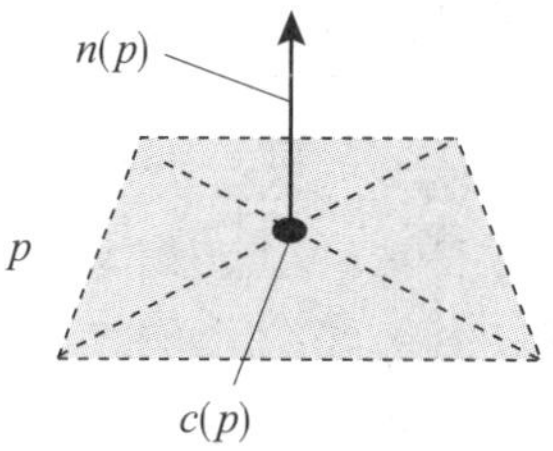

图 6-3-18　PMVS 的面片

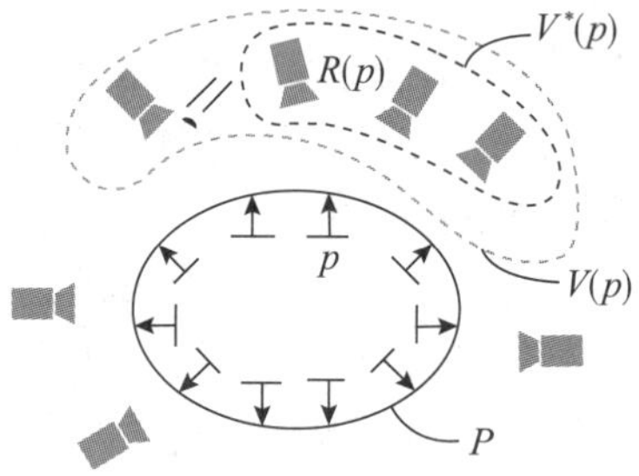

图 6-3-19　PMVS 的 P、$R(p)$ 和 $V^*(p)$ 的关系

面片模型还要严格遵从以下两个约束。

(1)局部灰度一致性约束。要求每个面片 p 的投影至少在 $\gamma(\gamma=2$ 或 $3)$ 幅图像中是一致的，也就是要求 $|V^*(p)|\geqslant\gamma$。给定一个划分成 $\mu\times\mu$ 网格的面片 p，并将其分别投影在图像 I 和图像 J 中，计算面片 p 在两个图像中投影的归一化互相关值(NCC) $N(p, I, J)$，用 $N(p, I, J)$ 来衡量图像间的灰度一致性。在 p，$R(p)$，$V^*(p)$ 已知的情况下，可以通过 NCC 平均值的最大值来估算出面片的位置信息 $c(p)$ 和 $n(p)$：

$$\bar{N}(p)=\frac{1}{|V^*(p)|-1}\sum N(p, R(p), I), \quad I\in V^*(p), I\neq R(p) \tag{6-3-32}$$

(2)全局可视化约束。重建目标的某些区域可能会被障碍物遮挡，在图像中并不是完全可见的，所以面片 p 有可能会被 $V(p)$ 中一到多个图片中的移动障碍物遮挡。面片的可见性由与其相关的图像集 $V(p)$、$V^*(p)$ 决定。面片匹配阶段，面片是从稀疏特征匹配重建得到的，要限定两组图像组初始化为 NCC 值超过某个阈值的图像；在面片扩展阶段，由于面片足够密集，可以将深度图与所有图像相关联，并通过对这些深度图进行阈值限定，来构建 $V(p)$：

$$V(p)=\{I \mid d_1(i,\ j)+\rho_1\} \tag{6-3-33}$$

式中，$d_1(i,\ j)$是与图像I和面片p相关的小网格$c(i,\ j)$的深度；ρ_1是$c(p)$的深度和图像在$R(p)$中偏移α_1个像素之间的距离。

$$V^*(p)=\{I\in V(p) \mid N(p,\ R(p),\ I)>\alpha_1\} \tag{6-3-34}$$

2. 灰度一致性函数

为了对影像的可见性进行度量，引入了灰度一致性函数(Photometric Discrepancy Function)，设影像集合$V(p)$中所有影像均保持对面片p可见，p的灰度一致性函数$g(p)$公式如下：

$$g(p)=\frac{1}{|V(p)\setminus R(p)|}\sum h(p,\ I,\ R(p)),\quad I\in(V(p)\setminus R(p)) \tag{6-3-35}$$

式中，$V(p)\setminus R(p)$是指$V(p)$除去$R(p)$的其他元素；$h(p,\ I,\ R(p))$是指影像I和$R(p)$的灰度一致性函数，描述两幅影像被面片p覆盖部分的差异。对于面片p，求影像I_1和I_2的灰度一致函数$h(p,\ I_1,\ I_2)$的计算流程如图 6-3-20 所示。

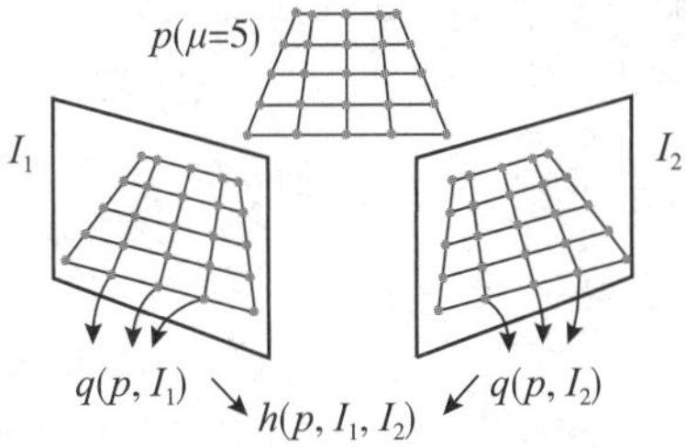

图 6-3-20 PMVS 的影像I_1和I_2的灰度一致函数计算原理

(1)首先把面片p划分为$\mu\times\mu$的小格；

(2)采用双线性插值的方法，对p在影像I_1和影像I_2上的投影进行插值，得到像素灰度$q(p,\ I_1)$和$q(p,\ I_2)$；

(3)计算 1−NCC$(q(p,\ I_1),\ q(p,\ I_2))$的值获得灰度差异。

$$\mathrm{NCC}(v_0,\ v_1)=\frac{\sum_{j=0}^{n-1}[v_0(j)-\overline{v_0}]\cdot[v_1(j)-\overline{v_1}]}{\sqrt{\sum_{j=0}^{n-1}[v_0(j)-\overline{v_0}]^2\cdot\sum_{j=0}^{n-1}[v_1(j)-\overline{v_1}]^2}} \tag{6-3-36}$$

$\mu\times\mu$窗口中第j个像素的值用$v_0(j)$和$v_1(j)$表示，窗口的像素平均值用$\overline{v_0}$和$\overline{v_1}$表示，并且$n=\mu\times\mu$。

上述算法对影像的要求较高，考虑到实际拍摄的影像经常会有强光和遮挡的情况。为了有效地解决这一问题，可忽略灰度差异较小的影像，并对$h(p,\ I,\ R(p))$阈值α进行限制，新的灰度差异函数$g^*(p)$定义为

$$\begin{gathered}V^*(p)=\{I \mid I\in V(p),\ h(p,\ I,\ R(p)\leqslant\alpha)\}\\ g^*(p)=\frac{1}{|V^*(p)\setminus R(p)|}\sum h(p,\ I,\ R(p)),\quad I\in(V^*(p)\setminus R(p))\end{gathered} \tag{6-3-37}$$

3. 面片的优化

面片优化的目的就是恢复那些 $g^*(p)$ 较小的面片，其过程如下：

(1) 完成面片 p 的相关参数 $c(p)$，$n(p)$，$V^*(p)$ 和 $R(p)$ 的初始化；

(2) 对面片 p 的几何参数 $c(p)$ 和 $n(p)$ 进行优化，得到最小化 $g^*(p)$ 的值。为了方便计算，将 $c(p)$ 约束在某条光线上，使得 p 投影到可视图像中的位置不变，从而实现将 p 自由度的降到 1。$n(p)$ 是由欧拉角决定的，可以用共轭梯度法求解该优化问题。

4. 影像模型

采用面片对物体表面进行表示的优势在于灵活性，但是由于初始种子面片数量少、分布不均匀，造成了面片的连续性较弱。为了解决面片连续性的问题，将影像 I_i 分成了多个 $\beta\times\beta$ 像素的小块 $C_i(x, y)$，x，y 是影像块的下标，i 代表第 i 张影像。对于面片 p 和其对应的准可视影像集 $V(p)$，把 p 投影到准可视影像集 $V(p)$ 的影像中，从而获得面片 p 对应的影像块，用一个集合 $Q_i(x, y)$ 记录了所有投影到这个影像块的面片。同理，用 $Q_i(x, y)$ 来表示用 $V^*(p)$ 得到的结果，如图 6-3-21 所示。

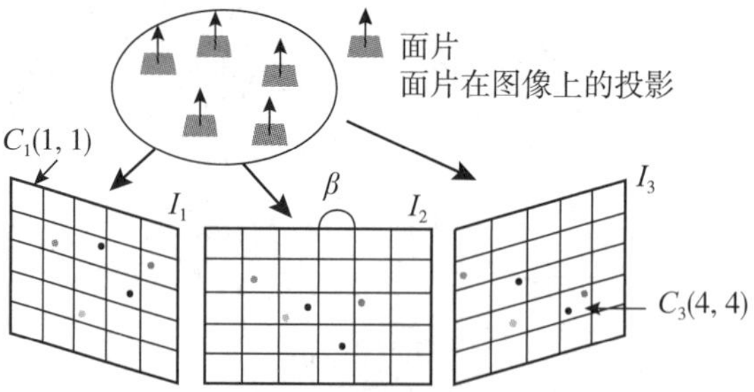

图 6-3-21　PMVS 中影像扩展

5. 片面生成

运用 DOG 和 Harris 算法，完成影像角点的提取，即搜索到影像的特征点。对于影像 I_i 及其对应的光心 $O(I_i)$，该影像中的特征点 f 通过误差在两个像素内的极线约束，在候选待匹配影像中检索出其同名特征点 f'，构成匹配点对 (f, f')。生成三维模型点并计算模型点到 $O(I_i)$ 的距离，按照升序对模型点排序，然后依次生成面片，直到成功。尝试生成面片的方法如下所示：

首先初始化候选面片的 $c(p)$，$n(p)$ 和 $R(p)$：

$$\begin{aligned} c(p) &\leftarrow \{\text{Triangulation from } f \text{ and } f'\} \\ n(p) &\leftarrow \overline{c(p)O(I_i)} / \left|\overline{c(p)O(I_i)}\right| \\ R(p) &\leftarrow I_i \end{aligned} \tag{6-3-38}$$

通过图像 I_i 中可见面片中心与相机光心的连线同面片法向量的夹角进行限制，来减少生成的面片中的错误情况，夹角的阈值 τ 取为 $\pi/3$，即满足：

$$V(p)=\left\{I_i \mid I_i \in I_m,\ n(p)\cdot\frac{c(p)O(I_i)}{|c(p)O(I_i)|}>\cos\tau\right\} \tag{6-3-39}$$

同样 $V^*(p)$ 的获得与前面所讲的方法相同。对面片信息完成初始化后，按照“3. 面片的优化”中的步骤对 $c(p)$ 和 $n(p)$ 进行优化，将优化后的 $c(p)$ 和 $n(p)$ 代入式(6-3-39)和式(6-3-37)中对 $V(p)$ 和 $V^*(p)$ 进行更新。如果 $|V^*(p)|\geqslant r$，则表明面片 p 的可视图像不少于有 r 幅，接受面片 p，同时把面片 p 存储到其可视图像的图像块中，重建成功。

6. 图片扩散

经过初始匹配获得一组稀疏面片，扩散是基于稀疏种子点生成足够密集的面片，直到它们能覆盖场景中可见表面为止。对于给定的面片 p，其满足扩展条件的图像块邻域网格集合记为 $C(p)$：

$$C(p)=\{C_i(x',\ y') \mid p\in Q_i(x,\ y),\ |x-x'|+|y-y'|=1\} \tag{6-3-40}$$

当两个面片 p 和 p' 存储在 $V(p)$ 中同一个图像 I 的相邻网格单元 $C_i(x,\ y)$ 和 $C_i(x',\ y')$ 中时，它们的切平面十分接近：

$$|(c(p)-c(p'))\cdot n(p)|+|(c(p)-c(p'))\cdot n(p')|<2\rho_2 \tag{6-3-41}$$

当 p 和 p' 符合上述条件时认定它们是邻近的。ρ_2 的值是由 $c(p)$ 和 $c(p')$ 的深度共同决定的。

面片 p 是否向其邻域扩展生成面片 p' 的必要条件：当 $Q_i((x',\ y')=\varnothing$ 且 $Q_i^*(x',\ y')$ 中没有与 p 相邻的元素时进行扩展，如图 6-3-22 所示。

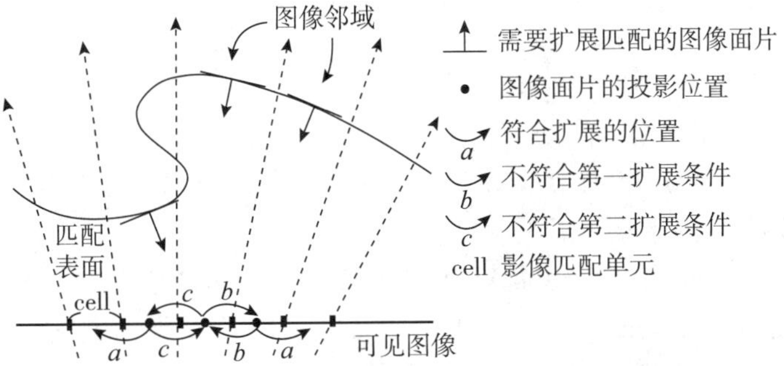

图 6-3-22　PMVS 中邻域扩展原理

先把 p 对应的值赋给 $R(p')$、$V(p')$ 和 $n(p')$，$c(p')$ 为通过 $C_i(x,\ y)$ 中心的光线与 p 所在平面的交点。与种子面片的生成类似，初始化 $R(p)$、$V^*(p)$ 并优化 $c(p')$ 和 $n(p')$，优化时约束 $c(p')$ 在一条直线上，使得 p' 在图像 I_i 上的投影始终为 $C_i(x',\ y')$ 保持位置不变。找到 p' 的可见图集 $V^*(p')$，更新 $V^*(p')$ 如果 $|V^*(p')\geqslant\gamma|$ 成立，则扩散成功，更新 $Q_i(x',\ y')$ 和 $Q_i{}^*(x',\ y')$；否则扩展失败，继续下一个面片的扩展，直至无法再进行扩散。

7. 图片过滤

为了确保面片重建过程中所生成面片的准确性，需要对面片中存在较大误差的面片进行面片过滤(patchfiltering)。

(1)首先利用可视一致性对面片进行第一次过滤，令 $U(p)$ 代表与当前可视信息不连续的面片集合，不连续是指存在于同一个 $Q_i(x', y')$ 中的 p 和 p' 两个面片为非近邻关系。满足式(6-3-42)的 $U(p)$ 中的面片 p 需要被过滤掉。

$$V^*(p) \mid (1 - g^*(p)) < \sum_{p_i \in U(p)} 1 - g^*(p) \tag{6-3-42}$$

对于异常的 p，$1-g^*(p)$ 和 $|V^*(p)|$ 的值也都比较小，通常情况下 p 会被剔除。

(2)第二个过滤器同样是基于可视一致性，计算每个面片 p 通过深度测试所得的可视图像的总数，若小于 r，则判定 p 不能满足要求，将其舍弃。

(3)分别计算与面片 p 在同一图像块中和相邻图像块中的面片数量 c_1、c_2，如果面片 p 的空间中所有相邻面片数量为 c_3，若满足 $c_3/(c_1+c_2)<0.25$，则判定 p 不能满足要求，将其舍弃。

6.4　基于深度学习的影像匹配

基于深度学习的影像匹配主要依赖深度学习模型对影像特征的自动提取和学习能力。深度学习模型，如卷积神经网络(CNN)，能够通过多层卷积、池化、全连接等操作，从原始影像中自动提取出高层次的特征表示。这些特征表示具有更强的鲁棒性和区分性，能够更好地描述影像之间的相似性和差异性。

6.4.1　匹配方法

1. 特征点匹配

与传统特征点匹配类似，基于深度学习的特征点匹配方法也包括特征点检测、特征描述子计算和特征匹配三个步骤。

(1)特征点检测阶段，深度学习模型可以自动检测出影像中的关键点或兴趣点。

(2)特征描述子计算阶段，利用深度学习模型对特征点周围的局部区域进行特征提取，生成具有区分性的描述子。

(3)特征匹配阶段，通过计算描述子之间的相似性，实现特征点之间的匹配。

2. 区域匹配

区域匹配方法将影像划分为若干个区域，然后对每个区域进行匹配。基于深度学习的区域匹配方法可以利用深度学习模型对每个区域进行特征提取和表示，然后计算区域之间的相似性，实现区域之间的匹配。

3. 端到端的匹配网络

近年来，一些研究提出了端到端的匹配网络，将特征提取、特征匹配和视差计算等步骤整合到一个深度学习模型中。这些模型通常采用卷积神经网络(CNN)作为特征提取器，并利用代价体(cost volume)来表示影像之间的匹配关系。通过训练深度学习模型，可以实现对影像之间匹配关系的自动学习和优化。

6.4.2 应用与优势

1. 应用

基于深度学习的影像匹配在遥感影像处理、医学影像分析、自动驾驶、增强现实等领域具有广泛的应用。例如，在遥感影像处理中，可以利用深度学习模型对卫星影像进行匹配和拼接，生成大范围的数字高程模型(DEM)和数字正射影像图(DOM)。在医学影像分析中，深度学习模型可以用于辅助医生进行影像诊断和手术规划。

2. 优势

与传统的影像匹配方法相比，基于深度学习的影像匹配具有更高的准确性和鲁棒性。

深度学习模型能够自动学习影像之间的匹配关系，避免了传统方法中需要手动设计特征描述子和匹配算法的繁琐过程。此外，深度学习模型还能够处理复杂多变的影像场景和光照条件，提高了影像匹配的适用范围和性能。

6.4.3 挑战与展望

尽管基于深度学习的影像匹配已经取得了显著的进展，但仍面临一些挑战。例如，深度学习模型需要大量的训练数据和计算资源，这对于一些实际应用场景来说可能是一个限制。此外，深度学习模型的“黑箱”特性也使得其决策过程难以解释，限制了在一些需要高度可靠性和透明度的领域中的应用。未来，随着深度学习技术的不断发展和优化，基于深度学习的影像匹配有望在更多领域实现更广泛的应用和更高的性能。

6.5 影像匹配精度及影响因素

6.5.1 影像匹配精度

对于解析测图仪，若其仪器分辨率为Δ，则通常情况下该仪器的点位观测精度为Δ的2~3倍。在数字摄影测量中，是否达到的精度为像素的2~3倍？这是一个关系到数字摄影测量是否实用的重要问题。如果真的如此，则数字摄影测量将不可能发展。但答案是否定的，影像匹配(相关)即使在定位到整像素的情况下，其理论精度也可达到大约0.3像素的精度。以下以相关系数最大的相关方法为例来讨论相关的理论精度。所谓理论精度，就是假设被匹配的两个影像窗口真正代表物理概念上的同名点。若非如此，则说明匹配有粗差。如何剔除粗差以提高匹配的可靠性是另一类重要的研究问题。

1. 整像素相关的精度

影像相关是根据左影像上作为目标区的一影像窗口与右影像上搜索区内相对应的相同

大小的一影像窗口相比较，求得相关系数，代表各窗口中心像素的中央点处的匹配测度。对搜索区内所有取作中央点的像素，依次逐个地进行相同的过程，获得一系列相关系数。其中最大相关系数所在搜索区窗口中心像素中央点的坐标。由于左右影像采样时的差别，同名像素的中心点一般并不是真正的同名点。真正的同名点可能偏离像素中心点半个像素之内，这就使得相关产生误差。显然，该误差服从 $\left[-\frac{\Delta}{2},\ +\frac{\Delta}{2}\right]$ 内的均匀分布(Δ 为像素大小)，因而相关精度为

$$\sigma_x^2 = \int_{+\frac{\Delta}{2}}^{-\frac{\Delta}{2}} x^2 \rho(x)\,\mathrm{d}x \tag{6-5-1}$$

由于

$$\rho(x) = \begin{cases} \frac{1}{\Delta}, & |x| \leqslant \frac{\Delta}{2} \\ 0, & \text{其他} \end{cases} \tag{6-5-2}$$

因此

$$\sigma_x^2 = \frac{\Delta^2}{12}; \qquad \sigma_x = 0.29\Delta$$

即整像素匹配的理论精度为 0.29 像素，或约为 1/3 像素。

2. 抛物线拟合提高精度

为了提高同名点匹配的精度，可以把目标点 i 左右若干点处(设取左右各两个点)所求得的相关系数值拟合为平差函数，从而将该函数的最大值点 k 作为最优同名点位置。

如图 6-5-1 所示，设有相邻像元素系处的 5 个相关系数，用一个二次抛物线方程式拟合。取用抛物线方程式的一般式为

$$f(s) = A + B \cdot s + C \cdot s^2 \tag{6-5-3}$$

式中的参数 A，B，C 用间接观测平差法求得。此时抛物线顶点 k 处的位置应为

$$k = i - \frac{B}{2C} \tag{6-5-4}$$

当取相邻像元 3 个相关系数进行抛物线拟合时，可得方程组

$$\begin{cases} \rho_{i-1} = A - B + C \\ \rho_i = A \\ \rho_{i+1} = A + B + C \end{cases} \tag{6-5-5}$$

式中，ρ_{i-1}，ρ_i，ρ_{i+1}为相关系数。坐标系平移至 i 点，由式(6-5-5)得

$$\begin{cases} A = \rho_i \\ B = \frac{\rho_{i+1} - \rho_{i-1}}{2} \\ C = \rho_{i+1} - 2\rho_i + \rho_{i-1} \end{cases} \tag{6-5-6}$$

将式(6-5-6)代入式(6-5-4)得

$$k = i - \frac{\rho_{i+1} - \rho_{i-1}}{2(\rho_{i+1} - 2\rho_i + \rho_{i-1})} \tag{6-5-7}$$

相关系数抛物线拟合可使相关精度达到0.15~0.2子像素精度(当信噪比较高时)(图6-5-1)。但相关精度与信噪比近似成反比例关系。当信噪比较小时，采用相关系数抛物线拟合，也不能提高相关精度。

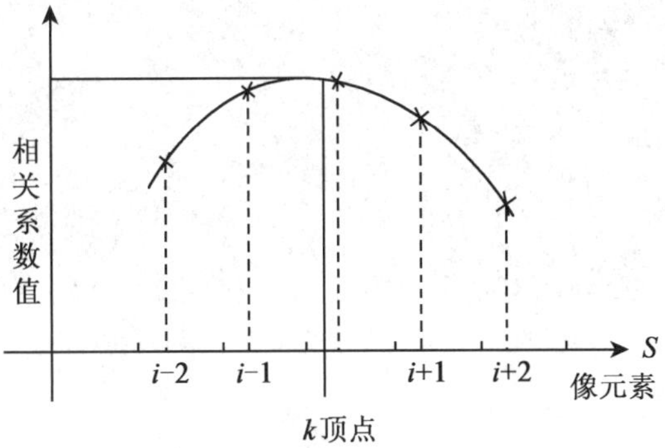

图 6-5-1 相关系数抛物线拟合

6.5.2 影响匹配的因素

对于理想影像，通过本节介绍的影像匹配算法可以获得子像素精度的同名像点。然而，受成像方式、成像条件、地物与地形遮挡等因素的影响，实际影像往往存在几何与辐射变形、遮挡等现象；此外，相似地物也会造成影像中的重复纹理现象；这些都会给影像匹配带来困难，影像匹配算法应考虑这些问题的影响及消除影响的方法。

1. 影像几何变形

传感器成像参数、摄影高度与角度的不同等因素造成摄影对象在不同影像上具有几何变形，比如，如图6-5-2所示的影像分辨率差异、角度旋转甚至更加复杂的仿射变形，由此造成不同影像上同名窗口形状与大小不同。采用简单的基于窗口的影像相关难以准确衡量同名性，需要在影像匹配过程中考虑影像几何变形的动态改正，或者设计抵抗几何变形的匹配方法。

2. 影像辐射变形

传感器感光性能、成像环境(包括天气和光照条件)等差异性造成不同影像具有辐射变形，包括线性辐射变形和非线性辐射变形。由前述内容可知，相关系数是灰度线性变换的不变量，即相关系数可抵抗线性辐射变形的影响；非线性辐射畸变则难以抵抗，一直是影像匹配的难点，通过影像滤波和增强可在一定程度上减小影像非线性辐射变形，然而难以从根源上消除其对影像匹配的影响，需要采用影像局部结构特征进行匹配。

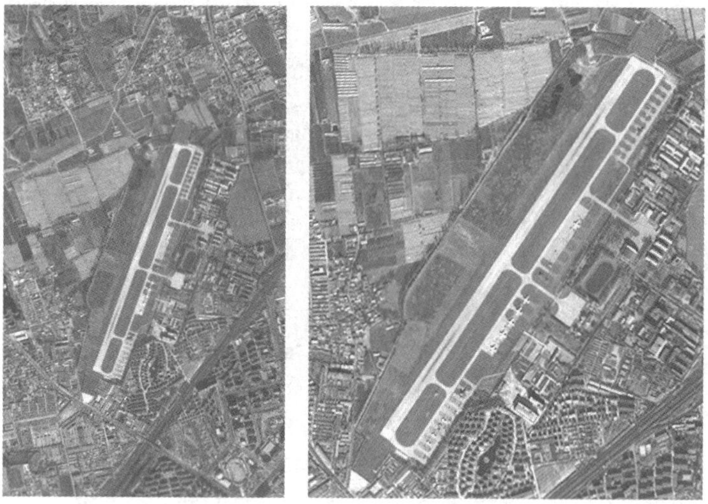

图 6-5-2　具有尺度与角度差异的两张影像

3. 影像重复纹理

相似的地物造成影像上存在重复纹理，如道路上并排的斑马线、形状相同的房屋等，如图 6-5-3 所示为两张具有重复纹理的影像，对于左图白色圆圈对应的房角，在右图上存在多个相似的房角点，这种影像匹配的多解性与歧义性，易造成误匹配。为克服这个问题，需要在影像匹配中引入邻域匹配约束，构建带约束的全局匹配策略。

图 6-5-3　具有重复纹理的两张影像

4. 地形与地物遮挡

由于摄影成像模型为透视投影，摄影场景中不同的物体或者同一物体的不同部分之间在透视成像时存在相互遮挡，这就使得并不是影像中的每一个像素都能在重叠影像中找到同名像素。一般情况下，遮挡问题在新兴的低空多视倾斜摄影和地面的近景摄影中更常见和普遍。遮挡易导致误匹配，且单纯依赖影像匹配难以剔除，需考虑遮挡检测或者通过匹配粗差剔除来消除遮挡导致的误匹配。

综上所述，影像中存在几何变形、辐射变形、重复纹理和遮挡是影像匹配的难点，其中前两种影响影像匹配的成功率和精度，后两种则易造成误匹配。优秀的影像匹配方法都会充分考虑这些问题，有针对性地设计关键技术和匹配策略，从而克服它们带来的不利影响。前文介绍的影像匹配方法基本都是以上述问题为切入点设计的。

◎ 思考题

1. 相关函数是怎样定义的？证明：①自相关函数是偶函数；②自相关函数在自变量为零时取得最大值。

2. 利用相关技术进行立体像对自动量测的原理是什么？

3. 根据试验得到的最有代表性的影像自功率谱函数是什么？由此得到的影像自相关函数具有什么形式？试根据其参数分析相关处理的有关问题。

4. 相关函数产生多峰值的原因是什么？它会给相关结果带来什么影响？

5. 什么是金字塔影像？基于金字塔影像进行相关处理有什么好处？为什么？

6. 什么是影像匹配？影像匹配与影像相关的关系是什么？

7. 有哪些影像匹征基本算法？其中哪一种算法较好，为什么？

8. 绘出相关系数计算程序框图，并编制相应子程序。

9. 推导整像素相关的理论精度，怎样改善相关的精度？

10. 绘出 VLL 法影像匹配程序框图并编制相应程序。VLL 法影像匹配方法的优点是什么？

11. 为什么最小二乘影像匹配能够达到很高的精度？它的缺点是什么？

12. “灰度差的平方和最小”影像匹配与最小二乘影像匹配的相同点及差别各是什么？

13. 实验表明，在各种基本影像匹配算法中，“相关系数最大”影像匹配算法的成功率最高。你能从理论上解释这一结果吗？

14. 试推导核线影像的最小二乘影像匹配公式。

15. 若左右影像只存在左、右视差 p、g 与随机噪声，利用最小二乘影像匹配计算 p、g。

16. 什么是 Area Based Matching？什么是 Feature Based Matching？什么是 Region Matching？

17. 特征点的匹配通常采用哪些策略？试比较“深度优先”与“广度优先”影像匹配的优缺点。

18. 在 SIFT 算子中如何定义尺度空间？高斯差分尺度空间是如何产生的？

19. 什么是关键点？它的位置、方向和特征是如何确定和描述的？

20. 叙述基于 SIFT 算子的特征匹配的原理和过程。

21. SIFT 算子抵抗影像间的尺度变化和旋转的核心机理是什么？

22. 相关系数 NCC 与 Census 存在什么关系？

23. 多视影像匹配如何克服重复纹理问题？如何确定多视影像匹配的搜索空间和搜索步距？

24. 什么是局部匹配和全局匹配？并各列举一种典型的匹配算法。

25. 列出半全局密集匹配的能量方程，并说明各能量项的物理意义。

26. 影像匹配有哪些难点问题？最小二乘影像匹配、SIFT、半全局匹配、多视影像匹配分别采用了什么方法解决了哪些问题？

第7章 自动空中三角测量

空中三角测量是摄影测量的最核心技术之一，其主要利用航摄像片上的像点坐标与地面点坐标之间的解析关系，或者每两条同名光线共面的解析关系，采用严密的数学公式，按最小二乘法原理，通过解算求得区域内所有影像的外方位元素及待定点的地面坐标。自动空中三角测量就是依赖计算机自动进行空中三角测量处理的一种技术，其核心包括同名像点自动提取（即连接点自动提取）和区域网平差解算两部分。

7.1 空中三角测量概述

摄影测量的本质是从二维影像恢复三维空间信息，并尽量减少野外测量（如测量控制点）工作，其中二维影像成像位置和姿态的求解（也即定向）是开展测量生产的前提。为有效地开展影像定向，摄影测量学者提出了空中三角测量方法，通过连接点将影像相互连接到一起形成自由网模型，之后添加少量控制点进行平差解算，实现所有影像的定向。

空中三角测量是指用摄影测量解析法确定区域内所有影像的外方位元素及待定点的地面坐标。传统的空中三角测量需要人工确定影像关系及连续关系，具体实现过程：首先，按影像在地面的覆盖关系进行排列；然后，在每张影像上的9个标准点位置选择相互连接点，让重叠区域内都有同名点；之后，利用区域网平差方法求解影像的相对方位参数；最后，利用控制点对区域网进行绝对定向，将所有影像参数和连接点模型坐标归算到地面坐标系统中。

不同于传统空中三角测量，自动空中三角测量就是利用模式识别技术和多像影像匹配等方法代替人工在影像上自动选点与转点，自动获取连接点像坐标，提供给区域网平差程序解算，结合地面控制点，解算各影像和连接点在地面坐标系中的空间位置和定向参数。

自动空中三角测量作业过程，对于模型连接点，利用多像影像匹配算法可高效、准确、自动地量测其影像坐标，完全取代了常规航空摄影测量中由人工逐点量测像点坐标的作业模式；但对于区域网中的地面控制点，目前还缺乏行之有效的算法来自动定位其影像，只能将数字摄影测量工作站当作坐标量测仪由作业员手工量测。

自动空中三角测量的主要过程如下：

（1）建立影像邻接关系。一般来说，首先需将整个测区的光学影像逐一扫描成数字影像，然后输入航摄仪检定数据建立摄影机信息文件，输入地面控制点信息等建立原始观测值文件，最后在相邻航带的重叠区域里量测一对以上同名连接点。

（2）自动提取连接点。首先，用特征点提取算子从相邻两幅影像的重叠范围内选取均匀分布的明显特征点，并对每一特征点进行局部多点松弛法影像匹配，得到其在另一幅影像中的同名点。为了保证影像匹配的高可靠性，所选的点应足够充分。然后，进行相对定向解算，并根据相对定向结果剔除粗差后重新计算，直至不含粗差为止。

(3)建立自由网。在多张影像中，选择其中一张为基准，定义其空间位置和姿态为(0，0，0，0，0，0)，然后根据相邻影像的同名点，逐个求解其他影像的位置和姿态，形成一个相互关系稳定的自由网模型。在处理过程中，需要不断地对自由网模型进行优化和调整，以提高模型的精度和稳定性。优化和调整内容主要包括各影像参数、连接点坐标等，同时还需要剔除错误的匹配点，这要求优化和调整算法能够处理大量的影像数据，并能够有效地应对影像中的噪声、遮挡等问题。

(4)控制点量测。摄影测量区域网平差时，要求在测区的固定位置上设立足够的地面控制点。研究表明，即使是对地面布设的人工标志点，目前也无法采用影像匹配和模式识别方法完全准确地量测它们的影像坐标。当今，几乎所有的数字摄影测量系统只能由作业员直接在计算机屏幕上对地面控制点影像进行判识并精确手工定位，然后通过多影像匹配进行自动转点，得到其在相邻影像上同名点的坐标。

(5)带控制的区域网平差。先用人工测量的控制点像点坐标计算控制点的自由网模型坐标，然后求解自由网模型坐标与控制点地面坐标直接的转换关系(通常是空间相似变换)，将自由网模型归化到地面坐标系中。为了确保区域网平差结果的稳定性，需对转换后的区域网进行光束法整体平差，引入控制点作为约束条件，使连接点、影像方位元素、控制点地面坐标与像坐标均满足规定的精度要求。

7.2　影像邻接关系

与传统空中三角测量需人工确认影像关系不同，自动空中三角测量要求全自动获取影像的几何关系，其核心在于影像关系描述方法和影像关系确定方法。

7.2.1　影像邻接关系表

影像邻接关系表可以简单、方便地描述影像间拓扑信息。影像邻接关系表是个二维数据结构，如图 7-2-1 所示。

\	0	1	2	3	4	5	6
0							
1	1						
2	1	1					
3	1	1	1				
4			1	1			
5		1		1	1		
6			1	1	1	1	

图 7-2-1　影像邻接关系表

关系表的行号和列号分别代表影像序号，如果两张影像有关系(有公共区域)，则对应格子填为1；否则，填0。关系表显然是沿中心对称的，因此只要有下三角或上三角就可以表示完整关系，这个关系表也被称为影像邻接矩阵。

对于无任何先验条件的影像集，影像邻接矩阵最基本的算法是两两判定，即全排列组合进行处理。其判断次数为$N^2/2$次，因此需要一种非常快速的判定方法。采用基于内容的检索，如视觉词汇树检索算法或影像感知哈希检索算法就可实现快速判定。

如果无人机影像有GNSS/POS信息，还可以根据GNSS/POS信息对影像关系进行初步判断，大幅提高影像关系的判定处理速度。

基于内容的影像检索基本过程：先用特征向量来描述影像的视觉特征，这些特征可以是颜色特征、纹理特征、形状特征、空间关系特征或是它们的组合；然后，寻找一种方法比较两张影像特征的相似度；最后，设计一种高效的数据组织形式，快速地开展检索。显然，采用不同特征、不同相似性度量方法和不同检索策略得到的检索结果和所用的时间有很大差异，直接影响检索效率和准确率。

7.2.2 视觉词汇树检索

树形检索的基本思想来源于查字典。例如想在字典中查找“影像”的“像”，我们绝不会从字典第一页往后翻直到找到“像”字，而是首先通过偏旁部首，找到“单人旁”在哪一页，然后在“单人旁”下十二笔画的列表中找“像”字对应的页码，最后翻到此页码即可查到字典中的“像”。受这种分类检索思想启发，肯塔基大学可视化和虚拟环境中心的学者David Nister等在2006年的计算机视觉与模式识别国际会议(CVPR 2006)上提出了词汇树概念。之后，麻省理工学院(MIT)计算机科学与人工智能实验室(Computer Science and Artificial Intelligence Laboratory)的学者John J. Lee等进行了卓有成效的研究和探索，并提出了基于视觉词袋(BOVW)的影像检索数据结构，使得词汇树检索成为大规模影像分类检索的主流算法。

与常用影像检索不同，视觉词汇树影像检索算法不是针对待处理数据集本身进行检索，而是先用大量影像样本建立视觉词汇树，然后将建好的词汇树作用于待处理数据集，实现待处理数据集的快速检索。其中，大量影像样本要足够多样，包含待处理数据集的特征，否则实现不了检索。因此，使用大量样本建立视觉词汇树是视觉词汇树影像检索算法的基础。

视觉词汇树检索算法常包含三个步骤，分别为特征提取、构建词汇树、遍历查询。

1. 特征提取

先对影像进行自动分割，将影像分为很多有意义的区域，对每个区域分别提取特征，通常采用SIFT特征、SURF特征和ORB特征等。

2. 构建词汇树

对所有特征，利用K-means聚类算法构建词汇树。K-means算法是1967年由MacQueen提出的一种聚类算法，其中K表示聚类中心的数量，means表示均值，即每个聚类中心由该类别数据的均值表示。具体处理步骤如下：①随机选择 k 个数据 $m_i(i=1, 2, \cdots, k)$ 作为聚类中心；②分别计算每个特征和这 k 个聚类中心的距离，并把特征归类到距离最近的聚类中，形成第1层树；③对本层数据的 k 个聚类中心重复①、②两步操作，直到词汇树结构深度达到预先设定的值 t 或不可再分解。不可再分解，是指聚类中心的特征数量小于预先设定的值。每个聚类中心就是视觉词袋(BOVW)。

为进一步加强视觉词袋的可靠度，可以通过 TF-IDF(Term Frequency-Inverse Document Frequency)给每个视觉词袋加权。TF-IDF 是一种信息检索常用加权法，用来评估词语对于一份文档的重要程度。如果某个关键词在一篇文章中出现的频率高，说明该词语能够表征文章的内容，该关键词在其他文章中很少出现，则认为此词语具有很好的类别区分度，对分类有很大的贡献。TF 和 IDF 的定义为

$$\mathrm{TF}_{i,j} = \frac{n_{i,j}}{\sum_k n_{k,j}} \tag{7-2-1}$$

$$\mathrm{IDF}_i = \log \frac{|D|}{|\{d: t_i \in d\}|} \tag{7-2-2}$$

式中，$|D|$ 是文档中文件总数；$n_{i,j}$ 是单词 t_i 在文件 d_j 中出现的次数，$|\{d: t_i \in d\}|$ 是包含单词 t_i 的文件数。

在整个文本数据库中，单词 t_i 在文档中的权重 W_{ij} 定义为

$$W_{ij} = \mathrm{TF}_i * \mathrm{IDF}_i \tag{7-2-3}$$

同理对应于视觉词汇树，其 IDF 定义为

$$\mathrm{IDF} = \ln \frac{N}{N_i} \tag{7-2-4}$$

式中，N 是样本影像总数；N_i 是影像中至少有一个包含节点 i 对应的视觉词袋的影像数，因此每个视觉词袋的权重为

$$w_i = m_i \times \ln \frac{N}{N_i} \quad (1 \leqslant i \leqslant t) \tag{7-2-5}$$

最终任何一幅影像都可以转为其视觉词袋权向量，即 $(W_1, W_2, \cdots, W_t)$。

3. 遍历查询

对任意影像，首先按视觉词汇树特征定义对其提取特征。然后将特征量化到词汇树中，也就是遍历词汇树，查找最近的聚类中心，直到达到词汇树的叶节点，将经历的节点串起来就得到影像描述向量 $d=(d_1, d_2, \cdots, d_t)$。

视觉词汇树检索算法的处理原理如图7-2-2所示。

图7-2-2的左侧是所以特征的分割过程，先将所有特征随机地分为四部分，分别统计它们的均值(mean)计入4个节点1、2、3、4，形成 K-means 树的第一级。然后，再次将每一部分随机分割为四部分，统计均值计入下一级，如5、6、7、8，直到特征少于阈值或树层数达到目标。遍历过程与建树一致，使用目标影像特征，在第一级中找最近的

mean 节点，然后继续在第二级中也找最近的 mean 点，一直到叶节点，得到的路径(d_1，d_2，…，d_n)就是目标影像的描述向量。

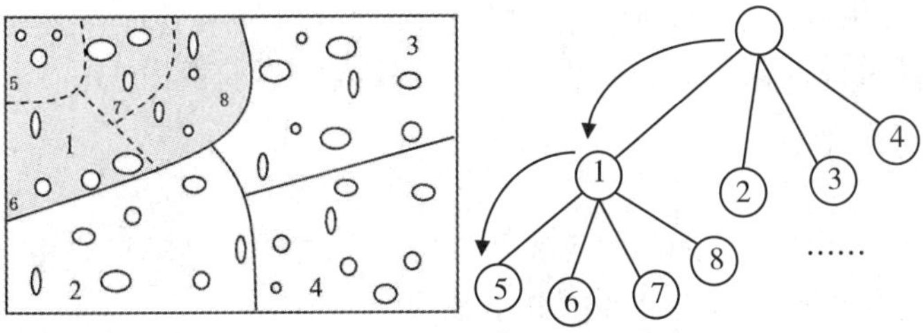

图 7-2-2　视觉词汇树检索原理

要获取两张影像的相似度，先提取各自的影像特征，然后通过视觉词汇树，获取两张影像各自的描述向量 d_1，d_2，最后计算它们的距离就可以判定它们的相似度。距离计算公式为

$$s(q,\ d)=\left\|\frac{q}{\|q\|}-\frac{d}{\|d\|}\right\| \tag{7-2-6}$$

在范数为 2 的定义下，可简化为

$$s(q,\ d)=\|q-d\|_2^2=2-2\sum_{i\mid q_i\neq 0,\ d_i\neq 0}q_i d_i \tag{7-2-7}$$

也即对描述向量对应维度上同时为非零元素累积求和。

7.2.3　感知哈希检索

感知哈希的概念源自成熟的密码学哈希技术(CryptoGraphic Hash)，原意是将影像、音频等数据映射为固定长度的二进制数据，实现对数据压缩、加密及验证完整性。受密码学哈希的启发，人们提出了影像感知哈希(Image Perceptual Hashing)概念和算法，从影像数据提取代表其感知内容进行编码，使影像数据量大幅减少，提高数据存储、验证、检索效率。影像感知哈希又被称为影像鲁棒哈希(Image Robust Hashing)或影像指纹(Image Finger Printing)，这几个名称是通过不同视角对同一技术进行的描述。感知哈希算法由生成函数和匹配函数构成，但匹配函数依赖生成函数，因此生成函数是决定因素。感知哈希的生成函数可实现影像稳定特征提取并将其编码为感知摘要，生成函数需要具有如下 4 种性质。

1. 压缩性

压缩性是指通过哈希函数的映射，原始影像表示为有限长度 n 的哈希码。更直接的说法是哈希码的尺寸应远远小于对应影像的尺寸。

2. 单向性

单向性是指如果只有二进制哈希码，难以反演出影像信息。

3. 鲁棒性

鲁棒性是指比对两幅视觉上相似的图片，或者将一幅图片通过进行一些内容不变操作(如剪切、旋转、压缩等)后和原始影像相比，二者的感知摘要应该是相似的。为了满足鲁棒性的要求，感知哈希算法提取的特征必须支持内容不变操作。

4. 抗碰撞性

抗碰撞性也称为区分性，即两幅不相似的影像生成的二进制指纹相差很大，这个特点使感知哈希能够把两幅不相似的照片区分出来。

影像感知哈希算法非常多，如基于 DCT 变换的感知哈希、基于局部二值模(LBP)的感知哈希和基于 SIFT 特征的感知哈希等。无论哪个算法，其基本过程非常类似，差异主要是用什么方法进行编码，下面以 DCT 变换为例进行介绍。

基于 DCT 变换的感知哈希检索算法处理过程如下：

(1)缩小影像。将影像缩小到 8×8 的尺寸，共 64 个像素，不需要保持纵横比，简单变成 8×8 的正方形，这样可以摒弃不同尺寸、比例带来的差异。

(2)简化色彩。将 8×8 的影像转为 64 级灰度。

(3)计算 DCT。DCT 变换的全称是离散余弦变换(Discrete Cosine Transform)，核心是将空域信号转换到频域，具有良好的去相关性。DCT 变换后系数能量主要集中在左上角，其余大部分系数接近零，因此可以直接取左上角 8×8 的数据作为 DCT 系数的近似，大幅压缩系数。

(4)计算 DCT 系数均值并编码。先计算 8×8 的 DCT 系数的均值，然后将所有值与均值比较，大于等于均值记为 1，否则记为 0，形成 64 位的二进制数据位，这就是影像的哈希码。

(5)计算两幅影像哈希码的汉明距离作为相似度。

7.3　连接点提取

连接点是在测区影像中寻找的同名特征点，用于建立地面坐标系和摄影测量坐标系之间的联系。连接点应该具有测量精度高、分布均匀、地理位置明确等特点，以确保坐标系之间的联系准确无误。连接点的提取结果直接影响到外方位元素的求取，以及是否能够完整、真实地反映当前测区的地形环境。连接点自动提取方法非常多，下面介绍三种典型方法。

7.3.1　模型匹配与转点

通过模型匹配与转点实现连接点自动提取，是一种非常经典的方法。该方法首先对所有影像进行两两特征匹配，然后对匹配成功的像对(成功的标准通常是连接点分别和数量达到一定阈值)进行相对定向处理，以同名点不共面为条件剔除错点，解算像对的相对定向参数。

然后，对测区的所有像对进行统计，对包含相同影像的像对进行同名点转点，也即将两个像对的共同同名点合并为一个同名点，如果没有共同同名点，则需要在两个像对都包含的影像上相互匹配同名点，也即将第一个像对的同名点匹配到第二个像对上，第二个像的同名点也匹配到第一个像对上。由于两个像对都包含一张影像，此时的匹配点位置比较容易预测，匹配成功率比较高，这个利用共有影像进行像对间同名点相互匹配的过程也被称为转点。

连接点转点是个反复进行的过程，只要发现像对之间有共有像片就可以进行转点，而且随着转点次数的增加，多个影像间的连接点也就被提取出来。

7.3.2　基于聚类的连接点提取

基于分层聚类的连接点快速提取方法的主要思想：首先对将测区所有影像的特征点归并为一个集合；然后，对集合进行聚类操作，并针对每个聚类结果进行递归的聚类；最后，对各聚类中的特征点进行相似度判断，足够相似的特征点即为同一组连接点，算法流程如图 7-3-1 所示。

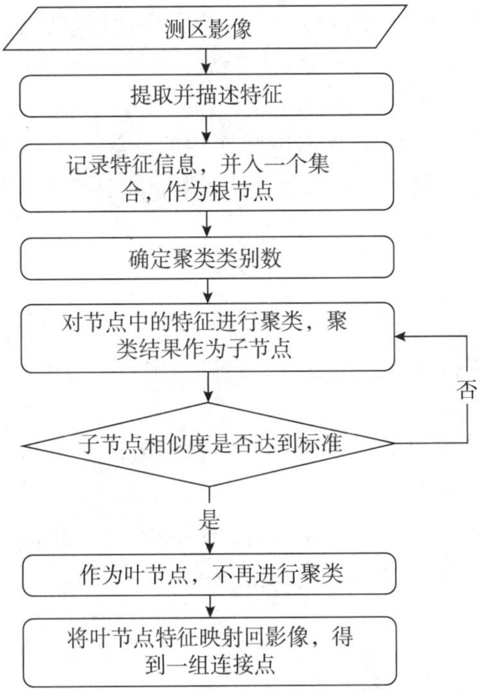

图 7-3-1　基于聚类的连接点提取流程图

实现过程包括如下多个步骤。

步骤 1，使用可以进行特征描述和相似性度量的特征提取算法，对测区的所有影像进行特征点提取描述，然后把所有的特征点归并到一个集合中，作为聚类树的根节点，记录下各个特征点对应在影像上的位置信息，如图 7-3-2 所示。

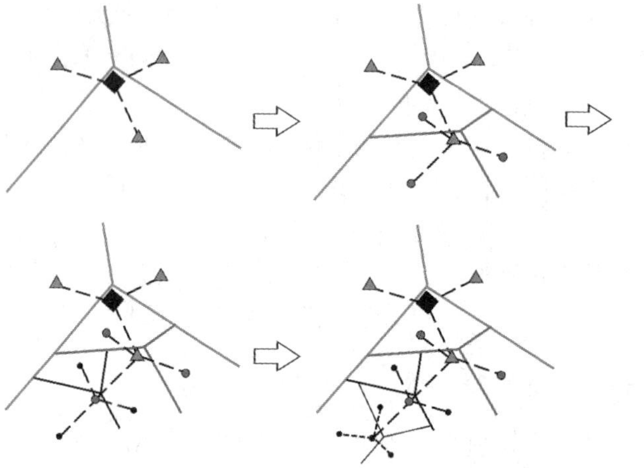

图 7-3-2　聚类树的生成过程

步骤 2，对节点内的特征点进行聚类，聚类结果作为该节点的子节点，并不断重复这一过程。

步骤 2.1，估算每层聚类采用的聚类数 k（或直接使用经验值 $k=10$）；

步骤 2.2，利用聚类算法（如 k 均值聚类），对待聚类的特征点进行聚类，得到子节点；

步骤 2.3，重复步骤 2.2，对子节点进行递归的聚类，直到子节点满足中止条件，当所有的子节点结果都不需要继续聚类后，分层聚类完成，得到一棵聚类树。

而且，所述步骤 2.1 采用的计算公式为

$$k=\left\lceil \sqrt[H]{\frac{N}{n}} \right\rceil \tag{7-3-1}$$

式中，N 为所有影像的特征点总数；n 为一组连接点中连接点的平均数量；H 为分层聚类需要的层数。

步骤 3，检查子节点中特征点的相似性是否达到阈值，若达到阈值则不再对子节点中的特征点进行聚类。

步骤 3.1，计算聚类结果中，各特征点之间距离的最大值 $d_{\max}$ 和次大值 d_{secmax}；

步骤 3.2，计算聚类结果的相似性是否达到要求，计算公式如下：

$$r=\frac{d_{\text{secmax}}}{d_{\max}} \tag{7-3-2}$$

其中，当 $r>0.7$ 时，认为聚类结果具有一致的相似性，可以不再聚类，如图 7-3-3 所示。

步骤 4，将聚类树的各叶节点的特征点作为一组连接点，利用步骤 1 中记录的特征点信息恢复为影像之间的连接点。

7.3.3　连接点提取并行化

在影像邻接关系的引导下可开展测区连接点提取。具体处理是按顺序将每张影像作为基准影像，提取其特征点，然后根据邻接矩阵，将特征点匹配到所有邻接影像，最后合并

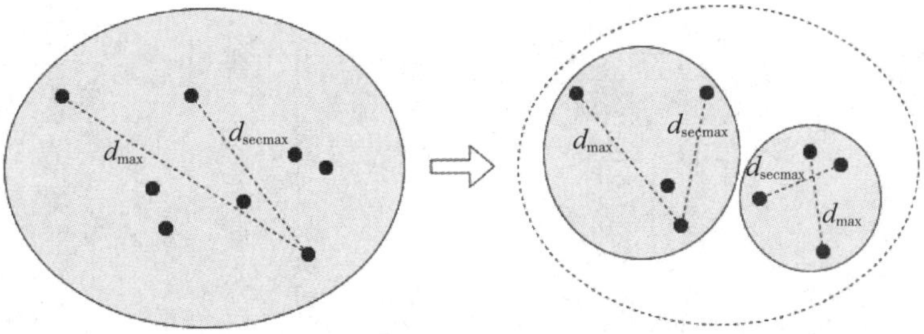

$$r = \frac{d_{secmax}}{d_{max}} < 0.7 \qquad r = \frac{d_{secmax}}{d_{max}} > 0.7$$

图 7-3-3 聚类中止条件

所有连接点即可。仔细分析这个过程，会发现所有影像都执行了同样逻辑的处理，而且各个处理之间并没有相关性，这种互不依赖的处理可以同时进行，大幅提高处理效率。这种同时处理的处理模式称为并行处理(parallel processing)，是计算机中同时执行多个处理的一种计算方法。并行处理的目的是提高处理效率，节省处理时间。其核心是将各计算部分分配到不同处理进程(或线程)中，同时执行，然后合并结果。理论上，分解为 n 个部分的并行处理算法，执行速度可能会提高 n 倍。然而，并不是所有处理都可以采用并行模式，下面先简单介绍并行处理基础知识。

并行计算是高性能计算(High Performance Computing，HPC)的一种实现方式。高性能计算通常是指采用多处理器组织起来的一种计算系统与环境。长期以来计算机处理能力的提高主要以提高单个处理器计算速度为主，然而由于工艺和能耗的限制，处理器主频不可能无限地提高。为了突破这一障碍，处理器制造商开始采取一项新的战略，将多个处理器内核安装到一个芯片上即多核(Multi Core)技术，为充分利用多核，必须设计并行处理算法。其实，从计算机诞生开始就一直有并行处理。并行处理分为时间并行和空间并行，时间并行就是流水线技术，将每个指令分成多步，各步间叠加操作，当前指令完成前，后一指令作好准备，缩小整体执行周期。空间并行是指由多个处理单元执行计算，在指令层面，空间并行分为单指令多数据流(SIMD)和多指令多数据流(MIMD)。SIMD 的特点是多个数据一起算，如 MMX、VXD 指令就属于这类。MIMD 使用多个控制器来异步控制多个处理器，高性能服务器与超级计算机大多属于 MIMD。在数据处理层面，空间并行包括数据并行和任务并行，数据并行是指将一个大的数据分解为多个小的数据，分散到多个处理单元执行，而任务并行是将大的任务分解为小的任务，分散到多个处理单元执行。无论数据并行还是任务并行，任务最后一步一定是将子任务执行结果合并到一起。现在已有很多成熟的并行处理计算模型，例如 Hadoop 力推的 MapReduce、武汉大学 DPGrid 系统采用的 WGCS 等。

无论用哪种平行处理，其核心是任务分解、子任务执行和结果合并三步，且子任务间不能有依赖关系。显然，以影像邻接关系为指导的连接点提取满足并行执行条件，可以采用并行处理技术提高处理效率，实现连接点快速提取。连接点提取并行化算法如图 7-3-4 所示。

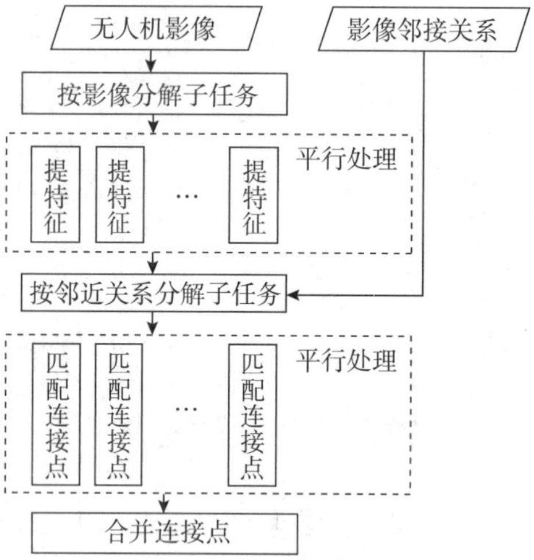

图 7-3-4　连接点提取并行化算法

连接点提取并行化算法中有两个位置采用了并行处理，分别是特征点提取和连接点匹配。采用并行处理的连接点提取算法处理将会充分利用计算机的多核性能，如果再将算法放置于网络中，则还可以利用网络中的多个计算机并行处理，处理效率的提高是非常可观的。

7.4　建立自由网

7.4.1　航带法建自由网

航带法建自由网的基本原理是通过相对定向和模型连接，先建立自由航带，这个自由航带以点在航带中的摄影测量坐标为观测值，通过非线性多项式中变换参数的确定，把自由网纳入所要求的地面坐标系，并使公共点上不符值的平方和最小。然后，以某一个航带为基准，利用航带间连接点，将后一个航带归算到前个航带中，形成区域网。

航带法建自由网具体过程如下：

1. 建立自由航带

选择每个航带中的第一张影像的像空间坐标系作为像空间的辅助坐标系，进行连续相对定向。通常以左片作为基准，求解右边的相对定向元素，完成第一个像对的相对定向，然后根据连接点将后一张影像加入前面形成的模型，形成统一的航带自由网，如图 7-4-1 所示。

2. 建立航带网

将每个航道作为独立空间单元，根据航带间连接点在两个航带中的自由航带坐标，求解航带之间的转换关系(通常是空间相似变换)，将后一个航带的影像参数和连接点空间坐标归算到前一个航带中，形成区域网，如图 7-4-2 所示。

图 7-4-1　建立自由航带

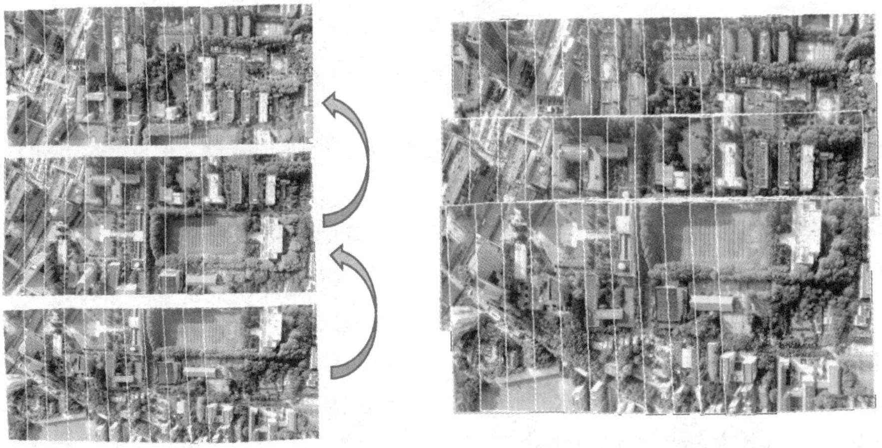

图 7-4-2　建立航带网

航带法构建自由网的方法相对简单，且结果通常较可靠，但其主要局限性在于需预先按航带组织影像，即进行航带排列。在这个过程以往需要根据航空摄影的信息人工进行航带排列，但随着无人机影像数量急剧增加，人工处理效率不足。目前，基于无人机搭载的 GNSS/POS 定位信息，已发展出多种自动化航带排列算法。然而，近年来倾斜摄影、优势摄影和贴近摄影等形式的出现，航带概念已经彻底被忽视，因此，航带法建自由网方法逐渐退出了实际生产处理过程。

7.4.2　SFM 建自由网

运动恢复结构 SFM(Structure from Motion)是计算机视觉中用于多视影像三维重建的一种技术，它可以通过影像关系求解相机的位置和姿态并恢复三维场景。其核心思想是先通过特征匹配获取多视影像之间的同名点，然后以最小化特征点的重投影误差为目标，求解影像投影矩阵、相机内参数和特征点物方坐标。SFM 按平差方法主要分为两类，即增量式 SFM 和全局式 SFM，这两类平差与传统摄影测量航带法和独立模型法有点类似。

增量式 SFM 先选择一个像对进行相对定向，然后逐个将最邻近并与前面模型有重叠区的一张影像添加进去，然后平差并更新物方点。直到所有影像添加完毕即完成区域网，过程如图 7-4-3 所示。

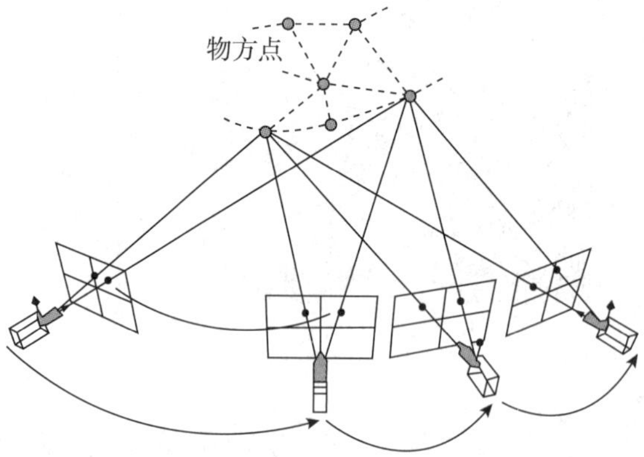

图 7-4-3　增量式 SFM 处理过程

这个过程和原理与传统航带法类似，但 SFM 为了消除误差累积，会不定期地进行整体光束法平差，增量式 SFM 的处理流程如下：

(1)建立影像邻接关系表(用 GNSS/POS 辅助或者影像检索方法)；

(2)在邻接关系表中选取连接关系比较多的一个像对作为第一个像对；

(3)对第一个像对开展特征匹配，获取连接点，通过本质矩阵分解计算像对的外方位元素和连接点的物方坐标，形成当前模型；

(4)选择与当前模型邻近的一张影像，与当前模型中的影像匹配连接点，用当前模型连接点三维坐标计算新增影像的外方位元素；

(5)利用前方交会求解新增连接点的物方坐标；

(6)如果连接点数量超过预先设定的阈值(如每增加 2000 点开展一次)，则对现有模型执行整体区域网平差；

(7)重复(4)~(6)步骤，直至所有影像都处理完。

增量式 SFM 需要在处理过程中多次执行区域网平差来优化重建结果，效率较低。为此有学者提出采用全局 SFM，其基本原理是先两两建立体模型，然后将所有模型放到一起，通过模型间连接点求解立体模型间的关系，将所有模型解算到一个坐标系中，最后进行全局光束法平差，其过程如图 7-4-4 所示。

全局 SFM 过程和原理与传统摄影测量平差的独立模型法类似，其核心是将误差限制在立体模型内，消除误差累积，全局 SFM 的处理流程如下：

(1)建立影像邻接关系表(用 GNSS/POS 辅助或者影像检索方法)；

(2)使用邻接关系表提取所有连接点；

(3)按邻接关系表给每张影像建立不重复的立体模型；

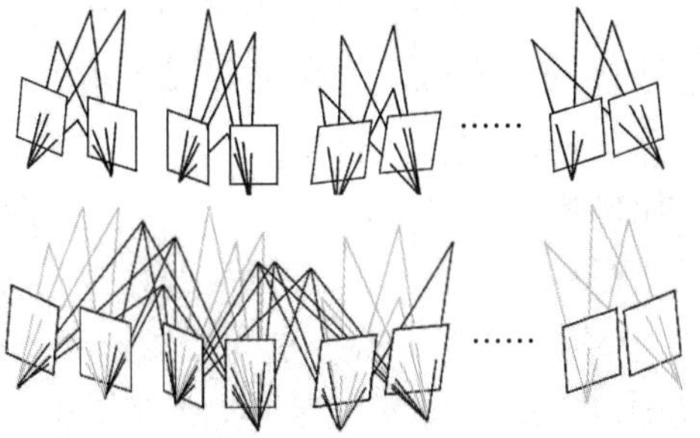

图 7-4-4　全局 SFM 处理过程

(4)根据立体模型模型公共点建立模型间旋转和平移量，形成初始网络(与独立模型法区域网平差一样，只解旋转和平移)；

(5)对初始网络的像对进行滤波，分别按平移和旋转两次处理，剔除不满足最低要求的像对，这里使用滤波算法可让所有像对相对一致，避免偶然的错误影响整个网络；

(6)通过前方交会计算所有连接点的物方坐标；

(7)执行整体区域网平差。

其实增量式 SFM 与全局 SFM 没有明显界限，更多的时候两者是相互交织，形成 SFM 分块并行算法。具体过程为根据影像邻接关系表将测区分为多个块，在每个块内进行增量式 SFM，所有块都形成自由网后，在块之间做全局 SFM，最终得到整体平差结果。

在完成整体自由网后，如果存在地面控制点，需要人工将控制点在影像上进行测量。然后前方交会得到控制点的自由网模型坐标，根据控制点地面坐标和自由网模型坐标求空间相似变化。之后，将所有连接点模型坐标和影像自由网外方位元素换算到地面坐标系。最后，进行带控制点的整体区域网平差，完成有控制点的空中三角测量处理。进行带控制点平差处理时，可以给控制点添加观测权重，以提高控制点在平差中的作用，相关理论在 3.5 节解析空中三角测量中有详细讲解，这里不再赘述。

7.5　带控制点的区域网平差

带控制点的区域网平差，顾名思义就是将地面控制点的像点坐标和地面坐标放入平差过程中，让求解的区域网符合到地面坐标系。根据平差模型的不同，带控制点的区域网平差也分为航带法、独立模型法和光束法三类。航带法和独立模型法的控制点平差在 3.5 节中已述，这里重点介绍带控制点的光束法区域网平差，主要分为基于控制点的刚体变换和整体区域网平差两步。

7.5.1　基于控制点的刚体变换

基于控制点的刚体变换的目标是将测区自由网结果转换到控制点坐标系。基本过程如下：先用控制点像点坐标和影像的自由网模型参数前方交会求出控制点的自由网模型坐标；然后求解测区自由网模型与地面坐标系之间的布尔莎模型七参数。布尔莎模型七参数包含三个平移量、三个旋转角度和一个缩放因子，若用 D_x，D_y，D_z 表示平移，用 R 表示旋转角度的矩阵，用 λ 表示缩放，则布尔莎模型七参数转换可表示为

$$\begin{pmatrix} X' \\ Y' \\ Z' \end{pmatrix} = \lambda R \begin{pmatrix} X + D_x \\ Y + D_y \\ Z + D_z \end{pmatrix} \tag{7-5-1}$$

式中，X、Y、Z 是源坐标；X'、Y'、Z' 是变换后坐标。这与摄影测量像空坐标系与地面坐标系的转换完全一致，相关求解方法也是完全一致，这里不再介绍。

求解出七参数后，直接将其应用到测区自由网的影像参数和连接点自由网模型坐标，即可将测区自由网结果转换到控制点坐标系。

7.5.2　整体区域网平差

尽管利用控制点刚体变换可以将测区自由网结果转换到控制点坐标系，但是转换后的影像参数和控制点不一定满足空中三角测量精度要求，区域网内部往往有微小变形。为此，通常还需要利用控制点进行整体区域网平差。

参考第 3 章的解析空三基础，我们知道，光线束法区域网平差误差方程的矩阵形式为

$$V = (A \quad B)\begin{pmatrix} t \\ X \end{pmatrix} - L \tag{7-5-2}$$

式中，

$$V = (vx \quad vy)^{\mathrm{T}},\ L = (x - (x) \quad y - (y))^{\mathrm{T}}$$

$$A = \begin{pmatrix} a_{11} & a_{12} & a_{13} & a_{14} & a_{15} & a_{16} \\ a_{21} & a_{22} & a_{23} & a_{24} & a_{25} & a_{26} \end{pmatrix}$$

$$B = \begin{pmatrix} -a_{11} & -a_{12} & -a_{13} \\ -a_{21} & -a_{22} & -a_{23} \end{pmatrix}$$

$$t = (\Delta X_S \quad \Delta Y_S \quad \Delta Z_S \quad \Delta\varphi \quad \Delta\omega \quad \Delta\kappa)^{\mathrm{T}}$$

$$X = (\Delta X \quad \Delta Y \quad \Delta Z)^{\mathrm{T}}$$

$$L = (l_x,\ l_y)^{\mathrm{T}}$$

此时只需要将测区中的所有影像参数、连接点及控制点代入法方程，特别注意控制点的 ΔX，ΔY，ΔZ 为 0，然后迭代计算，让观测误差达到预定的阈值，最后再用空间前方交会方法，即可求得全部连接点的地面坐标。此外，也可以用控制点像点前方交会出地面坐标，将交会坐标与已知控制点坐标的差作为控制点误差，输出到空三报告中。

7.6　GNSS/POS 辅助空中三角测量

由于全球导航卫星系统(GNSS)和惯性测量装置(IMU)的应用，使联合平差出现了前所未有的美好前景。GNSS 系统不仅可用来测定野外控制点坐标，而且用差分法动态定位方法可测定摄站坐标(X_S、Y_S、Z_S)，达到分米级或厘米级精度，用于空中三角测量可大量节省地面控制点数量。而惯性导航数据与 GNSS 数据组合，可同时测定影像姿态角元

素，从而有可能利用外方位元素直接测图，而免去空中三角测量的过程。

7.6.1　GNSS 辅助平差

全球导航卫星系统(Global Navigation Satellite System，GNSS)是能在地球表面或近地空间的任何地点为用户提供全天候的三维坐标和速度及时间信息的空基无线电导航定位系统。卫星导航定位技术目前已基本取代了地基无线电导航、传统大地测量和天文测量导航定位技术，并推动了大地测量与导航定位领域的全新发展。2007 年 4 月 14 日，我国成功发射了第一颗北斗卫星，标志着世界上第 4 个 GNSS 系统进入实质性的运作阶段。除了美国 GPS(Global Positioning System)、俄罗斯格洛纳斯导航卫星系统(GLONASS)、欧盟伽利略(Galileo)导航卫星系统和中国北斗卫星导航系统(BeiDou Navigation Satellite System，BDS)四大全球系统外，还包括区域系统和星基增强系统。其中，区域系统有日本的 QZSS 和印度的 IRNSS 星基增强系统有美国的 WAAS、日本的 MSAS、欧盟的 EGNOS、印度的 GAGAN。

7.6.1.1　GNSS 辅助处理原理

GNSS 辅助空中三角测量是利用装在飞机和设在地面上的一个或多个基准站上的至少两台 GNSS 信号接收机同时且连续地观测 GNSS 卫星信号，通过 GNSS 载波相位测量差分定位技术的离线数据后处理获取航摄仪曝光时刻摄站的三维坐标，然后将其视为附加观测值引入摄影测量区域网平差中，经采用统一的数学模型和算法以整体确定点位并对其质量进行评定的理论、技术和方法。

GNSS 辅助空中三角测量的作业过程大体上可分为以下四个阶段：

(1)现行航空摄影系统改造及偏心测定。对现行的航空摄影飞机进行改造，安装 GNSS 接收机天线，并进行 GNSS 接收机天线相位中心到摄影机中心的测定偏心。需要说明的是，对于同一架航空摄影飞机，改造安装 GNSS 接收机天线的工作只需进行一次即可。

(2)带 GNSS 信号接收机的航空摄影。在航空摄影过程中，以 0.5~1.0s 的数据更新率，用至少两台分别设在地面基准站和飞机上的 GNSS 接收机同时且连续地观测 GNSS 卫星信号，以获取 GNSS 载波相位观测量和航摄仪曝光时刻。

(3)求解 GNSS 摄站坐标。对 GNSS 载波相位观测量进行离线数据后处理，求解航摄仪曝光时刻机载 GNSS 天线相位中心的三维坐标(X_A，Y_A，Z_A)——GNSS 摄站坐标及其方差-协方差矩阵。

(4)GNSS 摄站坐标与摄影测量数据的联合平差。将 GNSS 摄站坐标视为带权观测值，与摄影测量数据进行联合区域网平差，以确定待求地面点的位置并评定其质量。

下面主要介绍 GNSS 辅助光束法区域网平差的基本原理。

7.6.1.2　GNSS 摄站坐标与摄影中心坐标的几何关系

由于机载 GNSS 接收机天线的相位中心不可能与航摄仪物镜后节点重合，所以会产生了一个偏心矢量。航摄飞行中，为了能够利用 GNSS 动态定位技术获取航摄仪在曝光时刻

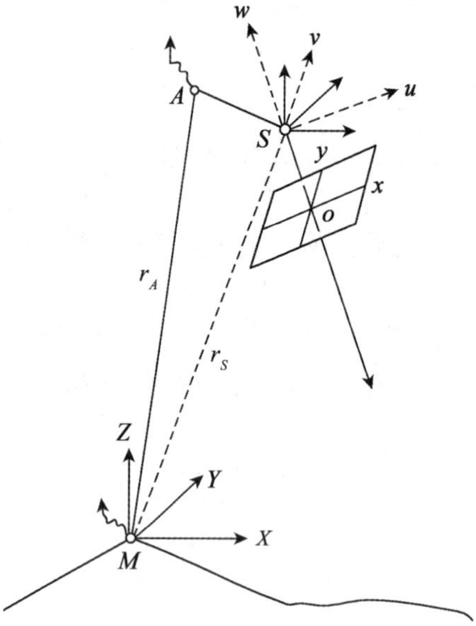

图 7-6-1　GNSS 辅助航空摄影示意图

摄站的三维坐标，必须对传统的航摄系统进行改造。首先应在飞机外表顶部中轴线附近安装一高动态航空 GNSS 信号接收天线，其次必须在航摄仪中加装曝光传感器，然后是将 GNSS 天线通过前置放大器、航摄仪通过外部事件接口，与机载 GNSS 信号接收机相连构成一个可用于 GNSS 导航的航摄系统。

将摄影机固定安装在飞机上后，机载 GNSS 接收机天线的相位中心与航摄仪投影中心的偏心矢量为一常数，且在飞机坐标系（即像方坐标系）中的三个坐标分量可以测定出来（u_A，v_A，w_A），如图 7-6-1 所示。

图 7-6-1 为利用单差分 GNSS 定位方式获取摄站坐标的示意图。设机载 GNSS 天线相位中心 A 和航摄仪投影中心 S 在以 M 为原点的大地坐标系 M-XYZ 中的坐标分别为（X_A，Y_A，Z_A）和（X_S，Y_S，Z_S），若 A 点在像空间辅助坐标系 S-uvw 中的坐标为（u，v，w），则利用像片姿态角 φ，ω，κ 所构成的正交变换矩阵 R 就可得到如下关系式：

$$\begin{pmatrix} X_A \\ Y_A \\ Z_A \end{pmatrix} = \begin{pmatrix} X_S \\ Y_S \\ Z_S \end{pmatrix} + R\begin{pmatrix} u \\ v \\ w \end{pmatrix} \tag{7-6-1}$$

根据 Friess 等（1991）的研究表明，基于载波相位测量的动态 GNSS 定位会产生随航摄飞行时间 t 线性变化的漂移系统误差。若在式（7-6-1）中引入该系统误差改正模型，则有

$$\begin{pmatrix} X_A \\ Y_A \\ Z_A \end{pmatrix} = \begin{pmatrix} X_S \\ Y_S \\ Z_S \end{pmatrix} + R\begin{pmatrix} u \\ v \\ w \end{pmatrix} + \begin{pmatrix} a_X \\ a_Y \\ a_Z \end{pmatrix} + (t - t_0)\begin{pmatrix} b_X \\ b_Y \\ b_Z \end{pmatrix} \tag{7-6-2}$$

式中，t_0 为参考时刻；a_X，a_Y，a_Z，b_X，b_Y，b_Z 为 GNSS 摄站坐标漂移系统误差改正参数。

式（7-6-2）所表达的机载 GNSS 天线相位中心与摄影中心坐标间的严格几何关系是非线性的。为了能将 GNSS 所确定的摄站坐标作为带权观测值引入空中三角测量平差中，需对摄站坐标进行线性化处理。对未知数取偏导数，并按泰勒阶数展开取至一次项，可得到如下线性化观测值误差方程式：

$$\begin{pmatrix} v_{X_A} \\ v_{Y_A} \\ v_{Z_A} \end{pmatrix} = \begin{pmatrix} \Delta X_S \\ \Delta Y_S \\ \Delta Z_S \end{pmatrix} + \frac{\partial XAYAZA}{\partial \varphi\omega\kappa}\begin{pmatrix} \Delta\varphi \\ \Delta\omega \\ \Delta\kappa \end{pmatrix} + R\begin{pmatrix} \Delta u \\ \Delta v \\ \Delta w \end{pmatrix} + \begin{pmatrix} \Delta a_X \\ \Delta a_Y \\ \Delta a_Z \end{pmatrix} + (t - t_0)\cdot\begin{pmatrix} \Delta b_X \\ \Delta b_Y \\ \Delta b_Z \end{pmatrix} - \begin{pmatrix} X_A \\ Y_A \\ Z_A \end{pmatrix} + \begin{pmatrix} X_A^0 \\ Y_A^0 \\ Z_A^0 \end{pmatrix} \tag{7-6-3}$$

式中，X_A^0，Y_A^0，Z_A^0 为由未知数的近似值代入式（7-6-2）求得的 GNSS 摄站坐标。

7.6.1.3 GNSS 辅助平差的误差方程式

GNSS 辅助光束法区域网平差的数学模型是在自检校光束法区域网平差的基础上联合公式(7-6-3)所得到的一个基础方程，其矩阵形式可写成

$$
\begin{aligned}
V_X &= Bx + At + Cc & &- L_X,\ E \\
V_C &= E_X x & &- L_C,\ P_C \\
V_S &= \qquad\quad E_C c & &- L_S,\ P_S \\
V_G &= \quad \bar{A}t \qquad + Rr + Dd & &- L_G,\ P_G
\end{aligned}
\tag{7-6-4}
$$

式中，V_X，V_C，V_S，V_G 分别为像点坐标、地面控制点坐标、自检校参数和 GNSS 摄站坐标观测值改正数向量，其中 V_G 方程就是将 GNSS 摄站坐标引入摄影测量区域网平差后新增的误差方程式；$x = (\Delta X \quad \Delta Y \quad \Delta Z)^{\mathrm{T}}$ 为加密点坐标未知数增量向量；$t = (\Delta\varphi \quad \Delta\omega \quad \Delta\kappa \quad \Delta X_S \quad \Delta Y_S \quad \Delta Z_S)^{\mathrm{T}}$ 为像片外方位元素未知数增量向量；$c = (a_1 \quad a_2 \quad a_3 \quad \cdots)^{\mathrm{T}}$ 为自检校参数向量；$r = (\Delta u \quad \Delta v \quad \Delta w)^{\mathrm{T}}$ 为机载 GNSS 天线相位中心与航摄仪投影中心间偏心分量未知数增量向量；$d = (a_X \quad a_Y \quad a_Z \quad b_X \quad b_Y \quad b_Z)^{\mathrm{T}}$ 为漂移误差改正参数向量；A，B，C 为自检校光束法区域网平差方程式中相应于 t，x，c 未知数的系数矩阵；$\bar{A}$，R，D 为 GNSS 摄站坐标误差方程式对应于 t，r，d 未知数的系数矩阵；E，E_X，E_C 为单位矩阵；L_X，L_C，L_S，L_G 为误差方程式的常数矩阵；P_C，P_S，P_G 为各类观测值的权矩阵。

根据最小二乘平差原理，由式(7-6-4)可得到法方程的矩阵形式为

$$
\begin{pmatrix}
B^{\mathrm{T}}B + P_C & B^{\mathrm{T}}A & B^{\mathrm{T}}C & 0 & 0 \\
A^{\mathrm{T}}B & A^{\mathrm{T}}A + \bar{A}^{\mathrm{T}}P_G\bar{A} & A^{\mathrm{T}}C & \bar{A}^{\mathrm{T}}P_G R & \bar{A}^{\mathrm{T}}P_G D \\
C^{\mathrm{T}}B & C^{\mathrm{T}}A & C^{\mathrm{T}}C + P_S & 0 & 0 \\
0 & R^{\mathrm{T}}P_G\bar{A} & 0 & R^{\mathrm{T}}P_G R & R^{\mathrm{T}}P_G D \\
0 & D^{\mathrm{T}}P_G\bar{A} & 0 & D^{\mathrm{T}}P_G R & D^{\mathrm{T}}P_G D
\end{pmatrix}
\begin{pmatrix} x \\ t \\ c \\ r \\ d \end{pmatrix}
=
\begin{pmatrix}
B^{\mathrm{T}}L_X + P_C L_C \\
A^{\mathrm{T}}L_X + \bar{A}^{\mathrm{T}}P_G L_G \\
C^{\mathrm{T}}L_X + P_S L_S \\
R^{\mathrm{T}}P_G L_G \\
D^{\mathrm{T}}P_G L_G
\end{pmatrix}
\tag{7-6-5}
$$

式(7-6-5)为 GNSS 辅助光束法区域网平差法方程的一般形式。与常规自检校光束法区域网平差相比，主要是增加了两组未知数 r 和 d，其系数矩阵增加了 5 个非零子矩阵，即镶边带状矩阵的边宽加大了，但法方程式系数矩阵的良好稀疏带状结构并没有破坏，因此，仍然可以用传统的边法化边消元的循环分块方法求解未知数向量 t，c，r 和 d。

GNSS 辅助空中三角测量历经了 30 多年的研究和实践探索，其理论和方法已基本成熟，现已步入实用阶段。综观各项研究成果，可以得出如下结论和建议：

(1)用基于 GNSS 载波相位测量差分定位技术来确定航空遥感中传感器的三维坐标是可行的，将其用于摄影测量定位可满足各种比例尺地形图航测成图方法对加密成果的精度要求。

(2)GNSS 辅助光束法区域网平差可大大减少地面控制点数量，GNSS 摄站坐标作为空中控制能够很好地抑制区域网中的误差传播，由于其在区域网中的分布密集而均匀，使得

区域网平差的精度和可靠性非常好。但是，为了进行 GNSS 摄站坐标的变换和改正各种系统误差，平差时引入少量地面控制点是必需的。

(3)与经典的光束法区域网平差作业模式相比，GNSS 辅助光束法区域网平差可大大减少野外控制工作量。采用 GNSS 辅助空中三角测量方法，从航空摄影到完成摄影测量加密的时间较传统方法大大缩短，进而可缩短航测成图周期。

(4)在使用 GNSS 辅助空中三角测量技术时，区域的四角应布设 4 个平高地面控制点，这些点最好简单布标，且在 GNSS 航空摄影时进行测定。此外，还应在区域两端加设两条垂直构架航线或在区域两端垂直于航线方向布设两排高程地面控制点。

(5)GNSS 辅助空中三角测量还涉及诸如 GNSS 航摄系统的偏移处理、地球曲率的影响和大地测量坐标系的转换、地面控制点的布设、系统误差的补偿和粗差的检测等许多技术细节，限于篇幅这里不详细叙述，有兴趣的读者可参考有关文献。

随着全球导航卫星系统(GNSS)定位技术的发展，GNSS 精密单点定位已逐渐取代差分 GNSS 摄站定位。GNSS 辅助航空摄影时无须架设 GNSS 基准站，并且随着国际 GNSS 服务快速、实时精密星历的发布，摄影测量加密在获得影像后就可以进行。

7.6.2　POS 辅助平差

定位定向系统(Position & Orientation System，POS)可以获取移动物体的空间位置和三轴姿态信息，广泛应用于飞机、轮船和导弹的导航定位。POS 主要包括 GNSS 信号接收机和惯性测量装置 IMU(Inertial Measurement Unit)两个部分，亦称 GNSS/IMU 集成系统。

7.6.2.1　POS 辅助处理原理

将 POS 系统和航摄仪集成在一起，通过 GNSS 载波相位差分定位获取航摄仪的位置参数及惯性测量单元 IMU 测定航摄仪的姿态参数，经 IMU、DGNSS 数据的联合后处理，可直接获得测图所需的每张像片 6 个外方位元素，从而能够大大减少地面控制点数量，甚至无须地面控制而直接进行航空影像的地理空间定位，为航空影像的进一步应用提供快速、便捷的技术手段。在崇山峻岭、戈壁荒漠等难以通行的地区，如国界、沼泽滩涂等作业员根本无法到达的地区，采用 POS 系统和航空摄影系统集成进行空间直接对地定位(direct georeferencing)，快速、高效地编绘基础地理图件将是非常行之有效的方法。目前，机载 POS 系统直接对地定位技术已逐步应用于生产实践。

直接对地定位系统由惯性测量装置、航摄仪、机载 GNSS 接收机和地面基准站 GNSS 接收机四部分构成，其中前三者必须稳固安装在飞机上，以保证在航空摄影过程中三者之间的相对位置关系不变，如图 7-6-2 所示。

航摄仪、GNSS 天线和 IMU 三者之间的空间坐标变换可以通过坐标变换实现。为了保证获取航摄仪曝光瞬间摄影中心的空间位置和姿态信息，航摄仪应该提供或加装曝光传感器及脉冲输出装置。

在已知 GNSS 天线相位中心、IMU 及航摄仪三者之间空间关系的前提下，可直接对 POS 系统获取的 GNSS 天线相位中心的空间坐标(X，Y，Z)及 IMU 系统获取的侧滚角、俯仰角、航偏角进行数据处理，获取航空影像曝光瞬间的摄站中心三维空间坐标(X_S，Y_S，

Z_S)及其航摄仪三个姿态角(φ, ω, κ), 从而实现无地面控制条件下直接恢复航空摄影的成像过程。直接传感器定向具有很明显的优点：整个测区不需要进行空中三角测量, 不需要地面控制点。与传统的空中三角测量及 GNSS 辅助控制三角测量相比, 这不仅在实质上降低了费用, 同时还大大缩短了处理时间。纯粹的直接对地定位的缺点在于：缺少了多余观测, 计算过程中出现的任何问题, 如采用了错误的 GNSS 基站坐标, 都将直接影响最终的结果。此外, 对几何模型考虑得比较简单, 导致即使区域网结构十分完美, 且检校场及 GNSS/IMU 数据联合处理准确无误, 直接传感器定向所能达到的精度仍然难以满足大比例尺测图的需要。

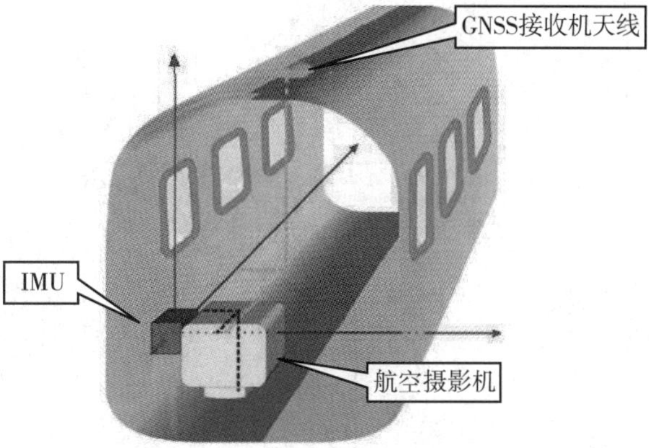

图 7-6-2 POS 和航空摄影系统的集成

当 GNSS、IMU 与航摄仪三者之间的空间关系未知时, 需要有适当数量的地面控制点, 通过将 DGNSS/IMU 系统获取的三维空间坐标与 3 个姿态数据直接作为空中三角测量的附加观测值参与区域网平差, 从而高精度获取每张航片的 6 个外方位元素, 实现大幅度减少地面控制点的数量。在集成传感器定向的过程中, 虽然不可避免地做空中三角测量和加密点量测, 但是随之带来了更好的容错能力和更精确的定向结果。集成传感器定向不需要进行预先的系统校正, 因为校正参数能够在空中三角测量的过程中解算出来。

由于集成传感器定向是将 DGNSS 和 IMU 数据直接纳入区域网, 用地面控制点进行联合平差, 因此理论上集成传感器定向较直接传感器定向具有可靠的精度和稳定性。但直接传感器定向具有更好的适应性：在自然灾害频发区、国界及争议区、自然条件恶劣区等难以开展地面控制测量工作的地区, 采用直接传感器定向则是一种比较可行的方法。

7.6.2.2 POS 及航摄仪之间空间关系确定

图 7-6-3 为采用带 POS 系统的航摄仪对地面摄影的中心投影成像原理示意图。因 GNSS 天线安装在飞机顶部、IMU 固连在航摄仪上, GNSS 天线相位中心 A, IMU 几何中心 I 与航摄仪的摄影中心 S 间存在空间偏移向量；由于安装工艺上的限制, IMU 本体坐标系 $I\text{-}x_I y_I z_I$ 与航摄仪本体坐标系 $S\text{-}uvw$ 不可能完全平行, 相应坐标轴间存在微小的方向偏差 φ_I, ω_I, κ_I, 即视准轴误差。

设机载 GNSS 天线相位中心 A、航摄仪投影中心 S 在地面坐标系 $M\text{-}XYZ$ 中的坐标分别为(X_A, Y_A, Z_A)和(X_S, Y_S, Z_S), 若 A 点在 $S\text{-}uvw$ 中的坐标为(u, v, w), 则利用像片姿态角 φ, ω, κ 所构成的正交变换矩阵 R, 可得到如下关系式：

$$\begin{pmatrix} X_A \\ Y_A \\ Z_A \end{pmatrix} = \begin{pmatrix} X_S \\ Y_S \\ Z_S \end{pmatrix} + R_{\varphi\omega\kappa} \cdot \begin{pmatrix} u \\ v \\ w \end{pmatrix} \tag{7-6-6}$$

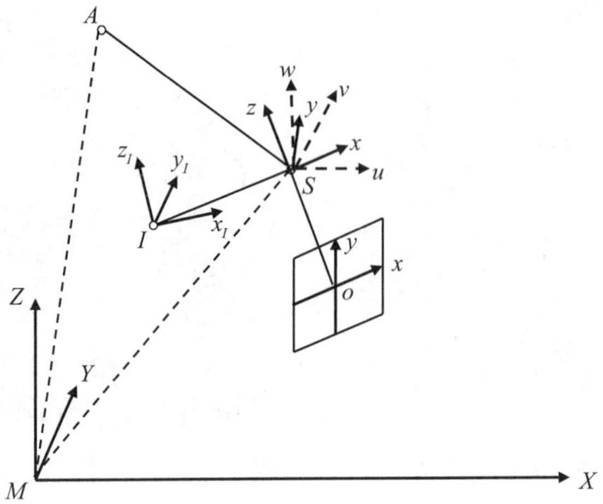

图 7-6-3　带 POS 系统的中心投影成像原理示意图

式(7-6-6)是通过机载 POS 系统获取摄站空间位置的理论公式，通常应根据具体应用，引入特定的误差改正模型。

由图 7-6-3 可知，I-$x_Iy_Iz_I$ 坐标系可以看作由坐标系 S-uvw 绕其 u，v，w 轴连续旋转 φ_I，ω_I，κ_I 角后所处的位置。当 IMU 测定的航摄仪空中姿态角为 φ'，ω'，κ'时，由其构成的正交变换矩阵 R_{IMU}可表示为

$$R_{\text{IMU}} = R \cdot R_B^{\text{T}} \tag{7-6-7}$$

式中，$R_{\text{IMU}} = R\varphi' \cdot R\omega' \cdot R\kappa'$，$R_B = R\varphi_I \cdot R\omega_I \cdot R\kappa_I$。

令
$$R_{\text{IMU}} = R \cdot R_B^{\text{T}} = \begin{pmatrix} a'_1 & a'_2 & a'_3 \\ b'_1 & b'_2 & b'_3 \\ c'_1 & c'_2 & c'_3 \end{pmatrix}$$

则有

$$\begin{cases} \varphi' = -\arctan\left(\dfrac{a'_3}{c'_3}\right) \\ \omega' = -\arcsin(b'_3) \\ \kappa' = \arctan\left(\dfrac{b'_1}{b'_2}\right) \end{cases} \tag{7-6-8}$$

考虑到 IMU 会产生随航摄飞行时间 t 线性变化的漂移系统误差，则有

$$\begin{cases} \varphi' = -\arctan\left(\dfrac{a'_3}{c'_3}\right) + a_\varphi + (t - t_0)b_\varphi \\ \omega' = -\arcsin(b'_3) + a_\omega + (t - t_0)b_\omega \\ \kappa' = \arctan\left(\dfrac{b'_1}{b'_2}\right) + a_\kappa + (t - t_0)b_\kappa \end{cases} \tag{7-6-8a}$$

式中，t_0 为参考时刻；a_φ，a_ω，a_κ，b_φ，b_ω，b_κ 为 IMU 姿态参数漂移系统误差改正参数。

式(7-6-6)和式(7-6-8)表达了 GNSS 和 IMU 测定的影像定向参数与影像外方位元素间的严格几何关系。

7.6.2.3 POS 辅助平差的误差方程式

实施 POS 影像定向参数与像点坐标观测值的联合平差时，以像点坐标、GNSS 摄站坐标和 IMU 姿态角为观测值，视物点地面坐标、影像外方位元素及各种系统误差改正参数为待定参数。像点坐标系统误差采用带 3 个附加参数的 Bauer 模型，如式(7-6-9)所示。

$$\begin{cases}\Delta x = s_1 x(x^2 + y^2 - 100) - s_3 x \\ \Delta y = s_1 y(x^2 + y^2 - 100) + s_2 x + s_3 y\end{cases} \tag{7-6-9}$$

当航摄仪内方位元素已知时，在未知数近似值的邻域内对 POS 系统各个严格观测方程按泰勒级数展开至一次项，便可得误差方程的矩阵形式：

$$\begin{aligned} V_X &= Bx + A_X t + Ss - L_X, \text{ 权阵 } E \\ V_G &= A_G t + Rr + D_G d_G - L_G, \text{ 权阵 } P_G \\ V_I &= A_I t + Mm + D_I d_I - L_I, \text{ 权阵 } P_I \end{aligned} \tag{7-6-10}$$

式中，V_X，V_G，V_I 分别为像点坐标，GNSS 摄站坐标和 IMU 姿态观测值改正数向量；

$x = (\Delta X \quad \Delta Y \quad \Delta Z)^{\mathrm{T}}$ 为待定点坐标未知数增量向量；

$t = (\Delta\varphi \quad \Delta\omega \quad \Delta\kappa \quad \Delta X_S \quad \Delta Y_S \quad \Delta Z_S)^{\mathrm{T}}$ 为影像外方位元素未知数增量向量；

$s = (s_1 \quad s_2 \quad s_3)^{\mathrm{T}}$ 为自检校参数向量；

$r = (\Delta u \quad \Delta v \quad \Delta w)^{\mathrm{T}}$ 为 GNSS 偏心分量增量向量；

$d_G = (a_X \quad a_Y \quad a_Z \quad b_X \quad b_Y \quad b_Z)^{\mathrm{T}}$ 为 GNSS 定位漂移误差改正参数向量；

$m = (\Delta\varphi_1 \quad \Delta\omega_1 \quad \Delta\kappa_1)^{\mathrm{T}}$ 为 IMU 视准轴误差增量向量；

$d_I = (a_\varphi \quad a_\omega \quad a_\kappa \quad b_\varphi \quad b_\omega \quad b_\kappa)^{\mathrm{T}}$ 为 IMU 测姿漂移误差改正参数向量；

B，A_X，A_G，A_I，S，M，D_G，D_I 为相应未知数的系数矩阵，即各观测方程对未知数的一阶偏导数；

$L_X = \begin{pmatrix} x - x^0 \\ y - y^0 \end{pmatrix}$ 为像点坐标观测值残差向量，(x^0, y^0) 为由未知数近似值按共线方程计算的像点坐标值；

$L_G = \begin{pmatrix} X_A - X_A^0 \\ Y_A - Y_A^0 \\ Z_A - Z_A^0 \end{pmatrix}$ 为 GNSS 摄站坐标观测值残差向量，(X_A^0, Y_A^0, Z_A^0) 为机载 GNSS 天线相位中心坐标值；

$L_I = \begin{pmatrix} \varphi' - \varphi'_0 \\ \omega' - \omega'_0 \\ \kappa' - \kappa'_0 \end{pmatrix}$ 为 IMU 姿态角观测值残差向量，φ'_0，ω'_0，κ'_0 为由未知数近似值按式(7-6-8)计算的 IMU 姿态角值；

P_G，P_I 分别为 GNSS 摄站坐标和 IMU 姿态角观测值权矩阵。

7.6.2.4　POS 系统对地定位的主要误差源

利用 POS 系统进行传感器对地定位时，其精度主要由以下 4 个因素决定：传感器位置、时间同步、初始校正和系统检校。下面对这 4 个影响精度的因素进行简单说明。

1. 传感器位置

将传感器最佳地安放在航空载体上是一项重要的工作。因为一个低劣的传感器底座很可能改变整个系统的性能，而且这种情况引起的误差将很难改正。传感器的放置通常要符合下述两个条件：①使检校误差对传感器间偏移改正的影响最小；②传感器之间不能有任何微小移动。对于第一个条件，缩短传感器之间的距离就可以减小空间偏移改正的误差。这一点对于直接地理参考中定位元素的影响尤为明显。另一方面，传感器间的微小移动将对姿态测定产生影响。对于空间偏移改正和传感器间的微小移动来说，后者更难克服。

2. 时间同步

尽管 GNSS 与 IMU 组合使用可以提高二者的性能，高精度 GNSS 信息作为外部量测输入，在运动过程中频繁地修正 IMU，以控制其误差随时间的累积；而短时间内高精度的 IMU 信息，可以很好地解决 GNSS 动态环境中的信号失锁和周跳问题，同时还可以辅助 GNSS 接收机增强其抗干扰能力，提高捕获和跟踪卫星信号的能力。但是，通常我们很难实现实时的 DGNSS/IMU 组合导航系统。其中，最根本的问题就在于很难做到同步使用 GNSS 和 IMU 数据。IMU、GNSS 及影像数据流之间的时间同步性要求随着精度要求及载体动态性的提高而提高。如果不能恰当地处理这个问题，它将成为一个严重的误差源，因为它直接影响载体的运行轨迹，从而影响影像外方位元素的确定。

3. 初始校正

初始校正处理用来确定惯性系统从本体系转换到当地面水平系的旋转矩阵。这项工作是在测量之前完成的，通常分为两个阶段：粗校正和精确校正。粗校正是使用传感器的原始输出数据和只考虑地球旋转及重力场假设模型来近似估计姿态参数。而精确校正中，考虑到低精度的惯性系统不能够在静态环境中校正，引入飞机运动来获取更高的对准精度。如果飞机的运动能够引起足够大的水平加速度，那么未对准误差的不确定性将可以通过速度误差迅速观测出来，并且能够根据 DGNSS 的速度更新利用 Kalman 滤波估计出其大小。

4. 系统检校

由于直接传感器定向不利用地面控制点，而仅仅通过投影中心外推获得地面点坐标，因此系统校正是进行传感器定向不可缺少的一项主要工作。系统校正的精确程度将极大地影响所获得的地面点坐标精度。由此，在实际作业中，对于系统校正必须给予充分的重视。系统校正分成两个部分：单传感器的校正和传感器之间的校正。单传感器校正包括内定向参数，IMU 常量漂移、倾斜和比例因子，GNSS 天线多通道校正等。传感器间的校正包含确定航摄仪与导航传感器之间的相对位置和旋转参数，由数据传输和内在的硬件延迟引起的传感器时间不同步的问题。

在利用 POS 系统提供的外方位元素直接进行传感器定向前必须进行检校，确定和改正这些误差。检校的正确与否将直接影响后续的数据处理。因此，在实际应用中对检校的要求是相当严格的，任何微小的错误都可能导致其所确定的目标点位存在很大的误差。直接传感器定向首先应布设理想的检校场，进行严格的系统检校，保证测定的定向参数具有很高的精度。集成传感器定向无须布设检校场，但需要根据测图精度要求，在全区布设一定数量的地面控制点，进行像点坐标量测和空三解算，才能获得摄影瞬间像片的 6 个外方位元素。

7.6.3 GNSS/POS 辅助的全自动处理

就 GNSS/POS 辅助空中三角测量而言，如果需要进行高精度点位测定，在区域网的四角还需要量测 4 个地面控制点；如果进行高山区中小比例尺的航空摄影测量测图，则可考虑采用无地面控制的空中三角测量方法，此时可完全用 GNSS/POS 摄站坐标取代地面控制点，实现真正意义上的自动空中三角测量。图 7-6-4 示意了常规空中三角测量与自动空中三角测量的主要过程。

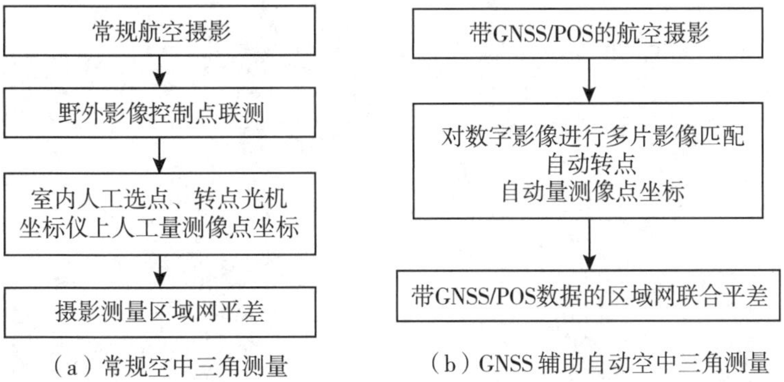

图 7-6-4 摄影测量空三处理的主要过程

◎ 思考题

1. 空中三角测量的目的和意义是什么？
2. 空中三角测量的基本过程是怎样的？
3. 空中三角测量中的控制点、检查点、连接点和定向点各有何用途？
4. 为什么要进行影像检索？其基本思想和过程是怎样的？
5. 简述 K-D 树检索过程。
6. 简述词汇树检索过程。
7. 简述影像连接点自动提取的基本过程。
8. 简述基于聚类的连接点提取算法。
9. 什么是自由网？

10. 什么是 SFM?
11. 简述利用 SFM 开展空中三角测量处理过程。
12. 简述 GNSS 辅助空中三角测量的基本原理，它较常规空中三角测量有何优越性?
13. 简述自动空中三角测量的基本含义。
14. 简述 POS 直接对地定位的基本原理与方法。

第 8 章　数字高程模型的建立与应用

数字地面模型的应用非常广泛，不同的学科从各自学科的使用出发，可以得到与各自学科相关的数字地面模型的内容。测绘领域通常以地形几何要素作为数字地面模型的主要内容，一般称为数字高程模型(Digital Elevation Model，DEM)。地理信息系统将各种地理信息的空间分布和属性结合起来进行管理和应用，因而，地理信息系统学科中的数字地面模型包含了非常丰富的地形特征信息，另外，也可结合道路交通网、房屋建筑、境界界址线等地物信息反映出社会经济等信息。本章主要讲述数字高程模型的构建和应用。

8.1　数字高程模型的概念

数字地面模型(Digital Terrain Model，DTM)最初是美国麻省理工学院 Miller 教授为了高速公路的自动设计于 1958 年提出来的。此后，它被用于各种线路(铁路、公路、输电线路)的设计及各种工程的面积、体积、坡度的计算，任意两点间可视性判断及绘制任意断面图。在测绘中，被用于绘制等高线、坡度坡向图、立体透视图，制作正射影像图与地表形变监测等方面。在遥感中，可作为分类的辅助数据，它是地理信息系统的基础数据，可用于土地利用现状的分析、合理规划及洪水险情预报等。在军事上，可用于导航及导弹制导。在工业上，可利用数字表面模型(Digital Surface Model，DSM)或数字物体模型(Digital Object Model，DOM)绘制出表面结构复杂的物体的形状。

8.1.1　数字高程模型的定义

数字地面模型 DTM 是地形表面形态等多种信息的一个数字表示。严格地说，DTM 是定义在某一区域 D 上的 m 维向量有限序列：

$$\{V_i,\ i=1,\ 2,\ \cdots,\ n\} \tag{8-1-1}$$

其向量 $V_i=(V_{i1},\ V_{i2},\ \cdots,\ V_{in})$ 的分量为地形 X_i，Y_i，$Z_i((X_i,\ Y_i)\in D)$、资源、环境、土地利用、人口分布等多种信息的定量或定性描述。DTM 是一个地理信息数据库的基本内核，若只考虑 DTM 的地形分量，我们通常称为数字高程模型(DEM)或(Digital Height Model，DHM)，其定义如下：

数字高程模型 DEM 是表示区域 D 上地形的三维向量有限序列 $\{V_i=(X_i,\ Y_i,\ Z_i),\ i=1,\ 2,\ \cdots,\ n\}$，其中 $(X_i,\ Y_i)\in D$ 是平面坐标，Z_i 是 $(X_i,\ Y_i)$ 对应的高程。当该序列中各向量的平面点位是规则格网排列时，则其平面坐标 $(X_i,\ Y_i)$ 可省略，此时 DEM 就简化为一维向量序列 $\{Z_i,\ i=1,\ 2,\ \cdots,\ n\}$，这也是 DEM 或 DHM 得名的缘由。在实际应用中，许多人习惯将 DEM 称为 DTM，实质上它们是不完全相同的。

DEM 是全球空间数据基础设施的重要内容之一，近年来，随着遥感技术、卫星导航技术和地理信息系统技术的发展，全球 DEM 资源的建设已经成为了一个国家综合国力和科技发展水平的标志，在国防建设、经济建设、生态环境、防灾救灾等方面发挥了重要的作用，同时在地学研究的各个领域也应用广泛。

美国于 2000 年发射了搭载相干雷达地形测绘使命(The Shuttle Radar Topography Mission，SRTM)系统的奋进号航天飞机进行全球地面数据采集工作，覆盖陆地表面 80%以上，制成了分辨率分别为 1s(约 30m)和 3s(约 90m)的全球 DEM 模型，SRTM-DEM 数据是目前使用最广泛的全球 DEM 数据。2009 年 6 月 30 日，基于美国航空航天局(NASA)发射的新一代对地观测卫星 Terra 的观测数据结果生成的全球地形地貌数据公开发布，这组数据是由日本经济产业省(METI)和美国航空航天局共同合作得出的，称为 ASTER GDEM。该数据覆盖范围在 83°N 至 83°S 之间，不包括水域区域，其空间分辨率和垂直精度分别为 30m、20m；德国宇航中心(DLR)与法国空客防务与空间公司(ADS)于 2010 年至 2014 年期间基于 TanDEM-X 与 TerraSAR-X 雷达卫星组成的双站 InSAR 观测模式，对包括两极在内的全球所有陆地进行了完整覆盖，并联合发布了 World DEM DTM 系列产品，其垂直精度达 4m，全球分辨率为 12m。日本于 2015 年 5 月也免费提供了 AW3D30(ALOS World 3D-30m)高精度全球数字地表模型数据，水平分辨率率为 1s(约 30m)，高程精度 5m，是目前最精确的全球 DEM 数据，并还在不断更新中。此外，ICESat 卫星由 NASA 于 2003 年发射，是地球观测系统计划(Earth Observing System，EOS)的一部分，美国戈达德宇航中心负责研制了该卫星上搭载的主要科学载荷——GLAS 激光测高系统，它被用来监测大陆高、冰盖的厚度、植被厚度、云层外形等，是第一个对全球范围进行连续观测的星载激光测距系统。

为了应对我国全球地理信息资源匮乏的现状，我国发射了“资源三号”卫星、“高分七号”卫星，开展了全球地理信息资源建设工程。“资源三号”卫星作为立体影像拍摄卫星，是中国首颗民和用高精度的测绘卫星。它配备了空间分辨率为 3.5m(前后视)和 2.1m(正视)的三线阵立体测量相机，其图像清晰，信噪比高，能够有效反映不同地物的细节特征，只需要很短的时间就可以获得目标地区大量的立体像对影像数据。与利用航拍获得的立体像对影像数据相比，该方法易于实现，并且具有更高的精度。使用“资源三号”立体影像得出的 DEM 数据，为中国的灾害监测及国土资源调查等提供了充分而又详细的数据基础。

8.1.2　数字高程模型的表达形式

DEM 有多种表示形式，主要包括规则矩形格网与不规则三角网等。为了减少数据的存储量及便于使用管理，可利用一系列在 X，Y 轴方向上都是等间隔排列的地形点的高程 Z 表示地形，形成一个矩形格网 DEM。其任意一个点 P_{ij}的平面坐标可根据该点在 DEM 中的行列号 j，i 及存放在该文件头部的基本信息推算出来。这些基本信息应包括 DEM 起始点(一般为左下角)坐标 X_0，Y_0，DEM 格网在 X 轴方向与 Y 轴方向的间隔 D_X、D_Y 及 DEM 的行列数 N_Y、N_X 等。点 P_{ij}的平面坐标(X_i，Y_i)(图 8-1-1)为

$$\begin{cases} X_i = X_0 + i \times D_X & (i = 0, 1, \cdots, N_X - 1) \\ Y_i = Y_0 + j \times D_Y & (j = 0, 1, \cdots, N_Y - 1) \end{cases} \tag{8-1-2}$$

由于矩形格网 DEM 存储量小(还可进行压缩存储)，非常便于使用且容易管理，因而是目前运用最广泛的一种形式。但其缺点是有时不能准确表示地形的结构与细部，因此基于 DEM 描绘的等高线不能准确地表示地貌。为克服其缺点，可采用附加地形特征数据，如地形特征点、山脊线、山谷线、断裂线等，从而构成完整的 DEM。

若将按地形特征采集的点按一定规则连接成覆盖整个区域且互不重叠的许多三角形，构成一个不规则三角网(Triangulated Irregular Network，TIN)表示 DEM，通常称为三角网 DEM 或 TIN。

TIN 能较好地顾及地貌特征点、线，表示复杂地形表面，比矩形格网精确。其缺点是数据量较大，数据结构较复杂，因而使用与管理也较复杂。近年来，许多学者对 TIN 的快速构成、压缩存储及应用做了不少研究，取得了一些成果，为克服 TIN 的缺点、发扬其优点做了许多有益的工作。为了充分利用上述两种形式 DEM 的优点，德国 Ebner 教授等(1992)提出了 Grid-TIN 混合形式的 DEM(图 8-1-2)，即一般地区使用矩形网数据结构(还可以根据地形采用不同密度的格网)，沿地形特征则附加三角网数据结构。

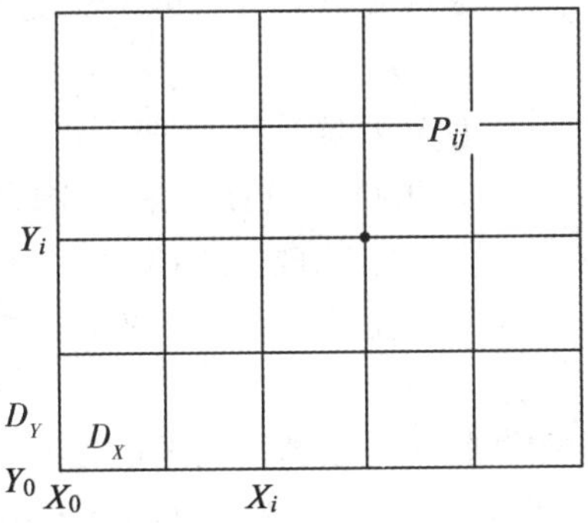

图 8-1-1　矩形格网 DEM

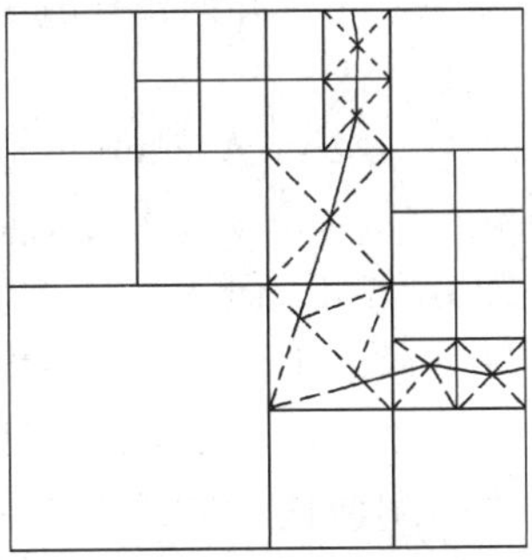

图 8-1-2　矩形格网三角同混合形式 DEM

8.2　数字高程模型的数据获取

为了建立 DEM，必须量测一些点的三维坐标，这就是 DEM 数据采集或 DEM 数据获取，被量测三维坐标的这些点称为数据点或参考点，通常的获取方法有以下 4 种。

8.2.1　地面测量

利用自动记录的测距经纬仪(常称为电子速测经纬仪或全站经纬仪)在野外实测。这种速测经纬仪或者全站仪一般有微处理器，可以自动记录与显示有关数据，还能进行多种测站上的计算工作。其记录的数据可以通过串行通信等方式，输入计算机进行处理。

8.2.2　现有地图数字化

这是利用数字化仪对已有地图上的信息(如等高线、地形线等)进行数字化的方法。

常用的数字化仪有手扶跟踪数字化仪与扫描数字化仪。手扶跟踪等高线或其他地形地物符号，按等时间间隔或等距离间隔的数据流模式记录平面坐标，高程则需由人工输入。其优点是所获取的向量形式的数据在计算机中比较容易处理；缺点是速度慢、人工劳动强度大。利用平台式扫描仪或滚筒式扫描仪或 CCD 阵列对地图扫描，获取的是栅格数据。其优点是速度快又便于自动化，但获取的数据量很大且处理复杂，将栅格数据转换成矢量数据还有许多问题需要研究，为实现完全自动化还需要做很多工作。

8.2.3　空间传感器

现在可利用 GNSS(主要包括美国的 GPS，俄罗斯的 GLONASS，欧盟的 Galileo 和中国的 BDS 等全球导航卫星系统)、雷达、激光雷达及激光测高仪等进行数据采集。最常用的是 GNSS，在成像平台上放置一个 GNSS 接收器，即可确定平台位置。

激光雷达(Light Laser Detection and Ranging，LiDAR)是一种主动式对地观测系统，其时间、空间分辨率高，探测范围广，不受日照限制，能全天时观测，具有一定的植被穿透能力，通过多次回波技术和滤波操作，能快速获取高精度的真实地面三维信息。目前广泛应用的是 GNSS/IMU 组合导航技术和 LiDAR 激光雷达扫描技术相结合——机载激光雷达，它是一种集激光、全球定位和惯性导航系统于一身的对地观测系统，可以实现无地面控制点的高精度对地直接定位。

合成孔径雷达(Synthetic Aperture Radar，SAR)具有全天候、全天时的优点，雷达干涉测量(Interferometric Synthetic Aperture Radar，InSAR)技术可以直接获取 DEM，例如前面提到的美国的 SRTM-DEM。但是 SAR 的植被“穿透”能力差，在植被茂密地区和地形起伏大的山区，InSAR 技术往往受到时空去相干、大气扰动、几何畸变等因素的影响。

卫星测高技术是 20 世纪 70 年代发展起来的，通过卫星搭载的测高仪获取地面高程的主动观测技术，按发射波长的不同，又分为雷达测高和激光测高。两者最大的差异在于地面足印点的大小不同：雷达测高的地面足印点的直径一般为千米级，而激光测高由于激光的发散角小、方向性好，足印点直径为米级。所以，雷达测高更适用于地形起伏较缓的海洋等水体高程测量，而激光测高则以陆地高程测量为主。在地球测高卫星中，雷达测高占绝大部分，如欧洲航天局的 ERS 系列，美国的 T/P 系列等卫星，仅有美国的 ICESat 系列和中国“资源一号”卫星 02 星为激光测高卫星。美国的 GLAS 激光测高系统，由 ICESat 卫星搭载被用来监测大陆高、冰盖的厚度、植被厚度等。

8.2.4　数字摄影测量方法

1. 影像密集匹配

数字摄影测量是空间数据采集最有效的手段之一，它具有效率高、劳动强度低等优点。基本过程是：先通过计算机进行影像匹配，识别同名像点获得其像点坐标；再利用摄影测量基本原理中前方交会得到地面点坐标，可以生成密度非常高的地面点云；最后，利用本章介绍的几种地面数字模型建立的方法开展产品生产。

2. 基于深度学习深度估计

深度学习在图像处理方面表现出优异的性能，人们开始探讨它在数字高程模型中的应用，基本原理是利用像素级的卷积神经网络对原始影像进行深度估计，然后根据影像成像参数恢复绝对坐标。

8.3 栅格数字高程模型

8.3.1 栅格数字高程模型的建立

建立栅格数字高程模型的基本方法是利用已知三维坐标的点、线、面等地形特征信息，通过数学拟合与插值，获取每个格网点的高程坐标。由于所采集的原始数据排列一般是不规则的，为了获取规则格网的 DEM，内插是必不可少的重要步骤。任意一种内插方法都是基于原始函数的连续光滑性，或者说邻近的数据点之间存在很大的相关性，这才有可能由邻近的数据点内插出待定点的数据。对于一般的地面，连续光滑条件是满足的，但大范围内的地形是很复杂的，因此，整个地形不可能像通常的数字插值那样用一个多项式来拟合。因为用低次多项式拟合，其精度必然很差；而高次多项式又可能产生解的不稳定性。因此，在 DEM 内插中一般不采用整体函数内插(即用一个整体函数拟合整个区域)，而采用局部函数内插。此时是把整个区域分成若干分块，对各分块使用不同的函数进行拟合，并且要考虑相邻分块函数间的连续性。对于不光滑甚至不连续(存在断裂线)的地表，即使在一个计算单元中，也要进一步分块处理，并且不能使用光滑甚至连续条件。此外，还有一种逐点内插法被广泛地使用，它是以每一待定点为中心，定义一个局部函数去拟合周围的数据点。逐点内插法十分灵活，一般情况下精度较高，计算方法简单又无需很大的计算机内存，但计算速度可能比其他方法慢。逐点内插法主要有移动曲面拟合法、加权平均法和最小二乘配置法。

8.3.1.1 移动曲面拟合法

(1)对 DEM 每一个格网点，从数据点中检索出对应该 DEM 格网点的几个分块格网中的数据点，并将坐标原点移至该 DEM 格网点 $P(X_P, Y_P)$：

$$\begin{cases}\overline{X}_i = X_i - X_P \\ \overline{Y}_i = Y_i - Y_P\end{cases} \tag{8-3-1}$$

(2)为了选取邻近的数据点，以待定点 P 为圆心，以 R 为半径作圆(图 8-3-1)，凡落在圆内的数据点即被选用。所选择的点数根据所采用的局部拟合函数来确定，在二次曲面内插时，要求选用的数据点个数 $n>6$。当数据点 $P(X, Y)$ 到待定点 $P(X_P, Y_P)$ 的距离时，该点即被选用。若选择的点数不够时，则应增大 R 的数值，直至数据点的个数 n 满足要求。

$$d_i = \sqrt{\overline{X}_i^2 + \overline{Y}_i^2} < R \tag{8-3-2}$$

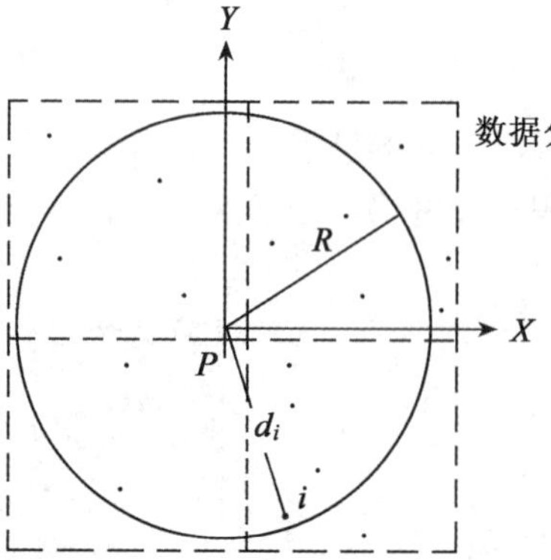

图 8-3-1　选取 P 为圆心 R 为半径的园内数据点参加内插计算

(3)列出误差方程式。若选择二次曲面作为拟合曲面

$$Z = Ax^2 + Bxy + Cy^2 + Dx + Ey + F \tag{8-3-3}$$

则数据点 P_i 对应的误差方程式为

$$v_i = \overline{X}_i^2 A + \overline{X}_i \overline{Y}_i B + \overline{Y}_i^2 C + \overline{X}_i D + \overline{Y}_i E + F - Z_i \tag{8-3-4}$$

由 n 个数据点列出的误差方程为

$$V = MX - Z \tag{8-3-5}$$

其中，

$$V = \begin{pmatrix} v_1 \\ v_2 \\ \vdots \\ v_n \end{pmatrix} \qquad Z = \begin{pmatrix} z_1 \\ z_2 \\ \vdots \\ z_n \end{pmatrix}$$

$$M = \begin{pmatrix} \overline{X}_1^2 & \overline{X}_1\overline{Y}_1 & \overline{Y}_1^2 & \overline{X}_1 & \overline{Y}_1 & 1 \\ \overline{X}_2^2 & \overline{X}_2\overline{Y}_2 & \overline{Y}_2^2 & \overline{X}_2 & \overline{Y}_2 & 1 \\ \vdots & \vdots & \vdots & \vdots & \vdots & \vdots \\ \overline{X}_n^2 & \overline{X}_n\overline{Y}_n & \overline{Y}_n^2 & \overline{X}_n & \overline{Y}_n & 1 \end{pmatrix} \qquad X = \begin{pmatrix} A \\ B \\ C \\ \vdots \\ F \end{pmatrix}$$

(4)计算每一数据点的权。这里的权 P_i 并不代表数据点 P_i 的观测精度，而是反映了该点与待定点相关的程度。因此，对于权 P_i 确定的原则，应与该数据点与待定点的距离 d_i 有关，d_i 越小，它对待定点的影响应越大，则权应越大；反之，当 d_i 越大，权应越小。常采用的权有如下几种形式：

$$p_i = \frac{1}{d_i^2}; \qquad p_i = \left(\frac{R - d_i}{d_i}\right)^2; \qquad p_i = \exp\left(-\frac{d_i^2}{k^2}\right)$$

式中，R 是选点半径；d_i 为待定点到数据点的距离；k 是一个供选择的常数。这三种权的形式都符合上述选择权的原则，但是它们与距离的关系有所不同。具体选用何种权的形式，需根据地形进行试验选取。

(5)法化求解。根据平差理论，二次曲面系数的解为

$$X = (M^{\mathrm{T}}PM)^{-1}M^{\mathrm{T}}PZ \tag{8-3-6}$$

由于 $\bar{X}_P=0$，$\bar{Y}_P=0$，所以系数 F 就是待定点的内插高程值 Z_P。

利用二次曲面移动拟合法内插 DEM 时，对点的选择除了满足 $n>6$ 外，还应保证各个象限都有数据点，而且当地形起伏较大时，半径 R 不能取得很大。当数据点较稀或分布不均匀时，利用二次曲面移动拟合可能产生很大的误差，这是因为解的稳定性取决于法方程的状态，而法方程的状态与点位分布有关，此时可考虑采用平面移动拟合或其他方法。

Hannover 大学的 TASH 程序使用的是二次曲面移动拟合内插法，而 Vienna 工业大学的 SORA 程序则采用了多个邻近点的加权平均水平面移动拟合法内插：

$$Z_P=\frac{\sum_{i=1}^{n}P_iZ_i}{\sum_{i=1}^{n}P_i} \tag{8-3-7}$$

式中，n 为邻近数据点数；P_i 为第 i 个数据点的权；Z_i 为第 i 个数据点的高程。

8.3.1.2 多面函数拟合法

多面函数拟合法(或称多面函数最小二乘推估法)是美国 Hardy 教授于 1977 年提出的，它是从几何观点出发，解决根据数据点形成一个平差的数学曲面问题。其理论根据是："任何一个圆滑的数学表面总是可以用一系列有规则的数学表面的总和，以任意的精度进行逼近。"也就是一个数学表面上某点(X, Y)处高程 Z 的表达式为

$$\begin{aligned}Z=f(X,Y)&=\sum_{j=1}^{n}a_jq(X,Y,X_j,Y_j)\\&=a_1q(X,Y,X_1,Y_1)+a_2q(X,Y,X_2,Y_2)+\cdots+a_nq(X,Y,X_n,Y_n)\end{aligned} \tag{8-3-8}$$

式中，$q(X, Y, X_j, Y_j)$ 称为核函数(Kernel)。

核函数可以任意选用，为了简单，可以假定各核函数是对称的圆锥面。

$$q(X,Y,X_j,Y_j)=[(X-X_j)^2+(Y-Y_j)^2]^{\frac{1}{2}} \tag{8-3-9}$$

就是较适用的一种，或者可再加入一常数项 δ，成为

$$q(X,Y,X_j,Y_j)=[(X-X_j)^2+(Y-Y_j)^2+\delta]^{\frac{1}{2}} \tag{8-3-10}$$

这是一双曲面，它在数据点处能保证坡度的连续性。

若有 $m\geqslant n$ 个数据点，可任选其中 n 个为核函数的中心点 $P_j(X_j, Y_j)$，令

$$q_{ij}=q(X_i,Y_i,X_j,Y_j) \tag{8-3-11}$$

则各数据点应满足

$$Z_i=\sum_{j=1}^{n}a_jq_{ij}\quad(i=1,2,\cdots,m) \tag{8-3-12}$$

由此可列出误差方程

$$\begin{pmatrix}v_1\\v_2\\\vdots\\v_m\end{pmatrix}=\begin{pmatrix}q_{11}&q_{12}&\cdots&q_{1n}\\q_{21}&q_{22}&\cdots&q_{21}\\\vdots&\vdots&&\vdots\\q_{m1}&q_{m2}&\cdots&q_{mn}\end{pmatrix}\begin{pmatrix}a_1\\a_2\\\vdots\\a_n\end{pmatrix}-\begin{pmatrix}z_1\\z_2\\\vdots\\z_m\end{pmatrix}$$

或
$$V = Qa - Z \tag{8-3-13}$$
法化求解得
$$a = (Q^{\mathrm{T}}Q)^{-1}Q^{\mathrm{T}}Z \tag{8-3-14}$$
任意一点 $P_k(X_k, Y_k)$ 上的高程 $Z_k(k>n)$ 为
$$Z_k = Q_k^{\mathrm{T}} \cdot a = Q_k^{\mathrm{T}}(Q^{\mathrm{T}}Q)^{-1}Q^{\mathrm{T}}Z \tag{8-3-15}$$
其中，
$$Q_k^{\mathrm{T}} = (q_{k1} \quad q_{k2} \quad \cdots \quad q_{kn})$$
$$q_{kj} = q(X_k, Y_k, X_j, Y_j)$$

若将全部数据点取为核函数的中心，即 $m=n$，则
$$\begin{aligned} a &= Q^{-1}Z \\ Z_k &= Q_k^{\mathrm{T}}Q^{-1}Z \end{aligned} \tag{8-3-16}$$
展开得
$$Z_k = (q_{k1} \quad q_{k2} \quad \cdots \quad q_{kn})\begin{pmatrix} q_{11} & q_{12} & \cdots & q_{1n} \\ q_{21} & q_{22} & \cdots & q_{21} \\ \vdots & \vdots & & \vdots \\ q_{m1} & q_{m2} & \cdots & q_{mn} \end{pmatrix}^{-1}\begin{pmatrix} z_1 \\ z_2 \\ \vdots \\ z_n \end{pmatrix} \tag{8-3-17}$$
除了上述 Hardy 选用的核函数外，还可选用其他的核函数。

8.3.1.3　有限元法

为了解算一个函数，有时需要把它分成为许多适当大小的“单元”，在每一单元中用一个简单的函数，如多项式来近似地代表它。对于曲面，也可以用大量的有限面积单元来趋近它，这就是有限元法。有限元法最初主要用于弹性力学及结构力学，现在广泛用于多个领域，也用于摄影测量内插，如 DEM 内插。德国 Munich 工业大学研制的 DEM 软件包 HIFI(Height Interpolation by Finite Elements)就是利用有限元内插法建立 DEM。

1. 一次样条有限元 DEM 内插

如图 8-3-2 所示，点 $A(x, y)$ 的函数值 $\Phi(x, y)$ 可由其所在格网四个顶点的函数值 $C_{i,j}$，$C_{i+1,j}$，$C_{i,j+1}$，$C_{i+1,j+1}$ 按一次样条函数表示为
$$\Phi(x, y) = (1-\Delta x)(1-\Delta y)C_{i,j} + \Delta x(1-\Delta y)C_{i+1,j} + (1-\Delta x)\Delta y C_{i,j+1} + \Delta x \Delta y C_{i+1,j+1} \tag{8-3-18}$$
式中，Δx，Δy 是以格网边长为单位时点 A 相对于点 P_{ij} 的坐标增量。

使用式(8-3-18)可以根据一些已知高程的数据点建立 DEM。若 A 点是已知高程的数据点，则可用其高程 Z_A 作为观测值，以格网高程 $Z_{i,j}$…作为待定的未知数，由式(8-3-18)列出误差方程
$$v_A = (1-\Delta X)(1-\Delta Y)Z_{i,j} + \Delta X(1-\Delta Y)Z_{i+1,j} + (1-\Delta X)\Delta Y Z_{i,j+1} + \Delta X \Delta Y Z_{i+1,j+1} - Z_A \tag{8-3-19}$$
式中，ΔX，ΔY 是经格网边长规格化的坐标增量。

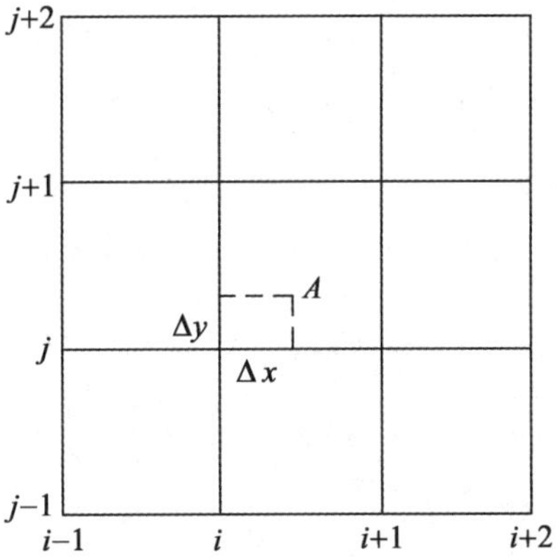

图 8-3-2 高程内插示意图

即

$$\Delta X = \frac{X_A - X_i}{d} \quad (0 \leqslant \Delta X < 1)$$

$$\Delta Y = \frac{Y_A - Y_i}{d} \quad (0 \leqslant \Delta Y < 1)$$

$$d = X_{i+1} - X_i = Y_{i+1} - Y_i$$

这是 HIFI 程序的一类观测值误差方程式。为了保证地面圆滑，可利用 X 轴和 Y 轴方向上的二次差分条件，构成第二类虚拟观测值误差方程式

$$\begin{cases} v_X(i,\ j) = Z_{i-1,\ j} - 2Z_{i,\ j} + Z_{i+1,\ j} - 0 \\ v_Y(i,\ j) = Z_{i,\ j-1} - 2Z_{i,\ j} + Z_{i,\ j+1} - 0 \end{cases} \tag{8-3-20}$$

其曲率的观测值为零可看作一种虚拟观测值，可给予适当的权。最简单的是认为所有虚拟观测值是不相关且等权为 1。

2. 断裂线的处理

地形特征线是表示地形的重要结构线，其中断裂线反映了地形中不连续的地方，因而在内插中必须做相应的处理。HIFI 内插过程中考虑计算单元中的断裂线的基本要点如下：

(1)为了突出断裂线所显示的特征，可在原始采集的数据点的基础上做线性内插，加密断裂线点，特别是断裂线与 DEM 格网线交点的平面坐标与高程，它对以后等高线的搜索与绘制十分重要。

(2)将计算单元按断裂线划分成子区，并确定每个子区由哪几条断裂线与边界线组成(预处理)。

(3)分子区内插的原则是：不属于该子区的数据点不参加该子区的平差计算。根据这个要求，首先要确定数据点是否属于该子区。方法之一是所谓“跌落法”，即过数据点 P 作一半垂线(跌落线)，判断该跌落线与该子区边界线是否相交及相交的次数，若相交次数为奇次，则该点 P 落在该子区内。方法之二是符号判断法，即将点 P 的坐标$(X,\ Y)$代入边界的直线方程，在子区中的数据点具有相同的符号。

(4)分子区进行内插计算。

8.3.2　栅格数字高程模型的精度及存储管理

8.3.2.1　估计 DEM 的精度的方法

1. 由地形功率谱与内插方法的传递函数估计 DEM 精度

设 DEM 任一长度为 L 的断面对应的真实高程为 $Z(X)$，内插获得的 DEM 高程为 $\overline{Z}(X)$，它们的傅里叶展开式分别为

$$Z(x)=\sum_{k=0}^{\infty}C_k\cos\left(\frac{2\pi kX}{L}-\varphi_k\right) \tag{8-3-21}$$

$$\overline{Z}(x)=\sum_{k=0}^{\infty}\overline{C}_k\cos\left(\frac{2\pi kX}{L}-\overline{\varphi}_k\right) \tag{8-3-22}$$

式中，C_k，φ_k 为 $Z(X)$ 对应于周期为 $\frac{2\pi k}{L}$ 信号分量的振幅与相位；$\overline{C}_k$，$\overline{\varphi}_k$ 为 $\overline{Z}(X)$ 对应于周期为 $\frac{2\pi k}{L}$ 信号分量的振幅与相位。

$\overline{Z}(X)$ 相对于 $Z(X)$ 的均方误差为(其中假设常数分量为零)

$$\begin{aligned}\sigma_z^2&=\frac{1}{L}\int_0^L[(Z(X)-\overline{Z}(X)]^2\mathrm{d}X\\&=\frac{1}{L}\int_0^L\left[\left\{\sum_{k=0}^{\infty}C_k\cos\left(\frac{2\pi kX}{L}-\varphi_k\right)-\sum_{k=0}^{\infty}\overline{C}_k\cos\left(\frac{2\pi kX}{L}-\overline{\varphi}_k\right)\right]\right\}^2\mathrm{d}X\end{aligned} \tag{8-3-23}$$

当满足采样定理且 L 充分大时，相位可忽略不计，则

$$\sigma_z^2\approx\frac{1}{L}\int_0^L\left[\sum_{k=0}^{\infty}(C_k-\overline{C}_k)\cos\frac{2\pi kX}{L}\right]^2\mathrm{d}X\approx\frac{1}{L}\int_0^L\left[\sum_{k=0}^{m}(C_k-\overline{C}_k)\cos\frac{2\pi kX}{L}\right]^2\mathrm{d}X \tag{8-3-24}$$

其中，$\frac{L}{m}$ 为截止频率(即当 $k>m$ 时，$C_k=0$)。由于

$$\int_0^L\cos\frac{2\pi k_1}{L}X\cos\frac{2\pi k_2}{L}X\mathrm{d}X=0 \tag{8-3-25}$$

$$\int_0^L\left(\cos\frac{2\pi k_1}{L}X\right)^2\mathrm{d}X=\frac{L}{2} \tag{8-3-26}$$

因此，

$$\sigma_z^2\approx\frac{1}{2}\sum_{k=0}^{m}(C_k-\overline{C}_k)^2\mathrm{d}X=\frac{1}{2}\sum_{k=0}^{m}\left(1-\frac{\overline{C}_k}{C_k}\right)^2C_k^2=\frac{1}{2}\sum_{k=0}^{m}[1-H(u_k)]^2C_k^2 \tag{8-3-27}$$

式中，$H(u_k)=\frac{\overline{C}_k}{C_k}\left(u_k=f_k\cdot\Delta X<\frac{1}{2},\ k=1,\ 2,\ \cdots,\ m；\Delta X\text{ 为采样间隔}；f_k=\frac{L}{K}\text{ 为频率}\right)$是

所应用内插方法的传递函数；C_k^2 则是剖面 L 的地形功率谱。

对于二维情况，可由 X 剖面中误差 σ_{ZX} 与 Y 剖面中误差 σ_{ZY} 得

$$\sigma_Z^2 = \sigma_{ZX}^2 + \sigma_{ZY}^2 \tag{8-3-28}$$

在实际应用中，由于剖面高程 Z 中包含量测误差 σ_m^2，它一方面对功率谱的计算产生影响；另一方面，作为 DEM 内插的原始数据，本身是带有误差的。根据 Temnfli(1978)的研究，在 XZ 坐标系中，用线性内插法内插 DEM 的精度为

$$\sigma_{\text{DEM}}^2 = \sigma_Z^2 + \frac{2}{3}\sigma_m^2 \tag{8-3-29}$$

而用抛物双曲面进行双线性曲面内插 DEM 的精度为

$$\sigma_{\text{DEM}}^2 = \sigma_Z^2 + \left(\frac{2}{3}\right)^2 \sigma_m^2 \tag{8-3-30}$$

实验表明，DEM 的精度主要取决于采样间隔和地形的复杂程度，对不同的内插方法，只要应用合理，所得 DEM 的精度相差并不大。

2. 利用检查点的 DEM 精度评定

在 DEM 内插时，预留一部分数据点不参加 DEM 内插，作为检查点，其高程为 $Z_k(k=1, 2, \cdots, n)$。在建立 DEM 之后，由 DEM 内插出这些点的高程为 $\overline{Z}_k$，则 DEM 的精度为

$$\sigma_{\text{DEM}}^2 = \frac{1}{n}\sum_{k=1}^{n}(\overline{Z}_k - Z_k)^2 \tag{8-3-31}$$

8.3.2.2 DEM 的存储管理

经内插得到的 DEM 数据(或直接采集的格网 DEM 数据)需以一定结构与格式存储起来，以利于各种应用。其方式可以是以图幅为单位的文件存储或建立地形数据库。当 DEM 的数据量较大时，必须考虑其数据的压缩存储问题。而 DEM 数据可能有各种来源，随着时间变化，局部地形必然会发生变化，因而也应考虑 DEM 的拼接、更新的管理工作。

1. DEM 数据文件的存储

将 DEM 数据以图幅为单位建立文件存储在移动硬盘、固态硬盘等上，通常其文件头(或零号记录)存放有关的基础信息，包括起点平面坐标、格网间隔、区域范围、图幅编号，原始资料有关信息，数据采集仪器、手段与方式，DEM 建立方法、日期与更新日期，精度指标及数据记录格式等。

文件头之后就是 DEM 数据的主体——各格网点的高程。每个小范围的 DEM，其数据量大，可直接存储，每一记录为一点高程或一行高程数据，这对 DEM 数据的使用与管理都十分方便。对于较大范围的 DEM，其数据量较大，则必须考虑数据的压缩存储，此时其数据结构与格式随所采用的数据压缩方法各不相同。

除了格网点高程数据，文件中还应存储该地区的地形特征线、点的数据，它们可以向量方式存储，其优点是存储量小，缺点是有些情况下不便使用。也可以栅格方式存储，即存储所有的特征线与格网边的交点坐标，这种方式需要较大的存储空间，但使用较方便。

2. 地形数据库

世界上已有一些国家建立了全国范围的地形数据库。美国国防制图局已把全美国的 1∶250000比例尺地图进行了数字化，并提交给美国地质测量管理局，供用户使用。加拿大、澳大利亚、英国等国家也都相继进行了类似的工作。

小范围的地形数据库应纳入高斯-克吕格坐标系，这样能方便应用。但大范围的地形数据库是纳入高斯-克吕格坐标系，还是纳入地理坐标系，还需要研究的。地理坐标系最重要优点是在高斯-克吕格投影的重叠区域内消除了点的二义性；但其最主要的缺点是与库存数据的对话更加困难。因此，从便于使用的角度考虑，以高斯-克吕格坐标系为基础的数字高程数据库可能具有更多的优点。

大范围的 DEM 数据库的数据量大，因而较好的方法是将整个范围划分成若干地区，每一地区建立一个子库，然后将这些地区合并成一个高一层次的大区域，构成整个范围的数据库。每子库还可进一步划分直至以图幅为单位(具体设计可参考有关数据库文献)，以便为后继应用提供一个好的接口。

地形数据库除了存储高程数据外，也应该存储原始资料、数据采集、DEM 数据处理与提供给用户的有关信息。

3. DEM 数据的压缩

数据压缩的方法很多，在 DEM 数据压缩中常用的方法有整型量存储、差分映射及压缩编码等。

1)整型量存储

将高程数据减去一常数 Z_0，该常数可以是一定区域范围的平均高程，也可以是该区域第一点高程。按精度要求扩大 10 倍或 100 倍，小数部分四舍五入后保留整数部分：

$$Z_i = \mathrm{int}[(Z_i - Z_0)\cdot 10^m + 0.5]$$

其中，m 为原始数据小数点后的精确位数。

将变换后的整型数用计算机的两个字节(byte)存储，这样可节省一半的存储空间。

2)差分映射

数据序列 Z_0，Z_1，…，Z_n 的差分映射定义为

$$\begin{pmatrix} \Delta Z_0 \\ \Delta Z_1 \\ \Delta Z_2 \\ \vdots \\ \Delta Z_n \end{pmatrix} = \begin{pmatrix} 1 & 0 & 0 & \cdots & 0 \\ -1 & 1 & 0 & \cdots & 0 \\ 0 & -1 & 1 & \cdots & 0 \\ \vdots & \vdots & \vdots & & \vdots \\ 0 & \cdots & \cdots & -1 & 1 \end{pmatrix} \begin{pmatrix} Z_0 \\ Z_1 \\ Z_2 \\ \vdots \\ Z_n \end{pmatrix} \tag{8-3-32}$$

或

$$\Delta Z_0 = Z_0;\ \Delta Z_i = Z_i - Z_{i-1} \quad (i = 1,\ 2,\ \cdots,\ n) \tag{8-3-33}$$

利用差分映射得到的是相邻数据间的增量，因而其数据范围较小，可以利用一个字节存储一个数据，从而使数据压缩至原有存储量的近 1/4。差分映射方案很多，较好的有差

分游程法(或称增量游程法)与小模块差分法(或称小模块增量法)。

(1)差分游程法。

将存储单位按图 8-3-3 所示顺序排列，将数据按前述方法化为整型数后进行差分映射，一个字节所能表示的数据值范围为-128~127，故当差分的绝对值大于 127 时，将该数据之前的数据作为一个游程，而从该项数据开始一新的游程。每一游程记录该游程的第一点高程(一般可用实型数(四个字节)或整型数(两个字节)存储)及其后各点的差分。

⋮	⋮	⋮	⋮	⋮
$2n+1$	$2n+2$	…	$3n-1$	$3n$
$2n$	$2n-1$	…	$n+2$	$n+1$
1	2	…	$n-1$	n

图 8-3-3　DEM 差分游程存储顺序

这种方法有很高的压缩率，其存储空间接近实型数存储的 1/4。但其缺点是当游程较长时，数据的恢复需要较多的运算时间，因而其使用与管理起来不如小模块差分法方便。

(2)小模块差分法。

将 DEM 分成较大的格网——小模块，每一模块包含 5×5 或 10×10 个 DEM 格网，将数据点按图 8-3-4 或图 8-3-5 的顺序排列，进行差分映射。为了保证每一数据能存入一个字节，在原始差分上乘以一个适当的系数，该系数由该小模块内最大高程增量(即差分)确定为

$$\gamma = \frac{127}{\Delta Z_{\max}}$$

17	18	19	20	21
16	5	6	7	22
15	4	1	8	23
14	3	2	9	24
13	12	11	10	25

图 8-3-4　螺旋型小模块存储

21	22	23	24	25
20	19	18	17	16
11	12	13	14	15
10	9	8	7	6
1	2	3	4	5

图 8-3-5　往返型小模块存储

当该小模块内的最大高程增量 $\Delta Z_{\max}$ 较小时，它能将高程增量的数值放大存储，以减小取整误差。例如，当 $\gamma=10$ 时，则数值放大 10 倍，存储精度达分米级。每一小模块使用不同的系数，附加在起点高程之后与每点差分之前。该系数使存储精度与地形相联系，平坦地区存储精度较高，山区精度较低，因此对于地形起伏较大的地区，存储精度可能达

不到要求。为了避免这种情况，仍然可用前述方法先将数据化为整型数，再进行差分映射后，以每一字节存储一个数据点对应的差分。但此时高程增量值有可能超过 127，遇此情况，需要做特殊处理。例如，给以特殊标志，然后在文件的尾部以两个字节存储之。

该方法的优点是每一记录的长度是固定的，因而每一记录与各个小模块的联系是确定不变的。对该区域的任意一点，根据其平面坐标，就可以很容易计算其所在的小模块编号，根据这编号可从文件中直接取出该小模块的数据，且只需恢复该小模块的各点数据。因此，该方法其使用起来较方便。该方法的压缩率也是比较高的，通常可达到用实型数存储的近 1/4 至 1/3。

3)压缩编码

当按一定精度要求将高程数据化为整型量或将高程增量化为整型数后，还可根据各数出现的概率设计一定的编码，用位数(bit)最短的码表示出现概率最大的数，出现概率较小数用位数较长的码表示，则每一数据所占的平均位数比原来的固定位数(16 或 8)小，从而达到数据压缩的目的。

数据的平均最小位数可用信息论中熵的定义计算。若数据中有 n 个不同的数字 d_l，d_2，…，d_n(如-128~127)，第 k 个数字 d_k 出现的概率(或频率)为 p_k，则熵为

$$H(d_1 \quad d_2 \quad \cdots \quad d_n) = -\sum_{k=1}^{n} p_k \log_2 p_k \tag{8-3-34}$$

即平均最小位数。若 H 小于数据原存储位数(16 或 8)，则这些数据可以通过适当的编码加以压缩。

4. DEM 的管理

若 DEM 以图幅为单位存储，每一存储单位可能由多个模型拼接而成，因而要建立一套管理软件，以完成 DEM 按图幅为单位的存储、接边及更新工作。对每一图幅可建立一管理数据文件，记录每一 DEM 格网或小模块的数据录入状况，管理软件根据该文件以图形方式显示在计算机屏幕上，使操作人员可清楚、直观地观察到该图幅 DEM 数据录入的情况。当任何一块数据被录入时，应与已录入的数据进行接边处理。最简单的办法是取其平均值，也可按距离进行加权平均。录入的数据在该图幅 DEM 所处的位置也要登记在管理数据文件中。

对 DEM 数据的更新应十分谨慎。对于用户，DEM 数据应只能读取，而不能写入，只有 DEM 维护管理人员才有权写入。管理软件应能识别管理人员输入的密码，只有当密码正确时，才允许 DEM 数据的更新。若 DEM 数据已输入了数据库，则该数据库管理系统应当有一些有效措施来保护数据库的数据，防止数据库的数据受到干扰和破坏，保证数据是正确、有效的；当由于某种原因数据库受到破坏时，应当尽快把数据库恢复到原有的正确状态，并要维护数据库、保障其正常运行，包括按权限进行检索、插入、删除、修改等。

8.3.3　栅格数字高程模型的一般应用

DEM 最基础的应用(也是各种应用的基础)是求 DEM 范围内任意一点 $P(X, Y)$ 的高程。由于此时已知该点所在的 DTM 格网各个角点的高程，因此可利用这些格网点高程拟

合一定的曲面，然后计算该点的高程。所拟合的曲面一般应满足连续乃至光滑的条件。

1. 双线性多项式(双曲抛物面)内插

根据最邻近的 4 个数据点，可确定一个双线性多项式

$$Z = \sum_{j=0}^{1} \sum_{i=0}^{1} a_{ij} X^i Y^j = a_{00} + a_{10}X + a_{01}Y + a_{11}XY \tag{8-3-35}$$

或用矩阵形式表示为

$$Z = (1 \quad X)\begin{pmatrix} a_{00} & a_{01} \\ a_{10} & a_{11} \end{pmatrix}\begin{pmatrix} 1 \\ Y \end{pmatrix} \tag{8-3-36}$$

利用 4 个已知数据点求出 4 个系数，然后根据待定点的坐标(X, Y)与求出的系数内插出该点的高程。双线性多项式的特点是：当坐标 X(或 Y)为常数时，高程 Z 与坐标 Y(或 X)呈线性关系，故称其为“双线性”。

双线性多项式内插只能保证相邻区域接边处连续，不能保证光滑。但因其计算量较小，是目前最常用的方法。

2. 双三次多项式(三次曲面)内插

三次曲面方程为

$$\begin{aligned} Z = \sum_{j=0}^{3} \sum_{i=0}^{3} a_{ij} X^i Y^j = a_{00} &+ a_{10}X + a_{20}X^2 + a_{30}X^3 \\ &+ a_{01}Y + a_{11}XY + a_{21}X^2Y + a_{31}X^3Y \\ &+ a_{02}Y^2 + a_{12}XY^2 + a_{22}X^2Y^2 + a_{32}X^3Y^2 \\ &+ a_{03}Y^3 + a_{13}XY^3 + a_{23}X^2Y^3 + a_{33}X^3Y^3 \end{aligned} \tag{8-3-37}$$

由于待定系数共有 16 个，因而除了 P 所在格网四顶点高程外，还需要已知其点处的一阶偏导数与二阶混合导数，其值可按下式计算：

$$(Z_x)_{ij} = \frac{\partial Z_{ij}}{\partial x} = \frac{1}{2}(Z_{i+1,\, j} - Z_{i-1,\, j}) \tag{8-3-38}$$

$$(Z_y)_{ij} = \frac{\partial Z_{ij}}{\partial y} = \frac{1}{2}(Z_{i,\, j+1} - Z_{i,\, j-1}) \tag{8-3-39}$$

$$(Z_{xy})_{ij} = \frac{1}{4}(Z_{i+1,\, j+1} + Z_{i-1,\, j-1} - Z_{i-1,\, j+1} - Z_{i+1,\, j-1}) \tag{8-3-40}$$

三次多项式内插虽然属于局部函数内插，即在每一个方格网内拟合一个三次曲面，但由于考虑了一阶偏导数与二阶混合导数，因而它能保证相邻曲面之间连续、光滑。

8.3.4 栅格数字高程模型绘制等高线

根据矩形格网 DEM 自动绘制等高线，主要包括以下两个步骤：①利用 DEM 的矩形格网点的高程内插出格网边上的等高线点，并将这些等高线点按顺序排列(即等高线的跟踪)；②利用这些顺序排列的等高线点的平面坐标 X, Y 进行插补，即进一步加密等高线

点并绘制成光滑的曲线。

1. 等高线跟踪

在数字地面模型格网边上内插并排列等高线点的方法很多，但总的来说可以分为两种方式：一种是对每条等高线边内插边排序；另一种是对同一高程的等高线先内插出所有等高线点，再逐一排列每条等高线的点。以下主要介绍前一种方法的具体操作步骤。

(1)确定等高线高程。为了在整个绘图范围中绘制出全部等高线，首先要根据 DEM 中的最低点高程 $Z_{\min}$ 与最高点高程 $Z_{\max}$，计算最低等高线高程 $z_{\min}$ 与最高等高线高程 $z_{\max}$：

$$
\begin{aligned}
z_{\min} &= \mathrm{int}\left(\frac{Z_{\min}}{\Delta Z} + 1\right) \cdot \Delta Z \\
z_{\max} &= \mathrm{int}\left(\frac{Z_{\max}}{\Delta Z}\right) \cdot \Delta Z
\end{aligned}
\tag{8-3-41}
$$

当 $z_{\max} = Z_{\max}$，则 $z_{\max} = Z_{\max} - \Delta Z$，其中 ΔZ 为等高距。则各等高线高程为

$$
z_k = z_{\min} + k \cdot \Delta Z \quad (k = 0,\ 1,\ \cdots,\ l = (z_{\max} - z_{\min})/\Delta Z) \tag{8-3-42}
$$

(2)计算状态矩阵。为了记录等高线通过 DEM 格网的情况，可设置两个状态矩阵 $H^{(K)}$ 与 $V^{(K)}$ 序列：

$$
H^{(K)} = \begin{pmatrix} h_{00}^{(k)} & h_{01}^{(k)} & \cdots & h_{0n}^{(k)} \\ h_{10}^{(k)} & h_{11}^{(k)} & \cdots & h_{1n}^{(k)} \\ \vdots & \vdots & & \vdots \\ h_{m0}^{(k)} & h_{m1}^{(k)} & \cdots & h_{mn}^{(k)} \end{pmatrix}^{\mathrm{T}} \tag{8-3-43}
$$

$$
V^{(K)} = \begin{pmatrix} v_{00}^{(k)} & v_{01}^{(k)} & \cdots & v_{0n}^{(k)} \\ v_{10}^{(k)} & v_{11}^{(k)} & \cdots & v_{1n}^{(k)} \\ \vdots & \vdots & & \vdots \\ v_{m0}^{(k)} & v_{m1}^{(k)} & \cdots & v_{mn}^{(k)} \end{pmatrix}^{\mathrm{T}} \tag{8-3-44}
$$

它们分别表示等高线穿过 DEM 格网水平边与竖直边的状态；

$$
h_{i,\,j}^{(k)} = \begin{cases} 1, & (Z_{i,\,j} - z_k)(Z_{i+1,\,j} - z_k) < 0 \\ 0, & (Z_{i,\,j} - z_k)(Z_{i+1,\,j} - z_k) > 0 \end{cases} \tag{8-3-45}
$$

$$
v_{i,\,j}^{(k)} = \begin{cases} 1, & (Z_{i,\,j} - z_k)(Z_{i,\,j+1} - z_k) < 0 \\ 0, & (Z_{i,\,j} - z_k)(Z_{i,\,j+1} - z_k) > 0 \end{cases} \tag{8-3-46}
$$

式中，“1”代表格网竖直边或水平边有高程为 z_k 的等高线通过，即等高线高程介于一 DEM 格网竖直边或水平边两端点高程之间。“0”代表格网竖直边或水平边没有高程为 z_k 的等高线通过，即等高线高程不介于一 DEM 格网竖直边或水平边两端点高程之间。为了避免上述判别式为零的情况，可将所有等于等高线高程的格网点上的高程加(或减)上一个微小的数。

(3)等高线的起点和终点的处理。与边界相交的等高线为开曲线，而不与边界相交的等高线为闭曲线。通常首先跟踪开曲线，即沿 DEM 的四边搜索。所有

$h_{i,0}^{(k)}=1$；$h_{i,m}^{(k)}=1$；$v_{0,j}^{(k)}=1$；$v_{n,j}^{(k)}=1$ $(i=0, 1, \cdots, n-1; j=0, 1, \cdots, m-1)$ 的元素均对应着一条开曲线的一个起点(或终点)。在搜索到一个开曲线的起点后，要将其相应的状态矩阵元素置零。处理完开曲线后，再处理闭曲线。此时可按先列(行)后行(列)的顺序搜索 DEM 内部格网的水平边(或竖直边)，所遇到的第一个等高线通过的边即闭曲线的起点边。闭曲线起点也是其终点，因而其对应的矩阵元素仍保留原值 1，以保证能够搜索到闭曲线的终点。

(4)内插等高线点。等高线点的坐标一般采用线性内插。格网(i, j)水平边上等高线点坐标(X_p, Y_p)为

$$\begin{cases} X_p = X_i + \dfrac{z_k - Z_{i,j}}{Z_{i+1,j} - Z_{i,j}} \cdot \Delta X \\ Y_p = Y_j \end{cases} \tag{8-3-47}$$

式中，$X_i = X_0 + i \cdot \Delta X$；$Y_j = Y_0 + j \cdot \Delta Y$；$(X_0, Y_0)$为 DEM 起点坐标；$\Delta X$，$\Delta Y$为 DEM X 轴方向与 Y 轴方向的格网间隔。格网(i, j)竖直边上等高线点的坐标(X_q, Y_q)为

$$\begin{cases} X_q = X_i \\ Y_q = Y_j + \dfrac{z_k - Z_{i,j}}{Z_{i,j+1} - Z_{i,j}} \cdot \Delta Y \end{cases} \tag{8-3-48}$$

(5)搜索下一个等高线点。

在找到等高线起点后，即可按顺序跟踪搜索等高线点。为此可将每一 DTM 格网边编号为 1、2、3、4(图 8-3-6)，则等高线的进入边号 IN 有 4 种可能。

设进入边号为 1，即 IN=1，按固定的方向(顺时针或逆时针)搜索等高线穿过此格网的离去边号 OUT；如按逆时针方向搜索，则首先判断 2 号边，其次 3 号边，最后 4 号边，即

当 $v_{i+1,j}=1$ 时，OUT=2，并令 $v_{i+1,j}=0$，下一格网为$(i+1, j)$，IN=4；

否则，当 $h_{i,j+1}=1$ 时，OUT=3，并令 $h_{i,j+1}=0$，下一格网为$(i, j+1)$，IN=1；

否则，$v_{i,j}=1$ 时；OUT=4，并令 $v_{i,j}=0$，下一格网为$(i-1, j)$，IN=2；

同理可分析处理进入边号 IN=2，3，4 的情况。将每一搜索到的等高线点对应的状态矩阵元素置零是必要的，它表明该等高线点已被处理过。当状态矩阵 $H^{(K)}$ 与 $V^{(K)}$ 变为零矩阵时，高程为 z_k 的等高线就全部被搜索出来了。

以上是格网中仅有高程为 z_k 的一条等高线通过时的情况。若格网中有高程为 z_k 的两条等高线通过，即该格网中 4 条格网边都有等高线穿过，这种特殊情况可按上述统一的逆时针方向(或顺时针方向)搜索下一等高线点，也可以借助于格网中心点高程 Z_c：

$$Z_c = \frac{1}{4}(Z_{i,j} + Z_{i+1,j} + Z_{i,j+1} + Z_{i+1,j+1}) \tag{8-3-49}$$

进行判断离去边。仍考虑该格网进入边号 IN=1 的情况，此时离去边号又可能是 OUT=2 或 OUT=4，而不可能为 3 号边，即 OUT ≠3。

当 $(Z_{i,j} - z_k)(Z_c - z_k) < 0$ 时，离去边号 OUT=4；

当 $(Z_{i+1,j} - z_k)(Z_c - z_k) < 0$ 时，OUT=2。

此外，地形特征线是表示地貌形态、特征的重要结构线。若在等高线绘制过程中不考虑

地形特征线，就不能正确地表示地貌形态；降低精度，就不能完整地表达山脊山谷的走向及地貌的细部。因此，必须在 DEM 数据采集、建立及应用的整个过程中考虑地形特征线。

在搜索等高线时，为了考虑地形特征线必须注意以下几点：

第一点：若在某一条格网边上有地形特征线(如山脊线)穿过，如图 8-3-7 所示，必须采用特征线与格网线之交点(如图中 a，b，c)与相应的格网点(如图中 L，M，N)内插等高线点，而不能直接用格网点内插等高线。例如由 aN→线性内插点 1，bM→线性内插点 2，bL→线性内插点 4。

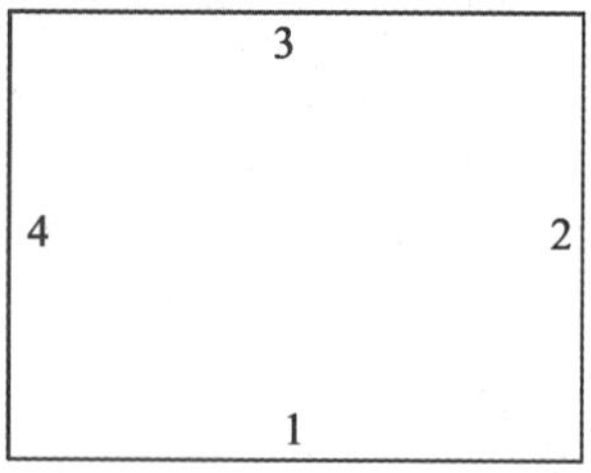

图 8-3-6　格网边编号

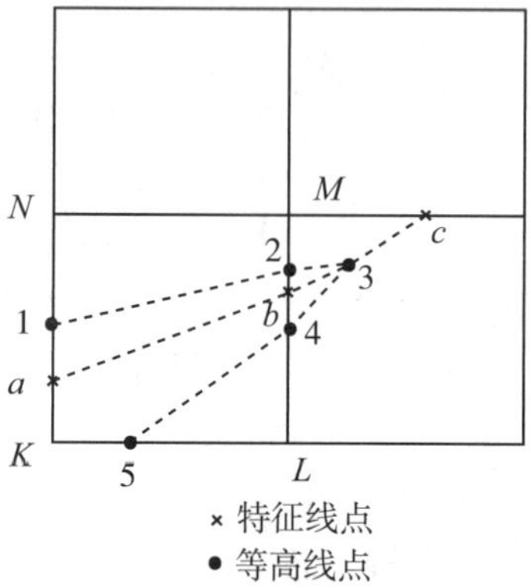

图 8-3-7　考虑地形特征线的等高线搜索

第二点：此时就可能在同一条格网边上出现两个等高线点，例如图 8-3-7 中格网边 ML 上就出现了等高线点 2 和 4。这样就能仅以一个逻辑值(“真”或“假”)来简单地判断该格网线上是否存在等高线，因为特征线已将该格网线分成两个线段。为此，针对一个计算机字，不能简单地赋予一个逻辑值，而应将一个计算机字分成相应的“字段”使用，最简单的“字段”是“位”(即 bit)。例如，当特征线将格网线分成两段时，则在计算机中取 2bit，分别以高位的“1”或“0”表示格网线的上段(或水平格网线之左段)有、无等高线通过，低位表示下段(或右段)有、无等高线通过。

第三点：在跟踪搜索等高线时，当等高线穿过山脊线(或山谷线)，还必须在山脊线(山谷线)上补插等高线点，例如图 8-3-7 中由特征点 b，c 内插等高线点 3。由图 8-3-7 所示的例子可以看出，当考虑了特征线时，内插出等高线点 1，2，3，4，5，从而保证了山脊线的走向，正确地表示了地貌。否则，不考虑特征线时，只能内插得到两个等高线点 1，5，因此难以保证地形特征与精度。当等高线遇到断裂线或边界时，则等高线必须“断”在断裂线或边界线上。

特征线穿过一个 DEM 格网边共有 6 种情况(图 8-3-8)，它将一个格网分成 2 个多边形(三角形、四边形或五边形)，下一个等高线点的搜索应在由进入边(或进入的半边)与特征线及原格网边(或半边)组成的多边形内进行。当等高线穿过特征线时，则应继续在该格网的另外一部分(也是一多边形)搜索离去边，此时，该格网含有该等高线的三个点，其中两个是与格网边的交点，一个是与特征线的交点。对于断裂线，则不存在离去边，等高线就终止在断裂线上，对闭曲线应从其起点向另一方向搜索。

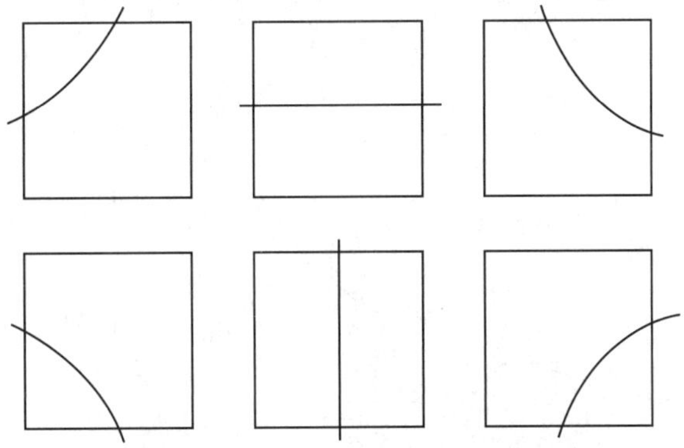

图 8-3-8 特征线穿过格网的 6 种情况

(6)搜索等高线终点。

对于开曲线，当一个点是 DEM 边界上的点时，该点即为此等高线的终点。对于闭曲线，当一个点也是该等高线第一点时，该点即为其终点。由于在搜索闭曲线起点时，保留其对应的状态矩阵元素为 1，这就保证了能够搜索到闭曲线的终点。

2. 等高线光滑(曲线内插)

由上述步骤获得的是一系列离散的等高线点，即等高线与 DEM 格网边及特征线的交点，显然，若将这些离散点依次相连，只能获得一条不光滑的由一系列折线组成的“等高线”。为了获得一条光滑的等高线，在这些离散的等高线点之间还必须插补(加密)。插补的方法很多，一般来说对于插补的方法有以下的要求：

(1)曲线应通过已知的等高线点(常称为节点)；

(2)曲线在节点处光滑，即其一阶导数(或二阶导数)是连续的；

(3)相邻两个节点间的曲线没有多余的摆动；

(4)同一等高线自身不能相交。

目前，常用的一些插补方法都能严格满足上述(1)和(2)，对后两个条件则不能完全保证，特别是当节点分布不均匀或较稀疏时，问题更突出。“张力样条”函数的插补方法，主要是针对解决曲线的多余摆动而提出来的。但由于数字高程模型的格网较密，离散等高线点分布比较均匀，而且比较密集，因此，一般来说利用分段三次多项式插补方法也能满足后两个条件。

经过上述的等高线跟踪与光滑处理，即可将等高线图经数控绘图仪绘出或显示在计算机屏幕上。

8.3.5 栅格数字高程模型的其他应用

8.3.5.1 坡度、坡向的计算

1. 平面与地平面之夹角

如图 8-3-9 所示，一斜平面与水平面之夹角为 θ，且其在 X 轴方向与 Y 轴方向之夹角

为 θ_X 与 θ_Y，显然

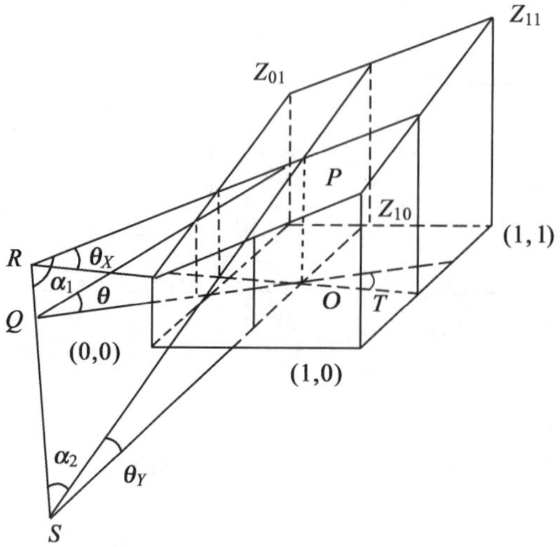

图 8-3-9　坡度角

$$\begin{cases} \tan\theta_X = \dfrac{\dfrac{Z_{10}+Z_{11}}{2} - \dfrac{Z_{00}+Z_{01}}{2}}{\Delta X} \\ \tan\theta_Y = \dfrac{\dfrac{Z_{01}+Z_{11}}{2} - \dfrac{Z_{00}+Z_{10}}{2}}{\Delta Y} \end{cases} \tag{8-3-50}$$

又因为

$$\tan\theta_X = \frac{PO}{RO} = \frac{PO}{QO} \cdot \frac{QO}{RO} = \tan\theta\sin\alpha_1$$

$$\tan\theta_Y = \frac{PO}{SO} = \frac{PO}{QO} \cdot \frac{QO}{SO} = \tan\theta\sin\alpha_2 = \tan\theta\cos\alpha_1$$

所以

$$\tan^2\theta_X + \tan^2\theta_Y = (\tan\theta\sin\alpha_1)^2 + (\tan\theta\cos\alpha_1)^2 = \tan^2\theta \tag{8-3-51}$$

2. 坡向

QO 与 X 轴之夹角 T 为坡向角：

$$\tan T = \tan\alpha_2 = \frac{RO}{SO} = \frac{\dfrac{PO}{SO}}{\dfrac{PO}{RO}} = \frac{\tan\theta_Y}{\tan\theta_X} \tag{8-3-52}$$

3. 由 4 个格网点拟合一平面的坡度

设平面方程为

$$Z = AX + BY + C \tag{8-3-53}$$

以(0, 0)点为原点，可列误差方程：

$$V=\begin{pmatrix}0 & 0 & 1\\ \Delta X & 0 & 1\\ 0 & \Delta Y & 1\\ \Delta X & \Delta Y & 1\end{pmatrix}\begin{pmatrix}A\\ B\\ C\end{pmatrix}-\begin{pmatrix}Z_{00}\\ Z_{10}\\ Z_{01}\\ Z_{11}\end{pmatrix} \tag{8-3-54}$$

法方程为

$$\begin{pmatrix}2\Delta X^2 & \Delta X\Delta Y & 2\Delta X\\ \Delta X\Delta Y & 2\Delta Y^2 & 2\Delta Y\\ 2\Delta X & 2\Delta Y & 4\end{pmatrix}\begin{pmatrix}A\\ B\\ C\end{pmatrix}=\begin{pmatrix}0 & \Delta X & 0 & \Delta X\\ 0 & 0 & \Delta Y & \Delta Y\\ 1 & 1 & 1 & 1\end{pmatrix}\begin{pmatrix}Z_{00}\\ Z_{10}\\ Z_{01}\\ Z_{11}\end{pmatrix} \tag{8-3-55}$$

解为

$$\begin{cases}A=\dfrac{Z_{10}-Z_{00}+Z_{11}-Z_{01}}{2\Delta X}=\tan\theta_X\\ B=\dfrac{Z_{01}-Z_{00}+Z_{11}-Z_{10}}{2\Delta Y}=\tan\theta_Y\\ C=\dfrac{3Z_{00}+Z_{10}+Z_{01}-Z_{11}}{4}\end{cases} \tag{8-3-56}$$

因为平面的法矢量为 $n=(A \quad B \quad -1)^{\mathrm{T}}$，所以坡度角 α 之余弦为 Z 轴方向单位失量 $(0,\ 0,\ 1)^{\mathrm{T}}$ 与 n 之数积：

$$\cos\alpha=\frac{A\cdot 0+B\cdot 0+(-1)\cdot 1}{\sqrt{A^2+B^2+(-1)^2}\sqrt{0^2+0^2+1^2}} \tag{8-3-57}$$

所以

$$\tan^2\alpha=\frac{1}{\cos^2\alpha}-1=A^2+B^2=\tan^2\theta_X+\tan^2\theta_Y \tag{8-3-58}$$

坡向角之正切为

$$\tan T=\frac{B}{A}=\frac{\tan\theta_Y}{\tan\theta_X} \tag{8-3-59}$$

所得公式与斜平面情况的公式相同。

8.3.5.2 面积、体积的计算

1. 剖面积

根据工程设计的线路，可计算其与 DEM 各格网边交点 $P_i(X_i,\ Y_i,\ Z_i)$，则线路剖面积为

$$S=\sum_{i=1}^{n-1}\frac{Z_i+Z_{i+1}}{2}\cdot D_{i,\ i+1} \tag{8-3-60}$$

式中，n 为交点数；$D_{i.i+1}$ 为 P_i 与 P_{i+1} 之距离：

$$D_{i,\ i+1}=\sqrt{(X_{i+1}-X_i)^2+(Y_{i+1}-Y_i)^2} \tag{8-3-61}$$

同理，可计算任意横断面及其面积。

2. 体积

DEM 体积由四棱柱(无特征的格网)与三棱柱体积进行累加得到，四棱柱体上表面用双曲抛物面拟合，三棱柱体上表面用斜平面拟合，下表面均为水平面或参考平面，计算公式分别为

$$\begin{cases} V_3 = \dfrac{Z_1 + Z_2 + Z_3}{3} \cdot S_3 \\ V_4 = \dfrac{Z_1 + Z_2 + Z_3 + Z_4}{4} \cdot S_4 \end{cases} \tag{8-3-62}$$

式中，S_3 与 S_4 分别是三棱柱与四棱柱的底面积。

根据新老 DEM 可计算工程中的挖方、填方及土壤流失量。

3. 表面积

对于含有特征的格网，将其分解成三角形；对于无特征的格网，可由 4 个角点的高程取平均即中心点高程，然后将格网分成 4 个三角形。由每个三角形的三个角点坐标 (x_i, y_i, z_i) 计算出通过该二个顶点的斜面内三角形的面积，最后累加就得到了实地的表面积。

8.3.5.3　单像修测

由于地图修测的主要内容是地物的增减，因而利用已有的 DEM 可进行单幅影像的修测，这样可节省资金与工时。其步骤如下：

(1)进行单幅影像空间后方交会，确定影像的方位元素；

(2)量测像点坐标(x, y)；

(3)取一高程近似值 Z_0；

(4)将(x, y)与 Z_0 代入共线方程(式(3-2-17))，计算出地面平面坐标近似值(X_1, Y_1)；

(5)由(X_1, Y_1)及 DEM 内插出高程 Z_1；

(6)重复(4)、(5)两步骤，直至 $(X_{i+1}, Y_{i+1}, Z_{i+1})$ 与 (X_i, Y_i, Z_i) 之差小于给定的限差。

用单幅影像与 DEM 进行修测是一个迭代求解过程，当地面坡度与物点的投影方向与竖直方向夹角之和大于等于 90°时，迭代将不会收敛。此时可在每两次迭代后，求出其高程平均值作为新的 Z_0，或在三次迭代后由下式计算近似正确高程：

$$Z = \frac{Z_1 Z_3 - Z_2^2}{Z_1 + Z_3 - 2Z_2} \tag{8-3-63}$$

式中，Z_1，Z_2，Z_3 为三次迭代的高程值。此公式是在假定地面为斜平面的基础上推导出来的。

8.4　三角网数字高程模型

对于非规则离散分布的特征点数据，可以建立各种非规则网的数字高程模型，如三角

网、四边形网或其他多边形网，但其中最简单的还是三角网。不规则三角网(Triangulated Irregular Network，TIN)数字高程模型能很好地顾及地貌特征点、线，因而近年来得到了较快的发展。

8.4.1 不规则三角网的构建方法

不规则三角网TIN的建立应基于最佳三角形的条件，即应尽可能保证每个三角形是锐角三角形或三边的长度近似相等，避免出现过大的钝角和过小的锐角。以下介绍两种TIN的构建方法。

8.4.1.1 角度判断法建立TIN

该方法是当已知三角形的两个顶点(即一条边)后，利用余弦定理计算备选第三顶点为角顶点的三角形的内角，选择最大者对应的点为该三角形的第三顶点。其计算步骤如下：

(1)将原始数据分块，以便检索所处理三角形邻近的点，而不必检索全部数据。

(2)确定第一个三角形。从几个离散点中任取一点 A，通常可取数据文件中的第一个点或左下角检索格网中的第一个点。在其附近选取距离最近的一个点 B 作为三角形的第二个点。然后对附近的点 C_i，利用余弦定理计算 $\angle C_i$：

$$\cos\angle C_i = \frac{a_i^2 + b_i^2 - c^2}{2a_ib_i} \tag{8-4-1}$$

式中，$a_i = BC_i$；$b_i = AC_i$；$c = AB$。若 $\angle C = \max\{\angle C_i\}$，则 C 为该三角形第三顶点。

(3)三角形的扩展。由第一个三角形往外扩展，将全部离散点构成三角网，并要保证三角网中没有重复和交叉的三角形。其做法是依次对每一个已生成的三角形新增加的两边，按角度最大的原则向外进行扩展，并进行是否重复的检测。

①向外扩展的处理。若从顶点为 $P_1(x_1, y_1)$，$P_2(x_2, y_2)$，$P_3(x_3, y_3)$ 的三角形之 P_1P_2 边向外扩展，应取位于直线 P_1P_2 与 P_3 异侧的点。P_1P_2 直线方程为

$$F(x, y) = (y_2 - y_1)(x - x_1) - (x_2 - x_1)(y - y_1) = 0 \tag{8-4-2}$$

若备选点 P 的坐标为 (x, y)，则当

$$F(x, y) \cdot F(x_3, y_3) < 0$$

时，P 与 P_3 在直线 P_1P_2 的异侧，该点可作为备选扩展顶点。

②重复与交叉的检测。由于任意一边最多只能是两个三角形的公共边，因此只需给每一边记下扩展的次数，当该边的扩展次数超过2，则该扩展无效；否则，扩展才有效。

当所有生成的三角形的新生边均经过扩展处理后，则全部离散的数据点被连成了一个不规则的三角网DEM。

8.4.1.2 狄洛尼三角网

狄洛尼(Delaunay)三角网的处理得从Voronoi图开始。Voronoi图的定义：区域 D 上有 n 个离散点 $P_i(X_i, Y_i)(i=1, 2, \cdots, n)$，若将 D 用一组直线段分成 n 个互相邻接的多边形，满足以下条件：

(1)每个多边形内含且仅含一个离散点；

(2)D 中任意一点 $P'(X', Y')$ 若位于 P_i 所在的多边形内，则满足：

$$\sqrt{(X'-X_i)^2+(Y'-Y_i)^2} < \sqrt{(X'-X_j)^2+(Y'-Y_j)^2} \quad (j \neq i)$$

(3)若 P' 在与所在的两多边形的公共边上，则

$$\sqrt{(X'-X_i)^2+(Y'-Y_i)^2} = \sqrt{(X'-X_j)^2+(Y'-Y_j)^2} \quad (j \neq i)$$

则这些多边形称为泰森多边形。1934 年，Delaunay 提出来 Voronoi 图的对称图，即 Delaunay 三角网(用直线线段连接两个相邻多边形内的离散点而生成的三角网)。Delaunay 三角网的特性：①不存在四点共圆；②每个三角形对应于一个 Voronoi 图顶点；③每个三角形边对应于一个 Voronoi 图边；④每个节点对应于一个 Voronoi 图区域；⑤Delaunay 图的边界是一个凸壳，三角网中所构三角形的最小角是最大的，狄洛尼三角网在均匀分布点的情况下，可避免产生狭长和过小锐角三角形。

不规则三角网中三角形的形成法则就是 TIN 的三角剖分准则，这些准则决定着三角形的几何形状和所构不规则三角网的质量。目前，在计算机、图形学和地理信息系统等领域常用的三角剖分准则有六种：空外接圆准则、最大最小角准则、最短距离和准则、张角最大准则、面积比准则、对角线准则。在空外接圆准则、最大最小角准则下进行的三角剖分就是 Delaunay 三角剖分，简称 DT。根据实现过程的不同，把 DT 分成三类：三角网生长算法，逐点插入算法和分割合并算法。

1. 三角网生长算法

三角网生长算法的基本思路选取一个点作为起始点，从这个点开始进行构网直至形成所构三角网覆盖整个数据区域。根据生长过程的不同，可以将三角网生长算法划分为收缩生长算法和扩张生长算法。收缩生长算法是由外而内，先进行数据域的边界(凸壳)的构建，构建完成后，由此为基准，逐渐向内收缩直到形成整个三角网。扩张生长算法的生成过程正好与收缩算法的过程相反，它由内而外，从内部的一个三角形开始逐渐向外层进行扩展，直至形成的三角网覆盖整个区域。还有一类递归生长算法：首先选取数据集中的任意一点，以此点为中心查找与它相距最近的点，查询之后将得到的点与该点相连，将连接线作为初始基线；应用 Delaunay 法则在初始基线的右边搜索第三个点，与另外两点相连得到 Delaunay 初始三角形，将初始三角形的另外两条边作为新的基线，搜索第三点并构建 Delaunay 三角形，重复上述步骤直至数据域中的所有点参与构网。由上述步骤可以看出，第三点的搜索是关键，大部分的时间花费在点的搜索上。为了减少搜索时间，许多学者提出了许多不同的方法，如将数据分块并排列，以外接圆的方式限定其搜索范围。另外一种是凸闭包收缩法：该算法的基本思路是首先找到包含数据区域的最小凸多边形，并从该多边形开始从外向里逐层形成三角形格网。凸闭包是数据集标准 Delaunay 三角网的一部分，计算凸闭包是该算法的核心。计算凸闭包的思路是：计算凸闭包的 4 个顶点；以此四点作为基点，通过边右边最大偏移量搜索其他凸闭包顶点。

2. 逐点插入算法

逐点插入算法思路是：①定义包含所有数据点的最小外界矩形范围，并以此作为最简

单的凸闭包；②按一定规则将数据区域的矩形范围进行格网划分(如限定每个格网单元的数据点数)；③剖分数据区域的凸闭包形成两个超三角形，所有数据点都一定在这两个三角形范围内；④对所有数据点进行循环，做如下工作(设当前处理的数据点为 P)，对包含 P 的三角形进行搜索，得到搜索结果三角形 T，将 P 与 T 的三个顶点相连，结果得到三个三角形，由内而外对整个三角网进行优化，重复上述步骤直至所有的点都处理完毕，这时会存在包含一个或多个超三角形顶点的三角形，将存在此种情况的三角形删除；⑤处理外围三角形。

3. 分割合并算法

分割合并算法的基本思路是先将数据点划分成多个子集，每个子集是易于进行三角化的，分别对每个子集进行三角剖分，三角剖分过程中运用 LOP(Local Optimization Procedure)算法，保证得到的每个三角网都是 Delaunay 三角网。完成每个子集的三角剖分后，合并得到的子集的 Delaunay 三角网，从而得到最终的三角网。LOP 算法准则为：新三角形与周围的三角形构成共用同一条对角线的四边形，逐个对四边形中的两个三角形进行空外接圆检测，如果满足空外接圆准则，则略过。如果不满足，则用另一对角线替换现有对角线，在交换对角线后，又会产生相应的新四边形，继续进行空外接圆检测，直到全部满足空外接准则为止。

4. 三维三角网的构建

三维 Mesh 的构建问题在计算机视觉领域称为表面重建(Surface Reconstruction)问题，其目的是将三维离散点云重建为表面，一般使用三维三角网格作为物体表面的表达方式。大多数的表面重建方法大致可分为两大类：隐式曲面的方法和基于 Delaunay 方法。隐式曲面的方法中比较知名且常用的方法是泊松表面重建(Poisson Surface Reconstruction)方法。这类方法对于数据中的噪声、异常点或非均匀的采样间隔比较敏感，因此一般适用于数据质量较好的激光扫描点云。而对于影像匹配获取的点云，由于受影像质量、影像几何定位精度、匹配算法的正确率及精度等因素的影像，其质量一般不如激光扫描点云，且往往存在噪点甚至异常点，使用隐式曲面的方法往往不能得到令人满意的结果。

为此，Labatut 等(2009)提出了基于可视性的 Delaunay 表面重建方法来构建三维三角网格。该算法首先对三维离散点云进行 Delaunay 三角网剖分构建空间 Delaunay 四面体，然后根据三维离散点云的对应的像点观测的视线方向计算 Delaunay 四面体的可视性，最后利用图割的方法将 Delaunay 四面体划分为外部体和内部体，内部体和外部体相交的中间表面，即 Mesh 结果。因此，该算法将 Mesh 表面重建问题转化为空间四面体的二值化标号问题(Binary Labeling Problem)，利用最小割原理将空间四面体标号为外部体和内部体两部分，相邻的外部体和内部体相交的有向三角面片的集合，即是待重建的表面模型。

8.4.2　三角网数字地面模型的存储

三角网数字地面模型 TIN 的数据存储方式与矩形格网 DEM 存储方式大不相同，它不仅要存储每个网点的高程，还要存储其平面坐标、网点连接的拓扑关系、三角形及邻接三角形等信息。常用的 TIN 存储结构有以下三种形式：直接表示网点邻接关系，直接表示三角形及邻接关系，混合表示网点及三角形邻接关系。以下结合图 8-4-1 所示的 TIN 加以说明。

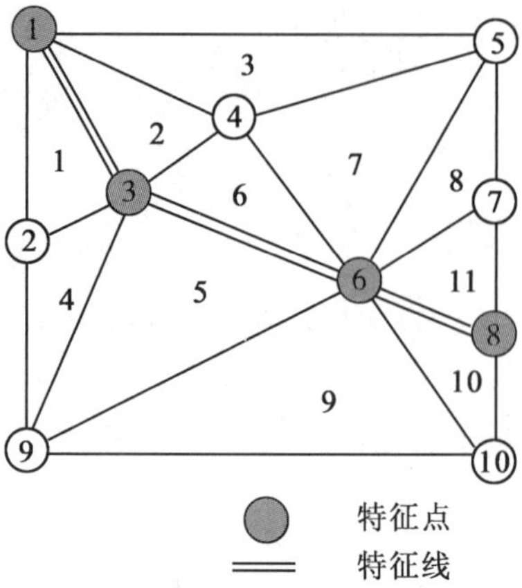

图 8-4-1　TIN 数据组织

1. 直接表示网点邻接关系的结构

如图 8-4-2(a)所示，这种数据结构由网点坐标与高程值表及网点邻接的指针链构成。网点邻接的指针链是用每点所有邻接点的编号按顺时针(或逆时针)方向顺序存储构成。这种数据结构最早是由 Peucker 及 Fowler 等提出并使用，其最大特点是存储量小，编辑方便。但是三角形及邻接关系都需要实时再生成，且计算量较大，不便于 TIN 的快速检索与显示。

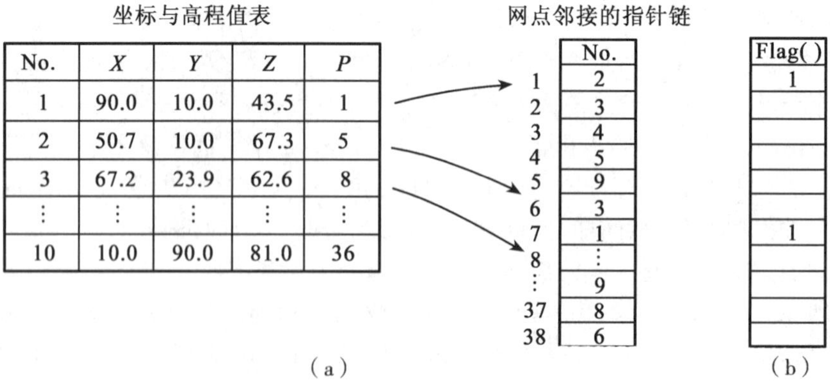

图 8-4-2　直接表示网点邻接关系的结构

2. 直接表示三角形及邻接关系的结构

如图 8-4-3 所示，这种数据结构由网点坐标与高程、三角形及邻接三角形等三个数表构成，每个三角形都作为数据记录直接存储，并用指向三个网点的编号定义之。三角形中三边相邻接的三角形也作为数据记录直接存储，并用指向相应三角形的编号来表示。这种数据结构最早是由 Gold、McCullagh 及 Tarvyelas 等(1980)提出并使用，其最大特点是检索网点拓扑关系效率高，便于等高线快速插绘、TIN 快速显示与局部结构分析。其不足之处是需要的存储量较大，且编辑也不方便。

坐标与高程值表

No.	X	Y	Z
1	90.0	10.0	43.5
2	50.7	10.0	67.2
3	67.2	23.9	62.6
⋮	⋮	⋮	⋮
10	10.0	90.0	81.9

三角形表

No.	P_1	P_2	P_3
1	1	2	3
2	1	3	4
3	4	5	1
⋮	⋮	⋮	⋮
11	6	7	8

邻接三角形表

No.	△1	△2	△3
1	2	4	
2	1	3	6
3	2	7	
⋮	⋮	⋮	⋮
11	8	10	

图 8-4-3 直接表示三角形及邻接关系的结构

3. 混合表示网点及三角形邻接关系的结构

根据以上两种结构的特点与不足，Mckenna(1987)提出了一种混合表示网点及三角形邻接关系的结构。它是在直接表示网点邻接关系的结构的基础上，再增加一个三角形的数表，其存储量与直接表示三角形及邻接关系的结构相当，但编辑与快速检索都较方便(图 8-4-4)。

坐标与高程值表

No.	X	Y	Z	P
1	90.0	10.0	43.5	1
2	50.7	10.0	67.3	5
3	67.2	23.9	62.6	8
⋮	⋮	⋮	⋮	⋮
10	10.0	90.0	81.0	36

网点邻接的指针链

	No.
1	2
2	3
3	4
4	5
5	9
6	3
7	1
8	⋮
⋮	9
37	8
38	6

三角形表

No.	P_1	P_2	P_3
1	1	2	3
2	1	3	4
3	4	5	1
⋮	⋮	⋮	⋮
11	6	7	8

图 8-4-4 混合表示网点及三角形邻接关系的结构

4. TIN 的压缩存储

为了既能节省大量存储空间，又能保持检索 TIN 中拓扑关系的高效率；可将 TIN 转化为规则三角网存储方式，从而实现 TIN 的压缩存储。

8.4.3　三角网的一般应用

在建立 TIN 后，可以由 TIN 求解该区域内任意一点的高程。TIN 的内插与矩形格网 Grid 的内插有不同的特点，其用于内插的点的检索要比 Grid 的检索复杂。一般情况下仅用线性内插，即三角形三点确定的斜平面作为地表面，因而仅能保证地面连续而不能保证光滑。

1. 三角形检索

给定一点的平面坐标 $P(X, Y)$，要基于 TIN 内插该点的高程 Z，首先要确定点 P 落在 TIN 的哪个三角形中。较好的方法是保存 TIN 建立之前数据分块的检索文件，根据(X, Y)计算出 P 落在哪一数据块中，将该数据块中的点取出逐一计算这些点 $P_i(X_i, Y_i)(i=1, 2, \cdots, n)$与 P 的距离之平方：

$$d_i^2 = (X - X_i)^2 + (Y - Y_i)^2 \tag{8-4-3}$$

取距离最小的点，设为 Q_1。若没有数据分块的检索手段，则依次计算与各格网点距离的平方，取其最小者，工作量就很大，内插速度也很慢。

当取出与 P 点最近的格网点后，要确定 P 所在的三角形。依次取出 Q_1 为顶点的三角形，判断 P 是否位于该三角形内。例如，可利用 P 是否与该三角形每一顶点均在该顶点所对边的同旁加以判断。若 P 不在以 Q_1 为顶点的任意一个三角形中，则取离 P 次最近的格网点，重复上述处理，直至取出 P 所在的三角形，即检索到用于内插 P 点高程的三个点。

2. 高程内插

若 $P(X, Y)$所在的三角形为$\triangle Q_1Q_2Q_3$，三顶点坐标为(X_1, Y_1, Z_1)，(X_2, Y_2, Z_2)与(X_3, Y_3, Z_3)，则由 Q_1，Q_2 与 Q_3 确定的平面方程为

$$\begin{vmatrix} X & Y & Z & 1 \\ X_1 & Y_1 & Z_1 & 1 \\ X_2 & Y_2 & Z_2 & 1 \\ X_3 & Y_3 & Z_3 & 1 \end{vmatrix} = 0 \tag{8-4-4}$$

则 P 点高程为

$$Z = Z_1 - \frac{(X - X_1)(Y_{21}Z_{31} - Y_{31}Z_{21}) + (Y - Y_1)(Z_{21}X_{31} - Z_{31}X_{21})}{X_{21}X_{31} - X_{31}X_{21}} \tag{8-4-5}$$

8.4.4　三角网绘制等高线

基于 TIN 绘制等高线直接利用原始观测数据，避免了 DEM 内插的精度损失，因而等高线精度较高；对高程注记点附近较短的封闭等高线也能绘制；绘制的等高线分布在采样区域而并不要求采样区域有规则四边形边界。而同一高程的等高线只穿过一个三角形最多一次，因而程序设计也较简单。但是，由于 TIN 的存储结构不同，因而等高线的跟踪也有

所不同。

1. 基于三角形搜索的等高线绘制

对于记录了三角形表的 TIN，按记录的三角形顺序搜索。其基本过程如下：

(1)对给定的等高线高程 z，与所有网点高程 Z_i，$(i=1, 2, \cdots, n)$进行比较，若 $Z_i=z$，则将 Z_i 加上(或减)一个微小正数 $\varepsilon>0$(如 $\varepsilon=10^{-4}$)，以使程序设计简单而又不影响等高线的精度。

(2)设立三角形标志数组，其初始值为零，每一元素与一个三角形对应，凡处理过的三角形将标志置为 1，以后不再处理，直至等高线高程改变。

(3)按顺序判断每一个三角形的三边中的两条边是否有等高线穿过。若三角形一边的两端点为 $P_1(X_1, Y_1, Z_1)$，$P_2(X_2, Y_2, Z_2)$，则

$$(Z_1-z)(Z_2-z)\begin{cases}<0，该边有等高线点\\>0，该边无等高线点\end{cases} \tag{8-4-6}$$

直至搜索到等高线与网边的第一个交点，称该点为搜索起点，也是当前三角形的等高线进入边。线性内插该点的平面坐标(X, Y)：

$$\begin{cases}X=X_1+\dfrac{X_2-X_1}{Z_2-Z_1}(z-Z_1)\\[2ex]Y=Y_1+\dfrac{Y_2-Y_1}{Z_2-Z_1}(z-Z_1)\end{cases} \tag{8-4-7}$$

(4)搜索该等高线在该三角形的离去边，也是相邻三角形的进入边，并内插其平面坐标。搜索与内插方法和上面的搜索起点相同，不同的只是仅对该三角形的另两边做处理。

(5)进入相邻三角形，重复第(4)步，直至离去边没有相邻三角形(此时等高线为开曲线)或相邻三角形即搜索起点所在的三角形(此时等高线为闭曲线)时为止。

(6)对于开曲线，将已搜索到的等高线点顺序倒过来，并回到搜索起点向另一方向搜索，直至到达边界(即离去边没有相邻三角形)。

(7)当一条等高线全部跟踪完后，将其光滑输出，方法与前面所述矩形格网等高线的绘制相同。然后继续三角形的搜索，直至全部三角形处理完，再改变等高线高程，重复以上过程，直到完成全部等高线的绘制为止。

以上方法对部分边的判断可能会有重复，若要避免重复，可将下述基于网点邻接关系的按格网点顺序进行搜索的方法联合使用，即将其中每格网边只搜索一次的处理结合应用。

2. 基于格网点搜索的等高线绘制

对于仅记录了网点邻接关系的 TIN，只能按参考点的顺序，逐条格网边进行搜索。

(1)由于网点邻接关系中对每条格网边描述了两次，为了避免重复搜索，建立一个与邻接关系对应的标志数组，初值为零。每当一个边被处理后，与该边对应的标志数组两个单元均置 1。则以后检测两个单元中的任意一个，均知道该边已处理过而不再重复处理。设标志数组为 Flag( )，当 P_1P_2 处理完后，令 Flag(1)= Flag(7)= 1。

(2)按格网点的顺序进行搜索。

(3)对每一格网点，按所记录的与该点形成格网边的另一端点的顺序搜索，直至搜索到第一个有等高线穿过的边的端点 Q_1，并内插该等高线点坐标。

(4)搜索以 Q_1 为端点的该格网边的相邻边，若有等高线通过，内插该点平面坐标。若相邻边没有等高线通过，则由该格网边另一端点的序号，从格网点表中取出其邻接关系指针，即存放其相邻网点号(在邻接关系表中)的地址。然后从邻接关系表中取出以其为一端点的格网边的另一端点号，逐一判断，以搜索到下一个等高线点，并内插其平面坐标。

(5)重复第(4)步，直至找不出下一个点。此时，最后一个点的平面坐标若与起始点坐标相同，则为闭曲线，这条等高线搜索完毕。否则，该等高线为开曲线，将已搜索到的等高线点的顺序倒过来，从原来搜索到的第一点继续向相反的方向搜索，即从 Q_1 点的另一相邻边继续第(4)、(5)两步，直至终点。

(6)将等高线光滑输出。

(7)转第(3)步，直到该点为端点的所有格网边处理完。

(8)转第(2)步直到 TIN 的每一点处理完。然后改变等高线的高程值，重复以上过程，将全部等高线绘出。

8.4.5　三角网的其他应用

以数字高程模型绘制透视立体图是三角网的一个极其重要的应用。透视立体图能更好地反映地形的立体形态，非常直观。与采用等高线表示地形形态相比，透视立体图有其自身独特的优点，更接近人们的直观视觉。特别是随着计算机图形处理工作的增强及屏幕显示系统的发展，使立体图形的制作具有更大的灵活性，人们可以根据不同的需要，对于同一个地形形态做各种不同的立体显示。例如局部放大，改变 Z 的放大倍率以夸大立体形态，改变观点的位置以便从不同的角度进行观察，甚至可以使立体图形转动与漫游，使人们更好地研究地形的空间形态。

从一个空间三维的立体的数字高程模型到一个平面的二维透视图，其本质就是一个透视变换。我们可以将“视点”看作“摄影中心”，因此可以直接应用共线方程从物点坐标(X, Y, Z)计算“像点”坐标(x, y)，这对于摄影测量工作者来说是一个十分简单的问题。透视图中的另一个问题是“消隐”的问题，即处理前景挡后景的问题。

从三维立体数字地面模型至二维平面透视图的变换方法很多，利用摄影原理的一种方法是较简单的，基本操作分为以下几步：

(1)选择适当的参考面高程 Z_0 与高程 Z 的放大倍数 m，这对夸大地形的立体形态是十分必要的，令 $Z_{ij} = m \cdot (Z_{ij} - Z_0)$。

(2)选择适当的视点位置(X_S, Y_S, Z_S)，视线方位 t(视线方向)，φ(视线的俯视角度)。如图 8-4-5 所示，S 为视点，SO(y 轴)是中心视线(相当于摄影机主光轴)，为了在视点 S 与视线方向 SO 上获得透视图，先要将物方坐标系旋转至“像方”空间坐标系 $S\text{-}x_1y_1z_1$：

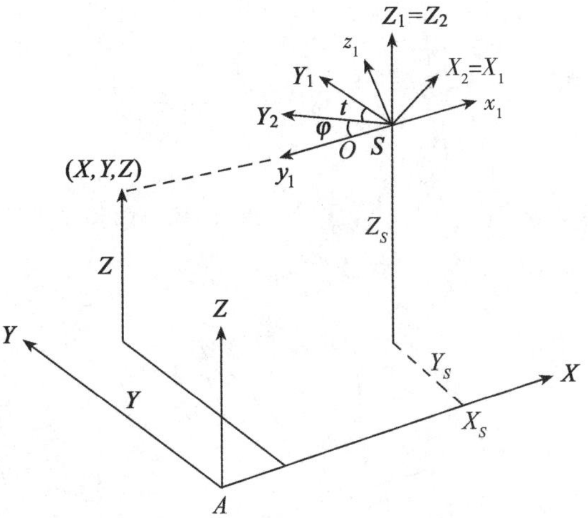

图 8-4-5　视点位置与视线方位

$$\begin{pmatrix} x_1 \\ y_1 \\ z_1 \end{pmatrix} = \begin{pmatrix} 1 & 0 & 0 \\ 0 & \cos\varphi & -\sin\varphi \\ 0 & \sin\varphi & \cos\varphi \end{pmatrix} \begin{pmatrix} \cos t & \sin t & 0 \\ -\sin t & \cos t & 0 \\ 0 & 0 & 1 \end{pmatrix} \begin{pmatrix} X - X_S \\ Y - Y_S \\ Z - Z_S \end{pmatrix} \tag{8-4-8}$$

或

$$\begin{cases} x_1 = a_1(X - X_S) + b_1(Y - Y_S) + c_1(Z - Z_S) \\ y_1 = a_2(X - X_S) + b_2(Y - Y_S) + c_2(Z - Z_S) \\ z_1 = a_3(X - X_S) + b_3(Y - Y_S) + c_3(Z - Z_S) \end{cases} \tag{8-4-9}$$

式中，

$$\begin{cases} a_1 = \cos t \\ a_2 = -\cos\varphi\sin t \\ a_3 = \sin\varphi\sin t \\ b_1 = \sin t \\ b_2 = \cos\varphi\cos t \\ b_3 = \sin\varphi\cos t \\ c_1 = 0 \\ c_2 = -\sin\varphi \\ c_3 = \cos\varphi \end{cases} \tag{8-4-10}$$

在通过平移旋转将物方坐标 X，Y，Z 换算到像方空间坐标 x_1，y_1，z_1 以后，怎样通过“缩放”，投影到透视平面(相当于像面)上，即怎样设置透视平面到观点 S 的距离——像面主距 f，比较合理的方法是通过被观察的物方数字高程模型的范围 X_{max}，Y_{max}，X_{min}，Y_{min} 以及像面的大小(设像面宽度为 W，高度为 H)，自动确定像面主距 f，其算法如下：

计算 DEM 四个角点的视线投射角 α，β：

$$\begin{cases} \tan\alpha_i = \dfrac{x_{1i}}{y_{1i}} \\ \tan\beta_i = \dfrac{z_{1i}}{y_{1i}} \end{cases} \quad (i = 1,\ 2,\ 3,\ 4) \tag{8-4-11}$$

α，β 的几何意义见图 8-4-6，x_{1i}，y_{1i}，z_{1i}是由 DEM 四个角点坐标所求得的四个角点的像方空间坐标。从中选取即 α_{max}，β_{max}，α_{min}，β_{min}：

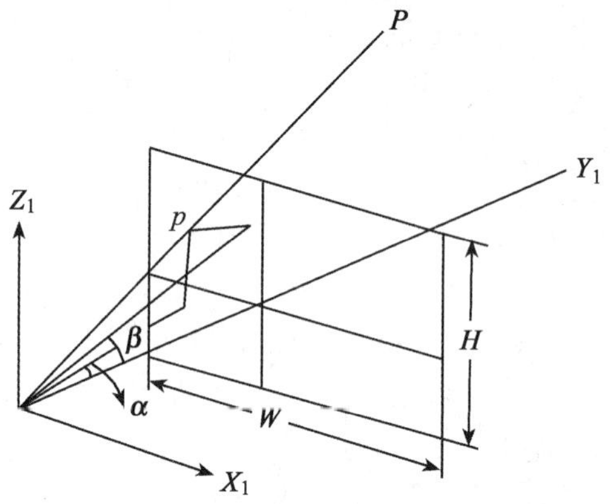

图 8-4-6　视线投射角 α，β

$$\begin{cases} \alpha_{max} = \max\{\alpha_1,\ \alpha_2,\ \alpha_3,\ \alpha_4\} \\ \alpha_{min} = \min\{\alpha_1,\ \alpha_2,\ \alpha_3,\ \alpha_4\} \\ \beta_{max} = \max\{\beta_1,\ \beta_2,\ \beta_3,\ \beta_4\} \\ \beta_{min} = \min\{\beta_1,\ \beta_2,\ \beta_3,\ \beta_4\} \end{cases} \tag{8-4-12}$$

从而再由像面的大小求主距 f：

$$\begin{cases} f_\alpha = \dfrac{W}{\tan\alpha_{max} - \tan\alpha_{min}} \\ f_\beta = \dfrac{H}{\tan\beta_{max} - \tan\beta_{min}} \\ f = \min\{f_\alpha,\ f_\beta\} \end{cases} \tag{8-4-13}$$

(3)根据选定的或计算所获得的参数 X_S，Y_S，Z_S，a_1，$a_2\cdots$，c_2，c_3 以及主距 f 计算物方至像方之透视变换，得 DEM 各节点之“像点”坐标 x，y：

$$\begin{cases} x = f \cdot \dfrac{a_1(X - X_S) + b_1(Y - Y_S) + c_1(Z - Z_S)}{a_2(X - X_S) + b_2(Y - Y_S) + c_2(Z - Z_S)} \\ y = f \cdot \dfrac{a_3(X - X_S) + b_3(Y - Y_S) + c_3(Z - Z_S)}{a_2(X - X_S) + b_2(Y - Y_S) + c_2(Z - Z_S)} \end{cases} \tag{8-4-14}$$

(4)隐藏线的处理。在绘制立体图形时，如果前面的透视剖面线上各点的 Z 坐标大于(或部分大于)后面某一条透视剖面线上各点的 Z 坐标，则后面那条透视剖面线就会被隐藏或部分被隐藏；这样的隐藏线就应在透视图上消去，这就是绘制立体透视图的“消隐”处理，如图 8-4-7 所示。

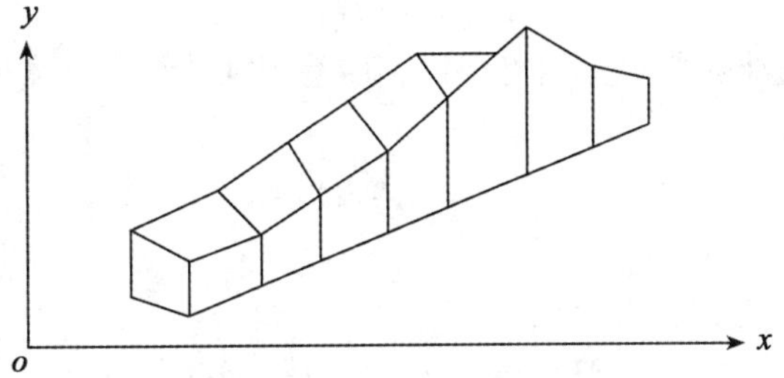

图 8-4-7　消影示意图

欲从根本上解决这一问题是比较困难的，主要因为计算量太大，一般经常使用的一种近似方法被称为“峰值法”或“高度缓冲器算法”，名称虽各不相同，但其基本思想是相同的。

基本思想是将“像面”的宽度划分成 m 个单位宽度 x_0，例如对于一个 1024×768 像素的图形显示终端，则可以将整个幅面在 X 轴方向分成 1024 个单位，即单位宽度为像素。又如在图解绘图时，可令单位宽度 $x_0=0.1\text{mm}$（或 0.2mm），则令

$$m=\frac{x_{\max}-x_{\min}}{x_0} \tag{8-4-15}$$

将绘图范围划分为 m 列，定义一个包含 m 个元素的缓冲区 $z_{\text{buf}}[m]$，使 z_{buf} 的每一元素对应一列。

在绘图的开始将缓冲区 y_{buf} 全部赋值 $y_{\min}$（或零），即

$$z_{\text{buf}}(i)=y_{\min}=f\cdot\tan\beta_{\min}\quad(i=1,\ 2,\ \cdots,\ m)$$

以后在绘制每一线段时，首先计算该线段上所有“点”的像坐标。设线段的两个端点的像坐标为 $p_i(x_i,\ y_i)$ 与 $p_{i+1}(x_{i+1},\ y_{i+1})$，则该线段上端点对应的绘图区列号即缓冲区 z_{buf} 的对应单元号为

$$\begin{aligned} k_i&=\text{int}\left(\frac{x_i-x_{\min}}{x_0+0.5}\right)\\ k_{i+1}&=\text{int}\left(\frac{x_{i+1}-x_{\min}}{x_0+0.5}\right)\end{aligned} \tag{8-4-16}$$

它们的 y 坐标由线性内插计算为

$$z(k)=y_i+\frac{y_{i+1}-y_i}{x_{i+1}-x_i}(k-k_i)\quad(k=k_i+1,\ k_i+2,\ \cdots,\ k_{i+1}-1) \tag{8-4-17}$$

当绘每一“点”时，就将该“点”的 y 坐标 $z(k)$ 与缓冲区中的相应单元存放的坐标进行比较，当

$$z(k)\leqslant z_{\text{buf}}(k)$$

时，该“点”被前面已绘过的点所遮挡，是隐藏点，则不予绘出。否则，当

$$z(k) > z_{\text{buf}}(k)$$

时，该“点”是可视点，这时应将该“点”绘出，并将新的该绘图列的最大高度值赋予相应缓冲区单元：

$$z_{\text{buf}}(k) = z(k) \tag{8-4-18}$$

在整个绘图过程中，缓冲区各单元始终保持相应绘图列的最大高度值。

◎ 思考题

1. 简述数字地面模型的发展过程。
2. 什么是 DTM、DEM 与 DHM？DEM 有哪几种主要的形式，其优缺点各是什么？
3. 已知矩形格网 DEM 起点坐标(X_0，Y_0)与格网间隔 ΔX，ΔY，求点 $P(X, Y)$所在格网的行号、列号 N_R 与 N_C。
4. 简述数字摄影测量的 DEM 数据采集各种方式的特点。
5. 编制二次曲面拟合法由 n 个点内插一待定点高程的程序。
6. 简述多面函数法内插 DEM 的原理。
7. 简述- 次样条有限元 DEM 内插的计算过程与公式。
8. DEM 内插中如何考虑断裂线？
9. 试比较各种 DEM 内插方法的优缺点。
10. 影响 DEM 精度的主要因素是什么？怎样估计 DEM 的精度？
11. 矩形格网 DEM 数据文件应存储哪些内容？设计一个 DEM 数据文件结构。
12. DEM 数据压缩有哪些方法？简述各种方法的原理。
13. 简述基于规则矩形格网等高线绘制的主要过程，并绘出程序框图。
14. 简述从 DEM 绘制透视图的主要过程，并绘出程序框图。
15. DEM 透视图隐藏线的处理原理是什么？
16. 怎样计算矩形格网 DEM 中一个格网表面的坡度与坡向？
17. 给出基于 DEM 单像修测的算法。
18. 构建不规则三角网的方法有哪几种？请列举出三种具体算法。
19. 对含有地貌特征点、线的采样数据如何建立 TIN？
20. 简述 TIN 的三种存储数据结构，并说明它们的优缺点。
21. 绘出 TIN 中内插任意点高程的程序框图，并编制相应程序。
22. 绘出基于三角形搜索的等高线绘制程序框图，并编制相应程序。
23. 绘出基于格网点搜索的等高线绘制程序框图，并编制相应程序。
24. 在考虑地形特征线的情况下，如何利用格网点搜索跟踪等高线？编制相应的程序。

第 9 章　数字正射影像的制作及应用

用线划图表示实际的地物地貌通常并不十分直观，而航空影像或卫星影像能最真实、最客观地反映地表面的一切景物，具有十分丰富的信息。然而航空影像或卫星影像通常并不是对地表的简单比例缩小，而是通过中心投影或其他投影方式形成的构像。因此，这样的影像存在由于影像倾斜和地形起伏等引起的变形。若能将它们纠正为既有正确平面位置又保持原有丰富信息特征的数字正射影像(Digital Orthophoto Map，DOM)，则对地球科学研究及人类社会应用均具有重要价值。一般来说，从遥感影像获取到大范围镶嵌产品的生成主要包括几何纠正、色彩一致性处理及影像镶嵌三个主要环节。几何纠正的精度直接影响影像镶嵌的拼接精度，决定最终成果是否存在错位现象。色彩一致性处理则是消除拼接影像间的色彩差异，它的质量好坏影响到镶嵌影像是否存在色彩斑块现象。影像镶嵌技术的关键则是拼接线的选择过程，选择拼接线的目的是避开镶嵌边界横跨完整地物等情况，以提高镶嵌影像的几何质量。

本章主要介绍框幅式中心投影影像与线阵列扫描影像的数字微分纠正方法，真正射影像的概念及其制作，色彩一致性处理，正射影像镶嵌方法，立体正射影像对和影像景观图的制作原理。

9.1　数字正射影像的概念

由于航空影像或卫星影像存在由于影像倾斜和地形起伏等引起的变形，为此需要利用原始影像及其成像参数和数字地面模型，采用相应的构像方程将影像纠正为与地表面保持相似的、简单的缩小影像，这样的影像称为数字正射影像(DOM)。为此，可以认为，数字正射影像是利用数字高程模型对数字化的航空像片，经逐个像元进行投影差改正的影像。

数字正射影像具有精度高、信息丰富、直观逼真、获取快捷等优点，可作为地图分析背景控制信息，也可从中提取自然资源和社会经济发展的历史信息或最新信息，为防治灾害和公共设施建设规划等应用提供可靠依据，是最重要和最基础的摄影测量产品之一。

数字正射影像的制作就是根据有关的参数与数字地面模型，利用相应的构像方程式，从原始非正射投影的数字影像获取数据。这种过程是将影像化为很多微小的区域逐一进行，且使用的是数字方式处理，故叫作数字微分纠正或数字纠正。以被纠正的最小单元来区分微分纠正的类别，基本上可分为三类：点元素纠正、线元素纠正和面元素纠正。数字影像则是由像元素排列而成的矩阵，其处理的最基本的单元是像素。因此，对数字影像进行数字微分纠正，在原理上最适合点元素微分纠正。但能否真正做到点元素微分纠正，取决于能否真实地测定每个像元的物方坐标(X, Y, Z)。实际上，大部分像元的物方坐标采用线性内插获得，此时数字纠正实际上还是线元素纠正或面元素纠正。

9.1.1　数字微分纠正的基本原理

数字微分纠正与光学微分纠正一样，其基本任务是实现两个二维图像之间的几何变换。因此与光学微分纠正的基本原理一样，在数字微分纠正过程中，必须首先确定原始图像与纠正后图像之间的几何关系。设任意像元在原始图像和纠正后图像中的坐标分别为(x, y)和(X, Y)，它们之间存在映射关系：

$$x = f_x(X, Y),\ y = f_y(X, Y) \tag{9-1-1}$$

$$X = \varphi_x(x, y),\ Y = \varphi_y(x, y) \tag{9-1-2}$$

式(9-1-1)是由纠正后的像点坐标(X, Y)出发反求其在原始图像上的像点坐标(x, y)，这种方法称为反解法(或称为间接解法)。而式(9-1-2)则反之，它是由原始图像上像点坐标(x, y)求解纠正后图像上相应点坐标(X, Y)，这种方法称为正解法(或称直接解法)。

在数字微分纠正中，大多是从纠正后的像点坐标出发，通过求解其在原始影像上对应的像元素位置，然后进行灰度的内插与赋值运算得到纠正结果，其基本原理与步骤可用图 9-1-1 示例说明。用图 9-1-2 进一步说明其空间投影转化的关系，依次在正射影像上选取某个像素，然后按照式(9-1-1)反算到原始影像上，通过对灰度的内插，将内插的灰度结果赋给对应的正射像素。如此反复计算，直至正射影像上的所有像素都得到灰度赋值，微分纠正即告结束。

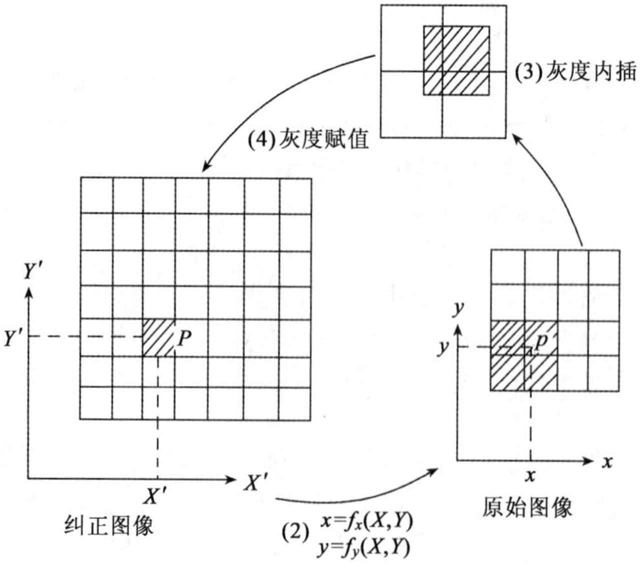

图 9-1-1　反解法数字纠正

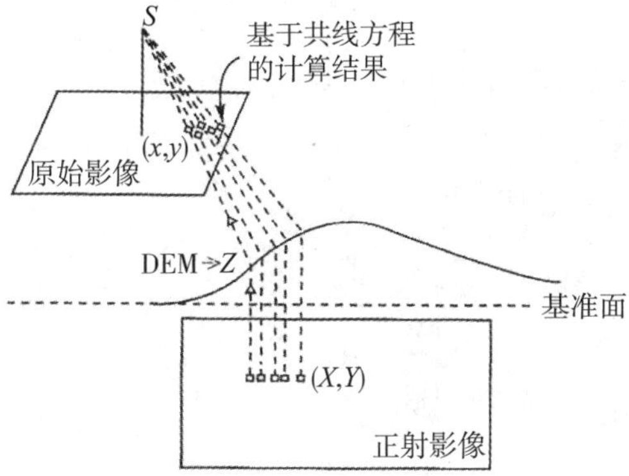

图 9-1-2 反解法空间投影关系示意图

9.1.2 数字正射影像制作的三要素

数字正射影像的制作过程是根据有关的参数与数字地面模型，利用相应的构像方程式，从原始非正射投影的数字影像获取数据，因此制作数字正射影像必须具有三个要素。

1. 原始影像及其定向参数

原始影像是数字正射影像的数据源，正射影像的每个像素都需要从原始影像获取，而原始影像定向参数是用于给构像方程提供必要的参数。

2. 数字地面模型

数字地面模型主要用于给数字正射影像对应地面位置提供高程信息，这样数字地面模型的每个像素都具有三维坐标，其中 X、Y 由正射影像起点和分辨率计算得到，而 Z 由数字地面模型提供。

3. 构像方程

构像方程用于确定正射影像与原始影像的对应关系，也即利用正射影像中每个像素的地面坐标(X、Y、Z)计算原始影像的像素坐标。

9.2 数字正射影像的制作

根据数字微分纠正原理，结合数字正射影像制作三要素，就可以制作正射影像，这里介绍几种典型的制作方法。

9.2.1 反解法(间接法)

反解法是从正射影像的像点坐标(X, Y)出发，反求其在原始影像上的像点坐标(x, y)。

1. 计算地面坐标

设正射影像上任意一点(像素中心)P 的坐标为(X', Y')，由正射影像左下角图廓点地面坐标(X_0, Y_0)与正射影像比例尺分母 M 计算 P 点所对应的地面坐标(X, Y)，其处理公式为式(9-2-1)，处理流程如图 9-1-1 所示。

$$\begin{cases} X = X_0 + M \cdot X' \\ Y = Y_0 + M \cdot Y' \end{cases} \tag{9-2-1}$$

2. 计算像点坐标

应用反解公式(9-2-1)计算原始图像上相应像点坐标 $p(x, y)$，在航空摄影情况下，反解公式为共线方程：

$$\begin{cases} x - x_0 = -f\dfrac{a_1(X - X_S) + b_1(Y - Y_S) + c_1(Z - Z_S)}{a_3(X - X_S) + b_3(Y - Y_S) + c_3(Z - Z_S)} \\ y - y_0 = -f\dfrac{a_2(X - X_S) + b_2(Y - Y_S) + c_2(Z - Z_S)}{a_3(X - X_S) + b_3(Y - Y_S) + c_3(Z - Z_S)} \end{cases} \tag{9-2-2}$$

式中，Z 是 P 点的高程，可由 DEM 内插求得。

3. 灰度内插

由于所求得的像点坐标不一定正好落在像元素中心，为此必须进行灰度内插，一般可采用双线性内插方法，求得像点 p 的灰度值 $g(x, y)$。

4. 灰度赋值

最后将像点 p 的灰度值赋给纠正后像元素 P，即

$$G(X, Y) = g(x, y) \tag{9-2-3}$$

依次对每个纠正像素进行上述运算，即能获得纠正的数字图像，这就是反解算法的原理和基本步骤。因此，从原理上讲，数字纠正属于点元素纠正。

9.2.2　正解法(直接法)

正解法数字微分纠正的原理如图 9-2-1 所示，它是从原始影像出发，将原始影像上逐个像元素，用正解公式(9-2-4)求得纠正后的像点坐标。这一方案存在很大的缺点，即在纠正后的影像上，所得的像点是非规则排列的，有的像元素内可能出现“空白”(无像点)，而有的像元素可能出现重复(多个像点)，因此很难实现灰度内插并获得规则排列的数字影像。

另外，在航空摄影测量情况下，其正解公式为

$$X = Z \cdot \frac{a_1 x + a_2 y - a_3 f}{c_1 x + c_2 y - c_3 f}$$
$$Y = Z \cdot \frac{b_1 x + b_2 y - b_3 f}{c_1 x + c_2 y - c_3 f} \tag{9-2-4}$$

利用上述正解公式时，还必须先知道 Z，但 Z 又是待定量 X，Y 的函数，为此，要由 (x, y) 求得 (X, Y)，必须先假定一近似值 Z_0，求得 (X_1, Y_1) 后，再由 DEM 内插得该点 (X_1, Y_1) 处的高程 Z_1；然后又由正解公式求得 (X_2, Y_2)，如此反复迭代，如图 9-2-1 和图 9-2-2 所示。因此，由正解公式(9-2-4)计算 (X, Y)，实际是由一个二维图像 (x, y) 变换到三维空间 (X, Y, Z) 的过程，它必须是个迭代求解过程。

由于正解法的上述缺点，数字纠正一般采用反解法。

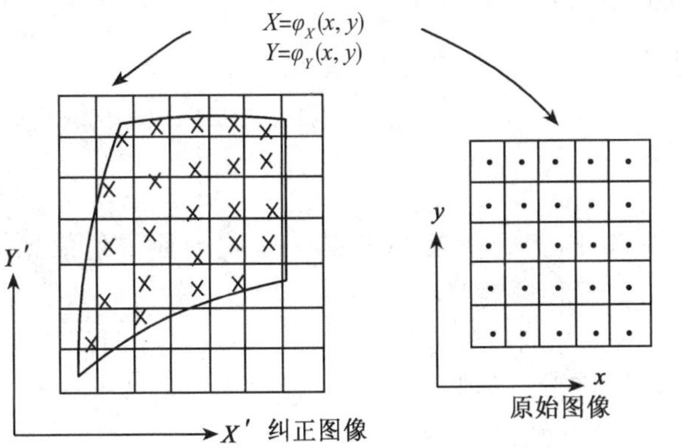

图 9-2-1　正解法数字纠正

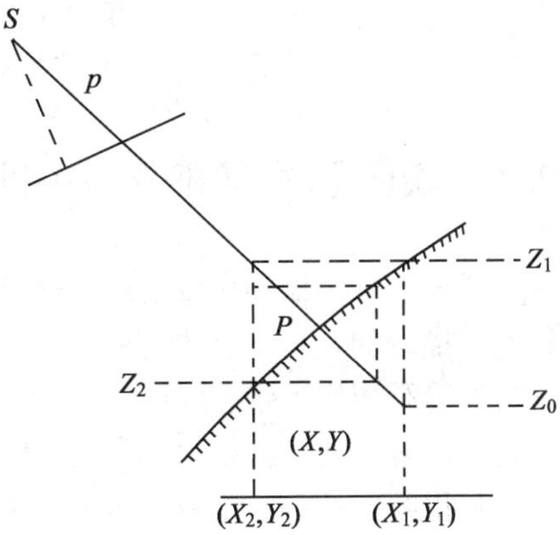

图 9-2-2　迭代求解示意图

9.2.3　数字纠正实际解法及分析

从原理上讲，数字纠正是点元素纠正，但在实际的软件系统中，几乎没有采用反解公式(9-2-2)求解像点坐标的，而均以“面元素”作为纠正单元，一般以正方形作为纠正单元。即用反解公式计算该纠正单元 4 个“角点”的像点坐标 (x_1, y_1)，(x_2, y_2)，(x_3, y_3) 和 (x_4, y_4)，而纠正单元内的坐标 (x_{ij}, y_{ij}) 则用双线性内插求得。这时 (x, y) 是分别进行内插求解的，其原理如图 9-2-3 所示。内插后得到任意一个像元 (i, j) 所对应的影像坐标 (x, y) 为：

$$\begin{cases} x(i, j) = \dfrac{1}{n^2}[(n-i)(n-j)x_1 + i(n-j)x_2 + (n-i)jx_4 + ijx_3] \\ y(i, j) = \dfrac{1}{n^2}[(n-i)(n-j)y_1 + i(n-j)y_2 + (n-i)jy_4 + ijy_3] \end{cases} \tag{9-2-5}$$

由此求得像点坐标后，再由灰度双线性内插，求得其灰度。

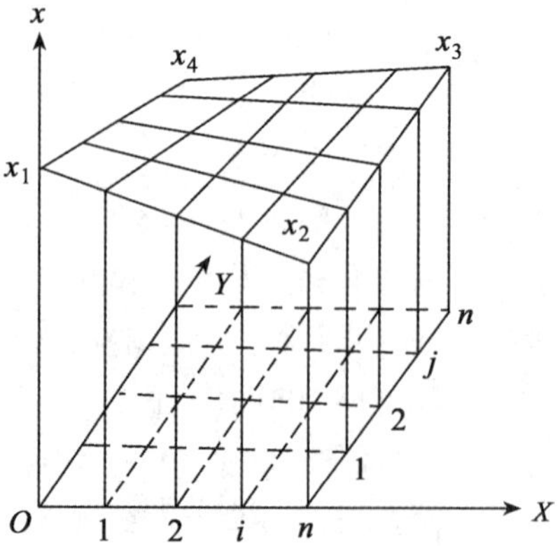

图 9-2-3　x 坐标的双线性内插

由以上分析可以看出：在数字微分纠正的实际软件系统中，是按“面元素”作纠正单元的，而在纠正单元中无论沿 x 轴方向还是 y 轴方向均由线性内插求解。

9.3　线阵列影像的数字纠正

线阵列传感器利用安置在光学系统成像焦面上的一条 CCD 阵列采集地面辐射信息，每次扫描得到垂直于航线的一条线状影像，随着传感器平台向前移动，以推扫方式获取沿轨道的连续影像条带，如图 9-3-1 所示。扫描行之间的外方位元素各自不同，随时间不断变化。由若干条线阵扫描影像可以构成像幅，因此，线阵列扫描影像是多中心投影影像，每条扫描线影像有一个投影中心，每条扫描线影像有自己的外方位元素。

例如对 SPOT 卫星影像，由 12000 条扫描线组成一景影像。可将 SPOT 影像坐标的原点设在每景的中央，即第 6000 条扫描线的第 6000 个像元上。第 6000 条扫描线可作为影像坐标系的 x 轴，这个扫描线上第 6000 个像元的连线就是 y 轴，如图 9-3-2 所示。

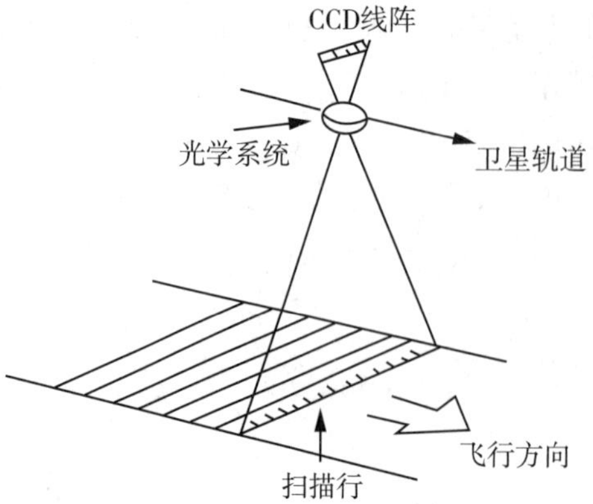

图 9-3-1　线阵列传感器成像原理示意图

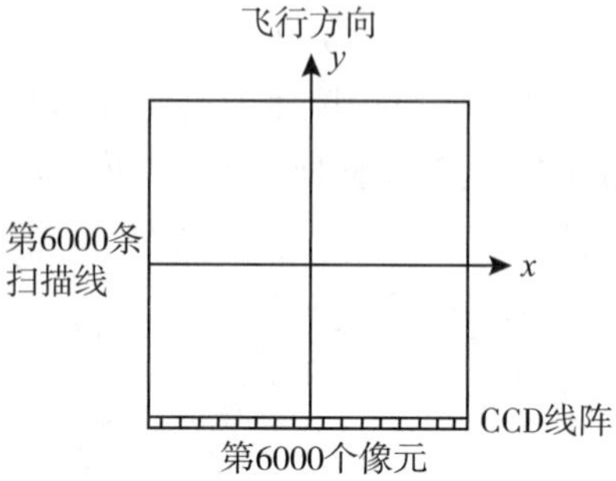

图 9-3-2　SPOT 影像坐标系

线阵列扫描影像数字微分纠正的主要处理过程：①根据图像的成像方式确定影像坐标和地面坐标之间的数学模型；②根据所采用的数学模型确定纠正公式；③根据地面控制点和对应像点坐标进行平差计算变换参数，评定精度；④对原始影像进行几何变换计算，像素亮度值重采样。

9.3.1　基于共线方程的数字微分纠正

以共线条件方程为基础的物理传感器模型描述了真实的物理成像关系，在理论上是严密的，因此，共线方程也被称为严格成像模型。该类模型的建立涉及传感器物理构造、成像方式及各种成像参数，每个定向参数都有严格的物理意义，并且彼此独立，可以产生很高的定向精度。

由于每条扫描线影像有一个投影中心，该扫描线影像的 y 值应为零，在时刻 t 的构像方程式为

$$\begin{pmatrix} x \\ 0 \\ -f \end{pmatrix} = \frac{1}{\lambda}\begin{pmatrix} a_1(t) & b_1(t) & c_1(t) \\ a_2(t) & b_2(t) & c_2(t) \\ a_3(t) & b_3(t) & c_3(t) \end{pmatrix}\begin{pmatrix} X - X_S(t) \\ Y - Y_S(t) \\ Z - Z_S(t) \end{pmatrix} \tag{9-3-1}$$

式中，(t)表明各参数是随时间而变化的。

9.3.1.1　反解法(间接法)

反解法是从纠正后的像点坐标(X, Y)出发，反求其在原始影像上的像点坐标(x, y)。由于线阵扫描影像多中心投影影像，每一扫描行影像的外方位元素是随时间变化的。因此，需首先确定成像时刻或扫描行，然后求出各元素对应的外方位元素，才能求出该相应像点的 x 坐标。

1. 确定成像时刻或扫描行

该步骤的实质是为求解出像平面 y 坐标。

由式(9-3-1)的第二行可得

$$0 = \frac{1}{\lambda}[Xa_2(t) + Yb_2(t) + Zc_2(t) - (X_S(t)a_2(t) + Y_S(t)b_2(t) + Z_S(t)c_2(t))]$$

或

$$Xa_2(t) + Yb_2(t) + Zc_2(t) = A(t) \tag{9-3-2}$$

其中，

$$A(t) = X_S(t)a_2(t) + Y_S(t)b_2(t) + Z_S(t)c_2(t)$$

对式(9-3-2)中各因子以 t 为变量，按泰勒级数展开为

$$\begin{cases} a_2(t) = a_2^{(0)} + a_2^{(1)}t + a_2^{(2)}t^2 + \cdots \\ b_2(t) = b_2^{(0)} + b_2^{(1)}t + b_2^{(2)}t^2 + \cdots \\ c_2(t) = c_2^{(0)} + c_2^{(1)}t + c_2^{(2)}t^2 + \cdots \\ A(t) = A^{(0)} + A^{(1)}t + A^{(2)}t^2 + \cdots \end{cases} \tag{9-3-3}$$

代入式(9-3-2)得

$$[Xa_2^{(0)} + Yb_2^{(0)} + Zc_2^{(0)} - A^{(0)}] + [Xa_2^{(1)} + Yb_2^{(1)} + Zc_2^{(1)} - A^{(1)}]t + [Xa_2^{(2)} + Yb_2^{(2)} + Zc_2^{(2)} - A^{(2)}]t^2 + \cdots = 0$$

取至二次项得

$$t=-\frac{(Xa_2^{(0)}+Yb_2^{(0)}+Zc_2^{(0)}-A^{(0)})+(Xa_2^{(2)}+Yb_2^{(2)}+Zc_2^{(2)}-A^{(2)})t^2}{Xa_2^{(1)}+Yb_2^{(1)}+Zc_2^{(1)}-A^{(1)}} \tag{9-3-4}$$

上式右端含有 t^2 项，所以对 t 必须进行迭代计算。t 值实际上表达了像点 p 在时刻 t 的 y 坐标：

$$y=(l_p-l_0)\delta=\frac{t}{\mu}\delta \tag{9-3-5}$$

式中，l_p，l_0 分别代表在点 p 及原点 o 处的扫描线行数；δ 为 CCD 一个探测像元的宽度(在 SPOT 影像中为 13μm)；μ 为扫描线的时间间隔(在 SPOT 影像中为 1. 5ms)。

2. 求像点坐标 x

以下再求像点 p 的 x 坐标。由式(9-3-1)之第一、三行：

$$x=\frac{1}{\lambda}[(X-X_S(t))a_1(t)+(Y-Y_S(t))b_1(t)+(Z-Z_S(t))c_1(t)]$$

$$-f=\frac{1}{\lambda}[(X-X_S(t))a_3(t)+(Y-Y_S(t))b_3(t)+(Z-Z_S(t))c_3(t)]$$

或写成

$$x=-f\cdot\frac{(X-X_S(t))a_1(t)+(Y-Y_S(t))b_1(t)+(Z-Z_S(t))c_1(t)}{(X-X_S(t))a_3(t)+(Y-Y_S(t))b_3(t)+(Z-Z_S(t))c_3(t)} \tag{9-3-6}$$

同理对 $a_1(t)$，$b_1(t)$，…也可用多项式表达为

$$\begin{cases}a_1(t)=a_1^{(0)}+a_1^{(1)}t+a_1^{(2)}t^2+\cdots\\ b_1(t)=b_1^{(0)}+b_1^{(1)}t+b_1^{(2)}t^2+\cdots\\ c_1(t)=c_1^{(0)}+c_1^{(1)}t+c_1^{(2)}t^2+\cdots\\ a_3(t)=a_3^{(0)}+a_3^{(1)}t+a_3^{(2)}t^2+\cdots\\ b_3(t)=b_3^{(0)}+b_3^{(1)}t+b_3^{(2)}t^2+\cdots\\ c_3(t)=c_3^{(0)}+c_3^{(1)}t+c_3^{(2)}t^2+\cdots\end{cases} \tag{9-3-7}$$

式(9-3-6)与常规航摄共线方程式相似，与式(9-3-4)一起表示卫星飞行瞬间成像的影像坐标与地面坐标的关系。在影像纠正中首先要求出各元素对应的 $a_1(t)$，$a_2(t)$，…，$c_3(t)$，$X_S(t)$，$Y_S(t)$，$Z_S(t)$，然后才能求出该相应像点的 y 及 t，或 y 及 x。

通常可认为各参数是 t 的线性函数：

$$\begin{cases}\varphi(t)=\varphi(0)+\Delta\varphi\cdot t\\ \omega(t)=\omega(0)+\Delta\omega\cdot t\\ \kappa(t)=\kappa(0)+\Delta\kappa\cdot t\\ X_S(t)=X_S(0)+\Delta X_S\cdot t\\ Y_S(t)=Y_S(0)+\Delta Y_S\cdot t\\ Z_S(t)=Z_S(0)+\Delta Z_S\cdot t\end{cases} \tag{9-3-8}$$

式中，$\varphi(0)$，$\omega(0)$，$\kappa(0)$，$X_S(0)$，$Y_S(0)$，$Z_S(0)$ 为影像中心行外方位元素；$\Delta\varphi$，$\Delta\omega$，$\Delta\kappa$，ΔX_S，ΔY_S，ΔZ_S 为变化率参数。

3. 计算过程

从以上分析可知，线阵扫描影像反解法的关键在于确定像点的成像时刻或像点所在的影像扫描行。从原理上说，线阵扫描影像的反解法数字微分纠正可以逐点进行，但由于像点的成像时刻(或扫描行)的确定需要迭代计算，逐点计算将非常耗时。

从实际应用角度出发，可以进行如下计算过程：

(1)利用 DEM(栅格或 TIN)，按照一定间距对 DEM 进行重采样，加密出规则格网的 DEM；

(2)针对加密出的每个 DEM 格网，利用共线条件方程反求出其四个格网点对应的像点坐标；

(3)逐像素进行正射纠正。

具体做法是：针对正射影像上的像点 P，首先根据其平面坐标判断位于加密 DEM 的哪个格网中；之后，利用步骤(2)计算出该 DEM 四个格网点的像坐标进行双线性内插，得到 P 在原始影像上的坐标 p；最后将 p 的灰度赋值给正射影像像点 P。其中，点 p 的灰度需要在原始影像上通过灰度内插得到。

9.3.1.2 正解法(直接法)

正解法是从原始像点坐标(x, y)出发求纠正后的像点坐标(X, Y)。

由式(9-3-1)可得

$$\begin{cases} X = X_S(t) + \dfrac{a_1(t)x - a_3(t)f}{c_1(t)x - c_3(t)f}(Z - Z_S(t)) \\ Y = Y_S(t) + \dfrac{b_1(t)x - b_3(t)f}{c_1(t)x - c_3(t)f}(Z - Z_S(t)) \end{cases} \tag{9-3-9}$$

式中，$a_1(t)$，$a_2(t)$，…，$c_3(t)$，$X_S(t)$，$Y_S(t)$，$Z_S(t)$为像点(x, y)对应的外方位元素，可由其行号 l_i 计算：

$$\begin{cases} \varphi_i = \varphi_0 + (l_i - l_0)\Delta\varphi \\ \omega_i = \omega_0 + (l_i - l_0)\Delta\omega \\ \kappa_i = \kappa_0 + (l_i - l_0)\Delta\kappa \\ X_{Si} = X_{S0} + (l_i - l_0)\Delta X_S \\ Y_{Si} = Y_{S0} + (l_i - l_0)\Delta Y_S \\ Z_{Si} = Z_{S0} + (l_i - l_0)\Delta Z_S \end{cases} \tag{9-3-10}$$

式中，φ_0，ω_0，κ_0，X_{S0}，Y_{S0}，Z_{S0}为影像中心行的外方位元素；l_0 为中心行号；$\Delta\varphi$，$\Delta\omega$，$\Delta\kappa$，ΔX_S，ΔY_S，ΔZ_S 为变化率参数。

当给定高程初始值 Z_0 后，代入式(9-3-9)计算出地面平面坐标近似值(X_1, Y_1)，再用 DEM 与(X_1, Y_1)内插出其对应的高程 Z_1。重复上述过程，直至收敛到(x, y)对应的地面点$(X, Y, Z,)$，其过程与框幅式中心投影影像的正解法过程相同。当地面坡度较大而不收敛时，可按单片修测中的方法处理。

9.3.1.3　直接法与间接法相结合的纠正方法

对于线阵列传感器影像的纠正，由于利用间接法也需要迭代求解，而直接法本来就需要迭代求解，因而可以将两种方法结合起来。首先在影像上确定一个规则格网，其所有格网点的行、列坐标显然是已知的，其间隔按像元的地面分辨率换算后与数字高程模型DEM 的间隔一致，用直接法解算它们的地面坐标。这些点在地面上是一个非规则格网点，由它们内插出地面规则格网点所对应的影像坐标，再按间接法进行纠正。

1. 影像规则格网点对应的地面坐标的解算

利用式(9-3-9)与式(9-3-10)直接法进行计算，得到地面一非规则格网，它们的地面坐标与对应的影像坐标均为已知。

2. 地面规则格网点对应的像点坐标的内插

如图 9-3-3 所示，规则格网上 P_{11} 位于 P'_{11}，P'_{12}，P'_{21}，P'_{22} 四点所组成的非规则格网内，由该四点的地面坐标(X'_{11}, Y'_{11})，(X'_{12}, Y'_{12})，(X'_{21}, Y'_{21})，(X'_{22}, Y'_{22})及其影像坐标(x'_{11}, y'_{11})，(x'_{12}, y'_{12})，(x'_{21}, y'_{21})，(x'_{22}, y'_{22})拟合两平面：

$$\begin{cases} x' = a_0 + a_1 X' + a_2 Y' \\ y' = b_0 + b_1 X' + b_2 Y' \end{cases} \tag{9-3-11}$$

然后由 P_{11}点的地面坐标(X_{11}, Y_{11})用式(9-3-11)计算其相应的影像坐标(x_{11}, y_{11})。按同样的方法可计算得到所有规则格网点(X_{ij}, Y_{ij})所对应的影像坐标(x_{ij}, y_{ij})。

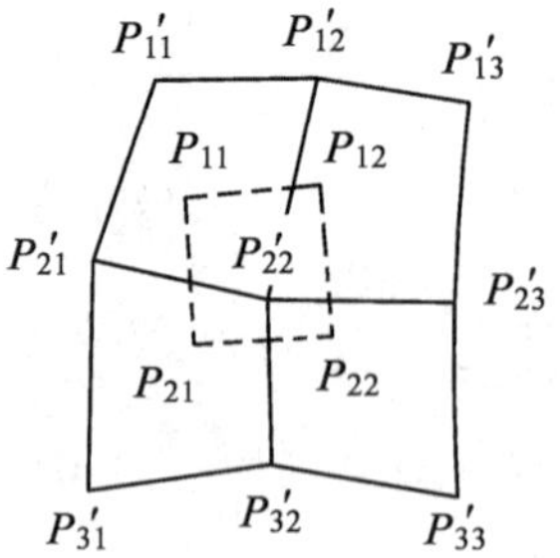

图 9-3-3　由不规则格网内插规则格网

3. 各地面元对应像素坐标的计算

在地面规则格网点的影像坐标已知后，由这些点的坐标经两次双线性内插即可计算得到每一地面元所对应的影像坐标，再经过灰度重采样与赋值，即可完成纠正处理，其过程与前面介绍的框幅式中心投影影像反解法的纠正过程完全相同，这样就不再需要进行迭代计算。

9.3.2 利用有理函数模型的数字微分纠正方法

出于各种特别原因，一些高分辨率卫星并未公开传感器的轨道参数，如 IKONOS 等卫星，无法利用严格成像几何模型进行处理，但是这些卫星提供了一种通用传感器模型。在通用传感器模型中，目标空间和影像空间的转换关系通过一般数学函数来描述，并且这些函数的建立不需要传感器成像的物理模型信息。这些函数可以采用多种不同的形式，其中，有理函数模型(RFM)是目前应用最多、精度较高的通用传感器模型。例如 IKONOS 影像、QuickBird 影像、WorldView 影像等均应用三次有理多项式，提供三次有理多项式系数(Rational Polynomial Coefficient，RPC)，RPC 文件名称有时被命名为 RPB 或 PVL，其本质是一样的。

1. 基于 RPC/RPB 的有理函数模型

RFM 将地面点 P(Latitude，Longitude，Height)与影像上的点 p(line，sample)关联起来，正则化地面坐标(P_n，L_n，H_n)与影像坐标(r_n，c_n)，见式(9-3-12)与式(9-3-13)。影像坐标的每个多项式是(P，L，H)3 阶多项式，系数有 20 项。用 RPC 参数可计算出影像坐标(line，sample)：

$$P=\frac{\text{Latitude}-\text{LAT\_OFF}}{\text{LAT\_SCALE}},\quad L=\frac{\text{Longitude}-\text{LONG\_OFF}}{\text{LONG\_SCALE}},\quad H=\frac{\text{Height}-\text{HEIGHT\_OFF}}{\text{HEIGHT\_SCALE}} \tag{9-3-12}$$

正则化的影像坐标(x，y)为

$$x=\frac{\sum_{i=1}^{20}a_i\cdot\rho_i(P,L,H)}{\sum_{i=1}^{20}b_i\cdot\rho_i(P,L,H)},\quad y=\frac{\sum_{i=1}^{20}c_i\cdot\rho_i(P,L,H)}{\sum_{i=1}^{20}d_i\cdot\rho_i(P,L,H)} \tag{9-3-13}$$

可求得影像坐标(line，sample)为

$$\begin{aligned}\text{line}&=y\cdot\text{LINE\_SCALE}+\text{LINE\_OFF}\\ \text{sample}&=x\cdot\text{SAMP\_SCALE}+\text{SAMP\_OFF}\end{aligned} \tag{9-3-14}$$

其中，LAT_OFF，LAT_SCALE，LONG_OFF，…，a_i，b_i，c_i，d_i 的值记录在 RPC 文件中。

当使用地面控制点时参与定向时，可以对每一幅影像定义一个仿射变换：

$$\begin{aligned}c&=e_0+e_1\cdot\text{sample}+e_2\cdot\text{line}\\ r&=f_0+f_1\cdot\text{sample}+f_2\cdot\text{line}\end{aligned} \tag{9-3-15}$$

其中，(c，r)是点在影像上的量测坐标。基于 RPC 参数的区域网平差就是通过已知的少数控制点的地面坐标及其在影像上的量测坐标，计算每一幅影像的仿射变换参数及所有连接点的地面坐标。

对于区域网中的控制点，可以根据方程式(9-3-12)~式(9-3-15)列出误差方程

$$\begin{aligned}v_x&=-\sum b_i\cdot\rho_i\cdot\left(\frac{\partial x}{\partial e_0}\cdot\Delta e_0+\frac{\partial x}{\partial e_1}\cdot\Delta e_1+\frac{\partial x}{\partial e_2}\cdot\Delta e_2+\frac{\partial x}{\partial f_0}\cdot\Delta f_0+\frac{\partial x}{\partial f_1}\cdot\Delta f_1+\frac{\partial x}{\partial f_2}\cdot\Delta f_2\right)+F_{x0}\\ v_y&=-\sum d_i\cdot\rho_i\cdot\left(\frac{\partial y}{\partial e_0}\cdot\Delta e_0+\frac{\partial y}{\partial e_1}\cdot\Delta e_1+\frac{\partial y}{\partial e_2}\cdot\Delta e_2+\frac{\partial y}{\partial f_0}\cdot\Delta f_0+\frac{\partial y}{\partial f_1}\cdot\Delta f_1+\frac{\partial y}{\partial f_2}\cdot\Delta f_2\right)+F_{y0}\end{aligned} \tag{9-3-16}$$

对于区域网中的连接点，首先根据 RPC 参数及该点在多幅影像上的量测坐标计算出地面坐标的初值，然后列出误差方程：

$$
\begin{aligned}
v_x =& - \sum b_i \cdot \rho_i \cdot \left(\frac{\partial x}{\partial e_0} \cdot \Delta e_0 + \frac{\partial x}{\partial e_1} \cdot \Delta e_1 + \frac{\partial x}{\partial e_2} \cdot \Delta e_2 + \frac{\partial x}{\partial f_0} \cdot \Delta f_0 + \frac{\partial x}{\partial f_1} \cdot \Delta f_1 + \frac{\partial x}{\partial f_2} \cdot \Delta f_2 \right) \\
& + \sum (a_i - x \cdot b_i) \cdot \left(\frac{\partial \rho_i}{\partial P} \right) \cdot \Delta P + \sum (a_i - x \cdot b_i) \cdot \left(\frac{\partial \rho_i}{\partial L} \right) \cdot \Delta L \\
& + \sum (a_i - x \cdot b_i) \cdot \left(\frac{\partial \rho_i}{\partial H} \right) \cdot \Delta H + F_{x0} \\
v_y =& - \sum d_i \cdot \rho_i \cdot \left(\frac{\partial y}{\partial e_0} \cdot \Delta e_0 + \frac{\partial y}{\partial e_1} \cdot \Delta e_1 + \frac{\partial y}{\partial e_2} \cdot \Delta e_2 + \frac{\partial y}{\partial f_0} \cdot \Delta f_0 + \frac{\partial y}{\partial f_1} \cdot \Delta f_1 + \frac{\partial y}{\partial f_2} \cdot \Delta f_2 \right) \\
& + \sum (c_i - y \cdot d_i) \cdot \left(\frac{\partial \rho_i}{\partial P} \right) \cdot \Delta P + \sum (c_i - y \cdot d_i) \cdot \left(\frac{\partial \rho_i}{\partial L} \right) \cdot \Delta L \\
& + \sum (c_i - y \cdot d_i) \cdot \left(\frac{\partial \rho_i}{\partial H} \right) \cdot \Delta H + F_{y0}
\end{aligned}
\tag{9-3-17}
$$

法化并迭代求解，可得到每一幅影像的影像坐标的仿射变换参数及所有连接点的地面坐标。

2. 基于有理函数模型的遥感影像纠正流程

基于有理函数模型的遥感影像纠正的反解法步骤如下：

(1)按照式(9-3-3)计算地面点坐标(X, Y)，由 DEM 内插求得该点的高程 Z，并将其转换为经纬度坐标(P, L, H)。

(2)按照式(9-3-12)对地面点坐标正则化。

(3)按照式(9-3-13)、式(9-3-14)计算正则化像点坐标。

(4)按照式(9-3-15)以及式(9-3-16)和式(9-3-17)，根据控制点估计影像的 6 个仿射变换参数，尽量消除系统残留误差，然后计算像点的像素坐标。

(5)灰度内插求得像点 p 的灰度值 $g(x, y)$。

(6)将像点 p 的灰度值 $g(x, y)$赋给纠正后的像元素。

依次对每个纠正元素完成上述运算，即能获得纠正的数字图像。实际纠正过程中一般以“面元素”作为纠正单元，在纠正单元内的像素是沿着 x 轴和 y 轴方向进行线性内插求解。

9.4　数字正射影像的色彩一致性处理

遥感影像成像过程中，传感器部件自身的差异、拍摄时间与角度的不同、拍摄目标地物属性的不同，可能导致单幅影像内部、多幅影像之间出现亮度不均、色彩不一致等现象。这不仅影响目视判读，更会给后续的影像产品生产环节带来困难。对于高分辨率遥感卫星而言，在数百千米的太空进行拍摄，影像各像素的太阳和传感器角度几乎固定，且经过严格的 CCD 辐射校正后，影像内部颜色往往均匀一致。但是如此厚的大气层对影像整体辐射的影响较严重，从而导致影像的辐射质量较低，且不同程度地偏离自然颜色。而航空摄影传感器的拍摄距离相对较低，一般从上百米到两千米不等，所受大气环境影响相对较低，因此影像的整体颜色通常极为自然。但是内部各像素的传感器入射角度的变化较大，且随着传感器姿态变化更明显，因此影像内部辐射呈现不均匀分布。而无人机平台拍摄距离更短，面临的辐射误差问题也比航拍更严重。卫星影像和航摄影像的辐射误差问题所有不同(图 9-4-1(a)、(b))，导致在辐射校正模型等方面有所区别。

(a)卫星影像　　(b)航摄影像

图 9-4-1　原始影像几何处理后的 DOM 的色彩不一致性

根据原理的不同，色彩一致性处理方法大体可以分为绝对辐射校正和相对辐射校正两种类型。绝对辐射校正旨在利用大气校正模型、辐射定标系数及其他一些相关的大气校正参数，将影像由灰度值转变为地表反射率，消除成像时由太阳入射角、大气及光照条件等带来的影响。相对辐射校正不同于绝对辐射校正，无须考虑影像的成像过程，因此不需要复杂的成像模型来消除外界因素对成像带来的影响，它的目标是将待处理影像的辐射信息调整至与参考影像相一致，使影像之间具有可比性，其广泛应用于影像镶嵌、变化检测等方面。

目前对色彩一致性处理的研究可以分为两个方面：单幅影像匀光处理和影像间匀色处理。前者主要解决由光照条件、光学透镜成像不均等差异造成的单幅影像的质量问题，而后者主要解决由摄影角度和光照条件等因素引起的影像之间的色彩差异问题。

9.4.1　影响影像色彩的因素

1. 传感器特性

图像传感器对成像的影响至关重要，主要包括以下 8 个方面。

1)传感器尺寸

光信息收集：传感器尺寸越大，能够捕捉到的光信息就越多。这是因为大尺寸传感器上的每个像素都能记录更多的"光信息"，从而提供更丰富的图像数据。

动态范围和ISO范围：大尺寸传感器通常能带来更高的动态范围和更广的ISO范围。这意味着在明暗条件复杂的场景下，图像能够呈现更多的细节，同时在暗光环境下也能有更好的曝光和噪点控制。

物理背景虚化：在相同的拍摄条件和镜头焦距下，大尺寸传感器更容易实现物理背景虚化，这种虚化效果比通过算法实现的虚化更加自然。

成像视角：大尺寸传感器还能带来更大的成像视角，这对于拍摄广角影像非常有利。

2)传感器构造

传感器的构造也会影响成像质量。例如，相较于传统的前照式结构，背照式结构的传感器能够接收到更多光线，从而提高了传感器的灵敏度和信噪比。实验数据表明，在弱光环境下，背照式传感器的性能较前照式结构提高30%~50%。

3)传感器类型和分辨率

类型：图像传感器主要分为CCD(电荷耦合器件)和CMOS(互补金属氧化物半导体)两种。CCD传感器通常具有低照度效果好、信噪比高等优点，适用于高端摄影设备；而CMOS传感器则具有制造成本低、功耗低的特点，广泛应用于各种电子设备。随着各项技术不断发展，CMOS传感器的性能也在逐渐提升。

分辨率：分辨率决定了成像的清晰度。一般来说，有效像素越大，解析度越高，照片细节就越清晰。但需要注意的是，在非光线充足的场景下，高像素可能会带来噪点问题。

4)滤色片阵列(CFA)设计

在CMOS传感器中，彩色滤光片阵列(CFA)负责将光线分为红、绿、蓝三种颜色。CFA的设计(如Bayer阵列)会影响传感器对颜色的捕获和再现能力。不同的CFA设计可能导致色彩平衡和色彩饱和度的差异。

5)光谱响应曲线

传感器对光的响应不是均匀的，它们对不同波长的光有不同的敏感度。这种光谱响应曲线会影响图像的色彩表现。不同传感器的光谱响应曲线可能有所不同，从而导致色彩差异。

6)镜头与传感器的匹配

镜头和传感器之间的匹配也会影响色彩表现。不同的镜头可能对某些颜色的光线有不同的透射率，而传感器可能对这些光线有不同的响应。因此，使用不同的镜头可能会导致色彩差异。

7)图像处理算法

图像处理算法对最终图像的色彩表现也有重要影响。不同的相机制造商可能使用不同的图像处理算法来调整和优化图像的色彩。这些算法可能涉及色彩平衡、色彩饱和度、锐化等方面的调整，从而导致色彩差异。

8)色彩深度

色彩深度(也称为位深度)决定了传感器能够记录的色彩数量。较高的色彩深度意味着更多的色彩层次和更平滑的色彩过渡。不同传感器的色彩深度可能有所不同，从而导致色彩差异。

2. 拍摄距离和角度

拍摄距离和角度对成像的影响主要包括以下6个方面。

(1)透视效果：随着拍摄距离的增加，景物会呈现出不同的透视效果。远距离拍摄时，景物之间的前后关系变得不那么明显，色彩可能会因为透视效果而显得较平淡。近距离拍摄时，透视效果增强，前后景物的层次感和立体感更加明显，色彩可能会因为光影效果而显得更加丰富和立体。

(2)景深变化：拍摄距离影响景深，近距离拍摄时景深较浅，背景容易虚化，主体与背景的色彩对比可能更加突出。远距离拍摄时景深较深，前后景物都相对清晰，色彩表现可能更加均匀，但也可能缺乏层次感。

(3)光线衰减：随着拍摄距离的增加，光线在传播过程中会逐渐衰减。这可能导致远距离景物的色彩饱和度降低，颜色变得较暗淡。

(4)正面光：当使用平摄(镜头与被摄对象在同一水平线上)时，如果光源位于拍摄对象正面，光线均匀地照射在对象上，可能会使色彩显得较平淡。因为正面光不会产生强烈的阴影，所以色彩对比度可能不高。

(5)侧光：在侧面拍摄时，如果光源位于拍摄对象的侧面，可以突出对象的轮廓和纹理，同时产生较明显的阴影。这有助于增强色彩的对比度和立体感。

(6)逆光：当从对象的背后拍摄，并且光源在对象后面时，可以产生轮廓光效果，使对象的边缘显得明亮，而内部可能由于曝光不足显得较暗。

3. 大气和光照

大气和光照对成像的影响主要包括以下6个方面。

(1)大气散射：在晴朗的天气下，大气中的微粒较少，光线散射较少，景物的色彩较鲜明。在雾霾或多云天气下，大气中的微粒增多，光线散射增强，可能导致景物色彩变得柔和或偏淡。

(2)光线质量：不同的大气条件会影响光线的质量。例如，晴天时阳光直射，光线强烈，色彩鲜艳；而阴天时光线柔和，色彩可能显得较温和。

(3)色温变化：大气条件还会影响光线的色温。日出日落时，由于大气层的折射和散射作用，光线呈现出暖色调，给景物披上了一层金黄色的色彩。而在中午时分，阳光较直射，色温较高，景物色彩可能偏向冷色调。

(4)大气透视：大气透视是由于大气中介质的存在而造成的远近景物在色彩和明暗上的变化。远距离的景物由于大气散射的作用，色彩可能会变淡，明度增加，饱和度降低，产生一种朦胧的感觉。

(5)光照条件：不同地形对阳光的反射和吸收能力不同，会导致影像色彩差异。例如，高山地区由于海拔高、空气稀薄，阳光照射强烈，影像色彩较鲜艳；而低洼地区由于云雾遮挡或植被覆盖较厚，阳光照射较弱，影像色彩较柔和。

(6)气候影响：气候因素如降雨、降雪、雾霾等也会影响影像色彩。例如，雨季时植被更加茂盛，影像色彩偏绿；雪季时白色雪地覆盖地面，影像色彩偏白；雾霾天气则会使影像色彩变得柔和或偏淡。

4. 地形地貌影响

地形地貌对成像的影响主要包括以下6个方面。

(1)平原：平原地区地势平坦，植被覆盖均匀，影像色彩通常较一致，以绿色或棕色为主，代表植被和土壤的颜色。在平原区旱地或水田，影像颜色会根据庄稼的生长阶段而有所变化，如灰色、青色、黄色等。

(2)山地：山地地形起伏较大，植被覆盖因海拔和气候差异而呈现多样性。影像色彩会随植被类型(如森林、草地、裸岩等)和海拔高度的变化而变化，如绿色、棕色、灰色等。此外，在山地与平原交界地带，由于岩石的风化程度、湿度大小等因素，断裂两侧的色调差异可能更明显。

(3)高原：高原地区海拔较高，气候寒冷，植被稀疏，影像色彩以棕色、灰色为主，代表裸露的土壤和岩石。例如，中国的四大高原(青藏高原、内蒙古高原、黄土高原、云贵高原)因地理位置、成因和受外力侵蚀作用不同，外貌特征各异，影像色彩也会有所不同。

(4)盆地：盆地地形四周高、中间低，影像色彩通常受周围山脉和内部地貌特征影响。盆地内部可能包含多种地形类型(如平原、丘陵、山脉等)，因此影像色彩也会呈现多样性。

(5)植被覆盖：不同地形上的植被覆盖类型和密度不同，会导致影像色彩差异。例如，森林覆盖地区以深绿色为主，草地则以浅绿色为主。植被的生长阶段和健康状况也会影响影像色彩。

(6)土壤特性：土壤的颜色、质地和湿度等因素也会影响影像色彩。例如，红色土壤地区影像色彩偏红，湿润地区的土壤颜色较暗，而干燥地区的土壤颜色较浅。

9.4.2 影像的色彩

9.4.2.1 影像色彩空间

色彩空间是一种用来表示颜色的数学模型，通常用三个或更多维度来描述颜色。常见的色彩空间有RGB、CMYK、IHS等。不同的色彩空间适用于不同的应用场景，例如RGB色彩空间适用于电子屏幕，CMYK色彩空间适用于印刷。颜色RGB编码具有方法简单、便于彩色显示和彩色扫描的优点，因此目前常用于彩色显示器或彩色扫描仪上。IHS编码的优点是能把强度和颜色分开。根据人眼视觉特性，I、H和S三个分量的编码字节长度依次递减，其中I分量最长，H次之，S最短。因此，H、S对I而言分辨率要求较低，这结合不同分辨率的数据，同时能为保持最多的信息提供了可能途径。

RGB系统见图9-4-2，Or，Og，Ob代表R，G，B三种颜色的坐标轴，沿OW方向为中性色，即灰色。设$OR_0=OG_0=OB_0=1$，则$WR_0G_0B_0$平面的方程为

$$R+G+B=1$$

IHS 模型表示方法较多，有三角形、六棱锥、双六棱锥等，三角形模型具有代表性，因此较多被采用。IHS 系统见图 9-4-3，该图是图 9-4-2 立方体中经斜切后的正三棱锥。令 I 代表强度，方向沿 OW 方向，H 代表色度，WR_0 为起始方向，并沿三角形 $R_0G_0B_0$ 边界按逆时针方向标定。H 的范围规定为 0~3。S 代表饱和度，W 为起始点，沿辐射方向变化，S 的范围为 0~1，W 点为 0，在三角形边界上为 1。

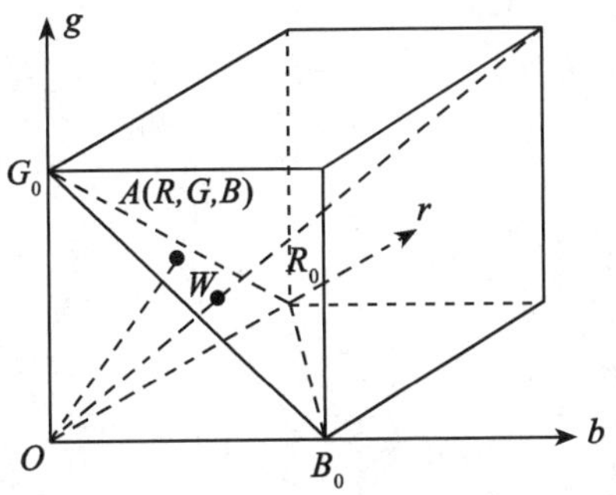

图 9-4-2　RGB 颜色坐标系统

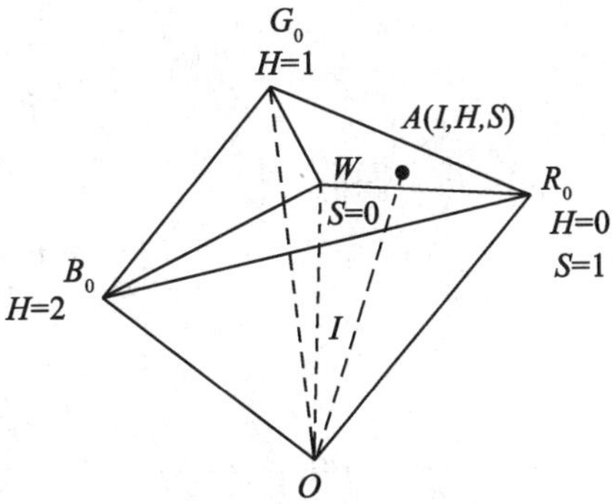

图 9-4-3　IHS 颜色坐标系统

随着 R，G，B 的变化，H 可在 0~3 改变，即 R，G，B 的合成矢量与 $WR_0G_0B_0$ 平面的交点有三种可能，当 $H=0\sim1$ 时，交点落在 $\triangle WR_0G_0$ 内；$H=1\sim2$ 时，交点落在 $\triangle WG_0B_0$；$H=2\sim3$ 时，交点落在 $\triangle WB_0R_0$ 内。根据几何分析，当交点落在 $\triangle WR_0G_0$ 中时，R，G，B 的合成矢量中，B 分量为最小；当落在 $\triangle WG_0B_0$ 中时，R 分量最小；当落在 $\triangle WB_0R_0$ 中时，G 分量最小。下面推导 IHS 和 RGB 间的相互交换公式。

1. 正变换公式

令

$$\begin{cases} I' = R + G + B \\ I = \dfrac{1}{3}I' \end{cases} \tag{9-4-1}$$

当 B 为最小时，设

$$\Delta R = R - B$$
$$\Delta G = G - B$$
$$\Delta B = B - B = 0$$

则

$$\begin{cases} H = \dfrac{\Delta G}{\Delta R + \Delta G} \\ S = \dfrac{\Delta R + \Delta G}{I'} \end{cases}$$

把 ΔR，ΔG 代入可得

$$\begin{cases} H = \dfrac{G - B}{I' - 3B} \\ S = \dfrac{I' - 3B}{I'} \end{cases} \tag{9-4-2}$$

当 R 为最小时，

$$\Delta R' = R - R = 0$$
$$\Delta G' = G - R$$
$$\Delta B' = B - R$$

则

$$\begin{cases} H = \dfrac{\Delta B'}{\Delta B' + \Delta G'} + 1 \\ S = \dfrac{\Delta B' + \Delta G'}{I'} \end{cases}$$

把 $\Delta G'$，$\Delta B'$ 代入可得

$$\begin{cases} H = \dfrac{B - R}{I' - 3R} + 1 \\ S = \dfrac{I' - 3R}{I'} \end{cases} \tag{9-4-3}$$

同理，可推出当 G 为最小时的 H，S 计算式为

$$\begin{cases} H = \dfrac{R - G}{I' - 3G} + 2 \\ S = \dfrac{I' - 3G}{I'} \end{cases} \tag{9-4-4}$$

在实际处理时，H、S 的数据用灰度表示，设灰度的范围为 0~255，则 H、S 的计算公式应分别乘 85 和 255 的比例因子。

2. 反变换公式

根据正变换公式，可以把 RGB 系统变换到 IHS 系统，在 IHS 系统处理后，尚需要把 IHS 统变换到 RGB 系统，因此而要导出反变换公式。

对式(9-4-1)~式(9-4-4)进行反变换，可得反变换公式。

当 B 为最小时，

$$\begin{cases} R = \dfrac{1}{3}I'(1 + 2S - 3SH) \\ G = \dfrac{1}{3}I'(1 - S + 3SH) \\ B = \dfrac{1}{3}I'(1 - S) \end{cases} \tag{9-4-5}$$

当 R 为最小时，

$$\begin{cases} R = \dfrac{1}{3}I'(1 - S) \\ G = \dfrac{1}{3}I'(1 + 5S - 3SH) \\ B = \dfrac{1}{3}I'(1 - 4S + 3SH) \end{cases} \tag{9-4-6}$$

当 G 为最小时，

$$\begin{cases} R = \frac{1}{3}I'(1 - 7S + 3SH) \\ G = \frac{1}{3}I'(1 - S) \\ B = \frac{1}{3}I'(1 + 8S - 3SH) \end{cases} \tag{9-4-7}$$

9.4.2.2 影像亮度和对比度

影像亮度是指画面的明亮程度，它决定了图像的整体明暗感。调整亮度可以改变图像的亮部或暗部的细节表现。在图像处理软件中，通常可以通过滑块或输入框来调整亮度值。增加亮度值会使图像变得更亮；反之，则会变得更暗。影像亮度单位是堪德拉每平米(cd/m^2)或称 nits。影像亮度是从白色表面到黑色表面的感觉连续体，由反射系数决定，亮度侧重物体，重在“反射”。

影像对比度是指一幅图像中明暗区域最亮的白和最暗的黑之间不同亮度层级的测量，差异范围越大代表对比越大，差异范围越小代表对比越小。好的对比度 120∶1 就可容易地显示生动、丰富的色彩；当对比度高达 300∶1 时，便可支持各阶的颜色。然而，与亮度参数类似，对比度目前缺乏一套科学统一且客观公正的评估标准。

在暗室中，白色画面(最亮时)下的亮度除以黑色画面(最暗时)下的亮度，即为对比度。更精准地说，对比度就是把白色信号在 100%和 0%的饱和度相减，再除以用 Lux(光照度，即勒克斯，每平方米的流明值)为计量单位下 0%的白色值(0%的白色信号实际上就是黑色)，所得到的数值。对比度是最白与最黑亮度单位的相除值。因此，白色越亮、黑色越暗，对比度就越高。严格来讲，对比度是屏幕上同一点最亮时(白色)与最暗时(黑色)的亮度的比值，不过通常产品的对比度指标是就整个屏幕而言的，例如一个屏幕在全白屏状态时候亮度为 $500cd/m^2$，全黑屏状态亮度为 $0.5cd/m^2$，这样屏幕的对比度就是 1000∶1。

对比度对视觉效果的影响非常关键，一般来说，对比度越大，图像越清晰、醒目，色彩也越鲜明艳丽；而对比度小，则会让整个画面灰蒙蒙。高对比度对于图像的清晰度、细节表现、灰度层次表现都有很大帮助。在文本显示、CAD 制图和黑白影像等场景中，高对比度产品能显著提升黑白反差表现，增强画面清晰度和细节完整性。相对而言，在色彩层次方面，高对比度对图像的影响并不明显。对比度对动态视频显示效果的影响要更大，由于动态图像中明暗转换比较快，对比度越高，人的眼睛越容易分辨出这样的转换过程。

9.4.2.3 影像的色调

色调是指影像色彩的基本倾向，是画面的主要色彩印象。在彩色影像中，基调是由不同的色彩通过适当的搭配而形成的统一、和谐且富于变化的有机结合，其中起主导作用的颜色即为色彩的基调，也称画面的基调。

常见的色调包括以下 5 种。

(1)暖色调：如红色、橙色、黄色等，能给人温暖、热情、欢快的感觉。这类色调常用于表现日出、日落、秋天等场景。

(2)冷色调：如蓝色、绿色、紫色等，能给人平静、清凉、寒冷的感觉。冷色调常用于表现夜景、雪景、海洋等场景。

(3)中性色调：如黑色、白色、灰色等，能给人稳重、简洁、高雅的感觉。中性色调常用于表现建筑、人像、静物等场景。

(4)单色调：画面中只有一种颜色，通过不同的明度和纯度来表现层次感。单色调常用于表现简约、抽象、艺术等场景。

(5)对比色调：画面中两种或两种以上的颜色形成强烈的对比，能给人鲜明、醒目、强烈的感觉。对比色调常用于表现广告、时尚、创意等场景。

控制与调整影像色调的主要方法包括如下 3 种。

(1)曝光控制：在摄影中，色调的深与浅、色彩的浓与淡与曝光控制有一定的关系。曝光过度会使景物的色彩较浅淡，曝光不足则容易使色彩倾向浓郁。

(2)白平衡调整：白平衡可以对景物的白色物体自动进行分析校色，从而确保照片中的色彩准确。数码相机通常具有多种白平衡设置功能，如自动、日光、阴影、多云、钨丝灯、闪光灯等，可以根据拍摄环境进行选择。

(3)后期处理：通过处理算法，可以对照片的色彩做进一步的调整和优化。例如，可以改变色调的冷暖倾向，调整色彩的饱和度、对比度等。需要特别指出的是，色调在 RGB 影像中可以表现为 R、G、B 各分量影像直方图的分布，因此可以通过修改影像直方图进行色调调整。

9.4.3　单张影像匀光匀色

单影像的色彩一致性处理，主要是为了解决单影像内部出现的亮度和色调分布不均的问题。本节主要论述两种单影像匀光算法的原理与处理步骤，即 Mask 匀光法和 Retinex 匀光法。

1. Mask 匀光法

Mask 匀光法又称模糊正像匀光法，是针对传统光学像片照度不均匀的一种在像片晒印时的匀光方法。其基本原理是用一张模糊的透明正片作为遮光板，将模糊透明正片与负片按轮廓线叠加在一起进行晒像，便得到一张反差较小而密度比较均匀的像片；然后用硬性相纸晒印，增强整张像片的总体反差，最后得到晒印的照度均匀的光学像片。

将 Mask 匀光的原理用于数字图像处理，同样可以实现数字影像的匀光(胡庆武等，2004；王密等，2004)。若 $I'(x, y)$ 为所获取的光照不均匀的影像，$I'(x, y)$ 可以看成由理想条件下受光均匀的影像 $I(x, y)$ 叠加了一个背景影像 $B(x, y)$：

$$I'(x, y) = I(x, y) + B(x, y) \tag{9-4-8}$$

获取的影像之所以存在不均匀光照现象，是因为背景影像不均匀。按照 Mask 匀光的原理，如果能够很好地模拟出影像的背景影像，将其从原影像中减去，就可以得到受光均匀的影像；然后进行拉伸处理来增大影像的反差，就可以消除单幅影像的光照不平衡。基于 Mask 法的单幅影像匀光原理如图 9-4-4 所示。

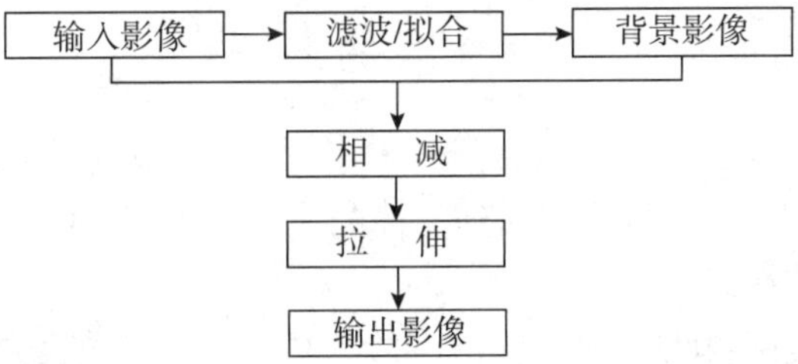

图 9-4-4 基于 Mask 法的单幅影像匀光流程

目前背景影像的获取方法主要有两种：一是基于影像的成像模型对亮度分布不均匀问题进行处理。这类方法主要根据在局部区域获得的采样值，用数学模型来拟合场景范围内亮度变化的趋势。二是利用低通滤波的方法，从影像中快速分离出亮度分布信息，该方法不仅不需要对水域等特殊区域进行区别对待，而且还能够调整由影像亮度分布问题导致的影像局部反差分布不均匀，从而实现影像亮度分布问题与局部反差分布问题同时调整的目的。一般可采用高斯滤波器进行低通滤波，利用快速傅里叶变换 FFT 进行频率域的低通滤波，能加快处理的速度。

Mask 匀光法认为原始亮度不均图像是亮度均衡图像与噪声图像相加得到的，因此将原始图像减去噪声图像，最后对运算结果进行拉伸，加强反差，即可获得亮度均衡的图像。为了保证匀光后的影像亮度与处理前没有明显差异，还需要对初步匀光结果进行修正，即加上一个修正值。修正值在正常情况下为 $g(x, y)$ 的均值。数学表达式为

$$\text{input} = f(x, y) - g(x, y) + \text{offset} = r(x, y) + \text{offset}$$

式中，offset 为修正值；input 为增加了修正值的匀光影像。

由于减去噪声影像后，灰度级分布变小，表现为反差降低，因此需要对匀光影像进行拉伸。Mask 匀光法选择线性拉伸。公式如下：

$$\text{output} = \begin{cases} \dfrac{255\times(\text{input}-\text{value})}{255-2\times\text{value}}, & \text{value}>0 \\ \dfrac{\text{input}\times(255+2\times\text{value})}{255}-\text{value}, & \text{value}<0 \end{cases} \tag{9-4-9}$$

式中，output 是最终得到的匀光影像；input 是增加偏移量之后的光照均匀影像；value 是拉伸参数，取值范围是(-127, 127)。

Mask 匀光法的优势：

(1) Mask 匀光法能够保证影像的整体灰度均值。

(2) 噪声影像能反映待处理影像的亮度分布情况。

Mask 匀光法的不足：

(1) Mask 匀光法很难确定高斯低通滤波尺度。由于待处理图像与噪声图像需要进行相减处理，而滤波器的尺度大小决定了噪声图像的信息量大小，要选择合适的尺度才能避免过多的信息被删除，从而保证匀光结果影像的质量。

(2) Mask 匀光法运算效率较低，实际应用中滤波器尺度偏大，导致运算量增加，而

随着影像尺寸的增加、波段数的增加，运算效率会成比例地降低。

2. Retinex 匀光法

Retinex 这个名称来源于 Retina(视网膜)和 Cortex(大脑皮层)这两个单词，其基本思想就是模拟人类视觉系统如何调节感知到物体的亮度和颜色的过程。Retinex 匀光法基于 Retinex 理论的颜色恒定性。

Retinex 理论，即视网膜大脑皮层理论，是由 Edwin Land 在 1971 年首次提出的关于人类视觉系统如何调节感知到物体的颜色和亮度的理论。Land 通过大量实验证明人眼对物体颜色的感知只与视觉系统对物体反射特性的知觉有关，不会因外界光照条件的改变而变化。

Retinex 匀光法基于照度-反射率模型，公式如下：

$$f(x, y) = i(x, y) * R(x, y) \tag{9-4-10}$$

式中，$f(x, y)$是待处理图像；$i(x, y)$是照度影像，反映图像像素的灰度值随时空的变化情况，与频率域中的低频信息概念一致；$R(x, y)$为反射率影像，对应的是影像的高频成分。

要得到照度图像，需要对待处理图像进行高斯低通滤波处理，公式如下：

$$I(x, y) = f(x, y) * G(x, y) \tag{9-4-11}$$

式中，$G(x, y)$是高斯低通滤波器；$*$ 表示卷积计算，$G(x, y)$表达式如下：

$$G(x, y) = \exp\left[\frac{-(x^2 + y^2)}{2\sigma^2}\right] \tag{9-4-12}$$

然后进行比值运算，也可在对数域中做差值运算，获得反射率影像作为匀光结果影像。

$$\log[R(x, y)] = \log\left[\frac{f(x, y)}{i(x, y)}\right] = \log[f(x, y)] - \log[f(x, y)] - \log[f(x, y) * G(x, y)] \tag{9-4-13}$$

式中，$R(x, y)$是匀光图像，将运算结果取指数即可获得。

Retinex 匀光法处理过程如图 9-4-5 所示。

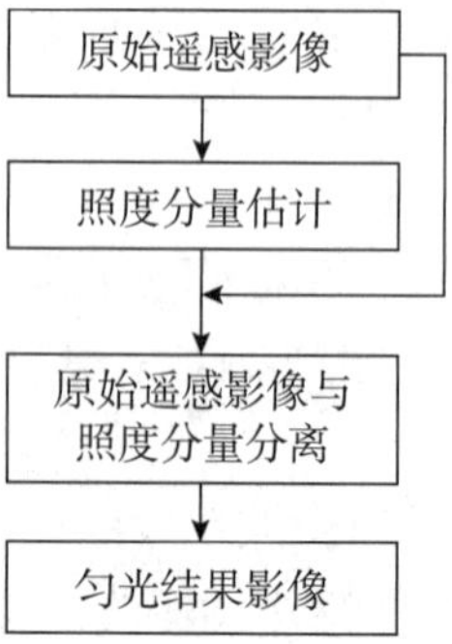

图 9-4-5　*Retinex* 匀光法处理过程

Retinex 匀光法的优势：在处理亮度不均图像时，Retinex 匀光法能够在一定程度上保持色彩的真实性。

Retinex 匀光法的不足：①Retinex 匀光法在匀光过程中过滤掉照射光而只保留反射光，容易导致匀光后影像的对比度降低；②Retinex 算法对影像的局部增强效果不佳，其对拼接影像的处理效果较差。

9.4.4 多景影像间色彩一致性

多景影像间的匀色处理，也称为影像间的色彩均衡处理，主要是为了解决测区内影像之间的色彩差异和亮度差异问题，从而让整个测区内的影像在色调和亮度上保持一致。目前应用较广且行之有效的多景影像间的匀色方法主要有 Wallis 滤波算法和直方图匹配算法。基于此，下面主要介绍基于 Wallis 滤波法的多景影像间匀色方法、基于直方图匹配的多景影像间匀色方法和全局优化方法。

9.4.4.1 Wallis 滤波法

Wallis 滤波器是一种比较特殊的滤波器，其目的是将局部影像的灰度均值和方差映射到给定的灰度均值和方差值。它实际上是一种局部影像变换，使得在影像不同位置处的灰度方差和灰度均值具有近似相等的数值，即将影像反差小的区域的反差增大，影像反差大的区域的反差减小，以达到影像中灰度的微小信息得到增强的目的。Wallis 滤波器可以表示为

$$f(x, y) = [g(x, y) - m_g] \frac{cs_f}{cs_g + (1-c)s_f} + bm_f + (1-b)m_g \tag{9-4-14}$$

式中，$g(x, y)$为原影像的灰度值；$f(x, y)$为 Wallis 变换后结果影像的灰度值；m_g 为原影像的局部灰度均值；s_g 为原影像的局部灰度标准偏差；m_f 为结果影像局部灰度均值的目标值；s_f 为结果影像的局部灰度标准偏差的目标值；$c \in [0, 1]$，为影像方差的扩展常数；$b \in [0, 1]$，为影像的亮度系数，当 $b \to 1$ 时影像均值被强制到 m_f，当 $b \to 0$ 时影像的均值被强制到 m_g。或者上式也可以表示为

$$f(x, y) = g(x, y)r_1 + r_0 \tag{9-4-15}$$

式中，$r_1 = \dfrac{cs_f}{cs_g + (1-c)s_f}$，$r_0 = bm_f + (1-b-r_1)m_g$，参数 r_1，r_0 分别为乘性系数和加性系数，即 Wallis 滤波器是一种线性变换。

典型的 Wallis 滤波器中 $c=1$，$b=1$，此时 Wallis 滤波公式变为

$$f(x, y) = [g(x, y) - m_g] \cdot \frac{s_f}{s_g} + m_f \tag{9-4-16}$$

此时，$r_1 = \dfrac{s_f}{s_g}$，$r_0 = m_f - r_1 m_g$。

一幅影像的均值反映了它的色调与亮度，标准偏差则反映了它的灰度动态变化范围，并在一定程度上反映了它的反差。一方面，考虑到相邻地物的相关性，理想情况下获取的多幅影像在色彩空间上应该是连续的，具有近似一致的色调、亮度与反差，近似一致的灰度动态变化范围，因而也应该具有近似一致的均值与标准偏差。因此，要实现多幅影像间

的色彩平衡，就应该使不同影像具有近似一致的均值与标准偏差，这是一个必要条件。另一方面，由于在真实场景中地物的色彩信息在色彩空间上是连续的，因此在整个场景中，尽管不同影像范围内地物的色彩信息仍然存在差异、变化，但一般来说，这些差异、变化都是局部的，其整体信息的变化很小。而影像的整体信息可以通过整幅影像的均值、方差等统计参数反映出来，所以可以对不同影像以标准参数为准，进行标准化的处理，从而获取影像间的整体映射关系，这是一个充分条件。因此，可以采用基于 Wallis 滤波器方法进行多幅影像间的匀光处理。具体过程就是首先确定标准参数(m_f，s_f)，再将各影像基于标准参数(m_f，s_f)进行 Wallis 变换，实现多幅影像间的匀光。

9.4.4.2　直方图匹配法

直方图是数字影像中统计像素灰度级分布规律的常用工具。它以影像的灰度级作为横坐标，灰度级的出现频率作为纵坐标，记录的是影像像素在不同灰度级上的出现个数与具体频率(贾永红，2003)。借助直方图提供的影像信息，直方图匹配以参考影像为基准来进行原始影像灰度直方图分布的调整，并使其在每个灰度级上都具有与参考直方图相同的像素个数，旨在将一幅图像的直方图转换为与另一幅图像相似的形状，从而保持两幅图像的色调一致，这个过程又称为直方图规定化。运用直方图匹配算法前需要对待处理影像和参考影像进行均衡化处理，即进行影像的直方图均衡化。

1. 直方图均衡化

直方图均衡化的思想就是将原始影像的灰度从某个集中的区间变成在整个灰度区间内均匀分布，它通过一定的要求进行灰度映射，使影像灰度分布更加均匀，实现图像增强的目的。

给定一幅影像 $I(x, y)$，其灰度值范围为 $g_{\min} \leqslant I(x, y) \leqslant g_{\max}$，对其进行归一化处理：

$$r = \frac{I(x, y) - g_{\min}}{g_{\max} - g_{\min}} \tag{9-4-17}$$

其中，r 表示影像 I 在像素点(x，y)处的像素灰度值经归一化后的值，且 $0 \leqslant r \leqslant 1$。在[0，1]区间内的任意一个 r，经变换函数 $T(r)$ 都可以产生一个 s 与之相对应，从而使待处理影像的直方图 $P_r(r)$ 的分布变换为直方图均匀分布的 $P_s(s)$。其映射关系如下：

$$s = T(r)$$

式中，$T(r)$ 应满足以下条件：

(1)在区间[0，1]中，$T(r)$ 为单调递增函数；

(2)在区间[0，1]中都有 $0 \leqslant T(r) \leqslant 1$。

其逆变换关系为

$$r = T^{-1}(s)$$

式中，$T^{-1}(s)$ 对 s 同样满足上述条件。

由概率论可知，如果已知的随机变量 r 的概率密度为 $p_r(r)$，而随机变量 s 是 r 的函数，则 s 的概率密度 $p_s(s)$ 求出。

假设随机变量 s 的分布函数用 $F_s(s)$ 表示，根据分布函数定义：

$$F_s(s)=\int_{-\infty}^{s}p_s(s)\,\mathrm{d}s=\int_{-\infty}^{r}p_r(r)\,\mathrm{d}r \tag{9-4-18}$$

利用密度函数是分布函数的导数的关系，等式两边对 s 求导，有

$$p_s(s)=\frac{\mathrm{d}}{\mathrm{d}s}\left[\int_{-\infty}^{r}p_r(r)\,\mathrm{d}r\right]=p_r\frac{\mathrm{d}}{\mathrm{d}s}[T^{-1}(s)] \tag{9-4-19}$$

由此可见，输出图像的概率密度函数可以通过变换函数 $T(r)$ 控制原图像的灰度级的概率密度函数得到。

如果一幅影像的直方图是均匀分布的，那么 $P_s(s)=k$，经归一化后的图像其 $k=1$。此时该图像的色调给人的感觉是较协调的。因此将原始影像的直方图通过 $T(r)$ 调整为均匀分布的直方图，这样处理后影像从视觉上看效果较好。

因为归一化 $p_s(s)=1$，则有 $\mathrm{d}s=p_r(r)\,\mathrm{d}r$，对该式两边积分得：

$$s=T(r)=\int_{0}^{r}p_r(r)\,\mathrm{d}r \tag{9-4-20}$$

上式表明，当变换函数为 r 的累计直方图函数时，即能达到直方图均衡化的目的。对于离散的数字图像，用频率来代替概率，则变换函数 $T(r_k)$ 的离散形式可表示为

$$s_k=T(r_k)=\sum_{j=0}^{k}p_r(r_j)=\sum_{j=0}^{k}\frac{n_j}{n} \tag{9-4-21}$$

上式表明，均衡后的各像素的灰度值 s_k 可直接由原影像的直方图算出。

2. 直方图匹配

直方图匹配的原理是对两景影像的直方图都做均衡化处理，使其变为归一化的均匀直方图，并以此直方图作为媒介，对参考图像进行均衡化的逆运算即可。

设 x_a 表示待处理图像的灰度值，$h_a(x_a)$ 为原始影像中任意一灰度值出现的概率，$T(x_a)$ 为原始影像直方图均衡化的转换函数，$G(y_c)$ 为参考影像直方图均衡化的转换函数，变换后的灰度值为 Z_b，由上述可知：

$$Z_b=G(y_c)=\sum_{j=0}^{k}h_a(y_c^j) \tag{9-4-22}$$

$$Z_b=T(x_a)=\sum_{j=0}^{k}h_a(x_a^j) \tag{9-4-23}$$

所以，

$$y_c=G^{-1}(Z_b)=G^{-1}[T(x_a)] \tag{9-4-24}$$

由于均衡化的转换函数均采用归一化的形式，即均衡化的转换函数即为该图像的累计直方图。

直方图匹配的处理步骤如下：

(1)统计计算出原始影像的累计直方图，对原始影像进行均衡化处理；

(2)统计计算出参考影像的累计直方图，对参考影像进行均衡化处理；

(3)对于待处理影像中的每一灰度级 x_a 的累计值 Z_b，在参考影像中找到对应的累计值 $G(y_c)$；当 G 为数学公式时即可计算得到对应的新灰度值 y_c；

(4)用新灰度值 y_c 代替原灰度值 x_a，即可得到匀色后的新影像。

9.4.4.3　路径传播法和全局优化法

与 Wallis 法类似，路径传播法同样需要指定参考信息，将其他待处理影像的色彩信息调整至与参考色彩信息相一致。在路径传播法中，参考色彩信息通过邻接影像的重叠区域进行传递，由于待处理影像一般是空间二维分布，因此确定色彩校正处理的传播路径是该类方法的关键。路径传播色彩一致性处理方法在色彩信息的传递过程中容易引发色彩误差的传播与累积，且不同传播路径的两张邻接影像的处理结果仍可能存在色彩差异。

全局优化方法与路径传播法类似，也是利用邻接影像间重叠区域的色彩信息构建影像间色彩差异模型，但在模型解算时并不是两两进行解算，而是将所有影像重叠区域的校正模型统一进行解算，取得全局统计意义上的最优解。武汉大学孙明伟博士(2009)提出基于最小二乘区域网平差全局优化方法，该方法利用影像间的邻接关系构建色彩校正模型，整体解算色彩校正参数，得到统计意义上的全局最优解。Cresson 等(2015)提出二次优化色彩一致性处理方法，该方法将匀色问题转化为全局二次优化问题，并以校正前后影像整体的均值和及方差和不变为约束条件，在 CIELAB 色彩空间对三波段影像进行色彩调整。全局优化色彩一致性处理方法将未知模型校正参数整体进行求解，避免路径传播法中所产生的色彩误差与传播的问题。但目前已有的全局优化方法处理流程仍有待改善，处理效果仍有待提高。下面主要介绍最小二乘区域网匀色方法的原理。

最小二乘区域网匀色处理的基本思想是：统计单幅正射影像和与它相邻的影像的公共重叠区域的色调信息(灰度均值与灰度方差)，根据匀色后正射影像的重叠区域应该具有相同(或相近)的色调的基本要求，利用最小二乘平差方法，在整个测区整体解算每幅影像的色调调整参数，使影像之间的色调差异取得整体意义上的最小二乘值。基于 Wallis 滤波器的匀色处理，能够对原始影像与单幅正射影像进行色调调整，而最小二乘区域网匀色处理只对单幅正射影像进行色调调整，为区别两者匀色处理含义的差异，最小二乘区域网匀色处理过程可以称为影像的色调均衡处理。具体步骤如下：

第一步：假设影像的色调调整参数为比例参数 k 与平移参数 b，即匀色前的色调统计值为 x，则匀色后的色调统计值应该为 $kx + b$。

假设单幅正射影像的位置关系如图 9-4-6 所示，每幅影像都与它的邻域影像有重叠区域，每幅影像的色调调整参数为 k_{ij} 与 b_{ij}。匀光后的理想情况为重叠区域有相同的统计特性，则可列方程组：

$$\begin{cases} a * k_{00} + b_{00} - b * k_{01} - b_{01} = 0 \\ c * k_{01} + b_{01} - d * k_{02} - b_{02} = 0 \\ e * k_{02} + b_{02} - f * k_{03} - b_{03} = 0 \\ \cdots\cdots \end{cases} \tag{9-4-25}$$

式中，a、b 分别为第 00 号单幅正射影像与第 01 号单幅正射影像在公共重叠区域的色调统计值；c、d、e、f 等具有相同的含义。

第二步：解式(9-4-25)所示的方程，即可求得色调调整参数 k_{ij}，b_{ij}。实际上，进行色

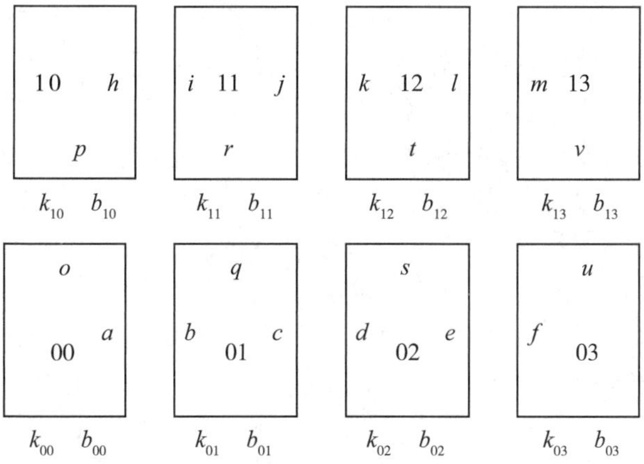

图 9-4-6　单幅正射影像的几何位置关系示例

调调整参数的解算时，也需要将测区中一些色调较好的影像设为色调控制影像，这些影像的色调应该具有较小的调整幅度，或者不进行色调调整。如果某张影像为色调控制影像，则可假定该张影像的色调调整参数为 $k=1$，$b=0$，通常可选择测区四角附近色调较好的影像作为色调控制影像。

第三步：解得每幅影像的色调调整参数后，利用 $kx+b$ 计算出每张影像的色调标准值，然后可利用 Wallis 滤波算子将每张影像的色调调整至标准值。

9.5　正射影像镶嵌

单幅影像所能容纳的地物内容有限，大范围数字正射影像的生产还需将多幅影像进行镶嵌处理。影像镶嵌是指把两幅或多幅影像依次进行拼接以形成一幅大范围内整体影像的处理流程。待镶嵌处理的影像集中，相邻影像间通常具有一定的重叠区域，航空摄影测量中像片的航向重叠通常要求为 60%，困难情况下不得少于 53%；旁向重叠度为 30%，困难情况下不得少于 15%；如果地形起伏较大时，还需要进一步增加影像重叠区域以保证正射影像生产质量。影像镶嵌的过程如图 9-5-1 所示，是在影像重叠区域内选择合适的分割线，也称镶嵌线或拼接线，然后在镶嵌线左侧取左影像数据，在镶嵌线右侧取右影像数据，从而合成一幅整体影像。

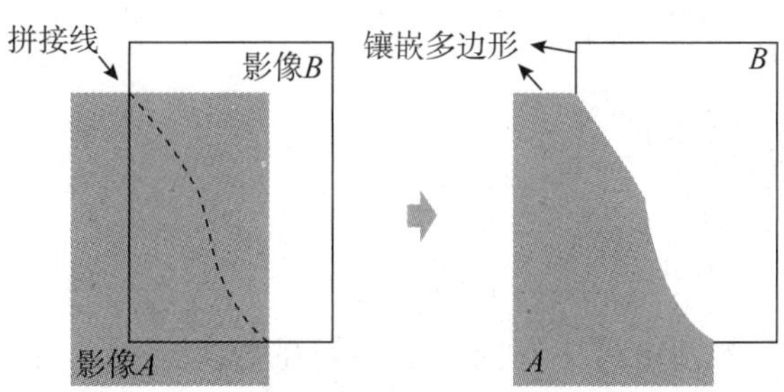

图 9-5-1　影像镶嵌图

影像镶嵌是大范围数字正射影像制作的关键步骤之一。城区影像中由于建筑、车辆和树木等地物类型繁多，地物斑块较破碎，且地物几何关系更复杂，遮挡严重，需要使镶嵌线避开这些存在投影差的区域，以避免在镶嵌影像上产生几何错位与色彩差异。一条最优的镶嵌线，应该避免穿过大多数的视觉显著的物体，保持地物的完整性，并且避免穿过大部分具有低图像相似度和大的地物错位的重叠区域，从而在最终的拼接图中尽可能减少沿着镶嵌线的、几何和辐射差异导致的不连续性。

多幅正射影像镶嵌模式可分为基于局部和基于全局的影像镶嵌。基于局部的影像镶嵌关注于相邻影像对间镶嵌线的自动提取与影像拼接。此类方法采用两两镶嵌作业模式，即将当前两幅影像镶嵌的结果作为一幅整体影像，与待镶嵌影像集中的下一幅影像进行镶嵌，完成单航带内全部影像的拼接后，再将各个航带的拼接结果作为一幅整体影像进行拼接；以此类推，直到所有影像都完成镶嵌，处理过程如图 9-5-2 所示。

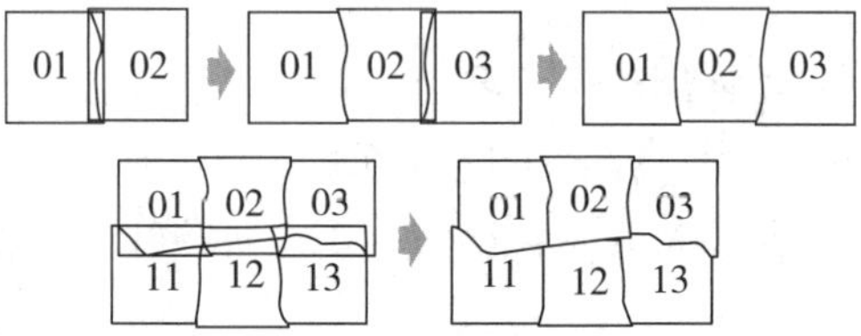

图 9-5-2　影像拼接

基于全局的影像镶嵌采用先构建整体镶嵌网络再进行局部优化的方式，即由影像的几何位置或者航摄中记录的 POS 等信息构建全局初始镶嵌网络，再对初始镶嵌线进行优化调整，如图 9-5-3 所示。由图可以看出，镶嵌线选择完成后，镶嵌网络中的每个多边形可以对相应的数字正射影像进行区域划分，从而确定该影像在最终镶嵌结果影像上的有效范围。

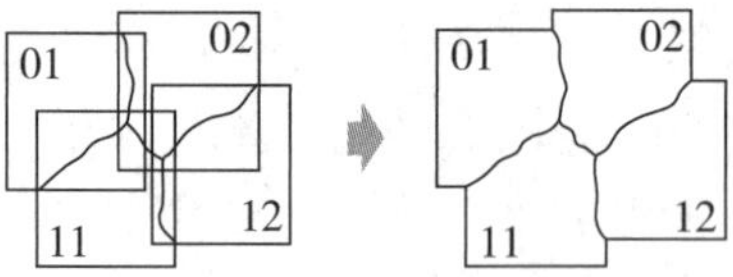

图 9-5-3　影像拼接示意图

相比之下，全局影像镶嵌模式更加灵活，处理流程一般与影像输入顺序无关，处理效率较高，易于计算机并行加速处理，可以满足海量影像拼接生产需求。下面将介绍几种常见的全局影像镶嵌算法。

9.5.1　基于 Voronoi 图的镶嵌

9.5.1.1　Voronoi 图

Voronoi 图是计算几何领域关于空间划分的基础数据结构。由于其独特的几何性质，目前已经被广泛应用于机器人避障、神经科学、信息科学、晶体学建筑学等众多领域。

Voronoi 图主要解决了这样一个问题：如何基于已有点集划分指定平面，使得划分区域与点相互对应，并使平面上任取一点都与最近的已知点处于同一划分区域。

Voronoi 图是一组由连接相邻两点直线的垂直平分线组成的连续多边形，其数学定义如下：假设 $P=\{p_1, p_2, p_3, \cdots, p_n\}$，$(3 \leqslant n < \infty)$ 是二维欧氏空间(平面)上 n 个互不相同的点，则可以把为点 p_i 的 Voronoi 多边形 $V(p_i)$ 定义为

$$V(p_i) = \{p \in R^2 \mid d(p, p_i) \leqslant d(p, p_j), i, j = 1, 2, \cdots, n; i \neq j\} \quad (9\text{-}5\text{-}1)$$

式中，p 为平面上的任意点，$d(p, p_i)$ 与 $d(p, p_j)$ 分别为点 p 与 p_i 和 p_j 的欧氏距离，也即空间中两点最短直线距离。点 $A(x_a, y_a)$ 与 $B(x_b, y_b)$ 的欧氏距离 dis(ed)为

$$\text{dis(ed)} = \sqrt{(x_a - x_b)^2 - (y_a - y_b)^2} \quad (9\text{-}5\text{-}2)$$

则集合 $V=\{V(p_1), V(p_2), V(p_3), \cdots, V(p_n)\}$ 所定义的图形即为以点集 P 为种子点生成的 Voronoi 图，如图 9-5-4 所示。

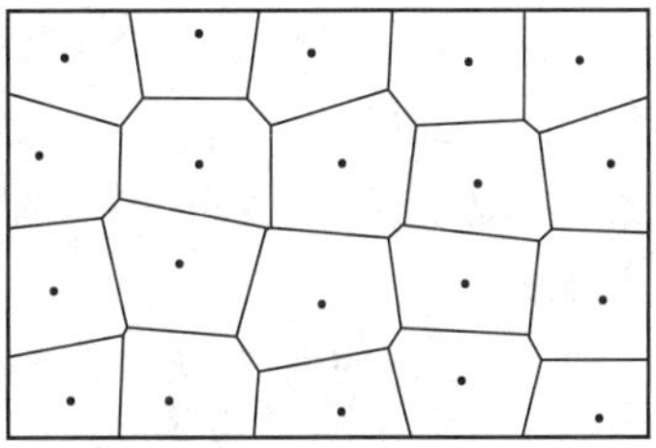

图 9-5-4 Voronoi 图

Voronoi 图是基于散点最邻近原则的空间划分方法，基于散点将平面分割为不同的区域，每个区域仅包含一个特定点，并且区域内任一点到该特征点的距离比到其他特定点的距离都要近。

基于 Voronoi 图生成的全局镶嵌网络可以形成对每幅正射影像的唯一划分，直接生成镶嵌结果，避免产生中间结果和镶嵌冗余。此外，正射影像在投影中心区域的几何畸变与投影差较小，图像质量较高。所以，基于 Voronoi 图生成的初始镶嵌网络可以保留影像质量较高的区域，剔除边缘畸变较大的部分，从而提高影像镶嵌的精度。

进行大范围内多幅正射影像镶嵌处理时，首先获取每幅正射影像的有效多边形范围，然后以各个多边形中心点为种子点生成 Voronoi 图，构成影像集的初始镶嵌网络，网络中每个 Voronoi 多边形对每幅影像进行对应划分，从而确定单幅影像在最终镶嵌结果影像上的有效区域。

9.5.1.2 影像有效区域获取

原始影像基于 DEM 进行数字微分纠正后得到正射影像，在影像正射纠正过程中通常会发生旋转，或是某一区域 DEM 数据缺失，导致正射影像上会出现无效值区域。如果对无效值区域不加以考虑，最终镶嵌结果影像很可能存在不被有效数据覆盖的区域，形成黑色拼接漏洞。一般无效值区域分布于影像的四周，也可以称为背景区域，影像有效值区域即为前景区域。背景区域一般使用白色(像素值为 255)或者黑色(像素值为 0)进行填充。

可以采用八邻域边界追踪法获取影像的有效多边形范围。

八邻域边界追踪法是一种常用的边界信息提取方法，假设在一幅影像中当前点 C 是一个边缘点，则下一个边界点必定落在点 C 的 8 个邻域内，按逆时针顺序将当前点 C 的 8 个邻域依次命名为 0~7，8 个邻域像素的坐标表示和编码表示如图 9-5-5 所示。

7	6	5
0	C	4
1	2	3

（a）

$(x-1,y-1)$	$(x,y-1)$	$(x+1,y-1)$
$(x-1,y)$	(x,y)	$(x+1,y)$
$(x-1,y+1)$	$(x,y+1)$	$(x+1,y+1)$

（b）

图 9-5-5　八邻域像素图

采用逆时针八邻域边界追踪法对 DOM 有效区域进行提取，主要包括以下几个步骤：

（1）从影像左上方开始，逐行逐列地搜索直到找到第一个影像前景像素点 P_0，将 P_0 作为起始边界点，记当前边界点为 P_t，此时 $P_t=P_0$。

（2）定义 dir 为当前边界点至下一边界点的移动方向（取值为 0~7，参见八邻域编码表示图（图 9-5-5（a）），并令初始 dir=0。

（3）从当前点 P_t 按 dir 方向开始，按逆时针方向依次扫描该边界点的八邻域像素，将扫描过程中首次出现的前景像素点标记为新的边界点，并记录该边界点在前一点的八邻域中的方向 dir。

（4）若当前像素点 $P_t=P_0$，则表示边界搜索回到了起点，得到的边界闭合，算法执行完毕；若 $P_t \neq P_0$，让 dir=（dir−2）Mod 8，即顺时针后退两个方向，然后转去步骤（3），继续进行边界搜索。

八邻域边界追踪法的流程如图 9-5-6 所示，图中灰色区域为有效值区域，白色为无效值区域，黑色圆点即为算法追踪得到的边界点，带色箭头线标识了各边界点依次扫描自身邻域内节点的方向。

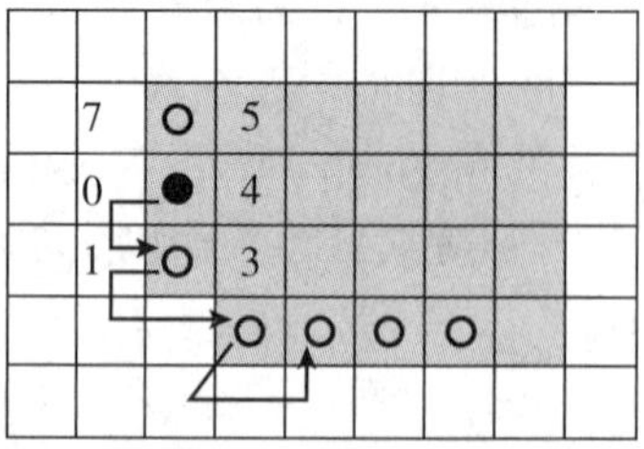

图 9-5-6　八邻域边界追踪法

通过边界追踪获取的多边形是由连续像的像素点连接构成，节点数量庞大，不利于数据组织存储及后期进行多边形求交等操作。为了减少计算复杂度，可以使用 Douglas-Peucker 算法（以下简称 DP 算法）进行点集抽稀。DP 算法是经典的矢量曲线数据压缩算法，可以有效减少构成曲线的点个数，但仍保持曲线的大致骨架，其具体步骤如下：

给定一个阈值 ε，首先选取线段的两个端点构成直线段 l，然后计算曲线点集内其余各点到线段 l 的直线距离。记这些点到线段 l 的距离中最大值为 d，若 $d \leqslant \varepsilon$，则曲线点集中的这些点都被舍去，直线段 l 即为曲线的近似；若 $d>\varepsilon$，则此点保留，并以此点将曲线分为两段，递归使用上述操作对这两段曲线进行化简抽稀。算法大致流程如图 9-5-7 所示。曲线抽稀简化精度主要取决于阈值 ε，阈值 ε 越大，保留的点越少，曲线越平直；反之，阈值 ε 越小，保留的点越多，形状则越趋近于原曲线。

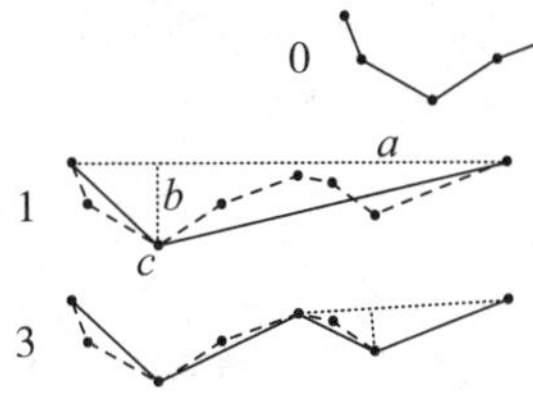

图 9-5-7　Douglas-Peucker 算法

9.5.1.3　生成镶嵌线

Voronoi 构造方法可分为矢量生成方法和栅格生成方法两大类。其中基于栅格方法生成的 Voronoi 图精度较低、耗时长。较早即开始基于矢量的方法研究，目前此类方法众多，其中较典型的方法有增量法、分治法与间接法。本节介绍基于间接法生成 Voronoi 图作为影像集的初始镶嵌网络，该方法以待镶嵌影像的有效区域中心点作为 Voronoi 图的节点集 P，然后生成点集的 Delaunay 三角网(也即 Voronoi 图的对偶图)，之后寻找 Delaunay 三角网中各个三角形的外接圆圆心，将相邻三角形对应的外接圆圆心依次连接，即可构成以点集 P 为生成元的多边形网络，也即 Voronoi 图。

Delaunay 三角网也被称为不规则三角网，其构建过程就是将离散数据点相互连接构建三角网络，即对于平面上 n 个离散点，其平面坐标分别为(x_i, y_i)，$i=1, 2, \cdots, n$，将其中相近的三点构成最佳三角形，使每个离散点都成为三角形的顶点。建立 Delaunay 三角网算法在 8.4 节已经介绍，这里不再赘述。

生成 Delaunay 三角网后，过网络中各个三角形的三条边作垂直平分线，各条直线相交的点(也即三角形外接圆圆心)即为 Voronoi 图的顶点，根据离散点对应的相邻三角形关系将各顶点相互连接，与外围矩形限制图框一起得到 Voronoi 图，如图 9-5-8 所示。

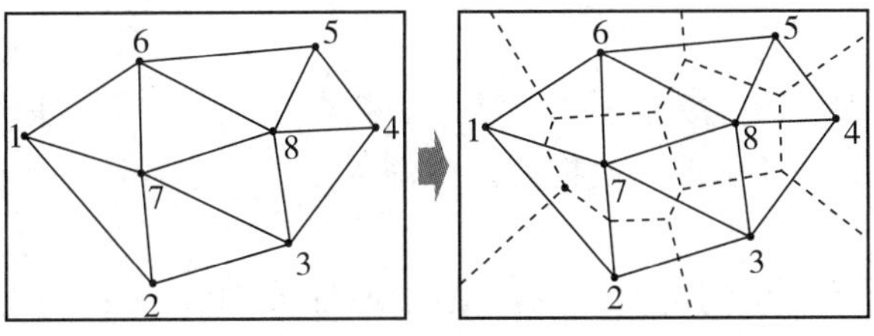

图 9-5-8　Voronoi 图

基于常规 Voronoi 图生成的镶嵌网络，是根据影像中心点集对区域进行分割，没有考虑到 Voronoi 多边形是否位于影像有效区域内，从而可能会在最终镶嵌影像上产生一些无有效数据的拼接漏洞。对于具有高重叠度的影像集镶嵌一般不会产生漏洞，然而当影像分布不均或是相邻影像重叠区域不足时，则应对此问题加以考虑，需要对镶嵌多边形的顶点进行相应调整以避免产生空洞。

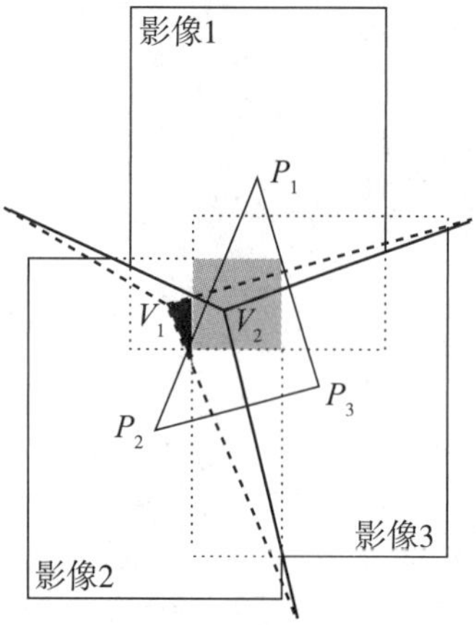

图 9-5-9　影像重叠

Voronoi 图中的每个顶点与三条边相连，分割了与其相关的三幅正射影像。将 Voronoi 网络中每一个顶点都调整至位于对应三幅影像有效多边形的重叠区域内，即可保证每一条镶嵌线落在左右两幅影像重叠区域内，从而避免无数据空洞的出现。如图 9-5-9 所示，当顶点位于 V_1 处时，会导致镶嵌影像的部分区域无有效数据覆盖(图中黑色区域)，需将其调整至对应的三张影像 P_1、P_2 和 P_3 有效多边形重叠区域(图中灰色区域)内，即将点移动至点 V_2 处，这样便可以避免空洞区域的产生，使得镶嵌结果中所有区域均被有效数据覆盖，实现正射影像无缝镶嵌。

在以效率优先的影像拼接处理中，一般只需实现无漏洞的拼接即可满足要求。而为了生产高质量、高精度的大范围正射影像，须使镶嵌网络顶点及镶嵌线避开建筑物、树木等存在投影差的地物区域。当顶点位于这些地物区域上时，镶嵌线经过优化之后仍然会不可避免地穿越这些地物，产生几何错位与变形，所以需要对顶点进行优化调整，使其避开存在投影差的地物区域，以便下一步对初始镶嵌线进行优化。

9.5.2　基于蚁群算法的镶嵌

意大利学者 M. Dorigo、V. Maniezzo 等(1991，1992)在观察蚂蚁觅食习性时发现，蚂蚁总能找到巢穴与食物源之间的最短路径，经分析总结后提出了正射影像镶嵌线自动选择方法。其基本原理：首先计算两幅相邻航空(航天)影像生成的正射影像重叠区域的差值，生成两幅待拼接正射影像重叠区域的差值图像，高出地面的地物或者成像颜色差异大的区域会在差值图像上以较亮的灰度特征表现出来；然后利用蚁群算法的正反馈、群体智能的启发式搜索特性，在差值图像中选择避开较亮区域的最优路径，即得到两幅待拼接正射影像的镶嵌线。

1. 房屋、树冠等障碍区域的提取

在正射镶嵌过程中，镶嵌线必须避开房屋、树冠等地物，以保证正射镶嵌图像上地物的完整性。因此获得这些高出地面地物的区域使得镶嵌线避开这些障碍区域，成为镶嵌线自动选择的关键环节。

DOM 一般利用原始影像的定向参数，根据 DTM 或 DEM 进行正射纠正得到，高出地面的地物在纠正后的单幅正射影像上仍存在投影差，如图 9-5-10(a)、(b)所示，并且投影差的大小还能反映地物高出地面的高度。因此，对于待镶嵌的相邻正射影像对，根据地

面坐标计算它们在重叠区域的差值图像，差值图像上较亮的区域就能够反映高出地面地物的位置(图 9-5-10(c))。地物成像颜色相差大的区域也会在差值图像上反映出来，如图 9-5-10(c)图像上中间的亮区域为(a)、(b)图像上颜色相差大的区域。重叠区域的图像灰度差值可以通过式(9-5-3)求得。

$$g(x, y)=|g_1(x, y)-g_2(x, y)| \tag{9-5-3}$$

式中，$g_1(x, y)$ 与 $g_2(x, y)$ 分别为两幅待镶嵌图像在地面坐标(x, y)处的灰度值。

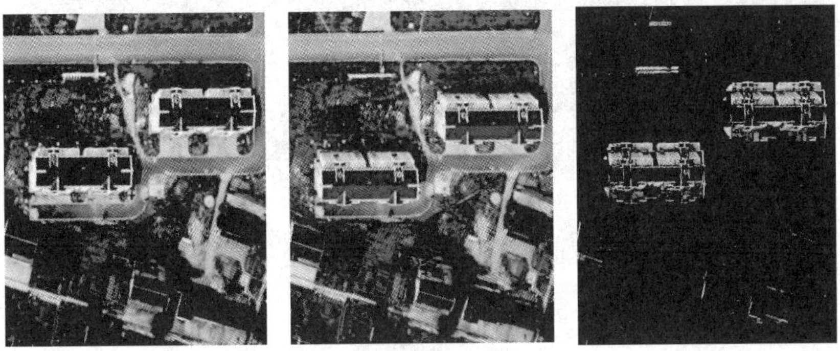

(a) (b) (c)

图 9-5-10 DOM 图

2. 路径点上的初始信息素

设置路径点上的初始信息素时，应该考虑两个基本问题：一是蚂蚁应该尽量避开差值图像上灰度值高的地方；二是蚂蚁应该尽量选择靠近两幅影像重叠区域的中心线。

正射影像的镶嵌线需避开差值图像上的较亮区域，可以设置一定的灰度阈值，如果在差值图像上某处灰度值大于该阈值，则该处可视为蚁群路径上的障碍区域，即路径点上的信息素值为 0；其他灰度值小于阈值的路径点，可按灰度值大小设置信息素值，灰度差值越小，信息素浓度越高，该路径点被选择的概率也就越高。

在纠正后的正射影像上越靠近边缘处，地物的投影差越大，而且影像的边缘还可能存在各种颜色问题。将两幅待镶嵌的正射影像按地理坐标重叠，则初始镶嵌线可以是它们重叠区域的中心线，对于航空影像，可以将两幅影像摄站连线的中垂线视为初始镶嵌线。初始镶嵌线没有考虑房屋等是否被切割，如图 9-5-11 所示为两幅相邻单幅正射影像按大地坐标叠加并且红青显示的效果，航向为南北飞行，横线为初始镶嵌线。最终提取的镶嵌线应尽可能地分布于初始镶嵌线附近，不应偏离初始镶嵌线太远，因此可以设置信息素的向心性，使靠近初始镶嵌线的路径点信息素高。重叠区域的差值图像和路径点上的初始信息素图像如图 9-5-11(b)所示，由此可见，屋顶位置的初始信息素值都较小或者为零；另外，越靠近中心位置，信息素值越高。

3. 最优路径搜索

基于路径点的初始信息素，蚁群在重叠区域通过每只蚂蚁自身遗留信息素来正反馈搜索最优路径，过程如下：

（1）将初始镶嵌线的起点像素作为路径搜索的起点放置一只蚂蚁，蚂蚁的备选路径点为下一行像素（路径点）上在当前点附近的若干个路径点。如图 9-5-12 所示，P_i 代表该路径点的信息素值。

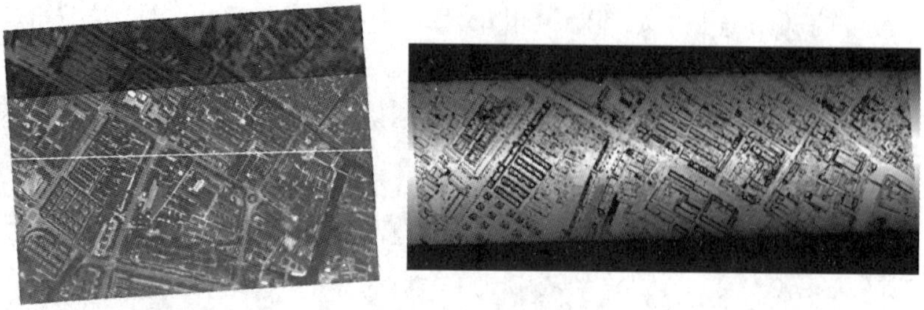

（a）　　（b）

图 9-5-11　正射影像叠加图

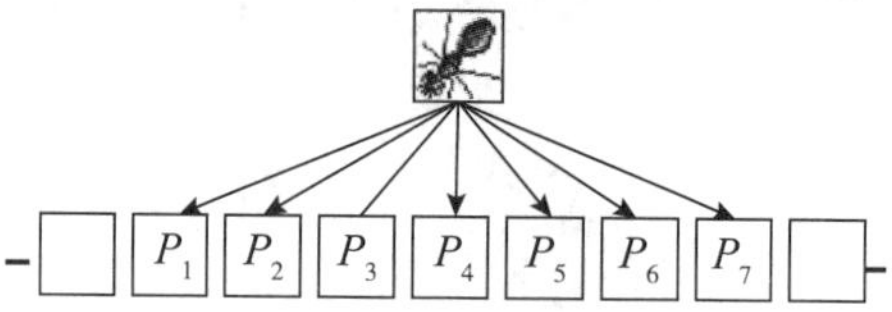

图 9-5-12　最优路径搜索

（2）蚂蚁根据轮盘赌原则从备选路径点中选择一个路径点作为下一个当前路径点。重复该过程直到蚂蚁到达路径点的最后一行，在路径表中记录下蚂蚁所经过的路径点。

轮盘赌原则的具体过程：假设蚂蚁当前位置为(x, y)，则蚂蚁进行路径选择的备选路径点为离散区间$(x-k, y_1)$，$(x-k_1, y_1)$，…，$(x+k, y_1)$内的点，其中 k 为蚂蚁路径搜索的可行邻域范围，该区间内路径点的总信息素浓度为

$$P = \sum_{i=x-k}^{x+k} P(i, y+1) \tag{9-5-4}$$

则各备选路径点的概率值为

$$p(i) = \frac{P(i, y+1)}{P} \tag{9-5-5}$$

且有

$$\sum_{i=x-k}^{x+k} p(i) = 1 \tag{9-5-6}$$

各备选路径点的概率区间为

$$p_{it}(i) = \left[\sum_{l=x-k}^{i-1} p(l), \sum_{m=x-k}^{i} p(m) \right] \tag{9-5-7}$$

随机生成$[0, 1]$区间内的随机数 r，如果有 $r \in p_{it}(i)$，则蚂蚁选中 i 为它的下一个路径点，其中 $i \in [x-k, x+k]$。

(3)将蚂蚁路径表中记载的路径点上的信息素更新，在原信息素的基础上全部加上一个值 P_δ，使当前路径表上记载的路径点上的信息素得以累计以形成正反馈，为后续蚂蚁进行路径选择提供信息参考。P_δ 值影响到路径选择算法的收敛速度，P_δ 值越大，算法收敛越快，但 P_δ 过大，容易使蚁群收敛于局部最优解；P_δ 值越小，收敛速度越慢，算法容易找到全局最优解。

(4)将当前路径表与最优路径记录相比较，判断是否更新最优路径记录。最优路径的判断有两种准则：一是如果当前路径表中各路径点上的信息素累计值大于最优路径累计值，则将当前路径设置为最优路径，二是如果当前路径表中各路径点上的信息素的最小值大于最优路径表的信息素最小值，则将当前路径设置为最优路径。

(5)重复步骤(1)~(4)，直至达到循环次数或者路径收敛为止，最终影像镶嵌线如图 9-5-13 所示。循环次数依赖镶嵌线的长度，镶嵌线越长，需要的循环次数越多。

图 9-5-13 影像镶嵌线

9.5.3 基于 OESM 的镶嵌

OESM(Orthoimage Elevation Synchronous Model)正射影像高程同步模型，是武汉大学张祖勋院士提出的一种利用 DEM 和数字表面模型，获取 DOM 每个单元的高程信息，以还原其真实三维建筑物场景几何关系的数据表达。

OESM 模型的原理，如图 9-5-14 所示，点 S 是透视投影中心，$P_{DSM}(X_{DSM}, Y_{DSM}, Z_{DSM})$是 DSM 上一个与建筑点有关的点，通过将透视投影中心 S 与 PDSM 点连接后，就可以通过线 SPDSM 与 DEM 的交点分别计算得到在 DEM 上的点 $P_{DEM}(X_{DEM}, Y_{DEM}, Z_{DEM})$和其对应的在 DOM 上的点 $P_{DOM}(X_{DEM}, Y_{DEM})$。通过将 P_{DSM}的高程 Z_{DSM}替换为高程 Z_{DEM}，就可以计算得到 OESM 上对应的点 P_{OESM}的坐标，即 $P_{OESM}(X_{DEM}, Y_{DEM}, Z_{DSM})$。对于 DSM 上的地形点，交点的高程等于对应的 DEM，这样就可以保证 OESM 上的高程与这种情形下的 DEM 的高程保持一致。

DSM、DEM 和 DOM 三者之间存在严密的数学关系，使用 DSM 和 DTM 生成 OESM 模

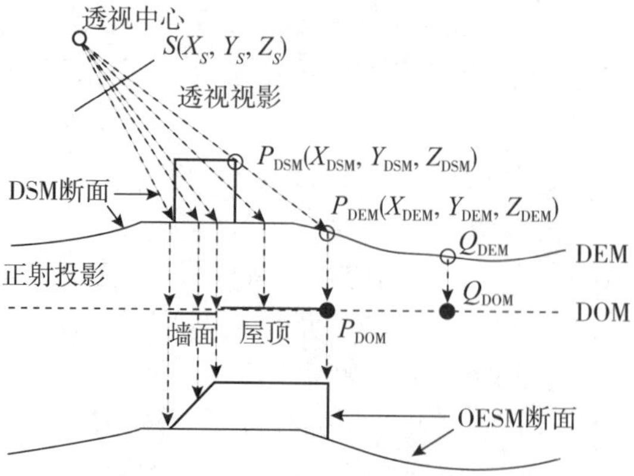

图 9-5-14　OESM 模型原理图

型的计算步骤如下：

(1)利用摄影测量的共线条件方程，对每一个 DSM 单元 $P_{DSM}(X_{DSM}, Y_{DSM}, Z_{DSM})$ 计算得到对应的像平面坐标 $I_{xy}(x, y)$。

$$\begin{cases} x - x_0 = -f\dfrac{a_1(X_{DSM} - X_S) + b_1(Y_{DSM} - Y_S) + c_1(Z_{DSM} - Z_S)}{a_3(X_{DSM} - X_S) + b_3(Y_{DSM} - Y_S) + c_3(Z_{DSM} - Z_S)} \\ y - y_0 = -f\dfrac{a_2(X_{DSM} - X_S) + b_2(Y_{DSM} - Y_S) + c_2(Z_{DSM} - Z_S)}{a_3(X_{DSM} - X_S) + b_3(Y_{DSM} - Y_S) + c_3(Z_{DSM} - Z_S)} \end{cases} \tag{9-5-8}$$

式中，X_S，Y_S，Z_S 为摄影时刻的方位线元素；a_1、a_2、a_3、b_1、b_2、b_3、c_1、c_2、c_3 为旋转矩阵的参数；x_0、y_0 为相机内方位元素，即像主点的偏移量。

(2)利用式(9-5-9)、式(9-5-10)解算从该原始影像像素坐标 $I_{xy}(x, y)$ 到 DEM 相应单元的地面点地理坐标(X_{DEM}, Y_{DEM})。这里，高程 Z_{DEM} 的取值是个迭代逼近的过程。

$$X_{DEM} - X_S = (Z_{DEM} - Z_S)\frac{a_1(x - x_0) + a_2(y - y_0) - a_3 f}{c_1(x - x_0) + c_2(y - y_0) - c_3 f} \tag{9-5-9}$$

$$X_{DEM} - Y_S = (Z_{DEM} - Z_S)\frac{b_1(x - x_0) + b_2(y - y_0) - b_3 f}{c_1(x - x_0) + c_2(y - y_0) - c_3 f} \tag{9-5-10}$$

式(9-5-9)、式(9-5-10)是式(9-5-8)的逆变换，X_S、Y_S、Z_S 和 a_1、a_2、a_3、b_1、b_2、b_3、c_1、c_2、c_3 的符号意义与式(9-5-8)的相同。

(3)根据步骤(1)、(2)，获得该 P_{DSM} 点对应的 OESM 点即为 $P_{OESM}(X_{DEM}, Y_{DEM}, Z_{DSM})$，$P_{DSM}$点对应的 DOM 点地理坐标为$(X_{DEM}, Y_{DEM})$。

(4)转入下一个 DSM 单元，重复以上步骤，直到遍历所有 DSM 单元。

OESM 模型为了还原真实的三维建筑物场景几何关系，利用 DEM 和数字表面模型，从而获取到 DOM 每个单元的高程信息，如图 9-5-15 所示。此外，OESM 模型的测图精度比较可靠，其测图精度与立体测图一致。由于显著地物通常具有较高的高程，而背景区域具有较低的高程，所以知道了精确的高程信息，可以通过合理的阈值区分背景区域和显著地物。从理论上讲，这个方法生成的镶嵌线可以避免通过大多数的显著性地物。此外，通过 DSM 和 DTM 计算的 OESM 可以准确地反映出在 DOM 中对象的海拔。从理论上讲，建立基于 OESM 的无缝线路要比直接建立在 DSM 上严格得多，并且基于高程信息的区域分割可以消除建筑物等高大地物产生的阴影对重叠区域影像差异造成的影响。

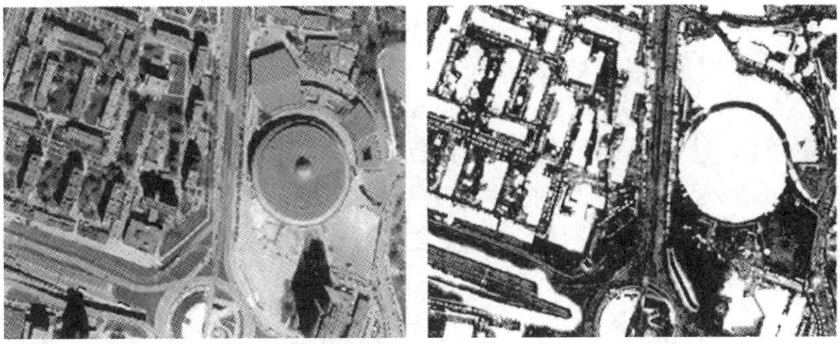

图 9-5-15 OESM 真实模型

9.5.4 其他镶嵌算法

Martin Kerschner(2015)提出利用 twin snakes 算子选择正射影像的镶嵌线，其实质是将在两条蛇能量函数之间的距离与期望距离之差作为两蛇之间的外在吸引力。蛇能量最小化过程基于动态规划法分级进行，通过蛇能量最小化，使两条蛇相互靠近。在一定的迭代步骤之后，两条蛇能量都将达到一个局部最小值，此时如果两条蛇仍然没有达到一致，则将蛇能量拉出最小值进一步迭代。在此基础上通过图像金字塔的多层优化处理，最终在图像重叠区域得到一条图像颜色和纹理都相似的拼接路径。由于蛇形算法存在局部最小或最大的问题，并且蛇形函数对控制蛇的顶点关系的变量非常敏感，因此 twin snakes 算子通常丢失全局最小值区域并在局部或全局最大值处停止。同时，因为顶点的移动方向唯一，产生的镶嵌线将会是简单的曲线，因此不能确保全局最优性。

Davis(1998)采用 Dijkstra 最短路径搜索算法进行最优缝线搜索。将配准图像的重叠区域相减得到差值图像，两幅图像的差异反映了图像之间的相似性测度，沿着差值图像中低亮度值路径进行图像拼接以保证拼接区域的差异较小。Davis 提出的方法避免了由于物体运动、镜头畸变或定向误差等原因产生拼图不一致的问题。Efros 在其工作中首次将动态规划法用于最优缝线检测，搜索连接起始点到目标点的最优路径，镶嵌线检测比较有效。然而，直接采用动态规划算法进行缝线检测将造成"距离效果"，即随着镶嵌线长度增加，动态规划算法的计算量急剧增加。最短路径方法检测镶嵌线的缺陷是，由于盲目搜索实质上是一种穷举搜索策略，会产生路径组合爆炸的问题，因此搜索效率极其低下，耗费过多的计算空间和时间。

9.6 真正射影像及其制作原理

正射影像应同时具有地图的几何精度和影像的视觉特征，特别是对高分辨率、大比例尺的数字正射影像图(DOM)，它可作为背景控制信息去评价其他地图空间数据的精度、现势性和完整性，是地球空间数据框架的一个基础数据层。

随着高分辨率遥感影像的大量出现，将建筑物等视为地表的一部分，采用DEM进行纠正的结果就是在正射影像上建筑物等偏离了其正直投影的位置。DOM作为一个视觉影像地图产品，影像上由于投影差引起的遮蔽现象不仅影响了正射影像作为地图产品的基本功能发挥，而且影响了影像的视觉解译能力。为了最大限度地发挥正射影像产品的地图功能，关于真正射影像(True Digital Orthophoto Map，TDOM)的制作引起了国内外的关注。

传统的正射纠正过程中采用DEM进行纠正，是采用了一种不完备的地表模型，会产生由透视成像和地形起伏导致的正射影像的变形。但是，简单地利用DSM代替DEM进行正射纠正，在建筑物等遮挡的区域会存在重复映射现象，使得纠正结果更加难以判读，也不能取得理想的真正射效果(图9-6-1)。

图9-6-1　传统正射影像(左)与真正射影像(右)

9.6.1　遮蔽的概念

遮挡问题是真正射纠正过程中的关键问题。在城市的遥感影像上，遮挡现象十分普遍且多样，不仅包括建筑物遮挡地面，还包括建筑物遮挡建筑物等情况。航空遥感影像上的遮蔽主要有两种情况，一种是绝对遮蔽，比如高大的树木将低矮的建筑物遮挡了，使得被遮挡的建筑物在影像上不可见；另一种是相对遮挡，如图9-6-2所示，地面上有些区域在一张像片上可见，而在另一张影像上不可见。对于相对遮蔽情况而言，影像上的丢失信息是可以通过相邻影像进行补偿的，而绝对遮蔽则做不到这一点。

航空遥感影像上遮蔽的产生与投影方式有关。对于地物的正射投影，由于它是垂直平行投影成像，是不会产生遮蔽现象的(树冠等的遮挡除外)，如图9-6-3(a)所示。而传统的航空遥感影像，它是根据中心投影的原理摄影成像的，对地面上有一定高度的目标物体，其遮蔽是不可避免的。对于中心投影所产生的遮蔽现象，其实质就是投影差，如图9-6-3(b)所示。

线阵扫描影像在制作正射影像方面得到了越来越多的重视，这是由于在线阵扫描传感器的垂直下视影像中，地面上具有一定高度的目标只会在垂直于飞行方向产生投影差(遮蔽)，而在沿飞行方向则无投影差(遮蔽)。

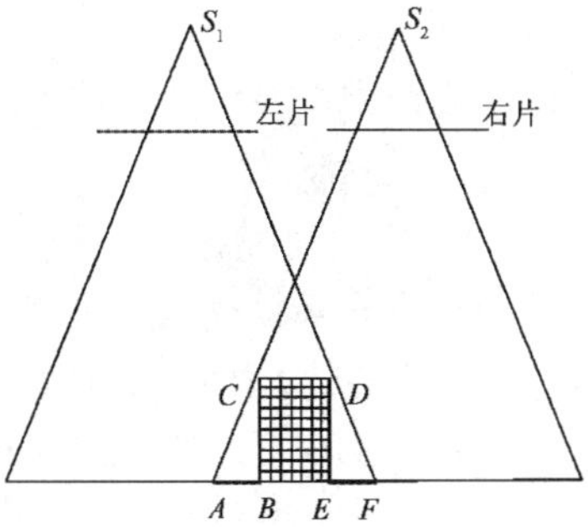

图 9-6-2　相对遮蔽示意图

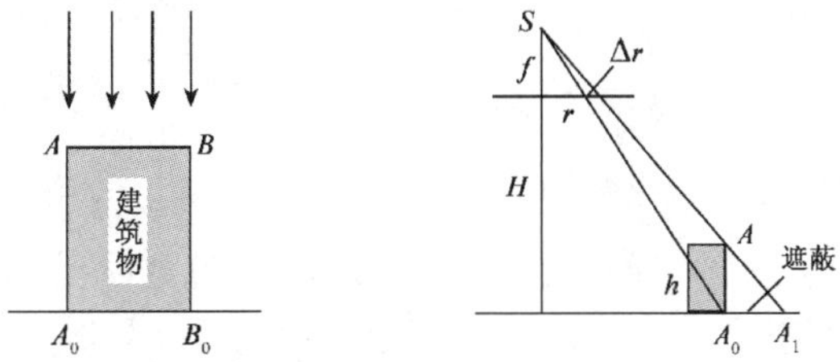

（a）正射投影无遮蔽　　（b）中心投影有遮蔽

图 9-6-3　遮蔽情况分析示意图

9.6.2 真正射影像的制作

真正射影像就是要以 DSM 为基础进行数字微分纠正。对于空旷地区，其 DSM 和 DEM 是一致的，纠正后的影像上不会有投影差。实际上，需要制作真正射影像的情况往往是那些地表上有人工建筑或有树木等覆盖的地区，其 DSM 和 DEM 的差别就体现在人工建筑或树木等高度上。因此，需要采集该地区的所有高出地表面的目标物体高度信息，或直接得到该地区的 DSM，以供制作真正射影像。

真正射影像纠正是一个复杂过程，至少应包括以下三个步骤：

(1)利用 DSM 进行正射纠正，改正由地形起伏和建筑物造成的投影差；

(2)检测并标识被建筑物遮挡的区域；

(3)合并相邻的正射影像，对被遮挡区域进行填充。

真正射影像制作的一般过程可用如图 9-6-4 所示的流程图来表示。

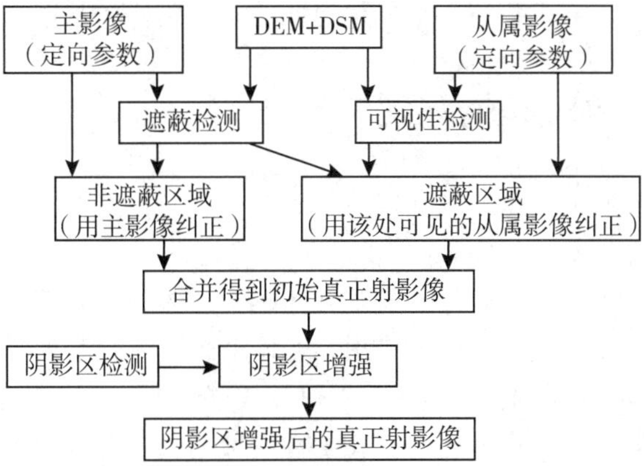

图 9-6-4　真正射影像制作流程图

对流程图说明如下：在具有多度重叠的影像中选择一张影像作为主纠正影像，而其他影像则作为从属影像用来补偿主影像上被遮挡部分的信息，前提是主影像上被遮挡处在从属影像上可见，否则，被遮挡处信息只能利用相邻区域的纹理进行填充补偿。补偿过程中必须顾及所填充区域与其周边在亮度、色彩和纹理方面的协调性。

对于以建筑物为主要目标物的真正射影像制作，还可以采用以下两种解决方法。

1. 建筑物稀少地区

如果影像中绝大部分为开放地带，仅有少量建筑物并且相互之间不存在遮挡现象，此时可采用简单的检测方法，分别利用数字建筑物模型(Digital Building Model，DBM)和DEM进行正射纠正，得到仅包含屋顶而没有任何地形信息的真正射影像，在此重采样过程中可同时在原始影像上标示出建筑物覆盖的区域。然后，利用DEM对标示后的原始影像进行正射纠正，可得到只包含地形信息的传统正射影像，其中被建筑物遮挡区域用一个缺省值填充。最后，将两个正射影像融合即可得到最终的真正射影像，其中的空白区域可利用相邻影像的处理结果进行填充。

2. 建筑物密集区

如果影像位于密集的居民区、城区或影像中存在复杂的相互遮挡的建筑群落，此时可采用类似于上述建筑物稀少地区的方法，只是需要在DBM之中进行严格的可视性分析，其他处理方式与建筑物稀少地区的方法相同。

利用DSM或DBM经过遮挡区(和阴影区)检测和补偿后生产的真正射影像，比传统正射影像更精确，理论上可完全解决传统正射影像存在的问题，但其对生产工艺、成本、航空摄影等多方面都提出了更高的要求。为了获取真正射影像，要求目标区被100%覆盖，这对于居民区和城区意味着要增加航空摄影的航向重叠度与旁向重叠度。真正射纠正中最繁琐、最耗时的阶段在于提取DSM或DBM。当前深度学习在机器人、计算机视觉中具有无限前景，ImageNet、CoCo等大型开源数据集促进深度学习方法突飞猛进。为促进建筑物智能提取的研究，国内学者也纷纷建立航空/航天多源建筑物数据集，为了进一步利用深度学习，实现遥感影像建筑物智能化提取奠定了很好的基础。

9.7　立体正射影像对和景观图的制作

正射影像既有正确的平面位置，又保持着丰富的影像信息，这是它的优点。但是，它的缺点是不包含第三维信息。将等高线套合到正射影像上，也只能部分地克服这个缺点，它不可能取代人们在立体观察中获得的直观立体感。立体观察尤其便于对影像内容进行判读和解译，为此人们可以为正射影像制作出一幅所谓的立体匹配片。正射影像和相应的立体匹配片共同称为立体正射影像对。还有一种方式就是制作景观图，它比地图形象、逼真，能够很好地表现地面的真实情况，它在工程设计、农林、水利、环境规划及旅游等方面都有很好的应用。下面分别介绍立体正射影像对和景观图的制作方法。

9.7.1 立体正射影像对的制作方法

立体正射影像的基本原理可概略地示于图 9-7-1。其基础是数字高程模型(DEM)。在 9.1 节中已指出，为了获得正射影像，必须将 DEM 格网点的 X、Y、Z 坐标用中心投影共线方程变换到影像上，这就是图 9-7-1(a)中绘出的情况。如果要获得立体效应，就需要引入一个具有人工视差的匹配片。该人工视差的大小应能反映实地的地形起伏情况。最简单的方法是利用投射角为 α 的平行光线法，如图 9-7-1(b)中所示。此时，人造左右视差将直接反映实地高差的变化，这可以用图 9-7-2 作进一步说明。

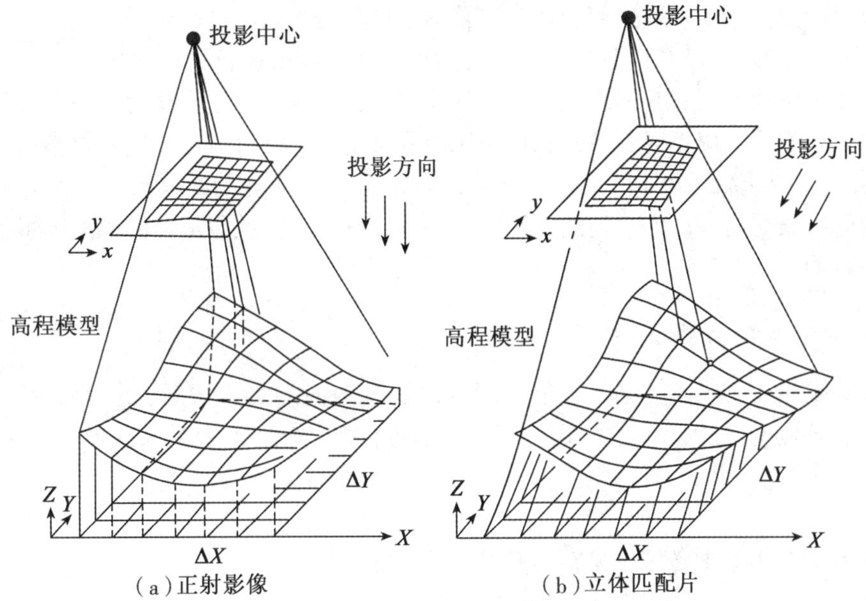

图 9-7-1　立体正射影像对

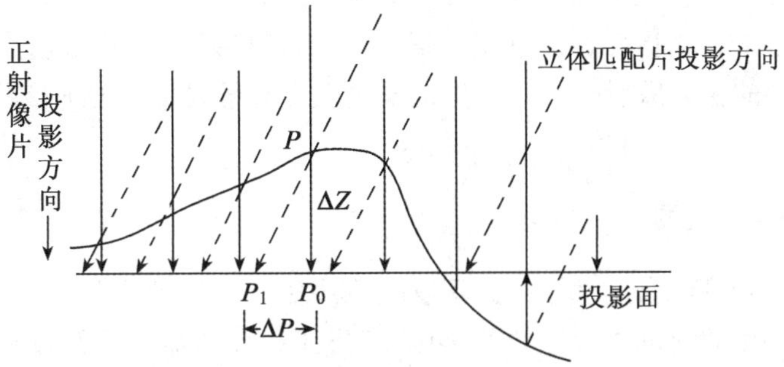

图 9-7-2　斜平行投影

以图 9-7-2 中地表面上 P 点为例，它相对于投影面的高差为 ΔZ，该点的正射投影为 P_0，该点的斜平行投影为 P_1。正射投影得到正射影像，斜平行投影得到立体匹配片。立体观测得到左右视差 $\Delta P = P_1P_0$，显然有

$$\Delta P = \Delta Z \tan\alpha = k \cdot \Delta Z \tag{9-7-1}$$

由于斜平行投影方向平行于 XZ 面，所以正射影像和立体匹配片的同名点坐标仅有左右视差，而没有上下视差，这就满足了立体观测的先决条件，从而构成了理想的立体正射影像对。在这样的像对上进行立体量测，既可以保证点的正确平面位置，又可方便地求解出点的高程。

从以上叙述可知，如果想要从同一数字高程模型出发制作立体正射影像对，必须按以下步骤操作：

(1)按正常方式生产正射影像。

(2)取数字高程模型的平均值为投影面，按 $\Delta P = \Delta Z\tan\alpha = k \cdot \Delta Z$ 对正射影像进行重采样，就可以产生一张与正常正射影像有视差的立体配对片。

至于立体正射影像的应用，只要已具备 DEM 高程数据库，可以在摄影后立即方便地制出立体正射影像。用它来修测地形图上的地物和量测具有一定高度物体的高度等是十分有效的。试验表明，用正射影像修测地图比用原始航片方便，而用立体正射影像要比单眼观测正射影像多辨认出 50%的细部。此外，立体正射影像对在资源调查、土地利用面积估算、交通线路的初步规划、建立地籍图、制作具有更丰富地貌形态的等高线图等方面都能发挥一定的作用。

9.7.2 景观图的制作方法

景观图要比地图形象、逼真，能够很好地表现地面的真实情况，它在工程设计、农林、水利、环境规划及旅游等方面都有很好的应用。若集合 A 表示某区域 D 上各点三维坐标向量的集合

$$A = \{(X, Y, Z) \mid (X, Y, Z) \in D\} \tag{9-7-2}$$

集合 B 为二维影像各像素坐标与其灰度的集合

$$B = \{(x, y, g) \mid (x, y) \in d\} \tag{9-7-3}$$

其中，d 为与 D 对应的影像区域，则景观图制作实际上就是一个由 A 到 B 的映射，(X, Y, Z)与(x, y)及观察点 S(视点)满足共线条件，其原理与航空摄影完全相同；不同的是航空摄影一般接近于正直摄影，而景观图则是特大倾角“摄影”(将地面点投射到二维影像上)。式(9-7-3)中的 g 为像点(x, y)对应的灰度值，也可以是根据地形及虚拟光源模拟出来的值。

9.7.2.1 模拟灰度景观图

三维形体或景物图的真实性在很大程度上取决于对明暗效应的模拟。在 DEM 透视图经过隐藏线、面的消隐处理之后，再用明暗度公式计算和显示可见面的亮度(或颜色)，其真实感可进一步得到提高。明暗度公式并不是精确模拟实际表面的光效应，它只是近似地模拟，但要尽可能避免因这种近似而导致观察者对形体理解的混淆。在明暗模拟中有两个基本要素，即地表面性质和落在表面上的光照性质。反射是地表面的主要性质，它决定了有多少入射光被表面反射。表面的另一个性质是透明度，但在处理对象为地面时，一般不考虑透明度，也就是透明度为零。

1. 明暗效应的数学表示

形体表面的明暗程度通常是随着光照方向的变化而变化的，当然也包括镜面反射效应。Lambert 定律阐述了这个问题，定律指出落在表面上的光能是随着光线入射角的余弦而变化的。在图 9-7-3 中 P 是形体表面上一点，光源发射的一条射线 L 和 P 处的法向量 N_P 之间的夹角是 α。假设光源到达这里的能量 I_{PS} 在所有方向上被均匀反射，即为漫射反射，则有

$$E_{PS} = (R_P \cdot \cos\alpha) \cdot I_{PS} \tag{9-7-4}$$

式中，E_{PS}为来自点光源的能量；R_P 是反射系数。

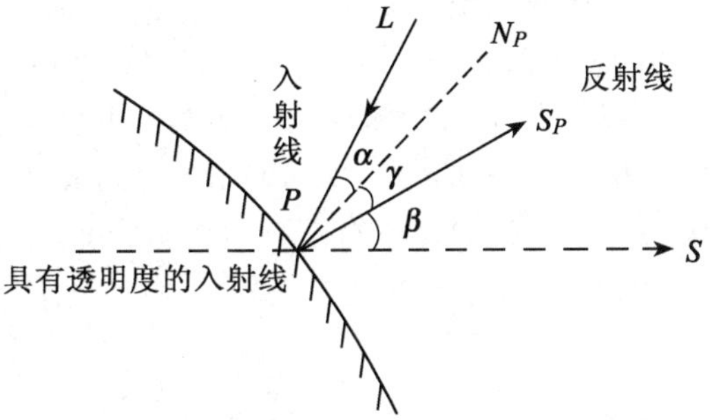

图 9-7-3　点 P 的明暗度是由反射光线确定的

这个关系式表明一个表面的亮度是随着光源和表面的倾斜度的增加而减少，如果入射角 α 超过 90°，则对光源而言，该表面即为隐藏面，因而必须置 E_{PS}为零。

明暗度公式所需要的角度完全可由平面法矢量来确定。由每一 DEM 格网可确定一平面：

$$Z = AX + BY + C \tag{9-7-5}$$

则平面的法矢量为

$$n = (A \quad B \quad -1)^{\mathrm{T}} \tag{9-7-6}$$

对于矩形格网，也可以将每个格网的角点与中心点连接形成 4 个三角形，分别求出 4 个平面的法矢量。

设指向光源的规格化矢量为 $L=(a,\ b,\ c)$：

$$a^2 + b^2 + c^2 = 1$$

N 为将 n 规格化

$$N = \frac{n}{|n|}$$

则角度 α 满足

$$\cos\alpha = L \cdot N = \frac{1}{\sqrt{A^2 + B^2}}(aA + bB - C) \tag{9-7-7}$$

2. 明暗度的均匀化

为了简化消除隐藏面的工作，对光滑表面通常用平面立体来近似，而明暗度的计算可

以恢复它的光滑原形。对于观察者来说，一般平面立体明暗度图具有摄动效应，借助这种效应可以模拟明暗效应中的灰度和透明度，而用调匀的明暗效应同样可恢复景物的真实性。Gouraud 用线性插值来实现明暗度的调匀，如图 9-7-4 所示，它要求计算每一个面所有顶点的法矢量，再用每个顶点的法矢量去计算每个点的明暗度，通过顶点明暗度的插值，从而可得到平面内部各处的明暗度。如图 9-7-4 所示，若要计算一条扫描线上的明暗度，这条扫描线和平面相交于 *L* 和 *R*，在 *L* 处的明暗度是 *A*、*B* 处明暗度的线性插值；*R* 处的明暗度是 *D*、*C* 处明暗度的线性插值，而扫描线上 *P* 点的明暗度又是 *L* 和 *R* 处的线性插值。这些简单的线性插值可以作为扫描线隐藏面消去算法的一部分。至于顶点的法向量，既可从一个平面模型中直接计算，也可通过计算围绕该顶点几个平面法向量的平均值得到。这种处理方法的好处是不要构造平面模型，如图 9-7-5(a)所示，$\boldsymbol{P}=(\boldsymbol{A}+\boldsymbol{B}+\boldsymbol{C}+\boldsymbol{D})/4$。但有时在经过平面的边界时，为了表示形体的折缝或锋利的边，调匀的明暗度会失效。在这种情况下一个顶点要计算两个法向量，如图 9-7-5(b)所示。其中一个向量是 **A**、**B** 两个向量的平均值，用来插值平面 **A**、**B** 的明暗度，这样 *A*—*B* 和 *C*—*D* 的边界都成了均匀明暗度，而 *A*—*D*，*B*—*C* 的边界却具有不连续的明暗度。

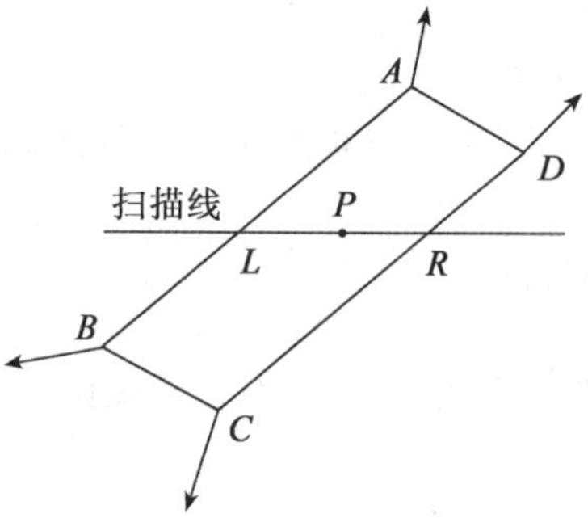

图 9-7-4　一个多边形的明暗度用其顶点 *A*、*B*、*C*、*D* 的明暗度来表示

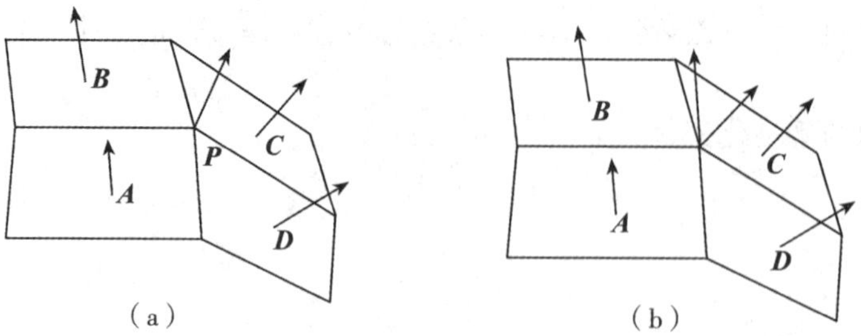

图 9-7-5　一个点的法向量可等于邻近平面片法向量的平均值

对于矩形格网 DEM，可简单地利用 4 个格网中心点进行双线性内插求每一地面元所对应模拟景观图上相应像素的明暗度；或内插每一地面元的法矢量，再计算其对应像素的明暗度。

地面元大小的确定原则是：①每一地面元映射到景观图之后，各像元素之间没有缝隙；②地面元尽可能大，以避免不必要的计算。

9.7.2.2 真实景观图

真实景观图(Landscape)的制作原理和模拟景观图相似，即在DEM透视图的基础上，对每一像素赋予一灰度值(或彩色)，但此时的灰度值(或彩色)并不是由模拟计算得到的明暗度，而是取自对实地所摄影像的真实灰度值。

1. 由DEM与原始影像制作景观图流程

(1)将每一DEM格网划分为$m \times n$个地面元，原则依然是使景观图上像素之间无缝隙并尽可能大；

(2)依次计算各地面元在景观图上的像素行列号(I_l，J_l)；

(3)进行消隐处理；

(4)由地面元计算其对应的原始影像像素行列号(I_p，J_p)；

(5)利用重采样内插方法计算(I_p，J_p)的灰度$g_p(I_p, J_p)$；

(6)将原始影像灰度g_p赋予景观图像素(I_l，J_l)

$$g_l(I_l, J_l) = g_p(I_p, J_p) \tag{9-7-8}$$

以上过程实际上是将透视图的绘制与正射影像图的制作结合起来进行的过程。

2. 由DEM与正射影像制作景观图流程

如果已经有正射影像图，则不需要利用原始影像，而可以直接利用正射影像制作景观图，这样可以大大地节省计算工作量。其处理过程的前(1)、(2)、(3)步骤与利用原始影像时完全相同，所不同的步骤如下：

(4)由地面元计算其对应的正射影像像素行列号，此时是简单的平移与缩放，而不需要利用共线方程来计算；

(5)将正射影像相应像素的灰度值g_0取出赋予景观图像素（I_l，J_l）。

$$g_i(I_l, J_l) = g_0 \tag{9-7-9}$$

在景观图的基础上，根据一定的工程设计，利用几何造型等技术，可以展现工程完成后的景观，以利于对该工程的设计作出评价或修改。进一步地，通过对景观图的平移、旋转、缩放等功能，可获得多幅接近连续变化的景观图，这就是动画的制作过程。

◎ 思考题

1. 数字微分纠正的基本含义是什么？
2. 试述框幅式航空影像正、反解法数字纠正的原理及其优缺点。
3. 绘出航空影像反解法数字纠正的程序框图并编制相应程序。
4. 什么是面元素纠正、线元素纠正与点元素纠正？数字微分纠正属于哪一种纠正？
5. 为什么线阵列扫描影像的微分纠正需要迭代计算？简述直接法与间接法相结合纠正方案的原理与优点。

6. 请绘出利用有理函数模型纠正的程序框图，并编制相应的程序。
7. 什么叫立体正射影像对？有哪种方法可制作立体匹配影像？
9. 什么叫真正射影像？如何制作真正射影像？
10. 大范围正射影像制作主要包括哪几个方面的内容？
11. 影响影像色彩的因素有哪些？
12. 决定影像色调的因素是什么？
13. 影像匀光的目的是什么？正射影像如何进行匀光？
14. 遥感影像相对辐射纠正有哪些方法？编制一种相对辐射纠正的方法的程序。
15. 影像镶嵌的过程需要注意哪些因素的影响？画出你所知道方法的程序框图。
16. 怎样制作真实景观图？绘出其程序框图并编制相应程序。
17. 怎样制作模拟彩色景观图？怎样制作景观动画？

第 10 章　计算机辅助测图

摄影测量的计算机辅助测图(Computer Aided Mapping，CAM)是利用解析测图仪或模拟光电机型测图仪与计算机相连的机助(或机控)系统，进行数据采集、数据处理，形成数字高程模型(DEM)与数字地图，最后输入相应的数据库的过程。在数字摄影测量阶段，计算机辅助测图已经不再需要解析测图仪或模拟光电机型测图仪，而是直接利用计算机显示立体影像，然后让作业人员在立体场景中人工跟踪测量目标，从而形成高程模型(DEM)与数字地图的一种技术。

10.1　立体观察基础

10.1.1　人眼的立体视觉

人眼是一个天然的光学系统，结构复杂，图 10-1-1 为人眼结构的示意图。它好像一架完善的自动调焦的摄影机。晶状体如同摄影机物镜，它能自动改变焦距，使观察不同远近物体时，视网膜上都能得到清晰的物像。瞳孔好像光圈，网膜好像底片，能接收物体的影像信息。

单眼观察景物时，使人感觉到的仅是景物的中心构像，好像一张相片一样，得不到景物的立体构像，不能正确判断景物的远近。只有用双眼观察景物，才能判断景物的远近，得到景物的立体效应。这种现象称为人眼的立体视觉。摄影测量中，正是根据这一原理，对同一地区要在两个不同摄站点上拍摄两张像片，构成一个立体像对，进行立体观察与量测。

人的双眼为什么能观察景物的远近呢？从图 10-1-2 看出，当双眼凝视于某物点 A 时，两眼的视轴本能地交会于该点，此时的交会角为 γ。同时观察 A 点附近的 B 点时，交会角为 $\gamma + d\gamma$。由于 B 点的交会角大于 A 点的交会角，则点 A 较点 B 远。为什么人眼能观察出这两个交会角的差异呢？现在来研究两点在眼中的构像有什么不同。A 点在两眼中，通过晶状体中心 O_1 与 O_2 构像在两眼的网膜中央，得到构像 a 与 a'。B 点在两眼中同样构像为 b 和 b'。如果在各自网膜中各设一平面坐标系，则 A 点的左右坐标差为

$$p_A = X_a - X_{a'} \tag{10-1-1}$$

B 点的左右坐标差为

$$p_B = X_b - X_{b'} \tag{10-1-2}$$

p_A 与 p_B 均称为点的左右视差，两点的左右视差之差为

$$\Delta p = p_A - p_B = X_a - X_{a'} - X_b + X_{b'} = ab - a'b' \tag{10-1-3}$$

式中，Δp 称为左右视差较，而 $ab - a'b' = \sigma$，σ 称为生理视差，两者是同一含义。由于两点在眼中构像存在生理视差 σ，此种由交会角不同而引起的生理视差，通过人的大脑就能作出物体远近的判断。因此，生理视差是人双眼分辨远近的根源。这种生理视差正是物体远近交会角不同的反映。

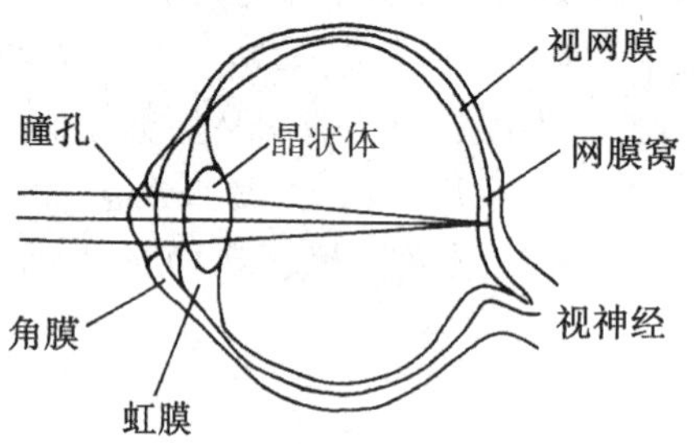

图 10-1-1　人眼的结构

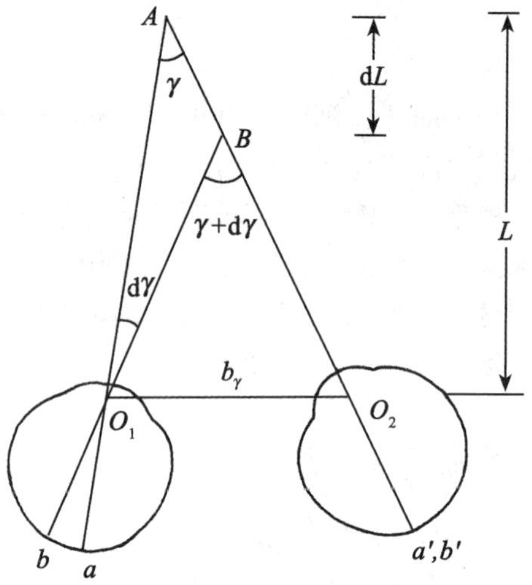

图 10-1-2　人眼的立体视觉

10.1.2　人造立体视觉

10.1.2.1　人造立体视觉的产生

自然界中，当用两眼同时观察空间远近不同的 A 与 B 两个物点时，如图 10-1-3 所示。由于远近不同而形成的交会角的差异，便在人的两眼中产生了生理视差，得到一个立体视觉，能分辨出物体远近。此时，如果在眼睛的前面各放置一块磨砂玻璃片，如图 10-1-3 中的 P_1 与 P_2，把所看到的影像分别记在玻璃片上，如 a_1、b_1 和 a_2、b_2。然后移开实物 A，B，此时观察玻璃片上的 a_1、b_1 与 a_2、b_2 的影像，同样会交会出与实物一样的空间 A 点与 B 点。同时，两影像也在两眼中产生与实物相同的生理视差，能分辨出物体的远近。根据这一原理，在 P_1 与 P_2 两个位置上，用摄影机摄得同一景物的两张像片，这两张像片称为立体像对。当左、右眼各看一张相应像片时(即左眼看左片，右眼看右片)，就可感觉到存在与实物一样的地面景物，在眼中同样产生生理视差，能分辨出物体的远近。这种观察立体像对得到地面景物立体影像的立体感觉称为人造立体视觉。

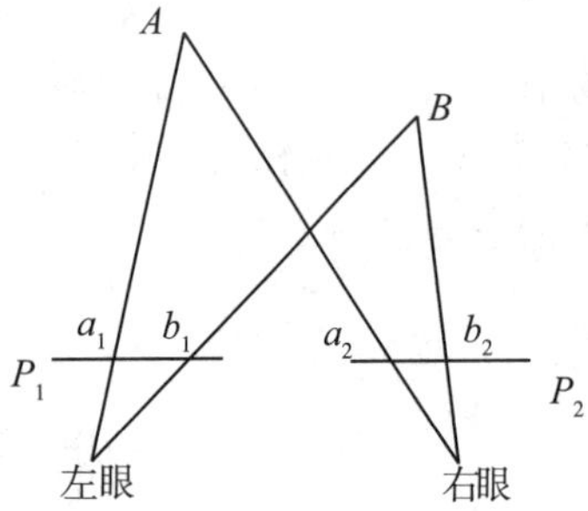

图 10-1-3　人造立体视觉

按照立体视觉原理，我们只要在一基线的两端用摄影机获取同一地物的一个立体像对，观察中就能重现物体的空间景观，测绘物体的三维坐标。这是摄影测量进行三维坐标测量的理论基础。根据这一原理，我们规定航空摄影中，像片的航向重叠要求在60%以上，就是为了构造立体像对进行立体量测。双眼观察立体像对所构成的立体模型，是一个不可接触的虚像，称为视模型。

10.1.2.2　观察人造立体的条件

在摄影测量中，人造立体的观察被广泛应用。但观察中必须满足形成人造立体视觉的条件，这些条件归纳起来有如下四点：

(1)由两个不同摄站点摄取同一景物的一个立体像对。

(2)一只眼睛只能观察像对中的一张像片，即双眼观察像对时必须保持两眼分别只能对一张像片进行观察，这一条件称为分像条件。

(3)两眼各自观察同一景物的左、右影像点的连线应与眼基线近似平行。

(4)像片间的距离应与双眼的交会角相适应。

以上四个条件中，第一个在摄影中应得到满足，第三、四个是人眼观察中生理方面的要求。若不满足第三个，则左、右影像会上下错开，错开太大则形成不了立体像对。不满足第四个，则形成不了交会角。这些条件在进行立体观察时可通过放置好像片的位置来满足要求。而第二个是在观察时要强迫两眼分别只看一张像片，得到立体视觉，这是与人们日常观察自然景观时眼的交会本能习惯不相适应的。其次，人造立体观察的是像片面，凝视条件要求不变，而交会时要求随模型点的远近而异，这也破坏了人眼观察时调焦和交会相统一的凝视本能习惯。因此，直接进行肉眼立体观察要有一个训练的过程。为了便于观察，人们常采用某种设备来帮助完成人造立体应具备的条件，以改善眼的视觉能力。

10.1.2.3　立体效应的转换

人造立体观察不仅可以提高立体量测的精度，而且可以测求物体的空间位置，所以在摄影测量中广泛应用。而在满足上述观察条件的基础上，两张像片有三种不同的放置方式，因而可产生三种立体效应，分别称为正立体、反立体和零立体效应。这些立体效应的转换在观察中可根据情况分别选用。

1. 正立体效应

如图10-1-4(a)所示，我们把左摄影站摄得的像片 P_1 放在左方，用左眼观察；右摄影站摄得的像片 P_2 放在右方，用右眼进行观察，就可看到一个与实物相似的立体效果，称此立体效应为正立体。此时，由于人眼观察像片所得到的生理视差与人眼看实物的生理视差符号相同，故所看到的立体模型的远近与实物的远近是相同的。

2. 反立体效应

我们把左方摄站摄得的像片 P_1 放在右边，用右眼进行观察；右方摄站摄得的像片 P_2 放在左边，用左眼进行观察，如图10-1-4(b)所示。由于人眼观察像片的生理视差改变了符号，使观察到的立体影像的立体远近恰好与实物相反，这种立体效应称为反立体。或在组成正立体效应后，通过将左右像片各旋转 180°得到反立体效应，如图 10-1-4(c)所示。在量测中，通过正反两种立体效应交替进行立体观察，可以检查和提高立体量测的精度。

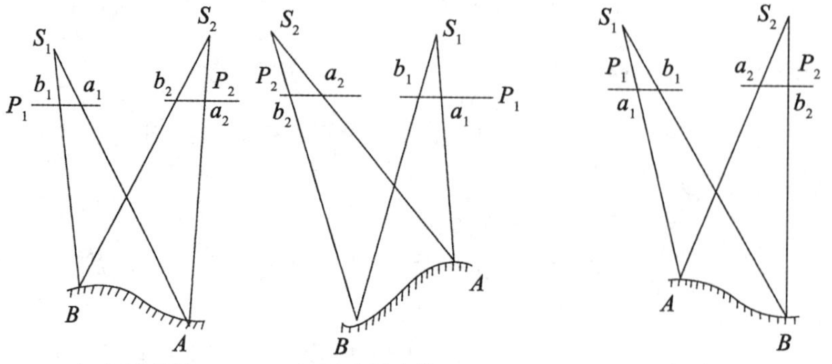

图 10-1-4 三种立体效应

3. 零立体效应

将正立体情况下的两张像片，在各自的平面内按同一方向分别旋转 90°，使像片上纵横坐标互换方向。像片上原来的纵坐标 y 轴旋转到与基线平行，此时生理视差变为像片的 y 轴方向的视差，因而失去了立体感觉成为一个平面图像。这种立体视觉，称为零立体效应。生理视差是左右视差较，纵方向的视差为上下视差。由于人眼观测左右视差较的精度高于上下视差，所以在量测上下视差时，为了提高量测的精度，可采用零立体效应进行 y 轴方向的坐标量测。

10.1.3 像对的立体观察

建立人造立体观察时，除满足上述“10.1.2.2. 观察人造立体的条件”中(1)、(3)、(4)条件，还要求观察立体像对的双眼分别只观察其中的一张像片，俗称为分像。为了达到分像目的，通常要借助立体镜或其他工具来实现。分像的方法主要有两种，一种是直接观察两张像片构成立体视觉，它是借用立体镜来进行分像的。另一种则是通过光学投影的方法将两张像片的影像重叠投影到一起，此时需通过其他的措施使两眼分别只能看到重叠影像中的一个，以达到分像的目的。这种立体观察方法不是直接观察像片本身，而是观察两张像片投影到同一平面的重叠影像。为了加以区别，我们称后一种为分像法的立体观察。以下分别介绍这两种立体观察的方式。

10.1.3.1 用立体镜观察立体

立体镜的主要作用是使一只眼睛只能清晰地看到一张像片的影像，它克服了肉眼进行立体观察时强制调焦与交会之间的矛盾所引起的人眼疲劳，因而在实践中得到了广泛应用。

最简单的立体镜是桥式立体镜，它是在一个桥架上安装一对低倍率的简单透镜，透镜的光轴平行，其间距约为人眼的眼基线距离，桥架的高度等于透镜焦距，如图 10-1-5 所示。观察时，像片对放在透镜的焦平面上，此时像片上物点的光线通过透镜后为一组平行光，使观察者感觉到物体在较远的距离处，可达到人眼调焦与交会本能的基本统一。

航摄像片的像幅较大，为了便于航摄像片对的立体观察而专门设计了一种立体观察工具，称为反光立体镜，如图 10-1-6 所示。这种立体镜在左、右光路中各加入了一对反光镜，可起到扩大像片间距的作用，便于置放大像幅的航摄像片。

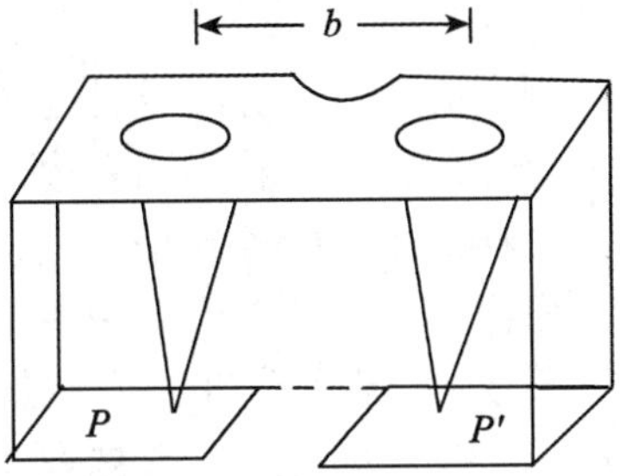

图 10-1-5　桥式立体镜

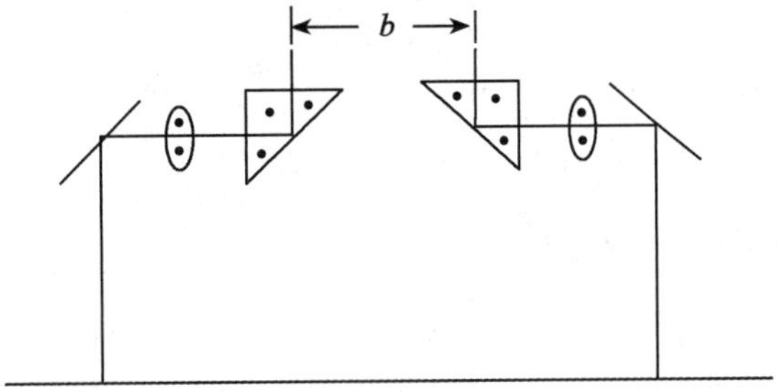

图 10-1-6　反光立体镜

用立体镜观察立体时，看到的立体模型与实物不一样，主要是在竖直方向产生了变形，即地面的起伏被夸大了，这种变形是有利于高程量测的。

产生上述现象的原因，是因为航摄像片的主距与观察时像片所在位置距观察者眼睛的距离不相等所造成的。两者之比称为高程夸大系数 Δ。

$$\Delta = \frac{f_c}{f} \tag{10-1-4}$$

式中，f_c 为立体观察时像片距人眼的距离；f 为航摄像片的主距。

在立体镜设计时，f_c 的取值等于人眼的明视距离，即 $f_c = 250\text{mm}$，这样，对于不同航摄主距的像片，则有不同的高程夸大系数。

这种高程夸大有利于判识高程差，而对量测结果毫无影响。因为量测的是像点坐标，用它来计算高差，观察中虽然高差夸大了，但所量测的像点坐标没有变化，所以对高差计算没有影响。

10.1.3.2　重叠影式观察立体

当一个立体像对的两张像片恢复了摄影时的相对位置后，用灯光照射到像片上，其光线通过像片投射至承影面上，两张像片的影像会出现相互重叠的现象。为了使一只眼睛只能看到一张像片的投影影像，需要通过分像的方法来实现。常用的分像方法有互补色法、光闸法、偏振光法及液晶闪闭法，其中前三种方法被广泛应用于模拟的立体测图仪器。液晶闪闭法是一种新型的立体观察方法，被广泛应用于现代的数字摄影测量系统。下面分别叙述其分像原理。

1. 互补色法

光谱中两种色光混合在一起成为白色光，这两种色光称为互补色光。常用的互补色是品红色与蓝绿色(习惯简称为红色与绿色)。在暗室中，如图 10-1-7 所示，在左方投影器中插入红色滤光片，投影在承影面上的影像为红色影像。右方投影器中插入绿色滤光片，在承影面上得到影像是绿色的。如果观察者戴上左红、右绿的眼镜进行观察时，由于红色镜片只透过红色光，而绿色光被吸收，所以通过红色镜片只能看到左边的红色影像，看不到右边的绿色影像。同理，绿色镜片只能透过绿色光，也只能看到右边的绿色影像，而看不到左边的红色影像。从而达到一只眼睛只看到一张影像的“分像”目的，进而可观察到地面的立体模型。图 10-1-7 中，两投影器的投影光线交点 A 为几何模型点，而两眼视线观察交点 A' 为视模型点，它会随人眼观察位置的不同而变化。若承影面上有一可升降的测绘台，当测绘台升到 E_0 面上，此时观察到的 A' 点即为几何模型上的位置，从而达到视模型点与几何模型点两者的统一。所以在量测时，通过测绘台的升降使观察到的视模型点能与几何模型的相应点重合，以保持模型点的量测不受影响。

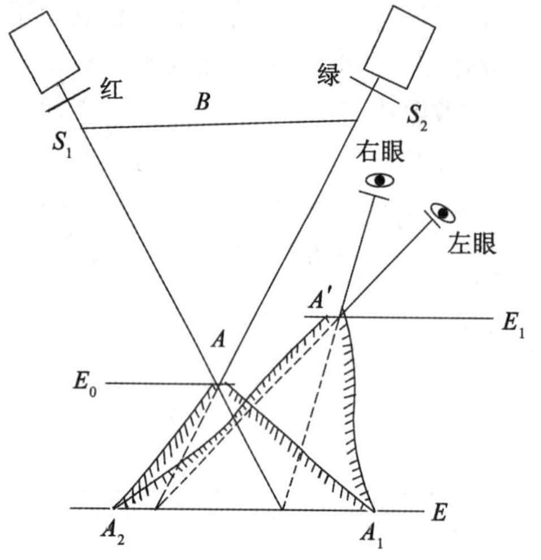

图 10-1-7　互补色法立体观察

2. 光闸法

光闸法立体观察是在投影的光线中安装光闸实现的。两个光闸相互错开，即一个打开，另一个闭上。人眼观察时，要戴上与投影器中光闸同步的光闸眼镜，这样就只能一只眼睛看到一张影像。由于影像在人眼中的构像能保持 0. 15s 的视觉暂留，这样光闸启闭的频率只要每秒大于 10 次，人眼中的影像就会连续，构成立体视觉。光闸法的优点是投影光线的亮度很少损失，缺点是振动与噪声不利于工作。

3. 偏振光法

光线通过偏振器分解出的偏振光，只在偏振平面上进行。利用这一特性，在两张影像的投影光路中，放置两个偏振平面相互垂直的偏振器，在承影面上就能得到光波波动方向相互垂直的两组偏振光影像。观察者戴上一副检偏眼镜，两眼检偏镜片的偏振平面也相互垂直，左、右分别与投影的左右偏振平面平行。这样，就保证每只眼睛只看到一个投影器的投射影像，从而达到“分像”观察立体的效果。偏振光可用于彩色影像的立体观察，获得彩色的立体模型。

4. 液晶闪闭法

美国 StereoGraphics 公司生产了一种液晶眼镜，它主要由液晶眼镜和红外发生器组成。

使用时，红外发生器的一端与通用的图形显示卡相连，图像显示软件按照一定的频率交替地显示左右图像，红外发生器则同步地发射红外线，控制液晶眼镜的左右镜片交替地闪闭，从而达到左右眼睛各看一张像片的目的。

10.1.4　像对的立体量测

摄影测量不仅要在室内能观察到构成的地面立体模型，而且要在模型上进行量测，以确定地面点的三维坐标。这就要求在立体像对上进行量测。

如图 10-1-8 所示，为一已满足人造立体观察的一个像对。在两张像片上放置两个相同的标志作为测标，如 T 字形。测标在像片上可做 x 轴或 y 轴方向的共同移动和相对移动，借助这种移动达到与地物立体相切进行量测。当我们移动左边测标，用眼睛观察看到与左像片某一点 a 对准后，再借助于右测标单独移动(即相对地做 x，y 轴方向移动)，在立体观察中使右方测标也对准右像片上同一地物点 a' 时，则在立体观察时，就会观察到“T”字形测标的下端与立体模型上的 A 点相切。此时，记下左右像点的坐标(x_1，y_1)与(x_2，y_2)，可得到像点坐标量测值。如果右测标在 x 轴方向对右像片做移动离开同名像点 a' 的左、右时，则可看到空间测标相对于立体模型的表面做升降运动，使测标浮于地面点 A 之上，或沉于 A 点之下。因此，立体坐标量测就是要使左、右测标同时对准左、右同名像点，使测标切准模型点的表面。

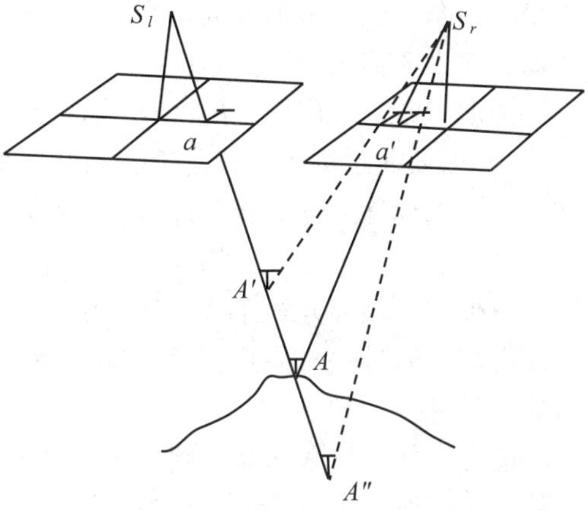

图 10-1-8　立体坐标量测

10.2　立体显示与漫游

数据的图形显示不仅在数据编辑时需要，实际上在开始进行采集时就需要进行监视。由于所记录的数据一般是在物方坐标系统中的坐标，因而显示时应转变为计算机屏幕的坐标系。通常要显示的数据最好以图幅为单位，设其左下角坐标为(X_0，Y_0)，若屏幕高为 h，宽为 w，每一个像素(屏幕上一个点)的长与宽对应地面坐标系的长与宽分别为 ΔX 与 ΔY，则图形显示坐标(即屏幕坐标)为

$$\begin{cases} x = \dfrac{X - X_0}{\Delta X} \\ y = \dfrac{Y - Y_0}{\Delta Y} \end{cases} \tag{10-2-1}$$

式中，(X，Y)为地面坐标系坐标；(x，y)为屏幕坐标系坐标。

当计算机屏幕坐标系的 y 轴方向朝下时，其原点在左上角，此时应将坐标变换到左下

角为原点且 y 轴方向朝上的坐标系内：

$$y = h - \frac{Y - Y_0}{\Delta Y} \tag{10-2-2}$$

式中，h 以像素为单位，即屏幕在 y 轴方向的像素个数。

由于屏幕的分解率是有限的，要想显示的图形能够清晰，可采用开窗放大或图形漫游技术加以解决。开窗放大是将整幅图形全部显示在屏幕上，以便观察整个轮廓。对要处理的局部区域，利用鼠标或键盘操纵光标，取其对角线上的两点，重新计算 ΔX 与 ΔY，并将地面起点移至该区域左下角，将该区域的地面坐标以新的(X_0，Y_0)，ΔX 与 ΔY 转换到屏幕坐标系，或者根据放大倍数，将窗口中的每一点(像素)变成数个点，放大 2 倍则一变四，放大 3 倍则一变九。

图形漫游是采用固定的 ΔX 与 ΔY(像素的地面长与宽)，则一幅图的长与宽(以像素为单位)一般要超过屏幕的长与宽，因此屏幕上只显示当前处理的局部区域。当处理区域移动时，即光标逐渐移到屏幕边缘，系统应自动将图形平缓地做相应移动，使得被处理的区域一直位于屏幕中心，正如我们用放大镜看一幅地图，始终将我们感兴趣的地方置于放大镜的中央。以这种方式在微型计算机上显示图形，通常要用到扩充内存。将整幅图像存入扩充内存，通过映射关系将显示区与显示缓冲区相联系，达到迅速更新所显示的图形的目的。

通常，并不将全部屏幕用于图形显示，而要留出一部分作为其他用途区，因而在屏幕上开一窗口作为图形显示，称为图形窗口。若图形窗口左下角的屏幕坐标为(x_0，y_0)，则图形的窗口坐标(x_w，y_w)为

$$\begin{cases} x_w = \dfrac{X - X_0}{\Delta x} \\ y_w = \dfrac{Y - Y_0}{\Delta y} \end{cases} \tag{10-2-3}$$

则屏幕坐标为

$$\begin{cases} x = x_0 + x_w \\ y = y_0 + y_w \end{cases} \tag{10-2-4}$$

所有的图形显示操作均在图形显示窗口中进行。

10.3　地物信息组织与处理

10.3.1　地物属性码

10.3.1.1　编码

按地形图图式对地物进行编码，可分两种方式进行。一种是顺序编码，只需要采用 3 位数字的编码。其缺点是使用不方便，软件设计较复杂。另一种是按类别编码，至少需要 4 位数字的编码。一种 4 位数按类别编码的设计如表 10-3-1 所示。每一个编码的第一位数

字表示十大类别；第二、三两位数字为地物序号，即每一类可容纳 100 种地物；第四位数字为地物细目号，如 0010 表示 1 : 500、1 : 1000、1 : 2000 地图图式中的地貌和土质类(类别号为 0)的等高线(地物号为 01)中的首曲线(细目号为 0)，0011 表示计曲线，而 0012 表示间曲线，3020 表示简单房屋等。

表 10-3-1　　　　　　　　　　　　　　**编　码　表**

物类	类别号 (0~9)	地物	地物号 (00~99)	地物细目	地物细目号 (0~9)	图式号
地貌和土质	0	等高线	01	首曲 计曲 间曲	0 1 2	10. 1. a 10. 1. b 10. 1. c
		示坡线	02		0	10. 2
		高程点	03		0	10. 3
		独立石	04	非比例 比例	0 1	10. 4. b 10. 4. a
		石堆	05	非比例 比例	0 1	10. 5. b 10. 5. a

10. 3. 1. 2　编码输入方式

1. 键盘输入

由作业人员对照编码表，从键盘输入相应的编码。开始时效率较低，但当常用编码被熟记以后，便能提高效率。其优点是软件设计较简单。

2. 菜单输入

(1)仪器面板菜单。由专用面板构成，面板被划分成许多小区域，每个区域与一种地物相对应，当选中某区域，系统将相应的属性码取出。

(2)数字化仪菜单。在数字化仪上设计一个菜单，当光标的十字丝对准菜单某一方格并按下某一键时，系统取出相应属性码。该方法的优点是灵活，可以任意设计与更新菜单，但要附加数字化仪。

(3)屏幕菜单。设计一多级弹出式(或下拉式)菜单，当选中主菜单输入属性码时，弹出属性码菜单。由于屏幕幅面与分辨率的限制，必须将属性码菜单分 2~3 级。该方法的优点是无须另加数字化仪，但多级菜单没有单级菜单输入快。

3. 音响输入

这需要加装录音与音频识别装置。在操作前，由作业员对计算机进行训练，建立属性码与作业员说出该编码声音信号的对应关系，则在测图过程中，计算机根据作业员的口令就可以取出相应的编码。

10.3.1.3　属性码表

在对每一地物进行采集前，输入其属性码，若不输入新的编码，则系统应自动取前一地物的属性码作为即将量测的物体的属性码。建立一个属性码表 ACL(在外设中即文件，在内存中为一个二维数组)，每一地物与表中的一行相对应，表的行数即地物的序号(文件中的记录号或数组的第一维下标号)。每一行包含若干项内容，最重要的一项内容即属性码 AC(Attribute Code)。其次是该地物首点检索指针。其结构如图 10-3-1 所示。属性码表是固定长的行，因而在外存中是固定长记录文件，可以随机存取。

属性码	首点检索指针	删除标志	公共边检索指针	注记检索指针	…

图 10-3-1　属性码表

10.3.2　地物坐标采集

1. 坐标表

量测的数据即每一点的三维坐标 (X_i, Y_i, Z_i) 是数字测图数据的主体。对量测的每一点要填写坐标表 CL，坐标表如图 10-3-2 所示。除了最主要的内容——点的(X, Y, Z)坐标，还必须填写其链接指针，供编辑与绘图时检索用。若只需单向检索，则只需设立一个后向指针 BP，即指向其后一点在坐标表中的行号(即点号或存入外存中时的记录号)。最后一点可以设一个特殊标志，例如-1。当量测每一地物的第一点时，要将该点在坐标表中的行号(文件的记录号、内存数组的第一下标)填入属性码表 ACL 中的首点指针项，以后各点则应将其在坐标表中的行号填入前一点的后向指针。以后通过 ACL 中的首点指针可以从坐标表中取出该地物的第一点，然后由第一点的后向指针可取出第二点，如此下去可将该地物的全部点取出。

X	*Y*	*Z*	连接码	后向链指针	前向链指针	……

图 10-3-2　坐标表

为了方便绘图，还可以在坐标表中设立一个连接码，表明每一点与前一点绘图时的连接方式。例如，可设计连接方式与相应连接码 C 如下：

$$C=\begin{cases}1, & \text{不连接}\\2, & \text{直线连接}\\3, & \text{曲线连接}\end{cases}$$

连接码的确定可以由作业人员输入的线型信息及软件根据属性码自动确定相结合进

行。测图主菜单可设立线型选择项。例如，对直线道路可选择直线连接，对河流与弯曲道路选曲线连接，对房屋可自动确定为直线连接，对曲线型房屋则选择曲线连接。

如系统想要双向检索，除了上述的后向指针外，还应设立前向指针 FP，记录其在坐标表中的行号，并在属性码表中增加一终点指针，当量测最后一点时将其点序号记入终点指针项，就可实现双向的检索。此时首点的前向指针应给以特殊标志，例如-1。

坐标表的每行是固定长，其文件可随机存取。

2. 封闭地物的自动闭合

对于一些封闭地物(如湖泊)，其终点与首点是同一点，应提供封闭(即自动闭合)的功能。当选择此项功能后，在测倒数第一点时就发出结束信号(通常由一个脚踏开关控制或由键盘控制)，系统自动将第一点的坐标复制到最后一点(倒数第一点之后)，并填写有关信息。

3. 直角点的自动增补

直角房屋的最后一个角点可通过计算获取而不必进行量测。设房屋共有 n 个角点 P_1，P_2，…，P_{n-1}，P_n，在作业中只需要测 $n-1$ 个点，点 P_n 可自动增补。过 $P_1(X_1, Y_1)$ 与 $P_2(X_2, Y_2)$ 的直线方程为

$$Y = Y_1 + \frac{Y_2 - Y_1}{X_2 - X_1}(X - X_1) \tag{10-3-1}$$

过 $P_{n-1}(X_{n-1}, Y_{n-1})$ 与之平行的直线方程为

$$Y = Y_{n-1} + \frac{Y_2 - Y_1}{X_2 - X_1}(X - X_{n-1}) \tag{10-3-2}$$

过 P_1 与 P_1P_2 垂直的直线方程为

$$Y = Y_1 - \frac{X_2 - X_1}{Y_2 - Y_1}(X - X_1) \tag{10-3-3}$$

令 $\mathrm{d}X = X_2 - X_1$，$\mathrm{d}Y = Y_2 - Y_1$，经整理得方程组

$$\begin{cases} \mathrm{d}X \cdot X + \mathrm{d}Y \cdot Y = \mathrm{d}X \cdot X_1 + \mathrm{d}Y \cdot Y_1 \\ -\mathrm{d}Y \cdot X + \mathrm{d}X \cdot Y = -\mathrm{d}Y \cdot X_{n-1} + \mathrm{d}X \cdot Y_{n-1} \end{cases} \tag{10-3-4}$$

解此方程组可得角点 $P_n(X_n, Y_n)$：

$$\begin{cases} X_n = \dfrac{(X_1\mathrm{d}X + Y_1\mathrm{d}Y)\mathrm{d}X - (Y_{n-1}\mathrm{d}X - X_{n-1}\mathrm{d}Y)\mathrm{d}Y}{\Delta} \\ Y_n = \dfrac{(Y_{n-1}\mathrm{d}X - X_{n-1}\mathrm{d}Y)\mathrm{d}X + (X_1\mathrm{d}X + Y_1\mathrm{d}Y)\mathrm{d}Y}{\Delta} \end{cases} \tag{10-3-5}$$

式中，$\Delta = \mathrm{d}X^2 + \mathrm{d}Y^2$。

当量测完第 $n-1$ 个房角时，就给出结束信号，若已选择了直角点的自动增补功能，则计算出 P_n 点坐标(X_n, Y_n)，并填入坐标表中。若此时也选择了封闭功能，则将第一点坐标复制到第 $n+1$ 点。对于一个四角房屋，在数字测图中只需要测 3 个点，而在模拟测图中需要测 4 个点甚至 5 个点(第一点测两次，图形才能封闭)。

4. 遮蔽房角的量测

当房屋的某一角被其他物体(例如树)遮蔽而无法直接量测时，可在其两边上测 3 点，然后计算出交点。设(X_1, Y_1)与(X_2, Y_2)在直角的一边上，(X_3, Y_3)在直角的另一边上，过(X_1, Y_1)与(X_2, Y_2)的直线方程为

$$Y = Y_1 + \frac{Y_2 - Y_1}{X_2 - X_1}(X - X_1) \tag{10-3-6}$$

过(X_3, Y_3)与其垂直的直线方程为

$$Y = Y_3 - \frac{X_2 - X_1}{Y_2 - Y_1}(X - X_3) \tag{10-3-7}$$

令 $\mathrm{d}X = X_2 - X_1$，$\mathrm{d}Y = Y_2 - Y_1$，得方程组

$$\begin{cases} \mathrm{d}Y \cdot X - \mathrm{d}X \cdot Y = \mathrm{d}Y \cdot X_1 - \mathrm{d}X \cdot Y_1 \\ \mathrm{d}X \cdot X + \mathrm{d}Y \cdot Y = \mathrm{d}X \cdot X_3 + \mathrm{d}Y \cdot Y_3 \end{cases} \tag{10-3-8}$$

解方程组，得角点坐标

$$\begin{cases} X = \dfrac{(X_3\mathrm{d}X + Y_3\mathrm{d}Y)\mathrm{d}X - (Y_1\mathrm{d}X - X_1\mathrm{d}Y)\mathrm{d}Y}{\boldsymbol{\Delta}} \\ Y = \dfrac{(Y_1\mathrm{d}X - X_1\mathrm{d}Y)\mathrm{d}X + (X_3\mathrm{d}X + Y_3\mathrm{d}Y)\mathrm{d}Y}{\boldsymbol{\Delta}} \end{cases} \tag{10-3-9}$$

式中，$\boldsymbol{\Delta} = \mathrm{d}X^2 + \mathrm{d}Y^2$。

5. 直角化处理

由于测量误差，使得某些本来垂直的直线段互相不垂直。例如，房屋的量测有时不能保证其方正的外形，此时可利用垂直条件，对其坐标进行平差，求得改正数，以解算的坐标值代替人工量测的坐标值。但其改正值应在允许的精度范围内，否则应重新量测。

设 P_j 是直角顶点，P_i 与 P_k 是直角边上的两点，$P_i(x_i, y_i)$，$P_j(x_j, y_j)$与 $P_k(x_k, y_k)$三点用直线构成直角的充要条件是 $\boldsymbol{P}_i\boldsymbol{P}_j \cdot \boldsymbol{P}_j\boldsymbol{P}_k = 0$。

$$\begin{aligned} \boldsymbol{P}_i\boldsymbol{P}_j \cdot \boldsymbol{P}_j\boldsymbol{P}_k &= \begin{pmatrix} X_i - X_j \\ Y_i - Y_j \end{pmatrix}^{\mathrm{T}} \begin{pmatrix} X_k - X_j \\ Y_k - Y_j \end{pmatrix} \\ &= (X_i - X_j)(X_k - X_j) + (Y_i - Y_j)(Y_k - Y_j) = 0 \end{aligned} \tag{10-3-10}$$

当存在量测误差时，条件方程为

$$\begin{aligned} &[(X_{i0} + V_{X_i}) - (X_{j0} + V_{X_j})][(X_{k0} + V_{X_k}) - (X_{j0} + V_{X_j})] + \\ &[(Y_{i0} + V_{Y_i}) - (Y_{j0} + V_{Y_j})][(Y_{k0} + V_{Y_k}) - (Y_{j0} + V_{Y_j})] = 0 \end{aligned} \tag{10-3-11}$$

线性化条件方程为

$$\begin{aligned} &(X_{k0} - X_{j0})V_{X_i} + (Y_{k0} - Y_{j0})V_{Y_i} + (2X_{j0} - X_{i0} - X_{k0})V_{X_j} + \\ &(2Y_{j0} - Y_{i0} - Y_{k0})V_{Y_j} + (X_{i0} - X_{j0})V_{X_k} + (Y_{i0} - Y_{j0})V_{Y_k} + W_{ijk} = 0 \end{aligned} \tag{10-3-12}$$

式中，闭合差 $W_{ijk} = (X_{i0} - X_{j0})(X_{k0} - X_{j0}) + (Y_{i0} - Y_{j0})(Y_{k0} - Y_{j0})$；$X_{ip}$，$Y_{i0}$，…为观测值；$V_{X_i}$，$V_{Y_i}$，…为改正数。如果一个物体有几个垂直条件，则对每一个独立的条件可列出一

个条件方程，如对一矩形可列出 3 个方程，其矩阵形式方程为

$$A^{\mathrm{T}}V + W = 0 \tag{10-3-13}$$

其解为

$$V = P^{-1}Ak,\ k = -(A^{\mathrm{T}}P^{-1}A)^{-1}W \tag{10-3-14}$$

对量测坐标进行改正，可得满足垂直条件的新坐标值。

6. 平行化处理

线段 P_iP_j 平行于线段 P_kP_l 的充要条件为

$$(X_j - X_i)(Y_l - Y_k) - (X_l - X_k)(Y_j - Y_i) = 0 \tag{10-3-15}$$

当存在量测误差时，条件方程为

$$\begin{aligned}&[(X_{j0} + V_{X_j}) - (X_{i0} + V_{X_i})][(Y_{l0} + V_{Y_l}) - (Y_{k0} + V_{Y_k})] - \\&[(X_{l0} + V_{X_l}) - (X_{k0} + V_{X_k})][(Y_{j0} + V_{Y_j}) - (Y_{i0} + V_{Y_i})] = 0\end{aligned} \tag{10-3-16}$$

线性化得

$$\begin{aligned}&(Y_{l0} - Y_{k0})V_{X_i} + (X_{k0} - X_{l0})V_{Y_i} + (Y_{k0} - Y_{l0})V_{X_j} \\&+ (X_{l0} - X_{k0})V_{Y_j} + (Y_{i0} - Y_{j0})V_{X_k} + (X_{j0} - X_{i0})V_{Y_k} \\&+ (Y_{j0} - Y_{i0})V_{X_l} + (X_{i0} - X_{j0})V_{Y_l} + W_{ijkl} = 0\end{aligned} \tag{10-3-17}$$

其中，

$$W_{ijkl} = (X_{l0} - X_{k0})(Y_{j0} - Y_{i0}) - (X_{j0} - X_{i0})(Y_{l0} - Y_{k0}) \tag{10-3-18}$$

同垂直条件类似可解得坐标的改正数。

在实际运用中，平行条件与垂直条件及其他条件可联合使用。

7. 咬合

模型之间的接边及相邻物体有公共边或点的情况，均要用到咬合(Snap 或 Pick)功能，避免出现模型之间“线头”的交错，或者本应重合的点不重合。

1)点咬合

点的咬合较简单。将光标移到要咬合点的附近，选择 Snap(或 Pick)功能，系统根据光标的屏幕坐标查找“屏幕位置检索表”，得到该点的地物号，再从属性码表中检索到该点所属地物的首点号，从坐标表中依次取出各点，计算它们与光标对应的地面点的距离，取出距离最小的点作为当前要测的点。有的屏幕位置检索表可会检索到附近的若干点，则需与这几个点相比较，取其距离最小者。

2)线咬合

线的咬合除了按点咬合检索到距光标最近的点，还要取出该地物次最近的点，设为 $P_1(X_1, Y_1)$ 与 $P_2(X_2, Y_2)$，然后求出当前光标对应的地面点 $P_3(X_3, Y_3)$ 到线段 P_1P_2 的垂足，其计算公式与式(10-3-9)相同。该垂足即当前要测的点，将测标切准该点，取其高程值与计算的平面坐标。

8. 公共边

若两个(或两个以上)地物有公共的边，则称先测的地物为主地物，后测的地物为从

地物。主地物的量测与没有公共边的地物的量测相同。从地物只量测非公共边部分，过程如下：

(1)选择公共边功能，利用 Snap 功能，即线咬合功能，获得非公共边，也是公共边的一个端点，如图 10-3-3 所示的 P_{13}点，将 P_{13}插入 1 号地物的点 P_1 与 P_2 之间。

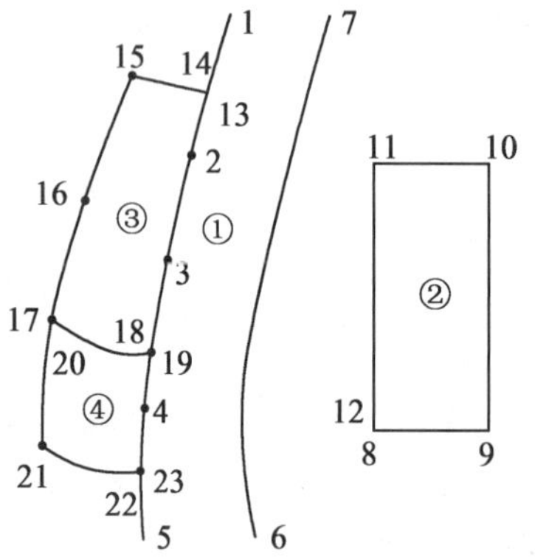

坐标表

1					13
2					3
3					19
4					23
5					6
6					7
7					−1
8					9
9					10
10					11
11					12
12					−1
13					2
14					15
15					16
16					17
17					18
18					−1
19					4
20					21
21					22
22					−1
23					5

图 10-3-3　公共边处理

(2)将公共边的终止端点作为从地物非公共边的起始点，在此例中即 P_{14}，且 $X_{14}=X_{13}$，$Y_{14}=Y_{13}$，$Z_{14}=Z_{13}$。并将从地物的特征码填入属性码文件，顺序量测从地物的非公共边。

(3)当非公共边中的点只剩下最后一个端点时，选用线吻合功能、量测并记录该点，如图 10-3-3 中的点 P_{18}。

(4)将非公共边的后一端点拷贝并插入主地物。此例中，将 P_{18}拷贝到 P_{19}。

(5)填写公共边表。

9. 复制(拷贝)

在平坦地区，对形状完全相同的地物(如房屋)，可在量测其中一个之后，进行复制。当测标切准要测地物与已测过的同形状地物第一点的对应点后，选择复制功能，则将已测地物的坐标经平移交换记入坐标表中，并填写属性码文件。设已测地物坐标为(X_i，Y_i，Z_i)(i=1，2，…，n)；新测地物的第一点坐标为(X'_1，Y'_1，Z'_1)，则复制的地物坐标为

$$\begin{cases} X'_i = X_i + \Delta X \\ Y'_i = Y_i + \Delta Y \quad (i = 1, 2, \cdots, n) \\ Z'_i = Z_i + \Delta Z \end{cases} \tag{10-3-19}$$

其中，$\Delta X = X'_1 - X_1$，$\Delta Y = Y'_1 - Y_1$，$\Delta Z = Z'_1 - Z_1$。

若要复制的地物与已测地物之间不平行，存在一夹角 θ，则平移后还要旋转 θ 角，此时测出要复制地物的两点 P'_1 与 P'_2，则夹角 θ 为直线 $P'_1P'_2$ 的方向角减去已测地物与之相应的线段 P_1P_2 的方向角：

$$\theta = \arctan \frac{Y'_2 - Y'_1}{X'_2 - X'_1} - \arctan \frac{Y_2 - Y_1}{X_2 - X_1} \tag{10-3-20}$$

要拷贝的物体之平面坐标(X''_i, Y''_i)为

$$\begin{cases} X''_i = X'_i\cos\theta - Y'_i\sin\theta \\ Y''_i = X'_i\sin\theta + Y'_i\cos\theta \end{cases} \quad (i = 1, 2, \cdots, n) \tag{10-3-21}$$

10.3.3 地物绘制

最基本的地物绘制是采用直线将采集的节点直接连接起来，用以表达测量的结果。然而，对于一些特殊的情况，需要用的一些特殊的绘制方式，典型绘制包括曲线拟合、平行线绘制、晕线填充、符号填充等。

10.3.3.1 曲线拟合

曲线拟合可以利用张力样条曲线或分段三次多项式曲线。但张力样条与分段三次多项式的计算量均较大，且其平行线的绘制也较复杂，因此分段圆弧也常常被应用。对于有绘制圆弧指令的数控绘图仪，利用分段圆弧拟合就更加简便、快速。

1. 张力样条曲线

已知平面上非等距节点组(x_1, y_1)，(x_2, y_2)，…，(x_n, y_n)，累加弦长 $s_{i+1} = s_i + \sqrt{(x_{i+1} - x_i)^2 + (y_{i+1} - y_i)^2}$，满足 $s_1 < s_2 < \cdots < s_n$。

给定一个常数 $\sigma \neq 0$，求二阶导数连续得单值函数 $x = x(s)$，$y = y(s)$，使之满足

$$\begin{cases} x_i = x(s_i) \\ y_i = y(s_i) \end{cases} \quad (i = 1, 2, \cdots, n) \tag{10-3-22}$$

并且 $x''(s) - \sigma^2 x(s)$ 和 $y''(s) - \sigma^2 y(s)$ 都连续地在每个区间 $[s_i, s_{i+1}]$ 上呈线性变化，即

$$x''(s) - \sigma^2 x(s) = [x''(s_i) - \sigma^2 x_i] \frac{s_{i+1} - s}{h_i} + [x''(s_{i+1}) - \sigma^2 x_{i+1}] \frac{s - s_i}{h_i} \tag{10-3-23}$$

$$y''(s) - \sigma^2 y(s) = [y''(s_i) - \sigma^2 y_i] \frac{s_{i+1} - s}{h_i} + [y''(s_{i+1}) - \sigma^2 y_{i+1}] \frac{s - s_i}{h_i} \tag{10-3-24}$$

式中，$h_i = s_{i+1} - s_i$ 为相邻节点之间的弦长。

上面微分方程的解函数称张力样条，记为

$$
\begin{cases}
x(s)=\dfrac{1}{\sigma^2 sh(\sigma h_i)}\{x''(s_i)sh[\sigma(s_{i+1}-s)]+x''(s_{i+1})sh[\sigma(s-s_i)]\}\\
\qquad +\left[x_i-\dfrac{x''(s_i)}{\sigma^2}\right]\cdot\dfrac{s_{i+1}-s}{h_i}+\left[x_{i+1}-\dfrac{x''(s_{i+1})}{\sigma^2}\right]\dfrac{s-s_i}{h_i}\\
y(s)=\dfrac{1}{\sigma^2 sh(\sigma h_i)}\{y''(s_i)sh[\sigma(s_{i+1}-s)]+y''(s_{i+1})sh[\sigma(s-s_i)]\}\\
\qquad +\left[y_i-\dfrac{y''(s_i)}{\sigma^2}\right]\cdot\dfrac{s_{i+1}-s}{h_i}+\left[y_{i+1}-\dfrac{y''(s_{i+1})}{\sigma^2}\right]\dfrac{s-s_i}{h_i}
\end{cases}
\tag{10-3-25}
$$

其中，$s_i \leqslant s \leqslant s_{i+1}$，$i=1, 2, \cdots, n-1$。

σ 叫作张力系数，改变 σ 值的大小可以调节曲线的光滑程度：$\sigma \to 0$，曲线为三次样条；$\sigma \to \infty$，曲线退化成折线。

式(10-3-25)中的 $y''(s_i)/\sigma^2$ 可通过节点关系和边界条件联合解算，下面以 x 坐标为例；同理可解得 $y''(x_i)/\sigma^2$。

节点关系式：

$$
a_i\frac{x''(s_{i-1})}{\sigma^2}+b_i\frac{x''(s_i)}{\sigma^2}+c_i\frac{x''(s_{i+1})}{\sigma^2}=d_i
\tag{10-3-26}
$$

其中，

$$
\begin{cases}
a_i=\dfrac{1}{h_{i-1}}-\dfrac{\sigma}{sh(\sigma h_{i-1})}\\
b_i=\dfrac{\sigma ch(\sigma h_{i-1})}{sh(\sigma h_{i-1})}-\dfrac{1}{h_{i-1}}+\dfrac{\sigma ch(\sigma h_i)}{sh(\sigma h_i)}-\dfrac{1}{h_i}\\
c_i=\dfrac{1}{h_i}-\dfrac{\sigma}{sh(\sigma h_i)}\\
d_i=\dfrac{x_{i+1}-x_i}{h_i}-\dfrac{x_i-x_{i-1}}{h_{i-1}}
\end{cases}
\tag{10-3-27}
$$

端点条件：

$$
\begin{cases}
x'(s_1)=x'_1,\ x'(s_n)=x'_n，\text{开曲线}\\
x'(s_1)=x'(s_{n+1}),\ x(s_1)=x(s_{n+1})=x_1，\text{闭曲线}
\end{cases}
\tag{10-3-28}
$$

当长度单位改变时，同样的 σ，节点关系式会发生非线性变化，导致不同形状的曲线，通常采用规范化张力系数 σ' 估算适当的 σ'。

$$
\sigma'=\begin{cases}
\dfrac{\sigma(s_n-s_1)}{n-1}，\text{开曲线}\\
\dfrac{\sigma(s_{n+1}-s_1)}{n}，\text{闭曲线}
\end{cases}
\tag{10-3-29}
$$

式中，σ 是试验证明能得到满意的拟合效果的一个特定的值，求出 σ' 后，每当 $\dfrac{s_n-s_1}{n-1}$ 或

$\frac{s_{n+1}-s_1}{n}$变化时，调整 σ 为

$$\sigma = \begin{cases} \frac{\sigma'(n-1)}{s_n - s_1}, & \text{开曲线} \\ \frac{\sigma' n}{s_{n+1} - s_1}, & \text{闭曲线} \end{cases}$$

便能使不同比例尺地图的同一曲线有相似的外貌。

对于开曲线，其解算的线性方程组为

$$\begin{pmatrix} b_1 & c_1 & & & \\ a_2 & b_2 & c_2 & & \\ & a_3 & b_3 & c_3 & \\ & \ddots & \ddots & \ddots & \\ & & a_{n-1} & b_{n-1} & c_{n-1} \\ & & & a_n & b_n \end{pmatrix} \begin{pmatrix} x''(s_1) \\ x''(s_2) \\ x''(s_3) \\ \vdots \\ x''(s_{n-1}) \\ x''(s_n) \end{pmatrix} = \sigma^2 \begin{pmatrix} d_1 \\ d_2 \\ d_3 \\ \vdots \\ d_{n-1} \\ d_n \end{pmatrix} \tag{10-3-30}$$

对于闭曲线，其解算的线性方程组为

$$\begin{pmatrix} b_1 & c_1 & & & a_1 \\ a_2 & b_2 & c_2 & & \\ & a_3 & b_3 & c_3 & \\ & \ddots & \ddots & \ddots & \\ & & a_{n-1} & b_{n-1} & c_{n-1} \\ c_n & & & a_n & b_n \end{pmatrix} \begin{pmatrix} x''(s_1) \\ x''(s_2) \\ x''(s_3) \\ \vdots \\ x''(s_{n-1}) \\ x''(s_n) \end{pmatrix} = \sigma^2 \begin{pmatrix} d_1 \\ d_2 \\ d_3 \\ \vdots \\ d_{n-1} \\ d_n \end{pmatrix} \tag{10-3-31}$$

同理，解出 $y''(s_i)(i=1, 2, \cdots, n)$， 则所求张力样条函数为

$$\begin{cases} x = x(s) \\ y = y(s) \end{cases} \tag{10-3-32}$$

2. 分段三次多项式

假定在相邻两个节点 $i(x_i, y_i)$ 与 $i+1(x_{i+1}, y_{i+1})$ 之间拟合一条三次曲线 $f(x)$，如图 10-3-4 所示，并且要求它通过这两个节点，即 $y_i = f(x_i)$，$y_{i+1} = f(x_{i+1})$， 同时要求它在节点 i，$i+1$ 上的导数等于给定的已知值：$y'_i = f'(x_i)$，$y'_{i+1} = f'(x_{i+1})$。

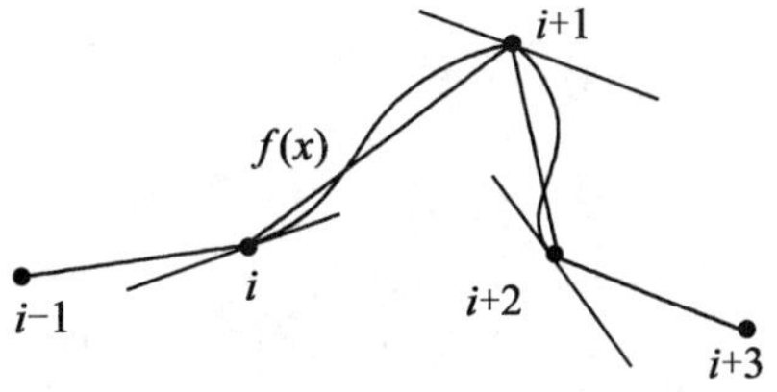

图 10-3-4　曲线拟合

根据这四个等式，就能确定三次多项式 $f(x)$ 中的全部参数。一般三次多项式用参数方程式表示为

$$\begin{cases} x = a_0 + a_1 t + a_2 t^2 + a_3 t^3 \\ y = b_0 + b_1 t + b_2 t^2 + b_3 t^3 \end{cases} \tag{10-3-33}$$

式中，a_i，b_i 为待定常数；当参数 t 从 0 变化到 1 时，曲线从点 i 移到点 $i+1$。假定曲线在节点 i，$i+1$ 上的切线斜率分别为 $\tan\theta_i$ 与 $\tan\theta_{i+1}$，因此

当 $t = 0$ 时，$x = x_i$；$y = y_i$；$\dfrac{dx}{dt} = r\cos\theta_i$；$\dfrac{dy}{dt} = r\sin\theta_i$

当 $t = 1$ 时，$x = x_{i+1}$；$y = y_{i+1}$；$\dfrac{dx}{dt} = r\cos\theta_{i+1}$；$\dfrac{dy}{dt} = r\sin\theta_{i+1}$

根据这些条件就能确定待定常数：

$$a_0 = x_i$$
$$a_1 = r\cos\theta_i$$
$$a_2 = 3(x_{i+1} - x_i) - r(\cos\theta_{i+1} + 2\cos\theta_i)$$
$$a_3 = -2(x_{i+1} - x_i) + r(\cos\theta_{i+1} + \cos\theta_i)$$
$$b_0 = y_i$$
$$b_1 = r\sin\theta_i$$
$$b_2 = 3(y_{i+1} - y_i) - r(\sin\theta_{i+1} + 2\sin\theta_i)$$
$$b_3 = -2(y_{i+1} - y_i) + r(\sin\theta_{i+1} + \sin\theta_i)$$

其中，$r = [(x_{i+1} - x_i)^2 + (y_{i+1} - y_i)^2]^{1/2}$ 是两节点之间的直线距离。因此，只要规定切线的斜率 $\tan\theta_i$，$\tan\theta_{i+1}$ 就能唯一地确定常数 a_0，a_1，…，b_3。确定各节点上切线斜率的方法很多，但它们都是根据某个假定进行的，例如，“三点法”假定某一点上的切线是垂直于该节点相对于其相邻两点张角的角平分线。在解得待定常数后，就可以用式(10-3-33)插补出曲线 $f(x)$ 上的任意一个点。一般可以参数 t 的增量 Δt(如 0.1 或更小)依次插补。

由于利用这种方法，在不同的节点间所插补的曲线是不同的三次多项式，所以称之为分段三次多项式插值法。又由于它们都满足上述条件，故曲线间又是光滑的。

3. 分段圆弧

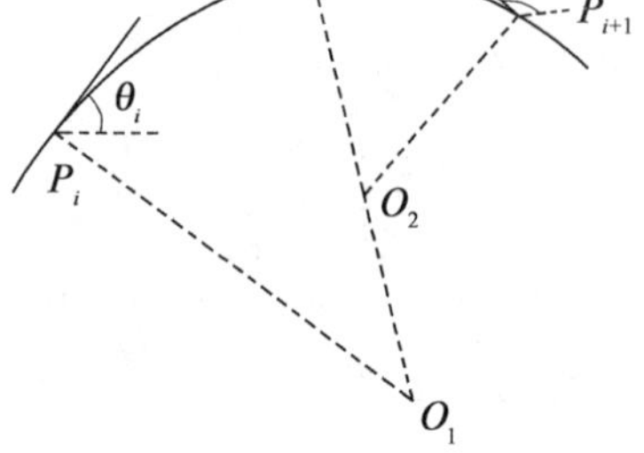

图 10-3-5　分段圆弧内插

已知两点 $P_i(x_i, y_i)$，$P_{i+1}(x_{i+1}, y_{i+1})$ 及其切线方向：

$$k_i = \tan\theta_i \tag{10-3-34}$$
$$k_{i+1} = \tan\theta_{i+1} \tag{10-3-35}$$

可作两相切之圆弧分别过 P_i 与 P_{i+1}，且 P_i，P_{i+1} 之切线方向分别为 k_i 与 k_{i+1}，两圆弧相切于 P，如图 10-3-5 所示。利用上述条件，一般可解得多对满足条件的圆弧，但在一定假设条件限制下，可得到唯一解。

若假设 P_iP_{i+1} 互相垂直(O_1 与 O_2 分别为两圆弧的

圆心)，P_iP_{i+1}的方向角为 α：

$$\tan\alpha = \frac{y_{i+1} - y_i}{x_{i+1} - x_i} \tag{10-3-36}$$

令

$$\Delta\alpha_1 = |\alpha - \theta_i| = \angle P_iO_1P \tag{10-3-37}$$

$$\Delta\alpha_2 = |\alpha - \theta_{i+1}| = \angle P_{i+1}O_2P \tag{10-3-38}$$

由条件

$$P_iP_{i+1} = r_1\sin\Delta\alpha_1 + r_2\sin\Delta\alpha_2 \tag{10-3-39}$$

$$r_1 - r_1\cos\Delta\alpha_1 = r_2 - r_2\cos\Delta\alpha_2 \tag{10-3-40}$$

并令

$$d = P_iP_{i+1} = \sqrt{(x_{i+1} - x_i)^2 + (y_{i+1} - y_i)^2} \tag{10-3-41}$$

可解得

$$r_1 = \frac{d}{\sin\Delta\alpha_1 + \dfrac{1 - \cos\Delta\alpha_1}{1 - \cos\Delta\alpha_2} \cdot \sin\Delta\alpha_2} \tag{10-3-42}$$

$$r_2 = r_1 \cdot \frac{1 - \cos\Delta\alpha_1}{1 - \cos\Delta\alpha_2} \tag{10-3-43}$$

进而可解算 O_1 与 O_2 的坐标以及 O_1P_i 与 O_2P_{i+1}的方位角。

4. 切线方向

1)三点法

假定某一点 $P_i(x_i, y_i)$上的切线垂直于该节点相对于相邻两点 $P_{i-1}(x_{i-1}, y_{i-1})$ 与 $P_{i+1}(x_{i+1}, y_{i+1})$ 张角的角平分线，即点 P_i 处的切线方向角为

$$\theta_i = \frac{\pi}{2} + \frac{1}{2}\left[\arctan\left(\frac{y_{i+1} - y_i}{x_{i+1} - x_i}\right) + \arctan\left(\frac{y_i - y_{i-1}}{x_i - x_{i-1}}\right)\right] \tag{10-3-44}$$

另一种三点法确定切线方向的方法是，假定点 $P_i(x_i, y_i)$处的切线方向等于其相邻两点 $P_{i-1}(x_{i-1}, y_{i-1})$ 与 $P_{i+1}(x_{i+1}, y_{i+1})$ 确定的方向，即

$$\tan\theta_i = \frac{y_{i+1} - y_{i-1}}{x_{i+1} - x_{i-1}} \tag{10-3-45}$$

2)五点法(Akima 法)

Akima 法由相邻的五个点 $P_K(x_K, y_K)(K=i-2, i-1, i, i+1, i+2)$ 解算曲线在 P_i 点的斜率 $\tan\theta_i$，它是点 P_i 为端点的两弦斜率的加权平均值，其权 P_r 与 P_l 分别等于 P_i 点前两弦斜率差的绝对值与后两弦斜率差的绝对值：

$$\tan\theta_i = \frac{P_l\tan\left(\dfrac{y_{i-1} - y_i}{x_{i+1} - x_i}\right) + P_r\tan\left(\dfrac{y_i - y_{i-1}}{x_i - x_{i-1}}\right)}{P_l + P_r} \tag{10-3-46}$$

其中，

$$P_l = \left|\tan\left(\frac{y_i - y_{i-1}}{x_i - x_{i-1}}\right) - \tan\left(\frac{y_{i-1} - y_{i-2}}{x_{i-1} - x_{i-2}}\right)\right|$$

$$P_r = \left| \tan\left(\frac{y_{i+2} - y_{i+1}}{x_{i+2} - x_{i+1}}\right) - \tan\left(\frac{y_{i+1} - y_i}{x_{i+1} - x_i}\right) \right|$$

由训练有素的绘图员在数据点间内插出一组曲线，通过不同的内插方法与这组曲线进行比较，Akima 法最接近于徒手绘制的曲线。当至少三个数据点处在同一条直线上时，Akima 法内插出一条直线段，而其他非线性内插法却没有这种特性。其缺点是在节点处曲线的二阶导数不能保证连续。

10.3.3.2　平行线绘制

1. 直线段的平行线

若线段 AB 的斜率为

$$k = \tan\alpha$$

其中，α 是 AB 的方向角，则距 AB 为 w 的平行线与过 A，B 两点法线的交点为 A'，B'，则

$$\begin{cases} x_{a'} = x_a + w\cos\left(\alpha \pm \dfrac{\pi}{2}\right) \\ y_{a'} = y_a + w\sin\left(\alpha \pm \dfrac{\pi}{2}\right) \end{cases} \tag{10-3-47}$$

$$\begin{cases} x_{b'} = x_b + w\cos\left(\alpha \pm \dfrac{\pi}{2}\right) \\ y_{b'} = y_b + w\sin\left(\alpha \pm \dfrac{\pi}{2}\right) \end{cases} \tag{10-3-48}$$

其中，$(x_a,\ y_a)$，$(x_b,\ y_b)$，$(x_{a'},\ y_{a'})$，$(x_{b'},\ y_{b'})$ 分别是 A，B，A'与 B'的坐标。

2. 曲线的平行线

(1)对于圆弧样条内插，曲线的平行线绘制是非常容易的，这只需将圆弧的半径 r 加或减平行曲线间距 d 作为平行圆弧的半径 R，即

$$R = r \pm d \tag{10-3-49}$$

圆心及起始方位角与终止方位角均不变。

(2)若已知曲线内插的参数方程为

$$\begin{cases} x = x(t) \\ y = y(t) \end{cases} \tag{10-3-50}$$

则过 $P_i(x_i,\ y_i)$之法线方程为

$$\begin{cases} x = x_i + \lambda \dfrac{\mathrm{d}y}{\mathrm{d}t} \\ y = y_i - \lambda \dfrac{\mathrm{d}x}{\mathrm{d}t} \end{cases} \tag{10-3-51}$$

由法线方程及平行线间距离 d 可求出平行曲线上的点 P'_i，最后由这些点建立平行曲线的参数方程，此时曲线上的斜率应取自基本曲线上相应的数据点已求出的斜率而不必重新

计算。

10.3.3.3　晕线填充

绘晕线就是用规定间距 d 与规定倾斜角 θ 的平行线来填充指定区域(如房屋或街区等)(图 10-3-6)。其关键在于求出平行线束中每一根线和区域边界的一对或多对交点。

为了简化计算，可以先将区域边界多边形的 n 个顶角坐标(x_i, y_i)变换到辅助坐标系 $o\text{-}\bar{x}\bar{y}$ 中(图 10-3-6)。后者与绘图坐标系共原点，$\bar{x}$ 轴与晕线平行。

$$\begin{cases}\bar{x}_i = x_i\cos\theta - y_i\sin\theta \\ \bar{y}_i = x_i\sin\theta + y_i\cos\theta\end{cases} \tag{10-3-52}$$

然后，依次求出各“水平线”

$$\begin{cases}\bar{y}_0 = \bar{y}_{\min} \\ \bar{y}_j = \bar{y}_{j-1} + d\end{cases} \quad (j = 1, 2, \cdots) \tag{10-3-53}$$

和边界的交点序列，直到 $\bar{y}_j > \bar{y}_{\max}$：$\{\bar{x}_{j1}, \bar{y}_{j1}, \bar{x}_{j2}, \bar{y}_{j2}\}$。

最后，将交点坐标反变换回绘图坐标系 $o\text{-}xy$ 中，形成控制绘图仪的数据：$\{x_{j1}, y_{j1}, x_{j2}, y_{j2}\}$。

10.3.3.4　符号填充

地图上通常将植被、地貌类型符号按等间隔行、列交错排列(图 10-3-7)，显然可在晕线算法的基础上进行符号填充。第一步，计算两组晕线，分别和 x，y 轴平行。第二步，计算这两组晕线的交点。选择对角线方向的相邻格网交点，拷贝独立符号。

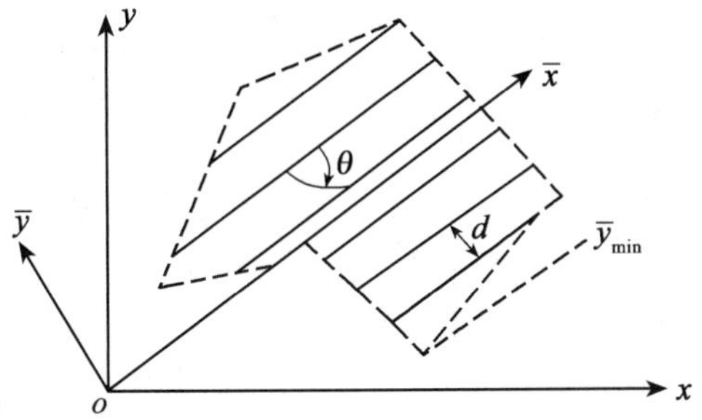

图 10-3-6　晕线填充

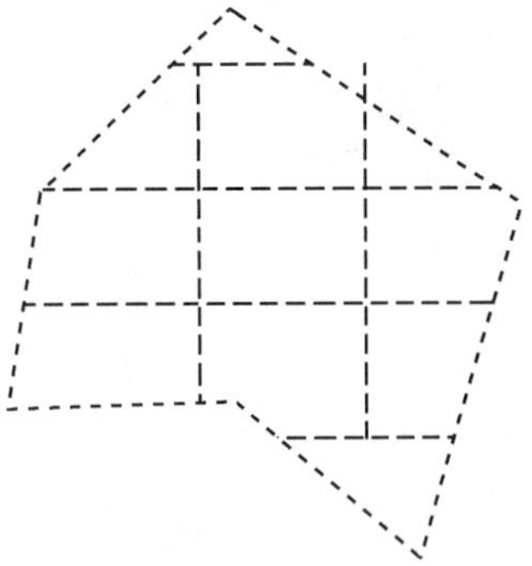

图 10-3-7　符号填充

◎ 思考题

1. 人眼为什么可以产生立体视觉？
2. 什么是人造立体视觉？
3. 像对产生立体的条件有哪些？

4. 计算机显示立体场景的基本原理是什么?
5. 计算机辅助测图可以利用哪些设备?
6. 简述机助测图数据采集的主要过程。
7. 为什么要对地物进行编码? 怎样输入地物属性码?
8. 属性码表与坐标表的主要内容是什么?
9. 编制直角点自动增补程序或遮蔽房角点坐标计算程序。
10. 编制直角化处理程序。
11. 吻合功能的作用是什么? 怎样实现吻合功能?
12. 简述曲线拟合算法。

第 11 章　影像三维重建

随着遥感技术和地理信息技术的发展，获取高分辨率的对地影像数据和高精度地形数据成为现实，人们对地形地貌信息的表达不再局限于二维图形，而是逐渐转化为三维空间的表达和处理。采用高分辨率的对地影像数据进行三维重建能够更直观、逼真、精确地描述地形表面的细节特征，广泛应用于测绘制图、城市规划、国土资源调查等诸多领域。

11.1　三维重建概述

三维重建是数字城市建设的难点内容之一，总体来说，三维重建的方法可以分为手工建模、三维激光扫描仪建模和基于多视影像的三维重建三种方式。手工建模是一种传统的三维建模方式，利用一些三维建模软件(例如 3Dmax、Maya)以人机交互的方式对建筑物进行建模。但是，这种建模方式成本高、时间长，对操作者的技术要求也比较高，再加上现实世界的复杂性和多样性，手工建模对结构复杂、不规则场景的建模需要付出很大的代价。使用三维激光扫描仪也是一种常见的建模方式，相比手工建模，该方法效率高且精准高。激光扫描仪记录的是三维空间中的点信息，对三维点云构建三角网模型，然后贴上纹理就可得到逼真的三维模型，但是其在处理大场景、复杂区域的三维建模时效率不高。

基于多视影像的三维重建是指通过相机采集到的一系列影像，依据影像间的内在约束关系，恢复出目标场景的空间三维结构，完成三维重建。影像三维重建要求至少有两幅影像，且影像间存在一定的重叠度。

基于影像进行物体几何模型的三维重建主要有三个步骤：影像间特征点的提取和匹配完成影像的配准、摄像机参数的恢复、点云数据获取及表面数据插值。通过影像提取特征点进行匹配，重建出来的结果只是一些空间中散乱无序稀疏三维点云数据，仅能展现出物体的形状等部分信息。在很多应用场景下需要得到物体较为清晰的轮廓和表面，必须对点云数据进行处理，生成更加精细的表面模型。

基于点云数据的表面重建是影像三维重建中必不可少的过程，通过对离散点云数据进行处理，还原空间离散点之间的拓扑结构，实现物体或场景的网格模型重建，生成逼真的三维几何模型。由影像生成的三维离散点云数据存在噪声点，对重建的表面产生较大的影响，同时点云具有数据庞大、杂乱、密度不均和局部聚集的特点，因此在采用离散点云来恢复三维模型时需要对离散的空间点云数据进行点云滤波和简化。点云数据经过滤波去除了噪点和离群点后依然是散乱点云，需要构造一个顶点和顶点间连接关系的三维网格模型来实现网格化表面重建。

对庞大的无序点云，快速、高效、准确地构建点与点之间的几何关系具有较大挑战性。点云网格化的方法可以分为以下几类：

（1）基于 Delaunay 准则的网格化方法。依据俄国数学家 Delaunay 提出 Delaunay 定理得到的三角网格，称作 Delaunay 网格。采用 Delaunay 三角剖分对三维空间的点云进行拓扑结构恢复，实现物体表面的网格化。基于 Delaunay 三角剖分的网格化的算法有 ThePowerCrust 算法、a-shape 法、r-graphs 法等。

（2）基于区域增长的方法。首先选取一个种子三角形，依据特定的规则再选定新的顶点，与种子三角形已有的边构建出新的三角形，直至遍历完所有点。该类方法典型的有 Gopi(2000) 的低维 Delaunay 三角剖分、Crossno (1999) 基于螺旋边准则的生长算法、Bernardini(1999)的滚球法等。

（3）基于隐式曲面的方法。构建点云有向距离场并抽取其零等值面的过程。该类方法中最典型且重建效果最好的是泊松重建，但泊松重建在处理不闭合的曲面时对边缘进行过度平滑，造成了重建结果模糊的现象。

11.2　Mesh 模型

Mesh 模型是一种灵活且强大的三维表示方法，是一种用于描述三维物体表面的数学表示方法。Mesh 模型由一系列顶点(vertices)和连接这些顶点的线段或面片(faces)组成。每个顶点具有其在三维空间中的坐标位置，而每个面片则由一组顶点索引构成，定义了一个平面。Mesh 模型使用不同的数据结构来表示顶点和面片之间的关系。其中，三角形网格(triangle mesh)是最常用的一种，它由三个顶点和一个法线向量(用于确定面片的朝向)组成。另一种常见的是四边形网格(quadrilateral mesh)，它由四个顶点和一个法线向量构成。

利用三维点云构建三维三角网模型(Mesh)是一个较复杂的问题。目前，构网算法可以大致简单地分为两类：①从点云到 Mesh，可能改变了顶点位置。例如，泊松重建算法(Kazhdan et al.，2006)和移动最小二乘算法(Kolluri，2005；Shen et al.，2004)。泊松构网是目前使用较广泛的算法之一，但是无法处理大场景数据且重建精度不够高。②从点云到 Mesh，不改变顶点位置。例如，BPA 算法(Bemardini et al.，1999)和图割法(Jancosek et al.，2011)。BPA 算法不适用于点云密度不均匀的情况。图割法构建的表面不满足流形特征，为后续 Mesh 模型编辑带来困难。

11.2.1　FSSR 非水密构网

FSSR(Floating Scale Surface Reconstruction)由 Simon Fuhrmann 和 Michael Goesele 于 2014 年提出。FSSR 指出密集点云构网不仅需要考虑点云的冗余度，而且还需要考虑多余观测值的尺度适配问题，如果高精度高频信息中混入低精度低频信息，必然会导致信息的损失。为了使点云的内在信息不受坐标系的影响，提出一种基于法向量局部坐标系的基函数加权隐式方法，使得局部坐标系 x 轴与当前点的法向量对齐，可以使得基函数和权重函数对刚体变换存在不变性。在选择切平面(yz 平面)的基函数时考虑以尺度为协方差因子的高斯函数；而 x 轴方向的基函数使用高斯分布函数的一阶导数的负数，在曲面之外保证基函数为正。重建算法主要步骤为隐函数的定义、基函数与权函数的选取、局部隐函数的估计、等值面提取。

普通的隐函数构网方法定义为寻找隐函数值 $F(p)=0$ 的等值面过程，即寻找曲面 $\{p \mid F(p)=0,\ p\in R^3\}$，为了进一步约束支撑子点云的搜索范围和加速计算，引入了基函数 $f_i()$ 的加权函数 $w_i()$，这个权函数为紧支柱的，即在一个仿射封闭集合中函数为连续的，而在这个封闭集合之外恒等于 0。FSSR 的隐函数定义为

$$F(p)=\frac{\sum\limits_{q_i\in N(p)} c_i w_i(p_l^{q_i}) f_i(p_l^{q_i})}{\sum\limits_{q_i\in N(p)} c_i w_i(p_l^{q_i})} \tag{11-2-1}$$

式中，c_i 为置信度乘因子，可以为密集匹配中产生的 NCC 值；p 为全局坐标系下的坐标；$p_l^{q_i}$ 为 p 在邻域点 q_i 局部坐标系 L_{q_i} 下的坐标。设 q_i 的法向量为 $\boldsymbol{n}_{q_i}$，全局坐标系到局部坐标系 L_{q_i} 的旋转矩阵为 $R(\boldsymbol{n}_{q_i})$，因此两坐标系的转换为：

$$p_l^{q_i}=R(\boldsymbol{n}_{q_i})(p-q_i) \tag{11-2-2}$$

由于坐标系变换公式中还存在 yz 平面的一个旋转自由度，因此在局部坐标系下的 y 轴方向和 z 轴方向的基函数相等。x 轴方向的基函数 f_x 是高斯分布函数的一阶导数的负函数，其高斯尺度因子 δ 为当前坐标基点 q_i 的尺度 s_i。则空间联合基函数 $f_i(p_i^{Q_i})$ 为

$$\begin{cases} f_x(p_i^{Q_i})=\dfrac{x}{\sigma^2}\exp\left(\dfrac{-x^2}{2\sigma^2}\right) \\ f_y(p_i^{Q})=f_y(p_i^{Q_i})=\dfrac{x}{\sigma\sqrt{2\pi}}\exp\left(\dfrac{-x^2}{2\sigma^2}\right) \\ f_i(p_l^{Q})=f_x(p_l^{Q_i})f_y(p_l^{Q_i})f_z(p_l^{Q_i})=\dfrac{x}{2\sigma^2\pi}\exp\left(\dfrac{-(x^2+y^2+z^2)}{2\sigma^2}\right) \end{cases} \tag{11-2-3}$$

对于 x 轴方向权函数为非对称函数，使得大于 0 的整体概率略大，具体权函数 $w_i(p_l^{q_i})$ 形式为

$$w_x(p_l^{q_i})=\begin{cases} \dfrac{1}{9}\dfrac{x^2}{\sigma^2}+\dfrac{2}{3}\dfrac{x}{\sigma}+1, & x\in[-3\sigma,\ 0) \\ \dfrac{2}{27}\dfrac{x^3}{\sigma^3}-\dfrac{1}{3}\dfrac{x^2}{\sigma^2}+1, & x\in[0,\ 3\sigma) \\ 0, & \text{其他} \end{cases} \tag{11-2-4}$$

$$w_{yz}(p_l^{q_i})=\begin{cases} \dfrac{2}{27}\dfrac{r^3}{\sigma^3}-\dfrac{1}{3}\dfrac{r^2}{\sigma^2}+1, & r<3\sigma \\ 0, & \text{其他} \end{cases} \tag{11-2-5}$$

$$w_i(p_l^{q_i})=w_x(p_l^{q_i})w_{yz}(p_l^{q_i}) \tag{11-2-6}$$

其中，$r=\sqrt{y^2+z^2}$。

在进行隐函数的估计时，需要建立八叉树索引机制，使用莫顿顺序(Morton)编码，记录每一个节点 node 到根 root 节点的二进制编码，根据编码可推算出某个节点的中心坐标

c_n 和对应的尺度 s_n，每一个采样点 p_i 与所在 node 的尺度之间的关系为 $s_n \leqslant s_i \leqslant 2s_n$。在建立八叉树之后，添加空叶节点使得每个内节点都具有 8 个子分支，然后每个叶节点再生成 8 个体素，接着为每个体素估计隐函数值。为了快速拣选到所需的 node，根据八叉树的尺度关系和三倍尺度影响范围原则，首先可以根据节点 node 中心点 c_n、node 尺度 s_n、体素 v 之间的关系：当 $\|v - c_n\| - \sqrt{3}\frac{s_n}{2} > 3 \times 2s_n$ 时，则舍去当前节点；否则对当前节点中的采样点 p_i 做筛选；如果满足 $|v - p_i| < 3s_i$，则把采样点保存至候选采样点集合中。考虑到大尺度在局部切方向的影响，需进一步地选取小尺度的多余观测作为最终的采样点集合，参与对当前体素的隐函数计算。这里 FSSR 推荐使用候选采样点集合中第 10%处尺度 S_{noise} 的 2 倍为阈值，小于此阈值则加入采样点集合。

FSSR 构网方法的本质是在局部多余观测值基础上，使用最小二乘加权形式来提升局部结构的精度。但是因采样点尺度范围约束和对噪声敏感的影响，使得构建的网存在大量的孔洞、无效面元、非流形结构。

11.2.2　泊松构网算法

使用 Poisson 方程进行构网的方法是 Kazhdan Michael 等(2006)首次提出，其认为网的重建过程就是根据附有法向量采样点集合 $S = \{s(\boldsymbol{p}_s, \boldsymbol{n}_s)\}$ 寻找指示函数。设在模型 M 中定义的指示函数为 x，要求指示函数在模型内部的值为常数 1，在模型外部的值为常数 0，在模型边界处 ∂M 的梯度方向与此处的内法向量方向一致，如图 11-2-1 所示，其中 $\boldsymbol{V}$ 为在模型中定义的向量场，方向指向模型内部。

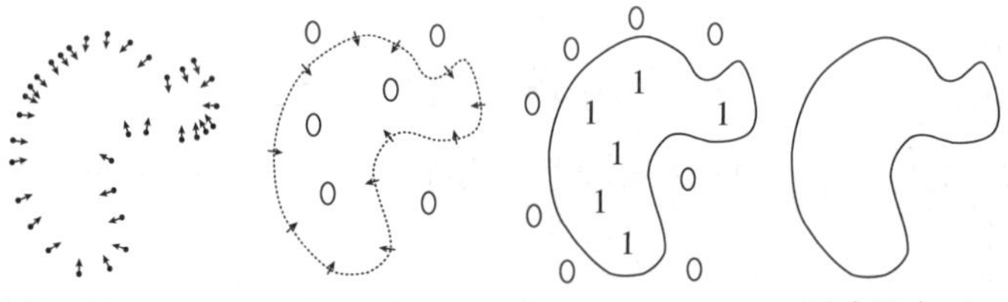

图 11-2-1　泊松构网

Poisson 构网即在给定向量场 $\boldsymbol{V}$ 下，求解指示函数，使得对空间点 p 的范数函数积分最小，如公式：

$$\begin{gathered} E(\chi) = \int \| \nabla\chi(p) - \boldsymbol{V}(p) \|^2 \mathrm{d}p \\ \chi = \arg\min_{\chi} E(\chi) \end{gathered} \tag{11-2-7}$$

根据欧拉-朗格朗日公式求解可得 Poisson 方程指示函数的拉普拉斯等于向量场的散度：

$$\Delta\chi = \nabla \cdot \boldsymbol{V} \tag{11-2-8}$$

由于指示函数为分段常函数，因此其在重建表面 ∂M 处的梯度值很大，不利于计算，故在求解指示函数的梯度时需要增加平滑函数 $F(\cdot)$ 的卷积操作。

$$\begin{aligned}\nabla(\chi * F)(q) &= \int_{\partial M} F_p(q) \boldsymbol{N}_{\partial M}(p)\,\mathrm{d}p \\ F_p(q) &= F(q-p)\end{aligned} \tag{11-2-9}$$

式中，$\boldsymbol{N}_{\partial M}$ 为重建表面 ∂M 的内法向量，可以根据拉格朗日中值定理使用离散采样点代替。

$$\nabla(\chi * F)(q) \approx \sum_{s \in S} \int |s| F_{p_s}(q) \boldsymbol{n}_s \equiv \boldsymbol{V}(q) \tag{11-2-10}$$

式中，$|s|$ 为采样点物方大小。为了加速对法向量的计算，需要借助空间八叉树 Octree，首先计算出空间体素结点 o 中积分值为 1 的平滑函数 $F(\cdot)$，然后再使用空间线性加权计算法向量。

$$\begin{aligned}F_o(q) &= F\left(\frac{1-c_o}{w_o}\right)\frac{1}{w_o^3} \\ \boldsymbol{V}(q) &= \sum_{s \in S} \sum_{o \in Ngb_{\bar{D}}(s)} \alpha_{o,s} F_o(q) \boldsymbol{n}_s\end{aligned} \tag{11-2-11}$$

式中，$\alpha_{o,s}$ 为空间线性加权系数，$o \in Ngb_{\bar{D}}(s)$ 为与采样点 p_s 相邻深度为 D 的八个体素；c_o 为体素的中心；w_o 为体素的宽度。另外，式(11-2-11)与式(11-2-10)之间相差一个常系数，但不影响计算直接省略。当需要考虑不同尺度的时候，式(11-2-11)需要修改为

$$\begin{aligned}W_{\bar{D}}(q) &= \sum_{s \in S} \sum_{o \in Ngb_{\bar{D}}(s)} \alpha_{o,s} F_o(q) \\ \boldsymbol{V}(q) &= \sum_{s \in S} \frac{1}{W_{\hat{D}}(s,\ p)} \sum_{o \in Ngbr_D(s)} \alpha_{o,s} F_o(q)\end{aligned} \tag{11-2-12}$$

此时式(11-2-7)便可从连续型变为离散型：

$$\begin{aligned}\sum_{o \in \text{Ocree}} \|\langle \Delta\chi - \nabla \cdot \boldsymbol{V},\ F_o \rangle\|^2 &= \sum_{o \in \text{Ocree}} \|\langle \Delta\chi,\ F_o \rangle - \langle \nabla \cdot \boldsymbol{V},\ F_o \rangle\|^2 \\ \chi &= \sum_o c_o F_o\end{aligned} \tag{11-2-13}$$

把求解指示函数变为求解系数 c 的最小二乘公式：

$$\begin{aligned}v_o &= \langle \nabla \cdot \boldsymbol{V},\ F_o \rangle \\ L_{oo'} &= \left\langle \frac{\partial^2 F_o}{\partial x^2},\ F_{o'} \right\rangle + \left\langle \frac{\partial^2 F_o}{\partial y^2},\ F_{o'} \right\rangle + \left\langle \frac{\partial^2 F_o}{\partial z^2},\ F_{o'} \right\rangle\end{aligned} \tag{11-2-14}$$

$$\min_{c \in \mathbf{R}^o} \| Lc - v \| \tag{11-2-15}$$

式中，$\mathbf{R}^o$ 是八叉树序号。

再计算所有采样点指示函数的均值作为等值面提取。

$$\partial M = \{q \in \mathbf{R}^3 \mid \chi(q) = \gamma\}\ \gamma = \frac{\sum_{s \in S} \frac{1}{W_{\bar{D}}(p_s)} \chi(p_s)}{\sum_{s \in S} \frac{1}{W_{\bar{D}}(p_s)}} \tag{11-2-16}$$

之后，Michael Kazhdan 和 Hugues Hoppe(2013)在 Poisson 基础上做了改进，首先重新定义指示函数的值域范围，在模型内部为 1/2，在模型外部为−1/2，使得值为 0 的等值面

为模型边界，然后使用三变量 B 样条函数代替平滑函数 F，式(11-2-14)变为

$$\begin{aligned} L_{oo'} &= \langle \nabla B_o,\ \nabla B_{o'} \rangle_{[0,\ 1]^3} \\ v_o &= \langle \boldsymbol{V},\ \nabla B_o \rangle_{[0,\ 1]^3} \end{aligned} \tag{11-2-17}$$

最后在式(11-2-17)的基础上增加了约束：

$$\begin{aligned} E(\mathcal{X}) &= \int \| \nabla \mathcal{X}(p) - \boldsymbol{V}(p) \|^2 \mathrm{d}p + \sum_{s \in S} \alpha(s) \mathcal{X}^2(p_s) \\ \mathcal{X} &= \arg\min_{\mathcal{X}} E(\mathcal{X}) \end{aligned} \tag{11-2-18}$$

Poisson 方程变为

$$(\Delta - \alpha I)\mathcal{X} = \nabla \cdot \boldsymbol{V} \tag{11-2-19}$$

虽然 Poisson 在激光点云构网应用中取得了不错的效果，但是 F. Calakli 和 Gabriel Taubin(2011)指出当点云中存在噪声、不均匀分布时，Poisson 构网会出现许多凸起和球状飘浮物，边缘处会产生大量的无效几何，需要增加额外的剔除等编辑操作，并且产生的网中具有很密的三角网，存在严重的表达冗余，网边缘处也自带平滑效果，不适合边缘突出的构网应用。

11.2.3　图割法构网算法

基于图割法构建 Mesh 的原理和方法已经被 Jancosek 和 Pajdla(2011)、Labatut 等(2009)阐述清楚，这种方法适用于大场景、复杂地表的三维重建，其基本流程如图 11-2-2 所示。

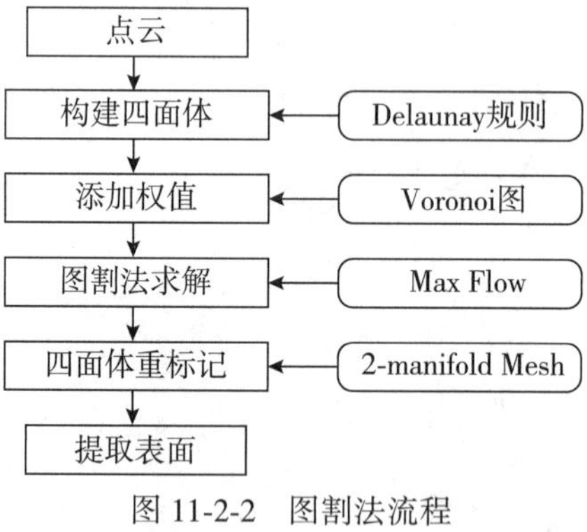

图 11-2-2　图割法流程

1. 构建能量函数

基于图割法构建 Mesh，本质上是有向图中的最大流/最小割问题。给定有向图 $G=(V,\ E)$，其中 V 为顶点集合、E 表示为边集合。每条边赋予非负的权重，V 由两种不同类型的顶点集合组成。还有两个特殊的点，s 称为源点，t 称为终点。G 图的 s-t 割表示为 $C(S,\ T)$，其将顶点集合 V 分为两类(S 和 T)，并且 $s \in S$，$t \in T$，s-t 割的代价表示为

$$C(S,\ T) = \sum_{p,\ q \,|\, p \in S,\ q \in T} (t)_{pq} \tag{11-2-20}$$

即为所有连接顶点 S 到顶点 T 的边的权值的总和。最小 s-t 割即找到一个代价值最小的割

C，等价于从源点 s 到终点 t 的最大流问题。

构建 Mesh 模型前，需要对空间进行划分，Delaunay 四面体空间划分与经典的八叉树规则空间划分方法相比，具有如下优点：①四面体的顶点可位于重建的表面上；②直接输出重建的 Mesh，不需要插值；③不需要场景的先验知识；④内存需求量小，表面以外的空间由大的四面体填充。本书通过逐渐插入一点的方式构建四面体，四面体的顶点不仅存储三维坐标，还存储此点的可视信息。由于点云数据冗余且密度较高，因此在构建四面体时需要聚合顶点，每插入一个三维点之前都要查询四面体中距此三维点最近的顶点，并计算这两个点在所有可视影像上的投影距离。如果投影距离大于给定的阈值，就将此点插入四面体；如果投影距离小于给定的阈值，就更新最邻近四面体顶点的坐标，如图 11-2-3 所示。四面体顶点除了存储可视信息以外，还存储聚合点集，四面体顶点的坐标为聚合点坐标的平均值，四面体顶点的可视信息为聚合点可视信息的并集。

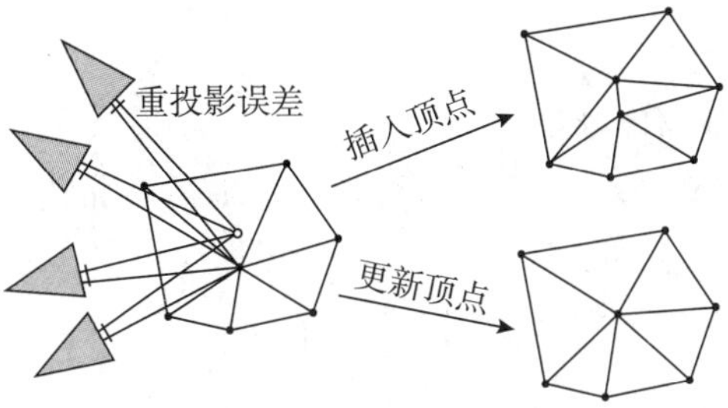

图 11-2-3　更新顶点

合理地构建有向图 G，是基于图割法实现 Mesh 重建的关键步骤。本书将 Delaunay 四面体的 Voronoi 对偶图作为有向图 G，有向图的顶点对应一个 Delaunay 四面体，有向图的边对应四面体之间的三角面。此外，有向图还要有部分顶点与源点 s 或者终点 t 相连，把包含摄影中心的四面体归入 s 集合，顶点向后延长穿入的四面体归入 t 集合。我们将重建的表面表达为 S，从上面的讨论中可知，S 是 Delaunay 三角形集合。构建的能量函数 E 表达为

$$E(S)=E_{\text{vis}}(S)+\lambda_{\text{smooth}}E_{\text{smooth}}(S) \tag{11-2-21}$$

式中，λ_{smooth} 是平滑项 E_{smooth} 的权值；$E_{\text{vis}}(S)$ 是表面 S 可视信息的能量，将在下一节详细讨论。$E(S)$ 是表面 S 的能量函数，也是 s-t 割的代价，因此最小化能量函数 $E(S)$ 的问题也就是有向图 G 的最小割问题。

2. 添加有向图权值

与经典的泊松重建方法相比，图割法表面重建充分考虑了可视性约束，抗噪声能力强，即通过三维点的可视性约束来消除误匹配产生的噪声点。图割法能够顾及成像条件，通过光线约束自动平衡噪声和遮挡关系，提取最优表面，适用于由影像匹配获取的三维点云。图割法三维重建不需要从图像中提取轮廓(visual hull)，不仅能够重建近景物体，也能够重建大场景。

在用图割法求解之前需要添加有向图 G 中边的权值，由点的可见性对光线穿过的三

角面(即有向图 G 中的边)进行加权，这个权值决定了能量项 $E_{vis}(S)$。四面体的顶点与摄影中也组成一条光线，其对穿过的三角面进行加权累积，考虑四面体所有的顶点和所有的摄影中心，得到三角面(即有向图中的边)的权值，其加权原理如图 11-2-4 所示。

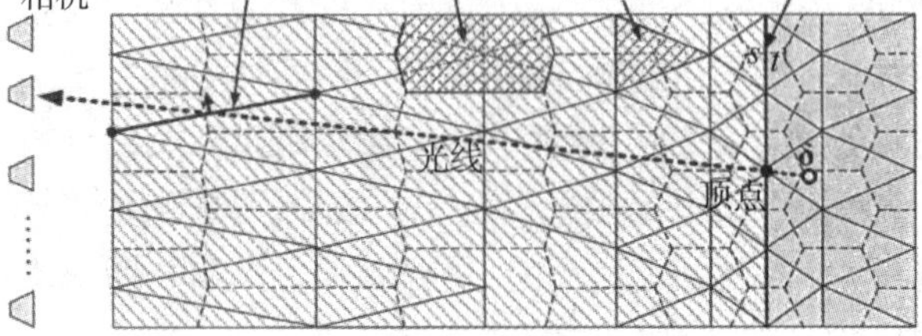

图 11-2-4　三角面加权原理

当一个三角面被一条光线穿过时，其对偶图中对应的边应累加的权值如式(11-2-22)所示。a_{vis}为此条光线贡献的权值，$N_c(X)$表示三维 X 的可视影像数量，$s(V)$表示四面体顶点 V 的聚合点集。摄影中将所在的四面体(可能为无穷四面体)标记为 s，四面体顶点向后移动一个很小的距离 δ 所在的四面体标记为 t，此条光线贡献的 s 权值为无穷大，t 权值为 a_{vis}。

$$a_{vis} = \sum_{X \in s(V)} N_c(X) \tag{11-2-22}$$

平滑项的构建采用 Labatut 等(2007)提出的方法：三角网表面面积最小的原则。平滑项的构建如下所示：

$$E_{smooth}(S) = A(S) = \sum_{T \in S} A(T) \tag{11-2-23}$$

在有向图 G 中，每条边的平滑项的权值为其对应三角面 r 的面积。最后一步标记四面体为 s 或者 t，分别为表面外的四面体或表面内的四面体，输出的三角网 Mesh 即是不同标记四面体之间的三角网，这表明重建的三角网位于 Delaunay 四面体内。

3. 顶点重标记

利用图割法求解的表面并不满足流形特性，因为图割法仅对图 G 中的顶点(Delaunay 四面体)做了最优标记，并没有考虑四面体顶点的几何属性。由于点云中存在噪声等影响，标记的四面体会出现的“孤岛”现象，导致“孤岛”与表面链接的顶点或者边不满足流形特性。针对图割法构建三维表面中存在的以上问题，Jonathan Richard Shewchuk(2002)提出四面体顶点重标记算法构建流形表面。

有向图 G 在经过图割法标记后，有向图的顶点被分为 S 集合和 T 集合，并且满足 $S \cup T = V$ 且 $S \cap T = \text{NULL}$。重建的表面为所有的从 t 顶点指向 s 顶点的有向边，即标记为 t 的四面体与标记为 s 的四面体之间的有向三角面。因此，可通过重新标记四面体的方式使重建的 Mesh 包含不同的三角面，从而改变重建表面的局部特征。

具体的解决方案是从四面体的顶点出发，对每一个顶点邻域内的四面体进行重新标记，使顶点满足流形将性，从而保证了边的流形将性。首先，确定顶点邻域内的四面体并依据标记值和空间邻接关系对其进行聚类，聚类结果如图 11-2-5(a)所示。如果聚类组数为 1，那么此顶点不是重建表面的顶点；如果组数为 2，此点是重建表面的点，并且满足流形特性；如果组数大于 2，此点是重建表面的点，但是不满足流形特性。然后，对聚类组数大于 2 的顶点邻域内的四面体进行重新标记，使其聚类组数不大于 2，从而保证流形特性，如图 11-2-5(b)所示。

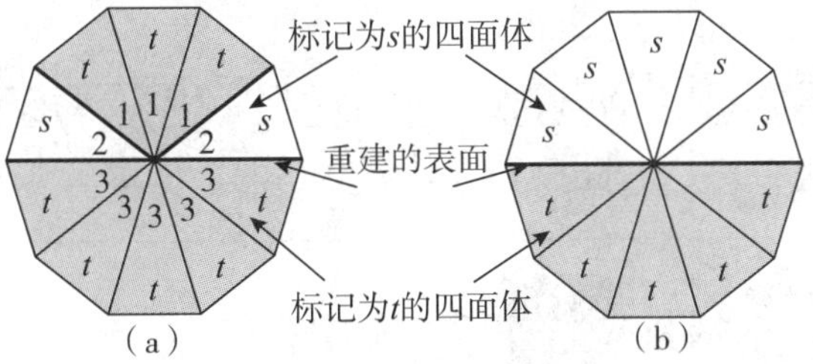

图 11-2-5　聚类图

接下来，详细讨论聚类和重标记算法。聚类算法如图 11-2-6 所示，依据邻接关系采用增长的方式聚类四面体。如果聚类组数大于 2，需要对此顶点邻域内的四面体重新标记。当聚类组数为 3 时，保留最大的聚类组，将其余的四面体标记成与最大聚类组不同的标记，例如，最大聚类组标记为 t，则其余四面体标记为 s，如图 11-2-5 所示；当聚类组数大于 3 时，说明顶点邻域内的标记情况比较复杂，很难通过重新标记的方式使此顶点满足流形特性，因此重建表面将不包括此顶点。统计顶点邻域内的 t 和 s 标记数量，将顶点邻域整体更改为数量占优的标记。

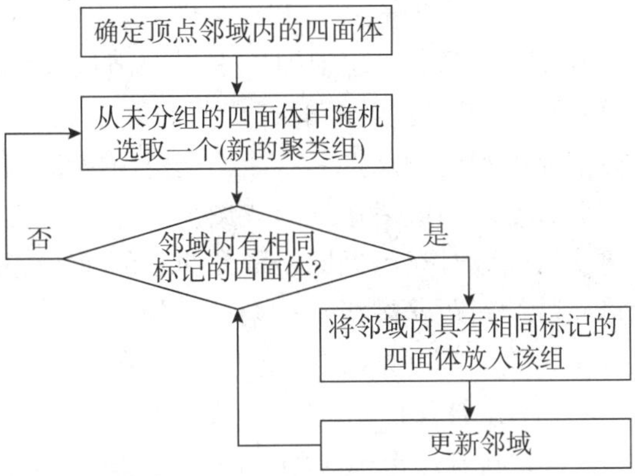

图 11-2-6　聚类算法流程

11.3　Mesh 优化

Mesh 优化的过程实际上就是驱动三角网变形的过程，可转换为最小化能量函数的问题。影像的位置和姿态是已知的，同时相机参数也是已知的，通过物方 Mesh 诱导可将一幅影像投影到其他可视影像上。然后依据影像间的相关性构建能量函数。此能量函数就是驱动初始表面演化的动力，同时还要受到正则项的约束。经典的基于影像的 Mesh 优化算法在求偏导数时公式不够严格，不是针对三角网的顶点直接求偏导，而且自由度高（对物方点的 X，Y，Z 求偏导数）。因此，本书提出法向单参数 Mesh 优化方法，将顶点的运动约束在法向量上，只对法向量方向上的运动量求导数。Mesh 优化的流程如图 11-3-1 所示，本节下面阐述了 Mesh 优化理论和严格的公式推导。

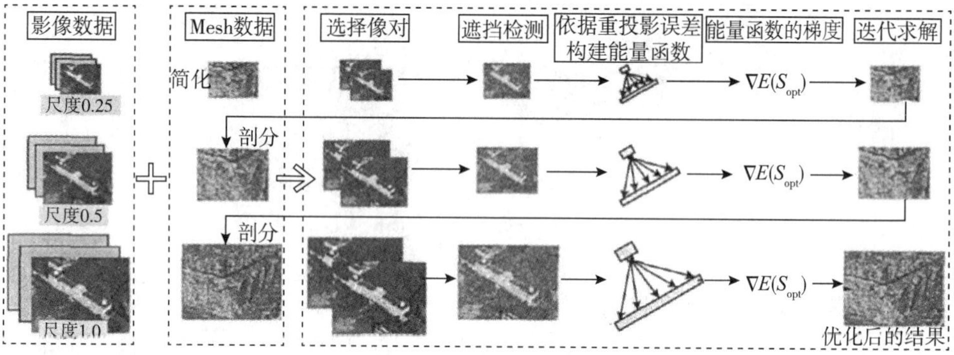

图 11-3-1　Mesh 优化

11.3.1　构建能量函数

1. 能量函数的表达形式

整体能量函数由两部分组成：数据能 E_{data} 和正则项 E_{fair}（Esteban，Schmit，2004）。正则项约束即规则化约束，在 Mesh 优化问题中即要求表面满足某个属性，例如平滑表面。数据能依靠外部的能量解决特定的问题，在 Mesh 优化问题中驱动顶点运动，使影像之间最大程度地相互吻合。通常要求构建的能量函数能够避免局部最小值，这个问题可借助正则项来解决，正则项约束能够使表面最终达到形状最优。为了适应大区域、大尺度和复杂场景的三维重建，在构建能量函数时只考虑原始影像的颜色和纹理信息，不包括轮廓信息和阴影信息。最小化能量函数的问题就是找到一个最优的 Mesh 模型，使影像之间在整体上最相似。因此，连续表面 S 关于其可见影像 I 的能量函数可被定义为

$$E(S) = E_{data}(S) + \lambda E_{fair}(S) \tag{11-3-1}$$

最小化式(11-3-1)，意味着找到一个最优的表面 S_{opt}，满足以下等式：

$$\begin{aligned}\nabla E(S_{opt}) &= \nabla E_{data}(S_{opt}) + \lambda \nabla E_{fair}(S_{opt}) = 0 \\ &= F_{data}(S_{opt}) + \lambda F_{fair}(S_{opt}) = 0\end{aligned} \tag{11-3-2}$$

式中，∇是梯度运算符；F_{data} 和 F_{fair} 是驱动 Mesh 模型运动的力量。式(11-3-2)确定了一个平衡的状态，即最优状态，因为能量函数在整体上达到一个极小值。三角网 Mesh 模型在优化的过程中能够保证拓扑属性不变。式(11-3-2)可采用迭代法求解，引入一个时间变量 t，连续表面 S 的微分公式可表达为

$$\frac{\partial S}{\partial t} = F_{\text{data}}(S) + \lambda F_{\text{fair}}(S) \tag{11-3-3}$$

离散求解公式为

$$S^{k+1} = S^k + \Delta t(F_{\text{data}}(S) + \lambda F_{\text{fair}}(S)) \tag{11-3-4}$$

2. 数据能定义

这里我们继续讨论式(11-3-1)中的数据能，即影像之间的相关性。数据能通过物体自身的颜色和纹理信息贡献了一个驱动表面演化的力量。这个力量能够增强影像之间的相关性，即最小化能量函数。具体的几何投影原理如下：一幅影像可通过物方表面 S 投影到其他可视影像上，然后计算对应影像区域的相关性。图 11-3-2 展示了计算相关性的几何投影原理，即 I_2 影像中的区 R_1'与区域 R_2 的相关性。

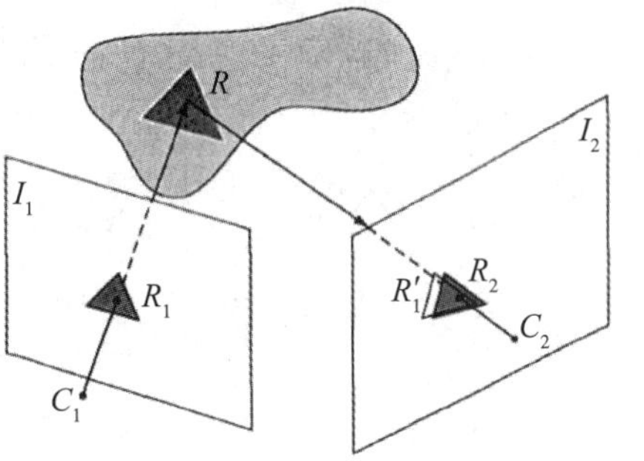

图 11-3-2　几何投影原理

图 11-3-2 展示的几何投影过程的有效条件是：①投影过程是完美的，已知准确的内外方位元素，和各种系统误差，如镜头畸变参数；②物方表面是朗伯表面，即各个方向的辐射是一致的；③在相同的光照条件下获取多视角的影像。本书使用的倾斜影像已经过空三计算，恢复了影像的内外方位元素。但是，物方表面并不是朗伯面，尤其是大倾角摄影时，影像亮度会有明显变化，当不同角度摄影时光照也会对像片产生明显的影响。因此本书采用归一化相关系数衡量影像之间的相关性，这种算法简单且鲁棒性强，能够很好应对光照变化和非朗伯体的影响。数据能的表达形式如下：

$$E_{\text{data}}(S) = \sum_{m,\ n} \omega_{mn} \int_{\Omega^S} h(I_m,\ I_{mn}^S)(p_i)\,\mathrm{d}p_i \tag{11-3-5}$$

式中，$h(I_m,\ I_{mn}^S)(p_i)$是一个递减的函数，用来衡量影像 I_m 和 I_n 之间在 p_i 点处的相似性。$I_{mn}^S = II_{-1m} * II_n * I_n$ 是经表面 S 诱导，将影像 I_n 重投影到影像 I_m，II_n 和 II_{-1m} 分别表示将影像 I_n 投影到表面 S 和将表面 S 重投影到影像 I_m。Ω^S 表示诱导平面的定义域为整个表面，$S*(m,\ s)$表示诱导平面定义域上 Ω^S 的可见影像对。ω_{mn} 为依据$(m,\ n)$影像交会角定义的权值。

3. 三角网顶点的能量函数

Mesh 优化过程是通过能量函数驱动三角网顶点运动实现的。三角网顶点 $V_k \in IR^3$，

$k \in [1, n]$ 及其附带的三角面定义为区域 Ω^{V_k}；(m, n) 表示诱导平面定义域 Ω^{V_k} 上的可见影像对。在讨论三角网顶点的能量函数之前，先定义三角网顶点邻域内的任意一点在一对可见影像上的能量函数。能量函数 $E_{\text{data}}(S)$ 在影像对 (m, n) 上任一点 p_i 的能量为

$$E_{\text{data}}(p_t) = h(I_m, I_{mn}^S)(p_i) \tag{11-3-6}$$

上式成立的条件是：①影像 I_m 的像点 p_i 对应的物点已接近于真实物方点；②物方点 V_{p_i} 在影像 I_n 上也可见。因此，计算相关性之前要进行遮挡判断，本书采用 Z-buffer 算法(Greene et al.，1993)做遮挡判断。由于能量函数只驱动三角网的顶点运动，所以计算三角网顶点的数据能时不仅考虑顶点的能量，还要考虑顶点邻域三角形内的能量。然而，顶点邻域三角形内的各个点对当前顶点的能量贡献不均等，因此本书采用三角形重心坐标对贡献的数据能进行加权。三角网顶点 V_k 在影像 I_m 上的投影坐标为 V_{km}，I_m 影像上任意一点 p_i 的能量 $E_{\text{data}}(p_i)$ 对点 V_k 的贡献为

$$\phi_k(p_i)E_{\text{data}}(p_i) \tag{11-3-7}$$

式中，$\sum_k \phi_k(p_j) = 1$，$\phi_k(p_j)$ 是关于包含点 p_i 的三角面顶点 V_{km} 的重心坐标，对于其他的顶点 $\phi_k(p_i) = 0$。

$$p_i = \sum_k \phi_k(p_i)v_k^m \tag{11-3-8}$$

考虑到所有可视的影像对和顶点整个邻域，驱动三角网顶点 $V_k \in IR^3$，$k \in [1, n]$ 运动的能量函数可表达为

$$E_{\text{data}}(S) = \sum_{m,n} \omega_{mn} \int_{\Omega^*} h(I_m, I_{nm}^S)(p_i)\mathrm{d}p_i \tag{11-3-9}$$

式(11-3-10)表明，所有三角网顶点的能量等同于整个初始表面的能量。因此，构建的三角网顶点的能量函数是合理的，通过驱动三角网顶点的运动能够实现 Mesh 整体优化。

$$E_{\text{data}}(S) = \sum_{m,n} \omega_{mn} \int_{\Omega^*} h(I_m, I_{nm}^S)(p_i)\mathrm{d}p_i = \sum_k E_{\text{data}}(V_k) \tag{11-3-10}$$

11.3.2　法化单参数能量函数

1. 带有单参数 μ 的三角网顶点能量函数

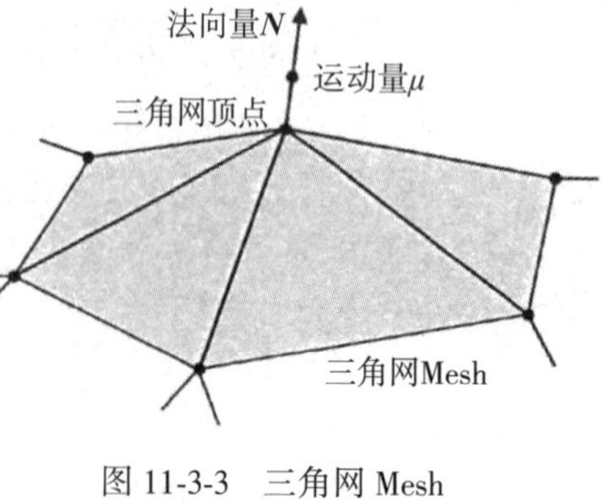

图 11-3-3　三角网 Mesh

在经典的 Mesh 优化算法中，尽管能量函数能够驱动三角网顶点任意运动，但为了保证三角网的有序性，仍然将其运动约束在法向量方向上，将驱动顶点运动的向量(能量函数关于物方点 X，Y，Z 的偏导数)投影在法向量上。本书提出的方法不同于经典的 Mesh 优化方法，在构建能量函数时约束顶点只能沿着一维向量(法向量)运动，而不是在三维空间自由运动，具体原理如图 11-3-3 所示。

这样，求解的参数个数由原来的三个变成了一个。经典方法是对三角网顶点邻域内的各个物方点求偏导数然后累加到法向量方向上，而本书的提出的方法直接对顶点运动量求导数，使能量函数变得更加严格。本节详细讨论了法向单参数能量函数的构建原理，带有单参数 μ 的三角网顶点能量函数的表达形式如式(11-3-11)所示，其中，$\varphi(I_m, I_n, p_i, \mu)$ 是影像 I_m 上一点 p_i 关于单参数 μ 的相关系数。

$$E_{\text{data}}(V_k) = \sum_{m,n} \omega_{mn} \int_{\Omega^*} \phi_k(p_i) \varphi(I_m, I_n, p_i, \mu) \mathrm{d}p_i \tag{11-3-11}$$

2. 带有单参数 μ 的三角网顶点坐标

三角网顶点的运动约束在法向量的方向上，这样三角网的顶点就可表达成带有单参数 μ 的函数，表达形式与初始顶点坐标、法向量和参数 μ 有关。三角网顶点 $V^k \in IR^3$，$k \in [1, n]$ 初始坐标为 $X_k \in IR^3$，$k \in [1, n]$，在优化时三角网顶点沿着其法向量 $\boldsymbol{N}_k \in IR^3$，$k \in [1, n]$ 运动，优化后的顶点坐标可表达为

$$V^k = X_k + \mu N_k \tag{11-3-12}$$

3. 带有单参数 μ 的物方平面 A

将一幅影像的像点投影到另一幅影像上，投影点的位置与物方诱导平面有着紧密的关系。假设当前优化的三角网顶点的初始坐标为 $X_1(x_1, y_1, z_1)$，其法向量表达为 $N(n_1, n_2, n_3)$，带有单参数 μ 的三角网顶点坐标表示为：

$$X_1 + \mu N = (x_1 + \mu n_1,\ y_1 + \mu n_2,\ z_1 + \mu n_3) \tag{11-3-13}$$

三角网邻域内的各个三角面就是影像之间单应变换时需要的物方诱导平面，每一个诱导平面可由平面方程来表达。三角网顶点 X_1 邻域内的一个三角面 f 的另外两个顶点分别表达为 $X_2(x_2, y_2, z_2)$ 和 $X_3(x_3, y_3, z_3)$，在优化的过程中这两个顶点是固定不动的。因此，三角面 f 表示为带有单参数 μ 的方程，其形式如下：

$$(A_0 + A_1\mu)X = 0 \tag{11-3-14}$$

$$A_0 = (a_0 \quad b_0 \quad c_0 \quad d_0) \tag{11-3-15}$$

$$A_1 = (a_1 \quad b_1 \quad c_1 \quad d_1) \tag{11-3-16}$$

式中，A_0 和 A_1 分别是一个四维的向量，其几何意义代表一个三维平面。因此，$(A_0+A_1\mu)$ 也是一个三维平面，表达的是带有单参数 μ 的三角面 f。已知三角形的三个顶点坐标，三角形所在平面方程的各个元素可由行列式的形式表达。经过推导，A_0 和 A_1 中各个元素的表达形式如下：

$$a_0 = \begin{vmatrix} 1 & y_1 & z_1 \\ 1 & y_2 & z_2 \\ 1 & y_3 & z_3 \end{vmatrix},\ b_0 = \begin{vmatrix} x_1 & 1 & z_1 \\ x_2 & 1 & z_2 \\ x_3 & 1 & z_3 \end{vmatrix},\ c_0 = \begin{vmatrix} x_1 & y_1 & 1 \\ x_2 & y_2 & 1 \\ x_3 & y_3 & 1 \end{vmatrix},\ d_0 = -\begin{vmatrix} x_1 & y_1 & z_1 \\ x_2 & y_2 & z_2 \\ x_3 & y_3 & z_3 \end{vmatrix} \tag{11-3-17}$$

$$a_1 = \begin{vmatrix} 0 & n_2 & n_3 \\ 1 & y_2 & z_2 \\ 1 & y_3 & z_3 \end{vmatrix},\ b_1 = \begin{vmatrix} n_1 & 0 & n_3 \\ x_2 & 1 & z_2 \\ x_3 & 1 & z_3 \end{vmatrix},\ c_1 = \begin{vmatrix} n_1 & n_2 & 0 \\ x_2 & y_2 & 1 \\ x_3 & y_3 & 1 \end{vmatrix},\ d_1 = -\begin{vmatrix} n_1 & n_2 & n_3 \\ x_2 & y_2 & z_2 \\ x_3 & y_3 & z_3 \end{vmatrix} \tag{11-3-18}$$

4. 带有单参数 μ 的单应矩阵 H

两幅影像之间的单应矩阵与这两幅影像的投影矩阵和诱导平面有关。已知影像 I_m 和 I_n 的投影矩阵 P^m 和 P^n，如式(11-3-19)所示。

$$P^m = \begin{pmatrix} P_1^m \\ P_2^m \\ P_3^m \end{pmatrix},\quad P^n = \begin{pmatrix} P_1^n \\ P_2^n \\ P_3^n \end{pmatrix} \tag{11-3-19}$$

投影矩阵是一个 3×4 的矩阵，其可将齐次化的物方点投影到相应的影像上。

H 为经过物方三角面 f 诱导，将影像 I_m 上一点 p_i 重投影到影像上的单应矩阵，此过程表示为 $p_S = H \cdot p_i$。由于诱导平面表达成了带有单参数 μ 的矩阵，因此单应矩阵 H 也为包含单参数 μ 的矩阵，其形式为

$$H = R + Q_\mu \tag{11-3-20}$$

接下来推导 R 和 Q 矩阵的具体表达形式，通过诱导平面计算 H 矩阵可分两步计算。首先，计算把影像 I_m 中的点变换到平面 A 的一个 4×3 矩阵 H_t，由以下方法得到。式(11-3-22)中的 Wedge 表示向量的外积运算。

$$H_t = R_t + Q_{tu} \tag{11-3-21}$$

$$R_t = \begin{pmatrix} \text{Wedge}\begin{pmatrix} A_0 \\ P_2^m \\ P_3^m \end{pmatrix} \\ \text{Wedge}\begin{pmatrix} P_1^m \\ A_0 \\ P_3^m \end{pmatrix} \\ \text{Wedge}\begin{pmatrix} P_1^m \\ P_2^m \\ A_0 \end{pmatrix} \end{pmatrix}^{\mathrm{T}},\quad Q_t = \begin{pmatrix} \text{Wedge}\begin{pmatrix} A_1 \\ P_2^m \\ P_3^m \end{pmatrix} \\ \text{Wedge}\begin{pmatrix} P_1^m \\ A_1 \\ P_3^m \end{pmatrix} \\ \text{Wedge}\begin{pmatrix} P_1^m \\ P_2^m \\ A_1 \end{pmatrix} \end{pmatrix}^{\mathrm{T}} \tag{11-3-22}$$

然后，将物方平面的点投影到影像 I_n 上，这样就可得到单应矩阵 H。此过程就是将物方点投影到像点的过程，式(11-3-21)与投影矩阵相乘即可。因此，式(11-3-23)中矩阵 R 和 Q 的具体表达形式为

$$R = P_n \cdot R_t \tag{11-3-23}$$

$$Q = P_n \cdot Q_t \tag{11-3-24}$$

通过以上两步推导，得到了带有单参数 μ 的单应矩阵，使得三角网顶点邻域内的一个三角面的相似性测度仅与顶点的运动量 μ 相关。然而，由单应矩阵计算得到的投影点需要齐次化坐标表示，即三维向量的第三个元素为 1。齐次化计算与 I_m 影像上的具体像点有关，不同像点的齐次化项是不同的。当 I_m 影像上的点为 p_i 时，I_n 影像上的投影点的齐次化

项为 $\gamma = hc_1 + hc_2\mu = R_3 p_i + Q_3 p_i \mu$，即 H 矩阵的第三行乘以当前点坐标 p_i。为了准确求导数，使 H 矩阵直接得到齐次化投影点，将其除齐次化项 γ 得到：

$$H' = \frac{H}{\gamma} = R' + Q' \frac{1}{\gamma} \tag{11-3-25}$$

式中，

$$R' = \frac{Q}{hc_2}$$

$$Q' = R - Q \cdot \frac{hc_1}{hc_2}$$

11.3.3 法化单参数能量函数的梯度

能量函数是驱动顶点运动的动力，其由三层函数组成：①相关系数；②影像在某点处的亮度；③像点坐标的投影变换。本书采用梯度下降法求解，能量函数的梯度就是三角网顶点的运动量。接下来详细讨论能量函数关于参数 μ 的导数，分三层函数分别求导。

1. 相关系数关于影像亮度的导数

首先计算一对影像经过物方平面诱导后的相关系数的导数。影像 I_n 经表面 S 诱导映射到影像 I_m，得到影像 I_{mn}^S，影像 I_m 上点 p_i 的亮度可以表示为 $I_m(p_i)$，同一个像点在影像 I_{mn}^S 可表示为 $I_{mn}^S(p_i)$。能量函数 $E_{\text{data}}(S)$ 在影像对(m, n)上任意一点 p_i 的能量函数为 $h(I_m, I_{mn}^S)(p_i) = 1 - \text{NCC}$，其成立的前提条件是影像 I_m 上的像点 p_i 与影像 I_{mn}^S 上的像点 p_i 对应同一物方点，即不存在遮挡。考虑到计算工作量，NCC 的实用公式可表示为

$$\text{NCC} = \frac{\sum\limits_{j \in N_b(i)}^{k} I_m(p_j) I_{mn}^S(p_j) - \frac{1}{k}\left(\sum\limits_{j \in N_b(i)}^{k} I_m(p_j)\right)\left(\sum\limits_{j \in N_b(i)}^{k} I_{mn}^S(p_j)\right)}{\sqrt{\left[\sum\limits_{j \in N_b(i)}^{k} I_m(p_j)^2 - \frac{1}{k}\left(\sum\limits_{j \in N_b(i)}^{k} I_m(p_j)\right)^2\right]\left[\sum\limits_{j \in N_b(i)}^{k} I_{mn}^S(p_j)^2 - \frac{1}{k}\left(\sum\limits_{j \in N_b(i)}^{k} I_{mn}^S(p_j)^2\right)\right]}} \tag{11-3-26}$$

根据式(11-3-26)，相关系数 $h(I_m, I_{mn}^S)(p_i)$ 对点 p_i 的亮度 $I_{mn}^S(p_i)$ 的导数为

$$\frac{\mathrm{d}h(I_m, I_{mn}^S)(p_t)}{\mathrm{d}I_{mn}^S(p_i)} = -\frac{1}{k}[(I_m(p_i) - IM_m(p_i)) \times F_1 + (IM_{mn}(p_i) - I_{mn}^S(p_i)) \times F_2] \tag{11-3-27}$$

其中，

$$IM_m(p_i) = \frac{1}{k}\left(\sum_{j \in N_b(i)}^{k} I_m(p_j)\right) \tag{11-3-28}$$

$$IM_{mn}(p_i) = \frac{1}{k}\left(\sum_{j \in N_b(i)}^{k} I_{mn}^S(p_j)\right) \tag{11-3-29}$$

$$F_1 = \frac{1}{\sqrt{\zeta_1 \cdot \zeta_2}}, \quad F_2 = \frac{\text{NCC}}{\zeta_2} \tag{11-3-30}$$

$$\zeta_1 = \frac{1}{k}\sum_{j\in N_b(i)}^{k} I_m(p_j)^2 - \frac{1}{k^2}\left(\sum_{j\in N_b(i)}^{k} I_m(p_j)\right)^2 \tag{11-3-31}$$

$$\zeta_2 = \frac{1}{k}\sum_{j\in N_b(i)}^{k} I_{mn}^S(p_j)^2 - \frac{1}{k^2}\left(\sum_{j\in N_b(i)}^{k} I_{mn}^S(p_j)\right)^2 \tag{11-3-32}$$

2. 影像亮度关于影像坐标的导数

影像亮度关于影像坐标的导数就是影像的梯度。影像 I_m 上点 p_i 经表面 S 诱导映射到影像 I_n，对应点为 p_s，求影像 I_n 上点坐标为 p_s 时的梯度。离散函数求导时用差分代替微分，当用齐次坐标表示时，其导数表示为

$$\frac{\mathrm{d}I_n(p_s)}{\mathrm{d}p_s} = \begin{pmatrix} \dfrac{\partial I_n}{\partial p_s^x} \\ \dfrac{\partial I_n}{\partial p_s^v} \\ 0 \end{pmatrix}^{\mathrm{T}} = \begin{pmatrix} \dfrac{I_n(p_s^{x+1})I_n(p_s^{x-1})}{2} \\ \dfrac{I_n(p_s^{p+1})I_n(p_s^{\nu-1})}{2} \\ 0 \end{pmatrix}^{\mathrm{T}} \tag{11-3-33}$$

3. 影像坐标关于单参数 μ 的导数

最后一层导数即关于参数 μ 的导数，单应矩阵是包含参数 μ 的矩阵，是能够实现直接对三角网顶点求导的原因。单应矩阵 H 经过处理，使得到的投影点为齐次化坐标，因此可直接用于求导数。将一幅影像的像点坐标单应到另一幅影像上可表达为

$$p_s = H' \cdot p_i \tag{11-3-34}$$

I_n 影像上的像点坐标 p_s 关于单参数 μ 的导数为

$$\frac{\mathrm{d}p_s}{\mathrm{d}\mu} = \frac{\mathrm{d}H'}{\mathrm{d}\mu} \cdot p_i \tag{11-3-35}$$

其中，H' 关于 μ 的导数为

$$\frac{\mathrm{d}H'}{\mathrm{d}\mu} = -Q' \cdot \frac{1}{\gamma^2} \cdot hc_2 \tag{11-3-36}$$

当三角网顶点为初始点，即 $\mu=0$ 时，

$$\frac{\mathrm{d}H'}{\mathrm{d}\mu} = Q \cdot \frac{1}{hc_1} - R \cdot \frac{hc_2}{hc_1^2} \tag{11-3-37}$$

4. 能量函数关于单参数 μ 的导数

综合上述三点内容，三角网顶点邻域内一个点在一对影像上的能量函数 $E_{\mathrm{data}}(p_i)$ 关于 μ 的导数为：

$$\frac{\mathrm{d}E_{\mathrm{data}}(p_i)}{\mathrm{d}\mu} = \frac{\mathrm{d}E_{\mathrm{data}}(p_i)}{\mathrm{d}I_{mn}^S(p_i)} \cdot \frac{\mathrm{d}I_n(p_s)}{\mathrm{d}p_s} \cdot \frac{\mathrm{d}H'}{\mathrm{d}\mu} \cdot p_i \tag{11-3-38}$$

三角网顶点邻域内的每个三角形都有一个用于投影变换的单应矩阵。三角网顶点邻域

内的同一个三角面对于不同像对的单应矩阵也不相同。考虑三角网顶点的整个邻域，和所有可视的像对。这样三角网顶点 $V_k \in IR^3$，$k \in [1, n]$的能量函数关于 μ 的导数可表达为

$$\frac{\mathrm{d}E_{\mathrm{data}}(V_k)}{\mathrm{d}\mu} = \sum_{m,n} \omega_{mn} \int_{\Omega^k_k} \phi_k(p_i)\,\mathrm{d}p_i \tag{11-3-39}$$

式(11-3-39)就是能量函数驱动三角网顶点沿着法向量方向的运动量，实现了对三角网顶点的运动量直接求导数，并得到严密的推导结果，与经典 Mesh 优化方法相比，其求导过程更加严格。

11.3.4 能量函数求解

依靠迭代方法求解偏微分方程，可认为相关的演化方程等效于梯度下降法，逐顶点迭代求解等效于整体最优求解。虽然高斯-赛德尔的迭代收敛速度要更快，但是每驱动一个顶点后，就需要对顶点及其邻域重新投影，使计算量变得很大，因此采用雅可比迭代法。迭代法中的剩余向量 r^k 在 Mesh 优化问题中为

$$r^k = -\frac{\mathrm{d}E_{\mathrm{data}}(V_k)}{\mathrm{d}\mu} = -\sum_{m,n} \omega_{mn} \int_{\Omega^k_k} \phi_k(p_i)\,\mathrm{d}p_i \tag{11-3-40}$$

计算三角网所有顶点的改正量，驱动三角网变形，并将变形后的三角网再次作为初始三维表面，直至满足迭代收敛条件(式(11-3-42))，迭代过程如式(11-3-41)所示。其中 ω 为超松弛因子，适当的超松弛因子将会加快收敛速度，超松弛因子一般取 0~1.2。

$$\mu^{k+1} = \mu^k + \omega r^k \tag{11-3-41}$$

$$\left|\mu^{k+1} - \mu^k\right| < \varepsilon \tag{11-3-42}$$

直接对精细的三角网优化，由于三角网面元小能量函数值有限、面元之间约束力强和图像存在噪声等因素，Mesh 模型需要一个漫长的演化过程才能达到最优状态。尤其对于弱纹理区域和影像上的反光区域，很难通过影像的纹理和颜色贡献的能量驱动三角网变形。因此，可采用由粗到精的求解过程，降低计算量和计算时间，同时能保持较高的重建精度。Mesh 优化首先从较粗的三角网开始，本书在三个层次上优化三角网，对应的影像尺度分别是 0.25，0.5 和 1。

为了使三角网顶点的能量函数有效，在优化时还要考虑影像分辨率与 Mesh 三角形大小的关系。Mesh 的分辨率自适应于影像的分辨率，一个三角形面元包含的像素数量域值为 N_p。当优化最顶层三角网时，对三角网做简化操作，根据 Mesh 的当前分辨率和域值 N_p 决定需要塌陷的边数，如式(11-3-43)所示。

$$\text{塌陷边数} = \left(1 - \frac{\text{三角网的平均边长}}{N_p \times \text{影像分辨率}}\right) \times \text{三角网总边数} \tag{11-3-43}$$

当优化下一层三角网时，剖分上一层优化后的三角网，当三角形面积大于域值时才做剖分，剖分方式如图 11-3-4(a)所示(一分四)。依此规则，逐层优化三角网，如图 11-3-4(b)、(c)、(d)所示。

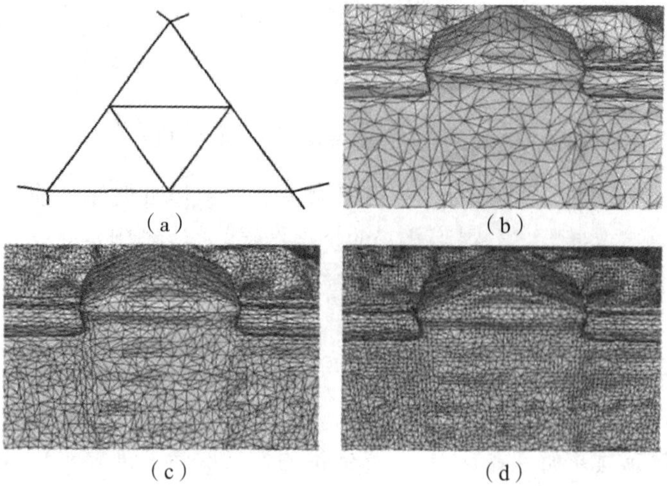

图 11-3-4　三角网

11.4　纹理映射

经过构网之后便可得到三维模型的几何结构，但是现实地物除了几何信息还具有纹理信息，附有纹理信息的模型能提供除了三维几何以外的属性信息，帮助渲染出不同的地物种类和状态，使其三维模型更逼真，因此在三维重建中纹理映射也为必不可少的一部分。三维重建纹理映射主要解决纹理不一致性问题，纹理不一致性的具体表现为几何不一致性和辐射不一致性。其中，几何不一致性产生的主要原因为物点与像点的投影误差，投影误差的大小与点云精度和影像畸变残留有关，可通过网优化和纹理坐标优化两种途径解决，一般情况下投影误差会在一个可控的范围内，故不作讨论；而辐射不一致性产生的主要原因是辐射误差和局部遮挡的存在，其中辐射误差与场景辐射值的变化、传感器量化差异、传输衰减(如大气散射、雾霭等影响)有关，其消除与正射影像生产一致，这里不再讨论，而局部遮挡是透视投影与生俱来的，局部遮挡的影响可以通过遮挡判断和筛选最优视角纹理源剔除，此外纹理映射还涉及纹理打包技术。

11.4.1　遮挡探测

遮挡探测是通过探测出场景物体在当前视锥体内的深度关系，得出当前影像与场景物体的可视关系，不仅可以剔除被前景遮挡的后景物体，而且还可以评价物方面元在纹理源中的可见性，防止因遮挡导致纹理不一致性。z-buffer 技术(Hanusch，2010)即是最早实现深度探测的技术，使用物方面元在当前影像中的投影信息来判断遮挡关系，为了得到具体的遮挡面积，还需要进行三角形的剖分操作，但这种技术时间和空间复杂度都很大。因此 Zhang 等(2017)提出使用 OpenGL 的三维渲染引擎技术从深度缓冲中直接获取物方面元在当前影像中的可视面积，并指出 OpenGL 中的模型变换 M、透视变换 PopenGL 和视口变换 V 与影像长宽(w，h)、内方位元素(f，x_0，y_0)、外方位元素(R，T)、摄影中心 S 到远裁

剪面的距离 F、摄影中心 S 到近裁剪面的距离 N 之间的关系，如式(11-4-1)、式(11-4-2)、式(11-4-3)所示。

$$M = \begin{pmatrix} R & T \\ 0 & 1 \end{pmatrix} \tag{11-4-1}$$

$$P_{\text{OpenGL}} = \begin{pmatrix} \frac{2f}{w} & & -\frac{x_0}{w} & \\ & \frac{2f}{h} & -\frac{y_0}{h} & \\ & & -\frac{F+N}{F-N} & -\frac{2FN}{F-N} \\ & & -1 & \end{pmatrix} \tag{11-4-2}$$

$$V = \begin{pmatrix} \frac{w}{2} & 0 & 0 & \frac{w}{2}+x_0 \\ 0 & \frac{h}{2} & 0 & \frac{h}{2}+y_0 \\ 0 & 0 & 0 & 1 \end{pmatrix} \tag{11-4-3}$$

OpenGL 内部的变换关系如图 11-4-1 所示。

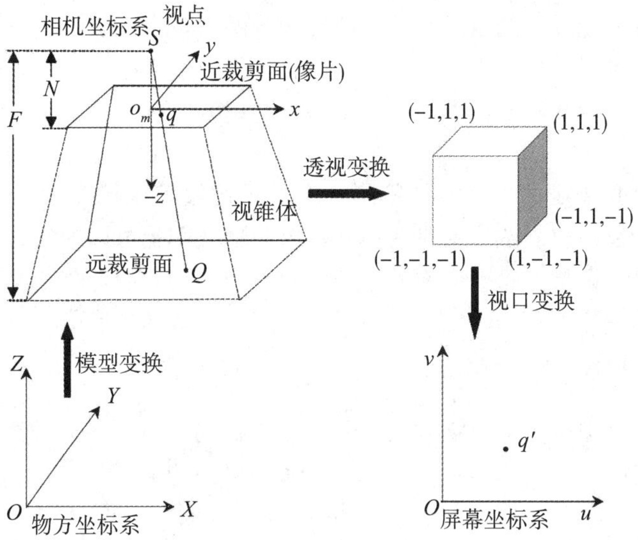

图 11-4-1　OpenGL 的遮挡探测

但这种方法需要把所有的物方信息都转存至显卡内存中，且受到显卡内存大小和 I/O 传输效率的影响，使其无法满足大场景下的深度探测需求。故本书使用层次包围盒(Bounding Volume Hierarchy，BVH)技术(Liu et al.，2007)进行遮挡探测，先利用视锥体剔除在视锥体之外的物方数据，然后使用当前影像中每一个像素射线进行遮挡探测，避免了从物方直接进行采样点判断的限制。BVH 技术是一种基于物体自身的场景层次树管理技术，利用物方表面面积概率启发式驱动可以快速地进行节点查询，每一个节点都有一个外接包围壳把其内部的所有几何体包围起来，空间中相邻节点的包围壳允许相交，如图11-4-2所示，被广泛地应用于碰撞检测、视锥体裁剪、遮挡检测。为了快速构建 BVH 树，Daniel Meister 和 Jiri Bittner(2017)利用 Morton 规则加速最邻近域查询。BVH 遮挡检测技术相对于单纯的 OpenGL GPU 遮挡探测技术，效率更高，尤其是在网优化过程中需要迭代计算基于物方面的投影关系中。

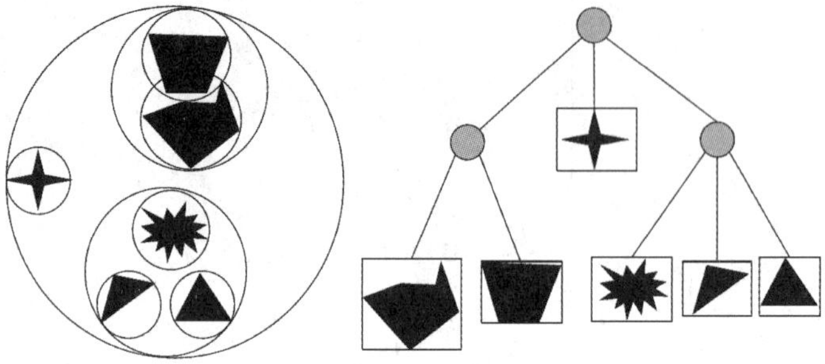

图 11-4-2　BVH 树

11.4.2　面元纹理选择

为了提升物方面元纹理的质量和减少纹理裂缝的数量，就必须为每一个物方面元选定最优的纹理源，其中，高分辨率的面元纹理可以提供更逼真的三维效果，减少纹理裂缝可以消减纹理裂缝处产生的辐射误差和几何误差。这里的纹理裂缝是指因相邻面元纹理源不同而出现的纹理不一致性边界。为了减少这种纹理不一致性边界，Michael Waechter 等(2014)认为可以使用聚类的方法，使得影像中的可用纹理区域变大，减少纹理碎片的数量，从而达到减少纹理裂缝数量的目的；并指出此聚类问题可以抽象为多标号问题，使用图割求解此类问题。设物方每一个面元 F_i 为一个节点，其对应的纹理源标号为 L_i，面元间的邻域关系与图中边关系一一对应，构建出的图割能量函数形式如下：

$$E(L) = \sum_{F_i \in \text{Faces}} E_{\text{data}}(F_i, L_i) \sum_{(F_i, F_j) \in \text{Edges}} E_{\text{smooth}}(F_i, F_j, L_i, L_j) \tag{11-4-4}$$

式中，第一项为数据项指明当前物方面元取特定影像为纹理源的概率；第二项为平滑项，用来惩罚纹理裂缝的出现。Michael Waechter 等(2014)在具体的形式上，使用物方面元在影像中的单位梯度大小为数据项，平滑项为 pottsmodel 模型，但这种方法会因为错误的高梯度纹理信息导致纹理错位。这种情况大多出现在建筑物镂空区域，这些区域会因为错误的遮挡信息产生高梯度的遮挡纹理。而 Zhang 等(2017)认为平滑项应该考虑纹理源的方向向量和纹理信息，弱化了产生纹理裂缝的条件，但这种方法使得计算异常复杂，不仅要提前计算数据项信息，还需要预计算平滑项信息。故本书提出在不改变平滑项 pottsmodel 模型的前提下，只使用纹理源内的投影面积大小和物方法向量与观测射线交角信息构建数据项，如式(11-4-5)所示。

$$E_{\text{data}}(F_i, L_i) = \text{norm}[\,\text{area}(F_i, L_i) \cdot \cos(\boldsymbol{n}_{F_i}, \boldsymbol{O}_{Fi}\boldsymbol{O}_{L_i})\,] \tag{11-4-5}$$

式中，area(F_i，L_i) 为面元 F_i 在 L_i 对应的影像中的投影，cos($\boldsymbol{n}_{F_i}$，$\boldsymbol{O}_{F_i}\boldsymbol{O}_{L_i}$) 为面元法向量 $\boldsymbol{n}_{F_i}$ 与可视射线 $\boldsymbol{O}_{F_i}\boldsymbol{O}_{L_i}$ 间的夹角余弦。另外，面积与法向量的乘积值需要进行归一化处理，这是由于在图割问题中要求所有非强制约束的连接边的权重值都应具有相同的数值波动范围，否则就会加剧期望结果与抽象模型的差异。这里采用第 99.5 百分位数作为归一化上限，再进行归一化。

11.4.3 纹理打包

纹理打包是一种碎片化纹理文件管理技术，把大量的碎片纹理压缩至少量有限纹理地图集(tex-atlas)中，以空间压缩代价换取效率，减少了 I/O 开销，被广泛地应用于三维渲染。纹理的打包问题本身是一个 np-hard 优化问题，因此此类问题往往需要启发式约束，人为指定某种规则，使算法沿着这种正则引导获得可行解。根据被打包的碎片纹理形状可以分为规则打包方式和非规则打包方式。

1. 规则纹理打包

规则打包方式包含三角形规则打包和外接矩形规则打包方式(rectangle bin packing)。Makoto Maruya(1995)最早使用三角形纹理进行打包，把每个三角形打包到一个合适的矩形区域内。为了整体提高纹理的空间压缩率 Marc Soucy 等(1996)在地图集图像中建立条带区域(shelf)，每一个条带区域可以包含若干大小不一的矩形区域，然后再把原始纹理映射到其中。然而对于某些奇异三角形，其在像平面内的外接矩形并不是其最小外接矩形，根据数学推导很容易可得，当且仅当三角形的最长边与外接矩形边对齐，即可达到 50%的最大占有率，因此 Henrik Battke 等(1997)对一般的三角形进行旋转，使得其最长边与地图集水平轴对齐。虽然以上方法可以取得不错的效果，但是依然存在计算量大、空闲区域多的现象，因此 Jiang 等(2012)提出在旋转三角形的基础上，对待打包的三角形序列做降序排序，使得面积与优先级成正比。对于一些特殊情况下产生的任意多边形纹理，如聚类、参数化之后的纹理 chart，首先计算其最长轴，同样旋转至水平位置，然后使用其外接矩形直接作为规则打包算法的输入。矩形规则打包算法中，根据打包的原则和空闲空间使用的优先级可分为多种类型。

1) Shelf 算法

把容器分为若干子区域 shelf，当前处理的 shelf 称为 open shelf，矩形打包时从底到顶，从左到右依次进行，当前处理的 shelf 无法满足要求时，则当前处理的 shelf 状态从 open 变为 close，之后一般不对其进行操作，下一个 shelf 变为当前处理区域。不同的 Shelf 算法又可根据对 open-close 区域操作的方式和矩形对齐的优先级分为 shelf next fit(SHELF-NF)、shelf first fit(SHELF-FIT)、shelf best width fit(SHELF-BWF)、shelf best height fit (SHELF-BHF)、shelf best area fit(SHELF-BAF)、shelf worst width fit(SHELF-WWF)、shelf floor-ceiling、waste map improvement (SHELF-WM)。

2) 裁剪算法

在 Shelf 算法中，按照严格的打包顺序对需要处理的矩形进行合理布置，把 shelf 中最右边的对齐线到右端边界的空间，称为活动区，后续的打包操作一般发生在活动区，shelf

中其余部分称为空白区，如图 11-4-3 所示。

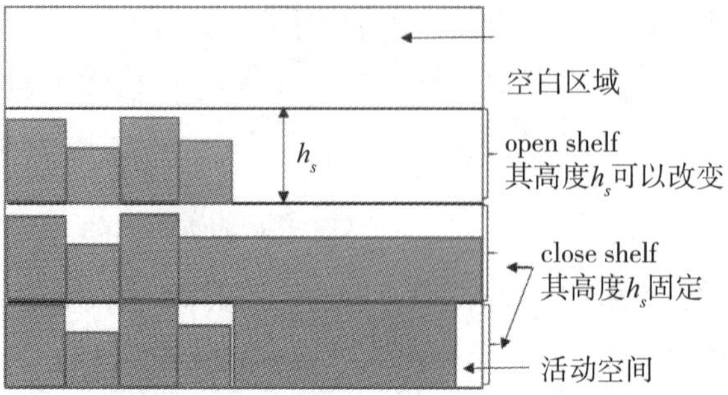

图 11-4-3　裁剪区域

为了增加空间利用率，裁剪算法通过合理的正则(水平或者竖直)裁剪分割空白区域，形成若干更小的子 shelf 区域，并在其中进行嵌套递归操作，如图 11-4-4 所示。

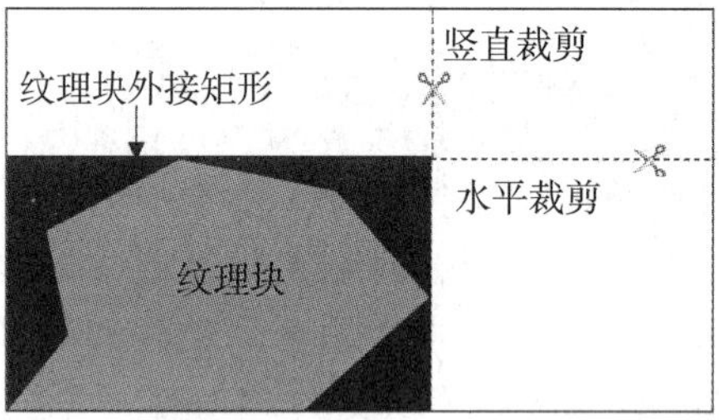

图 11-4-4　裁剪算法

与 Shelf 算法一样，根据算法的策略和优先级，裁剪算法又可分为面积最优的裁剪算法(Guillotine-BAF)、最少空闲裁剪算法(Guillotine-BSSF)、最多空闲裁剪算法等。另外，在分割空白区域时，往往会出现过分割现象，因此裁剪增强算法(Guillotine-RM)通过合并邻域的空间，来存储比较大的矩形块。

3)最大矩形算法

针对增强裁剪算法中存在裁剪方案不唯一的问题，例如对“L”形的可用空间存在多种裁剪方案，可能需要做水平裁剪，也有可能做竖直裁剪。最大矩形(Maximal Rectangles)算法保留了多种裁剪方法，使得每一次矩形块的放置为当前最优，当完成当前打包操作后应及时更新可用数据空间。最大矩形算法与裁剪算法相比，除了保留多方案分割结果作为候选空间，其余并无本质差异，因此也可类似裁剪算法将最大矩形算法分为很多子类别。

4)Skyline 算法

Skyline 算法是对最大矩形算法和 Shelf 算法的一个平衡，只记录当前 shelf 中当前未满矩形的上界，打包操作只在其上界空白区域或者在新创建的 shelf 中执行。与其他规则打包方式类似，可对待打包矩形序列进行降序排序，加快计算。其中，openMVS 就采用这种方式生成纹理地图集。

2. 非规则纹理打包

非规则打包方式为 No-Fit Polygon(NFP)方式，多被应用于材料的裁剪，使其原材料利用率最高。这种方式处理的多为非规则多边形，甚至为非凸多边形，因此相较于规则多边形计算量更大，一般只能处理简单多边形，但这类打包方式的实用性更广。此问题被定义为一多边形沿着另一多边形外边界滑动、旋转，使得两者的外围面积最小，依此推广至多个多边形打包问题(Bennell，Oliveira，2008)。对这类问题，常见的解决方法有如下 4 种。

1)Inner Fit Problem(IFP)方法

此方法与围绕多边形外边界滑动相似，只是多边形滑块在另一多边形的内部，通过稍微修改即可解决 NFP 问题，例如可以使用这种方式解决多边形内部孔洞问题。

2)栅格方法

这种方法是对多边形进行栅格化，并对边界和内部进行编码，如果两个多边形产生重叠，则对应的编码将会出现异常，因此可以表达任意复杂多边形，并且计算速度快。但缺点也很明显：精度受到栅格化分辨率的影响。

3)直接方法

直接方法即使用几何空间相交原理判断来自两个多边形的边是否相交，以此为依据可以精确地表达多边形位置信息。但这种方法不同于栅格方法使用浮点数据表达。另外，每次更新位置都需要重新检查相对关系，因此计算效率低。

4)Minkowski 方法

Minkowski 定理认为正向多边形 A 与反向多边形 B 的 Minkowski 必然包含 NFP 的可行解，此类算法从凸多边形情况到非凸多边形都有相应的解决方案，算法最终的结果可以得到围绕多边形 A 的一个外围包围边界 C，当 B 围绕 A 滑动时，当且仅当 B 的边与 C 重叠时 A、B 为最佳逼近状态。

11.5 NeRF 模型

除 Mesh 显式建模外，近年来出现了一些隐式建模方法，例如神经辐射场、3D 高斯等。神经辐射场(Neural Radiance Field，NeRF)是利用隐式函数进行场景重建的代表算法，通过结合多层感知机(Multi Layer Perceptrons，MLP)与体渲染(Volumetric Rendering)技术实现了高质量的渲染结果。与显式多视角合成建模相比，NeRF 有如下优势：

(1)NeRF 是自监督的算法，仅使用场景里的多视影像(multi-view images)进行训练优化。与许多其他 3D 神经表示或视图合成方法不同，NeRF 只需要影像及其位姿就可以学习场景，不需要 3D/深度监督。

(2)NeRF 能渲染出逼真(photo-realistic)的结果。与经典技术及早期新视角合成方法、神经 3D 表示方法相比，在视觉质量上，NeRF 都收敛到更好的结果。

NeRF 所需的输入数据包括多视影像及其相机相关参数(相机中心位置、姿态，相机内参)和初始化点云。主流的初始化点云获取方法一般是通过运动恢复结构(Structure From Motion，SFM)。NeRF 通过采样从相机中心到影像像素发出的射线上的空间点，编码场景中任意空间点的空间位置 $x=(x, y, z)$ 与光线视角 (θ, φ) 并通过 MLP 获得该点的体密度 σ 与视角相关的颜色值 $c=(r, g, b)$，公式表示为

$$F_{\Theta}:(x, d) \rightarrow(c, \sigma)$$

再通过体渲染的方法获取采样像素的颜色值并通过与该像素真实颜色值比较，来优化 MLP 参数 Θ。NeRF 的算法流程如图 11-5-1 所示。

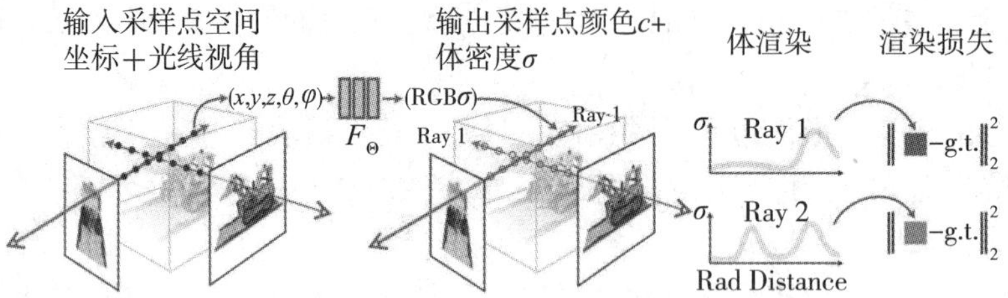

图 11-5-1　NeRF 算法流程图

11.5.1　可微体渲染

在通过 F_{Θ} 获得光线上所有采样点的体密度 σ 与视角相关的颜色值 c 后，采样光线 $\boldsymbol{r}(t)=\boldsymbol{o}+t\boldsymbol{d}$ 上的像素的预期颜色值 $C(\boldsymbol{r})$ 可以表示为

$$C(\boldsymbol{r})=\int_{t_n}^{t_f} T(t) \sigma(\boldsymbol{r}(t)) \boldsymbol{c}(\boldsymbol{r}(t), \boldsymbol{d}) \mathrm{d} t \tag{11-5-1}$$

式中，t_f、t_n 分别为场景中采样光线的远近边界；$T(t)=\exp\left(-\int_{t_n}^{t} \sigma(\boldsymbol{r}(s)) \mathrm{d} s\right)$ 为光线从 t_n 传输到 t 而没有击中任何其他粒子的概率。

在实际操作中，式(11-5-1)中的连续积分使用数值积分的方法近似。NeRF 中为避免降低 MLP 的表征能力，没有使用确定性积分方法(Deterministic Quadrature)，转而使用层次采样方法进行光线上的采样点选取。虽然基于层次采样的数值积分本质仍是不连续的，但层次采样中的随机策略可以显著提升 MLP 表征连续场景的能力。具体来说，层次采样方法将采样光线中 $[t_f, t_n]$ 区间平均分成 N 个小区间，并在小区间中实施随机采样获取采样点 t_i，具体公式为

$$t_i \sim U\left[t_n+\frac{i-1}{N}(t_f-t_n), t_n+\frac{i}{N}(t_f-t_n)\right] \tag{11-5-2}$$

施加层次采样后的体渲染公式改写成

$$\hat{C}(\boldsymbol{r})=\sum_{i=1}^{N} T_i(1-\exp(-\sigma_i \delta_i)) \boldsymbol{c}_i, \quad T_i=\exp\left(-\sum_{j=1}^{i-1} \sigma_j \delta_j\right) \tag{11-5-3}$$

式中，$\delta_i=t_{i+1}-t_i$ 表示相邻采样点间距。由于改写后的体渲染公式是平凡可微的，因此可以将体渲染过程融入 MLP 的优化过程中。

11.5.2　位置编码

尽管 MLP 的函数拟合能力非常强大，但在 NeRF 中直接输入 (x, y, z) 和 (θ, φ) 参数

至 F_Θ 中学习采样点的体密度 σ 与颜色值 c 结果，并不能获得高质量的渲染结果，原因在于 MLP 更倾向于学习低频函数，无法准确还原场景中的高频细节信息。因此，NeRF 选择在输入参数传递到 MLP 之前将其利用高频函数映射到更高维度，提升 MLP 能拟合高频数据的能力。具体来说，NeRF 将原有 MLP F_Θ 改写成 $F_\Theta = F'_\Theta \cdot \gamma$，其中，$F'_\Theta$ 代表新的 MLP 函数，Θ 为可学习参数；γ 是从 $\mathbb{R}$ 映射到 $\mathbb{R}^{2L}$ 的函数，无可学习参数，具体形式表示为

$$\gamma(p) = (\sin(2^0\pi p),\ \cos(2^0\pi p),\ \cdots,\ \sin(2^{L-1}\pi p),\ \cos(2^{L-1}\pi p)) \tag{11-5-4}$$

式中，$\gamma(\cdot)$ 函数通过分别作用于位置坐标 $(x,\ y,\ z)$ 三个分量与 $(\theta,\ \varphi)$ 上的方式来提高原始数据的维度。

11.5.3 采样点分配

在体渲染阶段，仅在光线上按照均匀采样(Uniform Sampling)策略采样 N 个点进行体渲染是一种低效的方法：低体密度空间及对渲染图像没有贡献的遮挡空间仍然被大量采样，而高体密度区域采样不充分。理想的采样策略应该是在对最终渲染结果有较大贡献的区域有更多采样点，但这需要依赖空间密度的先验分布，这是训练优化过程中场景的先验分布无法获知的。因此，NeRF 提出分层采样点分配策略：按照每个采样点在最终渲染图像中预期影响权重依比例分配采样点个数。具体来说，NeRF 同时训练了两个网络：“粗”网络(coarse network)与“精细”网络(fine network)。首先使用层次采样方法采样 N_c 个采样点，将采样点相关数据传递到“粗”网络中输出各个采样点的体密度 σ 与颜色值 c，并以此为依据引导“精细网络”进行更具目的性的采样。为达到此目的，NeRF 改写式(11-5-3)为

$$\hat{C}_c(\boldsymbol{r}) = \sum_{i=1}^{N_c} w_i c_i, \quad w_i = T_i[1 - \exp(-\sigma_i\delta_i)] \tag{11-5-5}$$

改写后的公式将 w_i 作为每个采样点的权重；$\hat{w}_i = \dfrac{w_i}{\sum_{j=1}^{N_c} w_j}$ 代表沿光线的权重概率密度函数。在 N_c 个采样点的基础上，NeRF 又依据上述概率密度函数采样了 N_f 个采样点，并将所有 $N_c + N_f$ 个采样点传递到“精细”网络中经过体渲染得到最终的渲染结果。NeRF 提出的采样点分配策略能够在包含目标实体的空间位置附近分配更多的采样点，使得最终体渲染结果更加准确。采样点分配策略示意图如图 15-5-2 所示。

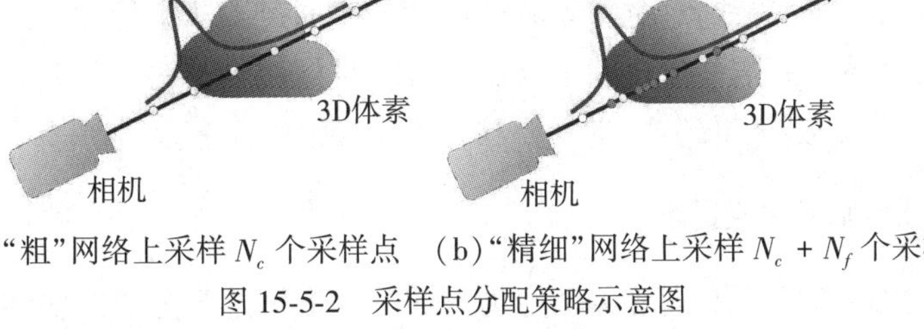

(a)“粗”网络上采样 N_c 个采样点　(b)“精细”网络上采样 $N_c + N_f$ 个采样点

图 15-5-2　采样点分配策略示意图

在具体训练过程中，NeRF 首先采样 N_c 个采样点传递到“粗”网络并依照输出结果采

样 N_f 个采样点传递到“精细”网络，经过体渲染步骤得到预测的渲染结果。NeRF 使用光度损失(Photometric Loss)评估渲染的影像与影像真值的差异，即用“粗”网络与“精细”网络预测的像素颜色值与真值作差的完全平方表示，具体形式为

$$L_{\text{color}} = \sum_{r \in R} \left[\| \hat{C}_c(\boldsymbol{r}) - C(\boldsymbol{r}) \|_2^2 + \| \hat{C}_f(\boldsymbol{r}) - C(\boldsymbol{r}) \|_2^2 \right] \tag{11-5-6}$$

式中，R 为每一训练批次中的光线束。NeRF 通过最小化损失函数 L_{color} 来优化 MLP 训练参数，最终实现高质量渲染。

NeRF 虽然在新视角生成结果上给人们带来巨大视觉冲击，但其也存在局限性。首先，在 NeRF 的训练过程中，速度成为其最大瓶颈，即使在高性能显卡上也需要花费数小时甚至数天的时间，训练中性能消耗最大的部分在于 NeRF 需要采样并通过 MLP 推理查询大量的空间点；其次，NeRF 针对一个新的场景需要重新训练，无法直接泛化至新场景；NeRF 受制于其隐式表达的限制，难以融入现有成熟的渲染管线中，无法与上下游工具链整合，导致其难以支持工业化应用。

11.6　模型单体化

模型单体化是指将影像产生的三维模型、激光点云等地理场景数据，通过切割、重建、矢量叠加等操作处理，将地理实体构建为三维形式的独立对象。这些独立对象能够独立表达、挂接属性，以及进行查询统计与分析等操作。其目的在于提高三维模型的应用价值，使其能够更好地服务于城市规划、“智慧城市”建设、古建筑保护等领域。模型单体化的主要方法包括逻辑单体化、物理切割单体化和标记 ID 单体化。

11.6.1　逻辑单体化

1. 矢量切割单体化

利用单体地物目标的矢量面，对整体模型进行物理切割，实现单体化。然而，由于倾斜摄影数据量大，切割过程可能非常耗时费力，因此这种方法并不完全符合倾斜摄影建模高效率、低成本的初衷。

2. 矢量标记单体化

将二维矢量面数据覆盖到对应实景三维模型上，通过点选矢量图层的属性来达到选中单体三维模型的效果。但这种方法并未真正实现将目标建筑物对象从整体模型中分离，因此限制了模型数据的应用空间。

11.6.2　物理切割单体化

通过三维重建的方式将不同的单个地物形成一个可被选中分离的实体。这是实现物理切割单体化的主要技术方法，其技术流程是将建模成果导入软件进行精化编辑，通过模型重建在原有场景上达到分离效果，实现模型的单体化。同时，结合地面照片来弥补航空影

像对于城市内建筑物的底商、地面、城市部件等信息的缺失，在单体化的同时完成整个场景的修饰。

11.6.3 标记 ID 单体化

给目标建筑物所包含的三角面的顶点赋予相同的 ID 值，以实现单独选中目标模型时整个模型呈高亮的效果。该单体化方法并没有对模型进行分割，因此并未实现真正意义上的建筑物模型单体化。

尽管三维模型单体化技术已经取得了显著的进展，但仍面临一些技术挑战。例如，如何高效地处理大规模的三维模型数据，如何提高单体化模型的精度和完整性，如何更好地支持三维 GIS 应用等问题都需要进一步研究和解决。未来，随着倾斜摄影测量、激光扫描等技术的不断发展，以及人工智能、大数据等新兴技术的引入，三维模型单体化技术将迎来更加广阔的发展前景。

◎ 思考题

1. 什么是三维重建?
2. 列举几种三维重建的方法。
3. 影像三维重建的核心思想是什么?
4. 什么是点云网格化，常用方法有哪些?
5. 什么是 Mesh 模型?
6. 什么是水密构网? 什么是非水密构网?
7. 简述泊松构网算法的原理和过程。
8. 简述图割法构网算法的原理和过程。
9. 什么是 Mesh 优化? 简述其基本原理和处理过程。
10. 什么是纹理映射?
11. 简述遮挡探测的原理。
12. 什么是 NeRF? 简述其优缺点。
13. 什么是模型单体化? 有哪些方法?

第 12 章　当代数字摄影测量系统

12.1　概述

数字摄影测量系统的研制由来已久，早在 20 世纪 60 年代，第一台解析测图仪 AP-1 在欧洲问世不久，美国也研制了全数字化测图系统 DAMC。其后出现了多套数字摄影测量系统，但基本上只是属于体现数字摄影测量工作站(DPW)概念的试验系统。直到 1988 年京都国际摄影测量与遥感协会第 16 届大会上展出了商用数字摄影测量工作站 DSP-1，尽管 DSP-1 是作为商品推出的，但实际上并没有成功地销售。到 1992 年 8 月在美国华盛顿第 17 届国际摄影测量与遥感大会上，出现多套较为成熟的产品展示，表明数字摄影测量工作站正在由试验阶段步入摄影测量的生产阶段。1996 年 7 月，在维也纳第 18 届国际摄影测量与遥感大会上，展出了十几套数字摄影测量工作站，数字摄影测量工作站正式进入实用阶段。

在这以后，数字摄影测量得到迅速的发展，数字摄测量工作站得到了越来越广泛的应用，品种也越来越多。2001 年，德国 Hanover 大学摄影测量和工程测绘学院的 Heipke 教授为数字摄测量工作站的现状作了一个很好的回顾与分析。他根据系统的功能、自动化的程度与价格，将国际市场上的 DPW 可分为四类。第一类是自动化功能较强的多用途数字摄测量工作站，如 Autometric、LH System、Z/I Imaging、Erdas、Inpho 与 Supresoft (VirtuoZo)等公司提供的产品即属于此类产品。第二类是较少自动化的数字摄测量工作站，包括 DVP Geometrics，ISM，KLT Associates，R-Wel 及 3D Mapper，Espa Systems，Topol Software/Atlas 与 Racures 等公司提供的产品。第三类是遥感系统，如 ER Mapper，Matra，MircoImages，PCI Geometrics 与 Research Systems 等公司提供的产品，大部分没有立体观测能力，主要用于产生正射影像。第四类是用于自动矢量数据获取的专用系统，但还没有成功用于生产的系统。

数字摄测量工作站的自动化功能可分为：①半自动(semi-automatic)模式，它是在人、机交互状态下进行工作；②自动(automated)模式，它需要作业员事先定义、输入各种参数，以确保其完成操作的质量；③智能(intelligent)模式，它可以完全独立于作业员的干预。大多数数字摄测量工作站具有自动模式功能，自动工作模式所需要的质量控制参数的输入，取决于作业员的经验。因此，在运行数字摄测量工作站的自动工作模式时，所需要输入参数的多少、作业员所需经验的多少，应该是衡量数字摄测量工作站是否鲁棒(Robust)的一个重要指标。一个好的自动化系统应该具备的条件是：所需参数少，系统对参数不敏感。早期的数字摄影测量工作站实质上是一台用于处理数字影像的解析测图仪，基本上多是人工操作。从发展的角度而言，这一类数字摄测量工作站不能属于真正意义上的数字摄影测量的范畴。因为数字摄影测量与解析摄影测量之间的本质差别，不仅在于是否能处理数字影像，而最重要的是应该考察其是否将数字摄影测量与计算机科学中的数字图像处理、模式识别、计算机视觉等密切地结合在一起，将摄影测量的基本操作不断地实现半自动化、自动化，这是数字摄影测量的本质所在。例如，影像的定向、空中三角测量、DEM 的采集、正射影像的生成，以及地物测绘的半自动化与自动化，使它们变得越来越容易操作。对于一个操作人员而言：这些基本操作似乎是一个"黑匣子"，但并不一定需要摄影测量专业理论的培训，只有这样数字摄影测量才能获得前所未有的广泛应用。

随着计算机技术及其应用的发展，数字图像处理、模式识别、人工智能、专家系统及计算机视觉等学科的不断发展，数字摄影测量的内涵已远远超过了传统摄影测量的范围，现已被公认为摄影测量的第三个发展阶段。数字摄影测量与模拟、解析摄影测量的最大区别在于它处理的原始信息不仅是像片，更主要的是数字影像(如 SPOT 影像)或数字化影像；它最终是以计算机视觉代替人眼的立体观测，因而它所使用的仪器最终将是通用计算机及其相应外部设备，特别是当代工作站的发展为数字摄影测量的发展提供了广阔的前景；其产品是数字形式的，传统的产品只是该数字产品的模拟输出。

12.2 数字摄影测量系统的组成与功能

一个完整数字摄影测量系统通常包括专业硬件设备和摄影测量软件。专业硬件设备主要是高性能计算机、立体影像显示设备和三维坐标输入(或称拾取)等。摄影测量软件是按摄影测量基础理论研制的一类应用软件。使用数字影像、成像参数和地面控制点进行专业算法处理，最终生产数字高程模型产品(DEM)、数字正射影像(DOM)、数字栅格地图(DRM)和数字线划图(DLG)，也即 4D 产品以及其他数字专题产品。

12.2.1 数字摄影测量系统硬件组成

数字摄影测量系统的硬件由高性能计算机、立体影像显示设备、三维坐标输入(或称拾取)设备及其他输入输出设备。

1. 高性能计算机

数字摄影测量系统使用的计算机通常为个人计算机或图形工作站，为了更好地展示影像，通常配备较好的计算机图形卡，如果需要进行高性能处理还需 GPU 卡。

2. 立体显示与观测设备

立体显示是数字摄影测量的实现基础，在测绘领域具有十分重要的地位。根据人眼观察三维目标的基本原理，让左右眼分别观察具有一定视差的图像就会产生立体视觉。实现方法主要包括补色法、光分法和时分法等，对应的设备包括双色眼镜、主动立体显示系统、被动同步立体显示系统等。

双色眼镜是最常用的一种立体观测设备。这种模式下，在屏幕上显示的图像将先由显示程序进行颜色过滤。渲染给左眼的场景会被过滤掉红色光，渲染给右眼的场景将被过滤掉青色光(红色光的补色光，绿光加蓝光)。然后，观看者通过双色眼镜观察，这样左眼只能看见左眼的图像，右眼只能看见右眼的图像，大脑就会合成出真实立体场景。这是成本最低的方案，一般适合于观看灰度影像，对于真彩影像，由于丢失了部分颜色信息，可能会造成观测者不适。

主动立体显示设备中最常见的是由闪闭式立体眼镜与对应信号发射器组成的系统。闪闭式立体又称为分时立体或画面交换立体，这个模式以一定速度轮换地传送左右眼图像，显示端上轮流显示左右两眼的图像，观看者需戴一副液晶眼镜，当左眼图像出现时，左眼的晶状体透光，右眼的晶状体不透光；相反，当右眼图像出现时，只有右眼的晶状体透光，左右两眼只能看见各自所需的图像。

这种模式需要立体显示卡的配合，立体显卡是具有双缓冲输出的显卡。立体显示卡的驱动程序将交替渲染左右眼的图像，并按时间顺序输出左右两张图像。例如，第一帧为左眼的图像，那么下一帧就为右眼的图像，再下一帧为左眼的图像，依次交替显示。然后观测者使用一副快门眼镜，快门眼镜通过有线或无线方式与显示器同步。当显示器上显示左眼图像时，眼镜打开左镜片快门，关闭右镜片快门。当显示器上显示右眼图像时，眼镜打开右镜片快门，关闭左镜片快门。对于看不见的某只眼的图像，大脑会根据视觉暂存效应而短暂保留刚显示的画面，只要在此范围内，戴上立体眼镜都能观看到立体场景。这种方法降低了图像一半亮度，并且要求显示器和眼镜快门的刷新速度都达到一定的频率，否则也会造成观看者的不适。

更高级的主动立体显示设备还有偏振光屏幕与偏振光眼镜。偏振光屏幕与偏振光眼镜一起实现立体观测。偏振光屏幕安装在计算机屏幕前，其内部就是双层偏振光过滤膜，其工作频率与显示卡输出的左右影像信号对应，将左右影像分为相互垂直的两份偏振光。同时，偏振光眼镜的两个镜片刚好与左右影像的偏振光对应，这样就可以实现左眼观测左影像，右眼观测右影像。偏振光屏幕与偏振光眼镜对计算机的要求与闪闭式立体眼镜完全一样，它们之间的最大差异是闪闭式立体眼镜将闪闭快门放在眼镜里，而偏振光屏幕是将闪闭快门放在显示器屏幕上，更通俗地讲就是将眼镜戴在屏幕上，这样作业人员不用佩戴厚重的眼镜。

3. 三维坐标输入设备

三维坐标输入设备通常包括手轮脚盘、三维鼠标等。手轮脚盘设备是数字摄影测量工作站用于立体测图的主要设备，实现调整和操作三维坐标。如图 12-2-1 所示，手轮代表摄影测量坐标系的 X、Y 轴，脚盘代表 Z 轴，脚踏开关包括 A、B 两个键进行确认或取消的功能操作，类似鼠标左右键。

三维鼠标是除手轮脚盘外另一个重要选点设备，实现 6 个自由度的模拟交互，可从不同的角度和方位对三维物体进行观察、浏览、操纵。作为跟踪定位器，也可单独用于 CAD/CAM、Pro/E、UG 等系统。三维鼠标类似于摇杆加上若干按键的组合，厂家给硬件配合了驱动和开发包，在控制开发中，很容易通过程序将按键和球体的运动赋予三维场景或物体，实现三维场景的漫游和控制。

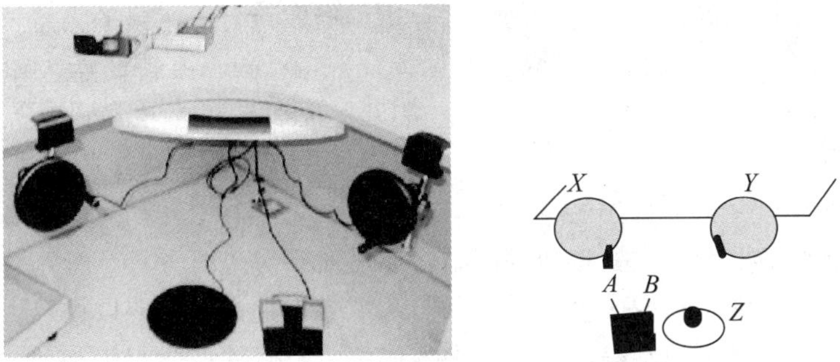

图 12-2-1 手轮脚轮

4. 其他输入输出设备

其他输入设备包括影像数字化仪，也即扫描仪；输出设备包括矢量绘图仪、大幅面彩色打印机等。

12.2.2 数字摄影测量系统软件功能

1. 影像处理

影像处理是指通过传感器对标信息进行信息获取、编码、压缩、复原、增强及识别的技术总称。通常情况下，采用栅格(即二维矩阵)形式对信息进行组织，按一定空间间隔对目标进行采样，并对每个位置获得的信息进行数字编码，形成按位置保存的数据。每个位置的数据形式非常多样，如用 0 和 1 表示，则形成二值图；如果用 256 个灰阶表示，则为灰度影像；如果采用 RGB 三个值表示，则为彩色影像，如果采用更多的分量值表示则为多光谱影像。数字摄影测量处理的通常是灰度影像和彩色影像，基本处理方法主要包括以下 6 种。

1)影像压缩

影像压缩是指通过信息编码技术将按位存放的原始数据流重新编码位更精简的数据流，大幅减少数据量，以便节省影像传输、存储，甚至处理时间。

2)影像增强

影像增强是指为突出影像中感兴趣的部分而对数据采取的一些操作。例如，若想使影像更亮，可以将像素值变大；若使影像对比度更强，可以将像素值相对拉开(与均值比大的更大，小的更小)；若目标轮廓清晰、细节明显，可进行高通滤波；而想要降低噪声则可以进行低通滤波；等等。

3)影像缩放与裁剪

影像缩放是指用指定的行列数表示图像，可以直接按新影像在原影像的位置进行重采样实现缩放，也可以使用滤波器进行加权采样。影像裁剪指保留影像中感兴趣的位置、去除其他部分的操作。

4)特征提取

特征提取是对影像进行基于内容的纹理分析，提取符合感兴趣的信息，通常包括特征点提取、特征线提取及复杂区域提取。常见特征点有 Forstner 特征点、Moravec 特征点、SIFT 特征点、Harris 特征点、FAST 角点等。常见特征线包括直线、圆弧等。复杂区域有房屋、道路等。

5)内容识别

影像内容识别是以影像主要特征为基础，通过对影像进行分析、分割、分类，并与样本库进行对比最终实现对影像内容的理解。传统内容识别方式主要以特定目标为基准进行处理，如数字识别、文字识别等。当代的内容识别主要以深度学习为基础，无论是效率还是效果都到达较高水平，未来应该会更加完善。

2. 模型定向

1)内定向

使用框标半自动或自动识别定位技术，测量出框标的位置，利用框标检校坐标与测量位置，计算扫描坐标系与像片坐标系间的变换参数。

2)相对定向

先提取影像中的特征点，利用二维相关寻找同名点，计算相对定向参数。对非量测相机的影像，可不需进行内定向而直接进行相对定向时。相对定向的过程中，常采用金字塔影像数据结构与最小二乘影像匹配方法，有时还需要人工辅助量测。传统的摄影测量一般只在标准点位量测 6 对同名点，数摄影测量基于自动化与可靠性的考虑，通常要匹配数十至数百对同名点。

3)绝对定向

绝对定向主要由人工在左(右)影像测量控制点位置，由影像匹配自动匹配其他影像的同名点，然后计算绝对定向参数。如果具有历史影像，还可利用影像匹配技术对新老影像进行匹配而实现全自动绝对定向。

3. 自动空中三角测量

自动空中三角测量包括内定向、自动选点、自动转点、模型连接、航带网构成、自由网构建、自由网平差、粗差剔除、控制点量测与区域网平差等过程。由于数字摄影测量利用影像匹配替代人工转刺等自动化处理，可极大地提高空中三角测量的效率。传统的空中三角测量一般只在标准点位选点，数字摄影测量的自动空中三角测量在选点时，不仅要选较多的连接点，以利于粗差剔除、提高可靠性，还要保证每一模型的周边有较多的点，以利于后续处理中相邻模型的 DEM 接边及矢量数据的接边。

4. 制作数字地面模型

数字地面模型是地形信息的统称，通常用一系列地面点坐标及地表属性组成数据阵列，用来描述地形详细信息，通常采用规则格网或者不规则三角网(TIN)组织和存储数据。数字地面模型是数字摄影测量系统最基本和最重要的成果之一。数字摄影测量系统通常使用立体像对进行自动匹配，产生大量同名点，然后构建不规则三角网形成TIN格式的数字地面模型数据；如果需要规则格网数据，则还需对数据进行拟合与内插。基于数字地面模型，还可以自动跟踪等高线，形成地貌数据。

5. 制作数字正射影像

制作数字正射影像主要过程是利用数字高程模型结合影像数据和内外方位参数，按逐像元进行投影差改正，生成与实际地形分布一致的影像数据。如果有多张影像，需要进行色彩一致性处理、影像镶嵌等处理，对影像遮挡或异常的部分，还要用邻近的影像块或适当的纹理进行局部编辑与替代。

6. 生产数字线划图

数字线划图的生产在摄影测量称为立体测图，属于计算机辅助测图。先利用计算机将立体像对通过立体显示设备展示出来，作业人员佩戴立体眼镜，通过三维坐标输入设备操作立体环境中的测标，将立体影像中的目标跟踪出来。为了生产规范地图，测图系统通常还需要支持测量结果符号化，交互式矢量编辑，计算机辅助处理，如自动闭合、自动直角化、邻近咬合等。

12.2.3 数字摄影测量系统作业流程

数字摄影测量系统的作业流程是一个复杂而精细的过程，涉及多个步骤和技术环节。以下详细描述其作业流程。

1. 数字影像的获取

这是整个作业流程的基础，常通过高分辨率数码相机进行航空摄影或地面摄影来获取数字影像。这些影像应具有高清晰度、高分辨率和高质量的特点，以确保后续处理和分析的准确性。

2. 数字影像的预处理

在获取数字影像后，通常需要进行一些预处理工作，包括影像的增强、滤波、校正等，以提高影像的质量和可读性。

3. 数字影像的定向

数字影像的定向是数字摄影测量中的关键环节，它决定了影像与实地之间的对应关系。定向过程包括内定向和模型定向两个步骤。

内定向：利用框标的像点坐标(理论值)与扫描坐标之间的转换关系，计算得到影像的扫描坐标。框标的位置可以通过自动、半自动或人工的方式进行定位。

模型定向：包括相对定向和绝对定向。相对定向是通过测量相对定向点的影像坐标，计算相对定向元素，确定影像间的相对位置关系。绝对定向则是通过测量绝对定向的控制点的影像坐标，计算绝对定向元素，将影像纳入预定的地理坐标系。

4. 空中三角测量

空中三角测量是利用少量地面控制点，在空中对影像进行整体平差，求出加密点的平面坐标和高程。这一步骤为后续的三维重建和立体测图提供了必要的数学基础。

5. 数字高程模型(DEM)的生成

通过影像匹配和三维重建技术，根据立体测图得到的高程信息，生成高精度的数字高程模型。DEM 是描述地球表面形态的一种数字模型，对于地形分析、洪水模拟等领域具有广泛的应用价值。

6. 数字正射影像图(DOM)的制作

根据规则格网的数字高程模型(DEM)，采用数字纠正方法，将原始数字影像纠正为正射影像。DOM 具有直观、准确的特点，广泛应用于地图制作、城市规划、环境监测等领域。

7. 立体测图与地图编辑

立体测图：在立体观测条件下，通过人机交互的方式，在数字影像上测绘地物地貌，生成数字线划图(DLG)等测绘产品。这一过程需要作业员具备丰富的测绘知识和经验。

在数字线划图(DLG)和数字正射影像图(DOM)的基础上，进行地图编辑和注记工作。这一步骤包括添加地名、道路名称、建筑物等信息，以及进行必要的修饰和美化，以提高地图的可读性和美观性。

8. 产品输出与质量控制

最后，根据用户需求，输出相应的测绘产品，如数字线划图(DLG)、数字高程模型(DEM)、数字正射影像图(DOM)等。同时，对整个作业流程进行质量控制，确保输出产品的准确性和可靠性。

12.2.4　数字摄影测量系统产品

数字摄影测量系统产品的种类丰富，涵盖了多个领域和用途。

1. 主要产品类型

1)空中三角测量加密成果

空中三角测量是数字摄影测量中的重要环节，对空中拍摄的影像，利用数学方法计算影像间的相对位置和姿态，从而得到加密后的点位信息。

2)数字表面模型(DSM)

数字表面模型是描述地球表面形态的一种数字模型，它包含了地形、地物等所有表面的高程信息。数字摄影测量系统可以利用影像匹配和三维重建技术，生成高精度的数字表面模型。

3）数字高程模型（DEM）

数字高程模型是数字表面模型的一种简化形式，它只包含地形的高程信息，不包括地物等复杂地表形态。DEM 在地理信息系统（GIS）、地形分析、洪水模拟等领域有着广泛的应用。

4）数字线划图（DLG）

数字线划图是在数字表面上，按照一定比例尺，以线条形式表示地形、地物等要素的图件。DLG 是地理信息系统的基础数据之一，广泛应用于城市规划、交通规划等领域。

5）数字正射影像图（DOM）

数字正射影像图是通过数字摄影测量技术，将倾斜拍摄的影像纠正为正射影像，即影像上的每个点都对应着地面上的一个固定点。DOM 具有直观、准确的特点，广泛应用于地图制作、城市规划、环境监测等领域。

6）景观图、透视图

景观图和透视图是通过对数字表面模型或数字线划图进行渲染和透视变换得到的图像。它们能够直观地展示地形、地物的三维形态和空间关系，广泛应用于城市规划、建筑设计等领域。

7）立体模型

立体模型是数字摄影测量系统通过立体像对生成的三维模型。它能够模拟真实世界的三维空间关系，提供沉浸式的三维体验。立体模型在虚拟现实、游戏开发等领域有着广泛的应用。

8）各种工程设计所需的三维信息

数字摄影测量系统能够为工程设计提供所需的三维信息，如地形起伏、建筑物高度、道路走向等。这些参数是确保工程设计准确性的关键要素。

9）各种信息系统、数据库所需的空间信息

数字摄影测量系统输出的产品还可以作为各种信息系统和数据库的基础数据。例如，地理信息系统（GIS）需要高精度的地形、地物数据来支持空间分析和决策；城市规划数据库需要详细的建筑、道路、绿地等数据来支持规划和管理。

2. 产品特点与应用

高精度：数字摄影测量系统采用先进的算法和硬件设备，能够生成高精度的数字产品。这些产品能够满足各种高精度应用的需求。

直观性：数字正射影像图、景观图、透视图等产品能够直观地展示地形、地物的形态和空间关系，有助于用户更好地理解和分析数据。

灵活性：可以根据用户需求对数字摄影测量系统输出的产品进行定制和修改。例如，可以根据比例尺、分辨率等参数生成不同精度的产品；可以根据用户需求进行裁剪、拼接等操作。

广泛应用：数字摄影测量系统输出的产品在城市规划、建筑设计、环境监测、灾害评估等领域有着广泛的应用。它们能够为决策者提供准确、直观的数据支持，有助于提高决策的科学性和准确性。

12.3 经典数字摄影测量工作站

12.3.1 第一台数字摄影测量工作站 DAMC

世界上第一台数字摄影测量工作站是 DAMC(Digital Automatic Map Compiler)，它首次用影像数字化方式实现了线划图测制及正射影像地图制作。DAMC 系统包括一台 IBM 7094 型数字计算机，透明像片的数字化扫描晒印器，连同一台 Wild 的 STK-1 型立体坐标量测仪。扫描器实现影像重叠面的扫描和模/数转换。数字化分辨率为在 x 轴和 y 轴方向每 1mm 中有 16 或 32 个点，影像灰度按 8、16 或 32 级记录。在扫描过程中立体坐标仪上的立体像对在 y 轴方向机械地以每秒 7mm 的速度移动。扫描的光源使用一台线扫描阴极射线管，其电子束在 x 轴方向以每秒 15mm 的速率偏转。在光电倍增管中产生的输出电压与由透明底片上扫描面范围内透射的光量成比例，亦即与影像的灰度成比例，电压信号按 8、16 或 32 级以二进制数字表示，并记录在磁带中。由于扫描器同时对两张像片进行数字化记录，因此两个灰度值装在一个字标之中。3 个二进制比特(bit)记右像的灰度编码，另 3 个记左像的灰度编码。数字计算机 IBM 7094 型的输入磁带是七孔道二进制的，其中 6 个孔道载有一对灰度值，而第七个则是差错检校孔。DAMC 的运算程序包含下列几个。

1. 后方交会定向程序

根据控制点坐标及其在立体坐标仪 STK-1 上的相应像点坐标值求得两张像片的外方位元素。同时求得的两张像片的天底点及其共轭点用以输入到扫描过程，使两张像片能在立体坐标仪上定向而在平行于其飞行方向上进行扫描。

2. 纠正程序

纠正程序用以重新安排数字化的摄影数据，以抵偿由于摄影倾角和比例尺所产生的位移。在内存保留有一个输出区，能存储最多 100 条扫描线。经过纠正处理以后转写到一个输出带中，再进行下一部分输入数据的纠正。

3. 视差相关程序

视差相关用以确定两张像片中影像的共轭。对一张像片上影像的一个小面积与其另一张像片上重叠的若干小面积，求其最大协方差值或相关系数，以确定其影像间最佳的匹配。为了简化计算工作量，视差相关要先用低一些的影像分辨率引入，低分辨率可使一个给定的影像区内用少得多的数字表示。在求影像的匹配时，逐次提高其影像分辨率，但使用缩小了的取样区。在其最后阶段，在一个磁带上对每 6×6 点单元组记录其视差值。

4. 正射改正和等高线程序

为了产生晒印正射像片的数字化数据，对影像点位要进行改正以消除由于地形起伏所引起的位移。把左像片中每以 6×6 点为单元移动到其相对于像底点的正射投影位置上，并根据在相关运算阶段求得的视差，计算其高程。每当高程跨过等高线时，则在单元组内放入一个等高线标志，而连接一系列 6×6 点单元组构成为一根等高线。每一根等高线用一个独特的符号标志，以区别于其相邻的等高线。其单元组内的摄影碎部则已用一个适当的符号所代替。

DAMC 全数字化测图系统可以生产线划地形图及正射影像地图，其速度约为每小时一个像对。

12.3.2 摄影测量工作站 VirtuoZo

VirtuoZo(本意为艺术家)数字摄测量工作站是根据 ISPRS 名誉会员、中国科学院资深院士、武汉大学王之卓院士 1978 年提出的“Fully Digital Automatic Mapping System”方案进行研究，由武汉大学张祖勋院士主持研究开发的成果，属世界同类产品的知名牌之一。最初的 VirtuoZo SGI 工作站版本于 1994 年 9 月在澳大利亚黄金海岸(Gold Coast)推出，被认为是有许多创新特点的数字摄测量工作站(Stewart Walker & Gordon Petrie，1996)，1998 年由适普软件(Supresoft)推出其微机版本。VirtuoZo 系统基于 Windows 平台利用数字影像或数字化影像完成摄影测量作业，由计算机视觉(其核心是影像匹配与影像识别)代替人眼的立体量测与识别，不再需要传统的光机仪器。从原始资料、中间成果及最后产品等都是以数字形式，克服了传统摄影测量只能生产单一线划图的缺点，可生产出多种数字产品，如数字高程模型、数字正射影像、数字线划图、三维透视景观图等，并提供各种工程设计所需的三维信息和各种信息系统数据库所需的空间信息。典型的 VirutoZo 工作站如图 12-3-1 所示。

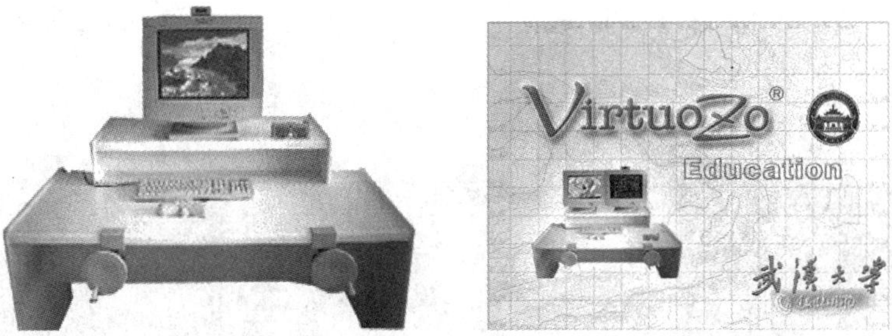

图 12-3-1 武汉大学的 VirtuoZo 摄影测量系统

VirtuoZo 系统包括，基本数据管理模块 V_Basic、单模型定向模块 V_ModOri、全自动空中三角测量模块 V_AAT、DEM 自动提取模块 V_DEM、正射影像生产模块 V_Ortho、立体数字测图模块 V_Digitize、卫星影像定向模块 V_RSImage 及诸多人工交互编辑的工具，如 DemEdit、TINEdit、OrthoEdit、OrthoMap 等。VirtuoZo 系统的其各模块简介如下。

1. 测区管理模块(V_Basic)

基本数据管理模块 V_Basic，主要实现测区建立、设置相机参数、引入影像、设置控制点等功能，其主要操作界面如图 12-3-2 所示。

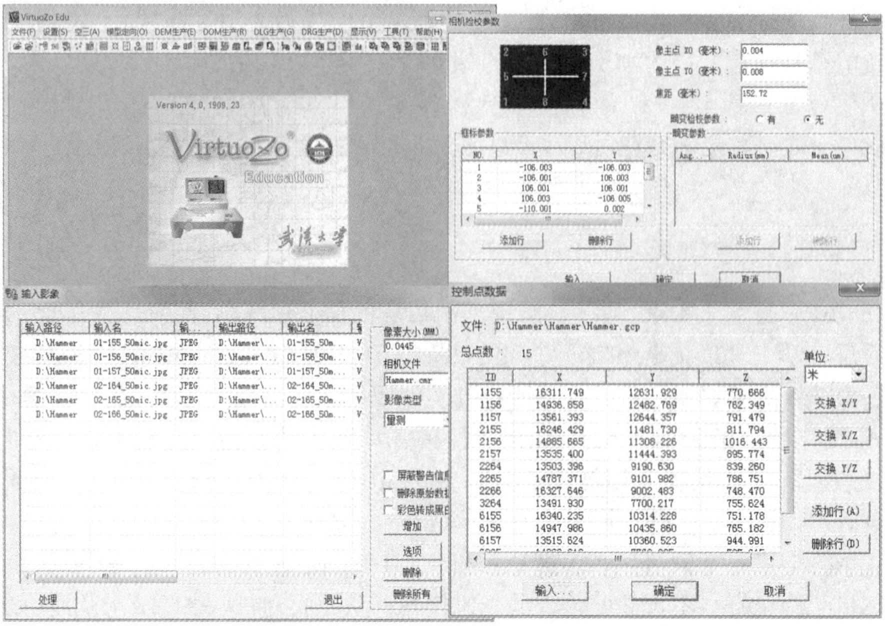

图 12-3-2　VirtuoZo 数据管理界面

2. 模型定向模块(V_ModOri)

模型定向主要包括通过全自动框标识别完成影像内定向、全自动影像匹配完成相对定向、计算机辅助半自动控制点量测完成绝对定向。模型定向模块的处理界面如图 12-3-3 所示。

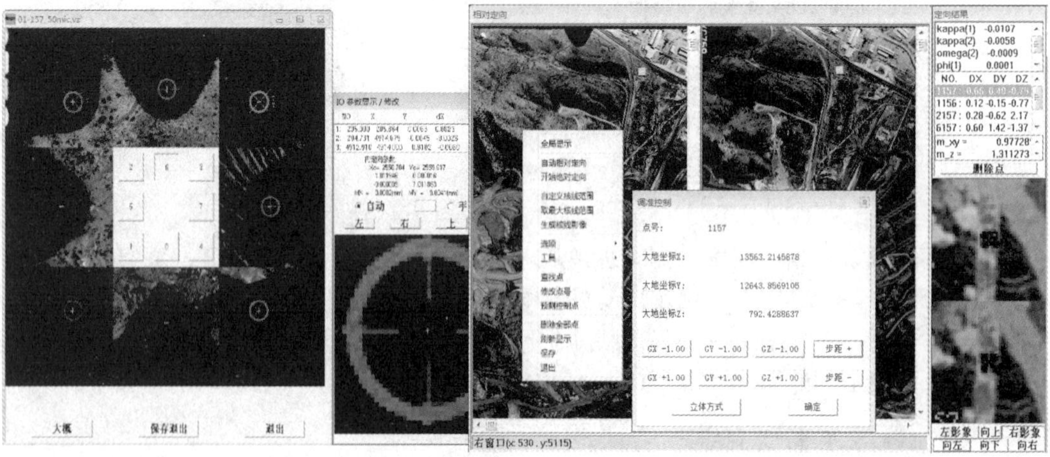

图 12-3-3　VirtuoZo 内定向、相对定向、绝对定向界面

3. 自动空中三角测量模块(V_AAT)

空中三角测量主要通过影像匹配实现连接点自动提取，然后进行半自动控制点量测，最后开展光束法平差完成空中三角测量。自动空中三角测量模块的处理界面如图 12-3-4 所示。

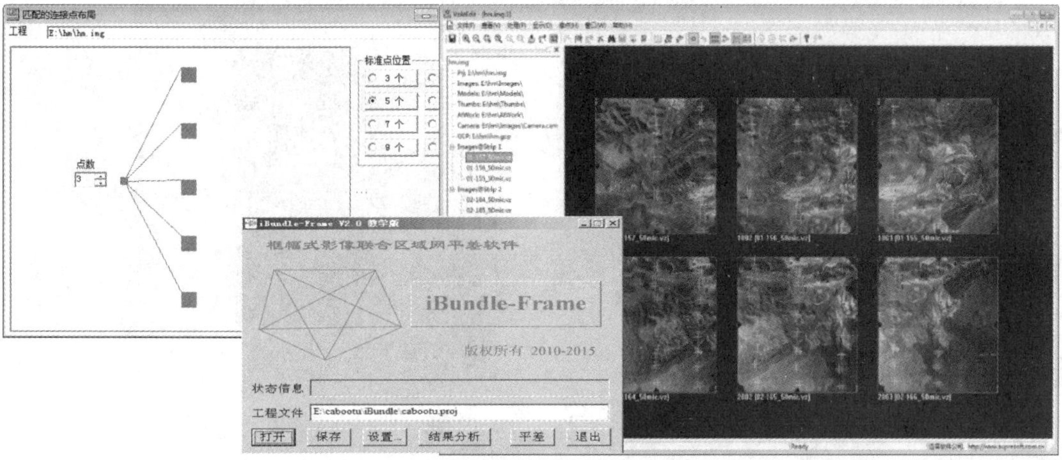

图 12-3-4 VirtuoZo 空中三角测量界面

4. DEM 自动提取模块(V_DEM)

DEM 自动提取主要通过核线影像密集匹配生产 DEM，同时也提供 DEM 立体核查和多模型拼接功能。DEM 自动提取模块的主要界面如图 12-3-5 所示。

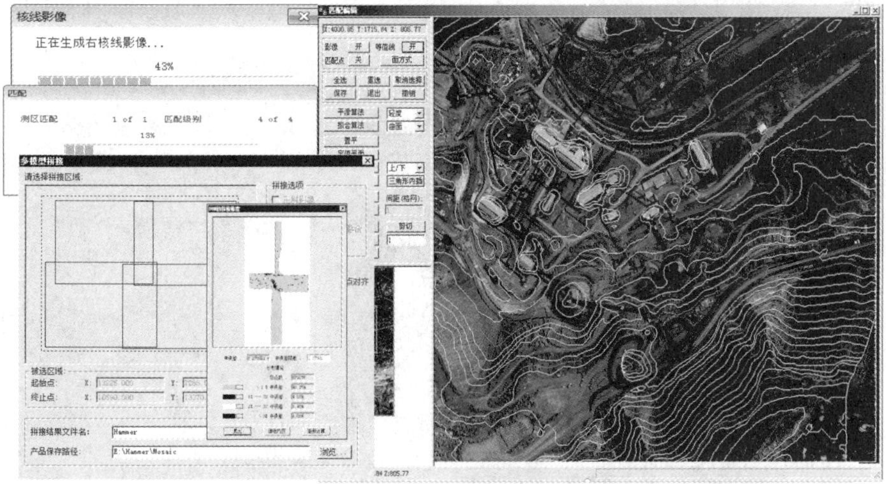

图 12-3-5 VirtuoZo DEM 自动提取界面

5. 正射影像生产模块(V_Ortho)

正射影像生产主要包括单张正射影像采集、测区正射影像拼接、正射影像人工编辑与检查等功能。正射影像生产模块的主要界面如图 12-3-6 所示。

图 12-3-6　VirtuoZo 正射影像生产界面

6. 立体测图模块(V_Digitize)

立体测图是 VirtuoZo 较有特色的功能之一，通过通用立体显示设备，将立体像对展示出来，作业人员佩戴立体眼镜在计算机辅助下跟踪地物目标。立体测图自带符合测绘国家规范的符号库，在测量过程中实时显示测量结果；此外，还提供等高线插值、折线自动直角化、道路半自动提取等功能，是我国基础测绘成果的主力生产工具。立体测图软件及其生产成果如图 12-3-7 所示。

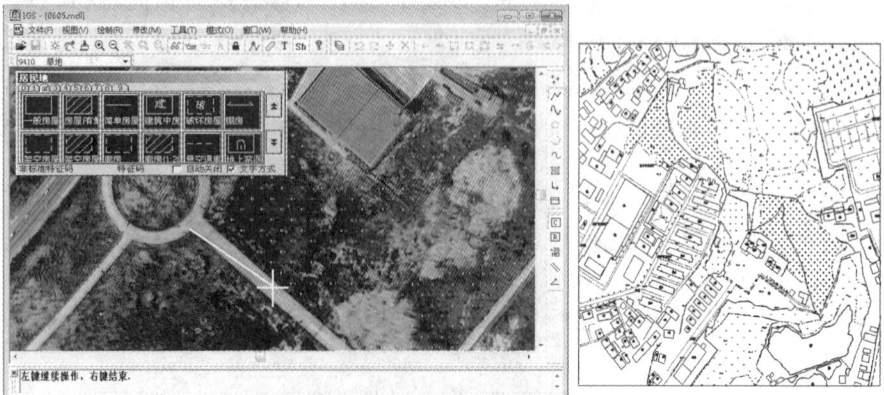

图 12-3-7　立体测图界面与生产的 DLG 成果图

12.3.3 其他经典摄影测量工作站

1. JX4

除 VirtuoZo 以外，在中国还有一套较著名的数字摄测量工作站——“解析四”，简称 JX4。JX4 由王之卓院士的另外一个学生中国测绘科学研究院的刘先林院士主持开发。

JX-4 数字摄影测量工作站是结合生产单位作业经验开发的一套半自动化微机数字摄影测量工作站，可用于各种比例尺的数字高程模型(DEM)、数字正射影像(DOM)、数字线划图(DLG)生产。JX-4 支持将矢量(包括线形和符号)、DEM 和 TIN 映射到立体屏幕上，二维屏幕也可同时进行矢量、DEM、TIN 和 DOM 的迭加、显示和编辑。系统采用专业硬件实现影像漫游、图形漫游、测标漫游，同时也提供了实时立体编辑命令。JX4 的特点如下：

(1)双屏幕显示，图形和立体独立显示于两个不同的显示器上，使得视场增大，立体感强，影像清晰、稳定，便于进行立体判读。

(2)在接收遥感数据方面具有较强的兼容性，JX-4G 数字摄影测量工作站除了进行常规的航空影像处理外，还可接收诸如 IKONOS、SPOT-5、QuickBird、ADEOS、RadarSat、尖三等卫星与雷达影像，可通过以上数据获取 DEM、DOM、DLG 成果。

(3)由 TIN 生成正射影像，可解决城市 1∶1000、1∶2000 比例尺正射影像中由于高层建筑和高架桥引起的投影差问题，使大比例尺正射影像完全重合，更加精确地描述诸如道路。

2. 摄影测量工作站 ImageStation SSK

ImageStation SSK(Stereo Soft Kit)是美国 Intergraph 公司推出的数字摄影测量工作站，它集成了解析测图仪、正射投影仪、遥感图像处理，与 GIS 地理信息系统及 DTM 数字地面模型在工程 CAD 的应用结合在一起，形成具备航测内业所有工序处理能力的数字摄影测量工作站。Intergraph 一直是世界较大的摄影测量及制图软件提供商之一，提供完整的摄影测量解决方案。ImageStation 系列软件具有深厚的理论基础，不仅能处理传统的航摄数据和数字航摄相机的数据，还具备卫星数据处理能力，支持包括 IKONOS、SPOT、IRS、QuickBird、LandSat 等商业卫星的处理，还具备近景摄影测量功能，提供了涵盖摄影测量全领域的解决方案。

ImageStation SSK 主要包含：项目管理模块 ImageStation Photogrammetric Manager (ISPM)、数字量测模块 ImageStation Digital Mensuration(ISDM)、立体显示模块 ImageStation Stereo Display(ISSD)、数据采集模块 ImageStation Feature Collection(ISFC)、DTM 采集模块 ImageStation DTM Collection(ISDC)、正射纠正模块 ImageStation Base Rectifier(ISBR)、遥感图像处理模块 I/RAS C、空中三角测量模块 ImageStation Automatic Triangulation(ISAT)、自动 DTM 提取模块 ImageStation Automatic Evaluation (ISAE)、正射影像处理模块 ImageStation Ortho Pro(ISOP)等。

3. 摄影测量工作站 InPho

摄影测量工作站 InPho 由世界著名测绘学家 Fritz Ackermann 教授于 20 世纪 80 年代在德国斯图加特创立，在 2007 年加盟天宝导航有限公司(Trimble)。历经多年生产实践和创新发展，InPho 已成为世界知名数字摄影测量及数字地表/地形建模的软件。InPho 支持各种扫描框幅式相机、数字 CCD 相机、自定义相机、推扫式相机以及卫星传感器获取的影像数据的处理。主要功能已覆盖摄影测量生产的各个流程，如定向处理(空中三角测量)、DEM、DOM 等的 4D 产品生产及地理信息建库处理等。InPho 以其模块化的产品体系使其极为方便地整合到其他工作流程中，为全球各种用户提供便捷、高效、精确的软件解决方案及一流的技术支持，其代理经销商和合作伙伴遍布全球。

InPho 摄影测量工作站包括应用核心模块 Applications Master、自动空中三角测量模块 MATCH-AT、区域网平差模块 inBLOCK、自动地形提取模块 MATCH-TDSM、正射纠正模块 OrthoMaster、正射影像镶嵌模块 OrthoVista、立体测图模块 Summit Evolution 及地形建模模块 DTMaster。各模块既可以相互结合，也可以独立实现各自功能，还能够非常容易地整合到第三方工作流程中。

4. 摄影测量工作站 LPS

摄影测量工作站 LPS(Leica Photogrammetric Suite)由美国 Leica 公司研发，具有简单易用的用户界面，强大完备的数据处理功能，深受全球摄影测量用户喜爱。LPS 支持航天航空的各种传感器，如 Leica RC30、DMC、ADS 系列、SPOT-5、QuickBird 等。软件具有影像自动匹配、空中三角测量、自动提取地面模型、亚像素级定位等功能。LPS 采用模块化的软件设计，支持丰富多样的扩展模块，提供了多种方便实用的功能，可根据用户需求灵活配置。

LPS 摄影测量工作站包括：核心模块 LPS Core、立体观测模块 LPS Stereo、数字地面模型自动提取模块 LPS ATE、分布式数字地面模型自动提取模块 LPS eATE、数字地面模型编辑模块 LPS Terrain Editor (TE)、空中三角测量模块 LPS ORIMA、立体分析模块 Stereo Analyst for ERDAS IMAGINE/ArcGIS、正射影像处理模块 ImageEqualizer 和立体测图模块 LPS PRO600。

12.4 当代数字摄影测量系统

早期的数字摄影测量软件，实质上是一套“人-作业员”与“机-计算机”共同完成作业的系统，一般称其为摄影测量工作站，简称 DPW。无论是 DPW 的研究、开发者，还是 DPW 的使用者，都将 DPW 作为一台摄影测量“仪器”，用它来完成摄影测量所有的作业。如果将 DPW 作为一个“人机协同”系统(man-machine cooperative system)进行思考，必须进一步考虑摄影测量作业与 DPW 作业之间的差异，人工操作与计算机工作方式之间的差异。从而将 DPW 按一个“系统”，而不是将它作为一台“仪器”来考虑其结构与发展。下面分 7 个方面进行讨论。

(1)传统摄影测量生产流程要求不完全适应于数字摄影测量。在数字摄影测量中工序的划分就不应该过分清晰，而应该更强调集成(integration)。例如，传统的空中三角测量是为了获得连接点的坐标，为下一个工序提供绝对定向的控制点，为此一般要求在影像的三度重叠范围内选取三个加密点。受此影响，目前有的DPW系统的自动空中三角测量采用标准点位上按“点组”选点(Honkavaara，1996)。但是考虑到摄影测量后面的工序的需要，在模型的四周增加大量的连接点(如Supresoft的AAT(Automatic Aerial Triangulation)系统)，这对于DEM的生成、特别是DEM接边非常有利。

(2)传统的摄影测量生产规范不能全部适应于数字摄影测量。例如相对定向，有的要求定向点上最大的残余上下视差小于10μm，这是根据在解析测图仪上，作业员量测标准点位上6个点进行相对定向所确定的最大上下视差残余误差的限制。但是在数字摄影测量中，若将计算机限于仅仅量测标准点位上6个点，这就难以实现DPW的自动化。一般地DPW采用在6个标准点位上按点组选点，或在整个像对内进行均匀分布选点(例如VirtuoZo)，相对定向点多达100~200个点。显然上述的最大残余误差的要求，就不适合于DPW。

(3)在主观智能方面，作业员总要比计算机强很多。因此在整个作业的过程中，DPW是在作业员指挥下进行作业。例如打开某个测区或文件，进行某项操作，然后由计算机根据作业员的命令进行(自动化)工作。从这个意义上来说，整个DPW是一套交互系统。特别是在“识别”能力方面，“人”显得尤为聪明，如地物(建筑物、道路、森林等)的识别、控制点的识别、粗差的识别等，这些都还需要由人来完成。因此，目前DPW在地物的测绘方面，基本上还是与解析测图仪一样：人工作业，或是在作业员指导下进行半自动方式作业。

(4)对处理对象的“记忆能力”，计算机要比作业员强很多。就整体而言，“人”的记忆能力比计算机强得多，但是对于局部问题而言，情况就恰恰相反。例如，计算机能够记忆“整个立体像对每个点及它们可能匹配的同名点”，但是“作业员”就显得无能为力(例如VirtuoZo就是利用这一特性，将作业员的单点量测(匹配)改为在整个像对上进行“最优匹配”)。

(5)在“识别”同名点问题上，计算机要比作业员快很多。例如量测同名点的问题，在DWP(或计算机立体视觉)中是一个“识别同名点”的问题，可以归化为影像匹配问题。作业员量测一个点大约需要0.5s，而计算机匹配的速度可以在100~1000点/s以上(其中可能包含不少粗差)。即前者的速度低，而正确率高；后者的速度快，而正确率低。

(6)计算机不会因疲劳而引入错误。计算机不需要休息，可以一天24小时工作。作业员会疲劳而出现错误，而且需要休息。两者相比，前者生产效率高、成本低，这也是数字摄影测量发展的根本目的之一。

(7)对于DPW系统的运行方式有两种：①“人”+“计算机”(交互)作业方式；②“计算机”(自动)作业方式。目前在DPW中没有认真细致地考虑两者的区分，常常被混在一起，而不能充分发挥DPW的效率。

基于上述考虑，数字摄影测量系统(以下简称DPS)的设计应该以下几项。

(1)DPS应该是由若干台计算机+相应的软件构成，通过网络连接到一起，构成完整的数字摄影测量系统。

(2)DPS 应该将自动化工作方式与交互作业方式分开，分给不同的计算机。前者可视为主机(Master Computer)，它可以是集群计算机或计算机群，可以 24 小时并行工作；后者是由多台从属计算机(Slave computers)组成，它们一般与作业员上班时间同步，这样可以充分发挥 DPS 的整体的效率。其中主机与从属机的硬件配置也不同，对主机，运算速度、内存、外存容量的要求高，它适用于存放整个测区的影像数据、中间成果及最后需要上交的结果。从属机主要适用于基于模型、图幅的作业，像 DPW 的要求一样。整个 DPS 的结构如图 12-4-1 所示。

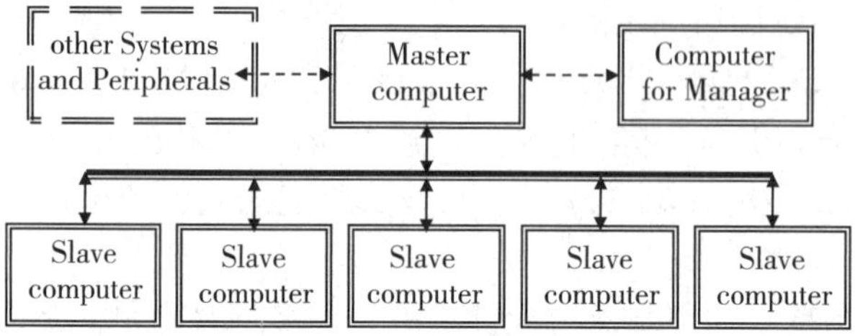

图 12-4-1　DPS 结构示意图

(3)DPS 不仅仅是个完成摄影测量生产的系统，而且还应该具有生产管理功能。随着科技发展，数字摄影测量系统的数据量越来越大，对于彩色影像，当使用 14μm 分辨率进行扫描时，一张航空影像的原始数据就达到 1GB 以上，加上中间数据、最终成果数据等，总数可能达到 2~4GB。如何有效地管理生产过程与数据，在数字摄影测量中已经显得越来越重要。

(4)DPS 与 DPW 不同，它不是按传统摄影测量的工序进行模块的划分。例如空中三角测量的选点，不应该选在树上，但是“森林识别”离不开数字表面模型 DSM 的提取，这说明空中三角测量、影像匹配、地物的识别是密切相关、无法严格分开的。

(5)DPS 的软件也应该按自动化与交互(或半自动)两种方式分开，到目前为止，还没有完全适应于所有地形的自动化处理模块，例如相对定向模块，在 99.9%情况下可以实现自动化，但是在某些特殊情况下，仍需要人工干预。即使是我们公认的自动化程度较高的、在裸露地区的 DEM 生成，也少不了人工编辑。因此，原来 DPW 的每个模块都需要分为自动化与交互两部分，分别安装在主机与从属机上。功能与计算机之间的关系如表 12-4-1 所示。

表 12-4-1　**功能与计算机之间的关系**

	Master	Slave
生产管理	✓	□
空中三角测量	✓	⇔
DEM(TIN & GRID)	✓	⇔

续表

	Master	Slave
Vector data capture	✓	⇔
Map/model join	✓	□
Orthophoto & mosaic & Dogging	✓	□

注：✓表示自动运行部分；⇔表示交互运行部分；□表示无。

下面介绍一些新研制的数字摄影测量处理系统，它们的系统设置与传统的全数字摄影测量系统存在较大差异。

12.4.1 数字摄影测量网格系统 DPGrid

数字摄影测量网格 DPGrid(Digital Photogrammetry Grid)是由中国工程院院士张祖勋提出并指导研制的具有完全自主知识产权、国际首创的新一代航空航天数字摄影测量处理平台。该系统打破了传统的摄影测量流程，集生产、质量检查、管理为一体，合理地安排人、机的工作，充分应用当前先进的数字影像匹配、高性能并行计算、海量存储与网络通信等技术，实现了航空航天遥感数据的自动化快速处理和空间信息的快速获取。其性能远远高于当前的数字摄影测量工作站，能够满足三维空间信息快速采集与更新的需要。

DPGrid 系统由自动空三与正射影像子系统和基于网络协助的立体测图子系统两大部分组成。自动空三与正射影像子系统由高性能集群计算机系统与磁盘阵列组成硬件平台，以最新影像匹配理论与实践为基础的全自动数据并行处理系统。这一部分的主要功能包括：数据预处理、影像匹配、自动空三、数字地面模型及正射影像生产等。基于网络协助的立体测图子系统 DPGrid. SLM(Seamless Mapping)由服务器+客户机组成。其中，服务器负责任务的调度、分配与监控；客户机也是摄影测量生产作业员进行“人机交互”生产线划图(DLG)的客户端，具有分布式、相互协调、基于区域生产的网络无缝测图功能。这两部分组成的 GPGrid 系统，不仅包括快速、自动化的正射影像生产系统，而且还包括等高线、地物等全要素的测绘，是一个完整的、综合的解决方案，属于新一代数字摄影测量系统。DPGrid 系统硬件和软件组成如图 12-4-2 所示。

DPGrid 系统的自动处理系统的硬件部分由管理节点、集群计算机(或计算机群)、磁盘阵列、高速局域网构成。其中，管理节点主要用于管理集群计算机(或计算机群)分配任务到处理设备，集群节点负责具体的运算，磁盘阵列负责数据存储，所有设备通过高速网络相连。DPGrid 系统的硬件结构与软件界面如图 12-4-3 所示。

软件系统的工作流程：主控(任务分配)程序根据摄影测量处理的内容，将整个处理任务分解并分发给各个计算节点，主控程序同时监控各任务的运行情况，各计算节点接受分配的任务完成具体的运算，所有数据放于高速磁盘阵列上。自动处理流程如图 12-4-4 所示。

DPGrid 系统具有以下特点：

(1)DPGrid 是完整的摄影测量系统，而以往的数字摄影测量工作站(DPW)仅仅是一个作业员作业的平台；

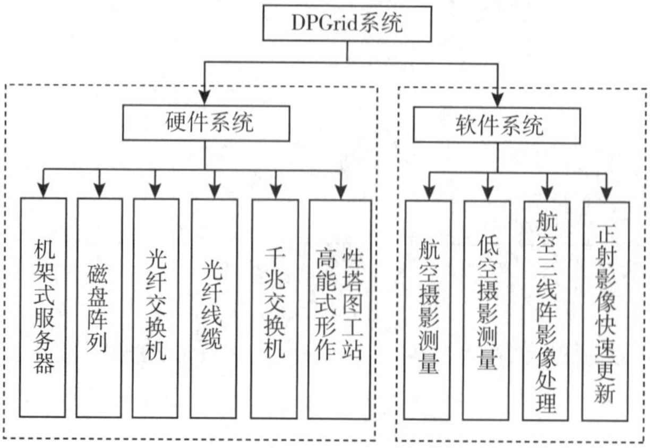

图 12-4-2　数字摄影测量网格 DPGrid 系统组成

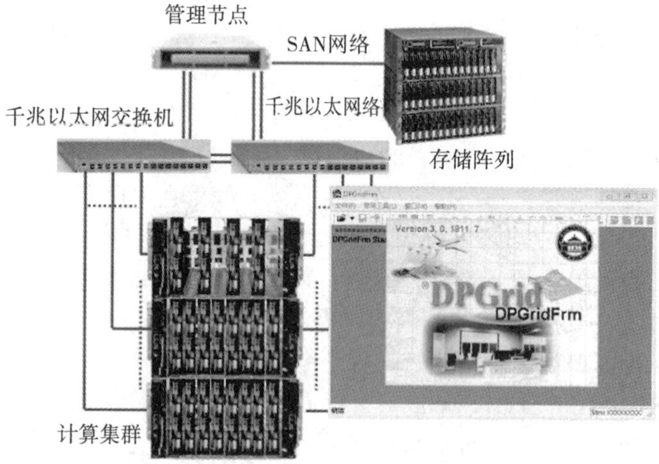

图 12-4-3　数字摄影测量网格 DPGrid 的硬件环境与软件界面

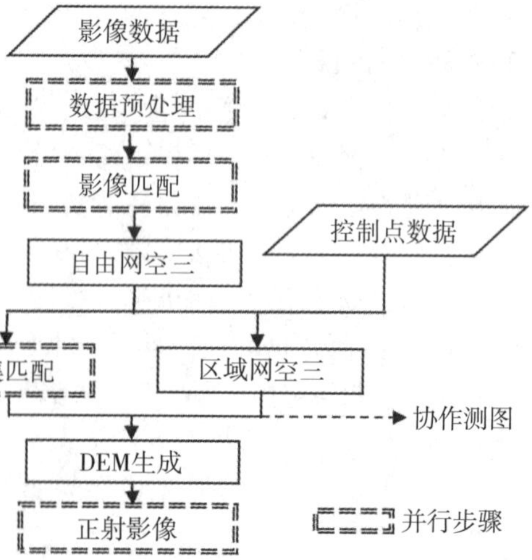

图 12-4-4　DPGrid 自动处理流程图

(2)应用高性能并行计算、海量存储与网络通信等技术，处理效率大幅提高；

(3)采用先进的影像匹配算法，在自动连接点提取，自动 DEM 生产，正射影像生产等方面仅需要作业人员核实成果，几乎不需要人工编辑；

(4)采用基于网络协作的测图系统，使得多人协同工作，避免了图幅接边等过程，简化生产流程，大幅提高作业效率。

数字摄影测量网格 DPGrid 系统的功能组成包括：任务规划与管理模块、自动空中三角测量模块、DEM 生产模块、正射影像生产模块和协作立体测图模块等。其各模块简介如下。

1. 任务规划模块

数字摄影测量网格 DPGrid 的任务规划与管理模板针对遥感影像处理提出了 C-RSIP 模型，通过多线程 CPU 守护、无阻塞广播应答解决计算资源调度问题，为适应具体的摄影测量算法，提出了三接口分布式并行处理模型，将专业处理算法与负载均衡进行了统一。任何专业处理算法只要提供了任务划分接口、任务执行接口和结果合并接口就可以放入 DPGrid 进行高性能并行处理，大幅提高处理效率。

2. 自动空中三角测量

数字摄影测量网格 DPGrid 的空中三角测量模块采用了两次扩展匹配 ETM 算法。采用已知点预测备选点，同时用匹配结果反向验证已知点的相互合作与制约，实现整体最可靠的连接点自动提取。ETM 算法在单机单核条件下匹配速度可达每秒 10000 点，正确率达 95%以上。在区域网平差方面，DPGrid 创新性地提出多种特征联合定向及多级粗差剔除技术，实现了基于广义点摄影测量理论的中低空遥感影像高精度空中三角测量处理方法，其中将同名直线段及其约束条件引入相对定向及区域网平差是独创性研究成果，从根本上克服了传统技术容易造成航带弯曲变形等问题。通过 C-RSIP 并行处理模型在 8 核单节点计算机中，5 分钟内可完成 300 张佳能 5DMark Ⅱ 影像的自动空中三角测量处理。

2. DEM 生产

DEM 自动化生产是数字摄影测量的优势所在。数字摄影测量网格 DPGrid 在张祖勋院士早期提出的跨接法匹配基础上发展出了 BRM 跨松弛匹配算法。BRM 算法充分考虑地形变化因素和影像相关系数，通过松弛迭代求匹配区域的解整体最优解，实现了“又快又好”的密集匹配，在处理效果与 SGM 相当的情况下，处理效率提高了 10 倍以上。

4. 正射影像生产

数字摄影测量网格 DPGrid 在正射影像生产，提出了基于 Voronoi 图的最优影像选择的新思想，结合影像高程同步模型(OESM)解决了传统正射影像镶嵌线自动化生成技术无法自动化避开房屋、树木等高出地面物体的难题。利用 OESM 可准确计算与影像同步变化的投影数字高程模型，从而计算正射影像上房屋、树木等地物的投影差，并结合数学形态学、计算几何、图论等技术，快速且高质量地自动生成避开影像上房屋等地物位置的正射影像镶嵌线；在色彩优化方面，提出了最小二乘辐射平差模型，实现了整体差异最小条件下，解算每幅影像的色彩改正参数，消除影像之间的色彩差异。

5. 协作立体测图

协作立体测图是数字摄影测量网格DPGrid较国内外各种摄影测量系统最具优势的地方。传统立体测图以图幅为单位进行生产，对图幅内覆盖的立体模型逐个载入计算机，开展地位要素跟踪。按图幅为单位进行作业，存在图幅接边问题，需要多个作业人员反复交流才能完成；此外，在图幅内也需要进行多次立体模型切换。协作立体测图彻底革新了这种作业模式，提出了基于网络协作模式，所有作业数据都在网络中，作业人员无需物理上的图幅任务，仅需要任务范围，在网络中任意计算机节点都可以开展工作。所有人员在一个系统中作业，不存在接边问题，随着测量目标位置的变化，立体模型会自动载入。此外，协作立体测图将作业人员信息记录在测量结果中，不仅可跟踪所以测量数据的来源，也方便进行工作量、成果质量等信息的评定。可以说，协作立体测图是当代信息化测绘的代表，是信息化的重要体现。

12.4.2　像素工厂

像素工厂(Pixel Factory)是法国Inforterra在多年技术积累的基础上开发的海量遥感数据的自动处理系统，Inforterra与SPOT IMAGE同属EADS ASTRIUM集团。当时，高性能微机刚出现，采用64位多核CPU大幅提升了处理能力，操作系统升级到64位后，支持64位编程的C++也及时推出，为摄影测量工作站过渡到摄影测量系统提供了基础。在此背景下，像素工厂被设计用来进行海量存档卫星影像和航空相机数据的全自动处理工具。该系统优秀的航空、遥感影像高度自动化处理方法在生产过程中很受欢迎，其多传感器处理技术和多级终端产品为数据生产提供了有效的支持，特别是生产真正射影像的能力和优秀的产品质量。

像素工厂具有若干个强大计算能力的计算结点组成。自动化处理部分采用Linux操作系统，在输入数码影像、卫星影像或者传统光学扫描影像后，经过少量人工干预，可自动化完成生产。输出产品有DSM、DEM、正射影像和真正射影像等品。像素工厂具有四个用户界面：Main Windows、Administrator Console、Information Console和Activity Window，所有的功能模块均内嵌在这四个界面的菜单中。像素工厂的数据处理过程高度自动化，用户可对项目进度进行计划和安排，其工作流程如图12-4-5所示。

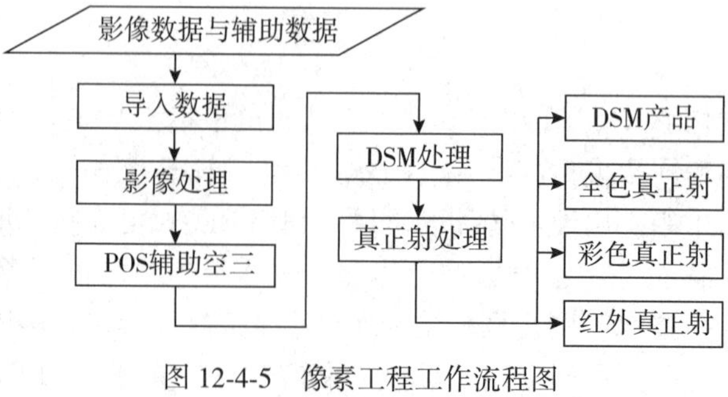

图12-4-5　像素工程工作流程图

像素工厂的核心模块包括导入数据、图像预处理、POS 辅助空三、DSM 生产、真正射影像生产等。各模块简介如下。

1. 导入数据

像素工厂可以处理的数据源：卫星影像（SPOT-5，Aster，IKONOS，QuickBird，LandSat 等）、卫星雷达影像（ERS，RadarSat，SRTM 等）、数码航空影像（ADS40，UCD，DMC 等）、传统胶片扫描影像（RC30，RMK，LMK 等）。为生产真正射影像，对于面阵相机，像素工厂要求同一位置至少有 6 个同名像点。相对而言，150mm 焦距的框幅相机需超过 80%的航向重叠度、旁向重叠度，才能确保像素工厂生产出真正射影像。而线阵影像，如 ADS40，可连续获取 100%重叠的全色、RGB 和近红外的地毯式推扫影像，只需设置合适的旁向重叠度即可。

2. 影像预处理

像素工厂的预处理主要开展色彩校正，包括大气校正、辐射校正等，目标是使所有影像色彩一致，便于生产真正射影像。

3. POS 辅助空三

像素工厂采用全自动模式生产，对所有数据都要求必须输入影像定位参数。卫星影像采用 RPC 模型，而航空影像则以惯性设备（IMU）和全球定位设备 GNSS 描述影像参数，与影像外方位元素定义一致。

4. DSM 处理

像素工厂可以全自动完成 DSM 的生产。像素工厂使用空三成果，使用算法创建立体像对，并分配到多个可用的节点上进行并行计算。高精度 DSM 有利于真正射校正，可得到保证图像任意点几何精度的真正射影像。

5. 真正射处理

真正射影像是基于高精度 DSM 和高重叠率的遥感影像进行纠正而获得。在城市区域航片的较高重叠度，能保证对某一较高建筑多视角立体匹配，获取此建筑物的周围信息。像素工厂只需用较少的时间和人力，就能获得地面和地面上方每个点（排除了建筑物倾斜）的影像信息。真正射影像的效果是一种垂直视角的观测效果，避免了一般正射影像在同一区域向不同方向倾斜的弊端，地面正射影像与真正射影像的比较如图 12-4-6 所示。

像素工厂与传统摄影测量系统比较，有如下特色：

1）主要优点

（1）像素工厂能生产真正射影像。为了生成真正射影像，需要影像具有较高的重叠度，确保地面无遮挡现象。

（2）多种传感器兼容性好。像素工厂系统能够兼容当前市场上的主流传感器，可以处理 ADS40、UCD、DMC 等数码影像，也能处理 RC30 等传统胶片扫描影像。因为像素工厂能够通过参数的调整来适应不同的传感器类型，只要获取相机参数并将其输入系统，像素工厂系统就能够识别并处理该传感器的图像，即像素工厂系统是与传感器类型无关的遥感影像处理系统。

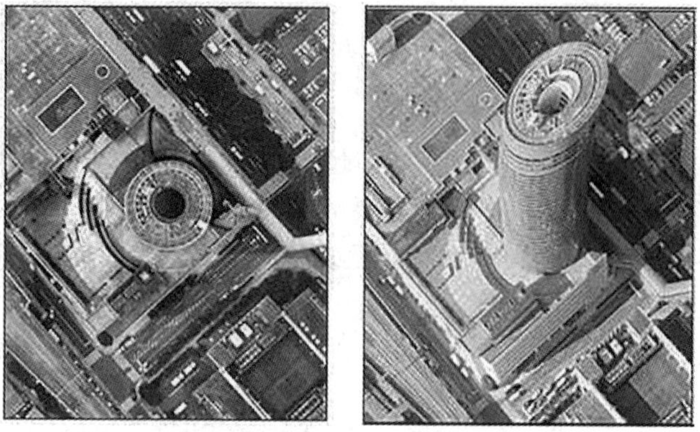

真正射影像　　　　传统正射影像

图 12-46　传统正射影像与真正影像比较

(3)具有并行计算和海量存储能力。通过并行计算技术，像素工厂系统能够同时处理多个海量数据的项目，系统根据不同项目的优先级自动安排和分配系统资源，使系统资源最大限度地得到利用。系统自动将大型任务划分为多个子任务，把这些子任务交给各个计算节点去执行，节点越多，可以接收的子任务越多，整个任务需要的处理时间就越少。因此，像素工厂系统能够提高生产效率，大大缩短整个工程的工期，使效益达到最大化。同时，数据计算过程中会生成比初始数据更加大量的中间数据和结果数据，只有拥有海量的在线存储能力，才能保证工程连续、自动地运行。像素工厂系统使用磁盘阵列实现海量的在线存储技术，并周期性地对数据进行备份，尽可能地避免，意外情况造成数据丢失，确保数据的安全。

(4)具有高度自动处理能力。传统软件生产 DEM 和 DOM 是以像对为单位一个一个地进行处理，而像素工厂是将整个测区的影像一次性导入处理，在整个生产流程中，系统完全能够且尽可能多地实现自动处理。从空三解算到最终产品，系统根据计划自动将整个任务自动划分成多个子任务交给计算结点进行处理，最后自动整合得到整个测区的影像产品，通过自动化处理，大大减少人工劳动，提高了工作效率。

(5)具有开放式系统构架。由于像素工厂系统是基于标准 J2EE 应用服务开发的系统，使用 XML 实现不同结点之间的交流和对话，在 XML 中嵌入数据、任务及工作流等，支持跨平台管理，兼容 Linux、Unix、True64 和 Win-dows。像素工厂系统有外部访问功能，支持 Internet 网络连接(通过 http 协议、RMI 等)，并可以通过 Internet(例如 VPN)对系统进行远程操作。可以通过 XML/PHP 接口整合任何第三方软件，辅助系统完成不同的数据处理任务。

2)主要缺点

(1)像素工厂的自动处理需要辅助条件。像素工厂处理航空影像需要提供 POS 数据，以及适量的地面控制点。如果航空影像不带有 POS 数据，只有地面控制点，则像素工厂需要使用其他软件进行空三解算，使用其结果进行后续的处理任务，且目前仅支持北美的 Bingo、海拉瓦的 Orima 软件的空三结果，国内 VirtuoZo 和 JX4 需要再转换。

(2)像素工厂只是影像处理软件，只能生产 DSM/DEM/DOM/TRUE ORTHO，以及等高线，不能进行测图生产，因此如果作 DLG 等矢量图，只能使用其他测图软件完成。

(3)像素工厂系统庞大复杂，需要操作人员有较高的技术水平和一定的生产经验。

12.4.3 其他热门摄影测量系统

1. 无人机三维建模系统 ContextCapture

ContextCapture 是 Bentley 公司的用于数字影像进行三维精细建模软件。其前身是法国 Acute3D 公司开发的 Smart3DCapture 软件，2015 年被 Bentley 全资收购，并将软件产品更名为 ContextCapture。ContextCapture 的特点是能够基于数字影像全自动生成高分辨率三维模型。影像可来自数码相机、手机、无人机相机或航空摄影仪等各种设备。可建模对象从近景到中小型场甚至是街道或整个城市。目前，ContextCapture 软件已在全球得到了广泛应用。ContextCapture 软件生成的二维和三维 GIS 模型，可方便地导入各种 GIS 系统，如 ArcGIS、QGIS 等，也可以导出 dxf 格式的 CAD 模型、OBJ 格式模型、OSGB 模型及 Las 格式的点云模型数据，可用于城乡规划、地下市政管线相结合、施工模拟、数字展馆等方面。ContextCapture 的主要模块包括 Master(主控界面)、Engine(处理引擎)、Setting(参数设置)、Viewer(数据浏览)等。

Master：人机交互界面，相当于一个管理者，它创建任务、管理任务、监视任务的精度等。具体功能包括导入数据集、定义处理过程设置、提交作业任务、监控作业任务进度、浏览处理结果。主控制台不执行处理任务，而是将任务分解成基本的作业并将其提交到作业队列，主控包含工程、区块、重建和重建等。

Engine：处理引擎，负责具体生产处理，对所指向的工作队列开展任务处理，独立于 Master 打开或者关闭，可分布于不同计算机上实现多机并行处理。

Setting：对系统产生进行设置的工具，例如可以给 Engine 指向任务路径。

Viewer：三维场景模型的浏览展示工具。

ContextCapture 软件的主界面如图 12-4-7 所示。

ContextCapture 软件的特点：

(1)快速、简单、全自动。ContextCapture 软件能无须人工干预，能从简单连续影像中生成最逼真的实景三维场景模型。无须依赖昂贵且低效率的激光点云扫描系统或 POS 定位系统，仅仅依靠简单连续的二维影像，就能还原出最真实的实景真三维模型。

(2)身临其境的实景真三维模型。ContextCapture 软件不同于传统技术仅依靠高程生成的缺少侧面等结构的 2.5 维模型，可运算生成基于真实影像的超高密度点云，并以此生成基于真实影像位纹理的高分辨率实景真三维模型，对真实场景在原始影像分辨率下的全要素级别的还原达到无限接近真实的机制。

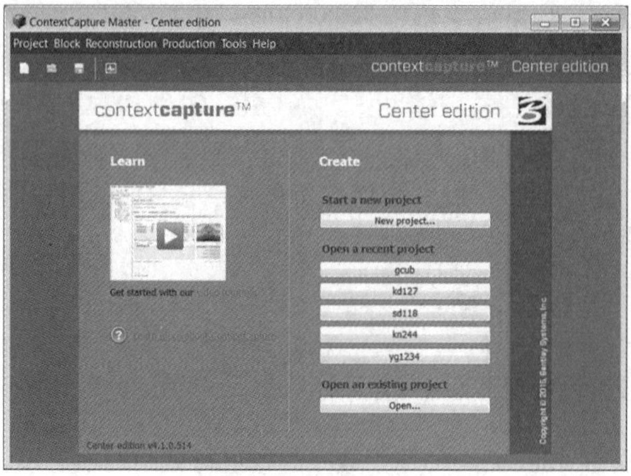

图 12-4-7　ContextCapture 软件主界面

(3)广泛的数据源兼容性。ContextCapture 软件能接受各种硬件采集的各种原始数据，包括大型固定翼飞机、载人直升机、大中小型无人机、街景车、手持数码相机甚至手机获取的数据，并直接把这些数据还原成连续真实的三维模型，无论大型海量城市级数据，还是考古级精细到毫米的模型，都能轻松还原出最接近真实的模型。

(4)优化的数据格式输出。ContextCapture 软件能够输出包括 obj、osg(osgb)、dae 等通用兼容格式，能够方便地导入各种主流 GIS 应用平台，而且它能生成超过 20 级金字塔级别的模型精度等级，能够流畅地应对本地访问，或基于互联网的远程访问浏览。

2. 无人机摄影测量系统 Pix4DMapper

Pix4Dmapper 是瑞士 Pix4D 公司开发的无人机摄影测量系统，具有高度自动化处理能力。Pix4Dmapper 引入计算机视觉的相关算法，使用无人机影像开展影像定向、DSM 全自动提取、正射影像生产及精细三维模型重建。为提高处理速度，软件支持 GPU 加速和多机并行处理，使用比较简单的操作界面，仅需要指定原始数据和目标要求，系统便可以全自动运行，Pix4DMapper 软件主界面如图 12-4-8 所示。

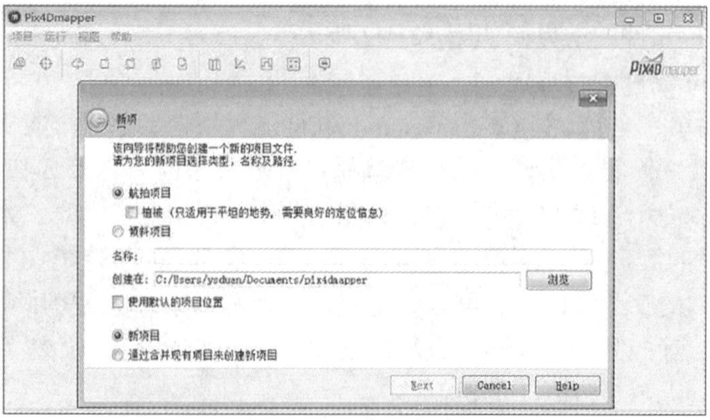

图 12-4-8　Pix4DMapper 软件主界面

Pix4Dmapper 数据处理软件作业流程如图 12-4-9 所示。

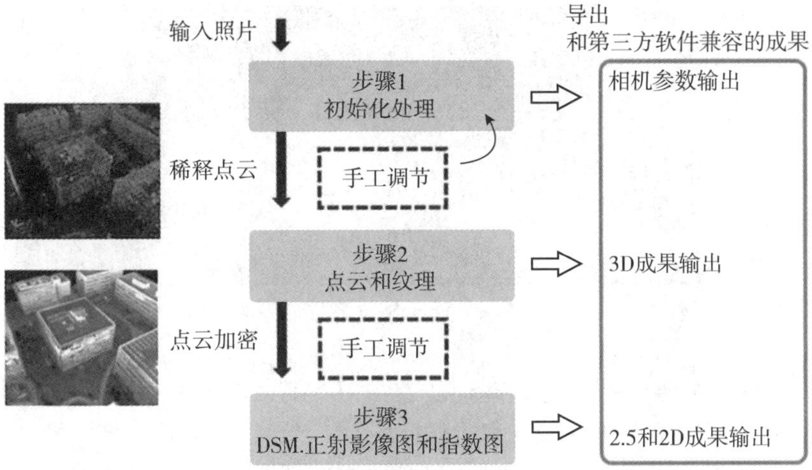

图 12-4-9 Pix4Dmapper 作业流程

Pix4Dmapper 软件的特点：

(1)专业化、简单化。Pix4Dmapper 让摄影测量进入全新的时代，整个过程完全自动化，并且精度更高，真正使无人机变为新一代专业测量工具。只需要简单操作，不需专业知识，飞控手就能够处理和查看结果，并把结果发送给最终用户。

(2)空三、精度报告。Pix4Dmapper 通过软件自动空三计算原始影像外方位元素。利用 PIX4UAV 的技术和区域网平差技术，自动校准影像。软件自动生成精度报告，可以快速、正确地评估结果的质量，提供了详细的、定量化的自动空三、区域网平差和地面控制点的精度。

(3)全自动、一键化。Pix4Dmapper 无需 IMU，只需影像的 GPS 位置信息，即可全自动一键操作，不需要人为交互处理无人机数据。原生 64 位软件，能大大提高处理速度。自动生成正射影像并自动镶嵌及匀色，将所有数据拼接为一个大影像。影像成果可用 GIS 和 RS 软件进行显示。

(4)云数据、多相机。Pix4Dmapper 利用自己独特的模型，可以同时处理多达 10000 张影像。可以处理多个不同相机拍摄的影像，可将多个数据合并成一个工程进行处理。

3. 无人机摄影测量系统 PhotoScan

PhotoScan 是俄罗斯 Agisoft 公司开发影像自动生成三维模型软件。PhotoScan 无须设置初始值，无需相机参数，采用计算机视觉的多视图三维重建技术，可对任意照片进行处理。PhotoScan 支持任意位置拍摄的照片，无论是航摄还是地面拍摄的影像都可以使用，整个工作流程全自动化进行，PhotoScan 可生成精细 DEM、真正射影像和三维模型。为提供处理速度，软件支持 GPU 加速和多机并行处理。PhotoScan 软件主界面如图 12-4-10 所示。

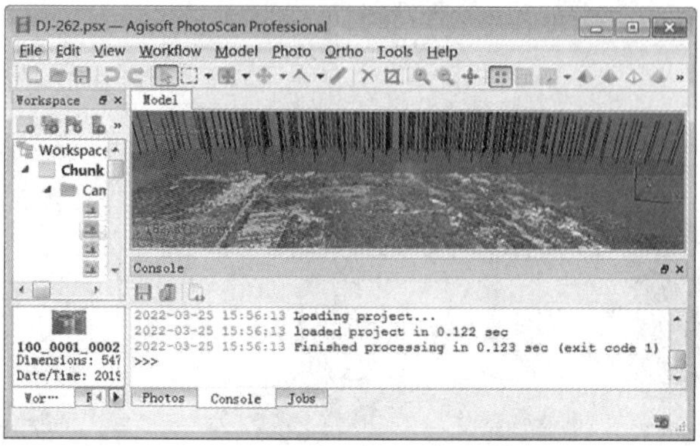

图 12-4-10　PhotoScan 软件主界面

PhotoScan 软件主要包括工程管理模块、空中三角测量模块、密集匹配模块、生产 Mesh 模块、生产 DEM 模块和生成正射影像模块。

(1)工程管理模块。PhotoScan 的工程管理主要实现添加影像、指定 POS/GPS 参数等功能。

(2)空中三角测量模块。PhotoScan 的空三处理被成为 Align Photo(对齐照片)。在处理过程中，PhotoScan 先进行重叠图像之间的匹配，然后估计每张照片的相机位置并构建稀疏点云模型。可设置的参数包括 GPS 精度、连接点相似度、特征点数目、连接点数目等。

(3)密集匹配模块。PhotoScan 通过多视密集匹配获取密集点云，可设置参数包括质量、深度滤波等。

(4)生产 Mesh 模块。PhotoScan 基于密集点云数据生成 Mesh 模型，可选择的操作有删除小面、关闭孔、填充小洞、抽稀 Mesh、生成纹理等

(5)生产 DEM 模块。PhotoScan 可基于点云或 Mesh 生成 DEM，可设置参数有数据源点云或 DEM、DEM 间隔等。

(6)生成正射影像模块。PhotoScan 可生成任意坐标系的正射影像，可以指定任意投影面。

PhotoScan 软件的特点：

(1)自动化程度高。PhotoScan 在处理过程中可以不需要任何参数，仅用影像就可以生产三维模型。

(2)处理速度快。PhotoScan 采用了快速特征提取和检索算法，在连接点自动提取方面有着惊人的速度，数分钟内就可以完成上千张 DJI 无人机影像的空三处理。

(3)空三精度高。PhotoScan 具备较好的相机自检校功能，输出的空三成果按其定义和格式说明恢复的立体模型可用于立体测图。

除以上热门摄影测量系统外，近年国内外也开发了大量摄影测量软件。一些知名软件厂商也纷纷涉足摄影测量领域，例如，地理信息系统软件提供商 ESRI 在其 ArcGIS 中推出的 OrthoMapper 模块就可以进行无人机摄影测量处理，其内核来自 DPGrid；再如，无人机厂商大疆公司也推出了“大疆智图”无人机处理软件。此外，在开源代码共享网站 GitHub

上也共享了很多摄影测量软件源代码，例如 ColMap 软件、Bundler 软件、OpenDroneMap 软件等。

◎ 思考题

1. 数字摄影测量工作站的主要功能与产品是什么？
2. 数字摄影测量工作站的主要硬件组成是什么？画出其硬件框图。
3. 试述数字摄影测量软件各主要模块的功能并画出其组成图。
4. 简述 DAMC 的构成与软件模块。
5. VirtuoZo 系统的软件功能模块有哪些？试绘出其软件组成图。
6. 如何用数字影像测制一幅正射影像地图？按其作业流程简明介绍各部分的原理。
7. 摄影测量工作站与数字摄影测量系统有什么差异？
8. 数字摄影测量网格 DPGrid 的特点有哪些？
9. 列举几种当前的摄影测量系统并简述其特点。
10. 当代数字摄影测量系统发展趋势有哪些？

参 考 文 献

巴拉德 D H，布朗 C M. 计算机视觉[M]. 王东尔，徐心平，赵经伦，译. 潘裕焕，校. 北京：科学出版社，1987.

贝达特 J S，皮尔索 A G. 随机数据分析方法[M]. 凌福根，译. 北京：国防工业出版社，1976

蔡元龙. 模式识别[M]. 西安：西安电子科技大学出版社，1986.

陈晓勇. 数学形态学与影像分析[M]. 北京：测绘出版社，1991.

戴静兰，陈志杨，叶修梓. ICP 算法在点云配准中的应用[J]. 中国图象图形学报，2007(3)：517-521.

邓非. 基于 LiDAR 与数字影像的配准和地物提取研究[D]. 武汉：武汉大学，2006.

杜全叶. 无地面控制的航空影像与 LiDAR 数据自动高精度配准[D]. 武汉：武汉大学，2010.

弗里德曼 S J. 摄影测量过程自动化：美国《摄影测量手册》节选之五[M]. 张祖勋，译. 北京：测绘出版社，1984.

管海燕. LiDAR 与影像结合的地物分类及简单建筑物重建研究[D]. 武汉：武汉大学，2009.

郭大海，吴立新，王建超，等. 机载 POS 系统对地定位方法初探[J]. 国土资源遥感，2004(2)：26-31.

贺少军. ADS40 的几何处理研究[D]. 武汉：武汉大学，2006.

胡庆武，李清泉. 基于 Mask 原理的遥感影像恢复技术研究[J]. 武汉大学学报：信息科学版，2004，29(4)：317-323.

黄世德. 航空摄影测量学[M]. 北京：测绘出版社，1987.

蒋晶珏. LiDAR 数据基于点集的表示与分类[D]. 武汉：武汉大学，2006.

卡尔·克劳斯. 摄影测量信息处理系统的理论和实践[M]. 李德仁，张森林，译. 崔炳光，李德仁，校. 北京：测绘出版社，1989.

柯涛. 旋转多基线数字近景摄影测量[D]. 武汉：武汉大学，2008.

孔祥元，郭际明，刘宗泉. 大地测量学基础[M]. 武汉：武汉大学出版社，2006.

赖旭东，万幼川. 机载激光雷达距离图像的边缘检测研究[J]. 激光与红外，2005，35(6)：444-446.

李必军，方志祥. 从激光扫描数据中进行建筑物特征提取研究[J]. 武汉大学学报：信息科学版，2003，28(1)：65-70.

李德仁，郑肇葆. 解析摄影测量学[M]. 北京：测绘出版社，1992.

李卉，钟成，黄先锋，等. 基于 LiDAR 和 RS 影像的道路三维模型重建研究进展[J]. 测绘信息与工程，2010，35(1)：30-32.
李治江. 彩色影像色调重建的理论与实践[D]. 武汉：武汉大学，2005.
林宗坚. 相关算法的矢量分析[J]. 测绘学报，1985，14(2)：111-121.
刘健辰. 基于倾斜影像的 Mesh 模型自动构建方法研究[D]. 武汉：武汉大学，2017.
刘军，王冬红，刘敬贤，等. IMU/DGPS 系统辅助 ADS40 三线阵影像的区域网平差[J]. 测绘学报，2009，38(1)：6.
刘岳，梁启章. 专题图制图自动化[M]. 北京：测绘出版社，1981.
吕言. 数字地面模型内插中多面法与配置法比较性研究[J]. 测绘学报，1982，11(3)：185-190.
吕言. 序贯一维型边缘检测新算法[J]. 武汉测绘科技大学学报，1988，13(4)：51-59.
吕言. 用于提取数字图像点特征之有利算子研究[J]. 测绘学报，1989，18(3)：175-182.
帕曾里斯 A. 信号分析[M]. 毛培法，译. 北京：科学出版社，1981.
邱志成. 遥感图像数据复合方法的研究[J]. 测绘学报，1990，19(4)：290.
史文中. 基于投影点密度的车载激光扫描距离图像的分割方法[J]. 测绘学报，2005，34(2)：95-100.
苏国中. 基于光电经纬仪影像的飞机姿态测量方法研究[D]. 武汉：武汉大学，2005.
孙家广，许隆文. 计算机图形学[M]. 北京：清华大学出版社，1986.
孙剑，徐宗本. 计算机视觉中的尺度空间方法[J]. 工程数学学报，2005，22(6)：12.
孙明伟. 正射影像全自动快速制作关键技术研究[D]. 武汉：武汉大学，2009.
万幼川，徐景中，赖旭东，等. 基于多分辨率方向预测的 LiDAR 点云滤波方法[J]. 武汉大学学报：信息科学版，2007，32(11)：1011-1015.
王密，潘俊. 一种数字航空影像的匀光方法[J]. 中国图象图形学报，2004(9)：745-748.
王树根. 正射影像上阴影和遮蔽的成像机理和信息处理机制[D]. 武汉：武汉大学，2003.
王之卓. 关于摄影测量、遥感及空间信息系统的学科分类问题[M]//测绘遥感信息工程国家重点实验室年报 1990—1991. 武汉：武汉测绘科技大学出版社，1992.
王之卓. 近期我国摄影测量科技研究的进展[J]. 武汉大学学报：信息科学版，1988，13(4)：13-18.
王之卓. 全数字化自动测图系统研究方案(手稿)[J]. 武汉测绘科技大学学报(重印)，1978，23(4)：287-290.
王之卓. 摄影测量原理[M]. 北京：测绘出版社，1979.
王之卓. 摄影测量原理续编[M]. 北京：测绘出版社，1986.
吴健康. 数字图像分析[M]. 北京：人民邮电出版社，1989.
肖应华，甘信铮，陈秀引，等. 利用数字纠正制作正射影像地形图的试验[J]. 武汉大学学报：信息科学版，1983，8(2)：57-70.
徐景中，万幼川，赖祖龙. 机载激光雷达数据中道路中线的多尺度提取方法[J]. 红外与激光工程，2009，38(6)：1099-1103.
宣家斌，Hempenius S A. 摄影底片信息容量的确定[J]. 武汉测绘科技大学学报，1986

(4).
尤红建，苏林. 利用机载三维成像仪的DSM数据自动提取建筑物[J]. 武汉大学学报：信息科学版，2002，27(4)：408-413.
袁修孝. GPS辅助空中三角测量原理及应用[M]. 北京：测绘出版社，2001.
张剑清. 航摄影像功率谱的估计与分析[J]. 武汉测绘学院学报，1982(2).
张剑清. 基于特征的最小二乘匹配理论精度[J]. 武汉测绘科技大学学报，1988，13(4)：82-90.
张剑清. 计算量最小的数字影像分频道相关[J]. 测绘学报，1983，12(4).
张剑清. 运用信息论进行特征摄取[J]. 测绘学报，1990，19(3)：216.
张剑清，张勇，郑顺义，等. 高分辨率遥感影像的精纠正[J]. 武汉大学学报：信息科学版，2004，29(11)：5.
张力，张祖勋，张剑清. Wallis滤波在影像匹配中的应用[J]. 武汉测绘科技大学学报，1999，24(1)：24-27.
张卫龙. 局部信息约束的三维重建方法研究[D]. 武汉：武汉大学，2019.
张小红，刘经南. 机载激光扫描测高数据滤波[J]. 测绘科学，2004，28(6)：50.
张祖勋. 从数字摄影测量工作站(DPW)到数字摄影测量网格(DPGrid)[J]. 武汉大学学报：信息科学版，2007，32(7)：565-571.
张祖勋. 航空数码相机及其有关问题[J]. 测绘工程，2004，13(4)：5.
张祖勋，林宗坚. 摄影测量测图的全数字化道路[J]. 武汉大学学报：信息科学版，1985，10(3)：13-18.
张祖勋，闵宜仁. 基于Hough变换的影像分割[J]. 测绘学报，1992，21(3)：9.
张祖勋. 数字滤波和数字相关[Z]. 武汉测绘科技大学资料，1972.
张祖勋. 数字相关及其精度评定[J]. 测绘学报，1984(1)：3-15.
张祖勋. 数字影像定位与核线排列[J]. 武汉大学学报：信息科学版，1983，8(1)：14-27.
张祖勋. 新的核线相关算法：跨接法[J]. 武汉测绘科技大学学报，1988(4)：26-34.
张祖勋. 影像灰度内插的研究[J]. 测绘学报，1983(3)：178-188.
张祖勋，张剑清，江万寿，等. 黄土高原数字高程模型的建立分析与应用[C]//黄土高原遥感专题研究论文集. 北京：北京大学出版社，1990.
张祖勋，张剑清，吕言，等. 全数字化自动测图系统在黄土高原遥感专题研究中的应用[C]//黄土高原遥感专题研究论文集. 北京：北京大学出版社，1990.
张祖勋，张剑清. 数字摄影测量的发展[M]//测绘遥感信息工程国家重点实验室年报1990—1991. 武汉：武汉测绘科技大学出版社，1992.
张祖勋，张剑清. 数字摄影测量的发展、思考与对策[J]. 测绘软科学研究，1999，5(2)：15-20.
张祖勋，张剑清. 数字摄影测量学[M]. 武汉：武汉测绘科技大学出版社，1996.
张祖勋，张剑清. 数字摄影测量学的发展及应用[J]. 测绘通报，1997(6)：30-40.
张祖勋，张剑清，吴晓良. 跨接法概念之扩展及整体影像匹配[J]. 武汉测绘科技大学学报，1991，16(3)：1-11.

张祖勋，张剑清. 相关系数匹配的理论精度[J]. 测绘学报，1987(2)：34-42.

张祖勋，张剑清，张力. 数字摄影测量发展的机遇与挑战[J]. 武汉大学学报：信息科学版，2000，25(1)：7-11.

张祖助，张剑清. 全数字目动化测图系统软件包[J]. 测绘学报，1986(3)：3-13.

赵双明，李德仁. ADS40 机载数字传感器平差数学模型及其试验[J]. 测绘学报，2006，35(4)：342-346.

Ackermann F. High precision digital image correlation [C]//Proceedings of the 39th Photogrammetric Week University of Stuttgart, 1983.

Ackermann F. The accuracy of digital height models [C]//Proceedings of the 37th Photogrammetric Week University of Stuttgart, 1980.

Akel N A, Zilberstein O. Automatic DTM extraction from dense raw LiDAR data [C]// Proceeding of FIG Working Week 2003.

Ⅲ/3, Amsterdam, 2000.

Arthur D W G. Interpolation of a function of many variables[J]. Photogrammetric Engineering, 1965(2).

Axelsson P. DEM generation from laser scanner data using adaptive TIN models [C]// International Archives of the Photogrammetry, Remote Sensing and Spatial Information Sciences, 1999: 110-117.

Ballard D H, Brown C H. Computer Vision[M]. 1982: 123-311.

Baltsavias E P. A comparison between photogrammetry and laser scanning[J]. ISPRS Journal of Photogrammetry and Remote Sensing, 1999, 54(1): 83-94.

Benard M. Automatic Stereophotogrammetry: A method based on feature detection dynamic programming[J]. Photogrammetrice, 1984, 39: 169-181.

Besl P J, Mckay N D. A method for registration of 3-D shapes[J]. IEEE Transactions on Pattern Analysis and Machine Intelligence, 1992, 14(2): 239-256.

Beyer H. Some aspects of the geometric calibration of CCD-Cameras[C]//Proceedings of Fast Processing of Photogrammetric Data, 1987.

Briese C, Pfeifer N. Airborne laser scanning and derivation of digital terrain models[C]// Optical 3-D Measurement Techniques, Vienna, 2001

Chen Q, Peng G. Filtering airborne laser scanning data with morphological methods [J]. Photogrammetric Engineering & Remote Sensing, Journal of the Americn Society for Photogrammetry and Remote Sensing, 2007, 73(2): 175-185.

Clode S, Kootsookos P J, Rottensteiner F. The Automatic Extraction of Roads from LiDAR data [C]//ISPRS, 2004.

Daniela Poli. Indirect Georeferencing of Airborne Multi-line Array Sensors: A Simulated Case Study[C]//Proceedings of ISPRS Commission IIISymposium "Photogrammetric Computer Vision' 02", 2002: 246-251.

Doneus M, Briese C. Digital terrain modelling for archaeological interpretation within forested areas using full-waveform laserscanning[C]//The 7th International Symposium on Virtual Reality, Archaeology and Cultural Heritage VAST, 2006.

Dragos B. Using break line information in filtering process of a digital surface models[C]//The International Archives of Photogrammetry, Remote Sensing and Spatial Information Sciences, 2004.

Dreshler L, Nagel H H. Volumetric model and 3D-Trajectory of a moving car derived from Mono cular TV-Frame sequences of a street scene[J]. Computer Graphics and Image Processing, 1982, 20(3): 199-228.

Ebner H. High fidelity digital elevation models-elements of land information system [C]// XVISPRS, 1986.

Ebner H, Hofmann-Wellenhof B, Reiss P, et al. HIFI-aminicomputer program package for height interpolation by finite elements[J]. InternationalArchives of Photogrammetry, 1980 (23).

Ebner H, Kornus W, Ohlhof T. A simulation study on point determination for the MOMS-02/D2 Space project using an extended functional model[J]. ISPRS, 1992, 29: 458-464.

Ebner H, Tang L. High fidelity digital terrain models from digitized contours[C]//14th ICA-Congress, 1989.

Elmqvist M. Ground surface estimation from airborne laser scanning data using active shape models [C]//The International Archives of the Photogrammetry, Remote Sensing and Spatial Information Science, 2002: 114-118.

Filin S. Segmentation of airborne laser scanning data using a slope adaptive neighborhood[J]. ISPRS Journal of Photogrammetry and Remote Sensing, 2005, 60: 71-80.

Filin S. Surface classification from airborne laser scanning data[J]. Computers and Geosciences, 2004, 30(9-10): 1033-1041.

Forlani G, Nardinocchi C. Adaptive filtering of aerial laser scanning data[C]//ISPRS Workshop on Laser Scanning 2007 and Silvi Laser, 2007.

Forstner W. A feature based correspondence algorithm for image matching[C]// Int. Arch. of Photog. Rocaniemi, 1986.

Forstner W, Gulch E. A fast operator for detection and precise location of distinct points, corners and centres of circular features[C]//ISPRS Intercommission Workshop, 1987.

Forstner W. On the geometric precision of digital correlation [J]. International Archives of Photogrammetry, 1982, 24(3): 176-189.

Fraser C, Shao J L. Exterior oriectation determination of MOMS-02 three-line imagery[C]// ISPRS, 1996.

Frederiksen P, Jacobi O, Kubik K. Measuring terrain roughness by topological dimension[C]// Proceedings of Inter. Collog. on Math., 1983.

Friess P. Aerotriangulationn with GPS: Methods, experience, exception[C]//Proceedings of the 43rd Photogrammetric Week, Sttutgart, 1991.

Gruen A, Zhang L. Sensor modeling for aerial mobile mapping with Three-Line-Scanner(TLS) Imagery[C]//IAPRS, Xi'an, China, 2002: 139-146.

Grun A. Adaptive least squares correlation: A powerful image matching technique[J]. South Africa Journal of Photogrammetry Remote Sensing & Cartography, 1985.

Grun A. High precision image matching for digital terrain model generation[C]//ISPRS Comm. Ⅲ, Finland, 1986.

Grun A. The digital photogrammetric station at the ETH Zurich[C]//ISPRS Commision Ⅱ Symposium, Baltimore, 1986.

Grun A. Towards real-time photogrammetry[C]//The 41th Photogrammetric Week, University Stuttgart, 1987.

Hardy R L. Least squares prediction[J]. Photogrammetric Engineering & Remote Sensing, 1977, 43(4): 475-492.

Harris C G, Stephens M J A. Combined corner and edge detector[C]//Proceedings Fourth Alvey Vision Conference, Manchester, 1988: 147-151.

Heipke C. A review of the state-of-art for topographic application: Digital photogrammetric workstations[J]. GIM International, 2001.

Helava U V. Digital Comparator Correlator System [C]//Proceedings on Fast Processing Photogrammetric Data, Interlaken, Switzerland, 1987.

Helava U V. Digital correlation in photogrammetric instruments[J]. Photogrammetria, 1978, 34(1): 19-41.

Helava U V. Object-space least squares correlation[J]. Pe. & Rs., 1988, 54(6): 711-714.

Helava U V. On system concepts for digital automations[J]. Photogrammetric, 1988, 43: 57-71.

Hinsken L, Miller S, Tempelmann U, et al. Triangulation of LH Systems' ADS40 imagery using ORIMA GPS/ IMU[C]//IAPRSSIS, 2001, 34 (B3/ A): 156-162.

Hofmann O, Nave P. DPS: A digital photogrammetric system for producing Digital Elevation Models (DEM) and Orthophotos by means of linear array scanner imagery[J]. PE. & RS., 1984, 50 (8): 1135-1143.

Honkavaara E. Automatic tie point extraction in aerial triangulation[J]. ISPRS, 1996, 31: 377-342.

Hoover A, Jean-baptiste G. An experimental comparison of range image segmentation algorithms [J]. IEEE Transactions on Pattern Analysis and Machine Intelligence, 1996, 18(7): 673-689.

Hu X Y. Automated extraction of digital terrain models, roads and buildings using airborne LiDAR Data[D]. Calgary: University of Calgary, 2003.

Hu X Y, Tao C, Hu Y. Automatic road ext raction from dense ruban area by integrated processing of high resolution imagery and LiDAR data[C]//ISPRS 2004, Istanbul, 2004.

Kilian J, Haala N. Capture and evaluation of airborne laser scanner data[C]//International

Archives of Photogrammetry and Remote Sensing 31 (B3, Vienna, Austria), 1996: 383-388.

Kobler A, Pfeifer N. Repetitive interpolation: A robust algorithm for DTM generation from Aerial Laser Scanner Data in forested terrain[C]//Remote Sensing of Environment 108, 2007: 9-23.

Koenderink J J. The structure of image[J]. Biological Cybernetics, 1984, 50: 363-370.

Kolbl O, Boutaleb A K, Denis C. A concept for the automatic derivation of a digital terrain model on the Kern DSP-11[C]//Proceedings of Fast Processing of Photogrammetric Data, Interlaken, Switzerland, 1987.

Konecny G. Methods and possibilities for digital differential rectification[J]. Photogrammetric Engineering & Remote Sensing, 1979, 45(6): 727-734.

Konecny G, Paper D. Correlation techniques and devices[J]. Photog. Eng. and Rem. Sens., 1981, 47: 323-333.

Kowalski D C. A comparison of optical and electronic correlation techniques[C]// International, Archives of Photogrammetry, 1968.

Kraus K, Mikhail E M. Linear least-squares interpolation[J]. Photogrammetric Engineering, 1972(10).

Kraus K, Pfeifer N. Advanced DTM generation from LiDAR data[C]//International Archives of the Photogrammetry, Remote Sensing and Spatial Information Sciences, 2001: 23-30.

Kraus K, Pfeifer N. Determination of terrain models in wooded areas with airborne laserscanner data[J]. ISPRS Journal of Photogrammetry and Remote Sensing, 1998, 53(4): 193-203.

Kraus K, Rieger W. Processing of laser scanning data for wooded areas[J]. IEEE Trans. geosci. Remote Sens., 2003.

Krzystek P. Filtering of laser scanning data in forest areas using finite elements[C]//Proceedings of the ISPRS working group Ⅲ/3 Workshop: 3-D reconstruction from airborne laser scanner and InSAR data, Dresden, Germany, 2003.

Kubik K. Digital elevation models review and outlook[C]// ISPRS B3, 1988.

Leberl F. Photogrammetric interpolation[J]. Photogrammetric Engineering and Remote Sensing, 1975, 41(5): 603-613.

Lee Changno, Henry J Theiss, James S Bethel, et al. Rigorous mathematical modeling of airborne pushbroom imaging systems[J]. PE. & RS., 2000, 66(4): 385-392.

Lijima T. Basic theory of pattern normalization(for the case of a typical one dimesional pattern)[J]. Bulletin of the Electrotechnical Laboratory, 1962, 26.

Li M X. Hierarchical multipoint matching with Simultaneous Detection and Location of Breaklines[J]. PE. & RS., 1989(8).

Lindeberg T. Scale-space theory: A basic tool for analysing structures at different scales[J]. Journal of Applied Statistics, 1994, 21(2): 224-270.

Lindenberger J. Laser-Profilmenssungen zur topographischen Gelandeaufnahme[D]. Deutsche

Geodätische Kommission, 1993.

Liu S T, Tsai W H. Moment-Preserving Corner Detection[J]. Pattern Recognition, 1990, 23(5): 441-460.

Lowe D G. Distinctive image features from scale-invariant keypoints[J]. Internatioanl Journal of Computer Vision, 2004, 60(2): 91-110.

Lowe D G. Object recognition from local scale-invariant features[C]//International Conference on Computer Vision, 1999: 1150-1157.

Luhmann T, Altrogge G. Interest-operator for image matching[C]// Proceedings from Analytical to Digital, 1988.

Luhmann T, Wester-Ebbinghaus W. On geometric calibration of digitized video images of CCD Arrays[C]//Proceedings of Fast Processing of Photogrammetric Data, 1987.

Lu Y, Zhang Z X, Zhang J Q. Calibration of a drum scanner with least squares matching[C]// Proceedings of Fast Processing of Photogrammetric Data, 1987.

Maas H G. Potential of height texture measurement for the segmentation of airborne laser scanner data[J]. ISPRS Journal of Photogrammetry & Remote Sensing, 1999, 54(2/3): 245-261.

Maas H G, Vosselman G. Two algorithms for extracting building models from raw laser altimetry data[J]. ISPRS Journal of Photogrammetry and Remote Sensing, 1999, 54(2-3): 153-163.

Makarovic B. Composite Sampling for DTMs[J]. ITC-Journal, 1977(3).

Makarovic B. Selective Sampling for Digital Terrain Modelling[C]//ISPRS Congress, Comm. V, 1984.

Masaharu H, Ohtsubo K. A filtering method of airborne laser scanner data for complex terrain [C]//International Archives of Photogrammetry and Remote Sensing Commission Ⅲ, Working Group III/3, 2002.

Medioni G, Yacumoto Y. Corner detection and curve representation using cubic B-Splines[J]. Computer Vision Graphics and Image Processing, 1987, 39(3): 267-278.

Mikhail E. Photogrammetric target location to sub-pixel accuracy in digital image [C]// Proceedings of the 39th Photogrammetric Week, 1983.

Mikolajczyk K. Detection of local features invariant to affine transformations[D]. Institut National Polytechnique de Grenoble, France, 2002.

Moravec H P. Towards automatic visual obstacle avoidance [C]//Int. Joint conf. of Artif. Intelligence, 1977.

Ohta O, Kanade T. Stereo by intra- and inter-scanline search using dynamic programming[J]. IEEE Trans. PAMI, 1985, 7(2).

Rieger W, Kerschner M, Reiter T, et al. Roads and buildings from laser scanner data within a forest enterprise[C]//ISPRS, Workshop, La Jolla, 1999.

Roggero M. Airborne laser scannring: Clustering in Raw Data[C]//International Archives of Photogrammetry and Remote Sensing, Annapolis (MD), USA, 2001.

Roggero M. Object segmentation with region growing and principal component analysis[C]// ISPRS, Photogrammetry Computer Vision, Graz, Austria, 2002.

Rosenholm D. Accuracy improvement of digital matching for elevation of digital terrain models [C]//Proceedings from Analytical to Digital, 1986.

Rosenholm D. Multi-point matching using the least-squares technique for elevation of 3-Dimesional models[J]. PE & RS, 1987, 53(3).

Sampath A. Urban Modelling based on segmentation and regularization of airborne LiDAR point clouds[C]//IAPRS 35, 2004: 937-941.

Serra J. Image analysis and mathematical morphology[M]. New York: Academic Press, 1982.

Silván-Cárdenas J L, Wang L. A multi-resolution approach for filtering LiDAR altimetry data[J]. ISPRS Journal of Photogrammetry and Remote Sensing, 2006, 61(1): 11-22.

Sithole G. Filtering of airborne laser scanner data based on segmented point clouds[C]//ISPRS WG Ⅲ/3, Ⅲ/4, V/3 Workshop "Laser scanning 2005", Enschede, the Netherlands, 2005.

Sithole G. Filtering of laser altimetry data using a slope adaptive filter[C]//International Archives of Photogrammetry and Remote Sensing, Commission III, Working Group 4, Annapolis (MD), USA, 2001.

Sithole G. Filtering strategy, working towards reliability. Proceedings of the Photogrammetric Computer Vision[C]//ISPRS Commission III, Symposium 2002.

Sithole G, Vosselman G. Comparison of filtering algorithms [C]//ISPRS Journal of Photogrammetry and Remote Sensing, Commission III, Working Group 3, 2003.

Sohn G, Dowman I. Terrain surface reconstruction by the use of tetrahedron model with the MDL criterion[C]//Proceedings of the Photogrammetric Computer Vision, ISPRS Commission Ⅲ, Symposium 2002.

Tabatabai A J, Mithchell O R. Edge location to sub-pixel accuracy in digital imagery[C]//IEEE Trans. PAMI, 1981.

Tempfli K, Makarovic B. Transfer function of interpolation methods[J]. ITC Journal, 1978(1).

Tempfli K. Progressive sampling-fidelity and accuracy [C]//Proceedings from Analytical to Digital, 1986.

Tempfli K. Spectral analysis of terrain relief for the accuracy estimation of DTMs[C]//ISP. Congress, Comm. Ⅲ, 1980.

Torlegard K, Ostman A, Lindgren R. A comparative test of photogrammetrically sampled DEMs [J]. Archives of Photog. and RS, 1984, 25: 1065-1082.

Trinder J C. Precision of Digital Target Location[J]. PE&RS, 1989, 55.

Tóvári D, Pfeifer N. Segmentation based robudt interpolation—A New Approach to Laser Data Filtering[C]//ISPRS WG Ⅲ/3, Ⅲ/4, V/3 Workshop "Laser scanning 2005", Enschede, the Netherlands, 2005.

Voegtle T, Steinle E. On the quality of object classification and automated building modelling based on laser scanning data[C]//IAPRIS XXXIV 3W13, 2003: 149-155.

Vosselman G. Recognising structure in laser scanner point clouds[C]//International Archives of Photogrammetry, Remote Sensing and Spatial Information Sciences 46, part8/W2, 2004: 33-38.

Vosselman G. Slope based filtering of laser altimetry data [C]//International Archives of Photogrammetry, Remote Sensing and Spatial Information Sciences, WG Wack R, Wimme A. Digital terrain models from airborne laser scsnner data—A grid based approach[C]// International Archives of the Photogrammetry, Remote Sensing and Spatial Information Sciences VVVIV(3B)2002: 293-296.

Wang Z Z. Principles of Photogrammetry (with Remote Sensing) [M]. Wuhan: Press of WTUSM and Publishing House of Surveying and Mapping, 1990.

Witkin A P. Scale space filtering [C]//In Int. Joint Conf. Artificial Intelligence, 1983: 1019-1021.

Wong K W, Wei-Hsin H. Close-Range Mapping with a Solid State Camera[J]. PE. & RS., 1986, 52.

Youn J H. Urban area road extraction from aerial imagery and LiDAR[D]. West Lafayette: Purduf University, 2006.

Zhang J Q, Blais J A R. Interest point matching using maximum entropy and geometric conditions[C]//Proceedings of Symposium Comm. III, ISPRS, 1990.

Zhang J Q, Zhang Z X, Wang Z H. High-precision location of straight lines and corners on digital images[C]//Proceedings of Photog. RS and GIS, 1992.

Zhang J, Zhang Z, Cao H. 3-Dimension modelling of IKONOS remote sensing image pair with high resolution[C]//2001 International Conferences on Info-tech and Info-net Proceedings, IEEE Press and People's Posts & Telecommunications Publishing House, 2001: 273-278.

Zhang K. A progressive morphological filter for removing nonground measurements from airborne LiDAR Data[J]. IEEE Transactions on Geoscience & Remote Sensing, 2003, 41(4): 872-882.

Zhang Z X. On the generation of parallax grid by using off-line digital correlation[C]// The 15th ISPRS Cong, 1984.

Zhang Z X, Zhang J Q, Qiu T. Two-dimensional global image matching based on one-dimensional dynamic programming[C]// Proceedings of Photog. RS and GIS, 1992.

Zhang Z X, Zhang J Q, Wu X L, et al. Global image matching with relaxation method[C]// Proceedings of Photog. RS and GIS, 1992.

Zhang Z, Zhang J. Outlook on the development of digital phorogrammetry: from Digital Phorogrammetric Workdtation (DPW) to Digital Phorogrammetric System (DPS)[C]//Int. Archives of ISPRS, 2002.

附　　录

附录 1　利用分形几何理论估计地形粗糙度

附录 2　利用图论提取子区的边界

附录 3　基函数与样条函数

附录 4　矩阵的直积

附录 5　用数学形态学建立 TIN

附录 6　三角网数字地面模型的压缩存储

附录 7　傅里叶分析与卷积

附录 8　动态规划基本原理

附录 9　带共线条件的最小二乘影像匹配